文 / 白 / 对 / 照

资治通鑑

第六册

〔宋〕司马光　　编撰
〔清〕康熙 乾隆 御批
〔清〕申涵煜　　点评
　　萧祥剑　　主编
　　中华文化讲堂　译

团结出版社

目 录

资治通鉴卷第六十四　汉纪五十六

起重光大荒落，尽旃蒙作噩，凡五年。

【译文】起辛巳（公元201年），止乙酉（公元205年），共五年。

【题解】本卷记录了汉献帝刘协建安六年至建安十年间的历史。官渡之战后，各军阀调整战略，全国形势基本稳定。荆州继续安民保境，江东、益州、汉中，平定内乱，巩固统治。孙权拒绝曹操，没有遣人质入朝。官渡之战后袁绍忧病而死，刘备南依刘表。袁绍废长立幼，袁氏兄弟相残，曹操各个击破，最终统一北方。建安十年，袁绍外甥高干反叛，引发河东骚乱，使曹操北征乌桓的脚步延缓。

孝献皇帝己

建安六年（辛巳，公元二〇一年）春，三月，丁卯朔，日有食之。

曹操就谷于安民，以袁绍新破，欲以其间击刘表。荀彧曰："绍既新败，其众离心，宜乘其困，遂定之。而欲远师江、汉，若绍收其馀烬，承虚以出人后，则公事去矣。"操乃止。夏，四月，操扬兵河上，击袁绍仓亭军，破之。秋，九月，操还许。

操自击刘备于汝南，备奔刘表，龚都等皆散。表闻备至，自出郊迎，以上宾礼待之，益其兵，使屯新野。备在荆州数年，尝

1

于表坐起至厕，慨然流涕，表怪，问备。备曰："平常身不离鞍，髀肉皆消，今不复骑，髀里肉生。日月如流，老将至矣，而功业不建，是以悲耳。"

【译文】建安六年（辛巳，公元201年）春，三月，丁卯朔日（三月份无此日，疑误），发生日食。

曹操移军到粮草丰富的安民地区。因为刚刚击败袁绍，曹操想要利用这个空当，进攻刘表。荀彧说："袁绍刚刚遭遇失败，他的军队军心涣散，理应趁他困顿之时将他剿平。但现在您竟要远征江、汉一带，假如袁绍重整残军，趁我方空虚之时攻击我们的后方，那么您的伟业可就完了。"曹操这才停止。这年夏季，四月，曹操在黄河上行军，并夸耀其兵力，进而攻打袁绍的仓亭军，并将其击溃了。这年秋季，九月，曹操回到许昌。

曹操亲自率军到汝南进攻刘备，迫使刘备投奔刘表，使得龚都等都逃散了。刘表一听刘备来了，亲自到郊外迎接他，并使用上宾的礼节厚待他，又增派他的人手，派他屯扎并戍守新野。刘备在荆州住了几年，一天他在刘表的座上起身上厕所，很是感慨地流下眼泪。刘表很是奇怪，就问他，刘备说："因为往常我的身体不曾离开马鞍，所以大腿上没有一点肉，而如今没有骑过马，大腿上的肉都长出来了。岁月就如流水一般，我快要老了，但还未建功立业，所以才感到悲伤。"

曹操遣夏侯渊、张辽围昌豨于东海，数月，粮尽，议引军还。辽谓渊曰："数日已来，每行诸围，豨辄属目视辽，又其射矢更稀。此必豨计犹豫，故不力战。辽欲挑与语，傥可诱也。"乃使谓豨曰："公有命，使辽传之。"豨果下与辽语。辽为说操神武，方以德怀四方，先附者受大赏，豨乃许降。辽遂单身上三公山，入豨家，拜妻子。豨欢喜，随辽诣操。操遣豨还。

赵韪围刘璋于成都。东州人恐见诛灭，相与力战，韪遂败退，追至江州，杀之。庞羲惧，遣吏程祁宣旨于其父汉昌令畿，索賨兵。畿曰："郡合部曲，本不为乱，纵有谗谀，要在尽诚。若遂怀异志，不敢闻命。"羲更使祁说之，畿曰："我受牧恩，当为尽节；汝为郡吏，自宜效力。不义之事，有死不为。"羲怒，使人谓畿曰："不从太守，祸将及家！"畿曰："乐羊食子，非无父子之恩，大义然也。今虽羹祁以赐畿，畿啜之矣。"羲乃厚谢于璋。璋擢畿为江阳太守。

【译文】 曹操派夏侯渊、张辽到东海进攻昌豨，几个月之后，粮食吃完了，他们就讨论带领军队回去。张辽对夏侯渊说："几天以来，每次巡视外面之时，昌豨就对着我看，而且射箭也慢慢地变少；这肯定是昌豨在犹豫不定，因此没有奋力作战，我想和他谈话，或许能够诱使他投降。"于是张辽就遣人对昌豨说："曹公有命令，派我张辽来传达。"昌豨果然从城楼上下来和张辽交谈。张辽就趁机对他说曹操神勇威武，正以恩德怀柔天下四方，先附从追随的人可以得到非常大的奖励。昌豨于是就答应了投降。张辽还孤身一人到三公山上昌豨的家中，拜访了他的妻子和孩子。昌豨很高兴，就跟随张辽拜见曹操。后来曹操也放昌豨回去了。

赵韪在成都围攻刘璋。东州人害怕受到牵连，就一起奋力作战，赵韪因此战败退走了，东州人追到江州杀死了赵韪。庞羲害怕了，就派遣属吏程祁对他的父亲汉昌令程畿宣读旨意，索要賨兵。程畿说："全郡召集队伍，本来不是为了叛乱，即使有谗言毁谤，重要的是各自尽表诚心，假如因而心怀二心，我不敢听从其命令。"庞羲又派遣程祁劝说程畿，程畿说："我蒙受刘璋的恩德，应当为他尽忠，你做庞羲的官吏，应当为他效力，不义的事情，就是死我也不做。"庞羲非常生气，遣人对程畿说："假如你再不听我的话，灾难就会降临你的家里。"程畿说："从前乐羊吃下自己儿子的肉，不是没有了父子之情，只不过为了君臣大义。现在就算你将我的儿子程祁做成羹汤让我喝，我也只好喝下去了。"庞羲被迫无奈，只好送上厚礼并向他道歉。刘璋提升程畿做江阳太守。

朝廷闻益州乱，以五官中郎将牛亶为益州刺史。徵璋为卿，不至。

张鲁以鬼道教民，使病者自首其过，为之请祷，实无益于治病，然小人昏愚，竞共事之。犯法者，三原，然后乃行刑。不置长吏，皆以祭酒为治。民、夷便乐之，流移寄在其地者，不敢不奉其道。后遂袭取巴郡，朝廷力不能征，遂就宠鲁为镇民中郎将，领汉宁太守，通贡献而已。

民有地中得玉印者，群下欲尊鲁为汉宁王。功曹巴西阎圃谏曰："汉川之民，户出十万，财富土沃，四面险固。上匡天子，则为桓、文，次及窦融，不失富贵。今承制署置，势足斩断，不烦于王。愿且不称，勿为祸先。"鲁从之。

【译文】朝廷听闻益州发生骚乱，就任命五官中郎将牛亶做益州刺史。征用刘璋进京做卿，刘璋推辞不就。

张鲁用神鬼之道邪术教化引导人民，要那些患病的人述说自己的罪过，为他祈祷；事实上这对治病并无益处，然而小民愚昧无知，竟然争相侍奉他。那些犯法的人，经过三次原谅仍然不知悔改，然后才用刑；虽然没有设立长官，但是全部以其教中的祭酒来治理。人民、夷狄都喜欢他这种制度，流亡迁徙寄居在此地的人，都不敢不信奉天师道。之后张鲁偷袭获取了巴郡，朝廷没有多余的力量征讨他，于是只有安抚张鲁并任命他做镇民中郎将，兼领汉宁太守，张鲁只不过纳贡罢了。

有人从地下得到一枚玉印，张鲁的部众下属就想尊奉张鲁做汉宁王。功曹巴西人阎圃进谏劝阻说："汉川的人民，户数超过十万，财物丰富，土地肥沃，地势四面险峻而坚固；最好是上能辅佐天子，并能成就齐桓、晋文那样的伟业，其次做窦融，也不会失掉富贵。现在承受制命设立官职，必然会断送好的道路，无须假借王号。希望你暂时不要称王，先不要招来祸患。"张鲁听从了阎圃的建议。

七年（壬午，公元二〇二年）春，正月，曹操军谯，遂至浚仪，治睢阳渠。遣使以太牢祀桥玄。进军官渡。

袁绍自军败，惭愤，发病呕血；夏，五月，薨。

初，绍有三子：谭、熙、尚。绍后妻刘氏爱尚，数称于绍，绍欲以为后而未显言之。乃以谭继兄后，出为青州刺史。沮授谏曰："世称万人逐兔，一人获之，贪者悉止，分定故也。谭长子，当为嗣，而斥使居外，祸其始此矣。"绍曰："吾欲令诸子各据一州，以视其能。"于是以中子熙为幽州刺史，外甥高幹为并州刺史。

【译文】七年（壬午，公元202年）春季，正月，曹操驻扎在谯县，又到达浚仪，整修睢阳渠。派遣使者用太牢的规格祭祀已故桥玄。随后率军进到官渡。

袁绍自从在官渡打了败仗之后，日益感到羞愧愤怒，生病吐血；这年夏季，五月，袁绍逝世。

起初，袁绍生有三个儿子，即袁谭、袁熙、袁尚。袁绍的继室刘氏偏爱袁尚，时常在袁绍面前夸赞他，袁绍想让袁尚做继承人但是未曾明白地说出来。就让作为长子的袁谭过继给他的兄长,派出去担任青州刺史。沮授劝阻说:"世人常说一万个人追赶兔子,唯有一个人可能得到,即使贪心的人一起收敛贪欲,是因为名分已经被确定的缘故。袁谭是长子,应当作为继承人,而排斥他并使其居住在外地,祸患从此就会产生。"袁绍说:"我想要各儿子每人占据一州,以考察他们的能力。"于是就任命次子袁熙担任幽州刺史,外甥高干担任并州刺史。

逄纪、审配素为谭所疾,辛评、郭图皆附于谭,而与配、纪有隙。及绍薨,众以谭长,欲立之。配等恐谭立而评等为害,遂矫绍遗命,奉尚为嗣。谭至,不得立,自称车骑将军,屯黎阳。尚少与之兵,而使逄纪随之。谭求益兵,审配等又议不与。谭怒,杀逄纪。秋,九月,曹操渡河攻谭。谭告急于尚,尚留审配守邺,自将助谭,与操相拒。连战,谭、尚数败,退而固守。

尚遣所置河东太守郭援,与高干、匈奴南单于共攻河东,发使与关中诸将马腾等连兵,腾等阴许之,援所经城邑皆下。河东郡吏贾逵守绛,援攻之急;城将溃,父老与援约,不害逵乃降,援许之。援欲使逵为将,以兵劫之,逵不动。左右引逵使叩头,逵叱之曰:"安有国家长吏为贼叩头!"援怒,将斩之,或伏其上以救之。绛吏民闻将杀逵,皆乘城呼曰:"负约杀我贤君,宁俱死耳!"乃囚于壶关,著土窖中,盖以车轮。逵谓守者曰:"此间无健儿邪,而使义士死此中乎?"有祝公道者,适闻其言,乃夜往,盗引出逵,折械遣去,不语其姓名。

【译文】逄纪、审配向来受到袁谭的嫉妒,辛评、郭图都攀附袁谭,而和审配、逄纪存有隔阂。等到袁绍过世后,大家觉得袁谭是长子,都想拥戴他继位。审配等害怕袁谭继承王位而辛评等要谋害他们，于是诈称是袁绍的遗命，尊奉袁尚作为继承人。袁谭到达了之后，得不到王位，就称自己为车骑将军，镇守黎阳。袁尚只给了他很少的兵力，并且任命逢纪跟随他。袁谭要求增加军队，审配等谋划着不给他。袁谭非常生气，杀死逢纪。秋季，九月，曹操渡过黄河进攻袁谭，袁谭向袁尚告急求助，袁尚留审配在邺城镇守，自己带领军队去助袁谭并和曹操抗战。经过多次交战，袁谭、袁尚被击败数次，不得已退兵，坚守城池。

袁尚派遣所设立的河东太守郭援和高干、匈奴南单于一同进攻河东，并派出使者和关中的马腾等各将领联合军队，马腾等私下里答应了他，郭援所经过的城池都被攻克。河东郡郡吏贾逵守卫绛县，郭援进攻得很紧急；在城池快要守不住之时，城中的父老和郭援相互约定，不要杀害贾逵，他们才投降。郭援就答应他们了。郭援想使贾逵担任将领，就用武力胁迫他，贾逵不听命，左右的人押着贾逵叫他磕头，贾逵怒斥他们说："哪里有国家的长官给贼人磕头的道理！"郭援恼怒，想要杀死他，有人趴在贾逵的身上来救他。绛城的官民听闻郭援将要杀死贾逵，都登城大喊说："违背我们的约定，杀死我们贤明的长官，我们宁愿和他一块拼死！"郭援于是将贾逵囚禁于壶关，关在一个土窖中，用车轮覆盖在上面，贾逵对看守他的人说："这里莫非没有壮士吗？竟然让义士死在这个监牢中？"有一个叫作祝公道的人，刚好听闻他的话，就在夜里前去，救出了贾逵，弄断了囚禁他的器械，放了贾逵，祝公道并没有说出自己的姓名。

曹操使司隶校尉钟繇围南单于于平阳，未拔而援至。繇使新丰令冯翊张既说马腾，为言利害。腾疑未决。傅幹说腾曰：

"古人有言'顺道者昌，逆德者亡'，曹公奉天子诛暴乱，法明政治，上下用命，可谓顺道矣。袁氏恃其强大，背弃王命，驱胡虏以陵中国，可谓逆德矣。今将军既事有道，不尽其力，阴怀两端，欲以坐观成败；吾恐成败既定，奉辞责罪，将军先为诛首矣！"于是腾惧。幹因曰："智者转祸为福。今曹公与袁氏相持，而高幹、郭援合攻河东。曹公虽有万全之计，不能禁河东之不危也。将军诚能引兵讨援，内外击之，其势必举。是将军一举，断袁氏之臂，解一方之急，曹公必重德将军，将军功名无与比矣。"腾乃遣子超将兵万馀人与繇会。

【译文】 曹操任命司隶校尉钟繇在平阳围攻匈奴南单于，还未攻克之时，对方援兵到达了。钟繇派遣新丰县令冯翊人张既劝说马腾，对他讲述利害关系。马腾犹豫不定。傅幹对马腾说："古人有句话说：'听从有德的人就昌盛；违背有德的人就灭亡。'曹公尊奉天子，诛除暴乱，法律严明，政治安宁，上下都听命于他，可以说是顺从道德了。袁氏依靠他的强大，背叛天子的命令，勾结胡人来侵略中原，可以算是违背道德了。现在将军既然侍奉有道有德的人，而心里却怀有两端的计划，想要坐观成败，我恐怕成败决定之后，尊奉天子的旨意，出兵征讨罪人，将军就要成为第一个被出兵征讨的人了！"马腾听后害怕了。傅幹趁机说："聪明的人能够将祸患转变成福运，现在曹公和袁氏相持不下，而高幹、郭援联合攻击河东，曹公即使有万全的计策，也不能够阻止河东处于没有危险的境地。将军假如能够带领军队出兵征讨郭援，内外夹击，我们一定会得到胜利。这么一来，将军一发兵就折断了袁氏的膀臂，消除了一方的困境，曹公肯定会感激将军的大德，将军的功名就没有人可以相比了。"于是马腾就派遣他的儿子马超带领一万多军队与钟繇会合。

初，诸将以郭援众盛，欲释平阳去。钟繇曰："袁氏方强，援之来，关中阴与之通，所以未悉叛者，顾吾威名故耳。若弃而去，示之以弱，所在之民，谁非寇仇？纵吾欲归，其得至乎！此为未战先自败也。且援刚愎好胜，必易吾军，若渡汾为营，及其未济击之，可大克也。"援至，果径前渡汾，众止之，不从。济水未半，繇击，大破之。战罢，众人皆言援死而不得其首。援，繇之甥也。晚后，马超校尉南安庞德于鞬中出一头，繇见之而哭。德谢繇，繇曰："援虽我甥，乃国贼也，卿何谢之有！"南单于遂降。

刘表使刘备北侵，至叶，曹操遣夏侯惇、于禁等拒之。备一旦烧屯去，惇等追之。裨将军巨鹿李典曰："贼无故退，疑必有伏。南道窄狭，草木深，不可追也。"惇等不听，使典留守而追之，果入伏里，兵大败。典往救之，备乃退。

【译文】起初，将领们觉得郭援的兵力强大，想要抛弃平阳离开。钟繇说："袁氏现在正强大，郭援来之时，关中的将领同他暗中勾结，他们之所以没有完全悖逆我们，只不过是顾忌我的威名罢了。假如我现在丢掉城池离开，向他们示弱，各个地方的人民，哪一个不成为我们的仇敌？即使我们想要返回，又有哪里能去呢？这是仗还未打，就先自取其败。何况郭援刚愎好胜，肯定轻视我们的军力，假如我们渡过汾水作为驻扎之地，在他们还未渡河之时，就加以攻击，可以大获全胜。"郭援到达了，果然径直向前渡汾水，大家劝阻他，郭援不听。还未渡到汾水一半之时，钟繇就开始攻打，大破郭援的军队。战事结束后，大家都说郭援战死了却无法找到他的首级。郭援是钟繇的外甥。过了一会儿，马超的校尉南安人庞德在盛弓矢的袋里取出一颗头颅来，钟繇看了之后就哭了起来。庞德向钟繇请罪，钟繇说:"郭援即使是我的外甥,但他是国家的罪人,你有什么罪过呢?"南单于因此投降了。

刘表派刘备向北边征战,到达叶县,曹操派遣夏侯惇、于禁等前来抵御。一天,刘备突然焚烧军营离开,夏侯惇等率军追赶。裨将军巨鹿人李典说:"贼人无故撤退,我怀疑其中一定有埋伏。而且南方的道路狭窄,草木也很深密,不可追击。"夏侯惇等不听劝,就任命李典留守而自己带领军队追赶,果然落入了刘备的埋伏,惨遭败绩。李典前去解救,刘备才退了兵。

曹操下书责孙权任子,权召群僚会议,张昭、秦松等犹豫不决。权引周瑜诣吴夫人前定议,瑜曰:"昔楚国初封,不满百里之地。继嗣贤能,广土开境,遂据荆、扬,至于南海,传业延祚,九百馀年。今将军承父兄馀资,兼六郡之众,兵精粮多,将士用命,铸山为铜,煮海为盐,境内富饶,人不思乱,有何逼迫而欲送质?质一人,不得不与曹氏相首尾,与相首尾,则命召不得不往,如此,便见制于人也。极不过一侯印,仆从十馀人,车数乘,马数匹,岂与南面称孤同哉!不如勿遣,徐观其变。若曹氏能率义以正天下,将军事之未晚;若图为暴乱,彼自亡之不暇,焉能害人!"吴夫人曰:"公瑾议是也。公瑾与伯符同年,小一月耳,我视之如子也,汝其兄事之。"遂不送质。

【译文】曹操给孙权写信,要孙权送儿子到许昌来做官当人质。孙权召集所有的属官开会,张昭、秦松等人犹豫不决。孙权就领着周瑜到吴夫人那里商量大计,周瑜说:"从前楚国刚开始接收封地之时,土地也不过一百里。后代的国君贤能,开疆拓土,之后便占据了荆州、扬州,传承基业,延长禄位,总计九百多年。现今将军继承了父兄的基业,还有六郡的人民,军队精良、粮食富余，将士用命，开山造铜，煮海造盐，国家富裕，人民不想作乱，还有什么事情逼迫你要送儿子去做人质呢？人质一旦送过去，就必须与曹操连为一体。与曹操连为一体，那么有什么命令来召唤就不得不去，如此的话，便受到了别人的控制。最多也不过得到一个侯印、仆从十几个人、车子几辆、马几匹而已，怎么能和南面称王相比呢？不如不要派遣人质，慢慢地观察时势的变化。假如曹氏能够行道义来匡正天下，将军那个时候侍奉他还不算晚；假如他图谋作乱，他自己救自己都来不及，怎么还能害人呢？"吴夫人说："公瑾的想法十分正确。公瑾和伯符同岁，只是小一个月罢了，我把他当作自己亲儿子看待，你要用兄长的礼节来侍奉他。"孙权于是决定不送人质。

【乾隆御批】瑜不独持论，俊爽，规略实中事理，使瑜不死，东吴必无称臣、质子之事，孙权其亦中材耳。

【译文】周瑜不仅在谋略上才华出众，而且为人豪爽。他的计划谋略也非常符合事理。如果周瑜没有死，东吴就不会发生向曹魏称臣，并把儿子送去当人质这样的事，孙权也不过是中等的人才而已。

八年（癸未，公元二〇三年）春，二月，曹操攻黎阳，与袁谭、袁尚战于城下，谭、尚败走，还邺。夏，四月，操追至邺，收其麦。诸将欲乘胜遂攻之，郭嘉曰："袁绍爱此二子，莫适立也。今权力相侔，各有党与，急之则相保，缓之则争心生。不如南向荆州以待其变，变成而后击之，可一举定也。"操曰："善！"五月，操还许，留其将贾信屯黎阳。

谭谓尚曰："我铠甲不精，故前为曹操所败。今操军退，人怀归志，及其未济，出兵掩之，可令大溃，此策不可失也。"尚疑之，既不益兵，又不易甲。谭大怒，郭图、辛评因谓谭曰："使先公出将军为兄后者，皆审配之谋也。"谭遂引兵攻尚，战于门外。谭败，引兵还南皮。

【译文】 八年（癸未，公元203年）春季，二月，曹操进攻黎阳，同袁谭、袁尚在城下作战，袁谭、袁尚兵败而走，退回到邺城。夏季，四月，曹操一路追到邺城，收获了邺城的麦子；将领们要乘胜追击，郭嘉说："袁绍喜爱这两个儿子，但无法决定立哪一个。现在两个人的权力相等，各有依附的党羽，假如攻得太紧，他们就会团结在一起相互保护；假如放松了压抑，他们就会产生相互争斗的心理。倒不如南向荆州进攻刘表，以待他们的变化；等到发生变化了再来进攻他们，可以一举而将他们打败。"曹操说："好！"五月，曹操回到许昌，留下他的将领贾信镇守黎阳。

袁谭对袁尚说："我的铠甲兵器不精良，因此之前被曹操击败。此刻曹操的军队已经退走，人人怀有返回家乡的心思，当他们还未过河之时，我们出兵从后面加以掩护偷袭，能够令他们溃败，这个战机不能白白失掉。"袁尚对袁谭的计策感到怀疑，所以既不增加他的兵力，也不更换他的铠甲兵器。袁谭十分恼怒，郭图、辛评趁机对袁谭说："使你父亲将将军当作兄长继承人的，都是审配的计策。"袁谭于是带领军队进攻袁尚，在门外交战，袁谭失败退走，带领军队回到南皮。

【乾隆御批】 急则相保。缓则相争，郭嘉之论与卞庄事同。然谭、尚之相残，乃踵武绍、术之操戈，天道好还，信哉！

【译文】 危急的时刻互相保护，宽松的时候就互相争斗，郭嘉的议论与卞庄的事一样。然而袁谭、袁尚互相残害，也是继承了袁绍、袁术兄弟的同室操戈，天道因果循环，确实是这样的啊！

别驾北海王修率吏民自青州往救谭。谭欲更还攻尚，修曰：“兄弟者，左右手也。譬人将斗而断其右手，曰‘我必胜’，其可乎？夫弃兄弟而不亲，天下其谁亲之！彼谗人离间骨肉以求一朝之利，愿塞耳勿听也。若斩佞臣数人，复相亲睦，以御四方，可横行于天下。”谭不从。谭将刘询起兵漯阴以叛谭，诸城皆应之。谭叹曰：“今举州皆叛，岂孤之不德邪？”王修曰：“东莱太守管统，虽在海表，此人不反，必来。”后十馀日，统果弃其妻子来赴谭，妻子为贼所杀。谭更以统为乐安太守。

【译文】 袁谭别驾北海人王修，带领官吏、百姓从青州去援救袁谭。袁谭想要回头重新进攻袁尚，王修说：“兄弟就好比是左右手，假如人将要战斗之时而斩掉了自己的右手，然后说‘我肯定能胜利’，可以吗？抛下兄弟而不去疼爱，天下有谁还疼爱他！那些奸佞的人，离间别人的骨肉来求得暂时的利益，希望你堵住耳朵，不要听信，假如杀死几个奸佞的人，兄弟再相互亲爱和睦来共同治理四方，就可以横行于天下了。”袁谭没有听信。袁谭的将领刘询在漯阴起兵背叛袁谭，所有的县城都响应他。袁谭感叹地说：“如今全州都背叛我，难道我没有恩德吗？”王修说：“东莱太守管统，纵然身处海外，他不会背叛，必然会来追随的。”之后过了十多天，管统果然抛下妻儿前来投靠袁谭，而他的妻儿都被贼人杀死。袁谭改派管统做乐安太守。

秋，八月，操击刘表，军于西平。

袁尚自将攻袁谭，大破之。谭奔平原，婴城固守。尚围之急，谭遣辛评弟毗诣曹操请救。

刘表以书谏谭曰："君子违难不适仇国，交绝不出恶声，况忘先人之仇，弃亲戚之好，而为万世之戒，遗同盟之耻哉！若冀州有不弟之傲，仁君当降志辱身，以济事为务，事定之后，使天下平其曲直，不亦为高义邪？"又与尚书曰："金、木、水、火以刚柔相济，然后克得其和，能为民用。今青州天性峭急，迷于曲直。仁君度数弘广，绰然有馀，当以大包小，以优容劣，先除曹操以卒先公之恨，事定之后，乃议曲直之计，不亦善乎！若迷而不反，则胡夷将有讥诮之言，况我同盟，复能戮力为君之役哉？此韩卢、东郭自困于前面遗田父之获者也。"谭、尚皆不从。

　　【译文】秋季，八月，曹操进攻刘表，军队驻守在西平。

　　袁尚亲自带领军队进攻袁谭，大败袁谭，袁谭逃到平原，巡视城墙，加固守卫。袁尚围攻得很紧，袁谭派辛评的弟弟辛毗到曹操那里请求解救。

　　刘表写信劝说袁谭："君子避难不逃到仇人的国家，绝交也不会口出恶语，更何况你是忘掉先人的仇恨，抛弃亲戚的友善，而做出万世都引以为戒的事情，令同盟者都倍感羞辱的事情呢！假如冀州袁尚有不尽弟道的傲慢，你应当委屈自己的心志，忍受耻辱，将达成大业作为目标，大事成功之后，让天下人评判孰对孰错，这不也算是高尚的节操吗？"他又给袁尚写信说："金、木、水、火四种，因为刚柔相辅相成，然后能得到和谐，所以才够为人所应用。青州袁谭天性严肃急切，不能辨明是非；你宽厚大量，绰绰有余，应该以大包容小；以优包容劣，先除掉曹操以雪洗你父亲的仇恨，事情完成之后，再议论事情的是非曲直，不也是很好的事吗？假如迷惑却不知晓回头，那么胡人、夷人将会有讥讽的语言，何况我们同盟还会团结协作为你效劳吗！这就是俊犬韩卢、狡兔东郭相互追赶，两败俱伤而遭猎人捕获的原因。"但袁谭、袁尚都没有听从。

辛毗至西平见曹操,致谭意,群下多以为刘表强,宜先平之,谭、尚不足忧也。荀攸曰:"天下方有事,而刘表坐保江、汉之间,其无四方之志可知矣。袁氏据四州之地,带甲数十万,绍以宽厚得众心;使二子和睦以守其成业,则天下之难未息也。今兄弟遘恶,其势不两全,若有所并则力专,力专则难图也。及其乱而取之,天下定矣,此时不可失也。"操从之。

【译文】辛毗到西平拜见曹操,转述袁谭的意思,曹操手底下的人大多数觉得刘表强大,应当先将他平定,袁谭、袁尚的势力不值得担心。荀攸说:"天下正值变乱的时期,而刘表单单坐镇江、汉之间,他没有收复四方的大志是可以知道的。袁氏占据着四州的土地,带甲的士兵有几十万,袁绍待人宽厚,得到民众的拥护;假如两个儿子和睦相处而谨守他们父亲的事业,那么天下的祸患就没有停止之时。现如今他们兄弟结仇,这种形势肯定不能够两全,假如有一个被吞并,那么力量就集中于一处,力量一旦集中一处就难以图谋了;此刻趁他们内乱之时而进攻他们,天下就可以平定了。这个大好时机不能失掉。"曹操采纳了他的意见。

后数日,操更欲先平荆州,使谭、尚自相敝,辛毗望操色,知有变,以语郭嘉。嘉曰操,操谓毗曰:"谭必可信,尚必可克不?"毗对曰:"明公无问信与诈也,直当论其势耳。袁氏本兄弟相伐,非谓他人能间其间,乃谓天下可定于己也。今一旦求救于明公,此可知也。显甫见显思困而不能取,此力竭也。兵革败于外,谋臣诛于内,兄弟谗阋,国分为二,连年战伐,介胄生虮虱,加以旱蝗，饥馑并臻；天灾应于上，人事困于下，民无愚智，皆知土崩瓦解，此乃天亡尚之时也。今往攻邺，尚不还救，即不能自守；还救，即谭蹑其后。以明公之威，应困穷之敌，击疲敝之寇，无异迅风之振秋叶矣。天以尚与明公，明公不取而伐荆州，荆州丰乐，国未有衅。仲虺有言，'取乱侮亡'。方今二袁不务远略而内相图，可谓乱矣；居者无食，行者无粮，可谓亡矣。朝不谋夕，民命靡继，而不绥之，欲待他年；他年或登，又自知亡而改修厥德，失所以用兵之要矣。今因其请救而抚之，利莫大焉。且四方之寇，莫大于河北，河北平，则六军盛而天下震矣。"操曰："善!"乃许谭平。

【译文】之后过了几天，曹操又要想先平定荆州，而让袁谭、袁尚相互进攻彼此削弱，辛毗看见曹操的表情，知道有了变化，就告诉郭嘉。郭嘉报告曹操，曹操对辛毗说："袁谭一定可以信任，袁尚一定可以克服吗？"辛毗回答说："你不要问袁谭是否值得信任，只应当论目前的形势。袁氏兄弟相互进攻，本来他们以为别人不会利用他们的矛盾来攻击他们，而是觉得吞并对方可以完成大业进而平定天下。现下袁谭忽然求救于你，这种情势的窘迫就可想而知了。袁尚看见袁谭有困难而且很窘迫却不能够攻取他，这是他的力量衰竭的缘故。军队在外面吃了败仗，谋臣在里边惨遭杀戮，兄弟相互诋毁攻打，地盘一分为二，连年不断的战乱，士兵的铠甲上生了虮子，再加上旱灾、蝗灾、饥饿同时产生。上有天灾，下有人为的灾难，人民不管是聪明的、愚蠢的都知道国家即将土崩瓦解，这是上天想要灭亡袁尚的时候。现在去围攻邺城，袁尚不派兵解救，邺地就不能守卫；回兵解救，袁谭就在后面追击。凭你的威望对付穷困的敌人，攻打疲劳的盗寇，就好比是秋风扫落叶一样轻而易举。

天将袁尚给予你，你不去攻取而要进攻荆州，荆州粮食丰富、人民和睦、国家没有嫌隙，因而没有可以进攻的机会。仲虺有句话说：'混乱的就加以进攻，有灭亡征兆的就加以侵占。'此刻袁氏兄弟不致力于深谋远虑却相互图谋，可以说是混乱了；居住在国内的人没有东西可吃，想要出国的人却没有米粮，这是灭亡的前兆了。百姓朝不保夕，生命无法延续下去，然而你不去平定他，却要等待之后再去进攻；假如之后年岁丰收，袁氏兄弟知道自己将会灭亡而修养他们的德行，我们就失掉动兵的机会了。现在趁袁谭求助而加以安抚，没有比这个利益更大的了。再说四方的盗贼再没有比河北更强大的了，河北平定，收取他们的军资，那么六军强盛而天下就震动了。"曹操说："好！"然后就应允袁谭的请求。

冬，十月，操至黎阳。尚闻操渡河，乃释平原还邺。尚将吕旷、高翔畔归曹操，谭复阴刻将军印以假旷、翔。操知谭诈，乃为子整娉谭女以安之，而引军还。

孙权西伐黄祖，破其舟军，惟城未克，而山寇复动。权还，过豫章，使征虏中郎将吕范平鄱阳、会稽，荡寇中郎将程普讨乐安，建昌都尉太史慈领海昏，以别部司马黄盖、韩当、周泰、吕蒙等守剧县令长，讨山越，悉平之。建安、汉兴、南平民作乱，聚众各万馀人，权使南部都尉会稽贺齐进讨，皆平之，复立县邑，料出兵万人；拜齐平东校尉。

【译文】 冬季，十月，曹操到达了黎阳。袁尚听闻曹操渡过黄河，就从平原撤围回到邺城。袁尚的将领吕旷、高翔背弃袁尚归顺曹操，袁谭又私自刻了将军的印信，送给吕旷、高翔。曹操知晓袁谭的诡计，就要儿子曹整娶袁谭的女儿，来安定袁谭的

17

心,而带领军队回许昌。

孙权向西进攻黄祖,攻破黄祖的水军,只不过城池还未攻下,而山寇又蠢蠢欲动了。孙权就带领军队返回,途中经过豫章之时,任命征虏中郎将吕范平定鄱阳、会稽,荡寇中郎将程普征讨乐安,建昌都尉太史慈治理海昏,任命别部司马黄盖、韩当、周泰、吕蒙等人担任那些很难治理的县城的长官,出兵征讨山越,将他们全部平定。建安、汉兴、南平的民众发生叛乱,各县汇聚了一万多徒众,孙权就命令南部都尉会稽人贺齐出兵征讨,将他们全部平定,重新建立了县邑,挑选了士兵一万人;并任命贺齐做平东校尉。

九年(甲申,公元二〇四年)春,正月,曹操济河,遏淇水入白沟以通粮道。

二月,袁尚复攻袁谭于平原,留其将审配、苏由守邺。曹操进军至洹水,苏由欲为内应,谋泄,出奔操。操进至邺,为土山、地道以攻之。尚武安长尹楷屯毛城,以通上党粮道。夏,四月,操留曹洪攻邺,自将击楷,破之而还。又击尚将沮鹄于邯郸,拔之。

易阳令韩范、涉长梁岐皆举县降。徐晃言于操曰:"二袁未破,诸城未下者倾耳而听,宜旌赏二县以示诸城。"操从之,范、岐皆赐爵关内侯。黑山贼帅张燕遣使求助,操拜平北将军。

五月,操毁土山、地道,凿堑围城,周回四十里,初令浅,示若可越。配望见,笑之,不出争利。操一夜浚之,广深二丈,引漳水以灌之;城中饿死者过半。

【译文】九年(甲申,公元204年)春季,正月,曹操渡过黄河,阻塞淇水使其进入白沟以畅通运粮的道路。

18

二月，袁尚又到平原进攻袁谭，留下他的将领审配、苏由守邺城。曹操进军到洹水，苏由想要作为内应，但是计划泄露，便逃出投奔了曹操。曹操进军邺城，建造土山，开凿地道，来进攻邺城。袁尚的武安县县令尹楷镇守毛城，以沟通上党的粮草道路。夏，四月，曹操留下曹洪攻打邺城，自己带领军队进攻尹楷，将他打败，又派军到邯郸进攻袁尚的将领沮鹄，攻下了邯郸。

易阳的县令韩范、涉县的县令梁岐都将他们的县献给曹操。徐晃对曹操说："袁氏兄弟还未击败，因此没有攻克的城池中的人都在注意听投诚者的消息，应当嘉奖这两个县的首长，来给其他县城的人看看。"曹操听信了他。韩范、梁岐都被封为关内侯。黑山军的首领张燕派遣使者前去向曹操求助，曹操命他做了平北将军。

五月，曹操损坏了土山、地道，此外还在城的四周挖掘深沟，周围有四十里。刚开始命令挖得很浅，觉得可以越过。审配看见了，就嘲笑他，不出城同曹操对战。曹操经过一夜的加紧挖掘，将沟挖得宽和深都有二丈，引导漳水来灌邺城，进而断绝邺城内外的联系；城里超过一半的人都被饿死。

秋，七月，尚将兵万馀人还救邺；未到，欲令审配知外动止，先使主簿巨鹿李孚入城。孚研问事杖，系著马边，自著平上帻，将三骑，投暮诣邺下；自称都督，历北围，循表而东，步步呵责守围将士，随轻重行其罚。遂历操营，前至南围，当章门，复责怒守围者，收缚之。因开其围，驰到城下，呼城上人，城上人以绳引，孚得入。配等见孚，悲喜，鼓噪称万岁。守围者以状闻，操笑曰："此非徒得入也，方且复出。"孚知外围益急，不可复冒，乃请配悉出城中老弱以省谷，夜，简别数千人，皆使持白幡，从三门并出降。孚复将三骑作降人服，随辈夜出，突围得去。

【译文】秋季，七月，袁尚带领士兵一万多人回来救邺城；还未到达，想让审配获知外面的动静，就先派遣主簿巨鹿人李孚先进入邺城。李孚就砍断一根问事的木杖，将它系在马的旁边，自己戴着齐平的头巾，带领三名骑兵，天将要晚之时，就到邺城的下面；称自己是都督，经过北方的围城，一路顺着标记向东行走，步步责怪守围的将士，按照他们所犯错误的轻重执行处罚。于是经过曹操军营的前面，到达了围城的南方，面对着邺城的章门，又发怒责怪守围的人，逮捕捆绑了他们。因此解开围困，奔跑到城下，呼叫城上的人，城上的人用绳索将他们引到城上，李孚因而得以进城。审配等人见到李孚，既伤心又高兴，击鼓喧闹称万岁。守围的人将这情况报告曹操，曹操笑着说："他们不仅要进去，而且还会出来。"李孚知道外面的围困更加紧密，不可以再冒险，就请求审配将城中的老人和小孩全部送出城外以节省粮食，夜里挑选了几千人，叫他们都举着白色的旗子，从三个门一起出城投降。李孚又带领三个骑兵身着投降人的衣服，跟着他们在夜里出城，突围而去。

尚兵既至，诸将皆以为："此归师，人自为战，不如避之。"操曰："尚从大道来，当避之；若循西山来者，此成禽耳。"尚果循西山来，东至阳平亭，去邺十七里，临滏水为营。夜，举火以示城中，城中亦举火相应。配出兵城北，欲与尚对决围。操逆击之，败还，尚亦破走，依曲漳为营，操遂围之。未合，尚惧，遣使求降；操不听，围之益急。尚夜遁，保祁山，操复进围之。尚将马延、张顗等临陈降，众大溃，尚奔中山。尽收其辎重，得尚印绶、节钺及衣物，以示城中，城中崩沮。审配令士卒曰："坚守死战！操军疲矣，幽州方至，何忧无主！"操出行围，配伏弩射之，几中。

【译文】 袁尚的军队已经来到了，曹操的将领们都以为："这是回城的军队，一定会为了自己而拼死作战，不如躲避他。"曹操说："袁尚假如从大路来，就应当躲避；假如顺着西山来，他就要被我抓获了。"袁尚果然顺着西山而来，东到阳平亭，离邺城十七里，面对滏水驻扎。夜里，升起火给城中的人传递消息，城里的人也举起火来呼应。审配在城的北方出兵，要想与袁尚里外夹攻，溃决围困。曹操就加以迎击，审配战败回城，袁尚也被击败逃走，靠着曲漳驻扎，曹操又围攻他。还未交战，袁尚就害怕了，遣人请求投降；曹操不听从，围攻得更厉害。袁尚夜晚逃走，退守祁山，曹操又出兵围攻；袁尚的将领马延、张颛等人临阵投降，袁尚的部下彻底溃败，袁尚逃跑到中山。这样曹操完全收取他的辎重，获得了袁尚的印绶、旄节、斧钺和衣服，拿出来给城中的人看，城内军心沮丧。审配命令士兵们说："大家坚持守卫，拼死作战，曹操的军队已经疲劳了，袁熙的军队马上就要到达了，何必担心没有主人呢？"曹操出营巡察围困的情况，审配埋伏起来用弓箭射他，差点就射中了他。

配兄子荣为东门校尉，八月，戊寅，荣夜开门内操兵。配拒战城中，操兵生获之。辛评家系邺狱，辛毗驰往，欲解之，已悉为配所杀。操兵缚配诣帐下，毗逆以马鞭击其头，骂之曰："奴，汝今日真死矣！"配顾曰："狗辈，正由汝曹破我冀州，恨不得杀汝也！且汝今日能杀生我邪？"有顷，操引见，谓配曰："曩日孤之行围，何弩之多也！"配曰："犹恨其少！"操曰："卿忠于袁氏，亦自不得不尔。"意欲活之。配意气壮烈，终于桡辞，而辛毗等号哭不已，遂斩之。冀州人张子谦先降，素与配不善，笑谓配曰："正南，卿竟何如我？"配厉声曰："汝为降虏，审配为忠臣，虽死，岂羡汝生邪！"临行刑，叱持兵者令北向，曰："我君在北也。"操乃临祀绍墓，哭之流涕；慰劳绍妻，还其家人宝物，赐杂缯絮，禀食之。

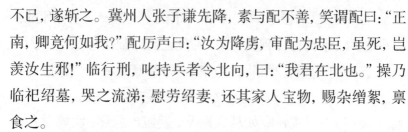

【译文】审配的兄长的儿子审荣做东门校尉。八月，戊寅日（初二），审荣在夜里开门引导曹操的军队进城。审配在城中反抗，被曹操的士兵活捉了。辛评的家族被关押在邺城的监狱里，辛毗跑过去，想要救助他们，可是他们已经全被审配杀掉了。曹操的士兵将审配捆绑着送至曹操的军帐里，辛毗迎上去用马鞭抽打审配的头，骂道："奴才！你今日真是死期到达了！"审配回头看着他说："狗类！正是因为你们，曹操才攻下我们的冀州，我真恨不得杀了你；且说今日你有能力处置我吗？"没过多久，曹操见了审配，对审配说："前天我巡视围困邺城的军队，你们的弓弩好多啊！"审配说："我还恨它太少了，没有将你射死！"曹操说："你对袁氏忠心，也不得不如此！"心中想要放他一条生路，审配意气豪壮贞烈，自始至终没有讲一句屈服的话，而辛毗等人号哭不止，曹操因此杀死了他。冀州人张子谦先投降，张子谦向来和审配不合，就笑着对审配说："正南，你和我比起来怎么样？"审配高声说："你是一个投降的人，可我审配是忠臣，即使死了，又怎么会羡慕你苟且偷生呢？"快要行刑之时，审配就大声命令手持兵器的人让自己面向北方，说："我的主人在北方。"此后曹操就亲自祭祀袁绍的坟墓，痛哭流涕，慰劳袁绍的妻子，还将宝物还给袁绍的家人，赏给他们各种丝帛，并由公家给他们供应粮食。

初，袁绍与操共起兵，绍问操曰："若事不辑，则方面何所可据？"操曰："足下意以为何如？"绍曰："吾南据河，北阻燕、代，兼戎狄之众，南向以争天下，庶可以济乎！"操曰："吾任天下之智力，以道御之，无所不可。"

九月，诏以操领冀州牧；操让还兖州。

【译文】起初，袁绍和曹操一块起兵，袁绍问曹操说："假如事情不能成功，那么哪里可以占据呢？"曹操说："你的意思是什么？"袁绍说："我向南依靠黄河，向北阻断燕、代，兼有戎狄的人口，向南可以争天下，大概可以取得成功吧！"曹操说："我用智谋取得天下，以道德治理它，任何地方都可以。"

九月，汉献帝诏派曹操兼领冀州牧；曹操就让还兖州。

【乾隆御批】李孚出入严围。固自狡狯，操付之一笑，所谓因计用计也，以此为操军纪之陈，其见浅矣。

【译文】李孚能够在曹军严密的包围中出没，虽然是因为自己的狡猾。但曹操付之一笑，这其实是曹操将计就计之策，如果因此就认为曹操军队纪律松散，那么他的见解就非常浅陋了。

初，袁尚遣从事安平牵招至上党督军粮，未还，尚走中山，招说高幹以并州迎尚，并力观变，幹不从。招乃东诣曹操，操复以为冀州从事。又辟崔琰为别驾，操谓琰曰："昨案户籍，可得三十万众，故为大州也。"琰对曰："今九州幅裂，二袁兄弟亲寻干戈，冀方蒸庶，暴骨原野，未闻王师存问风俗，救其涂炭，而校计甲兵，唯此为先，斯岂鄙州士女所望于明公哉！"操改容谢之。

许攸恃功骄嫚，尝于众坐呼操小字曰："某甲，卿非我，不得冀州也！"操笑曰："汝言是也。"然内不乐，后竟杀之。

【译文】起初，袁尚命令从事安平人牵招到上党督运军粮，还未返回之时，袁尚就逃跑到中山，牵招劝说高幹在并州迎接袁尚，联合兵力观察变化，高幹没有听从。牵招就向东去拜见曹操，曹操又命他做冀州从事。又召辟崔琰做别驾，曹操对崔琰说："昨日考查户籍，有三十万人，因此冀州实在是一个大州。"崔琰回答说："如今九州分裂，二袁兄弟大动干戈，相互残杀，冀州的百姓尸骨暴露在野外，没有听闻王师加以慰问，解救他们的困苦反而计算甲兵，唯独关注这些，这哪里是本州的男男女女希望您做的呢？"曹操端正脸色，向崔琰道歉。

许攸自恃有功，骄傲而且无礼，曾经在许多人在座之时直呼曹操的小名说："阿瞒，如果没有我，你是得不到冀州的！"曹操笑着说："你说得十分正确。"然而内心却很不悦，之后真的杀掉了他。

冬，十月，有星孛于东井。

高幹以并州降，操复以幹为并州刺史。

曹操之围邺也，袁谭复背之，略取甘陵、安平、勃海、河间。攻袁尚于中山，尚败，走故安，从袁熙；谭悉收其众，还屯龙凑。操与谭书，责以负约，与之绝婚，女还，然后进讨。十二月，操军其门，谭拔平原，走保南皮，临清河而屯。操入平原，略定诸县。

曹操表公孙度为武威将军，封永宁乡侯。度曰："我王辽东，何永宁也！"藏印绶于武库。是岁，度卒，子康嗣位，以永宁乡侯封其弟恭。

【译文】冬季，十月，有彗星在东井星座出现。

高幹用并州投降，曹操又任命高幹担任并州刺史。

曹操进攻邺城之时，袁谭又背叛了曹操，攻占了甘陵、安平、渤海、河间。又到中山进攻袁尚，袁尚失败了，逃至故安，跟随袁熙；袁谭集齐他所有的士卒，回师屯守龙凑。曹操给袁谭去信，责怪他违背盟约，并与他断绝婚姻，将他女儿送还，然后发兵征讨。十二月，曹操扎营在其门，袁谭攻下平原，带领平原的兵力退守南皮，临着清河扎营。曹操进入平原，收复了所有的县。

曹操上表拜公孙度做武威将军，封他为永宁乡侯。公孙度说："我在辽东称王，何必做永宁侯呢？"就将印绶藏在仓库中。这一年，公孙度去世，他的儿子公孙康继位，就将永宁乡侯封给弟弟公孙恭。

操以牵招尝为袁氏领乌桓，遣诣柳城，抚慰乌桓。值峭王严五千骑欲助袁谭，又，公孙康遣使韩忠假峭王单于印绶。峭王大会群长，忠亦在坐。峭王问招："昔袁公言受天子之命，假我为单于；今曹公复言当更白天子，假我真单于；辽东复持印绶来。如此，谁当为正？"招答曰："昔袁公承制，得有所拜假。中间违错天子命，曹公代之，言当白天子，更假真单于，是也。辽东下郡，何得擅称拜假也！"忠曰："我辽东在沧海之东，拥兵百馀万，又有扶馀、涉貊之用。当今之势，强者为右，曹操何得独为是也！"招呵忠曰："曹公允恭明哲，翼戴天子，伐叛柔服，宁静四海。汝君臣顽嚣，今恃险远，背违天命，欲擅拜假，侮弄神器；方当屠戮，何敢慢易咎毁大人！"便捉忠头顿筑，拔刀欲斩之。峭王惊怖，徒跣抱招，以救请忠，左右失色。招乃还坐，为峭王等说成败之效，祸福所归；皆下席跪伏，敬受敕教，便辞辽东之使，罢所严骑。

【译文】 曹操因为牵招曾经担任过袁绍的领乌桓突骑，就派遣他到柳城安抚慰劳乌桓。正好乌桓的峭王整顿五千骑兵想要协助袁谭。此外，公孙康派使者韩忠将单于的印绶送给峭王。峭王聚集所有的部落首长开会，韩忠也在座。峭王就问牵招说："从前袁公说接受天子的命令，拜我做单于。而今曹公也说要报知天子，拜我做真单于，辽东又遣人送印绶于我，如此一来，哪一个才是真正的主呢？"牵招回答说："先前袁公秉承天子的制命，能够给人拜官，因为他中间悖逆了天子的命令，所以现在由曹公来替代他，曹公说报知天子，再拜你做真单于。辽东是下等的州郡，怎么可以专擅拜官呢？"韩忠说："我们辽东在沧海的东面，拥有一百多万军队，又有扶馀、濊貊人让我役使，如今的情形是势力强的人就强大，曹操怎么能够单独做此事呢？"牵招大声地责备韩忠说："曹公诚信、恭谨、明智、睿哲，拥护天子，征伐叛贼，安抚归顺之人，安定了四方。你们君臣凶狠愚笨，现今借着险固并且路途遥远，悖逆了天子的命令，想要专擅拜官，亵渎了天子，作威作福，真应当受到杀戮，怎么敢污蔑毁谤大人呢！"就按住韩忠的头在地上撞击，拔出刀来要杀死他。峭王害怕了，光着脚下来抱住牵招以来救韩忠，峭王旁边的人也吓得变了颜色。牵招这才回到座位上，对峭王等人讲述成败的得失、祸福的趋势；峭王身旁的人都离开席位，伏跪在地，恭敬地接受告诫教令，拒绝了辽东的使者，并解散了严格整顿的骑兵。

丹阳大都督妫览、郡丞戴员杀太守孙翊。将军孙河屯京城，驰赴宛陵，览、员复杀之；遣人迎扬州刺史刘馥，令往历阳，以丹阳应之。

览入居军府中，欲逼取翊妻徐氏。徐氏绐之曰："乞须晦日，设祭除服，然后听命。"览许之。徐氏潜使所亲语翊亲近旧将孙高、傅婴等与共图览，高、婴涕泣许诺，密呼翊时侍养者二十馀人与盟誓合谋。到晦日，设祭。徐氏哭泣尽哀，毕，乃除服，薰香沐浴，言笑欢悦。大小悽怆，怪其如此。览密觇，无复疑意。徐氏呼高、婴置户内，使人召览入。徐氏出户拜览，适得一拜，徐大呼："二君可起！"高、婴俱出，共杀览，馀人即就外杀员。徐氏乃还缞绖，奉览、员首以祭翊墓，举军震骇。

孙权闻乱，从椒丘还。至丹阳，悉族诛览、员馀党，擢高、婴为牙门，其馀赏赐有差。

河子韶，年十七，收河馀众屯京城。权引军归吴，夜至京城下营，试攻惊之；兵皆乘城，传檄备警，讙声动地，颇射外人。权使晓谕，乃止。明日见韶，拜承烈校尉，统河部曲。

【译文】丹阳大都督妫览、郡丞戴员杀死太守孙翊。将军孙河镇守京城，听到消息后就跑到宛陵。妫览、戴员又将他杀死；遣人迎接扬州刺史刘馥，要他驻守历阳，自己以丹阳来和他呼应。

妫览进入原先孙翊军府中居住，想要强行迎娶孙翊的妻子徐氏。徐氏骗他说："恳求你等到月底，等陈设完祭祀后我脱掉了丧服，再服从你的命令。"妫览应允了她。徐氏偷偷地派亲信告诉孙翊的亲信旧将孙高、傅婴等人，同他们计划除掉妫览。孙高、傅婴哭泣着答应了，秘密地召集孙翊生前侍奉左右而得到厚待的二十几个人，与他们结盟发誓一起谋划。到了月底，徐氏陈设祭祀，哭泣得很是悲痛，完了之后，就脱掉丧服，焚烧沉香、沐浴，谈笑风生，家里上上下下的人都非常伤心，对徐氏的表现感到很奇怪，妫览偷偷地观察，没有一点怀疑。徐氏就叫孙高、傅婴躲藏在房间里，命人将妫览叫过来。徐氏出房拜见妫

览，刚拜了一拜，就大叫说："二位将军可以行事了！"孙高、傅
婴一起从房中出来，杀死妫览，其余的人就在外面杀死戴员。徐
氏又穿上之前的丧服，拿着妫览、戴员的头来祭祀孙翊，全军的
人都为之震动惊恐。

孙权闻说有乱，从椒丘返回，到达了丹阳，就将妫览、戴员
的余党、族人全部杀掉。升孙高、傅婴做牙门，余下的人都有不
同的赏赐。

孙河的儿子孙韶，十七岁，收集了孙河余下来的士兵镇守
京城。孙权带领军队回到吴地，夜里到达京城下营，遣人进攻
京城来惊动孙韶的士兵，想试试孙韶的才干；孙韶的士兵都上
了城墙，传送军事文书，防备警戒，喊声动地，不断地射城外的
人。孙权命人通知他，孙韶这才停止射箭。第二天孙权召见孙
韶，封他为承烈校尉，统领孙河的部队。

十年（乙酉，公元二○五年）春，正月，曹操攻南皮，袁谭出
战，士卒多死。操欲缓之，议郎曹纯曰："今县师深入，难以持
久，若进不能克，退必丧威。"乃自执枹鼓以率攻者，遂克之。谭
出走，追斩之。

李孚自称冀州主簿，求见操曰："今城中弱强相陵，人心扰
乱，以为宜令新降为内所识信者宣传明教。"操即使孚往入城，
告谕吏民，使各安故业，不得相侵，城中乃安。操于是斩郭图等
及其妻子。

【译文】十年（乙酉，公元205年）春季，正月，曹操进攻南
皮，袁谭出城作战，曹军死掉了很多士卒。曹操想暂时停止进
攻，议郎曹纯说："如今我们是孤军深入，很难长期维持下去，
假如进攻没有得到胜利，退后一定会失掉军威。"于是亲自敲

鼓来激励进攻的人，因此攻下了南皮。袁谭出城逃跑，曹操追到后就杀死了他。

李孚称自己为冀州主簿，拜见曹操说："现下城中以强凌弱，人心慌乱，我觉得应当在新投降的人中，选派一个为大家所信服的人来宣扬你的清明教诲。"曹操就任命李孚进入城中，告诉官吏和人民，让他们各自安定于自己原有的事业，不要相互欺凌，城中这才安定了下来。曹操于是杀死郭图等及其妻儿。

【申涵煜评】操兵围邺，孚以三骑出入万众之中，卒致命而还，大是奇才。然闻袁谭死，即诣操自降，有勇而无义，较韩珩不肯北面曹氏，贤愚霄壤。

【译文】曹操出兵围剿邺城，李孚带领三个士兵就闯入到有数万敌军的阵营中去，让敌军听从他的命令然后安全返回，实在是一个奇才啊。然而听到袁谭死去的消息后，立即就给曹操上书表示投降，有勇谋却没有忠义，和不肯屈服于曹操的韩珩相比，是贤才和愚人的天壤之别。

袁谭使王修运粮于乐安，闻谭急，将所领兵往赴之，至高密，闻谭死，下马号哭曰："无君焉归！"遂诣曹操，乞收葬谭尸，操许之，复使修还乐安，督军粮。谭所部诸城皆服，唯乐安太守管统不下。操命修取统首，修以统亡国忠臣，解其缚，使诣操，操悦而赦之，辟修为司空掾。

郭嘉说操多辟青、冀、幽、并名士以为掾属，使人心归附，操从之。官渡之战，袁绍使陈琳为檄书，数操罪恶，连及家世，极其丑诋。及袁氏败，琳归操，操曰："卿昔为本初移书，但可罪状孤身，何乃上及父祖邪！"琳谢罪，操释之，使与陈留阮瑀俱管记室。

【译文】 袁谭派遣王修到乐安运输粮食，王修听闻袁谭的情况危急，就带领自己的士兵前去解救，到达高密，听到袁谭已经死去，就下马大声地哭泣说："如果没有你，我还能归附谁呢？"于是就拜见曹操，乞求收敛埋葬袁谭的尸体，曹操答应了他，又派王修回到乐安监督军粮。袁谭所统治的各城都投降归顺了，唯有乐安太守管统不肯归降。曹操让王修在督运粮食之时，杀掉管统，取下管统的首级。王修觉得管统是亡国的忠臣，就解开他的绳索，要他去拜见曹操，曹操很高兴地赦免了他，命王修做司空掾。

郭嘉劝说曹操多征用青、冀、幽、并各州的名士为下属，让人心归附，曹操听从了他的意见。官渡之战后，袁绍叫陈琳写讨伐曹操的军事文书，写下曹操的全部罪恶，陈琳写作之时，牵连了曹操的家世，对他极尽污辱和毁谤。等到袁绍战败，陈琳归顺曹操，曹操说："你从前替袁本初写文书，可以责怪我一人的罪状，为何还要连及我的父亲、祖父呢？"陈琳向曹操请罪，曹操放过了他，命令他和陈留人阮瑀一同管理记室。

先是渔阳王松据涿郡，郡人刘放说松以地归操，操辟放参司空军事。

袁熙为其将焦触、张南所攻，与尚俱奔辽西乌桓。触自号幽州刺史，驱率诸郡太守令长，背袁向曹，陈兵数万，杀白马而盟，令曰："敢违者斩！"众莫敢仰视，各以次歃。别驾代郡韩珩曰："吾受袁公父子厚恩，今其破亡，智不能救，勇不能死，于义阙矣。若乃北面曹氏，所不能为也。"一坐为珩失色。触曰："夫举大事，当立大义，事之济否，不待一人，可卒珩志，以厉事君。"

乃舍之。触等遂降曹操，皆封为列侯。

【译文】从前渔阳人王松占领了涿郡，郡人刘放劝说王松举郡归顺曹操，曹操任命刘放做参司空军事。

袁熙被他的将领焦触、张南攻击，就与袁尚一块逃至辽西的乌桓。焦触自己号称幽州刺史，带领各郡的太守、县长，背叛袁尚归附曹操，陈列几万军队，同各首长白马盟誓，他下令说："有谁胆敢背叛的就杀掉他！"无一人敢抬头看他，各人依次歃血。别驾代郡人韩珩说："我深受袁公父子的恩德，如今他们灭亡了，我的智慧救助不了他们，我的勇气不能和他们一起牺牲，在道义方面来说已经有了缺失，假如现在要我向北侍奉曹氏，这是我做不到的。"在座之人都为韩珩的言语吓得变色。焦触说："成大事就应当建立大的道义，事情能否获得成功，不在于一个人，我们让韩珩保持他的节操以砥砺侍奉君主的人。"于是就赦免了他。焦触等人于是都归降了曹操，都被封为列侯。

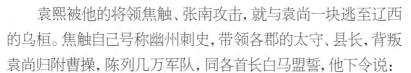

夏，四月，黑山贼帅张燕率其众十馀万降，封安国亭侯。

故安赵犊、霍奴等杀幽州刺史及涿郡太守，三郡乌桓攻鲜于辅于犷平。秋，八月，操讨犊等，斩之；乃渡潞水救犷平，乌桓走出塞。

冬，十月，高幹闻操讨乌桓，复以并州叛，执上党太守，举兵守壶关口。操遣其将乐进、李典击之。河内张晟，众万馀人，寇崤、渑间，弘农张琰起兵以应之。

河东太守王邑被徵，郡掾卫固及中郎将范先等诣司隶校尉钟繇，请留之。繇不许。固等外以请邑为名，而内实与高幹通谋。曹操谓荀彧曰："关西诸将，外服内贰，张晟寇乱崤、渑，南通刘表，固等因之，将为深害。当今河东，天下之要地也，君为我举贤才以镇之。"或曰："西平太守京兆杜畿，勇足以当难，智足以应变。"操乃以畿为河东太守。钟繇促王邑交符，邑佩印绶，径从河北诣许自归。

【译文】夏季，四月，黑山贼的首领张燕带领他的部下十多万人投降，被封安国亭侯。

故安人赵犊、霍奴等杀掉了幽州刺史和涿郡太守，三郡的乌桓在犷平进攻鲜于辅。秋季，八月，曹操征战赵犊等，杀死他们；就渡过潞水解救犷平，乌桓逃跑出塞外。

冬季，十月，高幹听到曹操攻打乌桓，又以并州叛变，逮捕了上党太守，发兵守壶关口。曹操命令他的将领乐进、李典进攻他。河内人张晟带领一万多个手下，侵略崤、渑之间，弘农人张琰发兵响应他。

河东太守王邑受到朝廷征召，郡中的属官卫固和中郎将范先等人拜见司隶校尉钟繇，希望让王邑继续担任河东太守。钟繇不答应。卫固等表面上是恳请王邑留任，而实际上和高幹串谋。曹操对荀彧说："关西的将领们表面服从，内有二心，张晟侵略崤、渑一带，南方私自串通刘表，卫固等人又凭借他，将会成为重大的祸患。今天的河东，是天下重要之处，你替我推选一位贤才来驻守这里。"荀彧说："西平太守京兆人杜畿，其勇气可以抵挡灾难，其智慧也能够应付万变。"曹操就命令杜畿担任河东太守。钟繇督促王邑交出郡府，王邑却携带着印绶直接从河北到许昌，向朝廷报到。

卫固等使兵数千人绝陕津，杜畿至，数月不得渡。操遣夏侯惇讨固等，未至，畿曰："河东有三万户，非皆欲为乱也。今兵迫之急，欲为善者无主，必惧而听于固。固等势专，必以死战。讨之不胜，为难未已；讨之而胜，是残一郡之民也。且固等未显绝王命，外以请故君为名，必不害新君。吾单车直往，出其不意，固为人多计而无断，必伪受吾。吾得居郡一月，以计縻之，足矣。"遂诡道从郖津度。

范先欲杀畿以威众，且观畿去就，于门下斩杀主簿已下三十馀人，畿举动自若。于是固曰："杀之无损，徒有恶名；且制之在我。"遂奉之。畿谓固、先曰："卫、范，河东之望也，吾仰成而已。然君固有定义，成败同之，大事当共平议。"以固为都督，行丞事，领功曹；将校吏兵三千馀人，皆范先督之。固等喜，虽阳事畿，不以为意。固欲大发兵，畿患之，说固曰："今大发兵，众情必扰，不如徐以赀募兵。"固以为然，从之，得兵甚少。畿又喻固等曰："人情顾家，诸将掾史，可分遣休息，急缓召之不难。"固等恶逆众心，又从之。于是善人在外，阴为己援；恶人分散，各还其家。

【译文】卫固等人带领几千士兵阻断了陕津渡口，杜畿到达了陕津，几个月都无法渡过。曹操命令夏侯惇征伐卫固等，还未到，杜畿说："河东有三万家，并非都要作乱。只是此刻受到兵力的紧逼，即使是想从善也没有一个可以领导的人，肯定会因为害怕才听从卫固。卫固等人专权强势，势必拼命作战，假如我们征伐他得不到胜利，那将造成无穷无尽的灾难；征伐他而能够获得胜利，所残害的是整个郡的百姓。况且卫固等并无明显违背天子的命令，他们表面上以请求原来的太守作为名义，一定不会陷害新的太守，我一个人直接去，出其不意，卫固为人多有计策，可是没有判断力，肯定表面上接纳我，如果我能够居住在郡里一个月，用计策来拉拢他们，事情便成功了。"于是就偷偷地绕道渡河。

范先要杀死杜畿来镇压群众，就先看看杜畿去留的情形，在郡府门前杀掉主簿以下三十几人，杜畿的行为依旧无丝毫变化。于是卫固说："杀死他对我们没有好处，只不过白白地招致坏的声名，不如控制他留在我们身边。"于是奉他做太守。杜畿对卫固、范先说："卫、范两家，是河东人所景仰的家族，我靠着两家完成事情。然而君臣之间有一定的道义，成败有共同的关系，郡中的大事，我与你们一起商量。"就任命卫固做都督，行郡丞的事情，领功曹；将校官兵三千余人，都要范先来督导。卫固等人高兴，虽在表面上侍奉杜畿，但没有将他放在心上。卫固想要大举征募士兵，杜畿很担心，就对卫固说："而今大举征收士兵，人民的心里肯定不安，不如慢慢地用钱招募士兵。"卫固觉得十分正确，就听从了他，征到的士兵很少。杜畿又对卫固等说："人的心里很顾念家里，将领们和属官可以分别让他们休息，等紧急之时，召集他们也不是难事。"卫固等人很怕悖逆了大家的意愿，所以又听从了他。于是善人在外面，暗地里作为自己的援手；恶人分散了，各自返回家中。

会白骑攻东垣，高幹入濩泽。畿知诸县附己，乃出，单将数十骑，赴坚壁而守之，吏民多举城助畿者，比数十日，得四千馀人。固等与高幹、张晟共攻畿，不下，略诸县，无所得。曹操使议郎张既西徵关中诸将马腾等，皆引兵会击晟等，破之，斩固、琰等着，其馀党与皆赦之。

于是杜畿治河东，务崇宽惠。民有辞讼，畿为陈义理，遣归谛思之，父老皆自相责怒，不敢讼。劝耕桑，课畜牧，百姓家家丰实。然后兴学校，举孝弟，修戎事，讲武备，河东遂安。畿在河东十六年，常为天下最。

【译文】 恰逢白骑进攻东垣，高幹来到濩泽。杜畿知道各县都归附自己，就出城去，单独带领几十个骑兵奔赴前线，利用坚固的壁垒来守卫，各地官民大都倾城出动援助杜畿。几十天后，得到四千多人，卫固等人和高幹、张晟一起进攻杜畿，无法攻下，经过的各个县，也没有收获。曹操命令议郎张既向西征召关中的将领马腾等人带领军队会合攻打张晟等，将他们打败，杀死卫固、张琰等人，余下的党羽一律赦免。

在这时杜畿治理河东，崇尚宽厚仁爱。人民有讼事，杜畿给他们讲述道理，放他们回去细细考虑，父老们都自我责备，不敢兴讼；杜畿又规劝人民耕种，教导人民畜牧，老百姓家家户户丰盛殷实；然后他兴办学校，推举孝悌，练习战事，讲求武艺，河东郡自此安宁。杜畿在河东十六年，他的治绩从来都是诸郡里边最好的。

秘书监、侍中荀悦作《申鉴》五篇，奏之。悦，爽之兄子也。时政在曹氏，天子恭己，悦志在献替，而谋无所用，故作是书。其大略曰：为政之术，先屏四患，乃崇五政。伪乱欲，私坏法，放越轨，奢败制：四者不除，则政末由行矣，是为四患。兴农桑以养其生，审好恶以正其俗，宣文教以章其化，立武备以秉其威，明常罚以统其法，是谓五政。人不畏死，不可惧以罪；人不乐生，不可劝以善。故在上者，先丰民财以定其志，是谓养生。善恶要乎功罪，毁誉效于准验，听言责事，举名察实，无或诈伪以荡众心。故欲无奸怪，民无淫风，是谓正俗。荣辱者，赏罚之精华也。故礼教荣辱以加君子，化其情也；桎梏鞭扑以加小人，化其形也。若教化之废，推中人而坠于小人之域，教化之行，引中人而纳于君子之涂，是谓章化。在上者必有武备以戒不虞，安居则寄之内政，有事则用之军旅，是谓秉威。赏罚，政之柄也。人主不妄赏，非爱其财也，赏妄行，则善不劝矣；不妄罚，非矜其人也，罚妄行，则恶不惩矣。赏不劝，谓之止善，罚不惩，谓之纵恶。在上者能不止下为善，不纵下为恶，则国法立矣。是谓统法。四患既蠲，五政又立，行之以诚，守之以固，简而不怠，疏而不失，垂拱揖让，而海内平矣。

资治通鉴

【译文】秘书监、侍中荀悦，写了《申鉴》五篇，呈献给天子。荀悦，是荀爽的兄长的儿子。那时政令完全在曹氏手中，天子只是南面端坐罢了，并没有实事可做。荀悦的志向在于贡献善道，淘汰不好的政令；然而他的智慧和谋略没有机会施展，因此才写了此书。书的主旨是："治理政治的办法，先要消除四个忧患，然后再崇尚五项政事。虚伪会扰乱风俗、自私会败坏法令、放荡会凌越正轨、奢侈会破坏制度，这四样如果不除去，政令就无法施行，这就称作四个忧患。振兴农事来养活生命，重视好恶来端正风俗，宣扬文教来彰显德化，建立武装来执守威仪，严明赏罚来统一法令，这就称作五种政事。人民不害怕死亡，不能用刑罪吓他；人民没了生存的意趣，不能用善道劝他。因此身居上位的人，先要使人民的财物丰厚，来让他们的心志安宁，这称作养活生命。善恶合乎功罪，毁誉合乎准则，听他的言语还要要求他的行事，知道他的声名还要观察他的实际，不要用虚伪令百姓的心志动荡。这样才会消除世俗中的怪异，人民没有淫风，这称作端正风俗。荣辱是赏罚的精华，因此礼教荣辱施在君子身上，这是从内心对他们加以感化；桎梏鞭打施在小人身上，这是从形体对他们加以感化。假如教化败坏，这是让中等的人也沦为小人的境地；教化能够推行，这是引导中等的人升到君子的境地，这叫作彰明德化。身居上位的人，一定要用武力来

36

防备不测，国家安定之时就用之于政事；有事之时就用之于军旅，这是执守威仪。赏罚是推行政令的依据，人君不乱赏，并非爱惜财物，而是由于乱赏，善人就无法得到鼓励。不乱罚，并非怜惜恶人，而是因为由于乱罚，恶人就无法得到惩罚。赏赐失掉鼓励作用，这称作阻止行善；刑罚失掉惩戒作用，这叫作放纵罪恶；在上位的人能够不阻止下面的人行善，不纵容下面的人行恶，国法就建立了。这就叫统一法令。四个忧患已经除去，五项政事又能建立，再用诚实来做推行，用固直来守卫，简单而不松懈，粗疏而无失误，垂拱揖让，无为而治，天下就能安定了。"

资治通鉴卷第六十五　汉纪五十七

起柔兆阉茂，尽著雍困敦，凡三年。

【译文】起丙戌（公元206年），止戊子（公元208年），共三年。

【题解】本卷记录了汉献帝刘协建安十一年至建安十三年间的历史。曹操灭高干，平定三郡乌丸，灭袁尚、袁熙，扫除袁氏残余势力，巩固北方统治。之后便大举南下。孙氏政权，此时已完全统治江东，并在二〇八年春攻打荆州，歼灭江夏太守黄祖，报杀父之仇。南依刘表的刘备，三顾茅庐，请出卧龙诸葛亮，诸葛亮献隆中对策，第一步也是夺取荆州。曹操南下占领荆州，于是孙、刘联军与曹操在赤壁展开大战，曹操大败，荆州三分，三国鼎立的序幕就此拉开。

孝献皇帝庚

建安十一年（丙戌，公元二〇六年）春，正月，有星孛于北斗。

曹操自将击高幹，留其世子丕守邺，使别驾从事崔琰傅之。操围壶关，三月，壶关降。高幹自入匈奴求救，单于不受。幹独与数骑亡，欲南奔荆州，上洛都尉王琰捕斩之，并州悉平。

曹操使陈郡梁习以别部司马领并州刺史。时荒乱之馀，胡、狄雄张，吏民亡叛，入其部落，兵家拥众，各为寇害。习到官，诱喻招纳，皆礼如其豪右，稍稍荐举，使诣幕府；豪右已尽，次发诸丁强以为义从；又因大军出征，令诸将分请以为勇力。吏兵已去之后，稍移其家，前后送邺凡数万口；其不从命者，兴兵致讨，斩首千数，降附者万计。单于恭顺，名王稽颡，服事供职，同于偏户，边境肃清，百姓布野，勤劝农桑，令行禁止。长老称咏，以为自所闻识，刺史未有如习者。习乃贡达名士避地州界者，河内常林、杨俊、王象、荀纬及太原王淩之徒，操悉以为县长，后皆显名于世。

【译文】建安十一年（丙戌，公元206年）春季，正月，有彗星出现在北斗星座。

曹操亲自带领军队进攻高幹，留下世子曹丕守卫邺城，派遣别驾从事崔琰协助他。曹操进攻包围壶关，三月，壶关投降。高幹亲身去匈奴，请求解救；单于没有接受，高幹单独和几个骑兵逃亡，想向南逃到荆州，上洛县的都尉王琰抓到了他，并杀掉了他，并州全部平定。

曹操派陈郡人梁习以别部司马的身份担任并州刺史。当时荒乱过后，胡人、狄人强大并且嚣张，官民叛逃，都进入了他们的部落，各部落有权有势的凭着自己的武力，到处侵掠做坏事。梁习上任之后，劝诱招纳，对地方豪强都用礼征召，有少数人逐渐得到举荐，让他们到州府里任职。这些豪强没有了，其次再募集他们之中强壮的人口，作为志愿军。又借着大军出征，下令所有的将领分别请这些志愿军参与战事。官吏和士兵离去之后，逐渐地迁移他们的家庭，前前后后送到邺城，一共有几万人，那些拒绝听从命令的人，就出兵前来征讨，杀死一千多人，投降的有上万人。单于因而老实顺从，各部落的首长也投降，服役纳贡同普通民众一般。边境整肃之后，老百姓都进入农田，勤恳地耕作，令出必行，有禁必止。长老都称赞歌颂，觉得自从有见识之后，没有一个像梁习这样的刺史。梁习于是将避难在并州的名士像河内人常林、杨俊、王象、荀纬以及太原人王凌等人，举荐给朝廷，曹操全部任命他们做了县长，这些人之后都十分有声望。

初，山阳仲长统游学至并州，过高幹，幹善遇之，访以世事。统谓幹曰："君有雄志，而无雄才，好士而不能择人，所以为君深戒也！"幹雅自多，不悦统言，统遂去之。幹死，荀彧举统为尚书郎。著论曰《昌言》，其言治乱，略曰："豪杰之当天命者，未始有天下之分者也，无天下之分，故战争者竞起焉。角智者皆穷，角力者皆负。形不堪复伉，势不足复校，乃始羁首系颈，就我之衔继耳。及继体之时，豪杰之心既绝，士民之志已定，贵有常家，尊在一人。当此之时，虽下愚之才居之，犹能使恩同天地，威侔鬼神，周、孔数千无所复角其圣，贲、育百万无所复奋其勇矣！彼后嗣之愚主，见天下莫敢与之违，自谓若天地之不可亡也。乃奔其私嗜，骋其邪欲，君臣宣淫，上下同恶，荒废庶政，弃忘人物。信任亲爱者，尽佞谄容说之人也；宠贵隆丰者，尽后妃姬妾之家也。遂至熬天下之脂膏，斫生民之骨髓，怨毒无聊，祸乱并起，中国扰攘，四夷侵叛，土崩瓦解，一朝而去。昔之为我哺乳之子孙者，今尽是我饮血之冠雠也！至于运徙势去，犹不觉悟者，岂非富贵生不仁，沉溺致愚疾邪！存亡以之迭代，治乱从此周复，天道常然之大数也。"

【译文】起初，山阳人仲长统游学到并州，拜见高幹，高幹厚待他，问他世事。仲长统对高幹说："你胸怀大志却没有大才，喜好士人却不能挑选人才，这是你应当十分警惕的。"高干平时很高傲，很不喜欢仲长统的话，仲长统就离开了他。高干死后，荀彧推荐仲长统担任尚书郎。仲长统写的论文称为《昌言》，其中谈及治乱，大概是说："一个应合天命的豪杰，不见得有取得天下的命分，没有取得天下的命分，而勉强要获取天下，因此战争接连不断地兴起。较量智谋的人都因此枯竭智慧；较量力量的人都因此失败，等到形势不足以相抵，力量不足以相抗，才低头投降，接受我的控制。等到继位之时，豪杰想要获取天下的心已经死了，人民的心志也已经安定，显贵都有固定的家世，权势集中于天子一人手中。此时，即使愚蠢的人在位，还是可以使得恩同天地，威齐鬼神，周公、孔子即使有几千之多，也无法再展示他的圣德；孟贲、夏育即使有百万之多，也无法再展现他的勇力。那些后代愚蠢的君主，看见天下无人敢于违背他们，就自觉得会像天地一样长存而不会遭受灭亡，于是肆意放纵自己的爱好，发展自己的欲望，君臣公开淫乐，上下共同作恶，懈怠了朝政，遗漏了人才。他们所信任的人，全都是那些谄媚讨人喜欢的人；他们所重视的人，全都是后妃姬妾的家人。以至于搜刮天下的民脂民膏，残害百姓的生命，百姓埋怨且痛恨，生活又无依靠，战乱于是同时产生，中原混乱不安，四夷侵掠叛变，像土崩瓦解，一朝之间大势已去。从前那些受我们抚养的子孙，现在都成了吸我们血的敌人。等到这种命运改变，大势已去，还不有所觉悟的人，难道不是由于富贵而产生麻木不仁之心，陷溺才导致愚昧无知的疾病吗？因此存亡不断更替，治乱自此周而复始，这就是长久不变的大道理。"

秋，七月，武威太守张猛杀雍州刺史邯郸商；州兵讨诛之。

猛，奂之子也。

八月，曹操东讨海贼管承，至淳于，遣将乐进、李典击破之，承走入海岛。

昌豨复叛，操遣于禁讨斩之。

是岁，立故琅邪王容子熙为琅邪王。齐、北海、阜陵、下邳、常山、甘陵、济阴、平原八国皆除。

乌桓乘天下乱，略有汉民十馀万户，袁绍皆立其酋豪为单于，以家人子为己女妻焉。辽西乌桓蹋顿尤强，为绍所厚，故尚兄弟归之，数入塞为寇，欲助尚复故地。曹操将击之，凿平虏渠、泉州渠以通运。孙权击山贼麻、保二屯，平之。

【译文】秋季，七月，武威太守张猛杀了雍州刺史邯郸商；州里的军队出兵征讨张猛并杀死了他。张猛是张奂的儿子。

八月，曹操向东征讨海贼管承，到达了淳于，派遣将领乐进、李典打败了他，于是管承逃到了海岛。

昌豨又反叛，曹操命令于禁去征讨并且将他杀掉。

同一年，汉献帝立原琅邪王刘容的儿子刘熙担任琅邪王，除掉齐、北海、阜陵、下邳、常山、甘陵、济阴、平原等八个封国。

乌桓乘天下大乱之时，侵占而拥有十几万家汉族的百姓，袁绍将他们的酋长都立为单于，将平民人家的女儿认作自己的女儿，嫁给单于做阏氏。辽西的乌桓蹋顿尤为强大，被袁绍优厚招待，所以袁尚兄弟之后都去归顺了他，蹋顿时常进入边塞侵凌，想要协助袁尚恢复从前的土地。曹操想要进攻他，就先开凿平虏渠、泉州渠以通畅运输。

孙权进攻山贼麻、保二屯，将他们平定。

　　十二年(丁亥，公元二〇七年)春，二月，曹操自淳于还邺。丁酉，操奏封大功臣二十馀人，皆为列侯；因表万岁亭侯荀彧功状，三月，增封彧千户。又欲授以三公，彧使荀攸深自陈让，至于十数，乃止。

　　曹操将击乌桓。诸将皆曰："袁尚亡虏耳，夷狄贪而无亲，岂能为尚用! 今深入征之，刘备必说刘表以袭许，万一为变，事不可悔!"郭嘉曰："公虽威震天下，胡恃其远，必不设备，因其无备，卒然击之，可破灭也。且袁绍有恩于民夷，而尚兄弟生存。今四州之民，徒以威附，德施未加，舍而南征，尚因乌桓之资，招其死主之臣，胡人一动，民夷俱应，以生蹋顿之心，成凯觎之计，恐青、冀非已之有也。表坐谈客耳，自知才不足以御备，重任之则恐不能制，轻任之则备不为用，虽虚国远征，公无忧矣。"操从之。行至易，郭嘉曰："兵贵神速。今千里袭人，辎重多，难以趋利，且彼闻之，必为备。不如留辎重，轻兵兼道以出，掩其不意。"

　　【译文】十二年(丁亥，公元207年)春季，二月，曹操从淳于返回邺城。丁酉日(初五)，曹操上奏章赏封大功臣二十几个，汉献帝都封他们为列侯；趁机表奏万岁亭侯荀彧的功劳。三月，增加荀彧的封地一千户，又要授给荀彧三公，荀彧叫荀攸深深地表示自己的谦让之意，反复让了十几次，曹操这才打消意念。

　　曹操想要进攻乌桓。将领们都说："袁尚只不过一个逃亡的人罢了，夷狄贪婪而不亲爱。怎么能够为袁尚所用呢? 此时深入夷狄之区而进攻他，刘备肯定劝说刘表趁机来偷袭许昌，万一事情有了变化，就无法后悔弥补了。"郭嘉说："曹公即使威震天下，胡人因为地区遥远，一定不会有所备，乘着他们没有防备，仓促之间进攻，就能够将他们一举消除。况且袁绍对百姓、夷狄都有恩德，而袁尚兄弟尚在。现今四州的人民，是因为害怕我们的武力而服从，我们并没有加给他们恩德，假如放弃这个地方而向南征战刘表，袁尚借着乌桓的势力，招集那些甘愿替主人牺牲的臣下，胡人一旦有了行动，百姓、夷狄一同响应，蹋顿就会因此产生异心，形成觊觎的计划，恐怕青州、冀州不会再为我们所有了。刘表只不过一个坐着言谈的人而已，知晓才干不能够控制刘备，一旦重用他，却又害怕控制不了他；若是轻用他，刘备也不会为他所用，因而我们倾尽全国的兵力，到遥远之地去征战，也不会有什么担心。"曹操就采纳了他的建议。军队到达易县，郭嘉说："用兵贵在快速。现在到千里之外偷袭别人，辎重太多，难以取得利益，再说他们一旦听到了，肯定设立守备；倒不如留下辎重，带领轻装急行的军队，日夜兼程赶到那里，出其不意地攻击他们。"

初，袁绍数遣使召田畴于无终，又即绶将军印，使安辑所统，畴皆拒之。及曹操定冀州，河间邢颙谓畴曰："黄巾起来，二十馀年，海内鼎沸，百姓流离。今闻曹公法令严。民厌乱矣，乱极则平，请以身先。"遂装还乡里。畴曰："邢颙，天民之先觉者也。"操以颙为冀州从事。畴忿乌桓多杀其本郡冠盖，意欲讨之而力未能。操遣使辟畴，畴戒其门下趣治严。门人曰："昔袁公慕君，礼命五至，君义不屈。今曹公使一来而君若恐弗及者，何也？"畴笑曰："此非君所识也。"遂随使者到军，拜为蒨令，随军次无终。

【译文】 先前，袁绍多次命人到无终征召田畴，又授予他将军的印信，要他安抚所统部众，田畴都拒绝了他。等到曹操平定冀州，河间人邢颙对田畴说："黄巾起事二十几年，全国混乱，

资治通鉴

百姓流离。如今听闻曹公法纪严明，百姓憎恨混乱，混乱到极点就会安宁，我愿意率先表现。"于是就整装返回乡里。田畴说："刑颙真是百姓之中的先知先觉者。"曹操派刑颙担任冀州从事，田畴憎恨乌桓杀死很多本郡的士大夫，心里想进攻乌桓而力量不够，曹操派遣使者召辟田畴，田畴告诉他的门下赶紧整理行装。他的门客说："先前袁公很是仰慕你，礼节命令五次到来，然而你却很有节义地拒绝顺从；而现在曹公的使臣一来而你就好像等不及的样子，这是什么原因呢？"田畴笑着说："这个是你所不能理解的。"于是他就跟随使者到军中，曹操拜他做蓚县县令，跟随着军队在无终居住。

时方夏水雨，而滨海洿下，泞滞不通，虏亦遮守蹊要，军不得进。操患之，以问田畴。畴曰："此道，秋夏每常有水，浅不通车马，深不载舟船，为难久矣。旧北平郡治在平冈，道出卢龙，达于柳城。自建武以来，陷坏断绝，垂二百载，而尚有微径可从。今虏将以大军当由无终，不得进而退，懈弛无备。若嘿回军，从卢龙口越白檀之险，出空虚之地，路近而便，掩其不备，蹋顿可不战而禽也。"操曰："善！"乃引军还，而署大木表于水侧路傍曰："方今夏暑，道路不通，且俟秋冬，乃复进军。"虏候骑见之，诚以为大军去也。

【译文】当时正是夏季，雨水非常多，滨海地区地面潮湿，道路泥泞而无法通行，敌人也占据道路的要点，军队无法前进。曹操很是担心，就问田畴的计策，田畴说："这条路，秋季、夏季经常有水，浅之时不能通行车马，深之时也不能通行舟船，很久以前就形成困难。从前的北平郡郡政府在平冈，经过卢龙，到了柳城；自建武以来，这条路毁坏坍塌已经快有二百年，可是还有小路可走。此时敌人觉得我们的大军应当无法通行无终，无法前进必然会后退，所以他没有戒备。假如我们偷偷地回军，从卢龙口越过白檀的险要，经过他们的空虚之地，道路近而且便利，趁敌人没有防备之时而加以攻击，蹋顿一定会不战而俘。"曹操说："好！"于是带领军队从无终回去，而将大木牌竖立在水旁路边，上面写着："正值夏季暑热之时，道路不通，暂且等到秋冬之时，再行进军。"敌人的斥候骑兵看见了，真的觉得曹操大军已经离去。

操令畴将其众为乡导，上徐无山，堑山堙谷，五百馀里，经白檀，历平冈，涉鲜卑庭，东指柳城。未至二百里，虏乃知之。尚、熙与蹋顿及辽西单于楼班、右北平单于能臣抵之等将数万骑逆军。八月，操登白狼山，卒与虏遇，众甚盛。操车重在后，被甲者少，左右皆惧。操登高，望虏阵不整，乃纵兵击之，使张辽为先锋，虏众大崩，斩蹋顿及名王已下，胡、汉降者二十馀万口。

辽东单于速仆丸与尚、熙奔辽东太守公孙康，其众尚有数千骑。或劝操遂击之，操曰："吾方使康斩送尚、熙首，不烦兵矣。"九月，操引兵自柳城还。公孙康欲取尚、熙以为功，乃先置精勇于厩中，然后请尚、熙入，未及坐，康叱伏兵禽之，遂斩尚、熙，并速仆丸首送之。诸将或问操："公还而康斩尚、熙，何也？"操曰："彼素畏尚、熙，吾急之则并力，缓之则自相图，其势然也。"操枭尚首，令三军："敢有哭之者斩！"牵招独设祭悲哭，操义之，举为茂才。

【译文】 曹操就命令田畴带领他的部下做向导，上徐无山，挖山埋谷，行走了五百多里，经过白檀，越过平冈到达鲜卑庭，向东直指柳城。还差两百多里地时，敌人才知悉（曹军的到来），袁尚、袁熙和蹋顿以及辽西单于楼班、右北平单于能臣抵之等带领几万骑兵迎战曹操的军队。八月，曹操登上白狼山，匆忙之间和敌人遭遇，敌人的军队十分众多。曹操的辎重在后面，身披铠甲的士兵也很少，身边的人都十分害怕。曹操登上高处，看到敌人的阵容并不十分整齐，于是就发动军队进攻，命令张辽做前锋，敌人的军队溃败，杀死蹋顿以及各部落首长以下的人，胡人、汉人投降的有二十几万。

辽东单于速仆丸和袁尚、袁熙逃走投奔辽东太守公孙康，他们的手下还有几千骑兵追随。有人劝曹操趁机进攻，曹操说："我正命令公孙康斩了袁尚、袁熙的首级，不需要出兵动用军队。"九月，曹操统领军队从柳城班师。公孙康想抓到袁尚、袁熙，以这个作为功劳，就先在马厩里面安置了精锐的勇士，然后邀请袁尚、袁熙进来，他们还未坐下，公孙康就大喊着让埋伏的士兵抓住他们，于是斩掉袁尚、袁熙同速仆丸的首级一起送于曹操。将领们有人问曹操："你回来了，公孙康才斩杀袁尚、袁熙，这是什么意思呢？"曹操说："公孙康向来害怕袁尚、袁熙，假如我胁迫他，他就和袁尚、袁熙联合起来；假如对他放松警惕，他就为自己图谋，现在的形势就是这样。"曹操将袁尚的首级悬挂示众，下令三军："有人胆敢为他们哭泣的，就斩掉他！"牵招独自设立了祭礼，痛哭流涕，曹操觉得他非常有节义，就推荐他做茂才。

时天寒且旱，二百里无水，军又乏食，杀马数千匹以为粮，凿地入三十馀丈方得水。既还，科问前谏者，众莫知其故，人人皆惧。操皆厚赏之，曰："孤前行，乘危以徼幸。虽得之，天所佐也，顾不可以为常。诸君之谏，万安之计，是以相赏，后勿难言之。"

冬，十月，辛卯，有星孛于鹑尾。

乙巳，黄巾杀济南王赟。

十一月，曹操至易水，乌桓单于代郡普富卢、上郡那楼皆来贺。

师还，论功行赏，以五百户封田畴为亭侯。畴曰："吾始为刘公报仇，率众遁逃，志义不立，反以为利，非本志也。"固让不受。操知其至心，许而不夺。

操之北伐也，刘备说刘表袭许，表不能用。及闻操还，表谓备曰："不用君言，故为失此大会。"备曰："今天下分裂，日寻干戈，事会之来，岂有终极乎！若能应之于后者，则此未足为恨也。"

【译文】那时天气酷寒而且干旱，二百里以内没有水，军队又缺少粮食，就杀死几千匹马作为军粮，凿地三十几丈才得到水。返回之后，曹操就查问之前劝阻他伐乌桓人的姓名，大家不知道是什么原因，人人都很害怕。曹操都厚赏曾经劝谏的他们，说："我上一次出兵，冒着危险而侥幸得胜，纵然取胜，也是靠上天的帮助，实在不能作为常情。诸位的劝谏，真真正正才是万分安全的计划，所以厚赏诸位，之后不要害怕劝谏。"

冬季，十月，辛卯（初三），有彗星出现在鹑尾星座。

乙巳（十七日），黄巾军杀死济南王刘赟。

十一月，曹操到达易水，乌桓代郡部落的单于普富卢、上郡部落的那楼都来庆贺。

军队返回之后，论功行赏，以五百户封田畴为亭侯。田畴说："我刚开始是为刘公报仇，才带领部下逃走，现在不能建立志向、表显节义，反而借此谋取一己私利，这并不是我原本的心意。"坚决推辞不愿意接受，曹操知道他是出于本心，就答应了他的推让而没有强迫他。

曹操北伐之时，刘备劝说刘表偷袭许昌，刘表没有采用他的计策。等到听闻曹操回来，刘表对刘备说："因为没有采用你的话，所以才失掉这个大好时机。"刘备说："现今天下分裂，连年征战，机会的产生，怎么会完呢？假如之后能够掌握运用，那么此次机会失掉也没有什么值得悔恨的。"

【乾隆御批】田畴不卖卢龙，世所称高蹈者。然因欲报公孙瓒而引道以歼熙、尚。隐遁忠厚之士，或不出此矣。

【译文】田畴没有出卖卢龙，这就是世间人说的品行高洁的人。他因为想报复公孙瓒而指路用以歼灭袁熙、袁尚，隐居忠厚的人，也许不至于做出这种事吧。

是岁，孙权西击黄祖，虏其人民而还。

权母吴氏疾笃，引见张昭等，属以后事而卒。

初，琅邪诸葛亮寓居襄阳隆中，每自比管仲、乐毅。时人莫之许也，惟颍川徐庶与崔州平谓为信然。州平，烈之子也。

刘备在荆州，访士于襄阳司马徽。徽曰："儒生俗士，岂识时务，识时务者在乎俊杰。此间自有伏龙、凤雏。"备问为谁，曰："诸葛孔明、庞士元也。"徐庶见备于新野，备器之。庶谓备曰："诸葛孔明，卧龙也，将军岂愿见之乎？"备曰："君与俱来。"庶曰："此人可就见，不可屈致也，将军宜枉驾顾之。"

【译文】这一年，孙权向西进攻黄祖，俘获了他的百姓才回去了。

孙权的母亲吴氏病情加重，召见张昭等人，将后事嘱咐给他们才死。

起初，琅邪人诸葛亮居住在襄阳的隆中，经常将自己比作管仲、乐毅；当时人都不以为然，唯有颍川人徐庶和崔州平觉得十分恰当。崔州平是崔烈的儿子。

刘备居住在荆州，向襄阳司马徽寻找人才，司马徽说："儒生俗士，如何会通晓时务，懂得时务的人唯有俊杰，而此地就有伏龙、凤雏两位俊杰。"刘备问他们是什么人，司马徽说："是诸葛亮和庞士元。"徐庶在新野拜访刘备，刘备很重用他，徐庶就对刘备说："诸葛亮是卧龙，将军您愿意见他吗？"刘备说："你同他一起来吧！"徐庶说："这个人只能您去见，而不能委屈地召他前来，将军应当屈尊去见他。"

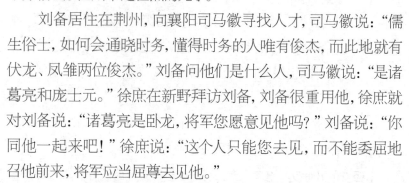

备由是诣亮，凡三往，乃见。因屏人曰："汉室倾颓，奸臣窃命，孤不度德量力，欲信大义于天下，而智术浅短，遂用猖蹶，至于今日。然志犹未已，君谓计将安出？"亮曰："今曹操已拥百万之众，挟天子而令诸侯，此诚不可与争锋。孙权据有江东，已历三世，国险而民附，贤能为之用，此可与为援而不可图也。荆州北据汉、沔，利尽南海，东连吴会，西通巴、蜀，此用武之国，而其主不能守，此殆天所以资将军也。益州险塞，沃野千里，天府之土；刘璋暗弱，张鲁在北，民殷国富而不知存恤，智能之士思得明君。将军既帝室之胄，信义著于四海，若跨有荆、益，保其岩阻，抚和戎、越，结好孙权，内修政治，外观时变，则霸业可成，汉室可兴矣。"备曰："善！"于是与亮情好日密。关羽、张飞不悦，备解之曰："孤之有孔明，犹鱼之有水也。愿诸君勿复言。"羽、飞乃止。

【译文】刘备因此而去拜见诸葛亮，前后一共去了三次，才见到他。刘备于是斥退身旁的人说："汉室败落，奸臣窃取了政权，我不估计自己的德行和力量的大小，想要向全天下伸张正义。然而我智慧浅陋，因此才困顿颠沛，一直到今天。但是心中的志向还未消退，你觉得该怎么办呢？"诸葛亮说："如今曹操已经拥有百万大军，挟持天子来号令诸侯，这种情形之下实在不能与他抗争。孙权占据江东，已过了三代，国家险要且人民听从，贤达都能为他所用，这种情形你大可同他相互结为援手，而不能互相谋取。荆州北方靠着汉水、沔水，地势之利一直延伸到了南海，东边连着吴郡、会稽郡，西边一直通到巴、蜀，这实在是一个用武之地，而他的主人刘表却不能有效防守，这恐怕是上天拿来资助将军的吧！益州巩固而且闭塞，有绵延千里肥沃的土地，是一个非常富庶之地。刘璋昏庸而且懦弱，北边的张鲁，人民殷实、国家富足却不懂得怜恤，有智力才干的人希望能有一位贤明的君主。将军既然是帝室的后裔，信义彰显于四海，假如跨有荆州、益州等地，守护它的险要，安抚好戎人、越人，与孙权结为盟友，对内修明政治，外面观察时事的变化，如此霸业就能够达成，而汉室就能够恢复起来了。"刘备说："好！"于是他和诸葛亮的感情日渐亲密。关羽、张飞看见了十分不悦，刘备对他们解释说："我获得了孔明，就好比是鱼儿获得了水，希望你们不要再多说什么。"关羽、张飞这才停止。

【乾隆御批】孔明于备方窜身无所，表又尚在之时，早识荆州为起事之地，"北向宛洛，西出秦川"二言，早为后日六出祁山张本，真不愧王佐之才，三分割据，良非本愿，杜甫可谓知言。

【译文】诸葛亮在刘备正流亡各处没有地方安身而刘表还在的时候，早早就看出荆州是英雄谋大事的地方。"北向宛洛，西出秦川"这两句话，早就为后来孔明六出祁山埋下了伏笔。诸葛孔明真不愧是辅佐帝王的良才，三分天下，确实不是孔明想看到的，杜甫的诗可以说是很了解情况的言论。

司马徽，清雅有知人之鉴。同县庞德公素有重名，徽兄事之。诸葛亮每至德公家，独拜床下，德公初不令止。德公从子统，少时朴钝，未有识者，惟德公与徽重之。德公常谓孔明为卧龙，士元为凤雏，德操为水鉴；故德操与刘备语而称之。

【译文】司马徽，清明高雅而且有知人之明，同县的庞德公向来享有很高的声名，司马徽用兄长之礼对待他。诸葛亮每次到庞德公的家中，独自在床下拜见他，庞德公一开始也不叫他停止。庞德公的侄儿庞统，儿时朴质钝拙，没有重视他的人，唯有庞德公和司马徽看重他。庞德公常常觉得诸葛亮是卧龙，庞士元是凤雏，司马德操是水鉴；因此司马德操和刘备谈话而称赞诸葛亮。

十三年（戊子，公元二〇八年）春，正月，司徒赵温辟曹操子丕。操表"温辟臣子弟，选举故不以实"，策免之。曹操还邺，作玄武池以肄舟师。

初，巴郡甘宁将僮客八百人归刘表，表儒人，不习军事，宁观表事势终必无成，恐一朝众散，并受其祸，欲东入吴。黄祖在夏口，军不得过，乃留，依祖三年，祖以凡人畜之。孙权击祖，祖军败走，权校尉凌操将兵急追之。宁善射，将兵在后，射杀操，祖由是得免。军罢，还营，待宁如初。祖都督苏飞数荐宁，祖不用。宁欲去，恐不免；飞乃白祖，以宁为邾长。宁遂亡奔孙权。周瑜、吕蒙共荐达之，权礼异，同于旧臣。

【译文】十三年（戊子，公元208年）春季，正月，司徒赵温起用曹操的儿子曹丕。曹操上表说："赵温起用我的子弟作佐属，拔举他们不依照事实。"于是天子下令免除赵温的官职。

曹操返回邺城，修建玄武池来练习舟师。

起初，巴郡人甘宁带领奴隶和宾客共八百人归顺刘表，刘表只是个儒士，并不熟悉军事，甘宁发现刘表的形势最后必然会失败，恐怕有一天手下人逃散，自己也会连带受到灾难，就想向东进入吴地。当时黄祖在夏口，军队无法渡过，于是留下来依靠黄祖三年，但黄祖将他当作一般人对待。孙权进攻黄祖，黄祖的军队失败逃走，孙权的校尉凌操带领军队在后面急追黄祖。甘宁擅长射箭，带领军队在后面，用箭射杀了凌操，黄祖因而得以免祸。战争结束后，返回营中，黄祖对待甘宁还和从前一样。黄祖的都督苏飞多次举荐甘宁，黄祖都不录用；甘宁还是想要离开，又害怕不能脱身；苏飞于是告知黄祖，任命甘宁做了邾县县长。甘宁借机就逃亡投奔了孙权，周瑜、吕蒙一起向孙权举荐他，孙权用特殊的礼节厚待他，就如同对待旧臣一般。

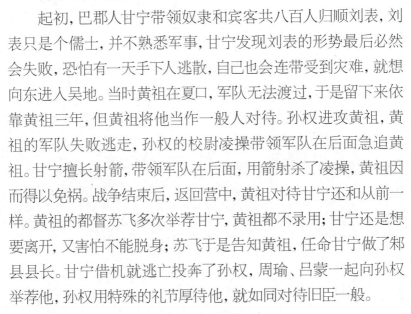

宁献策于权曰："今汉祚日微，曹操终为篡盗。南荆之地，山川形便，诚国之西势也。宁观刘表，虑既不远，儿子又劣，非能承业传基者也。至尊当早图之，不可后操。图之之计，宜先取黄祖。祖今昏耄已甚，财谷并乏，左右贪纵，吏士心怨，舟船战具，顿废不修，怠于耕农，军无法伍。至尊今往，其破可必。一破祖军，鼓行而西，据楚关，大势弥广，即可渐规巴、蜀矣。"权深纳之。张昭时在坐，难曰："今吴下业业，若军果行，恐必致乱。"宁谓昭曰："国家以萧何之任付君，君居守而忧乱，奚以希慕古人乎！"权举酒属宁曰："兴霸，今年行讨，如此酒矣，决以付卿。卿但当勉建方略，令必克祖，则卿之功，何嫌张长史之言乎！"

【译文】 甘宁向孙权献策说："眼下汉朝的禄位逐渐衰微，曹操终究会变成篡位的盗贼。南方荆州的土地，占据着有利的形势，实在是我们国家在西方的屏障。我观察刘表，他的谋虑也不远大，他的儿子又笨拙顽劣，并非可以继承事业的人。您应当尽早地图谋，不能落后于曹操。夺取荆州的计划，应当首先攻打黄祖。黄祖现在十分昏庸老弱，财物粮食也都不充足，左右的人贪婪放纵，官吏士兵心怀怨恨之意，舟船等战争工具，毁坏了却不修理，荒怠农耕，军队且无法纪，您此刻去攻打他，一定能将他打败。一旦击败黄祖的军队，乘势向西进占楚关，大势就更加广阔了，你就可以慢慢地谋划蚕食巴、蜀了！"孙权很是赞同。张昭当时在座上，就为难他说："眼前吴下十分危险，假如军队真的出征，恐怕会招来混乱。"甘宁对张昭说："国家托付给你萧何之任，你居住在国内守卫却担忧混乱，哪里还能和古人相比呢？"孙权拿起酒给甘宁说："兴霸，今年就出兵征讨，就如同这杯酒一样，我决定将此事托付给你。你只管尽力谋划方法战略，若能攻克黄祖，你就立了大功，又何必在乎张长史所说的话呢？"

权遂西击黄祖。祖横两蒙冲，挟守沔口，以栟闾大绁系石为矴，上有千人，以弩交射，飞矢雨下，军不得前。偏将军董袭与别部司马凌统俱为前部，各将敢死百人，人被两铠，乘大舸，突入蒙冲里。袭身以刀断两绁，蒙冲乃横流，大兵遂进。祖令都督陈就以水军逆战。平北都尉吕蒙勒前锋，亲枭就首。于是将士乘胜，水陆并进，傅其城，尽锐攻之，遂屠其城。祖挺身走，追斩之，虏其男女数万口。

权先作两函，欲以盛祖及苏飞首。权为诸将置酒，甘宁下席叩头，血涕交流，为权言飞畴昔旧恩，"宁不值飞，固已损骸于沟壑，不得致命于麾下。今飞罪当夷戮，特从将军乞其首领。"权感其言，谓曰："今为君置之。若走去何?"宁曰："飞免分裂之祸，受更生之恩，逐之尚必不走，岂当图亡哉! 若尔，宁头当代入函。"权乃赦之。凌统怨宁杀其父操，常欲杀宁，权命统不得仇之，令宁将兵屯于它所。

【译文】孙权于是向西攻打黄祖。黄祖横放两艘蒙冲大船扼守沔口，用棕榈搓成绳子捆紧石头作为船碇，船上有上千人，一起用弓弩轮番射箭，箭像雨点一样落下，孙权的军队无法前行。偏将军董袭和别部司马凌统担任先锋，各自带领敢死队一百人，每个人身着两层铠甲，乘坐着大船，冲进蒙冲大船里。董袭亲自用刀砍断两根大绳，蒙冲的大船就失控横流，大军因而得以前进。黄祖下令都督陈就带领水军迎敌。平北都尉吕蒙带领军队往前冲锋，亲自将陈就斩首。于是将士们乘胜追击，水陆一块前进，逼近黄祖的城池，一同加紧攻击，于是攻陷全城后屠灭了全城百姓。黄祖冲出包围逃跑，孙权的兵士在后追上并杀死了他，俘获了男女几万人。

孙权提前造了两个木盒，想要用来盛黄祖和苏飞的人头。孙权为将领们设立酒筵，甘宁走下席位叩头，血泪交流，对孙权述说了苏飞先前于自己有恩，说道："我甘宁如果没有遇到苏飞，生命早已埋没在沟壑里了，怎么还能替您效力呢! 而如今苏飞有罪应当杀戮，但我特地向将军请求免他一死。"孙权听了他的话，非常感动，就对他说："我现在为了你放过他，假如他逃走怎么办呢? "甘宁说："苏飞一旦消除了身首异处的灾难，接受了再造之恩，赶他也一定不会走的，怎么还会谋划逃亡呢? 假如真是如此，我甘宁的首级就代替他的放到盒子里。"孙权于是赦免了苏飞。凌统记恨甘宁杀死他的父亲凌操，经常想杀死甘宁；孙权命令凌统不能仇恨甘宁，命令甘宁带领军队驻扎在其他地方。

夏，六月，罢三公官，复置丞相、御史大夫。癸巳。以曹操为丞相。操以冀州别驾从事崔琰为丞相西曹掾，司空东曹掾陈留毛玠为丞相东曹掾，元城令河内司马朗为主簿，弟懿为文学掾，冀州主簿卢毓为法曹议令史。毓，植之子也。

琰、玠并典选举，其所举用皆清正之士，虽于时有盛名而行不由本者，终莫得进。拔敦实，斥华伪，进冲逊，抑阿党。由是天下之士莫不以廉节自励，虽贵宠之臣，舆服不敢过度，至乃长吏还者，垢面羸衣，独乘柴车，军吏入府，朝服徒行。吏洁于上，俗移于下。操闻之，叹曰："用人如此，使天下人自治，吾复何为哉！"

司马懿，少聪达，多大略。崔琰谓其兄朗曰："君弟聪亮明允，刚断英特，非子所及也！"操闻而辟之，懿辞以风痹。操怒，欲收之，懿惧，就职。

【译文】夏季，六月，汉献帝罢黜了三公的官职，又设立丞相、御史大夫。癸巳日（初九），以曹操担任丞相。曹操任命冀州别驾从事崔琰担任丞相西曹掾，司空东曹掾陈留人毛玠担任丞相东曹掾，元城县县令河内人司马朗担任主簿，司马朗的弟弟司马懿担任文学掾，冀州主簿卢毓担任法曹议令史。卢毓，是卢植的儿子。

崔琰、毛玠都掌管选拔人才的职务，他们所选用的皆是清廉端正的人士，当时即使有盛大的声名而行为不顾根本的人，也最终无法得到提拔重用。他们所拔举的都是朴实敦厚之人，所排斥的都是虚伪浮华之辈，所选用的都是中和谦虚之人，所压制的都是阿谀党附之辈。所以天下的人士没有谁不拿廉节来自我勉励的，纵然是显贵受宠幸的大臣，那些人的车辆、衣服不敢越过制度，甚至于做地方长官后回来的，他们也是面目污垢、衣服破烂，单独乘坐着简陋的柴车，军官进入府中，穿着朝服徒步行走。居高位的官吏廉洁，民间的风俗因此转变。曹操听闻了，感叹地说："用人如果都像这样子，天下的人就都能够自我治理，还要我做什么呢？"

司马懿，儿时聪慧明达，有雄才大略。崔琰对他的哥哥司马朗说："你的弟弟聪明诚信，刚毅杰出，处事果断，是你所不及的！"曹操听闻司马懿有才干就召用他，司马懿借口身患风湿病推托。曹操很生气，想要逮捕他，司马懿畏惧，只得接受职务。

【乾隆御批】六计弊吏，以廉为本，舆服不过度，似已然，亦不过从俭一端，尚不足语正本清源。至垢面赢衣，饰伪尤甚，其选举又曷足凭耶？

【译文】用六计考核官吏，以廉洁为根本，车舆冠服与各种仪仗都不过度，看起来好像已经可以了，这不过是归于节俭一端，还谈不上正本清源。一些人故意面上打扮得很脏，也穿破旧的衣服，这就使虚伪的装饰更加严重，选举又以什么为依据呢？

操使张辽屯长社，临发，军中有谋反者，夜，惊乱起火，一军尽扰。辽谓左右曰："勿动！是不一营尽反，必有造变者，欲以惊动人耳。"乃令军中："其不反者安坐！"辽将亲兵数十人中陈而立，有顷，皆定，即得首谋者，杀之。

辽在长社，于禁顿颍阴，乐进屯阳翟，三将任气，多共不协。

操使司空主簿赵俨并参三军，每事训谕，遂相亲睦。

【译文】 曹操派遣张辽镇守长社，快要出发的时候，军中有人反叛，夜里营中惊乱起火，全军都骚动不安。张辽对旁边的人说："不要动！并非全营的人都作乱，肯定有造事之人，想用这个方式来惊扰所有人罢了。"就下令军中："不造反的人安心静坐。"张辽带领亲近的士兵几十个人，站在军阵的中央，不一会儿，全军都安定了下来，并抓住了主谋的人，而将他杀死。

张辽在长社，于禁屯守在颍阴，乐进屯守在阳翟，三个将领意气用事，相互不和睦协助。曹操派遣司空主簿赵俨参与他们三人的军事，每一件事都加以解释说明，于是他们三人就相互亲爱和睦。

初，前将军马腾与镇西将军韩遂结为异姓兄弟，后以部曲相侵，更为仇敌。朝廷使司隶校尉钟繇、凉州刺史韦端和解之，徵腾入屯槐里。曹操将征荆州，使张既说腾，令释部曲还朝，腾许之。已而更犹豫，既恐其为变，乃移诸县促储偫，二千石郊迎，腾不得已，发东。操表腾为卫尉，以其子超为偏将军，统其众，悉徙其家属诣邺。

秋，七月，曹操南击刘表。

八月，丁未，以光禄勋山阳郗虑为御史大夫。

【译文】 开始，前将军马腾和镇西将军韩遂结为异姓兄弟，之后由于双方的部下相互侵占，于是变成了仇敌。朝廷派遣司隶校尉钟繇、凉州刺史韦端为他们和解，征用马腾屯守槐里。曹操将要出兵征讨荆州，就派遣张既前往劝说马腾，命令他解散部队，返回朝廷，马腾答应了。不久又开始犹豫，张既怕他变卦，于是就下令各县赶紧运送粮食待用，命令二千石的官吏

资治通鉴

在郊外迎接，马腾不得已向东出发入朝。曹操上表举荐马腾担任卫尉，任命他的儿子马超担任偏将军之职，统领他父亲的部下，将他的家属全部迁移到邺地。

秋季，七月，曹操向南征讨刘表。

八月，丁未日（二十四日），任命光禄勋山阳人郗虑担任御史大夫。

壬子，太中大夫孔融弃市。融恃其才望，数戏侮曹操，发辞偏宕，多致乖忤。操以融名重天下，外相容忍而内甚嫌之。融又上书言："宜准古王畿之制，千里寰内不以封建诸侯。"操疑融所论建渐广，益惮之。融与郗虑有隙，虑承操风旨，构成其罪，令丞相军谋祭酒路粹奏："融昔在北海，见王室不静，而招合徒众，欲规不轨。及与孙权使语，谤讪朝廷。又，前与白衣祢衡跌荡放言，更相赞扬。衡谓融曰'仲尼不死'，融答'颜回复生'，大逆不道，宜极重诛。"操遂收融，并其妻子皆杀之。

初，京兆脂习与融善，每戒融刚直太过，必罹世患。及融死，许下莫敢收者。习往抚尸曰："文举舍我死，吾何用生为！"操收习，欲杀之，既而赦之。

【译文】壬子日（二十九日），太中大夫孔融被判处在街市上斩首。孔融自恃才干名望，经常戏耍辱骂曹操，说话偏激放荡，屡次违抗曹操。曹操顾忌孔融四海闻名，表面上容忍，而在内心十分讨厌他。而且孔融又上奏书说："应当依照古代王畿的制度，京城千里范围之内不可以建立侯国。"曹操怀疑孔融所议论的会渐渐扩大范围，更忌讳他。孔融和郗虑存在间隙，郗虑尊承曹操的意旨，组织他的罪名，命令丞相军谋祭酒路粹上奏书说："孔融从前在北海，看见王室不安宁，就招集徒众，意图不轨。之后与孙权的使臣谈话时，毁谤朝廷。又先前同白衣祢衡毫不检点地放荡言论，相互夸赞对方，祢衡夸赞孔融为'仲尼不死'，孔融回答说'颜回复生'，这种大逆不道，应当受到重刑。"曹操于是抓捕孔融，连同他的妻儿一起杀死。

开始时，京兆人脂习和孔融关系好，经常劝告孔融太过于刚直，一定会遭遇祸患。等到孔融死了，许昌无一人为他收尸。唯独脂习前往且摸着孔融的尸体说："孔文举弃我而死，我还如何能够活着呢？"曹操抓捕了脂习，想要杀死他，之后又赦免了他。

初，刘表二子琦、琮，表为琮娶其后妻蔡氏之侄，蔡氏遂爱琮而恶琦。表妻弟蔡瑁、外甥张允并得幸于表，日相与毁琦而誉琮。琦不自宁，与诸葛亮谋自安之术，亮不对。后乃共升高楼，因令去梯，谓亮曰："今日上不至天，下不至地，言出子口，而入吾耳，可以言未？"亮曰："君不见申生在内而危，重耳居外而安乎？"琦意感悟，阴规出计。会黄祖死，琦求代其任，表乃以琦为江夏太守。表病甚，琦归省疾。瑁、允恐其见表而父子相感，更有托后之意，乃谓琦曰："将军命君抚临江夏，其任至重；今释众擅来，必见谴怒。伤亲之欢，重增其疾，非孝敬之道也。"遂遏于户外，使不得见。琦流涕而去。表卒，瑁、允等遂以琮为嗣。琮以侯印授琦，琦怒，投之地，将因奔丧作难。会曹操军至，琦奔江南。

【译文】开始，刘表有两个儿子，即刘琦、刘琮。刘表为刘琮娶他后妻蔡氏的侄女做妻子，蔡氏于是喜爱刘琮而厌恶刘琦。刘表妻子的弟弟蔡瑁、外甥张允都获得刘表的宠信，每天一起毁谤刘琦而夸赞刘琮。对此刘琦深感不安，就找诸葛亮商量保全自己的计策，诸葛亮没有回答。之后同诸葛亮一起登上高楼，刘琦就命令人将楼梯撤去，对诸葛亮说："今日上面摸不到天，下面到不着地，话从你的嘴里说出来，而进入我的耳朵里，没有其他人听得见，你可以说了吗？"诸葛亮说："你没有看见申生在国内就危险，重耳在国外却安全吗？"刘琦明白诸葛亮的话，就暗中谋划外出的计划。正值黄祖死了，刘琦请求替代他的职务，刘表就派刘琦做了江夏太守。刘表之后病情加重，刘琦回来探病，蔡瑁、张允害怕刘琦看见刘表而父子间相互产生感触，更会产生交托后事之意，就对刘琦说："将军让你管理江夏，这个责任十分重大；现在你舍下了手下擅自返回，肯定会受到你父亲的谴责惹他生气，既会伤害父亲对你的爱意，更会加重他的病情，这不是孝敬父亲的方式。"于是就将他拦在门外面，不让他面见刘表。刘琦流泪离开。刘表过世之后，蔡瑁、张允等让刘琮作为继承人。刘琮将侯印授给刘琦，刘琦发怒，将它扔在地上，准备借奔丧的机会发难。正好遇到曹操的军队南下，刘琦就逃跑到江南。

章陵太守蒯越及东曹掾傅巽等劝刘琮降操，曰："逆顺有大体，强弱有定势。以人臣而拒人主，逆道也；以新造之楚而御中国，必危也；以刘备而敌曹公，不当也。三者皆短，将何以待敌？且将军自料何如刘备？若备不足御曹公，则虽全楚不能以自存也；若足御曹公，则备不为将军下也。"琮从之。九月，操至新野，琮遂举州降，以节迎操。诸将皆疑其诈，娄圭曰："天下扰攘，各贪王命以自重，今以节来，是必至诚。"操遂进兵。

【译文】章陵太守蒯越和东曹掾傅巽等都劝刘琮投降曹操："忤逆和顺从都有其重大的道理，强盛和羸弱也有一定的情势。以臣子的身份而反抗君王，这是违抗的做法；以刚刚占领的荆楚而抵御中原朝廷，这一定是危险的；拿刘备来抵抗曹公，这是敌不过的。三样都不如对方，我们将怎么抵御敌人呢？再说了将军自己相比起刘备怎么样？假如刘备还不足够抵抗曹公，那么即使拿全部荆楚的力量也不足以保全自己；假如刘备足够抵御曹公，那么他就不会委屈于此给将军当手下了。"刘琮听从了他的话。九月，曹操到达新野，刘琮于是用全荆州投降，拿自己的符节迎接曹操。曹操的将领们都怀疑这是一场骗局，娄圭说："当今天下混乱，每个人都贪图天子的命令来求自保，而今他拿符节来，一定是出于诚心。"曹操于是准许了刘琮的投降，继续进兵。

时刘备屯樊，琮不敢告备。备久之乃觉，遣所亲问琮，琮令其官属宋忠诣备宣旨。时曹操已在宛，备乃大惊骇，谓忠曰："卿诸人作事如此，不早相语，今祸至方告我，不亦太剧乎！"引刀向忠曰："今断卿头，不足以解忿，亦耻丈夫临别复杀卿辈。"遣忠去。乃呼部曲共议。或劝备攻琮，荆州可得。备曰："刘荆州临亡托我以孤遗，背信自济，吾所不为，死何面目以见刘荆州乎！"备将其众去，过襄阳，驻马呼琮；琮惧，不能起。琮左右及荆州人多归备。备过辞表墓，涕泣而去。比到当阳，众十馀万人，辎重数千两，日行十馀里，别遣关羽乘船数百艘，使会江陵。或谓备曰："宜速行保江陵，今虽拥大众，被甲者少，若曹公兵至，何以拒之！"备曰："夫济大事必以人为本，今人归吾，吾何忍弃去！"

【译文】当时刘备屯守樊城，刘琮不敢对刘备说已经投降曹操的事情。刘备很久之后才发觉，就派出亲信问刘琮，刘琮派遣下属宋忠到刘备那里说明旨意。当时曹操已经兵临宛城，刘备非常惊恐，对宋忠说："你们这些人怎么这样子做事，不早一点对我说，现在大祸临头了才告诉我，不是太过分了吗？"就拿着刀对宋忠说："此刻就是砍掉你的头，也不足以消除我心头之恨，而且耻于临别之时还杀死你们！"放了宋忠回去。刘备就召集部下共同商议，有人劝刘备进攻刘琮，就可以得到荆州。刘备说："刘荆州死之时，将遗孤托付给我，为了救自己的性命而背信弃义，这是我所不愿做的，等将来死了之后，我还有何颜面去见刘荆州呢？"刘备带领他的手下离开，途径襄阳，就停住了马喊刘琮；刘琮很害怕，站都站不起来。刘琮的随从以及荆州人大多投奔刘备。刘备去了刘表的坟墓，哭泣着走了。等到达了当阳，手下已有十多万人、辎重几千辆车，每天只能行走十多里，另外派出关羽带领着几百艘船，命令他在江陵会合。有人对刘备说："应当赶快走以保住江陵，现下虽然拥有大批的百姓，可是身着铠甲可以作战的士兵太少，假如曹操的军队到达了，还怎么抗击？"刘备说："一个成大事的人一定把人看作根本，此刻人们都来投奔于我，我怎么忍心舍弃他们而离去呢？"

◆习凿齿论曰：刘玄德虽颠沛险难而信义愈明，势逼事危而言不失道。追景升之顾，则情感三军；恋赴义之士，则甘与同败。终济大业，不亦宜乎！◆

刘琮将王威说琮曰："曹操闻将军既降，刘备已走，必懈弛无备，轻先单进。若给威奇兵数千，徼之于险，操可获也。获操，即威震四海，非徒保守今日而已。"琮不纳。

操以江陵有军实，恐刘备据之，乃释辎重，轻军到襄阳。闻备已过，操将精骑五千急追之，一日一夜行三百馀里，及于当阳之长坂。备弃妻子，与诸葛亮、张飞、赵云等数十骑走，操大获其人众辎重。

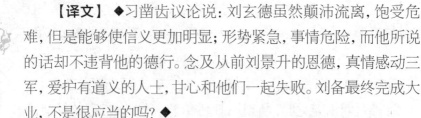

【译文】◆习凿齿议论说：刘玄德虽然颠沛流离，饱受危难，但是能够使信义更加明显；形势紧急，事情危险，而他所说的话却不违背他的德行。念及从前刘景升的恩德，真情感动三军，爱护有道义的人士，甘心和他们一起失败。刘备最终完成大业，不是很应当的吗？◆

刘琮的将领王威对刘琮说："曹操听闻将军已经投降，且刘备已经逃走，就松懈并且没有戒备，轻装行军而单独挺进。假如给我王威数千骑兵，在险要之地拦击他，曹操就可以被抓住。抓住了曹操，就能够威震四海，这不仅仅是保住今天的功绩而已。"刘琮不肯采用。

曹操觉得江陵有军队所需的粮食和器械，害怕被刘备抢先占有，于是抛下车辆重物，带领装备轻便的军队追赶到襄阳。听闻刘备已经过去了，曹操就带领五千精锐的骑兵加紧追赶，一天一夜行了三百多里，到达了当阳的长坂。刘备抛下妻儿，与诸葛亮、张飞、赵云等数十个骑兵逃走。曹操抓获了大批的人员和车马。

徐庶母为操所获，庶辞备，指其心曰："本欲与将军共图王霸之业者，以此方寸之地也。今已失老母，方寸乱矣，无益于事，请从此别。"遂诣操。

张飞将二十骑拒后，飞据水断桥，瞋目横矛曰："身是张益德也，可来共决死！"操兵无敢近者。

或谓备："赵云已北走。"备以手戟擿之曰："子龙不弃我走也。"顷之，云身抱备子禅，与关羽船会，得济沔，遇刘琦众万馀人，与俱到夏口。

曹操进军江陵，以刘琮为青州刺史，封列侯，并蒯越等，侯者凡十五人。释韩嵩之囚，待以交友之礼，使条品州人优劣，皆擢而用之。以嵩为大鸿胪，蒯越为光禄勋，刘先为尚书，邓羲为侍中。

【译文】徐庶的母亲被曹操抓获，徐庶不得已辞别刘备，指着自己的心说："本来想用这个方寸之地与将军一同谋划王霸的事业。而目前已经失掉了年老的母亲，心中慌乱，再做事情也不会有任何好处，请求自此分别。"于是前往投靠曹操。

张飞带领二十个骑兵断后，依仗水边弄断桥梁，瞪着眼睛横着长矛高声说道："我是张益德，你们可以同我一决生死！"曹操的士兵无一人敢上前接近他。

有人对刘备说："赵云已经向北逃跑。"刘备就拿手里的小戟投掷他说："赵子龙不会抛下我而逃走。"不久之后，赵云抱着刘备的儿子刘禅，同关羽的船会合，因此渡过沔水，遇到刘琦带领手下一万多人，遂一同到达夏口。

曹操带军到江陵，命令刘琮担任青州刺史，封列侯，连同蒯越等，封侯的一共有十五人。释放了韩嵩，用对待朋友的礼节对待他，要他列举并品评州人的优劣，都加以提升而录用。命韩嵩担任大鸿胪，蒯越担任光禄勋，刘先担任尚书，邓羲担任侍中。

荆州大将南阳文聘别屯在外，琮之降也，呼聘，欲与俱。聘曰："聘不能全州，当待罪而已！"操济汉，聘乃诣操。操曰："来何迟邪？"聘曰："先日不能辅弼刘荆州以奉国家；荆州虽没，常愿据守汉川，保全土境，生不负于孤弱，死无愧于地下。而计不在己，以至于此，实怀悲惭，无颜早见耳！"遂歔欷流涕。操为之怆然，字谓之曰：“仲业，卿真忠臣也。”厚礼待之，使统本兵，为江夏太守。

初，袁绍在冀州，遣使迎汝南士大夫。西平和洽，以为冀州土平民强，英桀所利，四战之地，不如荆州土险民弱，易依倚也，遂从刘表。表以上客待之。洽曰：“所以不从本初，辟争地也。昏世之主，不可黩近，久而不去，谗慝将兴。”遂南之武陵。表辟南阳刘望之为从事，而其友二人皆以谗毁为表所诛，望之又以正谏不合，投传告归。望之弟廙谓望之曰：“赵杀鸣犊，仲尼回轮。今兄既不能法柳下惠和光同尘于内，则宜模范蠡迁化于外，坐而自绝于时，殆不可也。”望之不从，寻复见害，廙奔扬州。南阳韩暨避袁术之命，徙居山都山。刘表又辟之，遂逃居孱陵。表深恨之，暨惧，应命，除宜城长。河东裴潜亦为表所礼重，潜私谓王畅之（子）〔孙〕粲及河内司马芝曰：“刘牧非霸王之才，乃欲西伯自处，其败无日矣！”遂南适长沙。于是操以暨为丞相士曹属，潜参丞相军事，洽、廙、粲皆为掾属，芝为（管）〔菅〕令，从人望也。

资治通鉴

【译文】荆州大将南阳人文聘领军屯守在外地，刘琮投降之时，喊文聘，想同他一起投降。文聘说：“我保全不了荆州，唯有等待惩罚！”曹操渡过汉水，文聘就拜访曹操。曹操说：“为什么来得如此之晚啊！”文聘说：“从前不能协助刘表来为国家出力；刘表虽然过世，我一直希望镇守汉川，保全荆州全境，这样，活着也没有辜负孤儿弱子，死了之后对地下的刘表也没有什么愧疚。然而形势不由自己计算，所以才到了今天这个地步，内心实在非常悲痛惭愧，没有颜面早来拜见罢了！”说完就唏嘘哭泣。曹操为此事也感到伤心，就写字给他说：“仲业，你实在是个忠臣！”用厚礼对待他，命令他带领本来的军队，做江夏太守。

起初，袁绍在冀州之时，派遣使者迎接汝南的士大夫。西平人和洽觉得冀州的土地平坦而广袤，人民也十分强悍，是豪杰们认为可以好好利用发展之地，不像荆州土地险要，人民柔弱，适合作为托身之所，于是归顺刘表。刘表将他当作上等客人来对待。和洽说："我之所以没有归顺袁本初，就是为了躲避引起争夺之地。昏世的君王，不可过分地接近，长久而不离去，就会产生谗毁邪恶。"于是向南到达武陵。刘表任命南阳人刘望之担任从事，而刘望之的两个朋友都由于受到诽谤被刘表杀害，刘望之又因为正直的谏诤，无法和刘表相处，于是就乘驿车回家了。他的弟弟刘廙对他说："赵国杀掉鸣犊，孔子掉转车子回头不再拜见赵简子，今日兄长你既然无法效仿柳下惠与世浮沉，随遇而安，就应当模仿范蠡迁徙到外世，自为变化，而今仅仅同时事断绝关系，唯恐不行。"刘望之没有听从，不久又被害了，刘廙逃跑到扬州。南阳人韩暨躲避袁术的征召，迁移到山都山。刘表又召用他，于是又逃走隐居屧陵。因此刘表非常痛恨他，韩暨害怕了，就答应他的诏命，刘表任命他担任宜城县长。河东人裴潜也受到刘表的礼遇尊重，裴潜暗地里对王畅的儿子王粲以及河内人司马芝说："刘表并无霸王之才，居然想以西伯文王自居，他的失败可能就在眼前了。"于是向南到达长沙。在这时曹操命令韩暨担任丞相士曹属，裴潜为参丞相军事。和洽、刘廙、王粲都做掾属，司马芝做菅县县令，这是为了顺从百姓的意愿。

冬，十月，癸未朔，日有食之。

初，鲁肃闻刘表卒，言于孙权曰："荆州与国邻接，江山险固，沃野万里，士民殷富，若据而有之，此帝王之资也。今刘表新亡，二子不协，军中诸将，各有彼此。刘备天下枭雄，与操有隙，寄寓于表，表恶其能而不能用也。若备与彼协心，上下齐同，则宜抚安，与结盟好；如有离违，宜别图之，以济大事。肃请得奉命吊表二子，并慰劳其军中用事者，及说备使抚表众，同心一意，共治曹操，备必喜而从命。如其克谐，天下可定也。今不速往，恐为操所先。"权即遣肃行。

【译文】冬季，十月，癸未（初一），发生了日食。

开始，鲁肃听闻刘表过世，就对孙权说："荆州和我们国土相连，地势险要，有广袤肥沃的田地，有殷实富有的人民，假如占据了荆州，就是成就帝王事业的基础。现在刘表刚刚过世，他的两个儿子又不和睦，军队里的将领们分成两派。刘备是天下的枭雄，因为和曹操对立，才暂时居住在刘表那里，刘表忌恨他有才干而不能重用他。假如刘备和他们同心协力，上下合作，就应当去安抚他们，和他们结成同盟；假如他们离心离德，就应当分别谋划他们，成就咱们的大业。我请求奉您的命令去吊唁刘表的丧事，并犒劳他们军队中的主要领导人，以及说服刘备使他安抚刘表的属下，齐心协力地对付曹操，刘备一定高兴而认可。假如成功，就能够决定天下的大势了。如果此时不赶快去，恐怕会被曹操抢了先。"孙权就马上派鲁肃前往。

到夏口，闻操已向荆州，晨夜兼道，比至南郡，而琮已降，备南走，肃径迎之，与备会于当阳长坂。肃宣权旨，论天下事势，致殷勤之意，且问备曰："豫州今欲何至？"备曰："与苍梧太守吴巨有旧，欲往投之。"肃曰："孙讨虏聪明仁惠，敬贤礼士，江表英豪，咸归附之，已据有六郡，兵精粮多，足以立事。今为君计，莫若遣腹心自结于东，以共济世业。而欲投吴巨，巨是凡人，偏在远郡，行将为人所并，岂足托乎！"备甚悦。肃又谓诸葛亮曰："我，子瑜友也。"即共定交。子瑜者，亮兄瑾也，避乱江东，为孙权长史。备用肃计，进住鄂县之樊口。

【译文】鲁肃到达了夏口，听闻曹操已经向荆州出发，于是日夜兼程赶路，等到达南郡，听说刘琮已经投降，刘备又向南逃跑，鲁肃就径直去迎接他们，在当阳的长坂和刘备会面。鲁肃就传达了孙权的意思，谈论天下大势，向刘备表达了殷殷的致意，并且问刘备说："刘豫州现在打算到何处去呢？"刘备说："我和苍梧太守吴巨素有旧交，想去投靠他。"鲁肃说："孙讨虏聪明仁慈，尊敬贤者，礼贤下士，江南的英雄豪杰都归顺他，而且已经占据有六个州郡，士卒精良，粮食充裕，足够建立大业。如今替您打算，不如派出一位亲信和他结好来东吴一起挽救危局。而您居然想要去投奔吴巨。吴巨是一个十分平凡的人，且居住在偏远之地，眼看着就要被人吞并，哪里还能够让你托身呢？"刘备听了十分高兴。鲁肃又对诸葛亮说："我是子瑜的朋友。"就和诸葛亮共同成了朋友。子瑜，是诸葛亮的哥哥诸葛瑾，因为避乱到江东，担任孙权的长史。刘备采用鲁肃的计划驻守在鄂县的樊口。

曹操自江陵将顺江东下。诸葛亮谓刘备曰："事急矣，请奉命求救于孙将军。"遂与鲁肃俱诣孙权。亮见权于柴桑，说权曰："海内大乱，将军起兵江东，刘豫州收众汉南，与曹操并争天下。今操芟夷大难，略已平矣，遂破荆州，威震四海。英雄无用武之地，故豫州遁逃至此，愿将军量力而处之！若能以吴、越之众与中国抗衡，不如早与之绝；若不能，何不按兵束甲，北面而事之！今将军外托服从之名而内怀犹豫之计，事急而不断，祸至无日矣。"

权曰："苟如君言，刘豫州何不遂事之乎？"亮曰："田横，齐之壮士耳，犹守义不辱；况刘豫州王室之胄，英才盖世，众士慕仰，若水之归海！若事之不济，此乃天也，安能复为之下乎！"权勃然曰："吾不能举全吴之地，十万之众，受制于人。吾计决矣！非刘豫州莫可以当曹操者；然豫州新败之后，安能抗此难乎？"亮曰："豫州军虽败于长坂，今战士还者及关羽水军精甲万人，刘琦合江夏战士亦不下万人。曹操之众，远来疲敝，闻追豫州，轻骑一日一夜行三百馀里，此所谓'强弩之末势不能穿鲁缟'者也。故《兵法》忌之，曰'必蹶上将军'。且北方之人，不习水战；又，荆州之民附操者，逼近势耳，非心服也。今将军诚能命猛将统兵数万，与豫州协规同力，破操军必矣。操军破，必北还；如此，则荆、吴之势强，鼎足之形成矣。成败之机，在于今日！"权大悦，与其群下谋之。

【译文】曹操即将向东从江陵顺着长江进军，诸葛亮对刘备说："形势危急了，请您派我到孙将军那里请救兵吧！"于是就和鲁肃一起去拜见孙权。到达了柴桑见到孙权，诸葛亮见到孙权就对他说："自从天下大乱以后，将军在大江以东起兵，刘豫州也在汉水以南汇集军队，和曹操一同争夺天下。如今曹操铲平了主要的强敌，北方大致已经平定，现在又攻下了荆州，威震四海，使得英雄感到缺乏施展本领之地，因此刘豫州才逃到此处，希望将军衡量自己的力量来应对眼前的局势。假如能用吴越的军队同中原争胜的话，不如及早断绝同曹操的关系；假如不能，何不收起军队，放下兵器向北而投降他呢？现在虽然将军您表面上服从于他而心中却犹豫不定，事情已经万分危急，还不能当机立断，恐怕就要大祸临头了。"孙权说："照你这么说，刘豫州为何不肯向他投降呢？"诸葛亮说："田横只是齐国的一个壮士而已，还可以坚守节义，不愿受辱，何况刘豫州身为汉室的后代，才干又举世无双，民心归附他，就像江河归向大海一般。即便是事情不能成功，这也是天意，怎么可以屈服于他呢？"孙权立刻脸色大变，生气地说："我掌控着全部东吴的土地、十万的军队，怎能接受别人的控制。我的主意已定，除了刘豫州之外就没有人能够一同对抗曹操；然而刘豫州刚刚打了败仗，怎么能够抵挡这个强大的敌人呢？"诸葛亮说："刘豫州的军队纵然在长坂打了败仗；现在归队的战士和关羽的水军，还有精兵一万人，刘琦聚集江夏的兵力也足有一万。曹操的军队，远道而来，疲惫不堪，听闻追赶刘豫州的骑兵一天一夜就走了三百多里路，这就是所谓的'强弩之末势不能穿鲁缟'。所以《兵法》上最忌讳这样行事，说如此一定会丧失主将。何况北方人不习惯水上作战，加上荆州的百姓投靠曹操，是被武力所迫使的，并非心甘情愿。现在将军如果真的能够派出勇猛的将领，带领数万大军和刘豫州联合起来一同御敌，就一定可以将曹操打败。曹操打了败仗，肯定会退回北方，如此一来，荆州和东吴的势力就增大了，天下三分的局面就形成了。成败的关键就在今天。"孙权听了这番议论很高兴，就召集他的部下开会商量。

是时，曹操遗权书曰："近者奉辞伐罪，旄麾南指，刘琮束手。今治水军八十万众，方与将军会猎于吴。"权以示群下，莫不响震失色。长史张昭等曰："曹公，豺虎也，挟天子以征四方，动以朝廷为辞；今日拒之，事更不顺。且将军大势可以拒操者，长江也。今操得荆州，奄有其地，刘表治水军，蒙冲斗舰乃以千数，操悉浮以沿江，兼有步兵，水陆俱下，此为长江之险已与我共之矣，而势力众寡又不可论。愚谓大计不如迎之。"鲁肃独不言。权起更衣，肃追于宇下。权知其意，执肃手曰："卿欲何言？"肃曰："向察众人之议，专欲误将军，不足与图大事。今肃可迎操耳，如将军不可也。何以言之？今肃迎操，操当以肃还付乡党，品其名位，犹不失下曹从事，乘犊车，从吏卒，交游士林，累官故不失州郡也。将军迎操，欲安所归乎？愿早定大计，莫用众人之议也！"权叹息曰："诸人持议，甚失孤望。今卿廓开大计，正与孤同。"

【译文】 此时，曹操遣人给孙权送了一封信说："最近我奉朝廷的命令出兵征讨有罪之人，旌旗刚向南指，刘琮就已经投降。如今我正训练水军八十万之多，打算到江东与你较量一番。"孙权将这封信传给大臣们看，大家都非常吃惊，脸色大变。长史张昭等人说："曹操像豺狼虎豹一样，他挟持皇帝并假托他的名义到处动兵，动不动就说是朝廷之命；这种情形之下，我们对抗他，这事一旦传到朝廷，对我们会更加不利。何况将军用来抵抗曹操的，不过是长江的天险。此时曹操到达了荆州，占据了长江一带险要之地，他将刘表训练的水军，大小战船几千只，全部沿江摆开，外加上步兵，就可以水陆并进，如此一来，所谓长江天险已和我们共同占有了；而且就兵力的大小来说，我们也是不能和他相抗。我们看眼前的形势不如及早迎接曹操。"唯有鲁肃不说一句话。这时孙权起身去更衣，鲁肃追到屋檐下。孙权知晓他的意思，就握着他的手说："你有什么想说的？"鲁肃回答说："我刚才思考大家的意见，觉得全部都在引导将军走上一条错误的道路，实在不能与他们共商大计。今日我鲁肃可以投降曹操，将军您却绝对不可以这样做。这话怎么说呢？今日我投降曹操，曹操可以命令我回到乡里，借着我的声名和地位，总还可以谋得一个官府里的低级小官，乘坐着牛车，携带随从，同读书人做朋友，时日一久积累功劳还能够被提拔为州郡的长官。将军假如投降了曹操，会得到什么样的结果呢？希望你尽早定下大计，不要听信那些人的谈论！"孙权感叹说："那些人所阐发的议论，很让我失望，现在你的深谋远虑，正与我意见一致。"

【申涵煜评】昭为孙氏所委任，不思佐王霸之业，动欲臣事曹操，非有二志也，盖其才具卑弱，不能自振拔，故祗图苟安之计。孙氏任之不疑，亦知其无他耳，要去瑜、肃所见，何止什伯。

【译文】张昭受到孙策的托付，不想着如何辅佐孙权完成称王的霸业，却想要给曹操做臣子，不是他有二心，而是他有些软弱，不能振作起来，因此只想图一个安稳的计谋。孙权任用他不怀疑他，也是知道他没有谋反的想法。要是和周瑜、鲁肃相比，相去何止十倍。

时周瑜受使至番阳，肃劝权召瑜还。瑜至，谓权曰："操虽托名汉相，其实汉贼也。将军以神武雄才，兼仗父兄之烈，割据江东，地方数千里，兵精足用，英雄乐业，当横行天下，为汉家除残去秽；况操自送死，而可迎之邪？请为将军筹之：今北土未平、马超、韩遂尚在关西，为操后患；而操舍鞍马，杖舟楫，与吴、越争衡；今又盛寒，马无藁草，驱中国士众远涉江湖之间，不习水土，必生疾病。此数者用兵之患也，而操皆冒行之。将军禽操，宜在今日。瑜请得精兵数万人，进住夏口，保为将军破之！"权曰："老贼欲废汉自立久矣，徒忌二袁、吕布、刘表与孤耳；今数雄已灭，惟孤尚存。孤与老贼势不两立，君言当击，甚与孤合，此天以君授孤也。"因拔刀斫前奏案曰："诸将吏敢复有言当迎操者，与此案同！"乃罢会。

【译文】这时周瑜正奉命到番阳，鲁肃劝孙权将他召回来。周瑜回来之后，就对孙权说："即使曹操表面上托名是汉朝的宰相，但实为汉朝的奸贼。用将军的神圣、英勇和雄才大略，又继承了父兄的事业，割据江东，拥有数千里广袤的土地，有足够多的精锐军队，英雄豪杰都愿意替您效力，您便应当横行天下，替汉朝铲除暴贼，消除祸患；更何况曹操是自己来送死，怎么能够向他投降呢？让我来为您分析研究一下：目前北方还未平定，马超、韩遂还在关西，这是曹操的后顾之忧；他又舍弃了骑兵、步兵的优势，依靠水军，与吴、越一争高下；此时正是酷寒时节，战马缺乏草料；迫使中原的军队到很远的江、湖纵横的南方来打仗，水土不服，肯定会产生疾病，以上几点都是用兵的大忌，然而曹操却不顾一切地做了。将军要活捉曹操，应当就在今日。我周瑜恳请带领几万精锐的军队，进驻夏口，一定替将军消灭了他。"孙权说："老贼想要废去汉朝自己称帝的心思已经很久了，只不过害怕袁绍、袁术、吕布、刘表和我这几个人而已；如今那几位都已被他灭掉，唯有我还存在。我和老贼势不两立，你说应当迎战，同我的意见非常符合，这是上天将你赐给我的啊！"就拔出刀来，砍向前面的书案说："文武官员中有谁还敢再说应当向曹操投降的，就同这张书案一般！"于是就散会了。

是夜，瑜复见权曰："诸人徒见操书言水步八十万而各恐慑，不复料其虚实，便开此议，甚无谓也。今以实校之：彼所将中国人不过十五六万，且已久疲；所得表众亦极七八万耳，尚怀狐疑。夫以疲病之卒御狐疑之众，众数虽多，甚未足畏。瑜得精兵五万，自足制之，愿将军勿虑！"权抚其背曰："公瑾，卿言至此，甚合孤心。子布、元表诸人，各顾妻子，挟持私虑，深失所望；独卿与子敬与孤同耳，此天以卿二人赞孤也。五万兵难卒合，已选三万人，船粮战具俱办。卿与子敬、程公便在前发，孤当续发人众，多载资粮，为卿后援。卿能办之者诚决，邂逅不如意，便还就孤，孤当与孟德决之。"遂以周瑜、程普为左右督，将兵与备并力逆操；以鲁肃为赞军校尉，助画方略。

【译文】 这天夜里，周瑜又去拜见孙权，说："那些人只是看到曹操在书信上说共有水陆大军共八十万就恐惧起来，而不去探究他说的真假，就提出这个投降的看法，这真是极没有道理。现在我根据实际情况对比了一下，曹操所率领的中原部队不多于十五六万，并且都已经长久疲惫不堪；而他所收服的刘表的部队，最多也不过七八万人罢了，况且还都带着怀疑恐惧的心理跟着他。曹操用这些疲惫不堪的军队去驾驭军心不定的队伍，人数虽然众多，却实在没有足以让我们害怕的地方。我周瑜只需要精兵五万人，就自信能够打败曹操，希望将军您不要担心！"孙权抚着周瑜的背说："公瑾，你说到的这些话，都很契合我的意思。张子布、秦元表这些人，只知道担忧他们妻子儿女的安危，抱着他们自己的考虑，让我深深地感到失望；只有你和鲁子敬的意见和我一样，这是上天派遣你们两个人来支持我啊！五万人马，难以一下子就集合起来，现在已经选好了三万人马，船只、粮草、作战的武器都已经准备好了。你和子敬、程公就领军出发，我一定继续调动军队前往，多送物资粮草，为你们做好后方支援。你们能打败他的话就和他决战，如果交战不顺利，就回来找我，到那时候，我就要和曹孟德决战。"于是孙权派遣周瑜、程普做左右都督，带领军队和刘备合力迎战曹操；并且派鲁肃做赞军校尉，帮助他们制定作战方略。

刘备在樊口，日遣逻吏于水次候望权军。吏望见瑜船，驰往白备，备遣人慰劳之。瑜曰："有军任，不可得委署；傥能屈威，诚副其所望。"备乃乘单舸往见瑜问曰："今拒曹公，深为得计。战卒有几？"瑜曰："三万人。"备曰："恨少。"瑜曰："此自足用，豫州但观瑜破之。"备欲呼鲁肃等共会语，瑜曰："受命不得妄委署。若欲见子敬，可别过之。"备深愧喜。

进，与操遇于赤壁。

资治通鉴

【译文】刘备军队屯扎在樊口，他每天都派巡逻的士兵到江边瞭望并等待孙权军队的到来。士兵远远地看到周瑜的船，就急忙跑着去向刘备报告，刘备派遣人去安慰犒劳周瑜。周瑜说："我有军事要务在身，不能擅离职守，如果刘豫州愿意屈驾光临，我确实非常欢迎。"于是刘备就乘坐一只小船去见周瑜，一见面就问周瑜："现在决定与曹操对抗，我深深地认为对策完全正确，你带来多少作战军队？"周瑜说："三万人。"刘备说："可惜太少了。"周瑜说："这些军队就足够用了，豫州请您看我怎么打败曹操好了。"刘备想叫鲁肃出来一起商议，周瑜说："他也有军事要务在身，不能擅离职守，如果您想见子敬，可以去他那里看他。"刘备听了之后，深深地感到既羞愧又惊喜。

孙、刘联军出发向前驶进，在赤壁和曹军相遇。

时操军众已有疾疫，初一交战，操军不利，引次江北。瑜等在南岸，瑜部将黄盖曰："今寇众我寡，难与持久。操军方连船舰，首尾相接，可烧而走也。"乃取蒙冲斗舰十艘，载燥荻、枯柴、灌油其中，裹以帷幕，上建旌旗，预备走舸，系于其尾。先以书遗操，诈云欲降。时东南风急，盖以十舰最著前，中江举帆，馀船以次俱进。操军吏士皆出营立观，指言盖降。去北军二里馀，同时发火，火烈风猛，船往如箭，烧尽北船，延及岸上营落。顷之，烟炎张天，人马烧溺死者甚众。瑜等率轻锐继其后，雷鼓大进，北军大坏。操引军从华容道步走，遇泥泞，道不通，天又大风，悉使羸兵负草填之，骑乃得过。羸兵为人马所蹈藉，陷泥中，死者甚众。刘备、周瑜水陆并进，追操至南郡。时操军兼以饥疫，死者太半。操乃留征南将军曹仁、横野将军徐晃守江陵，折冲将军乐进守襄阳，引军北还。

【译文】这时，曹操军队中的士兵大部分已经生病，刚开始交战，曹操军队就不顺利，故而退兵至长江北岸。周瑜屯兵驻守在长江南岸，周瑜部下的将领黄盖说："现在敌众我寡，难以和敌人维持长久战争。曹操的军队正把战船首尾连在一起，我们可用火攻，打败曹操军队。"周瑜采纳了他的计策，于是取出十艘蒙冲战舰，在船上装满干草、枯柴，并在上面灌上油，用帐篷裹起来，在上面插上旌旗，此外预先准备一些快船，系在那些战舰的后面。黄盖先写了一封书信送给曹操，假意说要投降。在这时东南风吹得非常急，黄盖将十艘战船放在最前面，等到了江中央拉起帆，其余的船按次序也都紧跟着前进。曹操军队所有的官吏士兵走出营帐站在那儿观看，都用手指着说黄盖前来投降了。大约距离北岸曹军还有两里多路时，黄盖将所有的船同时点火，火烧得猛烈，风刮得急劲，船向前走得像箭一样快，将曹营的船烧光了，连岸上的营帐也烧着了。顷刻间，烟火漫天，军吏和战马被烧死和淹死的数不胜数。周瑜等人带领着精锐的军队紧紧地跟上来，战鼓敲得震天炸响，曹军大败。曹操率领着剩余军队从华容县的小路逃走，道路泥泞不堪，难以通行，天又刮起了大风，于是曹操命令老弱病残的士兵背草填在路上，骑兵才得以通行。那些老弱病残的士兵被人马踩踏，深陷在泥坑里，因此死的士兵非常多。刘备、周瑜水陆两军一起进发，一直把曹操追击到南郡，当时曹操的军队又加上饥饿和生病，死去了一大半。于是曹操就留下征南将军曹仁、横野将军徐晃驻守在江陵，折冲将军乐进驻守在襄阳，自己则率领军队返回北方。

【乾隆御批】肃论力破群疑，识见与周瑜伯仲。张昭辈选懦、无能，岂足与计大事哉？

【译文】鲁肃的言论破除了大家的疑惑，他的见识与周瑜不分上下。张昭等人卑微软懦，又没有什么才能，怎么能和他们共商大事呢？

周瑜、程普将数万众，与曹仁隔江未战。甘宁请先径进取夷陵，往，即得其城，因入守之。益州将袭肃举军降，周瑜表以肃兵益横野中郎将吕蒙。蒙盛称："肃有胆用，且慕化远来，于义宜益，不宜夺也。"权善其言，还肃兵。曹仁遣兵围甘宁，宁困急，求救于周瑜，诸将以为兵少不足分，吕蒙谓周瑜、程普曰："留凌公绩于江陵，蒙与君行，解围释急，势亦不久。蒙保公绩能十日守也。"瑜从之，大破仁兵于夷陵，获马三百匹而还。于是将士形势自倍，瑜乃渡江，顿北岸，与仁相距。十二月，孙权自将围合肥，使张昭攻九江之当涂，不克。

刘备表刘琦为荆州刺史，引兵南徇四郡，武陵太守金旋、长沙太守韩玄、桂阳太守赵范、零陵太守刘度皆降。庐江营帅雷绪率部曲数万口归备。备以诸葛亮为军师中郎将，使督零陵、桂阳、长沙三郡，调其赋税以充军实；以偏将军赵去领桂阳太守。

【译文】周瑜、程普带领几万大军，与曹仁隔着大江对峙，没有交战。甘宁建议首先直接进攻直取夷陵，去了之后，很快就得到城池，因而进入城内驻守。益州的将领袭肃带领全军来投降，周瑜上表请求将袭肃的军队合并到横野中郎吕蒙的麾下。吕蒙大大地称赞"袭肃非常有胆识，而且袭肃是慕名德化远道来投降，在道义上应扩充他的军队，不应该剥夺他的军队"。孙权认同了他的话，将军队还给了袭肃。曹仁派军队围攻甘宁，甘宁被围困得紧急了，就向周瑜求助，众将领都认为军队人数太少，不能够分散开，吕蒙对周瑜、程普说："将凌公绩留下驻守江陵，我吕蒙和你们一同前去，解除甘宁被围困的紧急情况，看样子也不需要太久。我吕蒙保证凌公绩能固守十天。"周瑜就顺从了他，他们在夷陵大败曹仁的军队，缴获了三百匹战马。因此将士士气倍增，周瑜就渡过大江，屯兵驻守在北岸，和曹仁对抗。十二月，孙权亲自带领将士包围攻取合肥，派遣张昭攻打九江的当涂，却没有攻下来。

刘备上表举荐让刘琦做荆州刺史，自己率军向南征服四个郡邑，武陵太守金旋、长沙太守韩玄、桂阳太守赵范、零陵太守刘度都向刘备投降了。庐江军营的统帅雷绪带领军队的几万人归顺刘备。刘备命诸葛亮做军师中郎将，让他监察零陵、桂阳、长沙三个郡，调用这三个郡的赋税用来充实军队需要；派遣偏将军赵云做桂阳太守。

益州牧刘璋闻曹操克荆州，遣别驾张松致敬于操。松为人短小放荡，然识达精果。操时已定荆州，走刘备，不复存录松。主簿杨修白操辟松，操不纳；松以此怨，归，劝刘璋绝操，与刘备相结，璋从之。

◆习凿齿论曰：昔齐桓一匡其功而叛者九国；曹操暂自骄

伐而天下三分。皆勤之于数十年之内而弃之于俯仰之顷，岂不惜乎！◆

【译文】益州牧刘璋听闻曹操攻克了荆州，就派别驾张松向曹操表示敬意。张松长得短小而且行为放浪，却见识通达，聪明果决。当时曹操已经平息安定了荆州，驱逐了刘备，于是不再以贤士之礼录用张松。主簿杨修建议曹操起用张松，曹操不听取杨修的提议；张松因而恼恨曹操，回去之后，就劝说刘璋与曹操断绝往来，和刘备结好，刘璋采纳了他的意见。

◆习凿齿评价说：昔日齐桓公夸大他的功劳因而有九国叛变；曹操顷刻的骄傲夸大功劳因而使天下形成三分的鼎足形势。都是数十年的勤奋却在瞬间就将它丢弃了，那不是很令人惋惜吗？◆

曹操追念田畴功，恨前听其让，曰："是成一人之志而亏王法大制也。"乃复以前爵封畴。畴上疏陈诚，以死自誓。操不听，欲引拜之，至于数四，终不受。有司劾畴："狷介违道，苟立小节，宜免官加刑。"操下世子及大臣博议。世子丕以"畴同于子文辞禄，由胥逃赏，宜勿夺以优其节。"尚书令荀彧、司隶校尉钟繇，亦以为可听。操犹欲侯之，畴素与夏侯惇善，操使惇自以其情喻之。惇就畴宿而劝之，畴揣知其指，不复发言。惇临去，固邀畴，畴曰："畴，负义逃窜之人耳；蒙恩全活，为幸多矣，岂可卖卢龙之塞以易赏禄哉！纵国私畴，畴独不愧于心乎！将军雅知畴者，犹复如此，若必不得已，请愿效死，刎首于前。"言未卒，涕泣横流。惇具以答操，操喟然，知不可屈，乃拜为议郎。

【译文】曹操回想起田畴的贡献，悔恨自己从前听从他推辞封爵，并说："这就是成全一个人的志愿却损害了王法制度。”于是又将从前的爵位封给田畴。田畴上奏表陈明意愿，发誓宁愿死也不接受封爵。曹操不同意，想把他引来授官，来回了四次，田畴仍不接受。有司官吏就上书弹劾田畴："田畴性情正直，洁身自好，却违背了道义，私自建立小节，应该免去官职，并加以惩罚。"曹操将这件事下移给世子及大臣广泛地商议这件事。世子曹丕认为"田畴和以前楚国的于子文推辞官禄、由胥躲避赏赐一样，应该不要强行更改他的志愿来嘉奖他的美好节操"。尚书荀彧、司隶校尉钟繇也认为可以顺从他的志愿。曹操仍然想封他为侯，田畴向来和夏侯惇交好，曹操让夏侯惇亲自把他的意思告诉田畴。于是夏侯惇就去田畴家住宿想劝他。田畴揣测知晓了他的来意，就不再说话。夏侯惇临离开时，固执地邀请田畴一同去，田畴说："我田畴只是一个违背道义逃亡的人罢了；承蒙恩赐，使我周全地活着，已经是非常幸运了，又怎么可以出卖卢龙塞口，用来交换赏赐官禄呢？纵然国家私下偏爱我田畴，我田畴难道在心里就不愧疚吗？将军向来是知道我田畴的为人，还仍然这样逼我，要是一定没有办法顺从自己的意愿，我宁愿求死，在你面前自刎。"话还没说完，眼泪和鼻涕就流了下来。夏侯惇把实际情形一一回报给曹操，曹操喟然感叹，知道田畴不会屈从，于是让他做议郎。

操幼子仓舒卒，操伤惜之甚。司空掾邴原女早亡，操欲求与仓舒合葬，原辞曰："嫁殇，非礼也。原之所以自容于明公，公之所以待原者，以能守训典而不易也。若听明公之命，则是凡庸也，明公焉以为哉！"操乃止。

孙权使威武中郎将贺齐讨丹阳黟、歙贼。黟帅陈仆、祖山等二万户屯林历山，四面壁立，不可得攻，军住经月。齐阴募轻捷士，于隐险处，夜以铁戈拓山潜上，县布以援下人。得上者百余人，令分布四面，鸣鼓角。贼大惊，守路者皆逆走，还依众。大军因是得上，大破之。权乃分其地为新都郡，以齐为太守。

【译文】曹操的小儿子仓舒死了，曹操非常悲伤惋惜。司空掾邴原的女儿也是早夭了，曹操要求把邴原的女儿与仓舒合葬，邴原驳斥说："嫁一个还没有成年就死的人，不合乎礼法。我之所以能够在您面前得到重用、您之所以优待我，是因为我能够遵守古代的礼节而不更改。假如我顺从了您的命令，那么我就是一个平庸的人，您又怎么会重用我呢？"于是曹操就停止这个念头了。

孙权让威武中郎将贺齐征讨丹阳黟、歙两县的贼人。黟县的统帅陈仆、祖山等两万人屯扎驻守在林历山，山的四周像墙壁一样陡峭，不能得到攻打的办法，两军对峙了几个月。贺齐暗地里招募了行动轻捷的军士，在山隐秘险要的地方，于夜里用铁器凿山，偷偷地上去，然后从上面把布放下来，用来帮助下面的人上去。能够上去的有一百余人，贺齐命令他们分布在四周，击打战鼓，吹响号角；贼人十分惊慌，守路的人都逃跑了，奔回大营，大军趁机才能上山，大败贼人。孙权于是就将这个地方划分为新都郡，任命贺齐为太守。

资治通鉴卷第六十六　汉纪五十八

起屠维赤奋若，尽昭阳大荒落，凡五年。

【译文】起己丑（公元209年），止癸巳（公元213年），共五年。

【题解】本卷记录了汉献帝刘协建安十四年至建安十八年间的历史。赤壁之战后，孙刘联盟进入蜜月期，南北势均力敌，三方忙于内政，没有大的战役发生。刘备入吴借得南郡，势力壮大。孙权建立并巩固江北防线，使岭南臣服。曹操破关西马超、韩遂，平息河北、关中民变，巩固北方，加紧篡汉步伐。刘备入蜀，从葭萌回军攻讨益州。

孝献皇帝辛

建安十四年(己丑，公元二〇九年)春，三月，曹操军至谯。

孙权围合肥，久不下。权率轻骑欲身往突敌，长史张纮谏曰："夫兵者，凶器；战者，危事也。今麾下恃盛壮之气，忽强暴之虏，三军之众，莫不寒心。虽斩将搴旗，威震敌场，此乃偏将之任，非主将之宜也。愿抑贲、育之勇，怀霸王之计。"权乃止。

曹操遣将军张喜将兵解围，久而未至。扬州别驾楚国蒋济密白刺史，伪得喜书，云步骑四万已到雩娄，遣主簿迎喜。三部使赍书语城中守将，一部得入城，二部为权兵所得。权信之，遽烧围走。

秋，七月，曹操引水军自涡入淮，出肥水，军合肥，开芍陂屯田。

【译文】建安十四年（己丑，209年）这年春季，三月，曹操军队到达谯城。

孙权围攻合肥，长时间攻打不下来。孙权带领轻装骑兵，想亲自前去袭击敌军，长史张纮劝谏说："兵器是凶器，战争也是凶险的事。今天您仗着强盛壮志的勇气，看轻强大残暴的敌人，三军的将士，没有一个不感到心寒的。纵然您也能斩杀大将、夺取军旗、威慑敌军，但这是偏将的任务，不应该是主将做的事。希望您能抑制住孟贲、夏育那样的勇气，心里怀着像霸王那样称霸天下的大计。"孙权这才打消了念头。

曹操派将军张喜带领军队去解除合肥的围困，却长时间没到来。扬州别驾楚国人蒋济暗地里建议刺史，假意收到了张喜的书信，信上说步兵、骑兵共四万已经来到了雩娄县，然后派主簿去迎接张喜。另外派遣三名使者带着这假信息的信去通告城中驻守将领，其中一人进入了城中，另外两人被孙权的部下所掳。孙权信以为真，马上就烧了栅围逃跑了。

这年秋季七月，曹操带领水军从涡水进入淮水，自肥水上岸，在合肥屯兵驻扎，修建了芍陂工程并在此屯田。

冬，十月，荆州地震。

十二月，操军还谯。

庐江人陈兰、梅成，据灊、六叛，操遣荡寇将军张辽讨斩之；因使辽与乐进、李典等将七千馀人屯合肥。

周瑜攻曹仁岁馀，所杀伤甚众，仁委城走。权以瑜领南郡太守，屯据江陵；程普领江夏太守，治沙羡；吕范领彭泽太守；吕蒙领寻阳令。刘备表权行车骑将军，领徐州牧。会刘琦卒，权以备领荆州牧，周瑜分南岸地以给备。备立营于油口，改名公安。

权以妹妻备。妹才捷刚猛，有诸兄风，侍婢百馀人，皆执刀侍立，备每入，心常凛凛。

【译文】这年冬季，十月，荆州发生地震。

十二月，曹操军队返回谯城。

庐江人陈兰、梅成占领灊县、六安县，背叛曹操，曹操派荡寇将军张辽前去征讨，斩杀他们；因此下令让张辽和乐进、李典等人带领七千余人，驻守合肥。

周瑜围攻曹仁一年有余，被他们杀死重伤的人非常多，曹仁弃城逃跑了。孙权派遣周瑜做南郡太守，屯兵驻扎江陵；程普做江夏太守，设郡治所在沙羡；吕范做彭泽太守；吕蒙做寻阳令。刘备上表朝廷举荐孙权代当车骑将军，兼领徐州牧。碰巧刘琦逝世，孙权就让刘备兼职荆州牧，周瑜将长江南岸的地方分给了刘备。刘备在油口建了军营，更名为公安。

孙权将妹妹嫁给刘备为妻。他妹妹才思敏捷，要强严肃，有她兄长们的行事风格，侍奉的婢女有一百余人，都拿刀站立两旁，刘备每次进来，心里都害怕。

曹操密遣九江蒋干往说周瑜。干以才辩独步于江、淮之间，乃布衣葛巾，自托私行诣瑜。瑜出迎之，立谓干曰："子翼良苦，远涉江湖，为曹氏作说客邪？"因延干，与周观营中，行视仓库、军资、器仗讫，还饮宴，示之侍者服饰珍玩之物。因谓干曰："丈夫处世，遇知己之主，外托君臣之义，内结骨肉之恩，言行计从，祸福共之，假使苏、张共生，能移其意乎？"干但笑，终无所言。还白操，称瑜雅量高致，非言辞所能间也。

丞相掾和洽言于曹操曰："天下之人，材德各殊，不可以一节取也。俭素过中，自以处身则可，以此格物，所失或多。今朝廷之议，吏有著新衣、乘好车者，谓之不清；形容不饰、衣裳敝坏者，谓之廉洁。至令士大夫故污辱其衣，藏其舆服；朝府大吏，或自挈壶飧以入官寺。夫立教观俗，贵处中庸，为可继也。今崇一概难堪之行以检殊涂，勉而为之，必有疲瘁。古之大教，务在通人情而已。凡激诡之行，则容隐伪矣。"操善之。

【译文】 曹操暗地里派九江人蒋干前去说服周瑜。蒋干凭借才华、口才在江、淮间没有对手。于是蒋干就穿上布衣，戴上葛巾，自称以私人交情前来拜谒周瑜。周瑜走出来欢迎他，周瑜站着对蒋干说："蒋子翼你劳累了，长途跋涉，远道而来，是为曹操做说客吗？"因此邀请蒋干一起去军营各处观看，参观完了仓库、军资、器仗之后，回来饮宴，向蒋干展示侍者、服饰、珍玩等事物。因此对蒋干说："大丈夫处于世间，遇到了解自己的主人，在外依托君臣之间的道义，在内交结了像骨肉一般的恩情，进言能得以实施，计策能得以采纳，祸福与共，纵然是苏秦、张仪重生，能转变他的意愿吗！"蒋干只是干笑，始终没有说话。蒋干回来告知曹操，夸赞周瑜胸怀高雅、节操高尚，不是说几句话就能离间的。

丞相掾和洽对曹操进谏说："天下的百姓，才华、品质各不相同，不能用一种标准选拔人才。过度节俭朴素，私下用来修身就可以了，用这种方法探究人才，失去的就多了。现在朝廷的议论下，官员中有穿新衣服、坐好车的人，就说不高洁；外貌不装饰、衣裳破旧的人，就说是清廉。这甚至让士大夫们有意弄脏损坏自己的衣服，藏起他们的车和衣服；朝堂府内的高级官员，有的人自带吃食来进入官寺。树立教化、视察风俗，要贵在处以中庸的办法，才能永不断绝。现在推行一样的让人不能容忍的举止，来检验不一样的人，强行实施，一定会有疲劳困窘。古代的大教化，旨在通顺人情罢了。只要是偏执、奇怪的行为，就会有欺瞒、作假的事。"曹操认为非常好。

十五年(庚寅，公元二一〇年)春，下令曰："孟公绰为赵、魏老则优，不可以为滕、薛大夫。若必廉士而后可用，则齐桓其何以霸世！二三子其佐我明扬仄陋，唯才是举，吾得而用之！

二月，乙巳朔，日有食之。

冬，曹操作铜爵台于邺。

【译文】十五年（庚寅，公元210年）春季，曹操下令说："孟公绰做赵、魏两国贵族的长官，才华有余，不能做滕、薛两国的大夫。假如一定要廉洁的人才能重用的话，那齐桓公凭借什么才能称霸世间呢！诸位辅助我推荐那些出身贫寒的人才，只要有才华就推举，我马上加以重用。"

二月，乙巳朔日（初一），发生了日食。

冬季，曹操在邺城建筑铜爵台。

十二月，己亥，操下令曰："孤始举孝廉，自以本非岩穴知名之士，恐为世人之所凡愚，欲好作政教以立名誉，故在济南，除残去秽，平心选举。以是为强豪所忿，恐致家祸，故以病还乡里。时年纪尚少，乃于谯东五十里筑精舍，欲秋夏读书，冬春射猎，为二十年规，待天下清乃出仕耳。然不能得如意，徵为典军校尉，意遂更欲为国家讨贼立功，使题墓道言'汉故征西将军曹侯之墓'，此其志也。而遭值董卓之难，兴举义兵。后领兖州，破降黄巾三十万众；又讨击袁术，使穷沮而死；摧破袁绍，枭其二子；复定刘表，遂平天下。身为宰相，人臣之贵已极，意望已过矣！设使国家无有孤，不知当几人称帝，几人称王！或者人见孤强盛，又性不信天命，恐妄相忖度，言有不逊之志，每用耿耿，故为诸君陈道此言，皆肝鬲之要也。然欲孤便尔委捐所典兵众以还执事，归就武平侯国，实不可也。何者？诚恐己离兵为人所祸，既为子孙计，又己败则国家倾危，是以不得慕虚名而处实祸也！然兼封四县，食户三万，何德堪之！江湖未静，不可让位；至于邑土，可得而辞。今上还阳夏、柘、苦三县，户二万，但食武平万户，且以分损谤议，少减孤之责也！"

【译文】十二月，己亥日（十二月份无此日，疑误。），曹操下令说："我刚被选拔为孝廉时，自认为原来不是隐居山野中出名的人，恐怕被世人用平凡愚钝的眼光看待，就想好好地做出政绩，用来树立声名，因而在济南惩处残忍贪污的官员，公正地选拔人才。因为这被强门豪族所恼恨，我害怕导致家族祸端，因此谎称有病返回故里。那时候我年纪还很小，于是就在谯城东边五十里的地方建造房舍，想在夏季、秋季读书，在冬季、春季骑射打猎，这是二十年的规划，等到天下安定时再出来为官罢了。但是世事发展却不能如我所愿，我被征召为典军校尉，于是变成想替国家征讨奸贼，建功立业，我让人在墓碑上题字说：'汉故征西将军曹侯之墓'，这就是我的志向。可当时正遭遇董卓之乱，我就举起义军；之后统领兖州，打败并降服了黄巾三十万士兵；又征讨袁术，让他穷窘沮丧而死去；摧毁打败袁绍，砍下他两个儿子的头颅示众；又平定了刘表，于是安定天下，我作为宰相，身为臣子的尊贵，已经到了极致，已远远超过自己的期望。如果国家没有我，不知应该有多少人称帝，多少人称王了! 可能有人看见我强大, 又天生不信天命, 恐怕他们会妄自揣测, 说我有不恭敬的心思, 因而心中经常担忧, 因此才对诸位说这些话, 这都是我的肺腑之言。然而想让我放弃所带领的将士, 还给管事的官吏, 返回武平侯国, 却实在是不行的。为什么呢? 我确实恐怕自己离开了军队, 会被人祸害, 既是替我的子孙打算, 也是怕自己失败, 国家就有覆灭的风险, 因此我不能贪慕虚名, 而遭受现实的祸患! 然而同时追封四县, 三万户食邑, 我有什么才德承受得起呢! 江湖还没有安定, 不能让位; 得到的食邑封土, 是能够推却的。今天还阳夏、柘、苦三县, 两万户食邑, 只留武平一万户食邑, 暂且来减少非议, 减少对我的责备。"

刘表故吏士多归刘备, 备以周瑜所给地少, 不足以容其众, 乃自诣京见孙权, 求都督荆州。瑜上疏于权曰: "刘备以枭雄之姿, 而有关羽、张飞熊虎之将, 必非久屈为人用者。愚谓大计宜徙备置吴, 盛为筑宫室, 多其美女玩好, 以娱其耳目; 分此二人各置一方, 使如瑜者得挟与攻战, 大事可定也。今猥割土地以资业之, 聚此三人俱在疆场, 恐蛟龙得云雨, 终非池中物也!" 吕范亦劝留之。权以曹操在北, 方当广揽英雄, 不从。备还公安, 久乃闻之, 叹曰: "天下智谋之士, 所见略同。时孔明谏孤莫行, 其意亦虑此也。孤方危急, 不得不往, 此诚险涂, 殆不免周瑜之手!"

周瑜诣京见权曰: "今曹操新政, 忧在腹心, 未能与将军连兵相事也。乞与奋威俱进, 取蜀而并张鲁, 因留奋威固守其地, 与马超结援, 瑜还与将军据襄阳以蹙操, 北方可图也。" 权许之。奋威者, 孙坚弟子奋威将军、丹阳太守瑜也。

【译文】 刘表以前的官员、谋士, 大多数归降刘备, 刘备因周瑜给的地方太少, 不能容下众多人, 于是就亲自去京口拜谒孙权，请求担任荆州都督。周瑜对孙权上奏说："刘备是枭雄，而且有关羽、张飞熊虎般的勇将协助，必不是长时间屈服、为他人所用的人。我认为最好的办法，应当迁走刘备，把他安放在吴国，为他建筑美丽的宫殿，多送美女、玩好，来娱乐他的耳朵和眼睛；把关、张两人分开，各自安排在一方，让像周瑜的人跟随一起攻战，大事就能安定了。如今多分给他土地，来资助他完成大业，把这三人同时聚集在边界上，唯恐就像蛟龙获得云雨，最终不是池中物了。"吕范也进言把刘备留下。孙权则认为曹操在北方，正四处招揽英雄人物，就没有采纳他们的意见。刘备返回公安，长久之后才听说这事，感叹说："天下有谋略的人，他们的见解大致一样。那时孔明劝谏我不要去，他心里也是担心这些。但我正值危难紧迫之时，不得不去，这确实是条凶险的路，差点儿逃不掉周瑜的手了！"

周瑜去京口拜见孙权说："现今曹操刚在赤壁遭遇大败，心中担忧，不能和将军交战；我请求可以与奋威将军一起前进，直取蜀郡而吞并张鲁，趁势留下奋威将军驻守那些地方，与马超交好，互相帮助，周瑜返回和将军驻守襄阳，来干扰曹操，北方就能谋取到手了。"孙权允许了。奋威就是孙坚的侄儿奋威将军、丹阳太守孙瑜。

周瑜还江陵为行装，于道病困，与权笺曰："修短命矣，诚不足惜；但恨微志未展，不复奉教命耳。方今曹操在北，疆场未静；刘备寄寓，有似养虎。天下之事，未知终始，此朝士旰食之秋，至尊垂虑之日也。鲁肃忠烈，临事不苟，可以代瑜。傥所言可采，瑜死不朽矣！"卒于巴丘。权闻之哀恸，曰："公瑾有王佐之资，今忽短命，孤何赖哉！"自迎其丧于芜湖。瑜有一女、二男，

资治通鉴

权为长子登娶其女；以其男循为骑都尉，妻以女；胤为兴业都尉，妻以宗女。

初，瑜见友于孙策，太夫人又使权以兄奉之。是时权位为将军，诸将、宾客为礼尚简，而瑜独先尽敬，便执臣节。程普颇以年长，数陵侮瑜，瑜折节下之，终不与校。普后自敬服而亲重之，乃告人曰："与周公瑾交，若饮醇醪，不觉自醉。"

【译文】周瑜返回江陵，整理行囊，在路上得重病，周瑜给孙权的信说："寿命的长短，是命，确实不足以可惜；只是遗憾我微末的志向不能施展，不能再听从您的教谕、命令罢了。现在曹操占据北方，战场尚未安定；刘备寄宿国内，就好像养老虎一般；天下的事，不知道最终会怎样，这是朝中将士担忧勤于事务不能休息的时刻，是至尊帝王费心忧虑的时候。鲁肃忠心节操贞烈，遇事没有私心，可以代替周瑜的位置。倘若我所说的话值得采纳，周瑜死也会感激不尽的。"周瑜在巴丘逝世。孙权知道后非常哀痛，说："公瑾有辅佐帝王的能力，现今突然短命去世了，我以后要仰赖谁呢？"就亲自到芜湖迎接周瑜的灵柩。周瑜有一个女儿、两个儿子，孙权替长子孙登娶了周瑜的女儿为妻；任命周瑜的儿子周循做骑都尉，并把女儿嫁给他做妻子；周胤做兴业都尉，也把宗室的女儿嫁给他做妻子。

起初，周瑜被孙策友善对待，太夫人又要求孙权用兄长的礼仪来侍奉他。那时孙权官位为将军，众将军、宾客对他的礼节还很简陋怠慢，只有周瑜独先做到尽职尊敬他，秉承着作为臣子的礼仪。程普认为自己稍微年长些，经常欺辱周瑜，周瑜却委屈自己，谦虚地对待他，终究不与他计较。程普之后由衷地敬佩他，并亲近重视他，于是就对别人说："与周公瑾相交，就像喝醇酒，不自觉就醉了。"

权以鲁肃为奋武校尉，代瑜领兵，令程普领南郡太守。鲁肃劝权以荆州借刘备，与共拒曹操，权从之。乃分豫章为番阳郡，分长沙为汉昌郡；复以程普领江夏太守，鲁肃为汉昌太守，屯陆口。

初，权谓吕蒙曰："卿今当涂掌事，不可不学。"蒙辞以军中多务。权曰："孤岂欲卿治经为博士邪？但当涉猎，见往事耳。卿言多务，孰若孤？孤常读书，自以为大有所益。"蒙乃始就学。及鲁肃过寻阳，与蒙论议，大惊曰："卿今者才略，非复吴下阿蒙！"蒙曰："士别三日，即更刮目相待，大兄何见事之晚乎！"肃遂拜蒙母，结友而别。

【译文】孙权派遣鲁肃做奋武校尉，代替周瑜统领军队，让程普做南郡太守。鲁肃劝说孙权把荆州借给刘备，同他一块对抗曹操，孙权采纳了这个建议。于是就从豫章分出来土地当成番阳郡，从长沙分出来土地当成汉昌郡；又派遣程普做江夏太守，鲁肃做汉昌太守，驻守在陆口。

起初，孙权对吕蒙说："你现今当官，掌管政事，不能不看书学习。"吕蒙以军中事情太多的理由推托了。孙权说："我难道想要你钻研经书，成为博士吗！但也应当大致看看古书，通晓以前的事罢了。你说事情多，难道能和我相比？我经常读书，自己认为大有裨益。"吕蒙于是就开始学习。等到鲁肃经过寻阳的时候，与吕蒙谈论大事，非常讶异地说："你现今的才能谋略，不再是'吴下阿蒙'了！"吕蒙说："士人别过了三日，就要另眼看待，大哥看事，是不是太晚了啊！"鲁肃于是就拜谒吕蒙的母亲，与他相交，成为朋友之后离开。

刘备以从事庞统守耒阳令，在县不治，免官。鲁肃遗备书曰："庞士元非百里才也，使处治中、别驾之任，始当展其骥足耳！"诸葛亮亦言之。备见统，与善谭，大器之，遂用统为治中，亲待亚于诸葛亮，与亮并为军师中郎将。

初，苍梧士燮为交阯太守。交州刺史朱符为夷贼所杀，州郡扰乱，燮表其弟壹领合浦太守，䵍领九真太守，武领南海太守。燮体器宽厚，中国人士多往依之。雄长一州，偏在万里，威尊无上，出入仪卫甚盛，震服百蛮。

【译文】刘备派遣从事庞统做耒阳县令，庞统在县中不管理政务，被罢免了官职。鲁肃给刘备写信说："庞士元不是管理百里之县的人才，如果处于治中、别驾的职务上，应该就开始展示他的长处了！"诸葛亮也这样说。刘备见庞统，与他谈论大事，大为器重他，于是就任命庞统做治中，对他的善待，只在诸葛亮之下，与诸葛亮一起做军师中郎将。

起初，苍梧人士燮当交阯太守。交州刺史朱符被夷贼杀害，州郡纷乱不堪，士燮于是上书，派他的弟弟士壹做合浦太守，士䵍做九真太守，士武做南海太守。士燮器量宽大，性格仁厚，中原士人大都前去投靠他。雄霸一州，在万里偏僻的地方，有至上的威严尊荣，出入的仪队、卫士非常多，震慑了各蛮族。

朝廷遣南阳张津为交州刺史。津好鬼神事，常著绛帕头，鼓琴、烧香，读道书，云可以助化，为其将区景所杀。刘表遣零陵赖恭代津为刺史。是时苍梧太守史璜死，表又遣吴巨代之。朝廷赐燮玺书，以燮为绥南中郎将，董督七郡，领交阯太守如故。后巨与恭相失，巨举兵逐恭，恭走还零陵。

孙权以番阳太守临淮步骘为交州刺史，士燮率兄弟奉承节度。吴巨外附内违，骘诱而斩之，威声大震。权加燮左将军，燮遣子入质。由是岭南始服属于权。

【译文】朝廷让南阳人张津做交州刺史。张津喜好奉侍鬼神，经常戴着红头巾，弹琴、烧香、读道家的书，说这样可以帮助成仙，被他的将领区景斩杀。刘表派零陵人赖恭取代张津做刺史。那时苍梧太守史璜死了，刘表又派了吴巨取代他。朝廷赏赐士燮玺印、文书，派遣士燮做绥南中郎将，监督统领七郡，依然管理交趾太守。后来吴巨和赖恭失和，吴巨领兵驱走赖恭，赖恭逃回到了零陵。

孙权派遣临淮人步骘做交州刺史，士燮带领兄弟接受节度。吴巨表面附会，背地里违抗，步骘诱捕斩杀了他，声名大振。孙权升士燮为左将军，士燮派儿子去做人质。此后岭南才开始降服，归属孙权。

十六年(辛卯，公元二一一年)春，正月，以曹操世子丕为五官中郎将，置官属，为丞相副。

三月，操遣司隶校尉钟繇讨张鲁，使征西护军夏侯渊等将兵出河东，与繇会。仓曹属高柔谏曰："大兵西出，韩遂、马超疑为袭己，必相扇动。宜先招集三辅，三辅苟平，汉中可传檄而定也。"操不从。

关中诸将果疑之，马超、韩遂、侯选、程银、杨秋、李堪、张横、梁兴、成宜、马玩等十部皆反，其众十万，屯据潼关；操遣安西将军曹仁督诸将拒之，敕令坚壁勿与战。命五官将丕留守邺，以奋武将军程昱参丕军事，门下督广陵徐宣为左护军，留统诸军，乐安国渊为居府长史，统留事。秋，七月，操自将击超等。议者多言："关西兵习长矛，非精选前锋，不可当也。"操曰："战在我，非在贼也。贼虽习长矛，将使不得以刺，诸君但观之。"

【译文】十六年（辛卯，公元211年）春季，正月，任曹操世子曹丕做五官中郎将，设立僚属，做丞相副手。

三月，曹操派司隶校尉钟繇征讨张鲁，让征西护军夏侯渊等人带领军队从河东出发，与钟繇会合。仓曹属高柔进言说："军队向西出兵，韩遂、马超定怀疑是攻打自己，必会相互鼓动。应当先招抚集合三辅，如果三辅平定了，汉中只需要传布檄令就能平定。"曹操没有采纳。

关中诸位将领果然怀疑了，马超、韩遂、侯选、程银、杨秋、李堪、张横、梁兴、成宜、马玩等十部都反叛了，他们聚有十万士兵，驻守在潼关；曹操派安西将军曹仁带领诸位将士抵御，下令坚守阵地，不要交战。令五官将曹丕留下驻守邺城，派遣奋武将军程昱协助曹丕的军务，门下督广陵人徐宣做左护军，留下统领各军，乐安人国渊做居府长史，处理留守的政务。秋季七月，曹操亲自带领军队攻打马超等人。商议的人大都说："关西军队惯用长矛，不精选的前锋，不能抵抗。"曹操说："战事掌控在我手里，不是在叛贼手里。叛贼既然惯用的是长矛，我就要让他们刺不出来，诸位只要观看就知道了。"

八月，操至潼关，与超等夹关而军。操急持之，而潜遣徐晃、朱灵以步骑四千人渡蒲阪津，据河西为营。闰月，操自潼关北渡河。兵众先渡，操独与虎士百馀人留南岸断后。马超将步骑万馀人攻之，矢下如雨，操犹据胡床不动。许褚扶操上船，船工中流矢死，褚左手举马鞍以蔽操，右手刺船。校尉丁斐，放牛马以饵贼，贼乱取牛马，操乃得渡。遂自蒲阪渡西河，循河为甬道而南。超等退拒渭口，操乃多设疑兵，潜以舟载兵入渭，为浮桥，夜，分兵结营于渭南。超等夜攻营，伏兵击破之。超等屯渭南，遣信求割河以西请和，操不许。九月，操进军，悉渡渭。超等数挑战，又不许；固请割地，求送任子。贾诩以为可伪许之。操复问计策，诩曰："离之而已。"操曰："解！"

【译文】八月，曹操到达潼关，与马超等人隔着潼关屯扎军队。曹操表面上着急掌控形势，但暗地里派徐晃、朱灵，带领步兵、骑兵四千，渡过蒲阪津口，在黄河西面设立军营。闰八月，曹操自潼关向北渡过黄河。军士们先过河，曹操独自和一百多勇士留在南岸断后。马超带领步兵、骑兵一万多人攻打来，飞箭多得就像下雨一样，曹操仍安然地坐在胡床上不动。许褚扶着曹操上船，船工中流箭死了，许褚左手举起马鞍，遮挡住曹操，右手撑着船。校尉丁裴，放出牛马当诱饵引诱叛贼，叛贼大乱，捕捉牛马，曹操才得以渡过河。于是就从蒲阪渡过西河，沿着黄河，建筑甬道向南行走。马超等人撤兵，驻守在渭口，曹操于是就设置很多疑兵，暗地里利用船带着军队进入渭河，打造浮桥，夜晚的时候，把军队散开，在渭水南岸设立军营。马超等人夜晚攻击军营，伏击的将士将他们打败了。马超等人在渭水南岸驻扎，派使者前来，乞求用割让黄河以西地方的条件求和，曹操不应允。九月，曹操继续进军，全军渡过渭水；马超等人数次挑战，又不应战，马超坚定请求割地，并把儿子送去做人质；贾诩认为可以假意应允。曹操又问他有什么办法，贾诩说："只是挑拨他们罢了。"曹操说："知道了！"

韩遂请与操相见，操与遂有旧，于是交马语移时，不及军事，但说京都旧故，拊手欢笑。时秦、胡观者，前后重沓，操笑谓之曰："尔欲观曹公邪？亦犹人也，非有四目两口，但多智耳！"既罢，超等问遂："公何言？"遂曰："无所言也。"超等疑之。他日，操又与遂书，多所点窜，如遂改定者；超等愈疑遂。操乃与克日会战，先以轻兵挑之，战良久，乃纵虎骑夹击，大破之，斩成宜、李堪等。遂、超奔凉州，杨秋奔安定。

诸将问操曰："初，贼守潼关，渭北道缺，不从河东击冯翊而反守潼关，引日而后北渡，何也？"操曰："贼守潼关，若吾入河东，贼必引守诸津，则西河未可渡，吾故盛兵向潼关；贼悉众南守，西河之备虚，故二将得擅取西河；然后引军北渡。贼不能与吾争西河者，以二将之军也。连车树栅，为甬道而南，既为不可胜，且以示弱。渡渭为坚垒，虏至不出，所以骄之也；故贼不为营垒而求割地。吾顺言许之，所以从其意，使自安而不为备，因畜士卒之力，一旦击之，所谓疾雷不及掩耳。兵之变化，固非一道也。"

资治通鉴卷第六十六 汉纪五十八

【译文】韩遂要求与曹操会面，曹操与韩遂有旧交情，于是就骑马与其攀谈，虽谈了很长时间，却没有涉及军事，只是说些京都以前的事，拍着手大笑。那时关中人、胡人这些旁观的人，前后重叠，曹操微笑着对他们说："你们想看一下曹操吗？也是和其他人一样，并非有四只眼睛、两张嘴巴，只是有智慧罢了！"谈完之后，马超等人问韩遂："你们说了些什么？"韩遂说："没说什么！"马超等人都很怀疑他。之后，曹操又给韩遂写信，有多处被窜改的地方，就像是韩遂改写的一样；马超等人就更怀疑韩遂了。曹操于是定下交战日期，先用装备轻的军队战斗，战了很长时间，才派遣强勇的骑兵两面夹击，取得胜利，并斩杀了成宜、李堪等人。韩遂、马超逃到凉州，杨秋逃到安定。

诸位将领问曹操："起初，叛贼驻守在潼关，渭水北面的防御上有了缺口，我们不从河东攻打冯翊，却在潼关防守，拖延时间，之后向北渡河，这是为什么呢？"曹操说："叛贼驻守潼关，倘若我从河东进攻，叛贼必然带领军队守住各个渡口，那么就不能渡过西河了；我有意多派军队攻击潼关，叛贼就把全部军众防守南面，西河的防守就空虚了，因此二位将军能够容易地攻下西河；然后带领军队向北渡河，叛贼之所以不能和我争抢西河，那是因为二位将军的军队在那里驻守。连接车辆、建立木栅，建造甬道向南行走，不但做出不能战胜的姿势，而且示弱了。渡过渭水，建造坚固的壁垒，敌人来袭并不迎击，因此叛贼就骄傲起来；所以叛贼不建立营寨，而是要求割地。我顺他们说的话应允了，我之所以顺从他们，是要让他们感到安定并没有防备，因此储蓄兵力，突然攻打他们，这就是所谓'疾雷不及掩耳'。兵法的变化，原本就不是有规律的。"

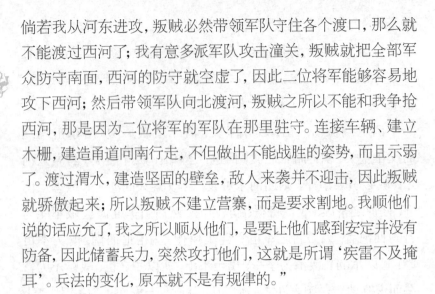

始，关中诸将每一部到，操辄有喜色。诸将问其故，操曰："关中长远，若贼各依险阻，征之，不一二年不可定也。今皆来集，其众虽多，莫相归服，军无适主，一举可灭，为功差易，吾是以喜。"

冬，十月，操自长安北征杨秋，围安定。秋降，复其爵位，使留抚其民。

十二月，操自安定还，留夏侯渊屯长安。以议郎张既为京兆尹。既招怀流民，兴复县邑，百姓怀之。

遂、超之叛也，弘农、冯翊县邑多应之，河东民独无异心。操与超等夹渭为军，军食一仰河东。及超等破，馀畜尚二十馀万斛，操乃增河东太守杜畿秩中二千石。

【译文】起初，关中诸将每一部率军前来，曹操就有欢喜的神色，诸位将领问曹操原因，曹操说："关中土地广袤，假如叛贼占据险要的地方，征讨他们，没有一两年是平定不了的；现今都集合了，他们的军众虽多，但相互不服，军中没有统帅，一下子就能消灭，费的工夫就轻松多了，因此我心中高兴。"

冬季，十月，曹操从长安向北讨伐杨秋，围困安定。杨秋归降，曹操恢复了他的爵位，让他留下安抚百姓。

十二月，曹操从安定返回长安，留下夏侯渊驻扎长安。任议郎张既做京兆尹。张既招抚流民，复兴各个县邑，百姓都爱戴他。

韩遂、马超的反叛，弘农、冯翊的县邑大都响应了，只有河东的人民没有反叛的心思；曹操和马超隔着渭水建立军营，军中粮食都仰仗着河东供应。等到马超等人被打败，剩下的存粮还有二十多万斛，曹操于是就增加河东太守杜畿的俸禄为中二千石。

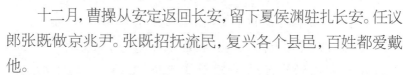

扶风法正为刘璋军议校尉，璋不能用，又为其州里俱侨客者所鄙，正邑邑不得志。益州别驾张松与正善，自负其才，忖璋不足与有为，常窃叹息。松劝璋结刘备，璋曰："谁可使者？"松乃举正。璋使正往，正辞谢，佯为不得已而行。还，为松说备有雄略，密谋奉戴以为州主。

会曹操遣钟繇向汉中，璋闻之，内怀恐惧。松因说璋曰："曹公兵无敌于天下，若因张鲁之资以取蜀土，谁能御之！刘豫州，使君之宗室而曹公之深仇也，善用兵；若使之讨鲁，鲁必破矣。鲁破，则益州强，曹公虽来，无能为也！今州中诸将庞羲、李异等，皆恃功骄豪，欲有外意。不得豫州，则敌攻其外，民攻其内，必败之道也！"璋然之，遣法正将四千人迎备。主簿巴西黄权谏曰："刘左将军有骁名，今请到，欲以部曲遇之，则不满其心；欲以宾客礼待，则一国不容二君，若客有泰山之安，则主有累卵之

危。不若闭境以待时清。"璋不听，出权为广汉长。从事广汉主
累，自倒县于州门以谏，璋一无所讷。

【译文】扶风人法正是刘璋的军议校尉，刘璋不提拔重用
他，又因是州里人都被侨居人士所看不起，法正心中郁闷不高
兴。益州别驾张松与法正交好，自认为有才华，揣测刘璋不能够
有什么作为，经常暗地里感叹，张松劝谏刘璋与刘备结交联盟，
刘璋说："谁能做使者？"张松于是就推举法正。刘璋派遣法正
前往刘备处，法正推托了，佯装不得已这样做，之后返回来，向张
松说刘备有雄志才华谋略，暗地谋划奉他做益州统领。

恰巧曹操派钟繇前来汉中，刘璋听说，心中害怕。张松因此
向刘璋进言说："曹操的军队，天下没有敌手，假如凭借张鲁的
资本来攻打蜀地，谁可以抵御他呢？刘豫州，是您的宗室，曹操
的敌人，善于用兵；倘若派遣他征讨张鲁，张鲁一定败亡。张鲁
大败，那么益州就强盛了，曹操纵然来了，也就没有什么作为了！
现今州中诸将庞羲、李异等人，都仗着功劳，骄傲强横，有投靠
外人的意思。得不到豫州的帮忙，那么在外面有敌人攻打，在内
部有百姓内乱，是必然失败的。"刘璋认为很有道理。于是派法
正带领四千人去迎接刘备。主簿巴西人黄权进言说："刘左将军
英勇善战，假若现在请来了，要想以部下委屈对他，就不能让他
心里满意；要想用宾客的礼节待他，那么一个国家不容两个君
主。假如宾客有像泰山安稳的位置，那君主的地位就有累卵的
危险，不如关闭边境来等局势的安定。"刘璋没有采纳，把黄权
派去做广汉长官。从事广汉人王累，把自己倒挂在州中城门上
来劝谏，刘璋一律不听从。

法正至荆州，阴献策于刘备曰："以明将军之英才，乘刘牧之

之懦弱；张松，州之股肱，响应于内；以取益州，犹反掌也。"备疑未决。庞统言于备曰："荆州荒残，人物殚尽，东有孙车骑，北有曹操，难以得志。今益州户口百万，土沃财富，诚得以为资，大业可成也！"备曰："今指与吾为水火者，曹操也。操以急，吾以宽；操以暴，吾以仁；操以谲，吾以忠。每与操反，事乃可成耳。今以小利而失信义于天下，奈何？"统曰："乱离之时，固非一道所能定也。且兼弱攻昧，逆取顺守，古人所贵。若事定之后，封以大国，何负于信！今日不取，终为人利耳。"备以为然。乃留诸葛亮、关羽等守荆州，以赵云领留营司马，备将步卒数万人入益州。

孙权闻备西上，遣舟船迎妹，而夫人欲将备子禅还吴，张飞、赵云勒兵截江，乃得禅还。

【译文】法正到达荆州，暗地里向刘备献计说："凭借将军英明的才华，趁着刘璋懦弱；张松是州中栋梁之材，在内部响应您，直取益州，易如反掌。"刘备举棋不定。庞统对刘备说："荆州荒凉破败，人才物资损毁殆尽，东面有车骑将军孙权，北面有曹操，很难实现抱负。现今益州拥有一百万户口，土壤肥沃，财资富裕，确实可以得到当作资助，伟业就能成功了。"刘备说："现今与我势同水火的人，只有曹操。曹操急躁，我宽宏；曹操残忍，我仁厚；曹操诡异，我忠心；每件事都和曹操反着做，大业才能成功。现今因为小小的利益，而对天下人失去信义，这怎么可以？"庞统说："混乱的时代，本来就不是依靠一种道义就能平定的。况且吞并弱小，攻击愚蠢，利用违反道义获取，利用和顺之法防守国家，是古代人所崇尚的事情。倘若大事安定之后，封赐大国，又有什么地方背负了信义呢！现在不攻取，最后会变成别人的利益罢了。"刘备认为很对。于是就留下诸葛亮、关羽等人驻守荆州，派遣赵云做留营司马，刘备统领几万步兵，进入益州。

孙权听说刘备西进了，派船去迎接妹妹；夫人想带着刘备的儿子刘禅回吴国，张飞、赵云安排军队去横堵长江，才把刘禅截回来。

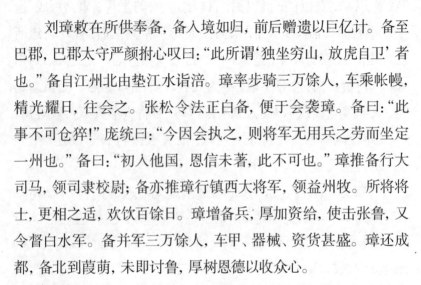

刘璋敕在所供奉备，备入境如归，前后赠遗以巨亿计。备至巴郡，巴郡太守严颜拊心叹曰："此所谓'独坐穷山，放虎自卫'者也。"备自江州北由垫江水诣涪。璋率步骑三万馀人，车乘帐幔，精光耀日，往会之。张松令法正白备，便于会袭璋。备曰："此事不可仓猝！"庞统曰："今因会执之，则将军无用兵之劳而坐定一州也。"备曰："初入他国，恩信未著，此不可也。"璋推备行大司马，领司隶校尉；备亦推璋行镇西大将军，领益州牧。所将将士，更相之适，欢饮百馀日。璋增备兵，厚加资给，使击张鲁，又令督白水军。备并军三万馀人，车甲、器械、资货甚盛。璋还成都，备北到葭萌，未即讨鲁，厚树恩德以收众心。

【译文】刘璋命令各地沿途官员侍奉刘备，刘备进入境内就像回到家一样，前后送来的财物用亿来计算。刘备到达巴郡，巴郡太守严颜捶胸感叹说："这就是所谓的'独坐在深山里，却放出猛虎来保护自己'啊。"刘备从江州北方沿着垫江水前去涪县。刘璋带领三万多步兵、骑兵，车辆帷幔，光亮照日，前去会见刘备。张松让法正告知刘备，就在见面时偷袭刘璋，刘备说："这件事不能太仓忙！"庞统说："现今趁着见面捉拿他，那将军就没有用兵的劳苦，就能轻易地平定一州了。"刘备说："刚进入别人的势力范围，恩威、信义都没有建立，这不可行。"刘璋推荐刘备代做大司马，兼领司隶校尉；刘备也推荐刘璋代做镇西大将军，兼领益州牧。他们所统领的官员、将士，更是相互来往,高兴地宴饮了一百余天。刘璋扩充刘备的军队,多增加战备物资,让他攻打张鲁,又命令他督统白水的军队。刘备合并了军队三万多人,车辆、盔甲、兵器、财物非常多。刘璋返回成都;刘备向北行进,到达葭萌,没有立即征讨张鲁,而是多多建立恩德来收服人心。

【乾隆御批】凡事与操相反,虽为矫枉之计。亦属沽名之举。庞统之言。自是达识。彼徇文、牵义坐失事机者,罕不为子莫执中之流。

【译文】刘备凡事都跟曹操唱反调,虽然也是矫枉过正的计策,但也是沽名钓誉的举动。庞统所说的,自然是较为通达的见解。那些因为被文法、道义所牵制而错失良机的人,大都是像子莫一样坚持中道的一类人。

【申涵煜评】张松以蜀献操,而操失以骄;周瑜劝权图蜀,而瑜随以死。造物故留此一片土以遗昭烈成鼎足之势,孔明早已定于隆中矣! 即使不生法正,天时人事,舍此安属?

【译文】张松将蜀地献给曹操,曹操却因骄傲失去了。周瑜劝孙权谋取蜀地,但周瑜不久就死了。上天故意留下这一片沃土给刘备用以形成鼎立之势,而诸葛孔明早就在隆中说出天下三分了! 即使没有法正,天时和人事,不也会这样安排吗?

十七年(壬辰,公元二一二年)春,正月,曹操还邺。诏操赞拜不名,入朝不趋,剑履上殿,如萧何故事。

操之西征也,河间民田银、苏伯反,扇动幽、冀。五官将丕欲自讨之,功曹常林曰:"北方吏民,乐安厌乱,服化已久,守善者多;银、伯犬羊相聚,不能为害。方今大军在远,外有强敌,将军为天下之镇，轻运远举，虽克不武。"乃遣将军贾信讨之，应时克灭。馀贼千馀人请降，议者皆曰："公有旧法，围而后降者不赦。"程昱曰："此乃扰攘之际，权时之宜。今天下略定，不可诛之；纵诛之，宜先启闻。"议者皆曰："军事有专无请。"昱曰："凡专命者，谓有临时之急耳。今此贼制在贾信之手，故老臣不愿将军行之也。"丕曰："善。"即白操，操果不诛。既而闻昱之谋，甚悦，曰："君非徒明于军计，又善处人父子之间。"

【译文】十七年（壬辰，公元212年）春季，正月，曹操返回邺城。汉献帝下诏曹操参拜不需要司仪官称其名字，进入朝中不需要趋行，能带着剑穿着履上殿，就像丞相萧何先例一样。

曹操西征关中的时候，河间人田银、苏伯反叛，鼓动幽、冀二州百姓作乱。五官将曹丕想亲自征讨他们，功曹常林说："北方的官员、百姓，喜好安定，讨厌战争，听从教化已经很久了，恪守善良的人多；田银、苏伯只是像犬羊那样聚在一块，终究不能导致祸害。现在大军所处偏远，在外有强势的敌人，将军您是镇守天下的人，轻易草率决定远行，纵然战胜也不威武。"于是就派将军贾信去征讨他们，立即就将他们歼灭了。剩余的一千多反贼请求归降，议论的人都说："公侯有旧法例，被围攻之后投降的人不赦免。"程昱说："这乃是混乱的时候权衡时势的办法。现今天下大致平定了，不能杀他们；纵然要杀，也应当先禀明朝廷知道。"议论的人都说："军事有专命，不需要请求。"程昱说："凡有专命的事情，是说有临时急迫的事情罢了；现今这些反贼制伏在贾信手中，因此老臣不希望将军您这样做。"曹丕说："那好吧。"立即禀报给曹操，曹操果然没有杀他们。之后听闻是程昱的计策，非常高兴，说："先生不只懂得军事谋划，又擅长处理别人父子之间的事。"

故事：破贼文书，以一为十。国渊上首级，皆如其实数，操问其故，渊曰："夫征讨外寇，多其斩获之数者，欲以大武功，耸民听也。河间在封域之内，银等叛逆，虽克捷有功，渊窃耻之。"操大悦。

夏，五月，癸未，诛卫尉马腾，夷三族。

六月，庚寅晦，日有食之。

【译文】 旧例：击败叛贼的文书，把一个报告成十个；国渊上交的首级，都是按照实际的数目。曹操问他什么原因，国渊说："讨伐域外的敌人，增加他们斩获数目的缘由，是想夸大战功，耸人听闻。河间在境内，田银等人反叛，纵然打败他们有了战功，但国渊我私下认为是羞耻。"曹操听到之后非常高兴。

夏季五月，癸未日（五月份无此日，疑误。），斩杀卫尉马腾，祸灭三族。

六月，庚寅晦日（二十九日），发生了日食。

秋，七月，螟。

马超等馀众屯蓝田，夏侯渊击平之。

郿贼梁兴寇略冯翊，诸县恐惧，皆寄治郡下，议者以为当移就险阻。左冯翊郑浑曰："兴等破散，藏窜山谷，虽有随者，率胁从耳。今当广开降路，宣喻威信。而保险自守，此示弱也。"乃聚吏民，治城郭，为守备，募民逐贼，得其财物妇女，十以七赏。民大悦，皆愿捕贼；贼之失妻子者皆还，求降，浑责其得他妇女，然后还之。于是转相寇盗，党与离散。又遣吏民有恩信者分布山谷告谕之，出者相继。乃使诸县长吏各还本治，以安集之。兴等惧，将馀从聚鄘城。操使夏侯渊助浑讨之，遂斩兴，馀党悉平。浑，泰之弟也。

【译文】秋季，七月，有螟灾。

马超等剩余军队屯守蓝田，夏侯渊击败平定了他们。

鄠县贼寇梁兴，侵掠冯翊，诸县恐惧，都将县治寄放在邻近的郡治，商议的人都认为应该迁徙到险要的地方。左冯翊人郑浑说："梁兴等人大败分散了，藏匿逃窜到山谷中，即使有跟随的人，大都是被迫跟着他们罢了。现今应该广开归降的渠道，宣传让他们知道威信，要是保守险要的地方，这是示弱的方法。"于是集合官员、百姓，整顿城墙，设立防守设备，征募百姓，驱走贼寇，缴获他们的财资、妇女，十分中用七分来做奖励。百姓非常高兴，都愿意捉拿贼寇；贼寇中失去妻子儿女的，都回来请求归降，郑浑责令他们送回所抢获他人的妇女，之后将他们的妻子儿女送还他们。于是转变为互相盗取攻打，梁兴党徒就分散了。郑浑又派官民中恩德诚信的人部署在山谷中，告诉贼寇，出山的络绎不绝；郑浑于是让各县的长官各自回到原本治理的县，来安定、聚集百姓及回归的叛民。梁兴等人恐慌了，带领残余部众在鄠县城集合。曹操让夏侯渊帮郑浑征讨他们，于是就斩杀了梁兴，残余的党羽全部平定了。郑浑，是郑泰的弟弟。

九月，庚戌，立皇子熙为济阴王，懿为山阳王，邈为济北王，敦为东海王。

初，张纮以秣陵山川形胜，劝孙权以为治所；及刘备东过秣陵，亦劝权居之。权于是作石头城，徙治秣陵，改秣陵为建业。

吕蒙闻曹操欲东兵，说孙权夹濡须水口立坞。诸将皆曰：

"上岸击贼,洗足入船,何用坞为!"蒙曰:"兵有利钝,战无百胜,如有邂逅,敌步骑蹙人,不暇及水,其得入船乎?"权曰:"善!"遂作濡须坞。

【译文】 九月,庚戌日(二十一日),汉献帝册封皇子刘熙为济阴王,刘懿为山阳王,刘邈为济北王,刘敦为东海王。

起初,张纮认为秣陵山川地势险要,劝谏孙权将此当作治所;等到刘备东行,经过秣陵,也劝孙权占据这块地方。孙权于是建筑石头城,将治所迁移到秣陵,将秣陵更名为建业。

吕蒙听闻曹操想向东进军,劝说孙权夹着濡须水口建造坞堤。诸位将领都说:"上岸攻打敌人,洗个脚就进船了,为什么要造坞堤呢?"吕蒙说:"兵器有锋利、驽钝之分,战争是没有百战不殆的,假如有偶遇的时候,敌人的步兵、骑兵逼近了,人都没有时间到达水边,难道还能够进船吗!"孙权说:"好。"于是就建立濡须坞。

冬,十月,曹操东击孙权。董昭言于曹操曰:"自古以来,人臣匡世,未有今日之功;有今日之功,未有久处人臣之势者也。今明公耻有惭德,乐保名节。然处大臣之势,使人以大事疑己,诚不可不重虑也。"乃与列侯诸将议,以丞相宜进爵国公,九锡备物,以彰殊勋。荀彧以为:"曹公本兴义兵以匡朝宁国,秉忠贞之诚,守退让之实。君子爱人以德,不宜如此。"操由是不悦。及击孙权,表请彧劳军于谯,因辄留彧,以侍中、光禄大夫、持节、参丞相军事。操军向濡须,彧以疾留寿春,饮药而卒。彧行义修整而有智谋,好推贤进士,故时人皆惜之。

【译文】 冬季,十月,曹操向东攻打孙权。董昭对曹操说:"古往今来,臣子匡扶大事,从来没有像您现在的伟业;有您现在的伟业，也没有长时间处在臣子权势的人。现今您对于德行比不上古人，感到愧疚；希望保全自己的声誉、节操；但是处于大臣的地位，让人因大事而怀疑自己，这确实不能不慎重思考。"于是就与诸侯、各将领商量，都认为丞相应当加封爵位为国公，赏赐九锡之仪礼、准备威仪物品，来显示特殊的功劳。荀彧认为："曹公原本兴起义兵是为了匡扶朝廷，安定国家，秉持忠贞的诚心，谨守谦让的美德；君子凭借美德爱人，不应当这么做。"曹操因而不高兴。等到攻打孙权的时候，上表请求派荀彧到谯城劳军，因此就留下荀彧，以侍中、光禄大夫、持节的官职，参与丞相军事。曹操军队前往濡须，荀彧因病留在寿春，喝毒药逝世。荀彧做事合乎理义，修治整顿，并且有谋略，喜爱推荐贤士，因而当时人都十分可惜。

◆臣光曰：孔子之言仁也重矣，自子路、冉求、公西赤门人之高第，令尹子文、陈文子诸侯之贤大夫，皆不足以当之，而独称管仲之仁，岂非以其辅佐齐桓，大济生民乎！齐桓之行若狗彘，管仲不羞而相之，其志盖以非桓公则生民不可得而济也。汉末大乱，群生涂炭，自非高世之才不能济也。然则荀彧舍魏武将谁事哉！

齐桓之时，周室虽衰，未若建安之初也。建安之初，四海荡覆，尺土一民，皆非汉有。荀彧佐魏武而兴之，举贤用能，训卒厉兵，决机发策，征伐四克，遂能以弱为强，化乱为治，十分天下而有其八，其功岂在管仲之后乎！管仲不死子纠而荀彧死汉室，其仁复居管仲之先矣！

而杜牧乃以为"彧之劝魏武取兖州则比之高、光，官渡不令还许则比之楚、汉，及事就功毕，乃欲邀名于汉代，譬之教盗穴墙发匮而不与同挈，得不为盗乎?"臣以为孔子称"文胜质则史"，凡为史者记人之言，必有以文之。然则比魏武于高、光、楚、汉者，史氏之文也，岂皆或口所言邪? 用是贬或，非其罪矣。且使魏武为帝，则或为佐命元功，与萧何同赏矣; 或不利此而利于杀身以邀名，岂人情乎! ◆

【译文】 ◆司马光说: 孔子说到仁义，也非常看重，从子路、冉求、公西赤优秀的弟子，让尹子文、陈文子等诸侯贤良的大夫，都不足以担当得上，却唯独赞扬管仲的仁义，难道不是因为他辅助齐桓公，对百姓的生活大有帮助吗! 齐桓公的行为像猪狗一样，但管仲不觉得耻辱而来辅助他，他的志愿大概是想若没有齐桓公，那么百姓的生活就得不到帮助吧。汉朝末年，天下大乱，生灵涂炭，假如不是世间高超的人才，是不能帮助百姓的，然而荀或放弃魏武，将要辅佐谁呢!

　齐桓公时期，周室即使衰微，还比不上建安初年。建安初年，四海混乱动荡，尺寸之间的土地、每一个百姓，都不属于汉朝。荀或辅助魏武而使他的名声兴起，选用贤良的人才，严厉训练士兵，决定时机，出谋划策，征讨四方，于是才能由弱变强，化混乱为有序，十分的天下，汉朝拥有其中八分，他的功劳难道比不上管仲吗! 管仲不能为子纠而死，荀或却能为汉室而亡，他的仁又居于管仲之上了。

　然而杜牧仍然认为: "荀或劝说魏武攻取兖州的时候，就比成汉高祖、光武帝; 在官渡之战的时候，不让他回到许县，于是就比成楚、汉相争。等到事情完成有了成就，就想在汉朝求得功名，就像是教强盗穿过墙破坏柜子，却不一起带着财物出来，得到了就不算是强盗了吗! "臣认为: 孔子说: "文胜质则史"但凡当史官的人，记录别人的言语，一定会用文字帮助修饰。那么将魏武帝曹操比成汉高祖、汉光武帝、楚国项羽、汉国刘邦，是作史的人记载的文字，难道都是荀彧所说的吗！用这诋毁荀彧，是于理不合的。况且假如魏武做了皇帝，那么荀彧就有辅助创业的大功，与萧何有一样的奖励；荀彧不将这个当作利益，却要把牺牲生命来取得的功名当作利益，难道这合乎人情吗！ ◆

【申涵煜评】操为汉贼，行路皆知。彧朝夕参帏幄之谋，岂不愁其心事。乃因议九锡，饮药而死，温公称仁太过，杜牧拟盗亦甚，予直以为愚耳。

【译文】曹操是大汉朝的逆贼，这一点路人皆知。荀彧从早到晚参与他的计谋，怎么能不为他的心事发愁。最终因为讨论天子之位的事，饮毒药自杀。司马光说他仁慈有点过誉，杜牧把他比作盗贼还差不多，我一直觉得他愚笨。

十二月，有星孛于五诸侯。

刘备在葭萌，庞统言于备曰："今阴选精兵，昼夜兼道，径袭成都，刘璋既不武，又素无豫备，大军卒至，一举便定，此上计也。杨怀、高沛，璋之名将，各杖强兵，据守关头，闻数有笺谏璋，使发遣将军还荆州。将军遣与相闻，说荆州有急，欲还救之，并使装束，外作归形，此二子既服将军英名，又喜将军之去，计必乘轻骑来见将军，因此执之，进取其兵，乃向成都，此中计也。退还白帝，连引荆州，徐还图之，此下计也。若沉吟下去，将致大困，不可久矣。"备然其中计。

【译文】十二月份，有彗星经过五诸侯星座。

刘备在葭萌，庞统对刘备说："现在秘密选取精兵，日夜兼程，直接偷袭成都，刘璋既不通晓军事，又向来对我们没有防备，等到大军突然到来，一下子就能平定成都，这是最好的计策。杨怀、高沛，都是刘璋的勇将，他们各自仗着强大兵力，驻守在关头，我听闻他们多次上书劝谏刘璋，让他打发将军返回荆州。将军派人让他们知道，说是荆州有紧急情况，想要回去救助，并且命人整装行李，在外面做出要回去的样子。这两人既钦服将军的英明，又高兴将军的离开，估计一定会轻骑来拜见将军，我们趁势捉拿他们，前去收服他们的军队，再直指成都，这是中等计策。退走返回白帝，接引荆州，再慢慢图谋，这是下等计策。如果犹豫不决，不离开的话，将会导致大麻烦，不能久留了。"刘备同意了他的中等计策。

及曹操攻孙权，权呼备自救。备贻璋书曰："孙氏与孤本为唇齿，而关羽兵弱，今不往救，则曹操必取荆州，转侵州界，其忧甚于张鲁。鲁自守之贼，不足虑也。"因求益万兵及资粮，璋但许兵四千，其馀皆给半。备因激怒其众曰："吾为益州征强敌，师徒勤瘁，而积财吝赏，何以使士大夫死战乎！"张松书与备及法正曰："今大事垂立，如何释此去乎！"松兄广汉太守肃，恐祸及己，因发其谋。于是璋收斩松，敕关戍诸将文书皆勿复得与备关通。备大怒，召璋白水军督杨怀、高沛，责以无礼，斩之；勒兵径至关头，并其兵，进据涪城。

【译文】等到曹操攻击孙权的时候，孙权向刘备求助。刘备给刘璋送信说："孙权和我本来就是唇齿的关系，而且关羽军队微弱，现今不前去救助，那曹操一定能攻下荆州，转过来侵略益州州界，这种担忧远胜于张鲁；张鲁是自我固守的贼子，不值得担忧。"因此要求刘璋增加一万士兵和财物、粮草。刘璋只给四千士兵，其他的都减少一半。刘备因此激怒他的士兵说：

"我替益州征讨强敌，军士辛劳病困；可是他积累财物却吝啬奖励，凭什么让士大夫尽全力打仗呢！"张松写信给刘备和法正说："现在大事快要成功了，怎么要放弃这里离开呢？"张松的哥哥广汉太守张肃，恐怕祸患连累到自己身上，因而揭发了他的阴谋；于是刘璋就逮捕了张松，斩杀了他，并下文书命令驻守边关的将领不要再让刘备通过关口。刘备大怒，召见刘璋的白水军督杨怀、高沛，责备他们没有礼貌，斩杀了他们；带领军队，直接到达关头，吞并了他们的军队，进兵占据涪城。

【乾隆御批】东吴兵势方张，且有鲁肃、吕蒙等为之经略，操至濡须，何至呼备自救？此盖备藉口请刘璋益兵之词，刘璋无能，尔时若听庞统上计，成都可立得。然备虽称英雄，亦实内怯，宜其听中计耳。

【译文】东吴的兵力正处在扩张的时候，而且有鲁肃、吕蒙这样的人为之谋划，曹操到了濡须，哪里至于会呼唤刘备来救自己呢？这大概是刘备让刘璋增添兵力的说法。刘璋很没用，当时如果听从庞统的好计策，成都就可以立刻拿下。刘备在外虽然被称为英雄，但内心其实很胆怯，怪不得他会听从了庞统的中等计策。

【申涵煜评】怀、沛守葭萌，忠于刘璋。昭烈谋袭成都，责其无礼而斩之，平生假言仁义，至此不得不昧心，殊觉杀一不辜之为迂谈矣。

【译文】杨怀、高沛镇守葭萌，效忠刘璋。刘备谋取成都，怪罪二人要谋害自己就把他们杀了。刘备平生都是满嘴仁义道德，此时却不得不昧着良心，尤其觉得圣人冤杀一无辜的人而得天下不过是迂阔的谈论。

十八年(癸巳，公元二一三年)春，正月，曹操进军濡须口，号步骑四十万，攻破孙权江西营，获其都督公孙阳。权率众七万御之，相守月馀。操见其舟船器仗军伍整肃，叹曰："生子当如孙仲谋；如刘景升儿子，豚犬耳!"权为笺与操，说："春水方生，公宜速去。"别纸言："足下不死，孤不得安。"操语诸将曰："孙权不欺孤。"乃彻军还。

庚寅，诏并十四州，复为九州。

夏，四月，曹操至邺。

【译文】 十八年(癸巳，公元213年)春季，正月，曹操进军濡须口，号称四十万步兵、骑兵，攻破孙权长江西岸的大营，抓捕了他的都督公孙阳。孙权带领七万军队抵抗，互相对峙一个多月。曹操看到他们的船只、兵器、队伍整齐庄严，感叹说："生儿子就要像孙权那样；若像刘景升的儿子，猪狗罢了!"孙权给曹操写信说："春季快要发大水了，您应当速速离去。"另外一张纸上说："阁下不死，我就不能心安。"曹操对诸位将领说："孙权不会骗我。"于是就撤军返回了。

庚寅日(初三)，朝廷诏令合并十四州，又恢复为九州。

夏季四月，曹操到达邺都。

初，曹操在谯，恐滨江郡县为孙权所略，欲徙令近内，以问扬州别驾蒋济，曰："昔孤与袁本初对军官渡，徙燕、白马民，民不得走，贼亦不敢钞。今欲徙淮南民，何如?"对曰："是时兵弱贼强，不徙必失之。自破袁绍以来，明公威震天下，民无他志，人情怀土，实不乐徙，惧必不安。"操不从。既而民转相惊，自庐江、九江、蕲春、广陵，户十馀万皆东流江，江西遂虚，合肥以南，惟有皖城。济后奉使诣邺，操迎见，大笑曰："本但欲使避贼，乃更驱尽之!"拜济丹阳太守。

【译文】起初,曹操在谯城,害怕临近长江的郡县会被孙权侵犯,想要迁移百姓,让他们接近畿内,因此就问扬州别驾蒋济,说:"从前我和袁本初在官渡对战时,迁移燕、白马两地的百姓,百姓没有离散的,贼子也不敢掳掠。现在我想要迁移淮南的百姓,怎么样?"蒋济回答说:"那时,我军兵力微弱,贼子兵力强大,不迁移必会失去百姓。自从败袁绍以来,您的威望,震慑天下,百姓没有其他的心愿,百姓心里怀念故土,实在不愿意迁移,我只是担心百姓必会惊恐不安。"曹操没有顺从。之后百姓一起恐慌起来,从庐江、九江、蕲春、广陵,十多万户人都向东渡过长江,于是长江西边就空虚了,合肥以南的地方,唯有皖城仅存一些百姓。之后蒋济奉使命,前去邺都,曹操迎接他,大笑着说:"我本意只是想让他们避开贼子,却把他们驱逐光了!"于是任命蒋济做丹阳太守。

五月,丙申,以冀州十郡封曹操为魏公,以丞相领冀州牧如故。又加九锡:大辂、戎辂各一,玄牡二驷;衮冕之服,赤舄副焉;轩县之乐,六佾之舞;朱户以居;纳陛以登;虎贲之士三百人;鈇、钺各一;彤弓一,彤矢百,玈弓十,玈矢千;秬鬯一卣,珪、瓒副焉。

大雨水。

益州从事广汉郑度闻刘备举兵,谓刘璋曰:"左将军悬军袭我,兵不满万,士众未附,军无辎重,野谷是资。其计莫若尽驱巴西、梓潼民内、涪水以西,其仓廪野谷,一皆烧除,高垒深沟,静以待之。彼至,请战勿许。久无所资,不过百日,必将自走,走而击之,此必禽耳。"刘备闻而恶之,以问法正。正曰:"璋终不能用，无忧也。"璋果谓其群下曰："吾闻拒敌以安民，未闻动民以避敌也。"不用度计。

【译文】五月，丙申日（初十），汉献帝将冀州十郡赐给曹操成为魏公，依旧让丞相署理冀州牧。又额外赐九锡之礼：大辂、戎辂车各一辆，八匹黑色牡马；衮冕的朝服，在上面镶上赤舄；轩县的音乐，六佾的舞蹈；住的房子用朱门；从内阶而上升；三百虎贲勇士；鈇、钺各一柄；朱红色的弓一把，朱红色的箭一百支，黑色的弓十把，黑色的箭一千支；黑黍酿的酒一坛，在上面镶上珪、瓒。

上天降临大雨。

益州从事广汉人郑度听说刘备兴起军队，就对刘璋说："左将军率领很少的兵力深入来偷袭我们，士兵还没有一万人，众人还没有归附，军内没有辎重，野外谷米是他们的粮资，现在的计划，还不如把巴西、梓潼百姓，全部驱赶到内水、涪水的西面，把他们的仓库、外面的稻谷，全部烧了，加高壁垒，深挖沟渠，安静地等待他们。等到他们到了，如果请求交战，就不要答应他们，时间长了，失去了财物的资助，前后不超过一百天，一定带领士兵主动逃走，逃走就攻打他们，就一定能把他们捉住。"刘备听说了，很怨恨他，因此问法正，法正说："刘璋最后不会采纳的，不用担心。"刘璋果真对属下们说："我听过抵抗敌人来安定百姓，没有听过劳累百姓来躲避敌人的。"便不采纳郑度的策略。

璋遣其将刘璝、泠苞、张任、邓贤、吴懿等拒备，皆败，退保绵竹；懿诣军降。璋复遣护军南阳李严、江夏费观督绵竹诸军，严、观亦率其众降于备。备军益强，分遣诸将平下属县。刘璝、张任与璋子循退守雒城，备进军围之。任勒兵出战于雁桥，军败，任死。

秋，七月，魏始建社稷、宗庙。

魏公操纳三女为贵人。

【译文】刘璋派他的将领刘璝、泠苞、张任、邓贤、吴懿等人抵御刘备，都没有成功，于是就退兵戍守绵竹；吴懿前去刘备军营归降。刘璋又派南阳人李严、江夏人费观监督统帅绵竹各军，李严、费观也带领他们的军队向刘备归降。刘备的军队越来越强大，分别派诸将安定他们所属的县城。刘璝、张任与刘璋的儿子刘循退兵戍守雒城，刘备进军围攻他们。张任率领军队出城，与刘备在雁桥战斗，军队大败，张任战死。

秋季，七月，魏国开始建立社稷坛、祭奠曹氏先祖宗庙。

魏公曹操把三个女儿献给献帝做贵人。

初，魏公操追马超至安定，闻田银、苏伯反，引军还。参凉州军事杨阜言于操曰："超有信、布之勇，甚得羌、胡心；若大军还，不设备，陇上诸郡非国家之有也。"操还，超果率羌、胡击陇上诸郡县，郡县皆应之，惟冀城奉州郡以固守。

超尽兼陇右之众，张鲁复遣大将杨昂助之，凡万馀人，攻冀城，自正月至八月，救兵不至。刺史韦康遣别驾阎温出，告急于夏侯渊，外围数重，温夜从水中潜出。明日，超兵见其迹，遣追获之。超载温诣城下，使告城中云："东方无救。"温向城大呼曰："大军不过三日至，勉之！"城中皆泣，称万岁。超虽怒，犹以攻城久不下，徐徐更诱温，冀其改意。温曰："事君有死无二，而卿乃欲令长者出不义之言乎！"超遂杀之。

【译文】起初，魏公曹操追赶马超，一直追到安定，听说田银、苏伯反叛，就带领军队回来。凉州参军事杨阜对曹操说："马超具有韩信、黥布的勇敢，非常得羌、胡等人心意；假如大军回去，没有建立防卫，那么陇上各郡就不属于国家了。"曹操回去，马超果真带领羌、胡攻打陇上各郡县，各郡县都响应了起来，唯有冀城奉州郡之所得以坚固防御。

马超吞并了陇右全部的军队，张鲁又派大将杨昂辅助他，共数万人，一道围攻冀城，从正月到八月，救兵都没有到达。刺史韦康派别驾阎温出城，告诉夏侯渊紧急情况，城外被敌人重重包围，阎温在夜里偷偷地从水中逃出去。第二日，马超的军队看到了痕迹，就派人前去追捕他。马超带着被捉到的阎温到达城下，让人告诉城中的人说："东方不会有救兵来了。"阎温向城中大喊说："大军不多于三天就来到了，要多多勉励！"城中的人都哭了，大呼万岁。马超即使愤怒，但因城池长时间攻打不下来，改变为慢慢地劝诱阎温，希望他更改心志。阎温说："辅佐君主的只有一死，不会有二心，你竟然想让一个长者说出不仁义的话吗！"马超于是就斩杀了他。

已而外救不至，韦康及太守欲降。杨阜号哭谏曰："阜等率父兄子弟以义相励，有死无二，以为使君守此城。今奈何弃垂成之功，陷不义之名乎！"刺史、太守不听，开城门迎超。超入，遂杀刺史、太守，自称征西将军、领并州牧、督凉州军事。

魏公操便夏侯渊救冀，未到而冀败。渊去冀二百馀里，超来逆战，渊军不利。氐王千万反应超，屯兴国，渊引军还。

【译文】之后，城外救兵还未到来，韦康及太守想投降，杨阜哭号着劝谏说："阜等带领父兄子弟，用道义互相激励，唯有一死，并没有二心，认为能让君固守这座城池，现今为什么要放弃即将完成的大业，陷入不道义的声誉呢！"刺史、太守没有顺从他的建议，打开城门，迎接马超。马超进入城中，就斩杀刺史、太守，自封征西将军、兼领并州牧，监督管理凉州军事。

魏公曹操派遣夏侯渊救助冀城，还没有到达，冀城就已经沦陷了。夏侯渊在离冀城还有二百多里的地方，马超前去迎战，夏侯渊的军队战斗得不顺利。氐王千万起兵响应马超，屯驻在兴国，夏侯渊带领军队返回了。

会杨阜丧妻，就超求假以葬之。阜外兄天水姜叙为抚夷将军，拥兵屯历城。阜见叙及其母，歔欷悲甚。叙曰："何为乃尔？"阜曰："守城不能完，君亡不能死，亦何面目以视息于天下！马超背父叛君，虐杀州将，岂独阜之忧责，一州士大夫皆蒙其耻。君拥兵专制而无讨贼心，此赵盾所以书弑君也。超强而无义，多衅，易图耳。"叙母慨然曰："咄！伯奕，韦伯君遇难，亦汝之负，岂独义山哉！人谁不死，死于忠义，得其所也。但当速发，勿复顾我；我自为汝当之，不以馀年累汝也。"叙乃与同郡赵昂、尹奉、武都李俊等合谋讨超，又使人至冀，结安定梁宽、南安赵衢使为内应。超取赵昂子月为质，昂谓妻异曰："吾谋如是，事必万全，当奈月何？"异厉声应曰："雪君父之大耻，丧元不足为重，况一子哉！"

【译文】恰巧杨阜的妻子去世了，就前去马超处请求假期来安葬妻子。杨阜的表兄天水人姜叙是抚夷将军，拥有军队，驻守在历城。杨阜见到了姜叙和他的母亲，号啕大哭，非常哀伤。姜叙说："你为了什么事这样呢？"杨阜说："守城却不能保全城池，君主死了，却不能和他们一块死，我又有什么脸面来对待天下人呢！马超背叛君主与其父，虐待斩杀州内将士，难道只是我杨阜一个人的忧愤、责任吗？全州的士大夫都受了羞辱！你拥有军队，专制一方，却没有征讨叛贼的心思，这就是赵盾之所以会在史书上被写成弑害国君的原因了。马超兵力强盛，却没有道义，有很多弱点，容易图谋。"姜叙的母亲感叹说："唉！伯奕！韦使君遇难了，也是你的罪过，难道只是义山一个人的过错吗！世人谁不会死，为忠义而死，就是死得有归属了。只要赶紧出发征讨，不要再顾及我！我自然会为你谨慎小心，不会因为年老而拖累你。"姜叙于是就与同郡人赵昂、尹奉、武都人李俊等合作谋划，征讨马超，又派人到冀城，联系安定人梁宽、南安人赵衢做内应。马超带走了赵昂的儿子赵月当人质。赵昂对他的妻子王异说："我的计策是这样的，事情一定非常周全，但赵月怎么办呢？"王异声音严肃地回答说："洗清君父的耻辱，失去脑袋都不重要，况且是一个儿子呢！"

【申涵煜评】叙母劝子报仇，昂妻相夫起义，一时忠烈之气，钟于妇人女子。世有鬛眉丈夫，反面屈膝者，对此能无汗颜？

【译文】姜叙的母亲劝儿子报仇，赵昂的妻子劝他发动起义，一时间忠烈的气概，却是听从女子妇人的话。世上有那么多巾帼之女，反过来看那些卑躬屈膝的人，对此事怎么能不感到羞愧呢？

　　九月，阜与叙进兵，入卤城，昂、奉据祁山，以讨超。超闻之，大怒，赵衢因谲说超，使自出击之。超出，衢与梁宽闭冀城门，尽杀超妻子。超进退失据，乃袭历城，得叙母。叙母骂之曰："汝背父之逆子，杀君之桀贼，天地岂久容汝！而不早死，敢以面目视人乎！"超杀之，又杀赵昂之子月。杨阜与超战，身被五创。

超兵败，遂南奔张鲁。鲁以超为都讲祭酒，欲妻之以女。或谓鲁曰："有人若此，不爱其亲，焉能爱人！"鲁乃止。操封讨超之功，侯者十一人，赐杨阜爵关内侯。

冬，十一月，魏初置尚书、侍中、六卿；以荀攸为尚书令，凉茂为仆射，毛玠、崔琰、常林、徐奕、何夔为尚书，王粲、杜袭、卫觊、和洽为侍中，钟繇为大理，王修为大司农，袁涣为郎中令、行御史大夫事，陈群为御史中丞。

【译文】 九月，杨阜与姜叙进军，进入卤城，赵昂、尹奉驻守祁山，来征讨马超。马超听说了，非常愤怒，赵衢因此假装劝说马超，让他亲自出城攻打敌人。马超出了城，赵衢与梁宽关闭冀城城门，斩杀了马超全部妻子儿女。马超进退都丧失了依靠，于是就偷袭历城，捕获了姜叙的母亲。姜叙的母亲大骂他说："你是背叛父亲的逆子，斩杀君主的奸贼，天地怎么能长时间地容下你呢！然而你不早死，还敢拿什么脸面对待他人呢！"马超斩杀了她，又斩杀了赵昂的儿子赵月。杨阜与马超交战，受伤五处。马超军队大败，于是就向南投靠张鲁。张鲁派遣马超做都讲祭酒，想把女儿嫁给他为妻。有人对张鲁说："像他那样的人，都不爱他的亲人，又怎么会爱别的人呢？"张鲁才打消了这个念头。曹操封赏征讨马超有功的人，有十一人被封侯，封给杨阜的爵位是关内侯。

冬季，十一月，魏国开始设立尚书、侍中、六卿等官职；任荀攸做尚书令，凉茂做仆射，毛玠、崔琰、常林、徐奕、何夔等人做尚书，王粲、杜袭、卫觊、和洽等人做侍中，钟繇做大理，王修做大司农，袁涣做郎中令，代理御史大夫的政务，陈群做御史中丞。

袁涣得赏赐，皆散之，家无所储，乏则取之于人，不为皦察之行，然时人皆服其清。时有传刘备死者，群臣皆贺，唯涣独否。

魏公操欲复肉刑，令曰："昔陈鸿胪以为死刑有可加于仁恩者，御史中丞能申其父之论乎？"陈群对曰："臣父纪以为汉除肉刑而增加于笞，本兴仁恻而死者更众，所谓名轻而实重者也。名轻则易犯，实重则伤民。且杀人偿死，合于古制；至于伤人，或残毁其体，而裁翦毛发，非其理也。若用古刑，使淫者下蚕室，盗者刖其足，则永无淫放穿窬之奸矣。夫三千之属，虽未可悉复，若斯数者，时之所患，宜先施用。汉律所杀，殊死之罪，仁所不及也，其馀逮死者，可易以肉刑。如此，则所刑之与所生足以相贸矣。今以笞死之法易不杀之刑，是重人支体而轻人躯命也。"当时议者，唯钟繇与群议同，馀皆以为未可行。操以军事未罢，顾众议而止。

【译文】 袁涣得到的封赏，都分给了别人，家里没有积蓄，穷困了，就向别人借取，并没有佯做清明的事，但是当时的人都敬佩他的清廉。当时有人谣传刘备死了，群臣都去祝贺，唯有袁涣没有去。

魏公曹操想恢复肉刑，下令说："之前鸿胪陈纪认为死刑有可以胜过仁恩的地方，御史中丞陈群能讲述你父亲的观点吗？"陈群回答说："臣下的父亲纪，认为汉朝去掉了肉刑，却添加了笞刑，原本是要兴起仁义恻隐之心，却让死的人更多，这就是所谓的名义上刑罚轻，然而实际上责罚却加重了；名义上责罚轻就容易再犯，实际上责罚重就会伤害百姓。况且杀人偿命，合乎古代的法制；至于说伤害他人，有的损毁身体，剪断毛发，就不合乎法理了。假如用古代的刑法，让淫乱的人下蚕室，偷盗的人砍掉他的脚，那永远不会有淫邪放荡、穿洞翻墙的贼人了。刑法有三千多种，纵然不能完全恢复，但像上面所说的这几类，是当时的祸患，应当先实施。汉朝律法所要斩杀的罪人，是仁义顾及不到的；其他构成死刑的罪过，可以换成肉刑。这样，所斩杀的和所救活的，就足以互相抵消了。现今用鞭子打死的刑法，变成不斩杀的刑法，是看重人的肢体而轻视人的身体和生命了。"当时讨论的人，只有钟繇和陈群的看法一样，其他的人都认为不能实施。曹操因为军事尚未结束，且顾及众人的看法，就停止了。

资治通鉴卷第六十七　汉纪五十九

起阏逢敦牂，尽柔兆涒滩，凡三年。

【译文】起甲午（公元214年），止丙申（公元216年），共三年。

【题解】本卷记录了汉献帝刘协建安十九年到二十一年间的历史。曹、孙、刘三方继续扩张，三国鼎立局面基本形成。曹操进兵汉中，扫荡关中势力，灭韩遂，退马超。此后曹操紧逼献帝，禅代条件成熟。刘备势力迅速发展，跨有荆、益。由于庞统战死，诸葛亮入蜀，荆州兵力不足。孙权进攻合肥受挫，与刘备争荆州，孙刘联盟破裂。由于曹操紧逼，刘孙平分荆州和解，但嫌隙已生。

孝献皇帝壬

建安十九年(甲午，公元二一四年)春，马超从张鲁求兵，北取凉州，鲁遣超还围祁山。姜叙等告急于夏侯渊，诸将议欲须魏公操节度。渊曰："公在邺，反覆四千里，比报，叙等必败，非救急也。"遂行，使张郃督步骑五千为前军，超败走。

韩遂在显亲，渊欲袭取之，遂走。渊追至略阳城，去遂三十馀里，诸将欲攻之，或言当攻兴国氐。渊以为："遂兵精，兴国城固，攻不可卒拔，不如袭长离诸羌。长离诸羌多在遂军，必归救其家。若舍羌独守则孤，救长离则官兵得与野战，必可虏也。"

渊乃留督将守辎重，自将轻兵到长离，攻烧羌屯，遂果救长离。诸将见遂兵众，欲结营作堑乃与战。渊曰："我转斗千里，今复作营堑，则士众罢敝，不可复用。贼虽众，易与耳。"乃鼓之，大破遂军。进围兴国。氐王千万奔马超，馀众悉降。转击高平、屠各，皆破之。

【译文】建安十九年（甲午，公元214年）春季，马超从张鲁那里求得军队，向北攻打凉州，张鲁派遣马超返回围攻祁山。姜叙等人向夏侯渊告急，诸将商量，想要等魏公曹操的命令调派。夏侯渊说："公侯在邺城，来回四千里，等到回来报告，姜叙等人一定失败了，这不是救急的办法。"于是就前去，命令张部率领步兵、骑兵五千人做前锋。马超被打败逃跑了。

韩遂在显亲驻守，夏侯渊想偷袭攻取他，韩遂逃跑了。夏侯渊一直追到略阳城，距韩遂三十多里，诸将想前去攻打，有的人说应该攻击兴国氐族。夏侯渊认为："韩遂的军队精良，兴国城池坚固，攻打的话，不能马上攻取下来，还不如袭击长离的各羌族。长离各羌族大都在韩遂军中，一定会归来救助他们的家族。韩遂若放弃羌族，独自守御，就会孤独无依；若救助长离，那么士兵可以和他们在野外战斗，必能捕获他。"夏侯渊于是就留下督将看管辎重，亲自带领轻装军队到长离，袭击、烧坏羌人的屯库，韩遂果真救助长离。诸将看见韩遂士兵众多，想联结军营，建立堑壕才和他们战斗。夏侯渊说："我们转战千里，现在又建立军营、堑壕，那士兵疲劳，就不能再战了。叛贼虽多，容易应对。"于是就鸣鼓进军，大败韩遂的军队，进兵围攻兴国。氐王千万投靠马超，余部全部投降。转而攻打高平和匈奴屠各个部落，敌军全部被击败。

三月，诏魏公操位在诸侯王上，改授金玺、赤绂、远游冠。

夏，四月，旱。五月，雨水。

初，魏公操遣庐江太守朱光屯皖，大开稻田。吕蒙言于孙权曰："皖田肥美，若一收孰，彼众必增，宜早除之。"闰月，权亲攻皖城。诸将欲作土山，添攻具，吕蒙曰："治攻具及土山，必历日乃成；城备既修，外救必至，不可图也。且吾乘雨水以入，若留经日，水必向尽，还道艰难，蒙窃危之。今观此城，不能甚固，以三军锐气，四面并攻，不移时可拔；及水以归，全胜之道也。"权从之。蒙荐甘宁为升城督，宁手持练，身缘城，为士卒先；蒙以精锐继之，手执枹鼓，士卒皆腾踊。侵晨进攻，食时破之，获朱光及男女数万口。既而张辽至夹石，闻城已拔，乃退。权拜吕蒙为庐江太守，还屯寻阳。

【译文】三月，汉献帝下诏魏公曹操的地位在诸侯王之上，改赐给他诸侯专用的金玺、赤绂、远游冠。

夏季四月，发生旱灾。五月，雨水。

起初，魏公曹操派遣庐江太守朱光驻守皖县，大力开垦稻田。吕蒙对孙权说："皖县土地肥沃，如果稻熟就收获了，他们的军队一定增加，应当早日除去此人。"闰月，孙权亲自攻击皖城。诸将想建立土山，增加攻城用具，吕蒙说："整理攻城用具和土山，一定经历很长时间才能完成；这样的话，城中的守备已经修复完成，城外的救援也会打来，就不能夺取这城池了。而且我们乘着雨水才得以入城，假如滞留数日，雨水一定快没了，回去的路上困难，蒙自认为非常凶险。现在观察这座城，不算很牢固，凭借三军的锐气，四面同时攻击，不一会儿就可攻打下来；再乘着雨水返回，这是全胜的办法。"孙权采纳了。吕蒙推举甘宁做升城督，甘宁手拿绸练，沿着城墙，身先士卒；吕蒙派遣精兵跟着他，并亲自拿着鼓槌鸣鼓，士兵都积极登城。早上的辰时攻击，等到吃饭时就突破了，虏获朱光与城中几万男女。之后，张辽到达夹石，听说城池已被攻破，于是就撤兵。孙权让吕蒙做庐江太守，回来驻守寻阳。

诸葛亮留关羽守荆州，与张飞、赵云将兵溯流克巴东。至江州，破巴郡太守严颜，生获之。飞呵颜曰："大军既至，何以不降，而敢拒战！"颜曰："卿等无状，侵夺我州，我州但有断头将军，无降将军也！"飞怒，令左右牵去斫头。颜容止不变，曰："斫头便斫头，何为怒邪！"飞壮而释之，引为宾客。分遣赵云从外水定江阳、犍为，飞定巴西、德阳。

刘备围雒城且一年，庞统为流矢所中，卒。法正笺与刘璋，为陈形势强弱，且曰："左将军从举兵以来，旧心依依，实无薄意。愚以为可图变化，以保尊门。"璋不答。雒城溃，备进围成都。诸葛亮、张飞、赵云引兵来会。

马超知张鲁不足与计事，又鲁将杨昂等数害其能，超内怀于邑。备使建宁督邮李恢往说之，超遂从武都逃入氐中，密书请降于备。备使人止超，而潜以兵资之。超到，令引军屯城北，城中震怖。

【译文】诸葛亮留下关羽驻守荆州，与张飞、赵云带领军队，逆流而上攻破巴东。到达江州，攻下巴郡，活捉了太守严颜，张飞呵责严颜说："大军既然到了，为什么不归降，却胆敢抵抗？"严颜说："你们没有什么情由，就侵略我们州土。我们州中只有断头的将军，没有归降的将军！"张飞非常恼怒，就下令左右将严颜拉出去砍头。严颜神态、举止不变，说："砍头就砍砍，为什么要发怒！"张飞因他的豪气释放了他，把他当成宾客。诸葛亮分别派赵云，从外水平定江阳、犍为；张飞平定巴西、德阳。

刘备攻打雒城近一年，且庞统被流箭射中，逝世了。法正给刘璋写信，向他讲述局势的强弱，并说："左将军自从兴兵之后，和以前的心思是一样的，确实没有薄待您的意思。我认为能谋求改变形势，来保全阁下家门。"刘璋不回复法正。雒城最终攻溃，刘备进军包围成都。诸葛亮、张飞、赵云带领军队，前往集合。

马超知晓张鲁不能共图大业，而且张鲁的将领杨昂数次妒忌他的才能，马超心里很不高兴。刘备派建宁督邮李恢前去说服，马超于是就从武都逃往氐族中，私下写信请求归降刘备。刘备让人阻挠马超，但暗地里派兵帮他。马超到了，命令他带领军队驻扎成都城的北面，城中都震惊惧怕。

备围城数十日，使从事中郎涿郡简雍入说刘璋。时城中尚有精兵三万人，谷帛支一年，吏民咸欲死战。璋言："父子在州二十馀年，无恩德以加百姓。百姓攻战三年，肌膏草野者，以璋故也，何心能安！"遂开城，与简雍同舆出降，群下莫不流涕。备迁璋于公安，尽归其财物，佩振威将军印绶。

备入成都，置酒，大飨士卒。取蜀城中金银，分赐将士，还其谷帛。备领益州牧，以军师中郎将诸葛亮为军师将军，益州太守南郡董和为掌军中郎将，并置左将军府事，偏将军马超为平西将军，军议校尉法正为蜀郡太守、扬武将军，裨将军南阳黄忠为讨虏将军，从事中郎麋竺为安汉将军，简雍为昭德将军，北海孙乾为秉忠将军，广汉长黄权为偏将军，汝南许靖为左将军长史，庞羲为司马，李严为犍为太守，费观为巴郡太守，山阳伊籍为从事中郎，零陵刘巴为西曹掾，广汉彭羕为益州治中从事。

【译文】刘备围攻城池几十天，派遣从事中郎涿郡人简雍进入城内劝说刘璋。那时成都城内还有精兵三万人，粮食、布帛足够维持一年，官民都想拼死战斗。刘璋说：“我父子在州中二十余年，没有在百姓身上实施恩德，百姓打了三年仗，却死在荒野中，都是我的原因，我怎么能安心呢！”于是就打开城门，与简雍一起坐车出城投降，臣下们没有一个不哭泣的。刘备把刘璋迁移到公安，送还全部财资，且赏赐他佩挂振威将军印绶。

刘备进入成都，摆酒设宴，大赏士兵。取来蜀地金银，分别赏赐将士，送还粮食、布帛。刘备署理益州牧，命军师中郎将诸葛亮担任军师将军，益州太守南郡人董和担任掌军中郎将，一起管理左将军府中的政务，偏将军马超为平西将军，军议校尉法正为蜀郡太守、扬武将军，裨将军南阳人黄忠为讨虏将军，从事中郎麋竺为安汉将军，简雍为昭德将军，北海人孙乾为秉忠将军，广汉长黄权为偏将军，汝南人许靖为左将军长史，庞羲为司马，李严为犍为太守，费观为巴郡太守，山阳人伊籍为从事中郎，零陵人刘巴为西曹掾，广汉人彭羕为益州治中从事。

初，董和在郡，清俭公直，为民夷所爱信，蜀中推为循吏，故备举而用之。备之自新野奔江南也，荆楚群士从之如云，而刘巴独北诣魏公操。操辟为掾，遣招纳长沙、零陵、桂阳。会备略有三郡，巴事不成，欲由交州道还京师。时，诸葛亮在临蒸，以书招之，巴不从，备深以为恨。巴遂自交趾入蜀，依刘璋。及璋迎备，巴谏曰：“备，雄人也，入必为害。”既入，巴复谏曰：“若使备讨张鲁，是放虎于山林也。”璋不听，巴闭门称疾。备攻成都，令军中曰：“有害巴者，诛及三族。”及得巴，甚喜。是时益州郡县皆望风景附，独黄权闭城坚守，须璋稽服，乃降。于是董和、黄权、李严等，本璋之所授用也；吴懿、费观等，璋之婚亲也；彭羕，璋之所摈弃也；刘巴，宿昔之所忌恨也；备皆处之显任，尽其器能，有志之士，无不竞劝，益州之民，是以大和。初，刘璋以许靖为蜀郡太守。成都将溃，靖谋逾城降备，备以此薄靖，不用也。法正曰："天下有获虚誉而无其实者，许靖是也。然今主公始创大业，天下之人，不可户说，宜加敬重，以慰远近之望。"备乃礼而用之。

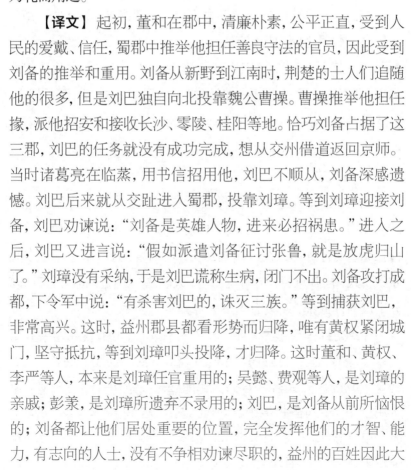

【译文】起初，董和在郡中，清廉朴素，公平正直，受到人民的爱戴、信任，蜀郡中推举他担任善良守法的官员，因此受到刘备的推举和重用。刘备从新野到江南时，荆楚的士人们追随他的很多，但是刘巴独自向北投靠魏公曹操。曹操推举他担任掾，派他招安和接收长沙、零陵、桂阳等地。恰巧刘备占据了这三郡，刘巴的任务就没有成功完成，想从交州借道返回京师。当时诸葛亮在临蒸，用书信招用他，刘巴不顺从，刘备深感遗憾。刘巴后来就从交趾进入蜀郡，投靠刘璋。等到刘璋迎接刘备，刘巴劝谏说："刘备是英雄人物，进来必招祸患。"进入之后，刘巴又进言说："假如派遣刘备征讨张鲁，就是放虎归山了。"刘璋没有采纳，于是刘巴谎称生病，闭门不出。刘备攻打成都，下令军中说："有杀害刘巴的，诛灭三族。"等到捕获刘巴，非常高兴。这时，益州郡县都看形势而归降，唯有黄权紧闭城门，坚守抵抗，等到刘璋叩头投降，才归降。这时董和、黄权、李严等人，本来是刘璋任官重用的；吴懿、费观等人，是刘璋的亲戚；彭羕，是刘璋所遗弃不录用的；刘巴，是刘备从前所恼恨的；刘备都让他们居处重要的位置，完全发挥他们的才智、能力，有志向的人士，没有不争相劝谏尽职的，益州的百姓因此大为顺服。起初，刘璋命许靖担任蜀郡太守。成都即将失陷，许靖曾经谋划越过城墙，向刘备投诚，刘备因此薄待许靖，不重用。法正说："天下有获得虚名，却没有才能的人，许靖就是了。但现今主公开始创大业；天下的人，不能一家家去解释，应当敬重他，来抚慰远近百姓的期望。"刘备这才礼遇、任用许靖。

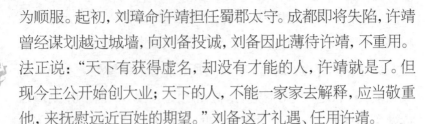

成都之围也，备与士众约："若事定，府库百物，孤无预焉。"及拔成都，士众皆舍干戈赴诸藏，竞取宝物。军用不足，备甚忧之，刘巴曰："此易耳。但当铸直百钱，平诸物价，令吏为官市。"备从之。数月之间，府库充实。

时议者欲以成都名田宅分赐诸将。赵云曰："霍去病以匈奴未灭，无用家为。今国贼非但匈奴，未可求安也。须天下都定，各反桑梓，归耕本土，乃其宜耳。益州人民，初罢兵革，田宅皆可归还，令安居复业，然后可役调，得其欢心，不宜夺之，以私所爱也。"备从之。

备之袭刘璋也，留中郎将南郡霍峻守葭萌城。张鲁遣杨昂诱峻求共守城。峻曰："小人头可得，城不可得！"昂乃退。后璋将扶禁、向存等帅万馀人由阆水上，攻围峻，且一年。峻城中兵才数百人，伺其怠隙，选精锐出击，大破之，斩存。备既定蜀，乃分广汉为梓潼郡，以峻为梓潼太守。

【译文】围攻成都的时候，刘备和军士们约定："如果战事安定了，府库里各种财资，你们随意拿，我不会阻止你们。"等到攻下成都，军士们都放弃兵器，跑去各处府库，争夺财物。军队用度不够，刘备非常担忧，刘巴说："这很简单，只要铸造价值一百的钱币，抑制各种物价，下令官员设立官市即可。"刘备采纳了。几个月内府库就殷实了。

当时商议的人想把成都有名的土地、房屋分别赏赐诸将。赵云说："霍去病因匈奴还没有消灭，不愿成家。现今国家的奸贼不是匈奴可以比拟的，我们不能贪求安定。等到天下都太平了，各自返回故乡耕种家乡田地，才是合适的做法。益州的百姓，才遭到军事战乱，土地、房屋都可归还给他们，让他们恢复生产，安居乐业，之后就能纳税、服役，让他们心中高兴，不应当加以豪夺，来赏赐给偏心所爱的将士。"刘备采纳了他的建议。

刘备攻打刘璋，留下中郎将南郡人霍峻驻守葭萌城。张鲁派杨昂引诱霍峻，要求一起驻守城池。霍峻说："小人的脑袋可以得到，城池不能得到。"杨昂才回去。之后刘璋的将领扶禁、向存等人带领一万多人，从阆水上游，攻打霍峻，将近一年。霍峻城中士兵才几百人，观察他们松懈的时候，选择精兵，出城袭击，大获全胜，并斩杀了向存。刘备安定蜀郡，就将广汉分出去为梓潼郡，命霍峻担任梓潼太守。

法正外统都畿，内为谋主，一飧之德、睚眦之怨，无不报复，擅杀毁伤己者数人。或谓诸葛亮曰："法正太纵横，将军宜启主公，抑其威福。"亮曰："主公之在公安也，北畏曹操之强，东惮孙权之逼，近则惧孙夫人生变于肘腋。法孝直为之辅翼，令翻然翱翔，不可复制。如何禁止孝直，使不得少行其意邪！"

诸葛亮佐备治蜀，颇尚严峻，人多怨叹者。法正谓亮曰："昔高祖入关，约法三章，秦民知德。今君假借威力，跨据一州，初有其国，未垂惠抚；且客主之义，宜相降下，愿缓刑弛禁以慰其望。"亮曰："君知其一，未知其二。秦以无道，政苛民怨，匹夫大呼，天下土崩；高祖因之，可以弘济。刘璋暗弱，自焉已来，有累世之恩，文法羁縻，互相承奉，德政不举，威刑不肃。蜀土人士，专权自恣，君臣之道，渐以陵替。宠之以位，位极则贱；顺之以恩，恩竭则慢。所以致敝，实由于此。吾今威之以法，法行则知恩；限之以爵，爵加则知荣。荣恩并济，上下有节，为治之要，于斯而著矣。"

【译文】法正在外统领都畿，在内部成为主要谋划大事的人。一顿饭的恩情，怒目相视的仇恨，没有不报复的，私自斩杀好几个诋毁自己的人。有人对诸葛亮说："法正太胡作非为，将军应当禀告主公，抑制他的威风。"诸葛亮说："主公在公安之时，北面害怕曹操的强大，东面忌惮孙权的紧逼，近的害怕孙夫人会在身边制造混乱。法孝直像翅膀一样辅佐刘备，让他翻身翱翔高飞，不再受他人的控制；要怎样去阻止孝直，才能让他不能随意做事呢！"

诸葛亮辅助刘备管理蜀郡，崇尚严厉的刑罚，百姓大都愁怨感叹。法正对诸葛亮说："昔日高祖进入关中，约法三章，秦地百姓知道他的恩义。现在先生借取威势威力，占领了全州，才拥有这个益州之地，不施行恩惠，加以抚慰；况且主、客的道理，客的地位应当相对下降一些，希望能宽大刑罚，来抚慰他们的期望。"诸葛亮说："先生知道其中之一，却不知道其二。秦国因为不仁道，政法严苛，百姓怨恨，一个普通百姓振臂一呼，天下离散；高祖继承之后，因此能宽大来管理国家，完成大业。刘璋昏庸懦弱，从刘焉之后，有累世的恩德使百姓受惠，典章、法度受到牵制，相互奉谀，德政不能实施，威刑不能严肃。蜀地百姓，专权恣意，君臣之礼，慢慢衰败。用地位宠爱臣子，地位到达极致，就轻蔑地位；用恩德宠爱臣子，恩德没有了，臣子就懈怠了。因此让国家破败的，实在是这个因素。我现在用刑罚来威慑他们，刑罚实施了，就明白恩德；用爵位来限制他们，得到爵位了，就明白荣耀。荣耀、恩德一起使用，上下就有了节礼，这是管理整治的重点，到这里就明显地看出来了。"

刘备以零陵蒋琬为广都长。备尝因游观，奄至广都，见琬众事不治，时又沉醉。备大怒，将加罪戮。诸葛亮请曰："蒋琬社稷之器，非百里之才也。其为政以安民为本，不以修饰为先，愿主公重加察之。"备雅敬亮，乃不加罪，仓卒但免官而已。

秋，七月，魏公操击孙权，留少子临菑侯植守邺。操为诸子高选官属，以邢颙为植家丞。颙防闲以礼，无所屈挠，由是不合。庶子刘桢美文辞，植亲爱之。桢以书谏植曰："君侯采庶子之春华，忘家丞之秋实，为上招谤，其罪不小，愚实惧焉。"

魏尚书令荀攸卒。攸深密有智防，自从魏公操攻讨，常谋谟帷幄，时人及子弟莫知其所言。操尝称："荀文若之进善，不进不休；荀公达之去恶，不去不止。"又称："二荀令之论人，久而益信，吾没世不忘。"

【译文】刘备派遣零陵人蒋琬担任广都县县长。刘备曾因出游赏玩，突然到了广都，看到蒋琬不管理各种政务，当时又醉得昏沉不醒。刘备非常愤怒，要把他治罪。诸葛亮为他解释说："蒋琬有管理国家的才能，不适合担任百里之县县长。他管理政务来安定百姓是根本，不首先修饰政务，希望主公再重观看。"刘备向来敬重诸葛亮，才不治罪，在慌忙中只是罢黜他的官职罢了。

秋季，七月，魏公曹操攻打孙权，留下小儿子临菑侯曹植驻守邺都。曹操替各个儿子推选官属的标准很高，派遣刑颙担任曹植的家丞；刑颙用礼法阻止他，一点也不屈从，因此两人不和。庶子刘桢文采好，曹植亲近他。刘桢用书信劝谏曹植说：

"君侯摘取庶子春季的花朵，却忘记家丞秋季的果实，代替君上招来责骂，罪责不小，我实在惊恐难安。"

魏国的尚书令荀攸逝世。荀攸深沉周到，有才智，又擅长保全自己，自从跟随魏公曹操打仗，经常筹谋军事，当时别人和子弟们都不知道他说的话。曹操曾说："荀文举如果推举士人，不重用不作罢；荀公达铲除奸人，不铲除不罢休。"又说："二荀令品评人物，时间越久，越觉得正确，我死了也不会忘他们。"

初，枹罕宋建因凉州乱，自号河首平汉主，改元，置百官，三十馀年。冬，十月，魏公操使夏侯渊自兴国讨建，围枹罕，拔之，斩建。渊别遣张郃等渡河，入小湟中，河西诸羌皆降，陇右平。

帝自都许以来，守位而已，左右侍卫莫非曹氏之人者。议郎赵彦尝为帝陈言时策，魏公操恶而杀之。操后以事入见殿中，帝不任其惧，因曰："君若能相辅，则厚；不尔，幸垂恩相舍。"操失色，俛仰求出。旧仪：三公领兵，朝见，令虎贲执刀挟之。操出，顾左右，汗流浃背；自后不复朝请。

【译文】起初，枹罕人宋建趁着凉州的叛乱，自称河首平汉主，改年号，设立百官，达三十余年。冬季，十月，魏公曹操派遣夏侯渊从兴国去征讨宋建，围攻枹罕，攻下之后，斩杀宋建。夏侯渊另外派张郃等人渡过黄河，进入小湟中，河西各羌族部落都归降，陇右就平定了。

汉献帝从建都许昌以来，只是守住帝位罢了，左右侍卫没有一个不是曹操的人。议郎赵彦经常向汉献帝讲述当时的计谋，魏公曹操记恨他，就斩杀了他。曹操之后因为有事，进入殿中拜见，汉献帝忍不住害怕，因此说："先生假如能多辅佐我，就多多辅佐；不然的话，希望您实施恩德，放了我。"曹操失了神色，不住地鞠躬请求出宫。以前礼仪：三公率领军队，朝见时，命虎贲卫士拿着兵器挟持出去。曹操出了大殿，回头看左右，汗流浃背；从此之后，不再朝见汉献帝。

　　董承女为贵人，操诛承，求贵人杀之。帝以贵人有妊，累为请，不能得。伏皇后由是怀惧，乃与父完书，言曹操残逼之状，令密图之，完不敢发。至是，事乃泄，操大怒，十一月，使御史大夫郗虑持节策收皇后玺绶，以尚书令华歆为副，勒兵入宫，收后。后闭户，藏壁中。歆坏户发壁，就牵后出。时帝在外殿，引虑于坐，后被发、徒跣、行泣，过诀曰："不能复相活邪？"帝曰："我亦不知命在何时！"顾谓虑曰："郗公，天下宁有是邪？"遂将后下暴室，以幽死；所生二皇子，皆鸩杀之，兄弟及宗族死者百馀人。

　　【译文】 董承的女儿是贵人，曹操诛杀董承后，请求汉献帝交出贵人，斩杀了她；汉献帝因贵人怀孕的缘由，多次请求，都不得曹操的同意。伏皇后因此感到害怕，于是就给父亲伏完写信，说曹操杀害董贵人、威逼献帝的情形，让他暗地谋划，伏完不敢起事。到某一天，事情才败露，曹操非常愤怒，十一月，派遣御史大夫郗虑带着简策，没收皇后玺绶；派遣尚书令华歆担任副属，领导军队，进入宫中，捉拿皇后。皇后关上门，躲避在墙壁中。华歆打破门窗，凿开墙壁，立即拉着皇后出去。当时汉献帝在外殿，请郗虑坐下，皇后披头散发，光着双脚，边走边哭泣，经过汉献帝时诀别说："你不能救我吗？"献帝说："我也不知我能活到什么时候！"回头对郗虑说："郗公！天下有这样的事情吗！"郗虑于是就将皇后判下暴室，幽禁而死。她所生的两位皇子，都被毒杀了，兄弟与宗族死了一百多人。

十二月，魏公操至孟津。

操以尚书郎高柔为理曹掾。旧法：军征士亡，考竟其妻子。而亡者犹不息。操欲更重其刑，并及父母、兄弟，柔启曰："士卒亡军，诚在可疾，然窃闻其中时有悔者。愚谓乃宜贷其妻子，一可使诱其还心。正如前科，固已绝其意望；而猥复重之，柔恐自今在军之士，见一人亡逃，诛将及己，亦且相随而走，不可复得杀也。此重刑非所以止亡，乃所以益走耳！"操曰："善！"即止不杀。

【译文】十二月，魏公曹操到达孟津。

曹操命尚书郎高柔担任理曹掾。以前的法令规定：军中士兵逃跑，就拷问他的妻子儿女。然而逃跑的人还是没有停止。曹操想加重这种对士兵的刑罚，连同拷问他的父母、兄弟，高柔进言说："士兵从军中逃跑，确实可恨，但我听闻其中经常有后悔的人。我认为应当宽免他们的妻子儿女，或许能引发他们回来的心思。即使是从前的法例，本来就已经斩断了他们的希望；然而又加重刑罚，我担心今后军中的士兵，看见一人逃跑，诛杀将会连累自己，也将跟着逃跑，不能再有别的士兵可杀了。这种重刑，不是要来阻止士兵逃跑的，而是用来促使士兵逃跑的。"曹操说："好吧！"就停止不再斩杀。

二十年（乙未，公元二一五年）春，正月，甲子，立贵人曹氏为皇后；魏公操之女也。

三月，魏公操自将击张鲁，将自武都入氐，氐人塞道，遣张郃、朱灵等攻破之。夏，四月，操自陈仓出散关至河池，氐王窦茂众万馀人恃险不服，五月，攻屠之。西平、金城诸将麹演、蒋石等共斩送韩遂首。

【译文】二十年（乙未，公元215年）春季，正月，甲子日

（十八日），汉献帝立贵人曹氏做皇后；她是魏公曹操的女儿。

三月，魏公曹操亲自带领军队攻打张鲁，即将从武都进入氐地，氐人堵塞道路企图拦截，曹操派张郃、朱灵进攻将它打下来。夏季，四月，曹操从陈仓出去散关，到达河池，氐王窦茂拥有士兵一万多人，仗着地势险峻，不愿投降，五月，曹操打败他并加以屠灭。西平、金城诸将麹演、蒋石等人，一起砍下韩遂的脑袋，给曹操送了过来。

初，刘备在荆州，周瑜、甘宁等数劝孙权取蜀。权遣使谓备曰："刘璋不武，不能自守，若使曹操得蜀，则荆州危矣。今欲先攻取璋，次取张鲁，一统南方，虽有十操，无所忧也。"备报曰："益州民富地险，刘璋虽弱，足以自守。今暴师于蜀、汉，转运于万里，欲使战克攻取，举不失利，此孙、吴所难也。议者见曹操失利于赤壁，谓其力屈，无复远念。今操三分天下已有其二，将欲饮马于沧海，观兵于吴会，何肯守此坐须老乎！而同盟无故自相攻伐，借枢于操，使敌承其隙，非长计也。且备与璋托为宗室，冀凭英灵以匡汉朝。今璋得罪于左右，备独悚惧，非所敢闻，愿加宽贷。"权不听，遣孙瑜率水军往夏口。备不听军过，谓瑜曰："汝欲取蜀，吾当被发入山，不失信于天下也。"使关羽屯江陵，张飞屯秭归，诸葛亮据南郡，备自住孱陵，权不得已召瑜还。及备西攻刘璋，权曰："猾虏，乃敢挟诈如此！"备留关羽守江陵，鲁肃与羽邻界；羽数生疑贰，肃常以欢好抚之。

【译文】起初，刘备在荆州，周瑜、甘宁等人数次劝谏孙权攻下蜀郡。孙权派使者对刘备说："刘璋不通晓军事，不能自己防卫，如果曹操取得蜀郡，那荆州就凶险了。现今要先攻下刘璋，再攻下张鲁，然后统一南方，即使有十个曹操也不必担忧了。"刘备报告说："益州百姓富裕，地势险峻，刘璋虽然懦弱，也能够自己防守。现在进兵蜀、汉，转战万里，想要打败敌人，攻下城池，都不失利，这是让孙武、吴起都为难的事情了。商议的人看见曹操在赤壁战败，认为他的兵力弱，不再有长远的谋划；现在三分天下曹操已拥有其二，想要在沧海放饮马匹，在吴郡会稽阅兵，怎么会肯守在这些地方，坐等着老呢！况且结盟的人没有缘故就相互讨伐，让曹操有机会，让敌人有机可乘，这不是长久计划。而且我刘备和刘璋同为宗亲，希望凭借先祖神灵，来匡扶汉朝。现今刘璋得罪了左右邻邦，我个人感到恐惧，这事我不敢过问，希望您能原谅我。"孙权不顺从，派孙瑜带领水军前去夏口。刘备不许孙权军队通过，对孙瑜说："你要想攻下蜀郡，我就要披头散发上山居住，不能对天下人失去我的信义！"于是命令关羽驻守江陵，张飞驻守秭归，诸葛亮防守南郡，刘备亲自前去孱陵坐镇，孙权迫不得已，命孙瑜回来。等到刘备向西攻击刘璋，孙权说："狡诈的家伙，竟然敢如此奸诈！"刘备留下关羽驻守江陵，鲁肃与关羽相邻；关羽数次对鲁肃产生猜忌的心理，鲁肃经常用友好的态度来安慰他。

及备已得益州，权令中司马诸葛瑾从备求荆州诸郡。备不许，曰："吾方图凉州，凉州定，乃尽以荆州相与耳。"权曰："此假而不反，乃欲以虚辞引岁也。"遂置长沙、零陵、桂阳三郡长吏。关羽尽逐之。权大怒，遣吕蒙督兵二万以取三郡。

蒙移书长沙、桂阳，皆望风归服，惟零陵太守郝普城守不降。刘备闻之，自蜀亲至公安，遣关羽争三郡。孙权进住陆口，为诸军节度；使鲁肃将万人屯曾阳以拒羽；飞书召吕蒙，使舍零陵急还助肃。蒙得书，秘之，夜，召诸将授以方略；晨，当攻零陵，顾谓郝普故人南阳邓玄之曰："郝子太闻世间有忠义事，亦欲为之，而不知时也。今左将军在汉中为夏侯渊所围；关羽在南郡，至尊身自临之。彼方首尾倒县，救死不给，岂有馀力复营此哉！今吾计力度虑而以攻此，曾不移日而城必破，城破之后，身死，何益于事，而令百岁老母戴白受诛，岂不痛哉！度此家不得外问，谓援可恃，故至于此耳。君可见之，为陈祸福。"玄之见普，具宣蒙意，普惧而出降。蒙迎，执其手与俱下船，语毕，出书示之，因拊手大笑。普见书，知备在公安而羽在益阳，惭恨入地。蒙留孙河，委以后事，即日引军赴益阳。

【译文】 等到刘备已经取得了益州，孙权命令中司马诸葛瑾向刘备索要荆州各郡。刘备不允许孙权这样做，说："我正打算谋夺凉州，凉州安定了，再把荆州全部送还。"孙权说："这是借了不想归还，却想用虚假的话拖延时间罢了。"于是就设立长沙、零陵、桂阳三郡长官。关羽却将他们全部驱赶。孙权非常恼怒，派吕蒙带领二万军队攻打三郡。

吕蒙将官方文书发给长沙、桂阳，这两郡看形势都归降，唯有零陵太守郝普固守城池，不肯归降。刘备听说了，亲自从蜀郡到公安，派关羽夺取三郡。孙权进军驻在陆口指挥，作为各军的节度；派遣鲁肃带领一万人驻守益阳来抵御关羽；孙权快速地用书信召回吕蒙，要他放弃零陵，赶快回来帮鲁肃对抗关羽。吕蒙得到信后，保密不说，晚上，召集诸将领，讲述作战方略；早上，就要攻击零陵，回头对郝普的故人南阳人邓玄之说："郝子太听闻世间有忠义的事，也想做，但是不知道什么时候合适。现今左将军在汉中被夏侯渊围困了，关羽在南郡，我们尊敬的君主亲自到那里。他们是首尾困难不堪，救死都来不及，难道还有多余力量拯救这里吗？现在我估计力量，认真考虑，因此来攻击这里，不要多长时间，城池必能攻下，城破之后，郝普牺牲生命，对事情有什么益处呢？况且让百岁白发老母亲也遭受杀害，难道不痛心吗！我估计这个人在家里得不到外面的信息，认为有外援可以仰仗，所以才到了固守这种地步。先生可以去看他，向他说明祸福之间的道理。"邓玄之去见郝普，详细地将吕蒙的意思转告他，郝普惧怕了，因此出城归降。吕蒙前去迎接，拉着他的手，一起下船，说完了话，拿出信给他看，因此拍手大笑。郝普看到了信，知晓刘备在公安，而且关羽在益阳，非常愧疚恼恨以至于钻入地下。吕蒙留下孙河，将之后的事交托给他，当天就带领军队前去益阳。

鲁肃欲与关羽会语，诸将疑恐有变，议不可往。肃曰："今日之事，宜相开譬。刘备负国，是非未决，羽亦何敢重欲干命！"乃邀羽相见，各驻兵马百步上，但诸将军单刀俱会。肃因责数羽以不返三郡，羽曰："乌林之役，左将军身在行间，戮力破敌，岂得徒劳，无一块土，而足下来欲收地邪！"肃曰："不然。始与豫州觐于长阪，豫州之众不当一校，计穷虑极，志势摧弱，图欲远窜，望不及此。主上矜愍豫州之身无有处所，不爱土地士民之力，使有所庇阴以济其患；而豫州私独饰情，愆德堕好。今已藉手于西州矣，又欲翦并荆州之土，斯盖凡夫所不忍行，而况整领人物之主乎！"羽无以答。会闻魏公操将攻汉中，刘备惧失益州，使使求和于权。权令诸葛瑾报命，更寻盟好。遂分荆州，以湘水为界；长沙、江夏、桂阳以东属权，南郡、零陵、武陵以西属备。诸葛瑾每奉使至蜀，与其弟亮但公会相见，退无私面。

【译文】鲁肃想与关羽见面说说话，诸将领狐疑害怕有变化，商议的结果是不能前去。鲁肃说："今天的事，应当加以开导说明；刘备背叛我们国家是非还没有定论，关羽又怎么敢再冲撞命令？"于是就邀约关羽见面相谈，各自兵马在大约百步处停留，唯有双方的诸将军单刀匹马见面。鲁肃因此呵责关羽，不把三郡送还，关羽说："乌林的战争，左将军亲自在行伍之中，奋力打败敌人，怎么只能白白辛苦，却没有一块土地呢，而现在您来是要收回土地吗？"鲁肃说："不是的，刚开始与刘豫州在长阪见面，豫州的士兵，不能抵抗一支军队，智谋穷尽，思虑无方，士兵的意志、势力都微弱，想要逃向远处，不敢奢望到这个地方。我们主上可怜刘豫州没有容身之处，不吝惜土地、百姓、士兵的力量，让他有了荫庇的地方，来帮助他解决祸患；然而豫州行为自私自利，粉饰虚情，亏负恩德，毁坏盟好。现今已经得到益州的利益，又想吞并荆州的土地，这是正常人都不能做出来的事，更何况是领导众人的领袖人物呢！"关羽无法回应。恰巧听说魏公曹操即将攻击汉中，刘备害怕失去益州，派使者向孙权求和。孙权命诸葛瑾前去复命，另立盟约。于是分裂荆州，以湘水为界；长沙、江夏、桂阳以东属于孙权；南郡、零陵、武陵以西属于刘备。诸葛瑾每次奉命出使蜀郡，与他的弟弟诸葛亮只在公众场合会面，回去后没有私下里见面。

【乾隆御批】荆州东南门户，吴蜀势所必争。然，两雄相扼，而操挟天子以令诸侯，遂晏然得移汉祚，权固无足论，自私之罪，备不能辞。

【译文】荆州是东南的门户，是东吴和西蜀必将会争夺的地方。但是，在两大势力在相互争夺的时候，曹操却挟天子以令诸侯，就这样若无其事地将汉代权位转移到自己手上，争权固然不足以谈论，但自私的罪过，刘备是推脱不掉的。

秋，七月，魏公操至阳平。张鲁欲举汉中降，其弟卫不肯，率众数万人拒关坚守，横山筑城十馀里。初，操承凉州从事及武都降人之辞，说"张鲁易攻，阳平城下南北山相远，不可守也"，信以为然。及往临履，不如所闻，乃叹曰："他人商度，少如人意。"攻阳平山上诸屯，山峻难登，既不时拔，士卒伤夷者多，军食且尽，操意沮，便欲拔军截山而还，遣大将军夏侯惇、将军许褚呼山上兵还。会前军夜迷惑，误入张卫别营，营中大惊退散。侍中辛毗、主簿刘晔等在兵后，语惇、褚，言"官兵已据得贼要屯，贼已散走"，犹不信之。惇前自见，乃还白操，进兵攻卫，卫等夜遁。

张鲁闻阳平已陷，欲降，阎圃曰："今以迫往，功必轻；不如依杜濩赴朴胡，与相拒，然后委质，功必多。"乃奔南山入巴中。左右欲悉烧宝货仓库，鲁曰："本欲归命国家，而意未得达。今之走避锐锋，非有恶意。宝货仓库，国家之有。"遂封藏而去。操入南郑，甚嘉之。又以鲁本有善意，遣人慰喻之。

【译文】秋季，七月，魏公曹操到达阳平。张鲁想带领整个汉中归降，他的弟弟张卫不愿意，带领几万军队依据关隘坚强守卫，在山上建立十多里的城墙。起初，曹操采纳凉州从事和武都归降人的话，说："攻取张鲁简单，阳平城南北山相距很远，不能防卫。"曹操相信是真的。等到亲自到来时，不像听说的那样，于是感叹说："他人估计的事，很少能如愿的。"曹操下令攻击阳平山上各屯堡，但是屯堡地势险要，难以攀登，不但不能如预期中攻打下来，士兵死伤众多；军中粮草快吃完了，曹操意志沮丧，就想拔营、斩断山路返回。派大将军夏侯惇、将军许褚把山上的军队叫回来。恰巧前锋军队夜晚迷路了，错走进张卫的大营，张卫营中的士兵非常慌恐，退败而四处逃散。侍中辛毗、主簿刘晔等人在军队后面，对夏侯惇、许褚说："士兵已经占领了叛贼的重点屯堡，叛贼已经逃散。"大家仍不信。夏侯惇亲自前去观看，才回来告知曹操，就进军攻击张卫，张卫等人夜里逃跑了。

张鲁听说阳平已沦陷，就想归降，阎圃说："现在因紧急才去投降，功劳一定少；不如仰仗杜濩，投靠朴胡，与他们一起抵御，再派送人质，功劳一定多。"于是就逃向南山进入巴中。左右想烧毁全部宝物、仓库，张鲁说："本来就想归附国家，然而心思无法传达。现在逃跑，躲避锋芒，并不是有恶意。宝货、仓库，是属于国家的。"于是安置封藏好之后离开。曹操进入南郑，十分赞赏张鲁。又认为张鲁本来就有善良的心思，派人去安抚让他明白知晓。

丞相主簿司马懿言于操曰："刘备以诈力虏刘璋，蜀人未附，而远争江陵，此机不可失也。今克汉中，益州震动，进兵临之，势必瓦解，圣人不能违时，亦不可失时也。"操曰："人苦无足，既得陇，复望蜀邪！"刘晔曰："刘备，人杰也，有度而迟；得蜀日浅，蜀人未恃也。今破汉中，蜀人震恐，其势自倾。以公之神明，因其倾而压之，无不克也。若小缓之，诸葛亮明于治国而为相，关羽、张飞勇冠三军而为将，蜀民既定，据险守要，则不可犯矣。今不取，必为后忧。"操不从。居七日，蜀降者说"蜀中一日数十惊，守将虽斩之而不能安也。"操问晔曰："今尚可击不？"晔曰："今已小定，未可击也。"乃还。以夏侯渊为都护将军，督张郃、徐晃等守汉中；以丞相长史杜袭为驸马都尉，留督汉中事。袭绥怀开导，百姓自乐出徙洛、邺者八万馀口。

【译文】丞相主簿司马懿向曹操进谏说："刘备用欺瞒的

方法虏获刘璋，蜀郡人还没有归附，却又去远处争抢江陵，这个机会不能失去。现在攻下汉中，益州必定震惊，然后进军讨伐他，按照局势，他的势力必瓦解。圣人不能违抗时机，也不能丧失此良机。"曹操说："人们的苦恼是不知足，已经得到了陇地，还奢望蜀郡吗！"刘晔说："刘备是人中的英才，有气量而行事缓慢，然而得到蜀郡的时日短，蜀人还不能仰仗他。现在攻下了汉中，蜀人震惊害怕，势力自然衰退；凭借公侯的明智，乘着他们微弱来收服他们，没有不胜的。假如稍稍慢些，诸葛亮明白治国之道，并担任了丞相；关羽、张飞的英勇，超越三军，且担任了将军；蜀郡百姓安定之后，驻守险要，就不能再进犯了。现在不攻打，一定成为以后的祸患。"曹操没有采纳。逗留了七天，蜀中归降的人说："蜀郡中人，一天恐慌几十次，守将即使斩杀作乱的人，也不能安定下来。"曹操问刘晔："现在还能攻打吗？"刘晔说："现今已经稍稍安稳了，不能攻打。"才返回。曹操派遣夏侯渊担任都护将军，监督指导张郃、徐晃等人驻守汉中；派遣丞相长史杜袭担任驸马都尉，留下管理汉中政务。杜袭安慰开化，百姓自己欢喜地迁移到洛邑、邺都的有八万多人。

八月，孙权率众十万围合肥。时张辽、李典、乐进将七千余人屯合肥。魏公操之征张鲁也，为教与合肥护军薛悌，署函边曰："贼至，乃发。"及权至，发教，教曰："若孙权至者，张、李将军出战，乐将军守，护军勿得与战。"诸将以众寡不敌，疑之。张辽曰："公远征在外，比救至，彼破我必矣。是以教指及其未合逆击之，折其盛势，以安众心，然后可守也。"进等莫对。辽怒曰："成败之机，在此一战。诸君若疑，辽将独决之。"李典素与辽不睦，慨然曰："此国家大事，顾君计何如耳，吾可以私憾而忘公义乎! 请从君而出。"于是辽夜募敢从之士，得八百人，椎牛犒飨。明旦，辽被甲持戟，先登陷阵，杀数十人，斩二大将，大呼自名，冲垒入至权麾下。权大惊，不知所为，走登高冢，以长戟自守。辽叱权下战，权不敢动，望见辽所将众少，乃聚围辽数重。辽急击围开，将麾下数十人得出。馀众号呼曰："将军弃我乎?"辽复还突围，拔出馀众，权人马皆披靡，无敢当者。自旦战至日中，吴人夺气。乃还修守备，众心遂安。

【译文】八月，孙权带领十万军队攻打合肥。当时张辽、李典、乐进只带领七千多人驻守合肥；魏公曹操讨伐张鲁之时，留下教令给合肥护军薛悌，在教令信的边上写着："叛贼到了，再打开看。"等到孙权到了，薛悌打开教令，教令说："假如孙权来了，让张、李将军出战，乐将军防守，护军不能参加战事。"诸将领认为人数悬殊，质疑教令的话。张辽说："公侯出外远征，等到援兵来了，他们一定战胜我们了。因此教令的意思，在他们没有相会之前，迎战上去，损耗他们的士气来安抚众人，之后可以守卫。"乐进等人不回答。张辽恼怒地说："成败的时机，就在这一战。诸位要是疑惑，我张辽就独自与他们决战!"李典向来与张辽不和，却大方地说："这是国家大事，只顾你的计划怎么做，我能因私人恩怨，就忘了公义吗? 请求和你一块出战!"于是张辽夜里征召敢跟随的士兵，征召得八百人，杀牛宴请将士。第二天早晨，张辽穿上战甲，手持戈戟，率先进入阵地，砍杀几十个人，杀了两员大将，大喊自己的名字，冲入军营，到达孙权面前。孙权大惊，不知怎么应付，就逃到高土堆，用长戟护着自己。张辽叫骂着叫孙权下来战斗，孙权不敢动，看见张辽带领的人数少，于是就集合起来围攻张辽，包围了好几层，张辽慌忙冲出包围，带领几十个部下，冲了出去；被围剩下的士兵大喊着说：

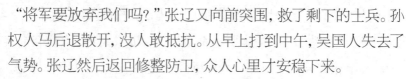

"将军要放弃我们吗?"张辽又向前突围,救了剩下的士兵。孙权人马后退散开,没人敢抵抗。从早上打到中午,吴国人失去了气势。张辽然后返回修整防卫,众人心里才安稳下来。

权守合肥十馀日,城不可拔,彻军还。兵皆就路,权与诸将在逍遥津北,张辽觇望知之,即将步骑奄至。甘宁与吕蒙等力战扞敌,凌统率亲近扶权出围,复还与辽战,左右尽死,身亦被创,度权已免,乃还。权乘骏马上津桥,桥面已彻,丈馀无版;亲近监谷利在马后,使权持鞍缓控,利于后著鞭以助马势,遂得超度。贺齐率三千人在津南迎权,权由是得免。

权入大船宴饮,贺齐下席涕泣曰:"至尊人主,常当持重,今日之事,几致祸败。群下震怖,若无天地,愿以此为终身之诫!"权自前收其泪曰:"大惭谨已刻心,非但书绅也。"

九月,巴、賨夷帅朴胡、杜濩、任约,各举其众来附。于是分巴郡,以胡为巴东太守,濩为巴西太守,约为巴郡太守,皆封列侯。

【译文】孙权攻打合肥十多天,城池攻取不下,就撤军返回。军队都在路上了,孙权与诸将领在逍遥津的北面,张辽远远看见了,立即带领步兵、骑兵快速出击。甘宁和吕蒙等人全力作战,抵抗敌人,凌统带领亲兵,带着孙权走出阵地,又返回与张辽打斗,左右都战亡了,他也受伤了,估计孙权已经逃走,于是返回。孙权骑着马,走上逍遥津的桥上,桥的南边已撤走木板,桥上有一丈多宽没有木板;亲兵监谷利在马后,要孙权紧握马鞍,放松缰绳,谷利在后面使劲鞭打,来帮助马的冲势,于是才能越过逍遥津。贺齐带领三千人,在逍遥津的南面迎接孙权,孙权因而才能脱险。

孙权进入大船宴饮,贺齐走下座位,哭着说:"人主至尊,

146

经常要保护自己，今天的事，几近受到伤害。臣下们都震惊害怕，仿佛失去天地一样，希望把这个当作终身的警告。"孙权亲自上前，为他擦拭眼泪，说："我很愧疚，已经谨慎地铭记心里，不仅要写在绅带上了。"

九月，巴、賨夷的首领朴胡、杜濩、任约，各自带领百姓，过来依附。于是朝廷分割巴郡，命朴胡担任巴东太守，杜濩担任巴西太守，任约担任巴郡太守，都封为列侯。

冬，十月，始置名号侯以赏军功。

十一月，张鲁将家属出降。魏公操逆拜鲁镇南将军，待以客礼，封阆中侯，邑万户。封鲁五子及阎圃等皆为列侯。

◆习凿齿论曰：阎圃谏鲁勿王，而曹公追封之，将来之人，孰不思顺！塞其本源而末流自止，其此之谓与！若乃不明于此而重焦烂之功，丰爵厚赏止于死战之士，则民利于有乱，俗竞于杀伐，阻兵杖力，干戈不戢矣。曹公之此封，可谓知赏罚之本矣。◆

程银、侯选、庞德皆随鲁降，魏公操复银、选官爵，拜德立义将军。

张鲁之走巴中也，黄权言于刘备曰："若失汉中，则三巴不振，此为割蜀之股臂也。"备乃以权为护军，率诸将迎鲁；鲁已降，权遂击朴胡、杜濩、任约，破之。魏公操使张郃督诸军徇三巴，欲徙其民于汉中，进军宕渠。刘备使巴西太守张飞与郃相拒，五十馀日，飞袭击郃，大破之。郃走还南郑，备亦还成都。

【译文】冬季，十月，开始设立名号侯爵，来奖励有功劳的将士。

十一月，张鲁带领家属出城归降。魏公曹操出去迎接，命张鲁为镇南将军，用宾客的礼节待他，封为阆中侯，食邑一万户。张鲁五个儿子和阎圃等人，都封为列侯。

◆习凿齿点评说：阎圃劝谏张鲁不要称王，然而曹操却封他为侯，以后的人，谁不想要归附呢！堵塞了源头，因此下游流水自然就能停下来，大概就是这个道理吧！如果不明白这个道理，只看重焦头烂额的功绩，高位封赏只送给全力作战的将士，那百姓就认为国家紊乱，对自己有益，世间于是就互相杀伐，仗着军力，战乱就不会停了。曹操的这种封赏，可以说是知晓赏罚的根本了。◆

程银、侯选、庞德都跟着张鲁归降。魏公曹操恢复程银、侯选的官爵，任庞德做立义将军。

张鲁逃向巴中之时，黄权向刘备进谏："假如失去了汉中，那三巴就不会复兴，这就是割去了蜀郡的臂膀。"刘备于是派遣黄权担任护军，带领诸将去迎张鲁；张鲁这时已经归降，黄权于是就攻打朴胡、杜濩、任约，将他们一个一个地打败。魏公曹操派遣张郃监督诸将，巡视三巴，想将这里的百姓迁往汉中，向宕渠进军。刘备派遣巴西太守张飞与张郃互相抵御，达五十多天，张飞攻袭张郃，大败他。张郃逃跑，回到南郑，刘备也返回成都。

操徙出故韩遂、马超等兵五千馀人，使平难将军殷署等督领，以扶风太守赵俨为关中护军。操使俨发千二百兵助汉中守御，殷署督送之，行者不乐。俨护送至斜谷口，还，未至营，署军叛乱。俨自随步骑百五十人，皆叛者亲党也，闻之，各惊，被甲持兵，不复自安。俨徐谕以成败，慰励恳切，皆慷慨曰："死生当随护军，不敢有二！"前到诸营，各召料简诸奸结叛者八百馀人，散在原野。俨下令惟取其造谋魁率治之，馀一不问，郡县所收送皆放遣，乃即相率还降。俨密白："宜遣将诣大营，请旧兵镇守关中。"魏公操遣将军刘柱将二千人往，当须到乃发遣。俄而事露，诸营大骇，不可安谕。俨遂宣言："当差留新兵之温厚者千人，镇守关中，其馀悉遣东。"便见主者内诸营兵名籍，立差别人。留者意定，与俨同心，其当去者亦不敢动。俨一日尽遣上道，因使所留千人分布罗落之。东兵寻至，乃复胁谕，并徙千人，令相及共东。凡所全致二万馀口。

【译文】 曹操迁出以前韩遂、马超等人的五千多士兵，令平难将军殷署等人监督率领，派遣扶风太守赵俨担任关中护军。曹操令赵俨派遣士兵一千二百名，帮汉中防守，殷署监督送去，前去的人都不高兴。赵俨送至斜谷口返回，还没有回到营地，殷署的军队就反叛了。赵俨带领的步兵、骑兵一百五十名，都是反叛的人的亲党，听说了反叛的事情，都很害怕，穿上战甲，手持兵器，不再安稳了。赵俨慢慢用成败的道理让他们明白，安抚鼓励，言辞诚恳，士兵们都慷慨说："生死都要追随护军，不敢有异心！"于是他们前去各军营，各自召集区分整理出各奸贼结成反叛的八百多人，分散在原野中。赵俨下令：只逮捕阴谋的罪首治罪，其他的人不问罪，郡县所逮捕送来的，都放了回去，于是大家立即相率返回归降。赵俨暗中上禀："应当遣送回大营，请求派遣旧部士兵驻守关中。"魏公曹操派将军刘柱带领两千人前去，需等军队到达，才遣送回来。不久，事情泄露了，各军营非常恐慌，不能用言辞让他们明白安定下来。赵俨于是就公开说："要选取新兵中温和敦厚的一千人留下，镇守关中，其他全都遣送到东方去。"立即召主管军籍的进去，送来各军营士兵名籍，马上区分留还是不留。留下的人心思安定，和赵俨一条心，那些应该送走的人也不敢妄动。赵俨在一天内，全部遣送他们离去，将留下的一千人在各处分布安置好。东方军队不久就到达了，于是就再次威胁告谕，同时迁走了一千人，让他们前后相接一起向东行。这次安全送达的，共有两万多人。

二十一年（丙申，公元二一六年）春，二月，魏公操还邺。

夏，五月，进魏公操爵为王。

初，中尉崔琰荐巨鹿杨训于操，操礼辟之。及操进爵，训发表称颂功德。或笑训希世浮伪，谓琰为失所举。琰从训取表草视之，与训书曰："省表，事佳耳。时乎，时乎！会当有变时。"琰本意讥论者好谴呵而不寻情理也，时有与琰宿不平者，白琰"傲世怨谤，意指不逊"，操怒，收琰付狱，髡为徒隶。前白琰者复白之云："琰为徒，对宾客虬须直视，若有所瞋。"遂赐琰死。

【译文】二十一年（丙申，公元216年）春季，二月，魏公曹操返回到邺都。

夏季，五月，汉献帝晋升魏公曹操的爵位为王。

起初，中尉崔琰向曹操推举巨鹿人杨训，曹操按礼法征召他。等到曹操晋升爵位，杨训上表，歌功颂德。有人嘲笑杨训奉承世俗，浮躁虚伪，认为崔琰的推荐失误了。崔琰从杨训那里拿来表章观阅，写给杨训的信说："看上表的事，是好事，是时运啊！时运啊！应该会有变动！"当时崔琰的意思，是讽刺评论的人，喜欢指摘别人，却不遵照情理。这时有个平时就和崔琰不和的人，上告说："崔琰蔑视世人，恼怨诽谤，心意不恭敬。"曹操大怒，逮捕崔琰，交给刑狱，剪掉头发，成为囚犯。之前那个告崔琰的人，又告他说："崔琰作为囚犯，面对宾客，须髯卷曲，两眼直视，像是怒目而视的样子。"于是就下令崔琰自杀。

尚书仆射毛玠伤琰无辜，心不悦。人复白玠怨谤，操收玠付狱，侍中桓阶、和洽皆为之陈理，操不听。阶求案实其事。王曰："言事者白，玠不但谤吾也，乃复为崔琰觖望。此捐君臣恩义，妄为死友怨叹，殆不可忍也。"洽曰："如言事者言，玠罪过深重，非天地所覆载。臣非敢曲理玠以枉大伦也，以玠历年荷宠，刚直忠公，为众所惮，不宜有此。然人情难保，要宜考覈，两验其实。今圣恩不忍致之于理，更使曲直之分不明。"操曰："所以不考，欲两全玠及言事者耳。"洽对曰："玠信有谤主之言，当肆之市朝；若玠无此言，言事者加诬大臣以误主听，不加检覈，臣窃不安。"操卒不穷治，玠遂免黜，终于家。

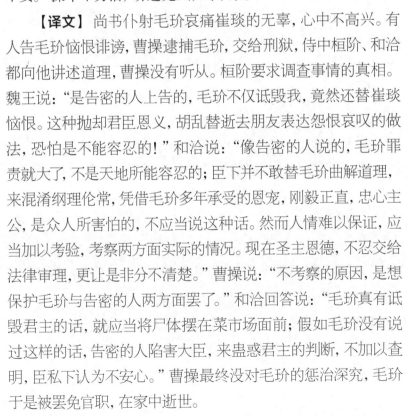

【译文】尚书仆射毛玠哀痛崔琰的无辜，心中不高兴。有人告毛玠恼恨诽谤，曹操逮捕毛玠，交给刑狱，侍中桓阶、和洽都向他讲述道理，曹操没有听从。桓阶要求调查事情的真相。魏王说："是告密的人上告的，毛玠不仅诋毁我，竟然还替崔琰恼恨。这种抛却君臣恩义，胡乱替逝去朋友表达怨恨哀叹的做法，恐怕是不能容忍的！"和洽说："像告密的人说的，毛玠罪责就大了，不是天地所能容忍的；臣下并不敢替毛玠曲解道理，来混淆纲理伦常，凭借毛玠多年承受的恩宠，刚毅正直，忠心主公，是众人所害怕的，不应当说这种话。然而人情难以保证，应当加以考验，考察两方面实际的情况。现在圣主恩德，不忍交给法律审理，更让是非分不清楚。"曹操说："不考察的原因，是想保护毛玠与告密的人两方面罢了。"和洽回答说："毛玠真有诋毁君主的话，就应当将尸体摆在菜市场面前；假如毛玠没有说过这样的话，告密的人陷害大臣，来蛊惑君主的判断，不加以查明，臣私下认为不安心。"曹操最终没对毛玠的惩治深究，毛玠于是被罢免官职，在家中逝世。

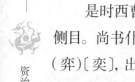

是时西曹掾沛国丁仪用事，玠之获罪，仪有力焉；群下畏之侧目。尚书仆射何夔及东曹属东莞徐（弈）〔奕〕独不事仪，仪谮（弈）〔奕〕，出为魏郡太守，赖桓阶左右之得免。尚书傅选谓何夔曰："仪已害毛玠，子宜少下之。"夔曰："为不义，适足害其身，焉能害人！且怀奸佞之心，立于明朝，其得久乎？"

崔琰从弟林，尝与陈群共论冀州人士，称琰为首，群以智不存身贬之。林曰："大丈夫为有邂逅耳，即如卿诸人，良足贵乎！"

【译文】当时，西曹掾沛国人丁仪掌权，毛玠受到刑罚，丁仪是出了力的，因此臣下们害怕他，不敢直视。唯有尚书仆射何夔与东曹属东莞人徐奕不侍奉丁仪；于是丁仪诋毁徐奕，派出他担任魏郡太守，仰仗桓阶的帮忙才能幸免。尚书傅选对何夔说："丁仪已经杀害了毛玠，先生应当稍稍谦卑些。"何夔说："做出不仁义的事，正足够害他自己，怎么能害别人！而且怀着奸恶邪佞的心思，在圣明的朝廷立身，怎么能长久呢！"

崔琰的堂弟崔林，曾与陈群一起讨论冀州的人士，夸赞崔琰是第一人，陈群认为崔琰的才能不足够保全自己来贬低他。崔林说："大丈夫是要遇到合适的机会罢了，就像诸位先生，又怎算可贵呢！"

【申涵煜评】以操之滑，仪得用事，黜毛玠，贬徐奕，皆与有力。人知愚懦者多偏听，而不知聪察者护短更甚。

【译文】以曹操的狡黠，任用丁仪，废黜毛玠，给徐奕贬官，这些人都为他效力过。大家都知道愚笨懦弱的人多数偏听，却不知道聪明人更加护短。

五月，己亥朔，日有食之。

代郡乌桓三大人皆称单于，恃力骄恣，太守不能治。魏王操以丞相仓曹属裴潜为太守，欲授以精兵。潜曰："单于自知放横日久，今多将兵往，必惧而拒境，少将则不见惮，宜以计谋图之。"遂单车之郡，单于惊喜。潜抚以恩威，单于詟服。

初，南匈奴久居塞内，与编户大同而不输贡赋。议者恐其户口滋蔓，浸难禁制，宜豫为之防。秋，七月，南单于呼厨泉入朝于魏，魏王操因留之于邺，使右贤王去卑监其国。单于岁给绵、绢、钱、谷如列侯，子孙传袭其号。分其众为五部，各立其贵人为帅，选汉人为司马以监督之。

八月，魏以大理钟繇为相国。

冬，十月，魏王操治兵击孙权；十一月，至谯。

【译文】五月，己亥朔日（初一），有日食。

代郡乌桓三大人都自称单于，仗着武力，骄傲狂肆，太守不能管理。魏王曹操派遣丞相仓曹属裴潜担任太守，想把精英军队交给他。裴潜说："单于自己知道骄横放肆的时间长了，现在带领大批军队前往，他们一定恐惧，因此会在边境上抵御，少带一点去，就不会恐惧，应当用计策来谋夺。"于是就一人一车前去郡中，单于惊讶欢喜。裴潜用恩惠并威严安慰他们，单于就害怕归降了。

起初，南匈奴长时间住在塞内，与编户大致一样，但是不需上交贡赋。商议的人害怕他们的户口会不断增加，慢慢难以掌控，应该事先防备。秋季，七月，南单于呼厨泉进魏国拜见，魏王曹操因此将他留在邺都，派遣右贤王去卑管理他的国家。单于每年所享受绵、绢、钱、谷的礼仪，就像列侯，子孙代代世袭他的名号。将他的百姓分成五部，各自建设贵族当主帅，选择汉人担任司马，来监管他们。

八月，魏国派遣大理钟繇担任相国。

冬季十月，魏王曹操整饬军队攻打孙权；十一月，到达谯城。

资治通鉴卷第六十八　汉纪六十

起强圉作噩，尽屠维大渊献，凡三年。

【译文】 起丁酉（公元217年），止己亥（公元219年），共三年。

【题解】 本卷记录了汉献帝刘协建安二十二年到建安二十四年间的历史。建安二十四年，刘备北进汉中，称汉中王，势力达到巅峰。就在此时孙权偷袭荆州，关羽败走麦城，兵败被杀，刘备势力下降。曹操完成百官建制，曹丕争胜，被立为太子。孙权向曹操称臣，上尊号，曹操愿做周文王，发出曹氏代汉的信号。

孝献皇帝癸

建安二十二年(丁酉，公元二一七年)春，正月，魏王操军居巢，孙权保濡须，二月，操进攻之。

初，右护军蒋钦屯宣城，芜湖令徐盛收钦屯吏，表斩之。及权在濡须，钦与吕蒙持诸军节度，钦每称徐盛之善。权问之，钦曰："盛忠而勤强，有胆略器用，好万人督也。今大事未定，臣当助国求才，岂敢挟私恨以蔽贤乎!"权善之。

三月，操引军还，留伏波将军夏侯惇、都督曹仁、张辽等二十六军屯居巢。权令都尉徐详诣操请降，操报使修好，誓重结婚。权留平虏将军周泰督濡须；朱然、徐盛等皆在所部，以泰寒门，不服。权会诸将，大为酣乐，命泰解衣，权手自指其创痕，问以所起，泰辄记昔战斗处以对。毕，使复服。权把其臂，流涕曰："幼平，卿为孤兄弟，战如熊虎，不惜躯命，被创数十，肤如刻画，孤亦何心不待卿以骨肉之恩，委卿以兵马之重乎？"坐罢，住驾，使泰以兵马道从，鸣鼓角作鼓吹而出。于是盛等乃服。

【译文】建安二十二年（丁酉，公元217年）春季，正月，魏王曹操驻守居巢，孙权保卫濡须，二月，曹操攻打孙权。

起初，右护军蒋钦屯军宣城，芜湖令徐盛逮捕蒋钦驻守官员，上表斩杀他。等到孙权在濡须时，蒋钦和吕蒙手握各军节度，蒋钦经常夸赞徐盛的美德。孙权问他，蒋钦说："徐盛忠心而且勤敏刚毅，有胆量智谋，气量好，是统率万人的人才。现今大事没有安定，臣下应该帮助国家求得人才，怎么敢带着个人恩怨，来埋没人才呢！"孙权认为非常好。

三月，曹操带领军队返回，留下伏波将军夏侯惇、都督曹仁、张辽等二十六支军队驻守居巢。孙权命都尉徐详前去曹操处请求归降，曹操派使者回复，与其修好，立下重誓与孙权结为姻亲。孙权留下平虏将军周泰管理濡须；朱然、徐盛等人都在他的管理内，因周泰出身贫寒，他们不服从他。孙权召集诸将领，大办酒宴，喝得半醉，大家高兴之时，命周泰脱去上衣，孙权亲手指着他的伤痕，问受伤经过的原因，周泰就回忆起从前战斗的地方，依次回答；回答完了，孙权命他再穿上。孙权拉着他的手臂，哭着说："幼平！你是我的兄弟，战斗的时候就像熊虎一样勇猛，不爱惜自己的身体、性命，受到创伤几十处，皮肤就像刻画的一样，我又怎么忍心不用骨肉的恩情来待你，把军事重务交给你呢！"宴席结束了，孙权暂时留步，让周泰带领兵马在前面开路,吹着鼓角,奏着鼓吹的乐器出去,于是徐盛等人才服从周泰的管理。

夏,四月,诏魏王操设天子旌旗,出入称警跸。

六月,魏以军师华歆为御史大夫。

冬,十月,命魏王操冕十有二旒,乘金根车,驾六马,设五时副车。

魏以五官中郎将丕为太子。

初,魏王操娶丁夫人,无子;姜刘氏,生子昂;卞氏生四子:丕、彰、植、熊。王使丁夫人母养昂,昂死于穰,丁夫人哭泣无节,操怒而出之,以卞氏为继室。植性机警,多艺能,才藻敏赡,操爱之。操欲以女妻丁仪,丕以仪目眇,谏止之。仪由是怨丕,与弟黄门侍郎廙及丞相主簿杨修,数称临菑侯植之才,劝操立以为嗣。修,彪之子也。操以函密访于外,尚书崔琰露板答曰:"《春秋》之义,立子以长。加五官将仁孝聪明,宜承正统,琰以死守之。"植,琰之兄女婿也。尚书仆射毛玠曰:"近者袁绍以嫡庶不分,覆宗灭国。废立大事,非所宜闻。"东曹掾邢颙曰:"以庶代宗,先世之戒也,愿殿下深察之。"丕使人问太中大夫贾诩以自固之术,诩曰:"愿将军恢崇德度,躬素士之业,朝夕孜孜,不违子道,如此而已。"丕从之,深自砥砺。它日,操屏人问诩,诩嘿然不对。操曰:"与卿言,而不答,何也?"诩曰:"属有所思,故不即对耳。"操曰:"何思?"诩曰:"思袁本初、刘景升父子也。"操大笑。

【译文】夏季,四月,汉献帝诏令魏王曹操设立天子旌旗,出入实行戒严和清理街道。

六月，魏国命军师华歆担任御史大夫。

冬季，十月，汉献帝命魏王曹操的冠冕配十二旒，坐金根车，车驾六马，设立五时副车。

魏国命五官中郎将曹丕做太子。

起初，魏王曹操迎娶丁夫人，没有子嗣；妾刘氏，生下儿子曹昂；卞氏生了四个儿子，即丕、彰、植、熊。魏王命丁夫人以母亲的身份抚养曹昂；曹昂死在穰县，丁夫人大哭没有节度，曹操盛怒之下就把她休了，让卞氏做继室。曹植生性机智警惕，多才多艺，才思敏捷丰富，曹操很喜爱他。曹操想把女儿嫁给丁仪为妻，曹丕因丁仪瞎了一只眼睛，劝谏阻挠了曹操。丁仪因而恼恨曹丕，与弟弟黄门侍郎丁廙和丞相主簿杨修，多次夸赞临淄侯曹植的才能，劝谏曹操立他做嗣子。杨修是杨彪的儿子。曹操用密函向外征询其他人的想法，尚书崔琰用没有密封的上书回答说：《春秋》的道义，立子要立年长的。再加上五官将仁义、孝顺、聪慧，应当承继大统，琰要以死坚守。"曹植是崔琰哥哥的女婿。尚书仆射毛玠说："以刚发生不久的事例来说，袁绍因嫡子、庶子不分，宗庙国家因此灭亡。废立太子是大事，这事是不应当发生的。"东曹掾邢颙说："用庶子取代宗子，是先世所警戒的事，希望殿下仔细明察。"曹丕派人去问太中大夫贾诩寻，找巩固地位的办法。贾诩说："希望将军恢复崇尚德行、气量，亲自学习寒素之士的学业，早晚孜孜不倦，不要违反做儿子的道理，就这样罢了。"曹丕采纳了，暗自深深地激励自己。一天，曹操屏退全部的人，问贾诩，贾诩沉默不答；曹操说："与你说话，你却不答，这是为什么？"贾诩说："心里正在思考一些事呢，因此不能马上回答。"曹操说："思考什么事？"贾诩说："想到袁本初、刘景升父子罢了。"曹操大笑。

操尝出征，丕、植并送路侧，植称述功德，发言有章，左右属目，操亦悦焉。丕怅然自失，济阴吴质耳语曰："王当行，流涕可也。"及辞，丕涕泣而拜，操及左右咸欷歔，于是皆以植多华辞而诚心不及也。植既任性而行，不自雕饰，五官将御之以术，矫情自饰，宫人左右并为之称说，故遂定为太子。

左右长御贺卞夫人曰："将军拜太子，天下莫不喜，夫人当倾府藏以赏赐。"夫人曰："王自以丕年大，故用为嗣。我但当以免无教导之过为幸耳，亦何为当重赐遗乎？"长御还，具以语操，操悦，曰："怒不变容，喜不失节，故最为难。"

太子抱议郎辛毗颈而言曰："辛君知我喜不？"毗以告其女宪英，宪英叹曰："太子，代君主宗庙、社稷者也。代君，不可以不戚；主国，不可以不惧。宜戚宜惧，而反以为喜，何以能久！魏其不昌乎！"

【译文】曹操曾出征，曹丕、曹植一起在路边送别，曹植叙说功德，说出的话，条理分明，左右都为之侧目，曹操也非常高兴。曹丕心里感到沮丧，济阴人吴质在他耳边说："魏王要走之时，只流眼泪就行了。"等到离别时，曹丕哭着拜别，曹操与左右都悲哀起来，于是就都认为曹植言辞华丽丰富，但心意却及不上曹丕。曹植既做事任性，自己又不加以遮掩，五官将用权术御制别人，小心谨慎，修饰自己，宫人、左右一起替他说情，因此最终决定立曹丕为太子。

左右长御恭喜卞夫人说："将军任命太子，天下百姓没有不高兴的，夫人应当竭尽府中的财物来奖励他们。"夫人说："王侯自己认为丕的年龄大，因此让他做继承人；我只是庆幸避免了没有好好教育的过错罢了，为什么应该重重地奖赏别人呢！"

长御回来了，仔细地告诉曹操全部事情，曹操非常高兴，说："恼怒之时不改变脸色，高兴之时不失节度，是最难的。"

太子曹丕抱着议郎辛毗的脖子说："辛君知道我心里高兴吗？"辛毗告诉他的女儿辛宪英，宪英感叹说："太子，是代替君主宗庙、社稷的人；代替君主，不能不忧虑；把持国政，不能不恐慌。本应当心里担忧又恐慌，却反而心里高兴，怎么能长久呢！魏国大概不会兴盛吧！"

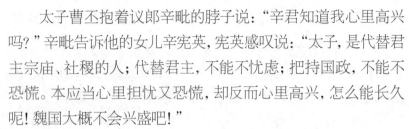

【申涵煜评】宪英识文帝之不终，料太傅之非反，知钟会之必败，何物女子，聪明绝人如此？三国固多奇才，而闺阁中尤所仅见。

【译文】辛宪英能看出魏文帝不会长久，预料到太傅司马懿会造反，知道钟会必将失败，怎么会有女子聪慧到这种地步呢？三国时期的奇才很多，但是闺阁中的奇女子仅此一个。

久之，临菑侯植乘车行驰道中，开司马门出。操大怒，公车令坐死。由是重诸侯科禁，而植宠日衰。植妻衣绣，操登台见之，以违制命，还家赐死。

法正说刘备曰："曹操一举而降张鲁，定汉中，不因此势以图巴、蜀，而留夏侯渊、张郃屯守，身遽北还，此非其智不逮而力不足也，必将内有忧逼故耳。今策渊、郃才略，不胜国之将帅，举众往讨，必可克之。克之之日，广农积谷，观衅伺隙，上可以倾覆寇敌，尊奖王室；中可以蚕食雍、凉，广拓境土；下可以固守要害，为持久之计。此盖天以与我，时不可失也。"备善其策，乃率诸将进兵汉中，遣张飞、马超、吴兰等屯下辨。魏王操遣都护将军曹洪拒之。

【译文】过了一段时间，临菑侯曹植坐着车辆，在道路上疾驰，打开了司马门出去了。曹操非常愤怒，公车令被判死罪。因而加重诸侯法禁，并且曹植的宠爱也一天天衰败了。曹植的妻子穿着华丽的衣服，曹操登上楼台看到了，认为违抗了制命，遣送回家，赐令自杀。

法正劝谏刘备说："曹操一举让张鲁归降了，安定了汉中，不乘着这种形势来谋夺巴、蜀，却留下夏侯渊、张郃屯兵防守，自己快速返回北方，这不是他的谋略不足，而是兵力不够，必定是国内有紧迫祸患的缘故。现在估量夏侯渊、张郃的才华、智谋，及不上我们的将帅，假若进兵前去征讨，必能获胜。获胜之后，大兴农业，积累谷米，观察敌人弱点而伺机而动，上可以消灭敌人，尊崇、帮助王室；中可以慢慢占据雍州、凉州，大大地开拓疆土；下可以坚守重要区域，作为维持长久的计划。这大概是上天帮助我们，这个机会不能失去！"刘备认为他的计策很好，于是就带领诸将进兵汉中，派张飞、马超、吴兰等人驻守下辨。魏王曹操派都护将军曹洪抵抗他们。

鲁肃卒，孙权以从事中郎彭城严畯代肃，督兵万人镇陆口。众人皆为畯喜，畯固辞以"朴素书生，不闲军事"，发言恳恻，至于流涕。权乃以左护军虎威将军吕蒙兼汉昌太守以代之。众嘉严畯能以实让。

定威校尉吴郡陆逊言于孙权曰："方今克敌宁乱，非众不济；而山寇旧恶，依阻深地。夫腹心未平，难以图远，可大部伍，取其精锐。"权从之，以为帐下右都督。会丹阳贼帅费栈作乱，扇动山越。权命逊讨栈，破之。遂部伍东三郡，强者为兵，羸者补户，得精卒数万人。宿恶荡除，所过肃清，还屯芜湖。会稽太守淳于式表"逊枉取民人，愁扰所在。"逊后诣都，言次，称式佳

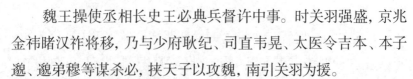

吏。权曰:"式白君，而君荐之，何也?"逊对曰:"式意欲养民，是以白逊。若逊复毁式以乱圣听，不可长也。"权曰:"此诚长者之事，顾人不能为耳。"

魏王操使丞相长史王必典兵督许中事。时关羽强盛，京兆金祎睹汉祚将移，乃与少府耿纪、司直韦晃、太医令吉本、本子邈、邈弟穆等谋杀必，挟天子以攻魏，南引关羽为援。

【译文】鲁肃逝世，孙权派遣从事中郎彭城人严畯取代鲁肃，监督且率领一万军队驻守陆口。众人都替严畯高兴，严畯用"朴素的书生，不通晓军事的理由"坚决推托，言语恳切、凄恻，一直说到流泪。孙权才派遣左护军虎威将军吕蒙，担任汉昌太守来取代他。众人称赞严畯能根据实际情况谦让。

定威校尉吴郡人陆逊向孙权进谏说:"现今打败敌人，平定混乱，没有军队是不能完成的;况且以往作恶的山贼，占据在险要地方。心腹大患没有去除，就很难图谋长远计划。平定他们，就能扩充部队，选择精锐的士兵。"孙权采纳了，命他在帐下担任右都督。恰巧丹阳盗匪首领费栈叛乱，鼓动山越。孙权命陆逊征讨费栈，陆逊将他们打败了。于是就组织了东部三郡，强壮的征为兵士，羸弱的补充民户，得到精锐士兵几万人;清除了从前的旧匪，经过的地方都加以清除之后，返回驻守芜湖。会稽太守淳于式上表说:"陆逊胡乱逮取百姓，所到的地方都混乱不安，百姓苦闷。"陆逊之后前来都城，交谈的时候，夸赞淳于式是好的官员。孙权说:"淳于式告你状，你却举荐他，为什么呢?"陆逊回答说:"淳于式的心思是想养护百姓，因此会告我状;假如我又诋毁淳于式来扰乱圣明君主的听闻，这种风气不可助长。"孙权说:"这确实是长者的做法，只是一般人做不到罢了!"

资治通鉴

魏王曹操派遣丞相长史王必主管军队，督管许昌的政务。当时关羽势力强大，京兆人金祎看到汉朝国祚即将转移了，于是就与少府耿纪、司直韦晃、太医令吉本、吉本的儿子吉邈、吉邈的弟弟吉穆等人，谋划斩杀王必，挟持天子来攻击魏国，并联结南方的关羽当作援手。

二十三年（戊戌，公元二一八年）春，正月，吉邈等率其党千馀人，夜攻王必，烧其门，射必中肩，帐下督扶必奔南城。会天明，邈等众溃，必与颍川典农中郎将严匡共讨斩之。

【译文】二十三年（戊戌，公元218年）春季，正月，吉邈等人带领党徒一千多人，夜里袭击王必，烧毁了大门，射中了王必的肩膀，帐下督扶着王必逃到南城，恰巧天亮了，吉邈等人溃败，王必与颍川典农中郎将严匡一起攻打，斩杀了他们。

三月，有星孛于东方。

曹洪将击吴兰，张飞屯固山，声言欲断军后，众议狐疑。骑都尉曹休曰："贼实断道者，当伏兵潜行；今乃先张声势，此其不能，明矣。宜及其未集，促击兰，兰破，飞自走矣。"洪从之，进，击破兰，斩之。三月，张飞、马超走。休，魏王族子也。

夏，四月，代郡、上谷乌桓无臣氐等反。先是，魏王操召代郡太守裴潜为丞相理曹掾，操美潜治代之功，潜曰："潜于百姓虽宽，于诸胡为峻。今继者必以潜为治过严而事加宽惠。彼素骄恣，过宽必弛；既弛，又将摄之以法，此怨叛所由生也。以势料之，代必复叛。"于是操深悔还潜之速。后数十日，三单于反问果至。操以其子鄢陵侯彰行骁骑将军，使讨之。彰少善射御，膂力过人。操戒彰曰："居家为父子，受事为君臣，动以王法从事，尔其戒之!"

【译文】三月,有彗星出现在东方。

曹洪即将攻打吴兰,张飞驻守固山,宣言说想要斩断曹洪军队后路,众人议论纷纷怀疑不定。骑都尉曹休说:"叛贼真要斩断道路的话,应该会潜伏军队,暗地里前去;现在却先虚张声势,他们实际上做不到,这很明显的道理。我们应当在他们兵力尚未集中之前,赶紧攻打吴兰,吴兰失败了,张飞就会自动离开。"曹洪采纳了,继续前进,打败了吴兰并斩杀了他。三月,张飞、马超离开。曹休是魏王的同族子辈人。

夏季,四月,代郡、上谷乌桓无臣氏等反叛。在这之前,魏王曹操召代郡太守裴潜担任丞相代理曹掾,曹操夸赞裴潜管理代郡的功劳,裴潜说:"潜对百姓虽然宽宏,但对各胡族却是严肃的。现今继任的人定会认为我的管理过分严厉,因此事事对各胡族都加以宽量,施加恩德;他们素来蛮横放肆,过分宽宏,必会松弛;松弛之后,就要用法例治理他们,这就是产生恼恨、反叛的原因了。以局势料想,代郡必会再叛变的。"于是曹操非常后悔急速地召回裴潜了。过了几十天,三单于叛变的消息果然到了。曹操派遣他的儿子鄢陵侯曹彰兼摄骁骑将军,命他前去征讨。曹彰年少的时候就善于射箭、驾车,膂力过人。曹操告诫曹彰说:"在家时是父子之亲,接受了政事就是君臣之别,一举一动都要依据军法做事,你要引以为戒啊!"

刘备屯阳平关,夏侯渊、张郃、徐晃等与之相拒。备遣其将陈式等绝马鸣阁道,徐晃击破之。张郃屯广石,备攻之不能克,急书发益州兵。诸葛亮以问从事犍为杨洪,洪曰:"汉中,益州咽喉,存亡之机会,若无汉中,则无蜀矣。此家门之祸也,发兵何疑!"时法正从备北行,亮于是表洪领蜀郡太守;众事皆办,遂使即真。

初,犍为太守李严辟洪为功曹,严未去犍为而洪已为蜀郡;洪举门下书佐何祗有才策,洪尚在蜀郡,而祗已为广汉太守。是以西土咸服诸葛亮能尽时人之器用也。

秋,七月,魏王操自将击刘备;九月,至长安。

【译文】刘备驻守阳平关,夏侯渊、张郃、徐晃等人与他相对抗。刘备派他的将领陈式等去斩断马鸣阁的道路,徐晃却将他打败了。张郃驻守广石,刘备攻打他,但攻取不下来,赶忙发信命令益州的军队来增援。诸葛亮因此问从事犍为人杨洪,杨洪说:"汉中是益州的咽喉,存亡的关键,假如没有汉中,那就也没有蜀郡了,这是家门的祸患,派遣军队有什么疑问呢!"当时法正随着刘备前去北方,诸葛亮于是就上表举荐杨洪兼领蜀郡太守。杨洪所有事情都办妥了,于是命他正式担任蜀郡太守。

起初,犍为太守李严召杨洪担任功曹,李严没去犍为之前而杨洪已经担任了蜀郡太守;杨洪举荐门下书佐何祗有才华、谋略,杨洪还在蜀郡,而何祗已经担任了广汉太守了,因此西方人士都敬佩诸葛亮能完全发掘当时士人的才能。

秋季,七月,魏王曹操亲自带领军队攻打刘备;九月,抵达长安。

曹彰击代郡乌桓,身自搏战,铠中数箭,意气益厉;乘胜逐北,至桑乾之北,大破之,斩首、获生以千数。时鲜卑大人轲比能将数万骑观望强弱,见彰力战,所向皆破,乃请服,北方悉平。

南阳吏民苦繇役,冬,十月,宛守将侯音反。南阳太守东里衮与功曹应余进窜得出;音遣骑追之,飞矢交流,余以身蔽衮,被七创而死，音骑执衷以归。时征南将军曹仁屯樊以镇荆州，魏王操命仁还讨音。功曹宗子卿说音曰："足下顺民心，举大事，远近莫不望风；然执郡将，逆而无益，何不遣之！"音从之。子卿因夜逾城从太守收馀民围音，会曹仁军至，共攻之。

资治通鉴

【译文】曹彰攻打代郡乌桓，亲自接近敌人战斗，战甲上中了几箭，意气更加被激发；趁着胜利，向北追赶败军，到达桑乾的北面，大败敌军，斩杀、活捉的人数以千计。当时鲜卑大人轲比能带领几万骑兵，观看谁强谁弱，看见曹彰全力奋战，所到的地方都攻克了，于是他就请求归降，北方就完全安定了。

南阳官员、百姓饱受劳役之苦。冬季，十月，宛城守将侯音叛变，南阳太守东里衮与功曹应余逃跑出来；侯音派骑兵追逐，飞箭交互射来，应余用身体挡住东里衮，受伤七处去世了，侯音的骑兵逮捕东里衮而归。当时征南将军曹仁驻守樊城来镇守威慑荆州，魏王曹操命曹仁返回征讨侯音。功曹宗子卿劝谏侯音说："您顺从民意，兴举大事，远近百姓没有不看形势起来响应的；但是捕捉郡中将领，这是叛逆的行为且并没有什么益处，为什么不遣送回去呢！"侯音采纳了。宗子卿借着夜里翻过城墙，跟随太守，征收剩下的百姓，围攻侯音，恰巧碰上曹仁军队到了，一起攻击侯音。

二十四年(己亥，公元二一九年)春，正月，曹仁屠宛，斩侯音，复屯樊。

初，夏侯渊战虽数胜，魏王操常戒之曰："为将当有怯弱时，不可但恃勇也。将当以勇为本，行之以智计；但知任勇，一匹夫敌耳。"及渊与刘备相拒逾年，备自阳平南渡沔水，缘山稍前，营于定军山。渊引兵争之。法正曰："可击矣。"备使讨虏将军黄忠乘高鼓噪攻之，渊军大败，斩渊及益州刺史赵颙。张郃引兵还阳平。是时新失元帅，军中扰扰，不知所为。督军杜袭与渊司马太原郭淮收敛散卒，号令诸军曰："张将军国家名将，刘备所惮；今日事急，非张将军不能安也。"遂权宜推郃为军主。郃出，勒兵按陈，诸将皆受郃节度，众心乃定。明日，备欲渡汉水来攻；诸将以众寡不敌，欲依水为陈以拒之。郭淮曰："此示弱而不足挫敌，非算也。不如远水为陈，引而致之，半济而后击之，备可破也。"既陈，备疑，不渡。淮遂坚守，示无还心。以状闻于魏王操，操善之，遣使假郃节，复以淮为司马。

【译文】 二十四年（己亥，公元219年）春季，正月，曹仁屠灭宛城，斩杀侯音，回师驻守樊城。

起初，夏侯渊打仗即使数次取得胜利，魏王曹操却经常告诫他说："作为将领应该有害怕软弱的时候，不能只仗着勇敢。将领应该把勇气作为根本，而且也要把智慧、谋略表现出来；只知道一味地使用勇气，那是一人的敌人罢了！"等到夏侯渊与刘备互相抵抗超过一年，刘备从阳平向南渡过沔水，沿着山势，稍微前进，在定军山扎营。夏侯渊带领军队去争夺定军山。法正说："可以攻打了。"刘备派遣讨虏将军黄忠，登上高地，大声叫喊，向前攻去，夏侯渊的军队溃败，斩杀夏侯渊与益州刺史赵颙。张郃带领军队返回阳平。这时刚失去元帅，军中混乱不堪，不知道要做什么。督军杜袭与夏侯渊的司马太原人郭淮征收溃散的士兵，命各军说："张将军是国家著名的将领，是刘备忌惮的人；现在事情急迫，除了张将军是不能安定局势的。"于是就暂时推举张郃担任军中领导。张郃出来，安排军队，按照次序布阵，诸将领都接受张郃的节度，众人心里才安稳下来。第二天，刘备想渡过汉水前来攻打；诸将领认为寡不敌众，想沿着河水建造阵地来抵御刘备。郭淮说："这是显示势弱的办法，况且也不能打败敌军，不是好的策略。不如远离河水，建造阵地，引诱他们前往，渡过一半然后攻打，就能打败刘备了。"建造阵地之后，刘备怀疑，没有渡河。郭淮于是就固守阵营，表示没有返回的心思。并把局势告诉魏王曹操知道，曹操认为很好。派使者送给张郃符节，又让郭淮担任司马。

二月，壬子晦，日有食之。

三月，魏王操自长安出斜谷，军遮要以临汉中。刘备曰："曹公虽来，无能为也，我必有汉川矣。"乃敛众拒险，终不交锋。操运米北山下，黄忠引兵欲取之，过期不还。翊军将军赵云将数十骑出营视之，值操扬兵大出，云猝与相遇，遂前突其陈，且斗且却。魏兵散而复合，追至营下，云入营，更大开门，偃旗息鼓。魏兵疑云有伏，引去；云雷鼓震天，惟以劲弩于后射魏兵。魏兵惊骇，自相蹂践，堕汉水中死者甚多。备明旦自来，至云营，视昨战处，曰："子龙一身都为胆也！"

操与备相守积月，魏军士多亡。夏，五月，操悉引出汉中诸军还长安，刘备遂有汉中。

【译文】二月，壬子晦日（三十日），发生日食。

三月，魏王曹操从长安出来斜谷，派兵占据重要地区向汉中进军。刘备说："曹操即使来了，也不能有所作为，我必会拥有汉川。"于是就集合军众，据守险要地区抵御，始终不与曹操交战。曹操运输粮食到北山下，黄忠带领军队想争夺，过了时间还没有回来。翊军将军赵云带领几十个骑兵出营观望，恰巧碰上曹操大举派遣军队，赵云猛然与他们碰上，于是就前去偷袭他们的军阵，边战边退。魏国军队溃散了，又聚集在一块儿，追赶到赵云的军营前面，赵云进入军营，更是大开营门，偃倒军旗，停止鼓声。魏国军队狐疑赵云有埋伏，带兵撤退了。赵云擂鼓震天如雷，只用强有力的弓箭从后面射击魏国士兵，魏国士兵惊恐万分，互相踩踏，跌入汉水中死去的人很多，第二天早上，刘备亲自来了，到达赵云军营，看到昨天战斗的地方，说"子龙浑身都是胆"。

曹操与刘备互相对峙一个多月，魏国军士大量逃亡。夏季，五月，曹操带领全部攻打汉中的军队返回长安，于是刘备就拥有了汉中。

操恐刘备北取武都氐以逼关中，问雍州刺史张既，既曰："可劝使北出就谷以避贼，前至者厚其宠赏，则先者知利，后必慕之。"操从之，使既之武都，徙氐五万馀落出居扶风、天水界。

武威颜俊、张掖和鸾、酒泉黄华、西平麹演等，各据其郡，自号将军，更相攻击。俊遣使送母及子诣魏王操为质以求助。操问张既，既曰："俊等外假国威，内生傲悖，计定势足，后即反耳。今方事定蜀，且宜两存而斗之，犹卞庄子之刺虎，坐收其敝也。"王曰："善！"岁馀，鸾遂杀俊，武威王祕又杀鸾。

刘备遣宜都太守扶风孟达从秭归北攻房陵，杀房陵太守蒯祺。又遣养子副军中郎将刘封自汉中乘沔水下，统达军，与达会攻上庸，上庸太守申耽举郡降。备加耽征北将军，领上庸太守，以耽弟仪为建信将军、西城太守。

【译文】曹操惧怕刘备向北攻打武都氐族，进而迫近关中，就问雍州刺史张既的计策，张既说："可劝说氐族他们，让他们出去向北谋取粮食，来避开敌人，先到的人多给点奖励，那先走的人就知道有好处，后走的人必会羡慕着跟去。"曹操采纳了，命张既到武都，把氏族五万多部落迁移出去，安顿在扶风、天水一带。

武威人颜俊、张掖人和鸾、酒泉人黄华、西平人麴演等人，各自占据他们的郡县，自称将军，又互相攻打。颜俊派使者将母亲与儿子送给魏王曹操当作人质，来谋取助力。曹操问张既，张既说："在外面颜俊等人借着国家的威望，在内部产生了傲骄、叛乱的心思，计划安定了，势力足够了，之后就立即叛变。现今正要进行平定蜀郡的事，应当暂时两方面都保留下来，让他们相互打斗，就像卞庄子斩杀猛虎，等他们相斗而坐收渔利。"魏王说："好吧！"一年多后，和鸾最终斩杀颜俊，武威人王秘又斩杀了和鸾。

刘备派宜都太守扶风人孟达从秭归向北攻击房陵，斩杀房陵太守蒯祺。又派养子副车中郎将刘封自汉中顺着沔江而下，统率孟达的军队，与孟达集合攻击上庸，上庸太守申耽带领全郡归降刘备。刘备加封申耽为征北将军，兼领上庸太守，派遣申耽的弟弟申仪担任建信将军、西城太守。

秋，七月，刘备自称汉中王，设坛场于沔阳，陈兵列众，群臣陪位，读奏讫，乃拜受玺绶，御王冠。因驿拜章，上还所假左将军、宜城亭侯印绶。立子禅为王太子。拔牙门将军义阳魏延为镇远将军，领汉中太守，以镇汉川。备还治成都，以许靖为太傅，法正为尚书令，关羽为前将军，张飞为右将军，马超为左将军，黄忠为后将军，馀皆进位有差。

遣益州前部司马犍为费诗即授关羽印授，羽闻黄忠位与己并，怒曰："大丈夫终不与老兵同列！"不肯受拜。诗谓羽曰："夫立王业者，所用非一。昔萧、曹与高祖少小亲旧，而陈、韩亡命后至；论其班列，韩最居上，未闻萧、曹以此为怨。今汉中王以一时之功隆崇汉（室）〔升〕；然意之轻重，宁当与君侯齐乎！且王与君侯譬犹一体，同休等戚，祸福共之。愚谓君侯不宜计官号之高下、爵禄之多少为意也。仆一介之使，衔命之人，君侯不受拜，如是便还，但相为惜此举动，恐有后悔耳。"羽大感悟，遽即受拜。

【译文】 秋季，七月，刘备自封汉中王，在沔阳开设祭祀坛场，排列军队，臣子陪伴左右，辅助行事，宣读完奏章之后，于是就拜受印玺绶带，戴上王冠。派遣使者驾着驿车，向汉献帝拜上奏章，汉献帝归还刘备兼摄的左将军、宜城亭侯印章、绶带。册立儿子刘禅为王太子。加升牙门将军义阳人魏延担任镇远将军，兼领汉中太守，来驻守汉川。刘备返回治所成都，派遣许靖为太傅，法正为尚书令，关羽为前将军，张飞为右将军，马超为左将军，黄忠为后将军，剩余的人都加封官爵，各有差别。

派益州前部司马犍为人费诗去授予关羽印绶，关羽听闻黄忠官位与自己一样，怨愤地说："大丈夫始终不能与老兵同位！"关羽不愿接纳。费诗对关羽说："建国立业的人，所举用的人才不会只是一种。昔日萧何、曹参与高祖小时候就是亲近旧识，但是陈平、韩信是亡命天涯之后才来投靠刘邦的；说到他们在朝中班次，韩信是处于最高官位的，也没有听闻萧何、曹参因为这不满过。现今汉中王因一时的功劳加封汉升的官位；但情谊的轻重，难道会与您一样吗！况且汉中王与君侯就像一个整体，紧密相连，祸福共享，我认为：君侯不应当计较官位、名号的高低，爵位、俸禄的多少，我是一个使者，担有使命的人，君侯要是不情愿接纳官位，如果这样的话，我就回去，只是可惜你的举止，恐怕以后会后悔罢了。"关羽很快醒悟过来，就立即拜受官位。

诏以魏王操夫人卞氏为王后。

孙权攻合肥。时诸州兵戍淮南。扬州刺史温恢谓兖州刺史裴潜曰："此间虽有贼，然不足忧。今水潦方生，而子孝县军，无有远备，关羽骁猾，正恐征南有变耳。"已而关羽果使南郡太守（糜）〔麋〕芳守江陵，将军傅士仁守公安，羽自率众攻曹仁于樊。仁使左将军于禁、立义将军庞德等屯樊北。八月，大霖雨，汉水溢，平地数丈，于禁等七军皆没。禁与诸将登高避水，羽乘大船就攻之，禁等穷迫，遂降。庞德在堤上，被甲持弓，箭不虚发，自平旦力战，至日过中，羽攻益急；矢尽，短兵接，德战益怒，气愈壮，而水浸盛，吏士尽降。德乘小船欲还仁营，水盛船覆，失弓矢，独抱船覆水中，为羽所得，立而不跪。羽谓曰："卿兄在汉中，我欲以卿为将，不早降何为？"德骂羽曰："竖子，何谓降也！魏王带甲百万，威振天下；汝刘备庸才耳，岂能敌邪！我宁为国家鬼，不为贼将也！"羽杀之。魏王操闻之流涕曰："吾知于禁三十年，何意临危处难，反不及庞德邪！"封德二子为列侯。

【译文】汉献帝下诏封魏王曹操的夫人卞氏当王后。

孙权攻击合肥。当时各州军队驻守淮南。扬州刺史温恢对兖州刺史裴潜说："这里即使有盗贼也不足以担心。现在洪水即将发生，但是子孝孤军深入，没有远行的准备，关羽骁勇、狡猾，只恐怕征南将军会有变化罢了！"过后关羽果真派遣南郡太守麋芳驻守江陵，将军傅士仁驻守公安，关羽亲自带领军队到达樊城攻击曹仁。曹仁派遣左将军于禁、立义将军庞德驻守樊城北方。八月，天下大雨，汉水泛滥，平地积了数丈深的洪水，于禁等七军都被淹没了。于禁与诸位将领登上高处避开洪水，关羽乘坐大船前来攻打他们，于禁等人穷迫，于是就归降了。庞德在河堤上，身着战甲，手拿弓箭，箭不虚发，从早上开始全力奋战,过了中午,关羽的攻击更加猛烈;庞德的箭射完了就开始短兵相接,庞德越战越勇,意气更加昂扬,但是洪水慢慢大了,于是庞德的属吏、士兵都归降了。庞德坐着小船,想返回曹仁的军营,水太大,导致船翻了,失去弓箭,独自在水里抱着打翻的船,被关羽活捉,却站着不下跪。关羽对他说:"你的哥哥在汉中,我想任你当将军,不快点归降做什么!"庞德大骂关羽说:"小子,什么叫投降!魏王有士兵百万,威望震慑天下;你们的刘备只是个庸才罢了,怎么能是对手呢!我宁愿做国家的鬼,也不愿做叛贼的将军!"关羽就斩杀了他。魏王曹操听说后,哭着说:"我与于禁相交了三十年,怎么也没想到他会在临难的时候,反而比不上庞德啊!"于是就封庞德的两个儿子做列侯。

【申涵煜评】德初为马超部将,事张鲁,后方降操。樊北之役,乃以死殉,是犹再醮之妇为其后夫守节,死情而非死义也,亦不足多矣。

【译文】庞德开始是马超部下的将领,后来跟随张鲁,最后又投靠曹操。在樊北之战中,以一死报答曹氏,这好比再婚妇女为第二任丈夫守节,是死于感情而不是死于道义,也不值得多说。

羽急攻樊城,城得水,往往崩坏,众皆恟惧。或谓曹仁曰:"今日之危,非力所支,可及羽围未合,乘轻船夜走。"汝南太守满庞曰:"山水速疾,冀其不久。闻羽遣别将已在郏下,自许以南,百姓扰扰,羽所以不敢遂进者,恐吾军掎其后耳。今若遁去,洪河以南,非复国家有也,君宜待之。"仁曰:"善!"乃沉白马与军人盟誓,同心固守。城中人马才数千人,城不没者数板。羽乘船临城,立围数重,外内断绝。羽又遣别将围将军吕常于襄阳。荆州刺史胡修、南乡太守傅方皆降于羽。

初，沛国魏讽有惑众才，倾动邺都，魏相国钟繇辟以为西曹掾。荥阳任览，与讽友善。同郡郑袤，泰之子也，每谓览曰："讽奸雄，终必为乱。"九月，讽潜结徒党，与长乐卫尉陈祎谋袭邺；未及期，祎惧而告之。太子丕诛讽，连坐死者数千人，钟繇坐免官。

【译文】关羽攻击樊城非常急迫，城墙因遭受雨水侵蚀，常常塌陷，大家都惊恐不安。有人对曹仁说："现在的危难，不是人力可以克服的，可以乘着关羽的围攻还没有聚合的时候，乘坐轻简的船在夜里逃跑。"汝南太守满宠说："山洪很急，希望不会太长时间停留。听闻关羽派别将，已到达郏县附近，从许县向南，百姓混乱不安，之所以关羽不敢前进，恐怕是因为我们军队在后面牵制罢了。假如现在逃走了，大河以南的地方，就不再属于国家了，您应当留下来。"曹仁说："好吧！"于是就将白马沉到河里，与士兵发誓，齐心协力，坚守防御。城中才几千人马，城墙没有被淹没在水里的只有几尺高。关羽乘着船到达城下，立即就重重包围，断绝内外的联系。关羽又派别将到襄阳围攻将军吕常。荆州刺史胡修、南乡太守傅方，都归降关羽了。

起初，沛国人魏讽有迷乱众人的才能，震动邺都，魏国相国钟繇召他担任西曹掾。荥阳人任览，与魏讽友好；同郡人郑袤是郑泰的儿子，经常对任览说："魏讽是个奸诈的人，最后必会叛乱的。"九月，魏讽秘密勾结党徒，与长乐卫尉陈祎计谋偷袭邺都；还没有到约定的时候，陈祎因恐惧而揭发了他。太子曹丕斩杀了魏讽，连同犯罪而死去的人有好几千，钟繇连坐被判罢黜官职。

初，丞相主簿杨修与丁仪兄弟谋立曹植为魏嗣，五官将丕患之，以车载废簏内朝歌长吴质，与之谋。修以白魏王操，操未及推验。丕惧，告质，质曰："无害也。"明日，复以簏载绢以入，修复白之，推验，无人；操由是疑焉。其后植以骄纵见疏，而植故连缀修不止，修亦不敢自绝。每当就植，虑事有阙，忖度操意，豫作答教十馀条，敕门下，"教出，随所问答之"，于是教裁出，答已入；操怪其捷，推问，始泄。操亦以修袁术之甥，恶之，乃发修前后漏泄言教，交关诸侯，收杀之。

魏王操以杜袭为留府长史，驻关中。关中营帅许攸拥部曲不归附，而有慢言，操大怒，先欲伐之。群臣多谏宜招怀攸，共讨强敌；操横刀于膝，作色不听。袭入欲谏，操逆谓之曰："吾计已定，卿勿复言！"袭曰："若殿下计是邪，臣方助殿下成之；若殿下计非邪，虽成，宜改之。殿下逆臣令勿言，何待下之不阐乎！"操曰："许攸慢吾，如何可置！"袭曰："殿下谓许攸何如人邪？"操曰："凡人也。"袭曰："夫惟贤知贤，惟圣知圣，凡人安能知非凡人邪！方今豺狼当路而狐狸是先，人将谓殿下避强攻弱；进不为勇，退不为仁。臣闻千钧之弩，不为鼷鼠发机；万石之钟，不以莛撞起音。今区区之许攸，何足以劳神武哉！"操曰："善！"遂厚抚攸，攸即归复。

【译文】之前，丞相主簿杨修与丁仪兄弟打算拥立曹植为魏国的继承人，五官将曹丕感到害怕，用载着废弃竹篓的车子，将朝歌长吴质秘密地带到家里，与他商议事情。杨修将这事告诉曹操，曹操还没来得及检查。曹丕恐慌了，告诉吴质，吴质说："没有妨碍。"第二日，又用竹篓拉着丝绢进来，杨修又告诉曹操，但检查发现没有人；曹操因而起疑心了。之后曹植因傲横放肆，慢慢受到疏离，但是曹植仍旧不止地联系杨修，杨修也不敢自顾和他断绝来往。每当亲近曹植，考虑政务有了缺失，杨修就揣测曹操的心思，事先做十多条回答教令的话，命令曹植的门下："曹操教令颁出来了，就随着他所问而作回答。"于是教令刚出来，答案就已送进去了；曹操讶异曹植回答得这么快速，经探查后，事情才泄露出去。

曹操又因杨修是袁术的外甥而讨厌他，于是发布杨修前后数次泄露教令、与诸侯来往的罪状，就将他逮捕起来，斩杀了他。

魏王曹操命杜袭担任留府长史，戍守关中。关中营帅许攸拥有军队，不愿归降，而且说了傲慢的话，曹操非常恼怒，想先攻打他。臣子们大都进言："应当招降许攸，一起征讨强大的敌人。"曹操将刀横放在膝盖上，一脸不听从的愤怒神色。杜袭进来，想要劝谏，曹操抢先对他说："我的计策已决定了，你不要再说了！"杜袭说："若殿下的计策是对的，臣下理应帮殿下去完成；若殿下的计策是错的，纵然决心去完成了，也应当加以更改。殿下事先要臣不要进谏，对臣下是多么的不开明呢！"曹操说："许攸怠慢我，怎么能放过他！"杜袭说："殿下认为许攸是怎样的人呢？"曹操说："平庸的人。"杜袭说："唯有贤人了解贤人，圣人了解圣人，平庸人怎么能了解不平庸的人呢！现今豺狼当道，而且狐狸为先锋，别人会认为殿下避开强敌，攻击弱小；进攻不是勇猛，退避不是仁义。臣下听闻千钧的弓弩，不会因为一只鼷鼠而发射利箭；万石的巨钟，不会因为小草的撞击而发出声音。现在区区一个许攸，怎么能够劳烦英明神武的您呢！"曹操说："好吧！"最后厚待安抚许攸，许攸立即归降了。

冬，十月，魏王操至雏阳。

陆浑民孙狼等作乱，杀县主簿，南附关羽。羽授狼印，给兵，还为寇贼，自许以南，往往遥应羽，羽威震华夏。魏王操议徙许都以避其锐，丞相军司马司马懿、西曹属蒋济言于操曰："于禁等为水所没，非战攻之失，于国家大计未足有损。刘备、孙权，外亲内疏，关羽得志，权必不愿也。可遣人劝权蹑其后，许割江南以封权，则樊围自解。"操从之。

【译文】冬季，十月，魏王曹操到达洛阳。

陆浑县民孙狼等人叛乱，斩杀了县中主簿，向南归附关羽。关羽授给孙狼印信，并提供军队，让他返回陆浑继续成为贼匪，自许昌向南，经常遥遥地响应关羽，关羽的声威，震慑华夏。魏王曹操建议迁移许昌都城来避开他的锋芒，丞相军司马司马懿、西曹属蒋济向曹操进谏说："于禁等人被洪水淹没，不是打仗的过错，对国家大计不足够造成损失。刘备、孙权，外表亲近，心里疏离，关羽得志，孙权心里一定不情愿。可派人劝说孙权在他后面跟着，许诺割让长江以南的地方封给孙权，那樊城的围攻，自然就解除了。"曹操采纳了。

初，鲁肃尝劝孙权以曹操尚存，宜且抚辑关羽，与之同仇，不可失也。及吕蒙代肃屯陆口，以为羽素骁雄，有兼并之心，且居国上流，其势难久，密言于权曰："今令征虏守南郡，潘璋住白帝，蒋钦将游兵万人循江上下，应敌所在，蒙为国家前据襄阳，如此，何忧于操，何赖于羽！且羽君臣矜其诈力，所在反覆，不可以腹心待也。今羽所以未便东向者，以至尊圣明，蒙等尚存也。今不于强壮时图之，一旦僵仆，欲复陈力，其可得邪！"权曰："今欲先取徐州，然后取羽，何如？"对曰："今操远在河北，抚集幽、冀，未暇东顾，徐土守兵，闻不足言，往自可克。然地势陆通，骁骑所骋，至尊今日取徐州，操后旬必来争，虽以七八万人守之，犹当怀忧。不如取羽，全据长江，形势益张，易为守也。"权善之。

【译文】 之前，鲁肃曾劝谏孙权，因曹操还存在，应当暂时安抚关羽，与他一起抵御仇敌，使他不能有所闪失。等到吕蒙取代鲁肃驻守陆口，认为关羽向来勇猛雄壮，有吞并天下的心思，况且居于国家上流，共存的情形难以长久，就暗中向孙权进谏说："现今命征虏将军驻守南郡，潘璋驻守白帝，蒋钦带领一万游击军队，沿着长江，上下移走，依据敌军所在与他纠缠，吕蒙为国家在前镇守襄阳，这样的话，为什么要担心曹操，为什么要依靠关羽呢！况且关羽君臣仗着他们的诡诈、武力而非常自负，所到的地方，反复无常，不能用心对待。现今关羽之所以没有立即向东进军，是因为至尊君主的神圣明察，吕蒙等尚在罢了。现在不趁着我们强大的时候图谋，一旦我们衰弱了，再想展示力量，又怎么能行呢！"孙权说："现在想首先攻打徐州，之后再攻打关羽，怎么样？"吕蒙回答说："现今曹操远在黄河北面，平定幽、冀地区，没有时间顾及东方，徐州驻守的士兵，听闻不值得一提，前去攻打，自然能攻下来。然而徐州地势平坦，四通八达，是骁勇骑兵奔驰的地方；至尊君主今天攻下了徐州，曹操在十天后必来抢夺，纵然用七八万人来镇守，仍旧是让人担忧。不如攻打关羽，占据整个长江，局势更加扩大，容易防守。"孙权认为很好。

权尝为其子求昏于羽，羽骂其使，不许昏；权由是怒。及羽攻樊，吕蒙上疏曰："羽讨樊而多留备兵，必恐蒙图其后故也。蒙常有病，乞分士众还建业，以治疾为名，羽闻之，必撤备兵，尽赴襄阳。大军浮江昼夜驰上，袭其空虚，则南郡可下而羽可禽也。”遂称病笃。权乃露檄召蒙还，阴与图计。蒙下至芜湖，定威校尉陆逊谓蒙曰：“关羽接境，如何远下，后不当可忧也？”蒙曰：“诚如来言，然我病笃。”逊曰：“羽矜其骁气，陵轹于人，始有大功，意骄志逸，但务北进，未嫌于我；有相闻病，必益无备，今出其不意，自可禽制。下见至尊，宜好为计。”蒙曰：“羽素勇猛，既难为敌，且已据荆州，恩信大行，兼始有功，胆势益盛，未易图也。”蒙至都，权问：“谁可代卿者？”蒙对曰：“陆逊意思深长，才堪负重，观其规虑，终可大任；而未有远名，非羽所忌，无复是过也。若用之，当令外自韬隐，内察形便，然后可克。”权乃召逊，拜偏将军、右部督，以代蒙。逊至陆口，为书与羽，称其功美，深自谦抑，为尽忠自托之意。羽意大安，无复所嫌，稍撤兵以赴樊。逊具启形状，陈其可禽之要。

【译文】孙权曾代替儿子向关羽求亲，关羽却大骂使者，不允许结成姻亲；孙权因而感到恼怒。等到关羽攻击樊城，吕蒙上书说：“关羽征讨樊城，却留下很多防备军队，必是恐怕我会图谋他的后方的原因。我经常生病，请求散开士兵，以治病为名返回建业，关羽听说了，必会撤下防备军队，全部派去襄阳。我们大军乘船沿着长江，日夜奔驰西上，偷袭他们虚弱的阵地，那南郡就能攻取了，而且关羽也能捕获。”于是吕蒙就宣称病重。孙权用不密封的檄令召吕蒙回来，而秘密与他密谋。吕蒙东下到达芜湖，定威校尉陆逊对吕蒙说：“关羽迫近国境，你怎么能远远地东下呢？之后的事不是更让人担忧吗？”吕蒙说：“确实像是你说的那样，然而我病重了。”陆逊说：“关羽自恃有勇猛气概，看不起别人，才立了大功，意气骄傲，志向安逸，只是一心向北前进而不顾及我们；加上听说你生病了，一定更没有准备，现在出乎他的意料，自然能将他擒获。你东下见到至尊君主，要仔细商议一下。"吕蒙说："关羽向来骁勇,不但很难对付,而且已经占据了荆州,恩义与声威大增,加上刚立了大功,胆量、气势更强盛,不容易图谋。"吕蒙到达都城,孙权问："谁能取代你?"吕蒙回答说："陆逊思虑长远,才能可以担任重大职务,看他的计划、思虑,最终可以重用;而且还没有远大的声誉,不是关羽所忌惮的人,没有比他更适合代替我的了。假如任用他,要让他在外隐蔽锋芒,在内观察局势,趁此便利,然后就能获胜。"孙权于是就征召陆逊,任命他为偏将军、右部督,来取代吕蒙。陆逊到达陆口,给关羽写信,夸赞他的功绩,自己则非常谦虚,表现出竭尽忠诚、自求依附的心思。关羽心里大为安定,不再有所怀疑,逐渐撤下留守军队,开赴樊城。陆逊详细地把情形禀告上去,陈说可以擒获关羽的重要策略。

羽得于禁等人马数万,粮食乏绝,擅取权湘关米;权闻之,遂发兵袭羽。权欲令征虏将军孙皎与吕蒙为左右部大督,蒙曰:"若至尊以征虏能,宜用之;以蒙能,宜用蒙。昔周瑜、程普为左右部督,督兵攻江陵,虽事决于瑜,普自恃久将,且俱是督,遂共不睦,几败国事,此目前之戒也。"权寤,谢蒙曰:"以卿为大督,命皎为后继可也。"

魏王操之出汉中也,使平寇将军徐晃屯宛以助曹仁;及于禁陷没,晃前至阳陵陂。关羽遣兵屯偃城,晃既到,诡道作都堑,示欲截其后,羽兵烧屯走。晃得偃城,连营稍前。操使赵俨以议郎参曹仁军事,与徐晃俱前,徐救兵未到;晃所督不足解围,而诸将呼责晃,促救仁。俨谓诸将曰:"今贼围素固,水潦犹盛,我徒卒单少,而仁隔绝,不得同力,此举适所以敝内外耳。当今不若前军逼围,遣谍通仁,使知外救,以励将士。计北军不过十日,尚足坚守，然后表里俱发，破贼必矣。如有缓救之戮，余为诸君当之。"诸将皆喜。晃营距羽围三丈所，作地道及箭飞书与仁，消息数通。

【译文】 因为关羽缴获了于禁的几万人马，粮食短缺了，就擅自用取孙权在湘关的米粮；孙权听说了，于是就发动军队，攻击关羽。孙权想任命征虏将军孙皎与吕蒙担任左、右部大督，吕蒙说："假如至尊君主认为征虏将军能担任，应该任用他；认为蒙能担任，应该任用蒙。昔日周瑜、程普为左、右部督，督管军队攻击江陵，纵然事情是周瑜抉择的，但程普仗着自己长时间带兵，而且都是都督，于是就互相不和，差点坏了国家大事，这是当前要禁止的事情。"孙权领悟了，向吕蒙致歉说："派遣你为大督，命孙皎为后援就行了。"

魏王曹操出兵汉中之时，派遣平寇将军徐晃驻守宛城去帮助曹仁；等到于禁兵败，徐晃前进到达阳陵陂。关羽派军队屯扎偃城，徐晃到达之后，经过秘密的小径，建设堑道，来表示要斩断他们的后路，关羽的军队烧毁军营逃跑了。徐晃得到了偃城，连接军营，慢慢前进。曹操派遣赵俨以议郎职位参与曹仁军事，与徐晃一起前进，其余救兵还没有到达，徐晃所带领的军队不足够解除围攻，然而诸将领高声呵责敦促徐晃解救曹仁。赵俨对诸将领说："现在奸贼的围攻一直坚固，洪水仍旧很大，我们兵士单弱，而且与曹仁隔绝，不能齐心协力，很显然的，这样做正好使内外遭受失败而已。不如现在军队前进，接近包围圈，派间谍知会曹仁，让他知道外面有援兵，来激励将士。估摸北军被围攻不超过十天，还能坚守，之后内外一起发动，一定能打败奸贼。假如有救援太慢的惩罚，我来替各位先生承担。"诸将领为此都感到高兴。徐晃军营在距关羽的包围圈三丈多远的地方，打造地道与飞箭传书给曹仁，数次传通消息。

孙权为笺与魏王操，请以讨羽自效，及乞不漏，令羽有备。操问群臣，群臣咸言宜密之。董昭曰："军事尚权，期于合宜。宜应权以密，而内露之。羽闻权上，若还自护，围则速解，便获其利。可使两贼相对衔持，坐待其敝。秘而不露，使权得志，非计之上。又，围中将吏不知有救，计粮怖惧。傥有他意，为难不小。露之为便。且羽为人强梁，自恃二城守固，必不速退。"操曰："善!"即敕徐晃以权书射著围里及羽屯中，围里闻之，志气百倍；羽果犹豫不能去。

魏王操自雒阳南救曹仁，群下皆谓："王不亟行，今败矣。"侍中桓阶独曰："大王以仁等为足以料事势不也?"曰："能。""大王恐二人遗力邪?"曰："不然。""然则何为自往?"曰："吾恐虏众多，而徐晃等势不便耳。"阶曰："今仁等处重围之中而守死无贰者，诚以大王远为之势也。夫居万死之地，必有死争之心。内怀死争，外有强救，大王案六军以示馀力，何忧于败而欲自往?"操善其言，乃驻军摩陂，前后遣殷署、朱盖等凡十二营诣晃。

【译文】孙权给魏王曹操写信，请求征讨关羽，自求报效国家，而且乞求不要泄露，让关羽有了防范。曹操问群臣，群臣都说应当保密。董昭说："军事崇尚权术，希望能合乎时机。应当允诺孙权保密，但是秘密泄露出去。关羽听说孙权进军，假如返回保护自己，那围攻很快解除了，就能获取利益。也能让双方贼人相互对峙，坐着等他们的败亡。假如保守秘密不泄露，让孙权得志，不是计谋中的上策。而且被围攻的城中将士、官员，不知道有援兵，估摸粮食的多寡而心中愈发害怕，若有了别的心思，会造成不小的祸患。泄露出去才是有利的。而且关羽为人，刚强自负，自己仗着两座城池防守坚固，必不会很快撤兵。"曹操说："好吧！"立即命徐晃把孙权的书信射到被围的城中和关羽的军营中，被围在城里的将士听说了，士气大增；关羽果然怀疑，没有离开。

魏王曹操自洛阳南面救助曹仁，臣下们都说："王侯不赶紧行动，就要失败了。"唯有侍中桓阶说："大王认为曹仁等人能不能够估量事情的局势？"曹操说："能！""大王害怕这两人不尽力吗？"曹操说："不是。""那为什么要亲身前往？"曹操说："我恐怕敌军众多，徐晃等人情形不顺利罢了。"桓阶说："现今曹仁等人居于重重包围中，却死命固守、没有二心的缘故，确实是因大王在遥远之处作为声援罢了。到了万死的地步，一定有拼死夺取的心理。内心怀着拼死争夺的心理，外面有强大的援兵，大王按住六军不动，显示还有多余的兵力，为什么担心失败，而想亲自前去呢？"曹操认为他的话很对，于是就驻守摩陂，先后派殷署、朱盖等人，总共十二营，前去徐晃那里。

关羽围头有屯，又别屯四冢，晃乃扬声当攻围头屯而密攻四冢。羽见四冢欲坏，自将步骑五千出战；晃击之，退走。羽围堑鹿角十重，晃追羽，与俱入围中，破之，傅方、胡修皆死，羽遂撤围退，然舟船犹据沔水，襄阳隔绝不通。

吕蒙至寻阳，尽伏其精兵䑠𦪇中，使白衣摇橹，作商贾人服，昼夜兼行。羽所置江边屯候，尽收缚之，是故羽不闻知。（麇）〔麋〕芳、傅士仁素皆嫌羽轻己，羽之出军，芳、仁供给军资不悉相及，羽言"还，当治之"，芳、仁咸惧。于是蒙令故骑都尉虞翻为书说仁，为陈成败，仁得书即降。翻谓蒙曰："此谲兵也，当将仁行，留兵备城。"遂将仁至南郡。麋芳城守，蒙以仁示之，芳遂开门出降。蒙入江陵，释于禁之囚，得关羽及将士家属，皆抚慰之，约令军中："不得干历人家，有所求取。"蒙麾下士，与蒙同郡人，取民家一笠以覆官铠；官铠虽公，蒙犹以为犯军令，不可以乡里故而废法，遂垂涕斩之。于是军中震栗，道不拾遗。蒙旦暮使亲近存恤耆老，问所不足，疾病者给医药，饥寒者赐衣粮。羽府藏财宝，皆封闭以待权至。

【译文】关羽在围头屯有军队驻守，又另外在四座山丘上扎营，徐晃于是就宣称要攻击围头屯，却暗地里攻击四座山丘。山丘快要被攻破了，关羽亲自带领步兵、骑兵五千出去战斗；徐晃前去攻打，攻退了关羽。关羽包围圈的堑道部署了十层鹿角；徐晃追逐关羽，一起进了包围圈，打破了包围，傅方、胡修都战死了，关羽于是就撤下包围而退兵，然而船仍旧占据沔水，使襄阳隔绝不通信息。

吕蒙到达寻阳，将所有精兵潜伏在大船中，派遣白衣人摇桨，换上商人的衣服，日夜兼程，关羽在长江岸边设立的观察人员，全部都被逮捕了，因此关羽不知晓。麋芳、士仁向来都嫌关羽看不起自己，关羽出兵，麋芳、士仁提供军队资粮，没有全部能来资助，关羽说："回去之后，就要惩治他们。"麋芳、士仁都惊恐不安。于是吕蒙就命前骑都尉虞翻，写信劝说士仁，向他陈说成败关系，士仁收到书信就归降了。虞翻对吕蒙说："这能采用诡计出兵，应该带领士仁前去，留军队守卫城池。"于是就带领士仁到了南郡。麋芳守城，吕蒙叫士仁出来给他看，麋芳于是就打开城门，出城归降。吕蒙进了江陵，从监牢中释放了于禁，捕获关羽与将士们的家眷，都好好安抚，约束下令军中："不得侵扰人家，也不能向他们谋取财资。"吕蒙麾下的士兵，与吕蒙是同郡人，拿走百姓家中一顶斗笠，来遮盖官员的战甲，官员的战甲即使是公家的，但吕蒙仍旧以他触犯了军令，不能因为同乡的原因而违反法令，最终哭着杀了他。于是军中惊动恐慌，路不拾遗。吕蒙早晚派遣亲近人员安慰老年人，问有没有不足的地方，生病的人提供治疗，饥寒的人给予衣食。关羽府库中的财资、宝物都封锁好，等着孙权到来。

关羽闻南郡破，即走南还。曹仁会诸将议，咸曰："今因羽危惧，可追禽也。"赵俨曰："权邀羽连兵之难，欲掩制其后，顾羽还救，恐我承其两疲，故顺辞求效，乘衅因变以观利钝耳。今羽已孤进，更宜存之以为权害。若深入追北，权则改虞于彼，将生患于我矣，王必以此为深虑。"仁乃解严。魏王操闻羽走，恐诸将追之，果疾敕仁如俨所策。

关羽数使人与吕蒙相闻，蒙辄厚遇其使，周游城中，家家致问，或手书示信。羽人还，私相参讯，咸知家门无恙，见待过于平时，故羽吏士无斗心。

【译文】关羽听说南郡被攻破了，立即逃跑，返回南方。曹仁集合诸将商量，都说："现在趁关羽危险恐慌之时，可追去将他擒拿。"赵俨说："孙权希望侥幸地在关羽与我们战斗的过程中，偷偷地在后面偷袭他，忌惮关羽返回援救，恐怕我们趁着他们双方都疲劳的时候加以袭击，因此说话谦让来获得利益，趁着事变的机会，来观察利弊罢了。现在关羽已经孤立逃跑了，更应当留有他，成为孙权的祸害。假如深入追赶败军，孙权就会更改防备他们的心理，对我们将产生危害了，大王必因为这而深深地忧虑的。"曹仁这才解除军事戒备。魏王曹操听说关羽逃跑了，恐怕诸将去追逐，果然快速地给曹仁下达命令，就像赵俨谋划的一样。

关羽数次派人与吕蒙通信，吕蒙总是厚待他的使者，让他游遍城中，到各家问候，或让关羽的属下家属亲自写信，表示事情的真相。关羽的人返回来了，许多将士暗中相互询问家里事情，都知晓家里平安无事，了解得到的待遇超过之前，因此关羽的士兵都没有打仗的心思了。

会权至江陵，荆州将吏悉皆归附；独治中从事武陵潘濬称疾不见。权遣人以床就家舆致之，濬伏面著床席不起，涕泣交横，哀哽不能自胜。权呼其字与语，慰谕恳恻，使亲近以手巾拭其面。濬起，下地拜谢。即以为治中，荆州军事一以谘之。武陵部从事樊伷诱导诸夷，图以武陵附汉中王备。外白差督督万人往讨之，权不听；特召问濬，濬答："以五千兵往，足以擒伷。"权曰："卿何以轻之？"濬曰："伷是南阳旧姓，颇能弄唇吻，而实无才略。臣所以知之者，伷昔尝为州人设馔，比至日中，食不可得，而十余自起，此亦侏儒观一节之验也。"权大笑，即遣濬将五千人往，果斩平之。权以吕蒙为南郡太守，封孱陵侯，赐钱一亿，黄金五百斤；以陆逊领宜都太守。

【译文】恰巧孙权到了江陵，荆州将士、官员全都归顺了；唯有治中从事武陵人潘濬称病不见，孙权就派人用床把他抬着送来，潘濬伏着头，趴在床不起，满脸是泪，哭得不能自已。孙权喊着他的字，与他交谈，安抚晓谕，言语诚恳，命亲近的人，用手巾擦干他脸上的泪。潘濬起身，走下来拜谢孙权，孙权立即派他担任侍中，荆州军务全都询问他。武陵部从事樊伷引诱各夷族，图谋凭武陵归附汉中王刘备。廷外的人禀告孙权，请选择将领，带领一万人前去征讨，孙权没有听从；特地召来潘濬询问，潘濬回答："派五千军队前去，足以擒获樊伷了。"孙权说：

"你为什么轻视他呢？"潘濬说："樊伷是南阳的旧姓，很能玩弄唇舌之能，但事实上没有才能。臣下之所以知道他，是因为樊伷之前曾为州中人士设宴，等到中午，还没有食物可用，因此十多个人自动起身离开。这就像观察侏儒，只要看他身体的一部分，就足够验证其他了。"孙权大笑，立即派潘濬带领五千人前去，果真将他平定，并斩杀了他。孙权派遣吕蒙担任南郡太守，封为孱陵侯，赏赐一亿钱，黄金五百斤；派遣陆逊担任宜都太守。

十一月，汉中王备所置宜都太守樊友委郡走，诸城长吏及蛮夷君长皆降于逊。逊请金、银、铜印以假授初附，击蜀将詹晏等及秭归大姓拥兵者，皆破降之，前后斩获、招纳凡数万计。权以逊为右护军、镇西将军，进封娄侯，屯夷陵，守峡口。

关羽自知孤穷，乃西保麦城。孙权使诱之，羽伪降，立幡旗为象人于城上，因遁走，兵皆解散，才十馀骑。权先使朱然、潘璋断其径路。十二月，璋司马马忠获羽及其子平于章乡，斩之，遂定荆州。

初，偏将军吴郡全琮，上疏陈关羽可取之计，权恐事泄，寝而不答；及已禽羽，权置酒公安，顾谓琮曰："君前陈此，孤虽不相答，今日之捷，抑亦君之功也。"于是封琮阳华亭侯。权复以刘璋为益州牧，驻秭归，未几，璋卒。

【译文】十一月，汉中王刘备所设置的宜都太守樊友，摈弃郡县逃跑，诸城的长官与蛮夷君长都向陆逊归降。陆逊请求将金、银、铜印授予刚归降的官员，让他们兼领官职，且攻打蜀郡将领詹晏等人与秭归大姓拥有军队的人，都将他们打败降服了，先后斩杀、归降的，一共好几万人。孙权派遣陆逊担任右护军、镇西将军，进封为娄侯，驻守夷陵，防守峡口。

关羽自己知道孤立穷尽，于是就向西守卫麦城。孙权派遣人劝说他，关羽假意归降，在城上树旗当成假人，因而逃跑，士兵都离散了，只有十多个骑兵追随。孙权先派遣朱然、潘璋斩断他逃跑的路径；十二月，潘璋的司马马忠在章乡逮捕了关羽与他的儿子关平，斩杀了他们，最终安定了荆州。

起初，偏将军吴郡人全琮上书陈说能取得关羽的计划，孙权恐怕事情泄露出去，放置下来没有答复；等到已抓获关羽了，孙权在公安置办酒宴，回头对全琮说："先生之前陈说这个道理，我即使没有回答，但现今的胜利，那也是先生的功劳。"于是就册封全琮为阳华亭侯。孙权又任刘璋为益州牧，驻守秭归，不多久，刘璋逝世。

吕蒙未及受封而疾发，权迎置于所馆之侧，所以治护者万方。时有加针，权为之惨感。欲数见其颜色，又恐劳动，常穿壁瞻之，见小能下食，则喜顾左右言笑，不然则咄唶，夜不能寐。病中瘳，为下赦令，群臣毕贺，已而竟卒，年四十二。权哀痛殊甚，为置守冢三百家。

权后与陆逊论周瑜、鲁肃及蒙曰："公瑾雄烈，胆略兼人，遂破孟德，开拓荆州，邈焉寡俦。子敬因公瑾致达于孤，孤与宴语，便及大略帝王之业，此一快也。后孟德因获刘琮之势，张言方率数十万众水步俱下，孤普请诸将，咨问所宜，无适先对；至张子布、秦文表俱言宜遣使修檄迎之，子敬即驳言不可，劝孤急呼公瑾，付任以众，逆而击之，此二快也。后虽劝吾借玄德地，是其一短，不足以损其二长也。周公不求备于一人，故孤忘其短而贵其长，常以比方邓禹也。子明少时，孤谓不辞剧易，果敢有胆而已；及身长大，学问开益，筹略奇至，可以次于公瑾，但言议英发不及之耳。图取关羽，胜于子敬。子敬答孤书云：'帝王之起，皆有驱除，羽不足忌。'此子敬内不能办，外为大言耳，孤亦恕之，不苟责也。然其作军屯营，不失令行禁止，部界无废负，路无拾遗，其法亦美矣。"

【译文】吕蒙还没来得及接受封赐，旧疾又复发了，孙权把他接过来，安放在自己馆舍的旁边，采用各种办法来给他医治。经常要加以针刺，孙权替他悲痛忧伤。想经常看看他的神色，又恐怕劳累他，就经常凿穿墙壁观看，看见他稍微能吃下饭，就高兴地回头与左右说笑，否则的话，就哀叹不止，夜里不能入睡。病情稍微好转，就为他下特赦令，臣子们都来祝贺，不多久，他竟然逝世了，年四十二岁。孙权非常哀痛，替他设立了三百家去给他看守坟墓。

孙权之后与陆逊讨论周瑜、鲁肃及吕蒙说："公瑾英雄节烈，胆量才能胜过别人，最终打败孟德，开拓荆州，极少有人能与他相比。子敬是因公瑾推举到我这儿来的，我与他饮宴说话，就说到帝王的大业，这是第一件快慰的事。之后曹孟德因获取刘琮的兵力，夸大言辞说要带领几十万军队，水军、步兵一起南下，我请来全部将领，询问合适的策略，没有人说与曹孟德对战；甚至张子布、秦文表都说应该派使者，写好檄文，来迎接他。子敬立即反对说不行，劝谏我赶紧将周公瑾喊来，把军务重任托付给他，迎上攻打，这是第二件快慰的事。即使之后他劝谏我把土地借给刘玄德，是他的一个短处，然而不妨碍他的两个长处。周公不会对一个人吹毛求疵，因此我忽略他的短处，而重视他的长处，经常把他比作邓禹。子明年少的时候，我认为他不推托难易的事，只是果敢有胆量罢了；等到年长了，学识开阔增多了，想到的策略都不寻常，可说是仅次于公瑾的人，只是说话的飒爽奋发及不上罢了。谋夺关羽，超过了子敬。子敬答复我的信说：'帝王的崛起，都有人替他铲除敌人，关羽不足以担忧。'这是子敬内心不能做好的事，外边说出夸大的话罢了，我也宽容他，不随便加以呵责。但是他建立军队，屯扎军营，令行禁止，没有过错，统管的界内没有荒废职责，招来责罚，路不拾遗，他的法例也算是好的了。"

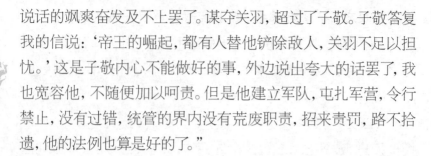

孙权与于禁乘马并行，虞翻呵禁曰："汝降虏，何敢与吾君齐马首乎！"抗鞭欲击禁，权呵止之。

孙权之称藩也，魏王操召张辽等诸军悉还救樊，未至而围解。徐晃振旅还摩陂，操迎晃七里，置酒大会。王举酒谓晃曰："全樊、襄阳，将军之功也。"亦厚赐桓阶，以为尚书。操嫌荆州残民及其屯田在汉川者，皆欲徙之。司马懿曰："荆楚轻脆易动，关羽新破，诸为恶者藏窜观望，徙其善者，既伤其意，将令去者不敢复还。"操曰："是也。"是后诸亡者悉还出。

魏王操表孙权为骠骑将军，假节，领荆州牧，封南昌侯。权遣校尉梁寓入贡，又遣朱光等归，上书称臣于操，称说天命。操以权书示外曰："是儿欲踞吾著炉火上邪！"侍中陈群等皆曰："汉祚已终，非适今日。殿下功德巍巍，群生注望，故孙权在远称臣。此天人之应，异气齐声，殿下宜正大位，复何疑哉！"操曰："若天命在吾，吾为周文王矣。"

【译文】 孙权与于禁乘坐马匹，一起前进，虞翻呵斥于禁说："你是归降的战俘，怎么敢与我们国君骑马并进呢！"扬起马鞭，要打于禁，孙权大声喝止了他。

孙权向曹操归降成为藩属之后，魏王曹操召张辽等诸军都返回救援樊城，还没有到，徐晃被围攻的情况就解除了。徐晃整顿军队，凯旋返回摩陂，曹操在七里外迎接徐晃，大摆宴席，大会将士。魏王举起酒杯，对徐晃说："护全樊城、襄阳，是将军的功劳。"也多多地赏赐桓阶，命他担任尚书。曹操猜忌荆州残余的百姓与在汉川屯扎开荒土地的人，想把他们全部迁移。司马懿说："我们在荆楚的势力还没稳固，易于变乱，关羽刚败亡，各个作恶的人，隐藏逃跑，纷纷在观望局势，迁移了善良的百姓，伤了他们的心之后，将会让离开的人不敢再返回。"曹操说："是啊。"之后各个逃窜出去的人全都返还了。

魏王曹操上书，举荐孙权为骠骑将军、赐予假节、兼领荆州牧，封为南昌侯。孙权派校尉梁寓进朝上供，又将被俘虏的朱光等人送回，上书向曹操称臣，说是天命所属。曹操把孙权的书信给外面的人看，说："这小子是想让我蹲在火炉上吗！"侍中陈群等人都说："汉朝国祚已经终结，不仅是现在。殿下劳苦功高，百姓都注目盼望，因此孙权在远方称臣。这是天人的验证，所有百姓同声响应，殿下应当登上天子大位，还有什么迟疑的呢！"曹操说："假如天命在我身上，我愿意当周文王啊。"

【申涵煜评】寔为太邱令，孙世食汉禄，首倡逆谋，劝操正位，清议在人，当时即有"公惭卿，卿惭长"之论。夫败类之子，犬豕耳，岂特惭乎哉！

【译文】陈群的祖父做过太邱令，世代子孙都拿汉朝的俸禄，陈群却第一个倡导谋逆，劝曹操做皇帝，人们在品评此事时，当时就有公卿大臣威德一代不如一代的说法。败类的儿子，也不过是猪狗一类，岂不是特别令人惭愧啊！

◆臣光曰：教化，国家之急务也，而俗吏慢之；风俗，天下之大事也，而庸君忽之。夫惟明智君子，深识长虑，然后知其为益之大而收功之远也。光武遭汉中衰，群雄麋沸，奋起布衣，绍恢前绪，征伐四方，日不暇给，乃能敦尚经术，宾延儒雅，开广学校，修明礼乐，武功既成，文德亦洽。继以孝明、孝章，遹追先志，临雍拜老，横经问道。自公卿、大夫至于郡县之吏，咸选用经明行修之人，虎贲卫士皆习《孝经》，匈奴子弟亦游太学，是以教立于上，俗成于下。其忠厚清修之士，岂唯取重于搢绅，亦见慕于众庶；愚鄙污秽之人，岂唯不容于朝廷，亦见弃于乡里。自三代既亡，风化之美，未有若东汉之盛者也。及孝和以降，贵戚擅权，嬖倖用事，赏罚无章，贿赂公行，贤愚浑殽，是非颠倒，可谓乱矣。然犹绵绵不至于亡者，上则有公卿、大夫袁安、杨震、李固、杜乔、陈蕃、李膺之徒面引廷争，用公义以扶其危，下则有布衣之士符融、郭泰、范滂、许（邵）〔劭〕之流，立私论以救其败。是以政治虽浊而风俗不衰，至有触冒斧钺，僵仆于前，而忠义奋发，继起于后，随踵就戮，视死如归。夫岂特数子之贤哉，亦光武、明、章之遗化也！当是之时，苟有明君作而振之，则汉氏之祚犹未可量也。不幸承陵夷颓敝之馀，重以桓、灵之昏虐：保养奸回，过于骨肉；殄灭忠良，甚于寇雠；积多士之愤，蓄四海之怒。于是何进召戎，董卓乘衅，袁绍之徒从而构难，遂使乘舆播越，宗庙丘墟，王室荡覆，烝民涂炭，大命陨绝，不可复救。然州郡拥兵专地者，虽互相吞噬，犹未尝不以尊汉为辞。以魏武之暴戾强伉，加有大功于天下，其蓄无君之心久矣，乃至没身不敢废汉而自立，岂其志之不欲哉？犹畏名义而自抑也。由是观之，教化安可慢，风俗安可忽哉！◆

【译文】◆司马光说：教化，是国家的紧急要务，但世俗的官员却轻慢了；风俗，是天下大事，但是庸懦的国君却忽略了。只有睿智的君子，深谋远虑，之后才了解带来的好处广大，与收获的长远功效。汉光武帝遭逢到汉朝的半途衰败，各地豪杰都蠢蠢欲动，他凭平民的身份奋发而起，承袭前代的大业，加以扩张，征讨天下，每天忙碌不休，却能崇尚经术，以宾客的礼节，延请儒雅君子，广大地开设学校，明修礼、乐，武功完毕之后，礼节教化也普及了。接着孝明帝、孝章帝，遵照先人意思，亲自驾临天子太学，拜见老成之人，打开经书，请教道业。从公卿、大夫，一直到郡县的官员，都选用通晓经术、品德高洁的人。虎贲卫士，都学习《孝经》，匈奴的子弟，也到太学进修。因此处于上边统治地位者建立了教化，民间就形成了良好的风俗。国家中诚信仁厚、清雅高洁的人士，岂能单单受到朝廷公卿、大夫的尊重，也受到众民百姓的钦慕；愚蠢卑鄙、品德败坏的小人，岂能单单不能在朝廷公堂上容身，也遭受乡里的唾骂。从尧舜禹三代时期灭亡之后，风俗教化的美好，没有像东汉时期那样兴盛的了。等到孝和帝以后，亲族显贵，独揽大权，宠信奸佞，当政用事，奖惩没有章法，贿赂公然横行，贤愚混乱不清，是非颠倒不明，可以说是混乱不堪了。然而汉朝仍能延绵不绝，不至于灭亡的缘由，在上就有公卿、大夫袁安、杨震、李固、杜乔、陈蕃、李膺等，当面劝谏，当廷谏诤，用公正道理，来扶持国家的危亡；在下有平民贤士符融、郭泰、范滂、许邵等，创立个人的论说，来救赎国家的衰败之势。因此政治即使混乱不清，然而风俗并没有衰落，甚至有前面的人刚贞不阿敢触犯斧钺之罚，扑倒在前面，后来的人，还是把持忠诚、信义，鼓励奋发，接替赴难，虽然仍然被杀，却能视死如归。这怎么能只是上面几位贤士导致的呢？也是光武、明、章各位皇帝遗留下的教化的原因。当这个时候，假如有圣明的国君，振发起来，那汉代的国祚，仍不可估量。不幸接替衰亡衰败的时候，又加上桓、灵的昏庸残暴，保护和宠幸奸佞，超过骨血至亲；杀害忠臣贤良，比仇敌还厉害。朝廷众多的士子，积累了满心的怨恨，四海百姓，储蓄了多年的怨气。在这时候，何进召来兵祸，董卓趁机作乱，袁绍一班人接着导致祸乱，最终让天子车驾出处流亡，宗庙变成废墟，王室晃荡覆灭，百姓生活困难，伟大的皇朝天命断绝了，不能再次拯救。然而州郡拥有军队、专有领土的人，即使相互吞并，仍旧从没有不把尊重汉室当作借口的。以魏武的残忍凶暴，强横霸道，加上对天下，拥有大功，在他心中，孕育着没有国君的心思已经很久了，但是一直到身死，也不敢废弃汉朝，自己登基自立，难道是他心里不想要吗！仍旧是害怕名义，自己加以压制而已。从这里可以看出，教化怎么能轻慢，风俗怎么能忽略呢！◆

资治通鉴卷第六十九　魏纪一

起上章困敦，尽玄黓摄提格，凡三年。

【译文】起庚子（公元220年），止壬寅（公元222年），共三年。

【题解】本卷记录了魏文帝曹丕黄初元年至黄初三年间的历史。曹丕篡汉、刘备称帝、孙权被曹魏封为吴王、吴蜀交兵，发生夷陵之战四件大事。夷陵之战，蜀军大败，三国版图基本形成，鼎立局面正式形成，三分的国家建制已经完成。

世祖文皇帝上

黄初元年（庚子，公元二二〇年）春，正月，武王至洛阳；庚子，薨。王知人善察，难眩以伪。识拔奇才，不拘微贱，随能任使，皆获其用。与敌对陈，意思安闲，如不欲战然；及至决机乘胜，气势盈溢。勋劳宜赏，不吝千金；无功望施，分豪不与。用法峻急，有犯必戮，或对之流涕，然终无所赦。雅性节俭，不好华丽。故能芟刈群雄，几平海内。

【译文】黄初元年（庚子，220年）是年十月受禅，方改年号为黄初。春季，正月，魏武王曹操到达洛阳；庚子日（二十三日），曹操逝世。魏武王活着的时候，知人善察，别人都难以用伪装让他信任。他善于识别提拔奇才，用人不局限轻贱，凡是有才华的人，都可按其高低，获取任用。与敌人对战时，心态悠哉安闲，仿佛不想战斗一样；等到决定时机，可获胜时，又气势汹汹、斗志昂扬的样子。将士有了勋劳与贡献应该赏赐的，他也不吝啬千金；然而对于没有功勋，却希冀获得奖赏的人，他是分毫也不给的。他立法严肃急切，有重罪必定斩杀，有时对着罪犯伤感流泪，也最终不予赦免。他喜好节俭，不喜爱奢侈，因此最后扫除群雄，除去吴、蜀之外，几乎安定了整个天下。

是时，太子在邺，军中骚动。群僚欲秘不发丧，谏议大夫贾逵以为事不可秘，乃发丧。或言宜易诸城守，悉用谯、沛人。魏郡太守广陵徐宣厉声曰："今者远近一统，人怀效节，何必专任谯、沛以沮宿卫者之心！"乃止。青州兵擅击鼓相引去，众人以为宜禁止之，不从者讨之。贾逵曰："不可。"为作长檄，令所在给其廪食。鄢陵侯彰从长安来赴，问逵先王玺绶所在。逵正色曰："国有储副，先王玺绶非君侯所宜问也。"凶问至邺，太子号哭不已。中庶子司马孚谏曰："君王晏驾，天下恃殿下为命。当上为宗庙，下为万国，奈何效匹夫孝也！"太子良久乃止，曰："卿言是也。"时群臣初闻王薨，相聚哭，无复行列。孚厉声于朝曰："今君王违世，天下震动，当早拜嗣君，以镇万国，而但哭邪！"乃罢群臣，备禁卫，治丧事。孚，懿之弟也。群臣以为太子即位，当须诏命。尚书陈矫曰："王薨于外，天下惶惧。太子宜割哀即位，以系远近之望。且又爱子在侧，彼此生变，则社稷危也。"即具官备礼，一日皆办。明旦，以王后令，策太子即王位，大赦。汉帝寻遣御史大夫华歆奉策诏，授太子丞相印、绶，魏王玺、绶，领冀州牧。于是，尊王后曰王太后。

【译文】魏武王曹操逝世时，太子在邺都，军中发生骚乱。

众人想隐瞒不发动丧事，谏议大夫贾逵，认为这件事不能隐瞒，于是将发丧的消息发布出去。有的人认为，应该把各城守将，都改为谯郡与沛郡的人。然而魏郡太守广陵徐宣却严厉地说："现今远近各地，都已统一，人人都怀有为国效劳心思，为什么要专用谯、沛两地的人，让他们保卫国家的诚心沮丧呢！"于是就停止那项偏颇的计策。青州有部分兵擅自鸣鼓，相互引兵离开；众人都以为应当阻止他们这种行为，假如谁不服从，就要征讨他们。贾逵说："不能那么做。"于是写了一篇很长的檄文，命青州士兵所到的地方，官府发给他们行军所需的粮草。这时魏武王的另一个儿子，鄢陵侯曹彰，从长安赶到洛阳，问贾逵说："先王的玺绶在哪儿？"贾逵严肃地说："国家已经立储（太子），先王的玺绶，不是君侯应当问的。"武王逝世的消息传到邺都，太子曹丕立即大哭不已。中庶子司马孚进言说："君王逝世，天下依赖殿下为生；殿下应当上对国家负责，下对百姓负责，怎么能效仿匹夫的孝行呢！"太子听说后想了很久，才停止痛哭，于是说："你说的话很对。"那时群臣刚听说武王逝世，都相聚大哭，不再有整齐排列，非常狼藉。司马孚见了这情景，就在朝中严厉地说："现今君王逝世，天下正处于震动骚乱的时候，应当早立嗣君，来安抚人心，只知道痛哭吗？"于是屏退群臣，准备禁卫及举办丧事。司马孚，就是司马懿的弟弟。群臣以为太子即位，必须等待汉帝的诏命。尚书陈矫说："王死在外面，天下惊慌，太子应当忍住哀痛即位，以维持远近各地的期待；否则有鄢陵侯曹彰在洛阳，万一发生变动，那国家就危难了。"说完就立即准备棺木礼仪，在当天就要举办丧事。次日王后命令就到了，册封太子即王位，并特赦天下。不久汉帝也派御史大夫华歆奉策诏，授太子丞相印绶、魏王玺绶，兼领冀州牧。于是就尊王后为王太后。

改元延康。

二月，丁未朔，日有食之。

壬戌，以太中大夫贾诩为太尉，御史大夫华歆为相国，大理王朗为御史大夫。

丁卯，葬武王于高陵。

王弟鄢陵侯彰等皆就国。临菑监国谒者灌均，希指奏："临菑侯植醉酒悖慢，劫胁使者。"王贬植为安乡侯，诛右刺奸掾沛国丁仪及弟黄门侍郎廙并其男口，皆植之党也。

◆鱼豢论曰：谚言："贫不学俭，卑不学恭。"非人性分殊也，势使然耳。假令太祖防遏植等在于畴昔，此贤之心，何缘人窥望乎！彰之挟恨，尚无所至；至于植者，岂能兴难！乃令杨修以倚注遇害，丁仪以希意族灭，哀夫！◆

【译文】汉改年号为延康。

二月，丁未朔日（初一），日食。

壬戌日（十六日），命太中大夫贾诩担任太尉，御史大夫华歆担任相国，大理王朗担任御史大夫。

丁卯日（二十一日），葬魏武王在邺城西的高陵。

魏王曹丕弟焉陵侯曹彰等，在丧礼之后，都返回自己的封地。临淄侯曹植没来奔丧，临菑监国谒者（使谒者监其国）灌均，迎合旨意禀告说："临菑侯曹植当日和丁仪、丁虞兄弟二人畅饮，违背怠慢，而且劫持威胁使者。"魏王知晓这事后，降曹植为安乡侯，并将曹植的党派右刺奸掾（督奸猾）沛国丁仪与他的弟弟黄门侍郎丁虞，以及他们家的男人，全部杀光了。

◆鱼豢评论说：谚语说："贫不学俭，卑不学恭。"这不是人性的差异，而是局势必然。如果太祖能在之前就防备阻止曹植等，有那样圣明的用心，曹植等人怎么会有非分的想法呢。曹彰怀有愤恨，还不至于到这地步；那曹植的性格，怎么会兴起灾难呢！竟使杨修因亲近曹植而被杀，丁仪、丁虞兄弟也因投靠曹植而被灭族了，这真是世间最悲凉的事啊！◆

初置散骑常侍、侍郎各四人。其宦人为官者不得过诸署令。为金策，藏之石室。时当选侍中、常侍，王左右旧人讽主者，便欲就用，不调馀人。司马孚曰："今嗣王新立，当进用海内英贤，如何欲因际会，自相荐举邪！官失其任，得者亦不足贵也。"遂他选。

尚书陈群，以天朝选用不尽人才，乃立九品官人之法；州郡皆置中正以定其选，择州郡之贤有识鉴者为之，区别人物，第其高下。

夏，五月，戊寅，汉帝追尊王祖太尉曰太王，夫人丁氏曰太王后。

【译文】起初设立散骑常侍、侍郎各四人，凡阉宦（宫中阉官）做官的，官位不能超过各署令；并将这一署令用金写在策书上，放置在宗庙的石函里。当时要选用侍中、常侍，魏王曹丕左右长期跟随的人就暗示主管选官的人，让他们担当官职，不要从他处选择。司马孚知晓后，立即进谏说："现今嗣王新立，应该选举全国内的贤能，怎么能因一时的际会，就自相推荐呢！假如官制不依据才能，获得后也不足够珍贵。"魏王曹丕听到后，于是改正另行选用。

尚书陈群以为汉朝选举，还不能尽用贤能，于是就设立九品任官的办法；州、郡都设立中正之官，来决定选举，派遣州郡中贤能有见识的人担任此官，做这件区分人物高低的事。

夏季，五月，戊寅日（初三），汉帝追尊魏王曹丕先祖太尉曹嵩为太王，曹嵩的夫人丁氏为太王后。

【乾隆御批】以本州郡人任中正之职，使品第官材高下，其义尚可训，其法尚可行哉。盖汝南目旦，恶习酿成，弊政有如是之甚者？

【译文】任本州郡的人做中正的职位，使他品评列出为官之材的高低，这个道理还可以作为训诫，这个办法也可以实行。像汉代汝南许劭等人私下品评人物，形成不良的陋习。弊政还有比这更厉害的吗？

王以安定太守邹岐为凉州刺史。西平麹演结旁郡作乱以拒岐。张掖张进执太守杜通，酒泉黄华不受太守辛机，皆自称太守以应演。武威三种胡复叛。武威太守毋丘兴告急于金城太守、护羌校尉扶风苏则，则将救之，郡人皆以为贼势方盛，宜须大军。时将军郝昭、魏平先屯金城，受诏不得西度。则乃见郡中大吏及昭等谋曰："今贼虽盛，然皆新合，或有胁从，未必同心。因衅击之，善恶必离，离而归我，我增而彼损矣。既获益众之实，且有倍气之势，率以进讨，破之必矣。若待大军，旷日弥久，善人无归，必合于恶，善恶就合，势难卒离。虽有诏命，违而合权，专之可也。"昭等从之，乃发兵救武威，降其三种胡，与毋丘兴击张进于张掖。麹演闻之，将步骑三千迎则，辞来助军，实欲为变，则诱而斩之，出以徇军，其党皆散走。则遂与诸军围张掖，破之，斩进。黄华惧，乞降，河西平。

【译文】魏王曹丕以安定太守邹岐担任凉州刺史。西平人麹演结交旁郡，共同作乱，以抵御邹岐；张掖人张进控制太守杜通，酒泉黄华也不接纳太守辛机的领导，都自称太守来呼应麴演；武威三个部落的胡人也起叛乱。武威太守毋丘兴紧急告知金城太守、护羌校尉扶风苏则，苏则打算前去援救，郡里的人都以为叛贼势力正强盛，应当派大军才能获胜。当时将军郝昭、魏平先驻军金城，接受诏命是不能西渡。苏则就去郡中见大吏和郝昭等，劝谏他们说："现今叛贼势力虽然强大，但都是刚结合的，有些人是被迫胁从的，不一定齐心。我们趁机利用他们的矛盾攻打，那么善良的和邪恶的势必因此分开，分散的部分就会归我军，那时我军扩增，叛军就减弱了。既能获取更多的实力，也能有使士气倍增的形势，带领着这些人去征讨叛军，必能获胜。假如等待大军援救，会拖延太长时间，这样叛军之中的善良的人不能归属我军，一定与叛军结合，两军已经合作，其势力就难以分散，纵然现在有诏命不能西渡，倒不如权衡得失，专断即行是好。"郝昭等于是采纳苏则的建议，发兵去救援武威，征服三个部落的胡人，并且与毋丘兴在张掖攻打张进。麴演听说了这件事，就率领步骑三千去攻打苏则，表面上说是来帮助大军征讨判贼，其实是想叛乱，苏则就引诱他们来见并将他们斩首，并向全军宣布，他们的党徒这才都分开逃跑了。苏则于是与各军围攻张掖，之后攻破，把张进斩杀了；黄华害怕，就请求归降。于是河西才得以平定。

初，燉煌太守马艾卒官，郡人推功曹张恭行长史事；恭遣其子就诣朝廷请太守。会黄华、张进叛，欲与燉煌并势，执就，劫以白刃。就终不回，私与恭疏曰："大人率厉燉煌，忠义显然，岂以就在困厄之中而替之哉！今大军垂至，但当促兵以掎之耳。愿不以下流之爱，使就有恨于黄壤也。"恭即引兵攻酒泉，别遣铁骑二百及官属，缘酒泉北塞，东迎太守尹奉。黄华欲救张进，而西顾恭兵，恐击其后，故不得往而降。就卒平安，奉得之郡，诏赐恭爵关内侯。

【译文】之前，敦煌太守马艾在任内逝世，郡人推举功曹张恭暂代任长史；张恭派他的儿子张就，进朝中请求派遣太守。恰巧遇到黄华、张进叛乱，想与敦煌势力联合，就扣获张就，用白刃威胁；张就最后没能回去，才私下写信给他的父亲张恭说："大人率世厉俗，固守敦煌，忠义显然，怎么能因儿在危难中，就改变初衷帮叛军呢！现今大军快到了，应当带领自己的军队直至他们阵地牵制他们。盼望不要用父子私爱，让儿子张就含恨黄泉。"张恭得到这信，就带兵攻打酒泉，另外派铁骑二百及部分官属，沿着酒泉北塞，东迎太守尹奉。黄华本想救张进，然而怕西边张恭的军队攻打他的后方，因此没有去救援，之后看大势已去才归降。张就最终平安归来，尹奉也到达郡中，汉献帝下诏赐张恭关内侯的爵位。

六月，庚午，王引军南巡。

秋，七月，孙权遣使奉献。

蜀将军孟达屯上庸，与副军中郎将刘封不协；封侵陵之，达率部曲四千馀家来降。达有容止才观，王甚器爱之，引与同辇，以达为散骑常侍、建武将军，封平阳亭侯。合房陵、上庸、西城三郡为新城，以达领新城太守，委以西南之任。行军长史刘晔曰："达有苟得之心，而恃才好术，必不能感恩怀义。新城与孙、刘接连，若有变态，为国生患。"王不听。遣征南将军夏侯尚、右将军徐晃与达共袭刘封。上庸太守申耽叛封来降，封破，走还成都。

【译文】六月，庚午日（二十六日），魏王引军南巡。

秋季，七月，孙权派遣使者奉献贡品。

蜀将军孟达驻军上庸，与副军中郎将刘封不和睦；刘封经常侵犯孟达，于是孟达带领部曲四千余家前来归降魏。孟达神态举止端正，魏王曹丕很看重他，并带着他同辇，任用孟达担任散骑常侍、建武将军，封平阳亭侯。魏王曹丕合并房陵、上庸、西域三郡为新城，令孟达担任新城太守，委托镇守西南的重任。行军长史刘晔进谏说："孟达有不轨的心，又仗着有才能，喜好权术，必不能感激怀义。并且新城和孙权、刘备两地相接，如果有变动，国家将产生灾患。"王不听从，并派征南将军夏侯尚、右将军徐晃和孟达一起攻打刘封。上庸太守申耽叛变投降，刘封不支而大败，于是就逃跑返回成都。

初，封本罗侯寇氏之子，汉中王初至荆州，以未有继嗣，养之为子。诸葛亮虑封刚猛，易世之后，终难制御，劝汉中王因此际除之；遂赐封死。

武都氏王杨仆率种人内附。

甲午，王次于谯，大飨六军及谯父老于邑东，设伎乐百戏，吏民上寿，日夕而罢。

◆孙盛曰：三年之丧，自天子达于庶人。故虽三季之末，七雄之敝，犹未有废衰斩于旬朔之间，释麻杖于反哭之日者也。逮于汉文，变易古制，人道之纪，一旦而废，固已道薄于当年，风颓于百代矣。魏王既追汉制，替其大礼，处莫重之哀而设飨宴之乐，居贻厥之始而堕王化之基，及至受禅，显纳二女，是以知王龄之不遐，卜世之期促也。◆

【译文】起初，刘封本来是罗侯寇氏的儿子，汉中王刘备刚到荆州时，因没有后嗣，才收养刘封做义子。诸葛亮顾及刘封刚强勇猛，刘备逝世之后，最终难以控制，才劝谏汉中王刘备趁机铲除他；汉中王刘备于是就赐刘封自杀了。

武都氐王杨仆带领部落归附朝廷。

甲午日（二十日），魏王曹丕行至谯地，在城东大摆酒席宴请六军与谯地父老，并设立伎乐百戏助兴，官兵百姓都来祝寿，日落才结束。

◆孙盛说：三年的丧期，从天子到庶人，都要遵循。就是三代的晚期，战国七雄的乱世，刚过十天，没有一个月，就丢弃衰斩（三年丧服），甩掉麻杖不哭的。到汉文帝时，改变古代制度，人道的纲常，竟然一夕之间作废，本来道德已薄待于当年，风俗颓败于百世。魏王既然因随汉制，代替他的礼仪，怎能在处于重大悲痛的时候，却设立饮宴行乐，这是放弃他们创业的开始，又堕落王化的基础，等到魏王即位，以二女公开嫔魏，这就知晓魏王年龄的不远，能算出期限的短暂了。◆

王以丞相祭酒贾逵为豫州刺史。是时天下初定，刺史多不能摄郡。逵曰："州本以六条诏书察二千石以下，故其状皆言严能鹰扬，有督察之才，不言安静宽仁，有恺悌之德也。今长吏慢法，盗贼公行，州知而不纠，天下复何取正乎！"其二千石以下，阿纵不如法者，皆举奏免之。外修军旅，内治民事，兴陂田，通运渠，吏民称之。王曰："逵真刺史矣。"布告天下，当以豫州为法；赐逵爵关内侯。

左中郎将李伏、太史丞许芝表言："魏当代汉，见于图纬，其事众甚。"群臣因上表劝王顺天人之望，王不许。

冬，十月，乙卯，汉帝告祠高庙，使行御史大夫张音持节奉玺绶诏册，禅位于魏。王三上书辞让，乃为坛于繁阳，辛未，升

204

坛受玺绶，即皇帝位，燎祭天地、岳渎，改元，大赦。

【译文】王以丞相祭酒贾逵担任豫州刺史。这时天下刚安定，刺史大部分不能管理郡政。贾逵说："州本是以六条诏书督察二千石以下，因此他们都说很能严威，有督察的才能，却不说能安静宽厚，有和睦安乐的德政。现在官员怠慢法律，盗匪公行，州里知道也不法办，天下到什么时候才能安定呢！"于是凡二千石以下的官员，将奉承放肆不执法的都举报上来，罢免他们的官职。并且在外修整军备，在内治理民事，大兴田地，开通运渠，官员百姓都说好。魏王曹丕于是说："贾逵真正是刺史啊！"通告天下，当以豫州为楷模；赐贾逵为关内侯。

左中郎将李伏、太史丞许芝上书说："魏应当取代汉，见于图纬，事例众多。"群臣因而上书，劝谏魏王曹丕顺从天人的盼望，魏王曹丕不应允。

冬季，十月，乙卯日（十三日），汉帝告祠于高庙，派遣代行御史大夫张音持节奉玺绶诏书，禅位给魏王。魏王曹丕三次上表推辞，才在繁阳设坛，辛未日（二十九日），升坛接受玺绶，登皇帝位，火燎祭祀天地、岳渎，更年号为黄初，特赦天下。

十一月，癸酉，奉汉帝为山阳公，行汉正朔，用天子礼乐；封公四子为列侯。追尊太王曰太皇帝；武王曰武皇帝，庙号太祖；尊王太后曰皇太后。以汉诸侯王为崇德侯，列侯为关中侯。群臣封爵、增位各有差。改相国为司徒，御史大夫为司空。山阳公奉二女以嫔于魏。

帝欲改正朔，侍中辛毗曰："魏氏遵舜、禹之统，应天顺民；至于汤、武，以战伐定天下，乃改正朔。孔子曰：'行夏之时，'《左氏传》曰：'夏数为得天正，'何必期于相反！"帝善而从之。时群臣并颂魏德，多抑损前朝；散骑常侍卫臻独明禅授之义，称扬汉美。帝数目臻曰："天下之珍，当与山阳共之。"帝欲追封太后父、母，尚书陈群奏曰："陛下以圣德应运受命，创业革制，当永为后式。案典籍之文，无妇人分土命爵之制。在礼典，妇因夫爵。秦违古法，汉氏因之，非先王之令典也。"帝曰："此议是也，其勿施行。"仍著定制，藏之台阁。

【译文】十一月，癸酉（初一），魏王曹丕册封汉帝为山阳公，继续实行汉正朔历法，用天子礼乐；封山阳公的四个儿子为列侯。追尊魏太王为太皇帝；魏武王为武皇帝，庙号太祖；尊魏王太后为皇太后。以汉诸侯王做崇德侯，列侯做关中侯。众臣封爵、增位各有差异等。更改相国为司徒，御史大夫为司空。山阳公奉上二女为魏的妃嫔。

帝想更改汉正朔历法，侍中辛毗说："魏氏遵循舜、禹的正统，顺应天民；至于商汤、周武王，是凭借战争平定天下，因此改正朔。孔子说：'实施夏朝的历法。'《左氏传》说：'夏朝的历法，最符合天地运行的规则。'为什么与汉朝的历法相反呢！"帝认为好，遵循这说法。当时众臣大都赞美魏王的品德，却讨厌损毁前朝；散骑常侍卫臻，独自叙说禅位的仁厚，称赞汉帝的美德。魏文帝屡次见到卫臻就说："天下的贵重东西，应当与山阳公分享。"魏文帝想追封太后父母，尚书陈群上书说："陛下以圣德顺应天命，创业变革，应当永为后人模范。按典籍书上的原话，没有妇人分土命爵的典制。在典礼上，妇人承袭丈夫的爵位。秦违反古法，汉代继承下来，然而不是先王的沿传下来的法典。"魏文帝于是说："这话是对的，就不要实施它了！"仍按照先王制度，放置在台阁。

十二月，初营洛阳宫。戊午，帝如洛阳。

帝谓侍中苏则曰：“前破酒泉、张掖，西域通使燉煌，献径寸大珠，可复求市益得不？”则对曰：“若陛下化洽中国，德流沙幕，即不求自至。求而得之，不足贵也。”帝嘿然。

帝召东中郎将蒋济为散骑常侍。时有诏赐征南将军夏侯尚曰：“卿腹心重将，特当任使，作威作福，杀人活人。”尚以示济。济至，帝问以所闻见，对曰：“未有他善，但见亡国之语耳。”帝忿然作色而问其故，济具以答，因曰：“夫‘作威作福’，《书》之明诫。天子无戏言，古人所慎，惟陛下察之！”帝即遣追取前诏。

【译文】十二月，开始建造洛阳宫。戊午日（十七日），魏文帝住进洛阳。

魏文帝对侍中苏则说：“之前攻败酒泉、张掖，西域通使于敦煌，献奉的径寸大的珍珠，还能再买到吗？”苏则回答说：“假如陛下能和睦中国，美德远播沙漠，就是不去求取，宝珠就自然来了。如果靠求取获得，那就不足珍贵了。”帝于是就不说话了。

魏文帝诏命东中郎将蒋济担任散骑常侍。当时有诏赐征南将军夏侯尚说：“你是心腹重将，特当任使，能作威作福，随意斩杀或赦免人的特权。”夏侯尚将这事告知蒋济。蒋济到时，帝问他所见所感，蒋济回答说：“没有其他的好事，只听说亡国的话罢了。”魏文帝脸色大变，问他什么缘由，蒋济仔细地回答说：“所谓‘作威作福’，是《尚书》上清晰记载的戒语。天子不会戏言，古代的君主对此都很小心，愿陛下好好明察。”魏文帝听完之后，立即追回之前给夏侯尚的诏书。

帝欲徙冀州士卒家十万户实河南。时天旱，蝗，民饥，群司以为不可，而帝意甚盛。侍中辛毗与朝臣俱求见，帝知其欲谏，作色以待之，皆莫敢言。毗曰："陛下欲徙士家，其计安出？"帝曰："卿谓我徙之非邪？"毗曰："诚以为非也。"帝曰："吾不与卿议也。"毗曰："陛下不以臣不肖，置之左右，厕之谋议之官，安能不与臣议邪！臣所言非私也，乃社稷之虑也，安得怒臣！"帝不答，起入内；毗随而引其裾，帝遂奋衣不还，良久乃出，曰："佐治，卿持我何太急邪！"毗曰："今徙，既失民心，又无以食也，故臣不敢不力争。"帝乃徙其半。帝尝出射雉，顾群臣曰："射雉乐哉！"毗对曰："于陛下甚乐，于群下甚苦。"帝默然，后遂为之稀出。

资治通鉴

【译文】魏文帝想迁移冀州士卒家属十万户，来充足河南。当时天旱又有蝗虫灾难，百姓饥饿不饱，朝廷各司事的人都以为不能这么做，然而魏文帝却想这么做。侍中辛毗和众臣都来求见，魏文帝知晓他们来会极力劝谏，就变脸对着他们，群臣都不敢说话，只有辛毗说："陛下想迁移士兵家家属，是因为什么计策？"魏文帝说："你认为我要迁移不对吗？"辛毗说："确实是不对。"魏文帝说："我不与你讨论。"辛毗说："陛下不认为臣不贤，因此把臣放在您左右，作为谋论的官，有事怎么能不与臣讨论呢！臣说的话，都不是私事，全都是替国家来担忧的，怎么能恼怒臣子呢！"帝不回答，起身就走向内室；辛毗伸手就拉扯魏文帝后边的衣服，帝夺回衣服，头也不回就走进内室，滞留了很长时间才出来，于是说："佐治（辛毗字），你把我逼得也太急了！"辛毗说："现在迁移他们，既会失去民心，又没有什么食物给他们，因此臣不敢不据理力争。"于是帝应允迁移他们之间的一半。魏文帝曾外出射雉，回头看向左右，对群臣说："射雉高兴吗？"辛毗回答说："在陛下是很愉悦的，在群臣却很苦恼。"魏文帝不说话，之后就很少出去射雉了。

二年(辛丑，公元二二一年)春，正月，以议郎孔羡为宗圣侯，奉孔子祀。

三月，加辽东太守公孙恭车骑将军。

初复五铢钱。

蜀中传言汉帝已遇害，于是汉中王发丧制服，谥曰孝愍皇帝。群下竞言符瑞，劝汉中王称尊号。前部司马费诗上疏曰："殿下以曹操父子逼主篡位，故乃羁旅万里，纠合士众，将以讨贼。今大敌未克而先自立，恐人心疑惑。昔高祖与楚约，先破秦者王之。及屠咸阳，获子婴，犹怀推让。况今殿下未出门庭，便欲自立邪！愚臣诚不为殿下取也。"王不悦，左迁诗为部永昌从事。夏，四月，丙午，汉中王即皇帝位于武担之南，大赦，改元章武。以诸葛亮为丞相，许靖为司徒。

【译文】二年(辛丑，公元221年)，春季，正月，命议郎孔羡为宗圣侯，看管孔子的庙，并按时祭祀。

三月，加封远东太守公孙恭为车骑将军。

开始恢复使用五铢钱。

蜀中谣言相传汉献帝已经被杀害，在这时汉中王刘备为他举办丧事，穿孝服，谥号为孝愍皇帝。群臣都争着上疏说有祥瑞出现，劝谏汉中王刘备称帝。前部司马费诗却上疏说："殿下认为曹操父子逼迫天子谋朝篡位，因此在万里之遥，联合有志群众，打算征讨曹贼。现今敌人还没剿灭，就要自立为皇帝，只怕全国的百姓会心有疑虑。昔日汉高祖与楚霸王订立条约，先攻破咸阳的可以为王，等到攻破咸阳，虏获子婴，仍然心怀推让；更何况现今殿下还没有出门去攻打曹贼，就想要自立呢！愚臣以为殿下确实不能采纳这种计策。"汉中王刘备听了很不喜欢，就把费诗降为永昌从事。夏季，四月，丙午日(初六)，汉中王刘

209

备在武担的南方，登皇位，大赦天下，改年号为章武。任用诸葛亮为丞相，许靖为司徒。

【申涵煜评】先主以汉室苗裔，闻献帝遇害，发丧即位，较僭窃者似乎不同。诗犹以正言劝阻，盖所见者大非徒贪功名取富贵者流也。帝不悦而左迁之，心事毕露矣。

【译文】刘备以汉室后裔的身份，听说献帝遇害的消息后，立刻为献帝发丧然后继位，和那些僭越窃国者似乎不一样。费诗对其好言相劝，由此可见他不是贪图功名、只想获取富贵的那一类人。刘备不高兴把他贬职了，这种行为流露了他自己（想当皇帝）的心事呀！

◆臣光曰：天生烝民，其势不能自治，必相与戴君以治之。苟能禁暴除害以保全其生，赏善罚恶使不至于乱，斯可谓之君矣。是以三代之前，海内诸侯，何啻万国，有民人、社稷者，通谓之君。合万国而君之，立法度，班号令，而天下莫敢违者，乃谓之王。王德既衰，强大之国能帅诸侯以尊天子者，则谓之霸。故自古天下无道，诸侯力争，或旷世无王者，固亦多矣。秦焚书坑儒，汉兴，学者始推五德生、胜，以秦为闰位，在木火之间，霸而不王，于是正闰之论兴矣。及汉室颠覆，三国鼎跱。晋氏失驭，五胡云扰。宋、魏以降，南北分治，各有国史，互相排黜，南谓北为索虏，北谓南为岛夷。朱氏代唐，四方幅裂，朱邪入汴，比之穷、新，运历年纪，皆弃而不数，此皆私己之偏辞，非大公之通论也。臣愚诚不足以识前代之正闰，窃以为苟不能使九州合为一统，皆有天子之名，而无其实者也。虽华夷仁暴，大小强弱，或时不同，要皆与古之列国无异，岂得独尊奖一国谓之正统，而其馀皆为僭伪哉！若以自上相授受者为正邪，则陈氏何所授？拓跋氏何所受？若以居中夏者为正邪，则刘、石、慕容、苻、姚、赫连所得之土，皆五帝、三王之旧都也。若以有道德者为正邪，则蕞尔之国，必有令主，三代之季，岂无僻王！是以正闰之论，自古及今，未有能通其义，确然使人不可移夺者也。臣今所述，止欲叙国家之兴衰，著生民之休戚，使观者自择其善恶得失，以为劝戒，非若《春秋》立褒贬之法，拨乱世反诸正也。正闰之际，非所敢知，但据其功业之实而言之。周、秦、汉、晋、隋、唐，皆尝混壹九州，传祚于后，子孙虽微弱播迁，犹承祖宗之业，有绍复之望，四方与之争衡者，皆其故臣也，故全用天子之制以临之。其馀地丑德齐，莫能相壹，名号不异，本非君臣者，皆以列国之制处之，彼此钧敌，无所抑扬，庶幾不诬事实，近于至公。然天下离析之际，不可无岁、时、月、日以识事之先后。据汉传于魏而晋受之，晋传于宋以至于陈而隋取之，唐传于梁以至于周而大宋承之，故不得不取魏、宋、齐、梁、陈、后梁、后唐、后晋、后汉、后周年号，以纪诸国之事，非尊此而卑彼，有正闰之辨也。昭烈之汉，虽云中山靖王之后，而族属疏远，不能纪其世数名位，亦犹宋高祖称楚元王后，南唐烈祖称吴王恪后，是非难辨，故不敢以光武及晋元帝为比，使得绍汉氏之遗统也。◆

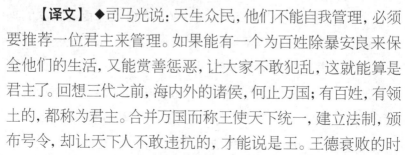

【译文】 ◆司马光说：天生众民，他们不能自我管理，必须要推荐一位君主来管理。如果能有一个为百姓除暴安良来保全他们的生活，又能赏善惩恶，让大家不敢犯乱，这就能算是君主了。回想三代之前，海内外的诸侯，何止万国；有百姓，有领土的，都称为君主。合并万国而称王使天下统一，建立法制，颁布号令，却让天下人不敢违抗的，才能说是王。王德衰败的时侯，强盛的国君能率领诸侯，一起尊重天子，就能称作霸主了。因此古往今来，凡天下无道，诸侯就争夺，有时几世没有称王的人，本就有很多。秦朝焚书坑儒之后，汉朝奋起了，学者们开始采用阴阳五行相生相克的说法，用秦是闰位，在木火之间，是称霸而不是称王，在这时正闰的学说就兴起了。到汉室灭亡，三国鼎立。晋朝失去统治，五胡群起混乱。刘宋、北魏以来，南朝、北朝分离统治管理，各有各的国史，相互对立，南朝说北朝是索虏，北朝说南朝是岛夷。朱氏代替唐，天下分裂，沙陀人李存勖到了汴梁（开封），把朱温比成有穷篡夏、新室篡汉，运历纪年，都丢弃不说，这都是私人的偏见，不能算是公平的论说。臣愚昧，确实不能辨清前代的正闰，只是私下以为凡不能让天下统一，就是有天子的名分，也没有王的事实。纵然有华夏仁暴，大小强弱，或时代的不同，却都和古代的诸国没什么区别，怎么能独尊称一个国家是正统，把其他国家当作篡位或伪国呢？假如自己以为上代承袭的就是正统，那陈氏有什么人传授呢？拓跋氏有什么人传授呢？假如以为居于中夏就是正统，那刘渊、石勒、慕容廆、苻洪、姚苌、赫连勃勃所占据过的领土，都是五帝、三王的旧都。假如以为有美德的王就是正统，那么弹丸一样的小国，也有好的君主，三代之时，难道就没有荒淫的王吗？因此正统的说法，从古到今，就没有人能通晓它的理论，并没有能让后人不能辩论的解释。臣现今所讲的，只想叙述国家的兴衰，着眼百姓的安康或苦难，让看的人自己去判断是好是坏，是得是失，来当作自我激励或警醒，不像《春秋》那样，订立褒贬的原则，作为治理乱世让其归正的准则。正统与否，我没有方法判断，只依据他的功业实际来讨论。周、秦、汉、晋、隋、唐，都曾统一天下，把福祉传给他们的后代，他们的后代纵然有时

资治通鉴

软弱播迁，却仍然能继承他祖宗的大业，有继续恢复统一的期盼。天下与他争抢领土的，都是他的臣子，想借用天子的法制来统治。他们的领土大小没有差异，他们的品德又相等，谁也不能统一，名号也辨别不出来，不能说谁是君，谁是臣，都是列国的制度，都是势均力敌，没什么能够有意贬低或赞美的，这样就能不遮掩事实，也快接近公正了。然而天下离散的时候，也不能没有年、季、月、日来当作记事的先后。依据汉传给魏，晋又接替，晋传给刘宋，一直传到陈，又被隋接替，唐传给梁，一直到后周，又被大宋接替；因此不能不记录魏、刘宋、齐、梁、陈、后梁、后唐、后晋、后汉、后周的年号，并且记录他们国家的事情，不是在崇尚这个，贬低那个，也不是用这区分"正"与"闰"。昭烈皇帝刘备创立的蜀汉，纵使说其是中山靖王的后代，但亲缘很疏远，不能记载在他世代名位下，也就像刘宋高祖曾说他是楚元王的后代、南唐烈祖曾说他是吴王李恪的后代，是对或错，没有方法区别，因此不能用汉光武、晋元帝来相较，让他承继汉朝遗留下的正统呀！◆

孙权自公安徙都鄂，更名鄂曰武昌。

五月，辛巳，汉主立夫人吴氏为皇后。后，偏将军懿之妹，故刘璋兄瑁之妻也。立子禅为皇太子。娶车骑将军张飞女为太子妃。

太祖之入邺也，帝为五官中郎将，见袁熙妻中山甄氏美而悦之，太祖为之聘焉，生子叡。及即皇帝位，安平郭贵嫔有宠，甄夫人留邺不得见。失意，有怨言。郭贵嫔谮之，帝大怒。六月，丁卯，遣使赐夫人死。

帝以宗庙在邺，祀太祖于洛阳建始殿，如家人礼。

戊辰晦，日有食之。有司奏免太尉，诏曰："灾异之作，以谴元首，而归过股肱，岂禹、汤罪己之义乎！其令百官各虔厥职。后有天地之眚，勿复劾三公。"

【译文】 孙权从公安迁都到鄂，之后把鄂更名为武昌。

五月，辛巳日（十二日），蜀汉之主刘备册立夫人吴氏为皇后。皇后就是偏将军吴懿的妹妹，已故刘璋的哥哥刘瑁的妻子。册立儿子刘禅为皇太子。娶车骑将军张飞的女儿为皇太子妃。

曹魏太祖曹操之前攻破邺都的时候，魏文帝曹丕正担任五官中郎将，他看到袁熙的妻子中山人甄氏长相美貌，心中很喜欢她，太祖于是就让他们结婚，之后生了个儿子叫曹叡。到曹丕做皇帝的时候，安平人郭贵嫔受宠，甄夫人却滞留邺都，不能去见面，所以心里不高兴，因此就把愤懑的话，讲给别人听。郭贵嫔就在魏文帝曹丕跟前讲甄氏的坏话，魏文帝曹丕知道后非常恼怒。六月，丁卯日（二十八日），派使者到邺都赐甄夫人自杀。

魏文帝曹丕认为宗庙在邺都，祭祀不方便，改在洛阳建造始殿祭祀太祖，采用家人礼仪。

戊辰晦日（二十九日），发生日食。有司按东汉制度上奏章罢黜太尉，魏文帝曹丕下诏书说："灾异的发生，是来谴责国家元首的，假如归罪在重要臣子的身上，怎么是大禹、商汤归罪自己的意思呢！希望百官各自尽忠职守，以后再发生天灾，免得又来弹劾三公。"

汉主立其子永为鲁王，理为梁王。

汉主耻关羽之没，将击孙权。翊军将军赵云曰："国贼，曹操，非孙权也。若先灭魏，则权自服。今操身虽毙，子丕篡盗，当因众心，早图关中，居河、渭上流以讨凶逆，关东义士必裹粮策

214

马以迎王师。不应置魏，先与吴战。兵势一交，不得卒解，非策之上也。"群臣谏者甚众，汉主皆不听。广汉处士秦宓陈天时必无利，坐下狱幽闭，然后贷出。

初，车骑将军张飞，雄壮威猛亚于关羽；羽善待卒伍而骄于士大夫，飞爱礼君子而不恤军人。汉主常戒飞曰："卿刑杀既过差，又日鞭挝健儿而令在左右，此取祸之道也。"飞犹不悛。汉主将伐孙权，飞当率兵万人自阆中会江州。临发，其帐下将张达、范彊杀飞，以其首顺流奔孙权。汉主闻飞营都督有表，曰："噫，飞死矣！"

◆陈寿评曰：关羽、张飞皆称万人之敌，为世虎臣。羽报效曹公，飞义释严颜，并有国士之风。然羽刚而自矜，飞暴而无恩，以短取败，理数之常也。◆

【译文】汉主刘备把刘永封为鲁王，刘理封为梁王。

汉主刘备对关羽的死感到耻辱，准备发兵攻打孙权。翊将军赵云说："汉朝的敌人是曹操，而不是孙权。假如先消灭曹魏，那孙权自然会归降臣服。现今曹操即使死了，他的儿子曹丕篡位，应该凭依众人的心，早点去争夺关中，我们屯守在黄河、渭水的上游，方便征讨叛贼曹魏，关东的仁人志士一定会携带食物赶着战马，来迎接我们这为仁义而战的部队。不应当把曹魏晾在一边，而去与东吴交战。部队的作战，不是一下就解决了的，因此先攻打东吴不是上策呀！"众臣劝谏的也很多，然而汉主刘备却不愿采纳。广汉一位隐士秦宓也来说明先攻打吴国都不合乎天时、地利，最后被关到监狱里禁闭起来，之后才赦免释放。

起初，车骑将军张飞，雄壮威猛仅次于关羽；关羽对待士兵非常好，在士大夫面前却很傲慢，张飞对于有才能的人非常礼让，却不体恤下属。汉主刘备经常警戒张飞说："你对下属刑罚杀惩太过了，日常鞭抽他们后又用在身边，这会让自己遭受祸患的。"张飞没有遵从刘备的话，依然不改其毛病。汉主打算攻打孙权，张飞随后率兵万余人从阆中到江州会合。即将出发之前，他的下属张达、范疆两人就将张飞杀死了，带着张飞的头，顺流而下去向孙权投降。汉主刘备听说张飞的下属营都督上书来，说："唉！张飞死了！"

◆陈寿评述说：关羽、张飞都是万夫莫敌的猛将，是当代的虎将。关羽在曹操军中立过大功，张飞也能义气放回严颜，两人都有国士的风度。然而关羽个性刚愎自负，张飞性格暴躁又对下属无恩，所以因自己的缺点而遭到丧命，这也是自然的道理。◆

秋，七月，汉主自率诸军击孙权，权遣使求和于汉。南郡太守诸葛瑾遗汉主笺曰："陛下以关羽之亲，何如先帝？荆州大小，孰与海内？俱应仇疾，谁当先后？若审此数，易于反掌矣。"汉主不听。时或言瑾别遣亲人与汉主相闻者，权曰："孤与子瑜，有死生不易之誓，子瑜之不负孤，犹孤之不负子瑜也。"然谤言流闻于外，陆逊表明瑾必无此，宜有以散其意。权报曰："子瑜与孤从事积年，恩如骨肉，深相明究。其为人，非道不行，非义不言。玄德昔遣孔明至吴，孤尝语子瑜曰：'卿与孔明同产，且弟随兄，于义为顺，何以不留孔明？孔明若留从卿者，孤当以书解玄德，意自随人耳。'子瑜答孤言：'弟亮已失身于人。委质定分，义无二心。弟之不留，犹瑾之不往也。'其言足贯神明，今岂当有此乎！前得妄语文疏，即封示子瑜，并手笔与之。孤与子瑜可谓神交，非外言所间。知卿意至，辄封来表以示子瑜，使知卿意。"

【译文】秋季，七月，汉主刘备亲自率领大军攻打孙权，孙权立刻派使者请求和解。南郡太守诸葛瑾也写给汉主刘备一封信说："陛下以为对关羽与对汉帝，哪一个最亲密？荆州与天下比，哪一个最大呢？曹魏、东吴都是你的敌人，应当先进攻哪一个呢？假如能想清楚，就能轻易复兴了。"汉主刘备却不采纳诸葛瑾的意见。那时有人说，诸葛瑾曾派亲近的人与汉主刘备相互通信。孙权知晓后竟说："我与诸葛瑾，有生死相交的友谊，我知道他不会背叛我，就像我不会背叛他一样。"然而外面的传言却很多，陆逊就上书请求把诸葛瑾肯定没有反叛的事讲明，才能解释大家的疑虑。孙权回答说："诸葛瑾与我共事多年，我们情如兄弟，也都能了解对方。他的为人是不合道义他绝不会做的，不合乎仁德他不会说的。刘备之前派遣诸葛亮到吴国，我曾告诉他说：'你与诸葛亮是亲兄弟，弟弟随哥哥，是很合理的，为什么不留下诸葛亮呢？假如你弟弟孔明肯跟随你，我可写信跟刘备解说，我想他会同意的。'诸葛瑾回答说：'我的弟弟诸葛亮，他已跟从别人，按照他的忠心诚信的性格来看，一定没有二心。弟弟诸葛亮不留下来，就像我不去他那里一样。'他的这些话不就能说明吗！现今怎么会有这件事呢！之前得到的批评文件，立即就封好交给诸葛瑾，而且我也有亲笔信给他。我与诸葛瑾的友谊是内在的，不是外面的传言能挑拨的。你上书是好意，我也将你的奏表封好一起给诸葛瑾看，让他知道你的意思。"

【乾隆御批】赵云数语深切，事势，独怪诸葛亮，隆中之对已云吴可与为援而不可图，何此日东伐竟不能止帝，至事后乃追思法正乎！

【译文】赵云的这几句话很合乎当时的形势，我只是奇怪诸葛亮在"隆中对"中已提出对吴国只是可以作为外援而不能谋取，为什么这次却不能劝阻刘备东征，等到事后才回想是因为法正不在了，才没能阻止刘备东征。

汉主遣将军吴班、冯习攻破权将李异、刘阿等于巫，进军秭归，兵四万馀人。武陵蛮夷皆遣使往请兵。权以镇西将军陆逊为大都督、假节，督将军朱然、潘璋、宋谦、韩当、徐盛、鲜于丹、孙桓等五万人拒之。

皇弟鄢陵侯彰、宛侯据、鲁阳侯宇、谯侯林、赞侯衮、襄邑侯峻、弘农侯进幹、寿春侯彪、历城侯徽、平舆侯茂皆进爵为公；安乡侯植改封鄄城侯。

【译文】汉主刘备派将军吴班、冯习在巫县打败孙权的将领李异、刘阿等，并进军到达秭归，有四万多士兵同去。武陵等地都请求派兵援助。孙权就任镇西将军陆逊为大都督，持节行令，率领将军朱然、潘璋、宋谦、韩当、徐盛、鲜于丹、孙桓等五万多人前去抵御。

魏文帝曹丕的弟弟鄢陵侯曹彰、宛侯曹据、鲁阳侯曹宇、谯侯曹林、赞侯曹衮、襄邑侯曹峻、弘农侯曹幹、寿春侯曹彪、历城侯曹徽、平舆侯曹茂都册封为公了；只有安乡侯曹植改封为鄄城侯。

筑陵云台。

初，帝诏群臣令料刘备当为关羽出报孙权否，众议咸云："蜀小国耳，名将唯羽。羽死军破，国内忧惧，无缘复出。"侍中刘晔独曰："蜀虽狭弱，而备之谋欲以威武自强，势必用众以示有馀。

且关羽与备，义为君臣，恩犹父子。羽死，不能为兴军报敌，于终始之分不足矣。"

【译文】 在洛阳城中建造陵云台。

之前，魏文帝曹丕与群臣讨论刘备会不会发兵替关羽报仇，大家都说："蜀是个小国，大将只有关羽。关羽已死，军溃不成军，国内都很恐惧，再没有出兵的理由。"侍中刘晔却说："蜀纵然狭小兵力又弱，然而刘备的计划，会用他的威武来自强，一定会集合全部力量，显示他还很强大。并且关羽与刘备在名分上他们是君臣，在恩情上却是父子之间的关系；关羽被杀，假如不举兵报仇，在名分上和情谊上也说不过去。"

八月，孙权遣使称臣，卑辞奉章，并送于禁等还。朝臣皆贺，刘晔独曰："权无故求降，必内有急。权前袭杀关羽，刘备必大兴师伐之。外有强寇，众心不安，又恐中国往乘其衅，故委地求降，一以却中国之兵，二假中国之援，以强其众而疑敌人耳。天下三分，中国十有其八。吴、蜀各保一州，阻山依水，有急相救，此小国之利也。今还自相攻，天亡之也，宜大兴师，径渡江袭之。蜀攻其外，我袭其内，吴之亡不出旬月矣。吴亡则蜀孤，若割吴之半以与蜀，蜀固不能久存，况蜀得其外，我得其内乎！"帝曰："人称臣降而伐之，疑天下欲来者心，不若且受吴降而袭蜀之后也。"对曰："蜀远吴近，又闻中国伐之，便还军，不能止也。今备已怒，兴兵击吴，闻我伐吴，知吴必亡，将喜而进与我争割吴地，必不改计抑怒救吴也。"帝不听，遂受吴降。

于禁须发皓白，形容憔悴，见帝，泣涕顿首。帝慰喻以荀林父、孟明视故事，拜安远将军，令北诣邺谒高陵。帝使豫于陵屋画关羽战克、庞德愤怒、禁降服之状。禁见，惭恚发病死。

◆臣光曰：于禁将数万众，败不能死，生降于敌，既而复归。文帝废之可也，杀之可也，乃画陵屋以辱之，斯为不君矣！◆

【译文】八月，孙权派遣使者向魏国称臣，奏章的言辞谦卑，而且还将于禁等送回曹营。于是朝臣都来祝贺，刘晔却说："孙权没有因由就归降，国内一定有急事。孙权才杀关羽不久，刘备一定聚兵征讨他。他外有强敌，众心不安，又怕我国乘机攻打他，因此才来归降，一方面想让我国退兵，另一方面要借我国的援助，让他们强大让敌人迟疑。现今天下三分，我国有十分之八的领土，吴国、蜀国也不过各保一州罢了。靠山水的阻隔，有急事就请求援助，这是小国生存的道理。现今两个小国相互攻打，这是上天要消灭他们啊！我们应当出兵，渡江攻击他。蜀由西攻其外部，我由北攻其内部，不出十天，吴国就亡了。吴国没有了，蜀国就会孤立，即使蜀国获得吴国一点土地，也不会久存的。何况蜀国得到的是外部，我们得到的是内部。"魏文帝曹丕说："吴向我称臣，我还要攻打他，这是让归来的人迟疑，会影响天下人心的，不如暂时接受吴国投降，去攻打蜀国的背后吧！"刘晔又说："蜀国远，吴国近，假如先攻蜀国，他听说我们去攻打他，就会将军队撤回，应对我们，那不知道打到什么时候，才能停呀！更何况现在刘备已发怒，要出兵攻伐吴国，假如听说我们也攻伐吴国，就会知晓吴国一定会灭亡，就会很高兴地攻伐，与我一起争抢吴国的土地，必不会更改他的怒气和援救吴国的打算了。"魏文帝曹丕不采纳他的意见，于是接受吴国的投降。

于禁的头发胡子都白了，形容枯槁，见到魏文帝曹丕后，叩头大哭。魏文帝曹丕用晋大夫荀林父、秦大夫孟明视的故事来安抚于禁,还拜他担任安远将军,让他向北去到邺都看守曹操的高陵。魏文帝曹丕却事先派人在高陵屋子的墙上,画上关羽获胜、庞德气愤、于禁乞降的画。于禁看见后非常愧疚,于是就生病而亡。

◆司马光评论说:于禁带领数万大军,打败仗不能立即自杀,却因偷生归降敌人,之后又回归魏国。魏文帝曹丕废弃他可以,斩杀他也可以,这两项都没用,而在高陵屋子墙上画图欺辱他,这确实不像个君主所为啊。◆

丁巳,遣太常邢贞奉策即拜孙权为吴王,加九锡。刘晔曰:"不可。先帝征伐天下,十兼其八,威震海内;陛下受禅即真,德合天地,声暨四远。权虽有雄才,故汉票骑帆军、南昌侯耳,官轻势卑。士民有畏中国心,不可强迫与成所谋也。不得已受其降,可进其将军号,封十万户侯,不可即以为王也。夫王位去天子一阶耳,其礼秩服御相乱也。彼直为侯,江南士民未有君臣之分。我信其伪降,就封殖之,崇其位号,定其君臣,是为虎傅翼也。权既受王位,却蜀兵之后,外尽礼以事中国,使其国内皆闻,内为无礼以怒陛下;陛下赫然发怒,兴兵讨之,乃徐告其民曰:'我委身事中国,不爱珍货重宝,随时贡献,不敢失臣礼,而无故伐我,必欲残我国家,俘我人民认为仆妾。'吴民无缘不信其言也。信其言而感怒,上下同心,战加十倍矣。"又不听。诸将以吴内附,意皆纵缓,独征南大将军夏侯尚益修攻守之备。山阳曹伟,素有才名,闻吴称藩,以白衣与吴王交书求略,欲以交结京师,帝闻而诛之。

【译文】 丁巳日(十九日),派太常邢贞带着策命前去册封孙权为吴王,并加赐九锡(天子赐诸侯有大功的衣物等九事)。

刘晔劝谏说："不能那么做。先帝（曹操）讨伐天下，领土已十有其八，威震海内，陛下受禅即位，品德与天地契合，名声也已远扬。孙权纵然有才能，也不过是之前汉时的骠骑将军、南昌侯罢了，官位低，势力弱。士兵百姓都怕我国，不能强迫他们一起共谋大事。迫不得已才来归降，我们晋升他为将军，做个十万户侯就行了，怎么就封为王呢？那王的地位与天子只差一阶而已，这样礼制服用会相互混淆的。他适合做侯，江南的士兵百姓不知有君臣的礼节。假如我相信他的假归降，就封给他领土，尊崇他的名号，决出君臣的礼节，是给虎加上翅膀一样凶险。万一孙权接纳了王位，攻退了蜀兵，向他的国宣布，以礼侍奉我国，假如又对皇上不尊重的时候，皇上想征讨他，他就会自然地向国内百姓说：'我依赖着魏国，不吝惜珍货重宝，随时都去上贡，又不敢失去礼节，魏国没有缘由来攻击我，一定是想灭亡我国，虏获我们的百姓去做奴役。'吴国的百姓没有理由不信，信他的话之后，就会群起愤恨，这样上下一心，战力就会增加十倍了。"魏文帝曹丕又不听从他的意见。很多将领以为吴国已经归降，心里就都懈怠下来了。唯有征南大将军夏侯尚更加紧他的攻战守备。山阳曹伟平时很有才华，听到吴国已成为藩属，就用平民的身份与吴王相互通信求取财物，想在京师结交官员，魏文帝曹丕知晓这件事后，就将曹伟斩杀了。

吴人城武昌。

初，帝欲以杨彪为太尉，彪辞曰："尝为汉朝三公，值世衰乱，不能立尺寸之益，若复为魏臣，于国之选，亦不为荣也。"帝乃止。冬，十月，己亥，公卿朝朔旦，并引彪，待以客礼。赐延年杖、冯几，使著布单衣、皮弁以见；拜光禄大夫，秩中二千石；朝见，位次三公；又令门施行马，置吏卒，以优崇之。年八十四而卒。

【译文】吴国又在武昌建城。

起初，魏文帝曹丕想任用杨彪担任太尉，杨彪推辞说："我曾担任过汉朝的三公，当时正处于乱世的时候，没有立一点功勋，假如再做魏国的朝臣，对于国家选拔人才，也不荣光吧？"魏文帝曹丕听了之后，就停止了。冬季，十月，己亥日（初二），公卿在早上上朝之时，请杨彪也到朝，用接待客人的礼节对待他。还赐予他延年手杖，供身体依靠的小几，允许他穿单衣、皮弁（见尊者的古服）朝见，册封为光禄大夫，俸禄二千石。拜见天子，地位仅次于三公；又下令在他的府门前施用"行马"，还设置官兵，非常尊敬他。杨彪到八十四岁才逝世。

【乾隆御批】杨彪以汉三公不受魏爵，托于大义自持，则何不骂贼而死乎？观其于光禄大夫之拜，赐几杖，施行马，恬不知耻，辞十万而受万，尚得谓无亏全节耶？既贪生复好名，千秋以下正论难逃，终于进退无据而已。

【译文】杨彪因为汉朝三公的身份，不接受魏国的爵位。既然是靠着大义支撑自己，为什么不痛骂国贼而死呢？看他当上光禄大夫的时候，赐给几杖，放置行马，恬不知耻。推辞十万却接受一万，还可以说是气节没有缺损吗？既贪生怕死又想要好名声，千秋万代也难逃正义的评论，最终还是进退都没有根据罢了。

以谷贵，罢五铢钱。

凉州卢水胡治元多等反，河西大扰。帝召邹岐还，以京兆尹张既为凉州刺史，遣护军夏侯儒、将军费曜等继其后。胡七千馀骑逆拒既于鹯阴口，既扬声军从鹯阴，乃潜由且次出武威。胡以为神，引还显美。既已据武威，曜乃至，儒等犹未达。既劳赐将士，欲进军击胡，诸将皆曰："士卒疲倦，虏众气锐，难与争锋。"既曰："今军无见粮，当因敌为资。若虏见兵合，退依深山，追之则道险穷饿，兵还则出候寇钞，如此，兵不得解，所谓一日纵敌，患在数世也。"遂前军显美。十一月，胡骑数千，因大风欲放火烧营，将士皆恐。既夜藏精卒三千人为伏，使参军成公英督千馀骑挑战，敕使阳退。胡果争奔之，因发伏截其后，首尾进击，大破之，斩首获生以万数，河西悉平。

【译文】因谷价抬升，罢用五铢钱。

凉州卢水胡人治元多等叛乱，河西走廊因此混乱。魏文帝曹丕召回邹岐，任命京兆尹张既为凉州刺史，派护军夏侯儒、将军费曜等在他的后面跟进。卢水胡人用七千余骑兵在鹯阴口抵御张既，张既虽宣称大军前往鹯阴，暗中却自且次潜行到武威。卢水胡人以为是天降神兵，赶紧撤回显美。张既已占据武威，费曜也到达，夏侯儒还没有抵达。张既奖励将士后，想攻打卢水胡人，诸多将领都说："士兵们太疲劳了，叛军众多并且士气强盛，只怕难以和他们争锋。"张既说："现今我军粮草短缺，应当从敌军处获取。假如敌军看见我军力聚合，就会撤退深山中驻守，到那时追逐敌军，路途既险峻，我军也饥饿，退回则敌军又出来侵掠。如果这样，军队就没有解甲的一天，所谓'一日纵敌，患在数世'，说的就是这个道理。"于是就率领前面的部队攻打显美。十一月，卢水胡人的数千骑兵，想乘着大风纵火烧营，将士们都很害怕。张既在夜间选取了三千士兵作为伏兵，派遣参军成公英率领千余骑兵去挑战，告知他们要假意撤退；卢水胡人的军队果真争相追撵，因而被埋伏的军队斩断，首尾夹击，于是溃败，被斩杀与俘虏的人以万计数，河西走廊就全部安定了。

后西平麹光反，杀其郡守。诸将欲击之，既曰："唯光等造反，郡人未必悉同。若便以军临之，吏民、羌、胡必谓国家不别是非，更使皆相持著，此为虎傅冀也。光等欲以羌、胡为援，今先使羌、胡钞击，重其赏募，所虏获者，皆以畀之。外沮其势，内离其交，必不战而定。"乃移檄告谕诸羌，为光等所诖误者原之，能斩贼帅送首者当加封赏。于是，光部党斩送光首，其馀皆安堵如故。

邢贞至吴，吴人以为宜称上将军、九州伯，不当受魏封。吴王曰："九州伯，于古未闻也。昔沛公亦受项羽封为汉王，盖时宜耳，复何损邪！"遂受之。吴王出都亭候邢贞，贞入门，不下车。张昭谓贞曰："夫礼无不敬，法无不行。而君敢自尊大，岂以江南寡弱，无方寸之刃故乎！"贞即遽下车。中郎将琅邪徐盛忿愤，顾谓同列曰："盛等不能奋身出命，为国家并许、洛，吞巴、蜀，而令吾君与贞盟，不亦辱乎！"因涕泣横流。贞闻之，谓其徒曰："江东将相如此，非久下人者也。"

【译文】之后西平麹光叛乱，斩杀了西平的郡守。诸多将领都想要立即攻打他，张既说："唯有麹光部分人反叛，郡里的人不一定都赞同。假如我们立即攻打他们，官兵、百姓、羌人、胡人一定说我们不分是非，会让他们更团结，这等于给虎再添加翅膀一样有害。麹光等想利用羌、胡作后援，现今不如派遣羌人、胡人，让他们攻打麹光，重赏他们，所获得的东西，都给他们。这样在外面就失去他的势力，在内部再离间他的情谊，一定能不战而胜。"于是就向诸羌发出布告说，被麹光欺瞒的人宽恕，谁能把统领的头斩掉送来，就能加重奖赏。于是麹光的头被部下砍下送来，其余的都安然与以前一样。

邢贞抵达吴国，吴国人以为孙权能称作上将军或九州伯，不应当接纳魏的封爵。吴主孙权说："九州伯在古代没听过啊！昔日沛公也被项羽封为汉主，这是合乎时机的，又有什么损害呢！"于是就接纳了。吴主孙权出都亭等待邢贞，邢贞进入但没有下车，张昭告知邢贞说："自古礼没有不尊敬的，法没有不施行的。先生妄尊自大，难道是认为江南人少兵弱，就没有爱国志士刺杀你吗？"邢贞听了后赶紧下车。中郎将琅邪徐盛非常恼怒，看着左右一列的人说："我等不能奋斗牺牲，替国家攻下许昌、洛阳，吞并巴、蜀二郡，却让我君主与邢贞立盟，不是很羞耻吗？"于是就大哭流涕。邢贞听说这件事后，对他的随从说："江东的将相是这样情景，绝对不是久处人下啊！"

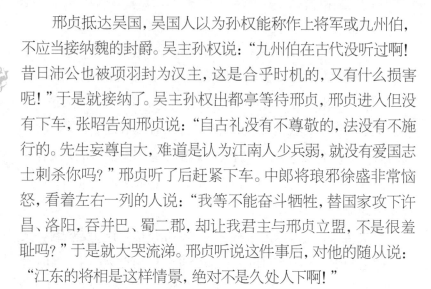

吴主遣中大夫南阳赵咨入谢。帝问曰："吴王何等主也？"对曰："聪明、仁智、雄略之主也。"帝问其状，对曰："纳鲁肃于凡品，是其聪也；拔吕蒙于行陈，是其明也；获于禁而不害，是其仁也；取荆州兵不血刃，是其智也；据三州虎视于天下，是其雄也；屈身于陛下，是其略也。"帝曰："吴王颇知学乎？"咨曰："吴王浮江万艘，带甲百万，任贤使能，志存经略，虽有馀闲，博览书传，历史籍，采奇异，不效书生寻章摘句而已。"帝曰："吴可征否？"对曰："大国有征伐之兵，小国有备御之固。"帝曰："吴难魏乎？"对曰："带甲百万，江、汉为池，何难之有！"帝曰："吴如大夫者几人？"对曰："聪明特达者，八九十人；如臣之比，车载斗量，不可胜数。"

【译文】吴主孙权派中大夫南阳人赵咨入京回谢，魏文帝曹丕问说："吴王是怎样的人哪？"赵咨回答说："是位聪慧、仁智、雄略的人。"魏文帝曹丕又问吴王的详情，赵咨又回答说："在一般人中，任用鲁肃，这是他的聪明呀！在军人行伍中，重用吕蒙，这是他的圣明哪！虏获于禁，却不斩杀，这是他的仁义！争夺荆州，并没有杀戮，这是他的睿智啊！驻守三州，虎视天下，这是他的雄心呀！能屈居在皇上的名下，这是他的计策啊！"魏文帝曹丕又问："吴王很爱读书吗？"赵咨又回答说："吴王在江上浮有几万艘船，在陆地上有甲兵百万多，任用贤能，发挥才能，志在经略四方，然而吴王稍微空闲，就广览书传与历史典籍，采用书中的微妙深意，却不效仿一般书生的寻章摘句而已。"魏文帝曹丕又问："我能征服吴国吗？"赵咨回答说："大国有讨伐的军队，小国也有坚守的方法。"魏文帝曹丕又问："吴国惧怕魏国吗？"赵咨又回答说："有江、汉大江天险，退能防备，有百万甲兵，进能进攻，有什么惧怕的呢！"魏文帝曹丕又问："像你这样的大夫，吴国有几人？"赵咨又回答说："聪慧又特别通达的人，有八九十人；像我这样的人，可用车载斗量，简直数都数不清楚呀！"

【康熙御批】赵咨对魏主之言可谓得体，盖人主万机待理，自当博览载籍，广充闻见。然所贵者，在于上下古今得其要领，辨别是非，归于至当，使天下之人情物理靡不洞悉其隐微，熟识其常变，因以措诸施行，期为有益，岂如庶士之学，仅娴习词章而已哉？

【译文】赵咨回答魏主的话可以说是很得体，作为君主，治理政务，应该博览群书，广充见闻。然而更重要的是，人君懂得从历史中总结经验，从而明白治国之要，能辨别是非，归于至当，对天下的人情事理都能够完全了解，熟悉其中的常道，因此而实施合适的政治策略，以期有益于天下。怎么能够只和普通人学习一般，仅仅熟习词章而已！

帝遣使求雀头香、大贝、明珠、象牙、犀角、玳瑁、孔雀、翡翠、斗鸭、长鸣鸡于吴。吴群臣曰："荆、扬二州，贡有常典。魏所求珍玩之物，非礼也，宜勿与。"吴王曰："方有事于西北，江表元元，恃主为命。彼所求者，于我瓦石耳，孤何惜焉！且彼在谅闇之中，而所求若此，宁可与言礼哉！"皆具以与之。

资治通鉴

【译文】魏文帝曹丕派使者到吴国要求进贡雀头香、贝壳、珍珠、象牙、犀角、玳瑁、孔雀、翡翠、斗鸭、长鸣鸡等物。吴国的众臣都说："荆州、扬州进贡有它平常的规则，魏国所要求的珍贵奇玩，是不合乎道义的，应当不给他。"吴主孙权却说："在西北刚发生过战事，吴国的百姓，正依赖别国休养生息。他们所要求的，在我国就像瓦砾而已，我何必吝惜呢！并且他正处于服丧的时候，却要求进贡这些物品，还能和他谈礼节吗！"都弄好如数送给他。

【乾隆御批】如此等问答或出于使者自记，以见己长，未可尽信。且以曹丕求珍责任子，不明时势之人，安能有屡更其端之问，如出一手之丈乎？迂儒昧此不知，遂至决裂，好名之举纷如。

【译文】像这样的问答也许是出自使者自己的记载，以显示自己的长处，不可以全信。况且曹丕向吴责求珍宝与人质，不清楚时势的人，怎么能不止一次地变更提问，如同出自一个人的手笔呢？迂腐书生不明白此种情由，以致破绽百出。像这样喜好名声的举动太多了。

吴王以其子登为太子，妙选师友，以南郡太守诸葛瑾之子恪、绥远将军张昭之子休、大理吴郡顾雍之子谭、偏将军庐江陈武之子表皆为中庶子，入讲诗书，出从骑射，谓之四友。登接待僚属，略用布衣之礼。

【译文】吴王立他的儿子孙登为太子，很用心地为他择取师友，任命南郡太守诸葛瑾的儿子诸葛恪、绥远将军张昭的儿子张休、大理吴郡顾雍的儿子顾谭、偏将军庐江人陈武的儿子陈表，都为中庶子，在宫中讲解诗书，外出学骑射，当时称他们为四友。太子孙登对待僚属之时，是用一般百姓的礼仪。

十二月，帝行东巡。

帝欲封吴王子登为万户侯，吴王以登年幼，上书辞不受；复遣西曹掾吴郡沈珩入谢，并献方物。帝问曰："吴嫌魏东向乎？"珩曰："不嫌。"曰："何以？"曰："信恃旧盟，言归于好，是以不嫌；若魏渝盟，自有豫备。"又问："闻太子当来，宁然乎？"珩曰："臣在东朝，朝不坐，宴不与，若此之议，无所闻也。"帝善之。

吴王于武昌临钓台饮酒，大醉，使人以水洒群臣曰："今日酣饮，惟醉堕台中，乃当止耳！"张昭正色不言，出外，车中坐。王遣人呼昭还入，谓曰："为共作乐耳，公何为怒乎？"昭对曰："昔纣为糟丘酒池，长夜之饮，当时亦以为荣，不以为恶也。"王默然惭，遂罢酒。

【译文】十二月，魏文帝曹丕向东巡狩。

魏文帝曹丕想封吴王的儿子孙登做万户侯，吴王以为孙登还年幼，上书推辞不愿接纳；又派西曹掾吴兴人沈珩入京回谢，并贡献地方的珍奇玩物。魏文帝曹丕问："吴国疑虑魏国向东发动进攻吗？"沈珩回答说："不怀疑。"魏文帝曹丕又问："怎么能看到呢？"沈珩回答说："依据着之前的盟约，归于欢好，因此不怀疑；假如魏国不遵从约定，吴国自有打算。"魏文帝曹丕又问："听闻太子应当来，为什么不来呢？"沈珩回答说："臣国在东方，既不上朝，也不参与宴会，还未曾听说这样的言论。"

魏文帝曹丕听说后，认为沈珩说得很对。

　　吴主孙权在武昌去钓台喝酒，喝得烂醉，让人用水把众臣酒醒，之后再喝，他说："今天酣畅淋漓地喝，直到醉在钓台中，才能停下！"张昭正色不语，走到外边，坐在车上。吴主孙权派人叫张昭回来，对他说："为了一起欢乐罢了，你为什么生气呢？"张昭回答说："昔日殷纣王曾有糟丘和酒池，整夜畅饮，那时也以为欢乐，不觉得是坏事呀！"吴王听说后，沉默不语，自感愧疚，于是就停止喝酒。

　　吴王与群臣饮，自起行酒，虞翻伏地，阳醉不持；王去，翻起坐。王大怒，手剑欲击之，侍坐者莫不惶遽。惟大司农刘基起抱王，谏曰："大王以三爵之后，手杀善士，虽翻有罪，天下孰知之！且大王以能容贤蓄众，故海内望风；今一朝弃之，可乎！"王曰："曹孟德尚杀孔文举，孤于虞翻何有哉！"基曰："孟德轻害士人，天下非之。大王躬行德义，欲与尧、舜比隆，何得自喻于彼乎？"翻由是得免。王因敕左右："自今酒后言杀，皆不得杀。"基，繇之子。

　　初，太祖既克蹋顿，而乌桓浸衰，鲜卑大人步度根、轲比能、素利、弥加、厥机等因阎柔上贡献，求通市，太祖皆表宠以为王。轲比能本小种鲜卑，以勇健廉平为众所服，由是能威制馀部，最为强盛。自云中、五原以东抵辽水，皆为鲜卑庭，轲比能与素利、弥加割地统御，各有分界。轲比能部落近塞，中国人多亡叛归之；素利等在辽西、右北平、渔阳塞外，道远，故不为边患。帝以平虏校尉牵招为护鲜卑校尉，南阳太守田豫为护乌桓校尉，使镇抚之。

【译文】吴王与众臣，亲自起身敬酒，虞翻趴在地上，装作醉了，不去接酒，等到吴王走过去，虞翻立即起身坐下。吴王很恼怒，拿起剑来想杀他，在座的人都很害怕。唯有大司农刘基赶紧抱紧吴主孙权，并劝说："大王因饮酒三杯过度后，就亲自杀善士，纵然是虞翻的错，然而天下的人怎么会知道呢！并且大王是容贤爱众的人，因此各地都望德而来；现今突然放弃之前的善举，这样行吗？"吴王说："曹操还杀过孔融呢！我斩杀虞翻有什么不对呢！"刘基说："曹操轻易斩杀士人，大家都批评他不对，大王是行仁义的人，能与尧、舜相比，哪能自己与曹操相比呢？"虞翻因而得以免死。吴王告诉左右说："从此以后，凡是醉酒所说的杀，都可不杀。"刘基，是刘繇的儿子。

之前，太祖（曹操）已攻克蹋顿，而乌桓日益微弱，鲜卑大人步度根、轲比能、素利、弥加、厥机等通过阎柔进贡，乞求相互通商，太祖都上书册封他们为王。轲比能原本是小种的鲜卑，然而他们勇健廉平，被大家信服，因此能威震诸部，是最强大的。从云中、五原往东到辽水，都是鲜卑的领土，轲比能与素利、弥加分割疆土统治，各有分界线。轲比能的部落接近塞内，中原的叛众大多依附他；素利等在辽西、右北平、渔阳，都在塞外，路途遥远，因此不会造成边患。魏文帝曹丕任平虏校尉牵招为护鲜卑校尉，南阳太守田豫为护乌桓校尉，来震慑安抚他们。

三年（壬寅，公元二二二年）春，正月，丙寅朔，日有食之。

庚午，帝行如许昌。

诏曰："今之计、孝，古之贡士也；若限年然后取士，是吕尚、周晋不显于前世也。其令郡国所选，勿拘老幼；儒通经术，吏达文法，到皆试用。有司纠故不以实者。"

二月，鄯善、龟兹、于阗王各遣使奉献。是后西域复通，置戊己校尉。

【译文】三年（壬寅，公元222年）春季，正月，丙寅朔日（初一），发生日食。

庚午日（初五），魏文帝曹丕前去许昌巡幸。

魏文帝曹丕下诏书说："现在的计吏、孝廉，就是古代诸侯推举才学的人，给天子任用的人；假如限制年龄才取士，那吕尚、周晋在古代是不会被重用的。因此希望郡国选取人才，不要拘泥于年纪大小，只要做学术的人通晓经传，做官的人知晓文法，举荐来的都能试用。负责的人要改变之前不实际的做法。"

二月，鄯善、龟兹、于阗王各派使者来进贡。不久西域也再通行，设立了戊己校尉。

汉主自秭归将进击吴，治中从事黄权谏曰："吴人悍战，而水军沿流，进易退难。臣请为先驱以当寇，陛下宜为后镇。"汉主不从，以权为镇北将军，使督江北诸军；自率诸将，自江南缘山截岭，军于夷道猇亭。吴将皆欲迎击之。陆逊曰："备举军东下，锐气始盛；且乘高守险，难可卒攻。攻之纵下，犹难尽克，若有不利，损我太势，非小故也。今但且奖厉将士，广施方略，以观其变。若此间是平原旷野，当恐有颠沛交逐之忧；今缘山行军，势不得展，自当罢于木石之间，徐制其敝耳。"诸将不解，以为逊畏之，各怀愤恨。

汉人自佷山通武陵，使侍中襄阳马良以金锦赐五谿诸蛮夷，授以官爵。

三月，乙丑，立皇子齐公叡为平原王、皇弟鄢陵公彰等皆进爵为王。甲戌，立皇子霖为河东王。

【译文】汉主刘备自秭归率领大军攻打吴国，治中从事黄权劝谏说："吴国人奋勇强壮，并且沿江都是水军，我军攻伐轻易，撤退就困难了。我请求担任先锋去攻打敌军，陛下应当在后坐镇。"汉主刘备不采纳他的建议，还派遣他担任镇北将军，去指挥江北的军队；汉主刘备亲自率领诸将，从江南翻山越岭前进，大军驻守在夷道猇亭。吴国的将领都建议去迎头痛击。陆逊却说："刘备的军队东下，士气正旺盛，并且占了高山据守险要，很难急攻。就是能攻上山，也不一定能获胜，假如有不利的时候，损害我的兵力，绝对不会小呀！现今唯有奖赏将士，用各种办法，来观看他们的变化。就是这地方是平原旷野，还害怕有交战不利的担忧；更何况现今沿山行军，大军不能展开，只能疲惫行走在木石的地区，我看还是慢慢地等待敌军有缺点显现出来，再来进攻吧！"诸将领不了解陆逊的心思，都以为他胆子太小了惧怕刘备，各自心中怀有愤恨。

汉人从很山通往武陵，派侍中襄阳马良拿着金银布帛送给五溪那些蛮夷，还封他们官职和爵位。

三月，乙丑朔日（初一），魏文帝曹丕册立皇太子齐公曹叡为平原王，其弟弟鄢陵公曹彰等人都晋升做了王。甲戌日（初十），魏文帝曹丕册立儿子曹霖做河东王。

甲午，帝行如襄邑。

夏，四月，戊申，立鄄城侯植为鄄城王。是时，诸侯王皆寄地空名而无其实；王国各有老兵百馀人以为守卫；隔绝千里之外，不听朝聘，为设防辅监国之官以伺察之。虽有王侯之号而侪于匹夫，皆思为布衣而不能得。法既峻切，诸侯王过恶日闻；独北海王衮谨慎好学，未尝有失。文学、防辅相与言曰："受诏察王举措，有过当奏，及有善亦宜以闻。"遂共表称陈衮美。衮闻之，大惊惧，责让文学曰："修身自守，常人之行耳，而诸君乃以上闻，是适所以增其负累也。且如有善，何患不闻，而遽共如是，是非所以为益也。"

资治通鉴

【译文】甲午日（三十日），魏文帝曹丕前往襄邑。

夏季，四月，戊申日（十四日），魏文帝曹丕册立鄄城侯曹植为鄄城王。那时，诸侯王都有个空名寄住在各地，并没有实权；王国都有一百多老兵在那里驻守；与京城相隔几千里，不参加国家政事，为了防止意外，还派遣监国的官吏，监视各王的举动。纵然有王侯的名声，却如同普通人一样，他们想做平民都不能做。法令非常严苛，诸侯王的过错罪责经常听说；唯有北海王曹衮谨慎爱学，没有过罪责。文学（王跟前的人）、防辅相互说："受皇上的命令，监察王的行为，有过失就告诉他，有好事也应当禀告他。"于是就一起上书陈说曹衮的美好的品德。曹衮知晓后，非常害怕，就斥责文学说："修身自守，是常人的行为罢了，各位竟禀告皇上，这样恰好是增添我的负累了。况且真有善行，怎么担心皇上不知道呢！却赶忙禀告给他，这是没有益处的。"

癸亥，帝还许昌。

五月，以江南八郡为荆州，江北诸郡为郢州。

汉人自巫峡建平连营至夷陵界，立数十屯，以冯习为大督，张南为前部督，自正月与吴相拒，至六月不决。汉主遣吴班将数千人于平地立营，吴将帅皆欲击之，陆逊曰："此必有谲，且观之。"汉主知其计不行，乃引伏兵八千从谷中出。逊曰："所以不听诸君击班者，揣之必有巧故也。"逊上疏于吴王曰："夷陵要害，国之关限，虽为易得，亦复易失。失之，非徒损一郡之地，荆州可忧，今日争之，当令必谐。备干天常，不守窟穴而敢自送，臣虽不材，凭奉威灵，以顺讨逆，破坏在近，无可忧者。臣初嫌之水陆俱进，今反舍船就步，处处结营，察其布置，必无他变。伏愿至尊高枕，不以为念也。"

【译文】癸亥日（二十九日），魏文帝曹丕返回许昌。

五月，把江南八郡改为荆州，江北诸郡改为郢州。

汉人从巫峡建平连接扎营到夷陵地界，建造几十个屯兵所，任用冯习为大督，张南为前部督，从正月与吴国相对峙，到六月还没有解决。汉主刘备派吴班率领几千人在平地扎营，吴国将帅看见这样的情景，都建议攻打他，陆逊竟说："这一定有诈，暂时观看一下他的行为。"汉主刘备知晓他的计策不能实施，就命伏兵八千人从谷中冲出，陆逊说："我之所以不让诸位去攻打吴班的因由，是揣测他一定有诈啊！"陆逊上表吴王说："夷陵是国家险要的地方，与国家利益相关。即使容易获得，然而也很容易丢失；假如失去了，就不止损失一郡的领土，并且荆州也要遭受祸患，现今要抢夺它，一定让上下和睦。刘备违背常规，不固守他的根据地，竟然前来送死，臣纵然没有才能，但凭借上天的威灵，一定能名正言顺讨伐逆贼，战败他就在最近这段时间，没什么可担忧的了。臣刚开始怕他水陆一块前进，现今反而弃船在陆地立营，处处驻扎营地，仔细观看他们的部署，并没什么变动。希望吾王在上高枕没有忧愁，不要把这事记挂在心里。"

闰月，逊将进攻汉军，诸将并曰："攻备当在初，今乃令入五六百里，相守经七八月，其诸要害皆已固守，击之必无利矣。"

逊曰："备是猾虏，更尝事多，其军始集，思虑精专，未可干也。今住已久，不得我便，兵疲意沮，计不复生。掎角此寇，正在今日。"乃先攻一营，不利，诸将皆曰："空杀兵耳！"逊曰："吾已晓破之之术。"乃敕各持一把茅，以火攻，拔之；一尔势成，通率诸军，同时俱攻，斩张南、冯习及胡王沙摩柯等首，破其四十馀营。汉将杜路、刘宁等穷逼请降。

汉主升马鞍山，陈兵自绕，逊督促诸军，四面蹙之，土崩瓦解，死者万数。汉主夜遁，驿人自担烧铙铠断后，仅得入白帝城，其舟船、器械，水、步军资，一时略尽，尸骸塞江而下。汉主大惭恚曰："吾乃为陆逊所折辱，岂非天邪！"将军义阳傅彤为后殿，兵众尽死，彤气益烈。吴人谕之使降，彤骂曰："吴狗，安有汉将军而降者！"遂死之。从事祭酒程畿溯江而退，众曰："后追将至，宜解舫轻行。"畿曰："吾在军，未习为敌之走也。"亦死之。

【译文】 闰月，陆逊率领大军攻打汉营，诸将都说："攻打刘备应该在刚接触的时候，现今让他进入吴地五六百里，驻守经过七八个月，他们占据的要塞都已经建得很坚固，攻打他一定没有好处！"陆逊说："刘备是狡诈的敌人，又曾经历过很多事，他的军队开始集合，一定思考周全，不能进犯；现在驻守很久，没有获得我的好处，士兵已疲劳，士气也衰弱，不能再出什么计策了。攻打敌人，就是这个时候。"于是先攻打汉军一个营，结果没有获得好处，诸将都批评说："白白地牺牲士兵罢了。"陆逊说："我已经知道打败敌军的战略了。"于是命全军各拿一把茅草，用火进攻，击破营寨，在拔营的短时间，胜利局势成功，于是下令各军一起攻击，砍掉了张南、冯习与胡王沙摩柯等的头，击破四十多个营塞。汉将杜路、刘宁等被逼得请求归降。

资治通鉴

汉主刘备登上马鞍山，把兵排列在自己周围，陆逊催促各军，四面紧迫包围，汉军土崩瓦解，死了一万多人。汉主刘备利用夜晚逃跑，依靠驿人自担所弃铠铠在隘道烧毁以断后，才得以回到白帝城，汉军的船、兵器、水陆所用的物资，瞬间都丢弃完了。而尸骨填满了长江，顺流而下。汉主刘备非常愧疚，于是埋怨地说："我竟被陆逊所侮辱，难道不是天意吗！"将军义阳傅彤为他断后，很多士兵都战死了，傅彤意气更加猛烈。吴人告诉他让他归降，他大骂说："吴狗！怎会有汉将军向你们归降的呢！"于是力战而死。从事祭酒程畿沿着长江逆流而退，大家都说："敌军快追上来了，应该解开舫舟，乘小船逃跑。"程畿说："我在军中，没有学过临阵脱逃的事啊！"也战死了。

初，吴安东中郎将孙桓别击汉前锋于夷道，为汉所围，求救于陆逊，逊曰："未可。"诸将曰："孙安东，公族，见围已困，奈何不救？"逊曰："安东得士众心，城牢粮足，无可忧也。待吾计展，欲不救安东，安东自解。"及方略大施，汉果奔溃。桓后见逊曰："前实怨不见救；定至今日，乃知调度自有方耳！"

初，逊为大都督，诸将或讨逆时旧将，或公室贵戚，各自矜恃，不相听从。逊按剑曰："刘备天下知名，曹操所惮，今在境界，此强对也。诸君并荷国恩，当相辑睦，共翦此虏，上报所受，而不相顺，何也？仆虽书生，受命主上，国家所以屈诸君使相承望者，以仆尺寸可称，能忍辱负重故也。各在其事，岂复得辞！军令有常，不可犯也！"及至破备，计多出逊，诸将乃服。吴王闻之曰："公何以初不启诸将违节度者邪？"对曰："受恩深重，此诸将或任腹心，或堪爪牙，或是功臣，皆国家所当与共克定大事者，臣窃慕相如、寇恂相下之义以济国事。"王大笑称善，加逊辅国将军，领荆州牧，改封江陵侯。

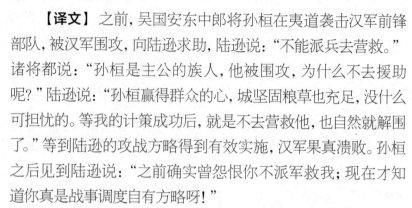

资治通鉴

【译文】之前，吴国安东中郎将孙桓在夷道袭击汉军前锋部队，被汉军围攻，向陆逊求助，陆逊说："不能派兵去营救。"诸将都说："孙桓是主公的族人，他被围攻，为什么不去援助呢？"陆逊说："孙桓赢得群众的心，城坚固粮草也充足，没什么可担忧的。等我的计策成功后，就是不去营救他，也自然就解围了。"等到陆逊的攻战方略得到有效实施，汉军果真溃败。孙桓之后见到陆逊："之前确实曾怨恨你不派军救我；现在才知道你真是战事调度自有方略呀！"

开始时，陆逊担任大都督，诸将领有的是跟随讨逆将军孙策的旧将领，有的是公室贵族，各自以为了不起，不肯服从指挥。陆逊于是就拿着剑对大家说："刘备天下有名，连曹操都惧怕他，现今他率领军队到我国边境，这是非常强大的敌人哪！诸将都承受国恩，就理当互相和谐，一起铲除这强敌，以求上报得到厚禄，现在不服从，为什么呢？我纵然是书生，然而受命于主上，国家之所以屈辱诸位，却寄希望于我，大概我还有些值得称赞的地方，这是能忍辱负重的原因吧！诸位应尽自己的本责，怎么能推脱呢！军令有它的规则，任何人都不能犯啊！"等到把刘备打败，诸将知道计策都是陆逊谋划的，大家内心才顺服。吴王听说以上的事后就问陆逊说："你为什么在最开始的时候，不告诉我诸将不听命令呢？"陆逊回答说："因为受恩深重，关于诸位将领，有的是大王的心腹，有的是王左右的得力助手，有的是王昔日的功臣，都是应该与他们商议国家大事的人，臣暗中想学习蔺相如、寇恂的行为，期望能对国事有帮助。"吴王听完之后，大笑称好。加封陆逊辅国将军，领荆州牧，改封江陵侯。

初，诸葛亮与尚书令法正好尚不同，而以公义相取，亮每奇正智术。及汉主伐吴而败，时正已卒，亮叹曰："孝直若在，必能制主上东行；就使东行，必不倾危矣。"汉主在白帝，徐盛、潘璋、宋谦等各竞表言"备必可禽，乞复攻之。"吴王以问陆逊。逊与朱然、骆统上言曰："曹丕大合士众，外托助国讨备，内实有奸心，谨决计辄还。"

　　初，帝闻汉兵树栅连营七百馀里，谓群臣曰："备不晓兵，岂有七百里营可以拒敌者乎！'苞原隰险阻而为军者为敌所禽'，此兵忌也。孙权上事今至矣。"后七日，吴破汉书到。

　　【译文】起初，诸葛亮与尚书令法正两人的喜好崇尚都不一样，法正有公义的优点，诸葛亮经常赞扬法正的智术。等到汉主刘备讨伐吴国失利，那时法正已逝世，于是诸葛亮感叹说："假如法正在世，一定能阻止主上东行；就是东行，也不会失败到这样子。"汉主刘备驻兵白帝，吴将徐盛、潘璋、宋谦等各竞相上书说："能俘虏刘备，请求再攻打他。"吴王就以上的事询问陆逊，陆逊与朱然、骆统劝谏说："曹丕集结将士，假意帮助我国征讨刘备，事实上有谋取我国的歪心，希望暂时退军，不必进击。"

　　之前，魏文帝曹丕听说汉军建造七百多里营寨，就与群臣说："刘备不通晓兵法，怎么有七百里以上营寨可以抵御敌军呢！'在杂草丛生、地势平阔、潮湿低洼、艰难险阻的地方扎营，一定为敌所擒'，这是兵家的大忌呀！孙权报捷的上奏，现在就要到达了。"之后七天，吴军大败汉军的书信就到了。

　　秋，七月，冀州大蝗，饥。

　　汉主既败走，黄权在江北，道绝，不得还，八月，率其众来降。汉有司请收权妻子，汉主曰："孤负黄权，权不负孤也。"待之如初。帝谓权曰："君舍逆效顺，欲追踪陈、韩邪？"对曰："臣过受刘主殊遇，降吴不可，还蜀无路，是以归命。且败军之将，免死为幸，何古人之可慕也！"帝善之，拜为镇南将军，封育阳侯，加侍中，使陪乘。蜀降人或云汉诛权妻子，帝诏权发丧。权曰："臣与刘、葛推诚相信，明臣本志。窃疑未实，请须。"后得审问，果如所言。马良亦死于五谿。

【译文】秋季，七月，冀州蝗虫成灾，百姓大饥。

汉主刘备已经溃败撤退了，黄权在长江以北，因道路阻隔，不能撤回去，八月，带领他的军队归降魏国。汉有司请求要捉拿黄权的妻子儿女，汉主刘备说："我辜负了黄权，黄权没有辜负我呀！"对待黄权的妻子仍与之前一样。魏文帝曹丕对黄权说："先生放弃叛乱效顺正统，想效仿陈平、韩信的事吗？"黄权回答说："臣过去受刘主的优渥对待，是不能归降吴国的，撤回蜀地又无路可走，因此才来效命。而溃败的将领，免于一死就够幸运了，怎么还能去效仿古代的贤能呢！"魏文帝曹丕以为他说得对，拜他担任镇南将军，封作育阳侯，加侍中，让他为陪乘。蜀地归降的人，有的说汉主斩杀了黄权的妻子，魏文帝曹丕告诉黄权举办丧事。黄权说："臣与刘备、诸葛亮推诚相待，他们都明白臣的志向，我暗地里怀疑这件事不真实，请再等待几天吧！"之后获得确定的消息，果真就像黄权说的都没有被杀。这时候马良在五谿也去世了。

【申涵煜评】权为蜀主亲臣，伐吴之役，走而降魏，曾傅彤、程畿之不若。盖昔事刘璋，投降手滑，如再醮之妇，虽称好合，终无固志。

【译文】黄权是刘备的近臣，在讨伐孙吴的战争中，逃走投降了曹操，比不上傅彤、程畿，虽然曾经跟随刘璋，习惯了投降，就和再嫁的妇人，虽然看似恩爱，却始终没有坚定的志向。

九月，甲午，诏曰："夫妇人与政，乱之本也。自今以后，群臣不得奏事太后，后族之家不得当辅政之任，又不得横受茅土之爵。以此诏传之后世，若有背违，天下共诛之。"卞太后每见外亲，不假以颜色，常言："居处当节俭，不当望赏，念自佚也。外舍当怪吾遇之太薄，吾自有常度故也。吾事武帝四五十年，行俭日久，不能自变为奢。有犯科禁者，吾且能加罪一等耳，莫望钱米恩贷也。"

帝将立郭贵嫔为后，中郎栈潜上疏曰："夫后妃之德，盛衰治乱所由生也。是以圣哲慎立元妃，必取先代世族之家，择其令淑，以统六宫，虔奉宗庙。《易》曰：'家道正而天下定。'由内及外，先王之令典也。《春秋》书宗人衅夏云：'无以妾为夫人之礼。'齐桓誓命于葵丘，亦曰：'无以妾为妻。'今后宫嬖宠，常亚乘舆，若因爱登后，使贱人暴贵，臣恐后世下陵上替，开张非度，乱自上起也。"帝不从。庚子，立皇后郭氏。

【译文】 九月，甲午日（初三），魏文帝曹丕下诏书说："妇人参加政务，是乱国的根本缘由。从今天开始，群臣不能奏报太后，后族的家属不能做辅政的官员，也不能做封土的列侯。把这诏书传给后世，假如有违抗的，天下就一起征讨他。"卞太后每次看见外戚，从来没有表现得太过亲热，经常说："居家应该节约，不应该希望奖赏，心内有着享受的想法。外家会怪我对待他们太薄情，不知道我自有正常法理的原因呀！我侍奉武帝四五十年，实施节约的日子长了，不会自己再变得奢华。有违背法条所禁止的,我就要对犯罪的人加倍处罚,不要奢望我会向大家送钱米,甚至是宽免你们!"

魏文帝曹丕打算立郭贵嫔为皇后,中郎栈潜上书说:"后妃的德行,是国家盛衰治乱所发生的根本!因此古代圣贤对皇后的抉择很谨慎,一定在先代的世族家里,选择有美德的淑女,才能统领六宫,真诚地供奉宗朝。《易经》上说:'家道正而天下定。'从家庭到国家,这是先王的美德呀!用《春秋》记录宗人衅夏的话说:'没有用妾来当夫人的礼仪。'齐桓公在葵丘发誓也说:'不能用妾来做妻。'让后宫受宠的婢女,经常仅次于皇后一等。假如因宠爱就让她们随意登上皇后之位,这是用低贱的人突然尊贵起来的行为。臣恐怕后世,在下的欺负在上的,还要取代在上的地位,开始不守礼法的行为,是从皇上开始的。"魏文帝曹丕不采纳这意见。庚子日(初九),魏文帝曹丕册立郭贵嫔为皇后。

初,吴王遣于禁护军浩周、军司马东里衮诣帝,自陈诚款,辞甚恭悫。帝问周等:"权可信乎?"周以为权必臣服,而衮谓其不可必服。帝悦周言,以为有以知之,故立为吴王,复使周至吴。周谓吴王曰:"陛下未信王遣子入侍,周以阖门百口明之。"吴王为之流涕沾襟,指天为誓。周还而侍子不至,但多设虚辞。帝欲遣侍中辛毗、尚书桓阶往与盟誓,并责任子,吴王辞让不受。帝怒,欲伐之,刘晔曰:"彼新得志,上下齐心,而阻带江湖,不可仓卒制也。"帝不从。

九月,命征东大将军曹休、前将军张辽、镇东将军臧霸出洞口,大将军曹仁出濡须,上军大将军曹真、征南大将军夏侯尚、左将军张郃、右将军徐晃围南郡。吴建威将军吕范督五军,以舟军拒休等，左将军诸葛瑾、平北将军潘璋、将军杨粲救南郡，裨将军朱桓以濡须督拒曹仁。

【译文】 起初，吴主孙权派于禁的护军浩周、军司马东里衮到魏去拜见魏文帝曹丕，表明真诚的心意，言语非常恭顺。魏文帝曹丕问浩周与东里衮说："孙权能信吗？"浩周以为孙权一定会臣服，然而东里衮却以为不一定臣服。魏文帝曹丕非常喜欢浩周的说辞，以为他清楚这事，因此要册立孙权做吴王，还派遣浩周到吴国去。浩周对吴主孙权说："陛下不信王会派儿子去入侍，我用全家百口的性命保证。"吴王替他痛哭流涕沾湿衣服，对天发誓要做到。浩周返回魏国，然而质子没去，而且都用虚辞应对。魏文帝曹丕想派侍中辛毗、尚书桓阶到吴国订立盟约，并请派质子，吴主孙权推辞不愿接纳。魏文帝曹丕非常恼怒，想攻打吴国。刘晔劝谏说："吴国刚打胜仗，正上下团结，并且有江湖阻隔，不能匆忙中去攻打他们。"魏文帝曹丕不采纳刘晔的建议。

九月，魏文帝曹丕派征东大将军曹休、前将军张辽、镇东将军臧霸出洞口，大将军曹仁出濡须，上军大将军曹真、征南大将军夏侯尚、左将军张郃、右将军徐晃围攻南郡。吴国派遣建威将军吕范率领五军，用舟军抵御曹休等，又派遣左将军诸葛瑾、平北将军潘璋、将军杨粲去援助南郡，另外派遣裨将军朱桓前往濡须抵御曹仁。

冬，十月，甲子，表首阳山东为寿陵，作终制，务从俭薄，不藏金玉，一用瓦器。令以此诏藏之宗庙，副在尚书、秘书、三府。

吴王以扬越蛮夷多未平集，乃卑辞上书，求自改厉："若罪在难除，必不见置，当奉还土地民人，寄命交州以终馀年。"又与浩周书云："欲为子登求昏宗室。"又云："以登年弱，欲遣孙长绪、张子布随登俱来。"帝报曰："朕之与君，大义已定，岂乐劳师远临江、汉！若登身朝到，夕召兵还耳。"于是吴王改元黄武，临江拒守。

【译文】 冬季，十月，甲子日（初三），魏文帝曹丕发表文告，决定在洛阳附近首阳山东侧建立自己的陵墓，制作了关于葬礼的制度，一切廉俭，不用金银，全部用瓦器。将此诏书放在宗庙，副本放在尚书、秘书、三府。

吴主孙权因扬、越一带蛮夷尚未平定，用卑微的语言上表，请求改过自新自我勉励说："假如我的罪责难以免除，一定不会再被安置，那就返还领土百姓，寄身在交州以度余生吧！"又写信给浩周说："想替儿子孙登向宗室求娶。"又说："孙登年龄太小了。想派孙邵、张昭跟随孙登一块来。"魏文帝曹丕回复说："我与你的大义，已经确定了，怎么能乐意劳师动众，去征讨长江、汉水之间的地方呢！假如孙登早上到来，夜晚我就把兵召回来了。"在这时吴主孙权改年号为黄武，亲临长江抵御驻守。

【乾隆御批】 刘晔所谏数语切中事机，然应于遣使之先则更善矣。

【译文】 刘晔劝谏的这几句话，指出了成就事功的时机；不过，如果能在派遣使者之前劝谏就更好了。

帝自许昌南征，复郢州为荆州。十一月，辛丑，帝如宛。曹休在洞口，自陈："愿将锐卒虎步江南，因敌取资，事必克捷，若其无臣，不须为念。"帝恐休便渡江，驿马止之。侍中董昭侍侧，曰："窃见陛下有忧色，独以休济江故乎？今者渡江，人情所难，

资治通鉴

244

就休有此志，势不独行，当须诸将。臧霸等既富且贵，无复他望，但欲终其天年，保守禄祚而已，何肯乘危自投死地以求微倖！苟霸等不进，休意自沮。臣恐陛下虽有敕渡之诏，犹必沉吟，未便从命也。"顷之，会暴风吹吴吕范等船，绠缆悉断，直诣休等营下，斩首获生以千数，吴兵迸散。帝闻之，敕诸军促渡。军未时进，吴救船遂至，收军还江南。曹休使臧霸追之，不利，将军尹卢战死。

【译文】魏文帝曹丕从许昌南征，将郢州再改为荆州。十一月，辛丑日（十一日），魏文帝曹丕到达宛县。曹休在洞口，自陈说："愿意带领精兵，踏向长江以南，从敌人中获取资援，这事一定能获胜，假如臣不幸死了，也不必记挂在心。"魏文帝曹丕恐怕曹休渡过长江，赶紧派驿马去阻挠他那样做。侍中董昭在旁侍候，于是说："我看陛下神色有些担忧，只因为曹休要渡长江吗？现今要渡过长江打仗，是人人都不情愿的，就算曹休有这志向，然而从局势来看，是不能独行的，应该让诸将同时行动。既然臧霸等富裕且高贵，不再有其他的奢望，只求安享晚年，保住他的禄位罢了，怎么肯冒险去自投死路呢，来得到侥幸的胜利呢？假如臧霸等不肯前往，曹休的意志自然会沮丧。臣只怕到那时，即使陛下下命令要他们渡长江去交战，也一定会迟疑，不见得会顺从命令的。"停下没多久，一阵狂风将吴国吕范战船的绳索吹断了，直漂到曹休的营地，一千多人被斩首和俘虏，于是吴国兵溃败。魏文帝曹丕听说这事，就催促诸军赶紧渡长江。军队没有立即攻打，吴国救援的船已到达，于是撤军返回长江南岸。曹休派遣臧霸追逐他们，没有获得好处，将军尹卢战死。

庚申晦，日有食之。

吴王使太中大夫郑泉聘于汉，汉太中大夫宗玮报之，吴、汉复通。

汉主闻魏师大出，遗陆逊书曰："贼今已在江、汉，吾将复东，将军谓其能然否？"逊答曰："但恐军新破，创夷未复，始求通亲；且当自补，未暇穷兵耳。若不推算，欲复以倾覆之馀远送以来者，无所逃命。"

汉汉嘉太守黄元叛。

吴将孙盛督万人据江陵中州，以为南郡外援。

【译文】庚申晦日（三十日），发生日食。

吴王派太中大夫郑泉前往蜀汉去下聘，汉也派遣太中大夫宗玮回复，于是吴、汉又往来交好。

汉主刘备听说魏国军队向南进攻吴国，就向陆逊送信说："曹贼已到达长江、汉水，我军假如再东进，将军还能抵御吗？"陆逊回信说："恐怕贵军刚吃了败仗，伤势还没恢复吧？两国才开始交好；且应该自我补过，没有时间再穷兵黩武了。假如不算清楚，想再用残余的兵力，远道来此，只怕会没有办法逃跑了。"

汉汉嘉太守黄元叛乱。

吴国的将领孙盛率领一万多人，驻守江陵中洲，来当作南郡的外援。

资治通鉴卷第七十　魏纪二

起昭阳单阏，尽强圉协洽，凡五年。

【译文】起癸卯（公元223年），止丁未（公元227年），共五年。

【题解】本卷记录了魏文帝曹丕黄初四年到魏明帝曹叡太和元年间的历史。魏文帝为守成之君，丧失与蜀夹击吴国，攻下江南的时机，等到吴国局势稳定，才出兵江南，三次临江，无功而返，反使吴、蜀重新结盟。蜀国邓芝两次使吴修复旧好，诸葛亮平定南中，吴国也平定交趾，两国政局稳定，同时北伐。诸葛亮北驻汉中，上《出师表》。魏国文帝驾崩，明帝即位。

世祖文皇帝下

黄初四年（癸卯，公元二二三年）春，正月，曹真使张郃击破吴兵，遂夺据江陵中洲。

二月，诸葛亮至永安。

曹仁以步骑数万向濡须，先扬声欲东攻羡溪，朱桓分兵赴之。既行，仁以大军径进。桓闻之，追还羡溪兵，兵未到而仁奄至。时，桓手下及所部兵在者才五千人，诸将业业各有惧心，桓喻之曰："凡两军交对，胜负在将，不在众寡。诸君闻曹仁用兵行师，孰与桓邪？兵法所以称'客倍而主人半'者，谓俱在平原无城隍之守，又谓士卒勇怯齐等故耳。今仁既非智勇，加其士卒甚怯，又千里步涉，人马罢困。桓与诸君共据高城，南临大江，北背山陵，以逸待劳，为主制客，此百战百胜之势，虽曹丕自来，尚不足忧，况仁等邪！"桓乃偃旗鼓，外示虚弱以诱致仁。仁遣其子泰攻濡须城，分遣将军常雕、王双等乘油船别袭中洲。中洲者，桓部曲妻子所在也。蒋济曰："贼据西岸，列船上流，而兵入洲中，是为自内地狱，危亡之道也。"仁不从，自将万人留橐皋，为泰等后援。桓遣别将击雕等而身自拒泰，泰烧营退。桓遂斩常雕，生虏王双，临陈杀溺死者千馀人。

【译文】黄初四年（癸卯，公元223年）春季，正月，曹真派遣张郃大败吴国军队，于是占据了江陵中洲。

二月，诸葛亮抵达永安。（前白帝改为永安）

曹仁派遣几万步兵骑兵朝濡须进发，而且先扬言想往东去攻打羡溪，吴将朱桓分兵前去抵御。兵已派出，曹仁派遣大军径直攻打，朱桓听说这信息，赶紧追回往羡溪的部队，然而大军还没回来，曹仁部队就到了。那时朱桓的手下才五千人，诸将都很恐惧，朱桓于是就对他们说："凡两军交战，胜负全在将领，并不在人的多少。诸位觉得曹仁与我朱桓谁比较会用兵打仗呢？兵法纵使说'客倍而主人半'，但那是指在平原打仗却没有城可守，也是指两军的士兵，勇敢战斗和但怯害怕的情况相等罢了。现今既然曹仁不是智勇的将领，他的士兵又很胆小，再加上千里奔波，人马困顿。我与诸位一起戍守着高大的城垣，南边有大江，北边靠山陵，以逸待劳，用地主打败来客，这是百战百胜的局势，就是曹丕亲自前来，也没什么可恐惧的，更何况曹仁他们呢！"朱桓命士兵将旗卸下停止鸣鼓，对外示弱，引曹仁来攻打。曹仁派遣儿子曹泰攻击濡须城，另派将军常雕、王双等乘

资治通鉴

油船分别攻打中洲。中洲是朱桓部下妻儿们住的地方。蒋济劝谏曹仁说：“敌人驻守西岸，船陈列在上流，我军进入中洲，就是自入地狱，死亡之路呀！”曹仁不采纳蒋济的建议，自己带领一万多人留守橐皋，当作曹泰等的后援。朱桓派遣别的将领攻击常雕等，自己亲自抵御曹泰，曹泰军营烧毁后撤退。朱桓于是就斩杀常雕，虏获王双，在阵前曹军的一千多人被杀死和淹死。

初，吕蒙病笃，吴王问曰：“卿如不起，谁可代者？”蒙对曰：“朱然胆守有馀，愚以为可任。”朱然者，九真太守朱治姊子也。本姓施氏，治养以为子，时为昭武将军。蒙卒，吴王假然节，镇江陵。及曹真等围江陵，破孙盛，吴王遣诸葛瑾等将兵往解围，夏侯尚击却之。江陵中外断绝，城中兵多肿病，堪战者裁五千人。真等起土山，凿地道，立楼橹临城，弓矢雨注，将士皆失色。然晏如无恐意，方厉吏士，伺间隙，攻破魏两屯。魏兵围然凡六月，江陵令姚泰领兵备城北门，见外兵盛，城中人少，谷食且尽，惧不济，谋为内应，然觉而杀之。

【译文】起初，吕蒙病重，吴王去问候说：“你如不病愈，谁能取代你呢？”吕蒙回答说：“朱然胆量过人并且有节操，愚认为能重用。”朱然是九真太守朱治姐姐的儿子；原本是姓施，朱治将他当作自己的儿子抚养长大，当时他正担任昭武将军之职。吕蒙去世后，吴王任用朱然持节担任使臣，戍守江陵。等到曹真等人围攻江陵，打败孙盛，吴主孙权派出诸葛瑾等率兵前去解救，夏侯尚将他们击退了。江陵和外界隔绝，城内的战士都得了肿病，还能够上战场的人只剩下五千多人。曹真等堆积土山，挖掘地道，搭建高架，把箭射入城中，守城的官兵都很恐惧；朱然则和平时一样，一点也不畏惧，不断鼓励官兵，趁敌人的间隙，攻下魏兵两个地方。魏国的军队围攻朱然已经有六个月，江陵令姚泰领兵守卫北门，他见城外的敌人众多，而城内的守军很少，粮食也快吃光了，只怕城是难以守住，因此想做敌人的内应，此事被朱然知道了，他立刻把姚泰杀掉。

时江水浅狭，夏侯尚欲乘船将步骑入渚中安屯，作浮桥，南北往来，议者多以为城必可拔。董昭上疏曰："武皇帝智勇过人，而用兵畏敌，不敢轻之若此也。夫兵好进恶退，常然之数。平地无险，犹尚艰难，就当深入，还道宜利，兵有进退，不可如意。今屯渚中，至深也；浮桥而济，至危也；一道而行，至狭也。三者，兵家所忌，而今行之，贼频攻桥，误有漏失，渚中精锐非魏之有，将转化为吴矣。臣私愍之，忘寝与食，而议者怡然不以为忧，岂不惑哉！加江水向长，一旦暴增，何以防御！就不破贼，尚当自完，奈何乘危，不以为惧！惟陛下察之。"帝即诏尚等促出，吴人两头并前，魏兵一道引去，不时得泄，仅而获济。吴将潘璋已作获筏，欲以烧浮桥，会尚退而止。后旬日，江水大涨，帝谓董昭曰："君论此事，何其审也！"会天大疫，帝悉召诸军还。

【译文】当时长江的水浅而且窄，夏侯尚想把船在沙洲中间连起来成浮桥，这样步兵骑兵便可以南来北往，大家讨论这样就可以成功攻下城池。董昭上书启奏："武皇帝聪慧过人，他在世时指挥作战，从没小瞧敌人，还常揣着怕敌人的心思，不敢轻易这样做。那么指挥作战，士兵前进冲锋容易，撤退就难了，这是大家都知道的事理。即使是在平地上作战没有天险和阻碍，要从容退兵尚且困难，就是要深入，退路也应该方便，战争中的前进与后退，不可能全然合乎人的心意。现如今我们屯兵在这沙洲之中，长江水深；想出用船连成的浮桥来袭击敌方，这么做非常危险；只能沿着一条道路前行，太窄了；这三条都是兵家极力避免的。倘若这样做，敌方一直进攻我方浮桥，不可避免会发生些失误，等到那个时候，位于沙洲上的我方的精锐不再属于我们，只怕要为敌方所有了。微臣在下边被这件事所困扰，夜不能寐食不知味，相反那些谈论的人，却兴致勃勃一点也不烦忧，这件事是不是太令人困惑了！再者来说，长江水，并不寻常，一旦遇上涨水，我们又怎样提防呢？就是我们不进攻敌方，也要有个完备的计划，为何即将要身处险境，还不感觉到恐惧呢！期望皇上能够仔细斟酌这件事。"魏文帝曹丕马上下达诏令，命令夏侯尚赶紧撤退。吴国军队从两头一起进攻，魏国军队沿着一条道路撤退，双方搅在一起，短时间内很难退出，直到最后才勉强得以退回。吴国的大将潘璋本来已经准备好了荻筏，要去烧毁浮桥，后来他见夏侯尚撤出回去了，才打消火攻的打算。过了十多天，长江涨水很大，魏文帝曹丕对董昭说："先生对这件事的推断，实在是太正确了！"在这之后没过多久，江陵就发生了大瘟疫，魏文帝曹丕才下令大军全部撤回。

三月，丙申，车驾还洛阳。

初，帝问贾诩曰："吾欲伐不从命以一天下，吴、蜀何先？"对曰："攻取者先兵权，建本者尚德化。陛下应期受禅，抚临率土，若绥之以文德而俟其变，则平之不难矣。吴、蜀虽蕞尔小国，依山阻水。刘备有雄才，诸葛亮善治国；孙权识虚实，陆逊见兵势。据险守要，泛舟江湖，皆难卒谋也。用兵之道，先胜后战，量敌论将，故举无遗策。臣窃料群臣无备、权对，虽以天威临之，未见万全之势也。昔舜舞干戚而有苗服，臣以为当今宜先文后武。"帝不纳，军竟无功。

【译文】三月，丙申日（初八），魏文帝曹丕回到洛阳。

起初，魏文帝向贾诩询问："朕想要讨伐世上不听从号令的人以便统一天下，吴国和蜀国，理应先伐哪个？"贾诩回禀说："攻打领土首先要依靠武力和权谋，建立根本大业要崇尚道德教化。皇上已经按照天意接受禅让，抚慰全国百姓，假如用文化品德来感化他们，等候他们气质改变，平定就会简单多了。吴国和蜀国，两国都是依靠山水阻隔而建的小国家。但是蜀国的刘备具有雄才伟略，诸葛亮又很擅长管理国家；吴国的孙权能够了解自己的实力，陆逊又擅长打仗；他们或据守险要地势，或凭借江湖隔离，都不易攻克。依照用兵的谋略来说：先创造胜利的条件然后才同敌人作战，估量敌方实力继而挑选将领，这样攻打才不会失策。微臣在下边揣测，在群臣里边，还没有可以和刘备、孙权相抗衡的人，就算是皇上亲征，也不一定能大获全胜。以前虞舜利用干戚舞来使有苗降服，因此微臣以为现在的形势，适合用先文后武的计策。"魏文帝没有采用贾诩的计策，进攻以来，并没有什么战绩。

【申涵煜评】诩煽李、郭作乱，为张绣主谋，一倾险人也。及事文帝，乃劝以尚德化，俨然正人之言。盖其心术不可测，而才则有大过人者，殆汉初蒯通、武涉之流。

【译文】贾诩煽动李催、郭汜叛乱，为张绣出谋划策，是一个阴险小人。等他侍奉文帝时，又劝魏文帝崇尚道德教化，一派正人君子的言论。他的心术深不可测，才能又超过常人，应该是汉初蒯通、武涉这类人。

资治通鉴

丁未，陈忠侯曹仁卒。

初，黄元为诸葛亮所不善，闻汉主疾病，惧有后患，故举郡反，烧临邛城。时亮东行省疾，成都单虚，元益无所惮。益州治中从事杨洪，启太子遣将军陈曶、郑绰讨元。众议以为元若不能围成都，当由越巂据南中。洪曰："元素性凶暴，无他恩信，何能办此! 不过乘水东下，冀主上平安，面缚归死；如其有异，奔吴求活耳。但敕曶、绰于南安峡口邀遮，即便得矣。"元军败，果顺江东下，曶、绰生获，斩之。

【译文】丁未日（十九日），陈忠侯曹仁辞世。

起初，黄元因为孔明讨厌他，之后听闻汉主刘玄德病重，恐将来孔明专权，后患无穷，于是率领全郡反叛，火烧勋临邛城。此时孔明正东行去看望刘备，成都防务有些松弛，黄元愈加胆大。益州治中从事杨洪，上告太子刘禅，太子指派陈曶、郑绰去讨伐黄元。众臣都讨论，觉得如果黄元没有围困成都，就派越巂去镇守南中。杨洪说："黄元平日性格残暴，没有什么恩情施及下属，怎能做到这地步?! 他仅仅是想顺水东下，期望主公安好，就请命在当地受绑归死；假如其中有变化，就想投奔吴国去求活命了。现在只要下令让陈曶、郑绰在南安峡口阻挡，就可以大功告成了。"黄元军失败，果然沿青衣江东下，被陈曶、郑绰活捉，把黄元处决了。

汉主病笃，命丞相亮辅太子，以尚书令李严为副。汉主谓亮曰："君才十倍曹丕，必能安国，终定大事。若嗣子可辅，辅之；如其不才，君可自取。"亮涕泣曰："臣敢不竭股肱之力，效忠贞之节，继之以死!"汉主又为诏敕太子曰："人五十不称夭，吾年已六十有馀，何所复恨，但以卿兄弟为念耳。勉之，勉之! 勿以恶小而为之，勿以善小而不为！惟贤惟德，可以服人。汝父德薄，不足效也。汝与丞相从事，事之如父。”夏，四月，癸巳，汉主殂于永安，谥曰昭烈。

【译文】汉主刘备的病很严重，于是下令丞相诸葛亮辅助太子刘禅，任命尚书令李严为副丞相。汉主刘备对诸葛亮说：“先生的才智超过曹丕十倍，一定能够使国家安稳，完成复国大业。假如太子可以辅佐就辅佐他；假如他扶不起，先生就可以自己取而代之。”诸葛亮流着眼泪说：“微臣怎敢不鞠躬尽瘁，报效国家，坚守节操，至死不渝呢！”汉主刘备又留诏命给太子刘禅说：“人活到五十岁死，就不能够叫作夭折了，我现在已过六十有多，没有什么遗憾了！只是放心不下你们兄弟罢了。我希望你们能够自我鼓励，不要以为罪恶不大就去做，也不要以为小善举很小就不去做。只有贤明和道德的人才可以安抚人心。你的父亲品德微薄，不值得你们跟随。你们和丞相共事，理应将丞相看作父亲一样。”夏，四月，癸巳日（四月无此日，疑误），汉主刘备在永安辞世，谥号为昭烈。

丞相亮奉丧还成都，以李严为中都护，留镇永安。

五月，太子禅即位，时年十七。尊皇后曰皇太后，大赦，改元建兴。封丞相亮为武乡侯，领益州牧，政事无巨细，咸决于亮。亮乃约官职，修法制，发教与群下曰：“夫参署者，集众思，广忠益也。若远小嫌，难相违覆，旷阙损矣。违覆而得中，犹弃敝蹻而获珠玉。然人心苦不能尽，惟徐元直处兹不惑。又，董幼宰参署七年，事有不至，至于十反，来相启告。苟能慕元直之十一，幼宰之勤渠，有忠于国，则亮可以少过矣。”又曰：“昔初交州平，屡闻得失；后交元直，勤见启诲；前参事于幼宰，每言则尽；后从事于伟度，数有谏止。虽资性鄙暗，不能悉纳，然与此四子终始好合，亦足以明其不疑于直言也。"伟度者，亮主簿义阳胡济也。

【译文】 丞相诸葛亮奉命奔丧回到成都，任李严为中都护，留在永安守城。

五月，太子刘禅登基，当时年仅十七岁。尊称皇后为皇太后，大赦天下，改年号为建兴。封丞相诸葛亮为武乡侯，兼领益州牧，政务不论大小，都由诸葛亮来定夺。于是诸葛亮精简官职，修整法律，发教令给群臣说："做参署的人，要能集众人的想法，推广坚守忠益的事迹。假如因为小隔阂就彼此疏远，那就无法相互反驳而得到不同的建议，那将会有巨大的损失了。听到不同的建议就会容易得到中肯的建议，那如同扔掉破鞋后获得珠玉一样。然而人都马虎只怕很难做到，只有徐庶，他做事反复审核不困惑。还有董和，他在做参署的七年间，凡有不能决定的事，一定反复审核十次，才来告知。如果各位能学得徐庶十分之一，拥有董和的勤劳，并且都尽精忠报国，那么我诸葛亮的过错就可以减少了。"又补充说："以前刚与崔州平结交的时候，多次听到他指出我的优缺点；后来又与徐庶结交，经常受到他的开导和教育；之前和参事董和在一起做事，他每次都能知无不言，言无不尽；后来又跟从事胡伟度接触，他多次对我直言劝谏。我即使生性粗鲁愚笨，不能够全部领受他们的好处，不过我和他们四位在一起，一直都和睦相处，也能够知道我不会质疑直言劝谏的人了。"伟度这个人，就是诸葛亮的主簿义阳人胡济！

【乾隆御批】 昭烈于亮，平日以鱼水自喻，亮之忠贞岂不深知，受遗时何至作此猜疑语？三国人情以谲诈相尚，鄙哉。

【译文】昭烈帝对诸葛亮，平时用鱼水做比喻，诸葛亮的忠贞，哪能不十分了解，把后主和国家大事托付给诸葛亮时，哪至于说这种猜疑的话？三国时人情以诡诈当作能事，可鄙呀。

【乾隆御批】杨颙之言似是而非。盖当时主少，国疑之日。非亮躬亲整顿国事，何赖观其发教所称集思广益云云？足见其忠赤矣。不如此，又何足与言鞠躬尽瘁之义？

【译文】杨颙的话表面看来似乎是对的，实际上并不对。因为当时后主年龄小，正是国家不安定的时候。如果不是诸葛亮亲自整顿国家事务，靠什么显示诸葛亮集思广益的训诫呢？这足以看出诸葛亮的忠心呀。不了解这一点的人，又怎么值得对他讲鞠躬尽瘁的大义呢？

亮尝自校簿书，主簿杨颙直入，谏曰："为治有体，上下不可相侵。请为明公以作家譬之。今有人，使奴执耕稼，婢典炊爨，鸡主司晨，犬主吠盗，牛负重载，马涉远路。私业无旷，所求皆足，雍容高枕，饮食而已。忽一旦尽欲以身亲其役，不复付任，劳其体力，为此碎务，形疲神困，终无一成。岂其智之不如奴婢鸡狗哉？失为家主之法也。是故古人称'坐而论道，谓之王公；作而行之，谓之士大夫。'故丙吉不问横道死人而忧牛喘，陈平不肯知钱谷之数，云'自有主者'，彼诚达于位分之体也。今明公为治，乃躬自校簿书，流汗终日，不亦劳乎！"亮谢之。及颙卒，亮垂泣三日。

【译文】诸葛亮以前自己校对簿书，主簿杨颙就直接到他办公地上书劝谏："做事应该有个体制，上下不可以相互侵权。现在就用一个家庭来比喻：有个主人，派出他的仆人去耕田，要他的侍女去做饭，用公鸡来提醒时间，靠狗来预防窃盗，以牛来负重载物,让马来走远路;私产没有废弛,所需求的事情都得到满足,雍容华贵,无忧无虑,每天仅是吃饭而已。突然有天,他想要事事亲为,不再任用别人了,到头来他辛苦劳累,事务也零碎,精神也疲劳,事情还都没有做好。难道他的才智比不上奴婢鸡狗吗?是因为他丢掉主人应该做的事了。因此古人说'坐下来讲道理,是王公们应做的事;起身去实行,是士大夫们该做的事'。以前丙吉碰见道路旁死的人不去过问,但是看到牛呼吸不上却去询问,陈平不晓得国内有多少钱、多少粮,却说:'有人负责管理。他们知道所在的位置和应该管理的事情相配合的道理。现在丞相您有您分内的事,却亲自去校对起簿书来,整日操劳辛苦,不是太累了吗?"诸葛亮很感激他。等到杨颙辞世的时候,诸葛亮哭了三天。

六月,甲戌,任城威王彰卒。

甲申,魏寿肃侯贾诩卒。

大水。

吴贺齐袭蕲春,虏太守晋宗以归。

初,益州郡耆帅雍闿杀太守正昂,因士燮以求附于吴,又执太守成都张裔以与吴,吴以闿为永昌太守。永昌功曹吕凯、府丞王伉率吏士闭境拒守,闿不能进,使郡人孟获诱扇诸夷,诸夷皆从之。牂柯太守朱褒、越巂夷王高定皆叛应闿。诸葛亮以新遭大丧,皆抚而不讨,务农殖谷,闭关息民,民安食足而后用之。

【译文】六月,甲戌日(十七日),任城威王曹彰辞世。

甲申日(二十七日)魏寿肃侯贾诩辞世。

发大水。

吴国大将贺齐进攻蕲春,俘虏太守晋宗后回来。

起初，益州郡一位豪霸雍闿杀害了太守正昂，通过士燮想要归顺吴国，之后他又将成都太守张裔抓起来送给吴国，吴国就任用雍闿担任永昌太守。永昌的功曹吕凯、府丞王伉带领众官兵闭关抵抗，雍闿不能够入城，于是派郡人孟获去引诱鼓动诸夷，诸夷出乎意料地都来跟随他。牂柯太守朱褒、越巂夷王高定也都背叛，来跟随雍闿。诸葛亮觉得国家刚遭遇汉主刘备丧葬，都只是抚慰他们，却不去征伐，重视农业生产，休养生息，待到人民安稳、丰衣足食之后，再让他们去征伐。

秋，八月，丁卯，以廷尉钟繇为太尉，治书执法高柔代为廷尉。是时三公无事，又希与朝政，柔上疏曰："公辅之臣，皆国之栋梁，民所具瞻，而置之三事，不使知政，遂各偃息养高，鲜有进纳，诚非朝廷崇用大臣之义，大臣献可替否之谓也。古者刑政有疑，辄议于槐、棘之下。自今之后，朝有疑议及刑狱大事，宜数以咨访三公。三公朝朔、望之日，又可特延入讲论得失，博尽事情，庶有补起天听，光益大化。"帝嘉纳焉。

【译文】秋季，八月，丁卯日（十一日），魏文帝曹丕任用廷尉钟繇担任太尉，治书执法高柔暂代廷尉。此时三公无事可做，又很少参加朝政，高柔启奏说："三公是辅助政务的，都是国家支撑的栋梁，是老百姓所瞻仰的对象，现在的三公，不让他们参与政务，于是都各偃以求自安，很少有进谏，确实不符合起初朝里任用三公的初衷，大臣是用来进谏意见的。古代刑罚和政务上有疑问的时候，以往都在三槐、九棘下议论。从现在开始，朝里的疑难要议论，有牢狱大事要决断，理应多去咨询三公。三公在每月初一、十五上朝理政，又可以在这时间外，专门请进朝堂讨论得失，广泛地知道各种事情，差不多也可以补充在上的见闻，以起到扩大教化作用了。"魏文帝曹丕很赞许高柔并采纳他的建议。

辛未，帝校猎于荥阳，遂东巡。九月，甲辰，如许昌。

汉尚书义阳邓芝言于诸葛亮曰："今主上幼弱，初即尊位，宜遣大使重申吴好。"亮曰："吾思之久矣，未得其人耳，今日始得之。"芝问："其人为谁？"亮曰："即使君也。"乃遣芝以中郎将修好于吴。冬，十月，芝至吴。时吴王犹未与魏绝，狐疑，不时见芝。芝乃自表请见曰："臣今来，亦欲为吴，非但为蜀也。"吴王见之，曰："孤诚愿与蜀和亲，然恐蜀主幼弱，国小势逼，为魏所乘，不自保全耳。"芝对曰："吴、蜀二国，四州之地。大王命世之英，诸葛亮亦一时之杰也；蜀有重险之固，吴有三江之阻。合此二长，共为唇齿，进可并兼天下，退可鼎足而立，此理之自然也。大王今若委质于魏，魏必上望大王之入朝，下求太子之内侍，若不从命，则奉辞伐叛，蜀亦顺流见可而进。如此，江南之地非复大王之有也。"吴王默然良久曰："君言是也。"遂绝魏，专与汉连和。

是岁，汉主立妃张氏为皇后。

【译文】辛未日（十五日），魏文帝在荥阳的猎场狩猎，于是往东巡猎。九月，甲辰日（十九日），到达许昌。

汉尚书义阳人邓芝对诸葛亮说："现如今主上幼小，又刚刚登基，应该委派使臣到吴国重修旧好。"诸葛亮说："我思考这事很久了，就是找不到派往的人，今天才刚刚找到了。"邓芝问："那个人是谁呢？"诸葛亮说："当然是使君您呀！"于是派出邓芝以中郎将的身份去和吴国交好。冬季，十月，邓芝到达吴国，那时吴主孙权还没有和魏国绝交，对这事很踌躇，没有马上回应邓芝。于是邓芝上表求见说："臣现在来到这儿，是为了吴，而不仅仅是为了蜀呀！"吴主孙权说："我其实是很乐意跟蜀交好，只是怕蜀主幼小，国土狭小，势力弱小，被魏国趁机袭击，反而不能够保命了。"邓芝回答说："吴、蜀两国，坐拥荆、扬、梁、益四州。大王是当地的霸主，诸葛亮也是一代豪杰。蜀有许多险要地势可以坚守，吴国有吴松、钱塘、浦阳三江能够抵挡。集合这两种优势，交为唇齿联盟，进而可以雄霸天下，退而也可以三足鼎立，这道理是显而易见的。假设大王现在把质子送到魏国，魏国又要命令大王去入朝，或者命令太子担任内侍，假如不听从，就会以讨伐叛乱的名义，来攻击贵国，到那时，蜀汉也会调派大军顺流而下，攻打贵国。这样，只怕长江南方的土地，就再也不属于大王了。"吴王冥想了很久才说："先生说得有理。"于是跟魏国绝交，只跟蜀汉交好。

这一年，汉主刘禅，升张飞的女儿妃子张氏为皇后。

五年（甲辰，公元二二四年）春，三月，帝自许昌还洛阳。

初平以来，学道废坠。夏，四月，初立太学；置博士，依汉制设《五经》课试之法。

吴王使辅义中郎将吴郡张温聘于汉，自是吴、蜀信使不绝。时事所宜，吴主常令陆逊语诸葛亮；又刻印置逊所，王每与汉主及诸葛亮书，常过示逊，轻重、可否有所不安，每令改定，以印封之。

汉复遣邓芝聘于吴，吴主谓之曰："若天下太平，二主分治，不亦乐乎？"芝对曰："天无二日，土无二王。如并魏之后，大王未深识天命，君各茂其德，臣各尽其忠，将提枹鼓，则战争方始耳。"吴王大笑曰："君之诚款乃当尔邪！"

【译文】五年（甲辰，公元224年）春季，二月，魏文帝曹丕由许昌回到洛阳。

汉献帝初平以来，《五经》课试的标准渐渐松弛。夏季，四月，开始设立太学；添设博士，根据汉制，重新设置《五经》课试的制度。

吴主孙权调派辅议中郎将吴郡人张温到蜀汉去联系，此后吴、蜀信使往来不断。要互通消息时，吴主孙权经常派陆逊直接和诸葛亮讨论；还有专刻的印章放在陆逊住处，吴主孙权每次写给汉主刘禅和诸葛亮的书信，常给陆逊先看，轻重缓急，或有不妥的地方，修改以后，再用印加封发出。

汉主刘禅再让邓芝到吴国去联系，吴主孙权给邓芝说："假如天下太平，二主分庭治理，不是很愉快吗？"邓芝回应说："就像天上不会有两个太阳一样，地上也不会有两个国王。如果我们联合起来将魏国吞并以后，大王不能够深刻地理解天命，到那时君王各自去加强德政，臣子也各自都精忠报国，将要重新敲响战鼓，开始征战了。"吴王听了哈哈大笑说："先生真是实诚到这地步了。"

秋，七月，帝东巡，如许昌。帝欲大兴军伐吴，侍中辛毗谏曰："方今天下新定，土广民稀，而欲用之，臣诚未见其利也。先帝屡起锐师，临江而旋。今六军不增于故，而复循之，此未易也。今日之计，莫若养民屯田，十年然后用之，则役不再举矣。"帝曰："如卿意，更当以虏遗子孙邪？"对曰："昔周文王以纣遗武王，惟知时也。"帝不从，留尚书仆射司马懿镇许昌。八月，为水军，亲御龙舟，循蔡、颍，浮淮如寿春。九月，至广陵。

吴安东将军徐盛建计，植木衣苇，为疑城假楼，自石头至于江乘，联绵相接数百里，一夕而成；又大浮舟舰于江。

【译文】 秋季，七月，魏文帝曹丕向东巡猎，到达许昌。魏文帝想要派出大军袭击吴国，侍中辛毗提议说："现在天下刚刚稳定，地广人稀，却想要任用他们征战，臣看不到有什么益处呀！先帝多次派出精锐的军队，都是抵达长江边又退回来。现在六军阵容和以前一样没有增添，却再去挑起仇恨，这不见得简单呀！现在的打算，应该休养生息，准备十年之后再起用，那么便可一举拿下，就不再需要打仗了。"魏文帝曹丕说："按照你的意思，把这个祸患留给我们的后代？"辛毗又回答说："以前周文王也曾将殷纣王交给武王去打败，只因他了解时局呀！"魏文帝曹丕不听从辛毗的提议，留尚书仆射司马懿固守许昌。八月，派出水军，亲自御驾龙舟，顺蔡河、颍水进入淮河途经寿春。九月，抵达广陵。

吴国安东将军徐盛提出计谋，把木棍插入水中，再辅以芦苇包装，装成城楼，从石头到江乘，绵延几百里，一个夜晚就建成了；还在长江派出很多船舰，来回巡视。

时江水盛长，帝临望，叹曰："魏虽有武骑千群，无所用之，未可图也。"帝御龙舟，会暴风漂荡，几至覆没。帝问群臣："权当自来否？"咸曰："陛下亲征，权恐怖，必举国而应。又不敢以大众委之臣下，必当自来。"刘晔曰："彼谓陛下欲以万乘之重牵己，而超越江湖者在于别将，必勒兵待事，未有进退也。"大驾停住积日，吴王不至，帝乃旋师。是时，曹休表得降贼辞："孙权已在濡须口。"中领军卫臻曰："权恃长江，未敢亢衡，此必畏怖伪辞耳！"考核降者，果守将所作也。

【译文】 那时长江的水大涨，魏文帝曹丕来到江边一看，于是叹息说："魏国即使有武装骑兵几千群，也没有什么用武之地，不可能去袭击啦！"魏文帝曹丕所乘坐的龙舟，正遇上暴风漂荡，快要淹没。魏文帝曹丕询问群臣说："孙权会亲自来吗？"大家都说："皇上亲征，孙权肯定会担忧，必定携全国的兵力来抵挡。可是他又不敢将大军交托给臣下，因此必定会亲自来。"刘晔不同意他的观点，说："孙权肯定认为陛下打算以亲自出征来引诱他，而他则会另派大将领兵渡江跨湖，所以他必定会部署军队等候攻击，不会亲征，他的部队也不会撤退。"魏文帝曹丕御驾停滞了许多天，吴主孙权还是没有前来，魏文帝曹丕准备班师回朝。此时，曹休上书说听闻投降的人说："孙权已经到达濡须口。"中领军卫臻说："孙权仰仗着长江，不敢与我军抵抗，这一定是掩盖惧怕的心理，假托的谎话而已。"后来审问俘虏，还真是守将假造的话。

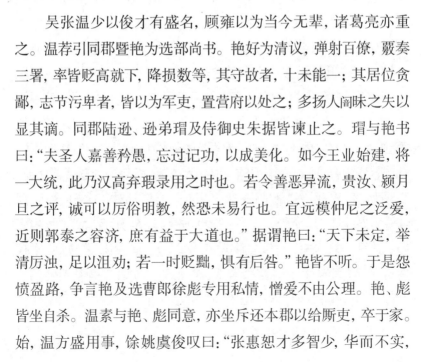

吴张温少以俊才有盛名，顾雍以为当今无辈，诸葛亮亦重之。温荐引同郡暨艳为选部尚书。艳好为清议，弹射百僚，覈奏三署，率皆贬高就下，降损数等，其守故者，十未能一；其居位贪鄙，志节污卑者，皆以为军吏，置营府以处之；多扬人闇昧之失以显其谪。同郡陆逊、逊弟瑁及侍御史朱据皆谏止之。瑁与艳书曰："夫圣人嘉善矜愚，忘过记功，以成美化。如今王业始建，将一大统，此乃汉高弃瑕录用之时也。若令善恶异流，贵汝、颍月旦之评，诚可以厉俗明教，然恐未易行也。宜远模仲尼之泛爱，近则郭泰之容济，庶有益于大道也。"据谓艳曰："天下未定，举清厉浊，足以沮劝；若一时贬黜，惧有后咎。"艳皆不听。于是怨愤盈路，争言艳及选曹郎徐彪专用私情，憎爱不由公理。艳、彪皆坐自杀。温素与艳、彪同意，亦坐斥还本郡以给厮吏，卒于家。始，温方盛用事，馀姚虞俊叹曰："张惠恕才多智少，华而不实，怨之所聚，有覆家之祸。吾见其兆矣。"无几何而败。

【译文】吴国张温，自小就因为有才智而出名，顾雍觉得他在当时无人能比，诸葛亮也很器重他。张温举荐同郡暨艳为选部尚书。暨艳喜好清议朝政，弹劾百官，一遍遍审核奏议三署，很多都是贬高就下，降级就是几等，能守住旧职位的人不足十分之一；那些凭借职位贪赃枉法的人，和志向和节操卑劣的官吏，都被他贬去做了军吏，编排在营府；又多检举并张扬别人昏庸愚昧的不足，来显示他惩罚的得当。同郡陆逊还有他的弟弟陆瑁跟侍御史朱据都出言劝阻他。陆瑁和暨艳在信中说："圣人都是夸奖的优点，怜爱别人的愚蠢；忘却别人的过错，牢记别人的功劳，以形成良好的风俗。再者说了，现在王业刚刚起步，以后会统一天下，这就到了像汉高祖忽视不足之处任用人才的时候了。假如好坏不同一流，只注重汝南许劭和颍川许靖的徒有虚名却无真本领的"月旦之评"，就是能够改变风俗让他们明白羞耻，只怕也很难实行。理应向远处去追逐并借鉴孔子的博爱；在近处可以学习郭泰能够宽容济世，这样大概就可以大行其道了。"朱据对暨艳说："天下没有稳定的时候，任用清廉而且不能乱用次等的人，这样将会使阻碍行善举的人并且达不到教化的愿望；假如同时都罢免，只怕将有后患。"暨艳不听劝。于是积怨很多遍布于路途中，人们都说暨艳和选曹郎徐彪滥用私情，喜恶都不按照公理。暨艳和徐彪都被下令自杀。张温经常和暨艳以及徐彪意见一样，也被牵连降级回到本郡做些衙役，最终死在家里。起初，张温正值官运亨通之际，余姚虞俊叹息说："张温有才能但缺少智慧，华丽但不实在，怨恨积聚后，有覆灭家族的灾祸，我已经看到了他之后的征兆。"之后不久，张温果然遭遇祸患。

【**申涵煜评**】靖兄弟操汝南月旦，及守蜀郡，踰城出降。大率好议论人，皆为可议论之人，雌黄之口，何足为凭。

【**译文**】许靖兄弟二人为曹操主持月旦评，把守蜀地郡县，却出城去投降。大概是那些好议论别人的人，自身也是被议论的人物，信口雌黄的话，怎么能够作为根据。

冬，十月，帝还许昌。

十一月，戊申晦，日有食之。

鲜卑轲比能诱步度根兄扶罗韩杀之，步度根由是怨轲比能，更相攻击。步度根部众稍弱，将其众万馀落保太原、雁门；是岁，诣阙贡献。而轲比能众遂强盛，出击东部大人素利。护乌丸校尉田豫乘虚掎其后，轲比能使别帅琐奴拒豫，豫击破之。轲比能由是携贰，数为边寇，幽、并苦之。

【**译文**】冬季，十月，魏文帝回到许昌。

十一月，戊申晦日（二十九日），发生日食。

鲜卑轲比能引诱步度根的哥哥扶罗韩，将他杀害，步度根由此记恨轲比能，于是互相攻打。步度根一方实力稍弱，带领一万多部落驻守太原、雁门；这一年，进京城进献。轲比能一方虽然强大，但是出兵东部大人素利时，护乌丸校尉田豫乘此时机，从背后牵绊他；轲比能另派将领琐奴对抗田豫，田豫大胜琐奴。于是轲比能开始怀有二心，多次在边境为寇，幽、并二地时常受他的骚扰之苦。

六年（乙巳，公元二二五年）春，二月，诏以陈群为镇军大将军，随车驾董督众军，录行尚书事；司马懿为抚军大将军，留许昌，督后台文书。三月，帝行如召陵，通讨虏渠；乙巳，还许昌。

并州刺史梁习讨轲比能，大破之。

汉诸葛亮率众讨雍闿等，参军马谡送之数十里。亮曰："虽共谋之历年，今可更惠良规。"谡曰："南中恃其险远，不服久矣；虽今日破之，明日复反耳。今公方倾国北伐以事强贼，彼知官势内虚，其叛亦速。若殄尽遗类以除后患，既非仁者之情，且又不可仓卒也。夫用兵之道，攻心为上，攻城为下，心战为上，兵战为下，愿公服其心而已。"亮纳其言。谡，良之弟也。

辛未，帝以舟师复征吴，群臣大议，宫正鲍勋谏曰："王师屡征而未有所克者，盖以吴、蜀唇齿相依，凭阻山水，有难拔之势故也。往年龙舟飘荡，隔在南岸，圣躬蹈危，臣下破胆，此时宗庙几至倾覆，为百世之戒。今又劳兵袭远，日费千金，中国虚耗，令黠虏玩威，臣窃以为不可。"帝怒，左迁勋为治书执法。勋，信之子也。夏，五月，戊申，帝如谯。

【译文】六年（乙巳，公元225年）春季，二月，魏文帝曹丕下诏令让陈群担任镇军大将军，跟随车驾监视众军，录行尚书事；司马懿为抚军大将军，留在许昌，监督后台文书。三月，魏文帝曹丕到达召陵，打通讨虏渠来讨伐吴。乙巳日（二十八日），魏文帝曹丕返回许昌。

并州刺史梁习攻伐轲比能，打败轲比能。

蜀汉诸葛亮率领众将讨伐雍闿，参军马谡送行到几十里外。诸葛亮说："即使我们共同相处多年，现在请你再次提供一次好的计划。"马谡说："南中凭借天险地势，而且又距离我们很远，所以久不顺从了；纵然我们现在可以击败他们，过后他们又会再反抗了。现在丞相召集全国的兵力，向北征伐强敌，他们知晓我们国内空乏，一定会很快反抗。如果灭亡他们的遗族，以免后患，不仅不是仁人该做的事，而且也不是短时间内就可做到的。那么打仗的道理，攻心是为最上策，攻城是为最下策；心理战是最好的，用兵作战是最差的，我期望丞相能够让他们心悦诚服，这才是最好的解决办法。"诸葛亮接纳了他的提议。马谡，就是马良的弟弟。

辛未日（闰三月二十四日），魏文帝曹丕想用水军再去讨伐吴国，群臣都在参加讨论，宫正鲍勋提议说："朝廷率领大军屡次征战，却没有成功，也许是因为吴、蜀唇齿相依相存，又依靠山水的阻断，所以才难以攻克。前几年龙舟漂流，停靠在南岸，主上亲自去面临险境，臣下也都吓坏了，当时皇室几乎遭到灭族，这是留给百代后人引以为戒的事情啊。现在又兴兵去袭击远方，每天都要花费千两黄金，国内虚弱，敌人狡黠，却在显耀他们的威风，臣觉得不可以再去攻击了！"魏文帝曹丕听了非常恼火，马上将鲍勋降到治书执法。鲍勋是鲍信的儿子。夏季，五月，戊申日（初二），魏文帝曹丕到达谯县。

吴丞相北海孙劭卒。初，吴当置丞相，众议归张昭，吴王曰："方今多事，职大事责重，非所以优之也。"及劭卒，百僚复举昭，吴王曰："孤岂为子布有爱乎！领丞相事烦，而此公性刚，所言不从，怨咎将兴，非所以益之也。"六月，以太常顾雍为丞相、平尚书事。雍为人寡言，举动时当，吴王尝叹曰："顾君不言，言必有中。"至饮宴欢乐之际，左右恐有酒失，而雍必见之，是以不敢肆情。吴王亦曰："顾公在座，使人不乐。"其见惮如此。初领尚书令，封阳遂乡侯；拜侯还寺，而家人不知，后闻，乃惊。及为相，其所选用文武将吏，各随能所任，心无适莫。时访逮民间及政职所宜，辄密以闻。若见纳用，则归之于上；不用，终不宣泄。

吴王以此重之。然于公朝有所陈及，辞色虽顺而所执者正；军国得失，自非面见，口未尝言。王常令中书郎诣雍有所咨访，若合雍意，事可施行，即相与反覆究而论之，为设酒食；如不合意，雍即正色改容，默默不言，无所施设。郎退告王，王曰："顾公欢悦，是事合宜也；其不言者，是事未平也。孤当重思之。"江边诸将，各欲立功自效，多陈便宜，有所掩袭。王以访雍。雍曰："臣闻兵法戒于小利，此等所陈，欲邀功名而为其身，非为国也。陛下宜禁制，苟不足以曜威损敌。所不宜听也。"王从之。

【译文】 吴国丞相北海人孙劭辞世。起初，吴国要任命丞相，众人都推举张昭，吴主孙权说："现在国家事务繁多，职位高的人，责任也重大，这不是对他好的方法！"待到孙劭辞世，百官再推举张昭，吴王说："我哪里对张昭不喜爱呀！做丞相事多繁杂，只因他品行刚直，万一你们所言我不从，他的记恨过错由此而生，对他没有好处呀！"六月，任用太常顾雍为丞相、平尚书事。顾雍为人少言寡语，举止合时适当，吴王曾经赞叹说："顾先生不说则已，说出的话一定合适。"到饮宴娱乐的时候，旁边的人都害怕酒醉失礼，顾雍一定会看到，所以大家都不敢大胆。吴王也说："顾雍在这儿，使人都不能尽兴。"由此可见大家看到他后害怕到那种地步。刚开始做尚书令，封阳遂乡侯；拜侯后回到官邸，家里人都还不知晓，后来听闻，家人都很诧异。等到他做到了丞相，他所挑选的文武官吏，都能够依据他们的才能任用他们，并没有因亲疏远近而有差别。他经常到民间访查，看什么人适合重用，常私下里打听，如果任用，就归功于皇上；不能够起用的，最后也不会泄密；吴王因此很器重他。然而在朝上有所陈词的时候，言辞面色虽然温和，但是却秉公执法；军事国事上的得失，假如不是亲眼所见，嘴里绝对不会说出。吴

资治通鉴

王经常派中书郎去拜见顾雍商议咨询，假如符合顾雍的意思，觉得事情可以进行，就和中书郎互相商议反复议论，并由此为他设下酒饭。假如认为不合乎他的意思，顾雍就脸色一板，默不作声，也不摆酒席。中书郎回宫将这事告诉吴王，吴王说："顾雍高兴，是事情适当了；他沉默的时候，那是事情有不合适的地方，我应该再细想一下。"长江边的各位将军，都想要建立功业报效国家；又都能说出有利的方面，可以去攻击他国。吴王因此去拜访顾雍，顾雍说："臣听闻兵法上，一定不要贪图蝇头小利，那些所讲述的好处，是想要为他们自身邀功，并不是为国家！皇上应该制止，如果不能够光耀我国国威，或者让敌人有伤害，都不应该听从。"吴王听到后，就按照顾雍的话去做。

利成郡兵蔡方等反，杀太守徐质，推郡人唐咨为主，诏屯骑校尉任福等讨平之。咨自海道亡入吴，吴人以为将军。

秋，七月，立皇子鉴为东武阳王。

汉诸葛亮至南中，所在战捷，亮由越巂入，斩雍闿及高定。使康降督益州李恢由益州入，门下督巴西马忠由牂柯入，击破诸县，复与亮合。孟获收闿馀众以拒亮。获素为夷、汉所服，亮募生致之，既得，使观于营陈之间，问曰："此军何如？"获曰："向者不知虚实，故败。今蒙赐观营陈，若只如此，即定易胜耳。"亮笑，纵使更战。七纵七禽而亮犹遣获，获止不去，曰："公，天威也，南人不复反矣！"亮遂至滇池。

【译文】 利成郡的部队蔡方等叛变，杀害太守徐质，推举郡人唐咨担任主师。魏文帝曹丕下令屯骑校尉任福等前往将他们消灭了。唐咨走海道投奔吴国，吴主孙权委派他担任将军。

秋季，七月，魏文帝曹丕立皇子曹鉴为东武阳王。

蜀汉诸葛亮到南中，所途径的地方都打胜仗。诸葛亮从越巂进入，斩杀雍闿和高定。让庲降督益州李恢从益州向南进发，门下督巴西马忠从牂柯向南进发，攻克各县，再和诸葛亮会师。孟获收编雍闿的散兵对抗诸葛亮。孟获一向被夷、汉人佩服，诸葛亮下令生擒他，捉到后，让他参阅军营的排列，问他说："你看这军中的形势如何呢？"孟获说："从前不晓得虚实，所以落败。现在多亏你让我观看营阵，如果只是这样，放我回去，我必定可以轻易战胜你们了。"诸葛亮笑笑，将他放回去，让他再来对战。这样地七次生擒他，七次又放他走，待到第七次时，孟获不走了，他说："先生真是有上天威助的人，南人不会再反抗了！"诸葛亮于是回到滇池。

【乾隆御批】七纵七擒为记载所艳称，无识已甚。盖蛮夷固当使之心服，然以缚渠屡遣，直同儿戏。一再为甚，又可七乎？即云几上之肉不足虑，而脱臂试鹰、发柙尝虎终非善策，且彼时亮之所急者，欲定南而伐北，岂宜屡纵屡擒脱延时日之理！知其必不出此。

【译文】七纵七擒被记载此事的人所称颂，太没有见识了。对蛮夷固然应当使他们心服口服，但将被俘的蛮夷首领多次释放，简直像小孩子做游戏一样。一放再放已经很过分了，怎么可以累计七次呢？即使说案板上的肉不值得担忧，但是脱离臂套试鹰、打开栅栏试探老虎到底也不算是好的计策。况且当时诸葛亮急于平定南方好去北伐，哪适合屡纵屡擒拖延时间的道理！我知道他必然不会做出这种事。

益州、永昌、牂柯、越巂四郡皆平，亮即其渠率而用之。或以谏亮，亮曰："若留外人，则当留兵，兵留则无所食，一不易也；加夷新伤破，父兄死丧，留外人而无兵者，必成祸患，二不易也；

又，夷累有废杀之罪，自嫌衅重，若留外人，终不相信，三不易也。今吾欲使不留兵，不运粮，而纲纪粗定，夷、汉粗安故耳。"亮于是悉收其俊杰孟获等以为官属，出其金、银、丹、漆、耕牛、战马以给军国之用。自是终亮之世，夷不复反。

【译文】益州、永昌、牂柯、越巂四郡都已经平定下来了，诸葛亮就挑选他们的首领来任用。有的人提议诸葛亮要防患于未然，诸葛亮说："如果让外族人来管理，就得留下士兵，士兵留下来却没有食粮，这是第一个不当的地方；加上夷地刚战败，有的父兄在战争中受伤或死亡，让外族人留下却没有军队保护，必定要有灾祸，这是第二个不当的地方；还有，夷人常有废主杀上的行为，自然会有疑惑，如果留外族人在他们地盘，终于不会信服，这是第三个不当的地方。现在我想要不留兵，不运粮，只在此地大概制定个纲纪，夷、汉应该会平定罢！"于是诸葛亮全起用孟获等青年才俊做汉的官吏，上交他们的金、银、丹、漆、耕牛、战马给国家，以备军事和朝廷之用。从这时起到诸葛亮去世，夷地没有再叛乱过。

八月，帝以舟师自谯循涡入淮。尚书蒋济表言水道难通，帝不从。冬，十月，如广陵故城，临江观兵，戎卒十馀万，旌旗数百里，有度江之志。吴人严兵固守。时大寒，冰，舟不得入江。帝见波涛汹涌，叹曰："嗟乎，固天所以限南北也！"遂归。孙韶遣将高寿等率敢死之士五百人，于径路夜要帝，帝大惊。寿等获副车、羽盖以还。于是战船数千皆滞不得行，议者欲就留兵屯田，蒋济以为："东近湖，北临淮，若水盛时，贼易为寇，不可安屯。"帝从之，车驾即发。还，到精湖，水稍尽，尽留船付济。船连延在数百里中，济更凿地作四五道，蹴船令聚；豫作土豚遏断湖水，皆引后船，一时开遏入淮中，乃得还。

十一月，东武阳王鉴薨。

十二月，吴番阳贼彭绮攻没郡县，众数万人。

【译文】 八月，魏文帝曹丕命水军从谯郡顺涡水进入淮阴。尚书蒋济上书说明水道不通，魏文帝曹丕不听从他的意见。冬季，十月，到达广陵旧城，魏文帝曹丕亲自前往长江边观兵，看见将士十几万，旌旗绵延几百里，很有渡江的大志。吴国调派士兵防守。当时天气严寒，江上结冰，战船进不了长江。魏文帝曹丕见到大江中间仍汹涌澎湃，不由得长叹一声说："唉！这是老天注定分限南北啊！"于是还朝。孙韶指派大将高寿等带领敢死队五百多人，在夜间小路上偷袭文帝，魏文帝曹丕大为受惊。高寿等掳掠副车、羽盖返回。在这时，千只战船都停下不得行进，许多人提议，要在此留兵屯田，蒋济觉得："此地东面靠近高邮湖，北边又和淮水比邻，假如水势涨起，敌人容易偷袭我军，不可以在此地安顿。"魏文帝曹丕听从他的意见，马上下令驾车出发。回到精湖，水渐变小，把船都留给蒋济。船连接起来有几百里长，蒋济再开凿出四五条水道，让船连在一起；并事先修筑土堤，阻拦湖水，把后船都拉进来，同时打开堤堰让水进入淮河，才得回去。

十一月，东武阳王曹鉴辞世。

十二月，吴国番阳盗贼彭绮攻克郡县，聚众有几万人。

七年(丙午，公元二二六年)春，正月，壬子，帝还洛阳，谓蒋济曰："事不可不晓。吾前决谓分半烧船于山阳湖中，卿于后致之，略与吾俱至谯。又每得所陈，实入吾意。自今讨贼计画，善思论之。"

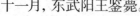
资治通鉴

汉丞相亮欲出军汉中，前将军李严当知后事，移屯江州，留护军陈到驻永安，而统属于严。

吴陆逊以所在少谷，表令诸将增广农亩。吴王报曰："甚善！令孤父子亲受田，车中八牛，以为四耦，虽未及古人，亦欲与众均等其劳也。"

【译文】七年（丙午，公元226年）春季，正月，壬子日（初十），魏文帝曹丕班师回到洛阳，对蒋济说："凡事都得了解清楚。我在前方被困山阳湖（精湖），船无法行进，决定留一半船在湖中烧掉。先生紧随其后就把船都送到，与朕一同到谯郡。又经常上疏陈述，符合我的意思。从今以后征伐敌人的计策，理应好好讨论才是。"

蜀汉丞相诸葛亮想要出兵汉中，前将军李严应当担任后方事务，移兵驻守江州，留护军陈到镇守永安，由李严率领。

吴国陆逊认为所驻守的地方粮食缺少，上书想让诸将开垦农田。吴主孙权回应说："非常好！由我父子亲自耕田，分四耦八耜八牛，虽然不能和古代的帝王相提并论，也可以和大家一起劳作了。"

【乾隆御批】杨颙对诸葛亮之言正当于此用之。为人君而亲受田是何政体？宜其忽而称帝，忽而降魏，忽而伐蜀，忽而行成，总无定见也。

【译文】杨颙对诸葛亮说的话正应该用在这里。身为人君而亲自接受荒地是什么政体？无怪他忽然称帝，忽然投降魏国，忽然讨伐蜀国，忽然商议求和，总是没有固定的见解。

帝之为太子也，郭夫人弟有罪，魏郡西部都尉鲍勋治之；太子请,不能得,由是恨勋。及即位,勋数直谏,帝益忿之。帝伐吴还,屯陈留界。勋为治书执法,太守孙邕见出,过勋。时营垒未成,但立标埒,邕邪行,不从正道,军营令史刘曜欲推之,勋以堑垒未成,解止不举。帝闻之,诏曰:"勋指鹿作马,收付廷尉。"廷尉法议,"正刑五岁",三官驳,"依律,罚金二斤",帝大怒曰:"勋无活分,而汝等欲纵之!收三官已下付刺奸,当令十鼠同穴!"钟繇、华歆、陈群、辛毗、高柔、卫臻等并表勋父信有功于太祖,求请勋罪,帝不许。高柔固执不从诏命,帝怒甚,召柔诣台,遣使者承指至廷尉诛勋。勋死,乃遣柔还寺。

【译文】魏文帝曹丕做太子的时候,郭夫人弟弟犯了罪,魏郡西部都尉鲍勋处理这件案子;太子请求免罪,鲍勋不给免罪,因此他非常痛恨鲍勋。等到登基皇帝位,鲍勋多次直言劝谏,魏文帝曹丕都很气恼他。魏文帝曹丕征伐吴国回来,驻兵在陈留地方。鲍勋在那里做治书执法,太守孙邕要出来,路过鲍勋那里。当时营垒还未修成,仅仅立了个标牌,孙邕不走正道,走小道而行,军营令史刘曜想追查孙邕的责任,鲍勋觉得新垒还未完工,劝止了刘曜,没有上报。魏文帝曹丕听闻这件事就下令说:"鲍勋指鹿为马,混淆是非,擒拿住他交给廷尉审判。"廷尉依法讨论,宣判五年刑期;廷尉正、监、平三官商议,按照法律规定,交罚金两斤;魏文帝曹丕勃然大怒说:"鲍勋理应判处死刑,你们想要宽恕了他!将三官关押起来,移交刺奸,应当要他们如老鼠一般在一个坑里同流合污吧!"钟繇、华歆、陈群、辛毗、高柔、卫臻等一起上书说鲍勋的父亲鲍信在太祖时建有功勋,请求免除鲍勋的罪。魏文帝曹丕拒绝他们的恳求。高柔非常顽固,就是不服从诏令,魏文帝曹丕很气愤,传召高柔到尚书台,吩咐使者到廷尉监狱将鲍勋杀害。鲍勋赐死后,才允许高柔回去。

票骑将军都阳侯曹洪，家富而性吝啬，帝在东宫，尝从洪贷绢百匹，不称意，恨之。遂以舍客犯法，下狱当死，群臣并救，莫能得。卞太后责怒帝曰："梁、沛之间，非子廉无有今日！"又谓郭后曰："令曹洪今日死，吾明日敕帝废后矣！"于是郭后泣涕屡请，乃得免官，削爵土。

【译文】骠骑将军都阳侯曹洪，家财万贯，但是生性吝啬。魏文帝曹丕在东宫时，有次向都阳侯借过百匹绢，没有借到，就很记恨他；于是想以他的门客犯法，连坐来治他的死罪，群臣都来挽回曹洪，也不可能被赦免。卞太后怒斥文帝曹丕说："梁、沛地方，没有曹洪，就没有现在的富饶。"又告诉郭皇后说："如果今天曹洪死了，明天我就让皇上废黜你这个皇后。"于是郭后多次哭闹恳求魏文帝曹丕，曹洪才得以仅仅免掉官职，削去封地。

【乾隆御批】魏文以贷绢宿嫌免曹洪官，已失予夺之正至。鲍勋守法不阿，方当录用，以励群下，乃必欲置之于死，徇私怨而昧公义，孙权之见并不及矣。

【译文】魏文帝因借绢这个旧日的嫌隙免去了曹洪的官职，已经失去了赐予和剥夺的公正。鲍勋守法刚正不阿，正应该被录用，以此来鼓励部下，却一定要把他置于死地。顺从个人的恩怨而不明白公正的道义，曹丕的见识还赶不上孙权的呢。

初，郭后无子，帝使母养平原王叡；以叡母甄夫人被诛，故未建为嗣。叡事后甚谨，后亦爱之。帝与叡猎，见子母鹿，帝亲射杀其母，命叡射其子。叡泣曰："陛下已杀其母，臣不忍复杀其子。"帝即放弓矢，为之恻然。夏，五月，帝疾笃，乃立叡为太子。丙辰，召中军大将军曹真、镇军大将军陈群、抚军大将军司马懿，并受遗诏辅政。丁巳，帝殂。

◆陈寿评曰：文帝天资文藻，下笔成章，博闻强识，才艺兼该。若加之旷大之度，励以公平之诚，迈志存道，克广德心，则古之贤主，何远之有哉！◆

【译文】起初，郭后没有生儿子，魏文帝曹丕让她以母亲身份抚养平原王曹叡；因为曹叡的生母甄夫人被赐死，因此没有立作后嗣。曹叡侍奉郭皇后很是小心，郭皇后也非常疼爱他。有次魏文帝曹丕和曹叡外出狩猎，见到一对母鹿和子鹿，魏文帝曹丕将母鹿射杀了，要曹叡射杀那只子鹿，曹叡哭着说："皇上已经将母鹿射杀了，臣狠不下心再射杀子鹿。"魏文帝曹丕于是放下弓箭，非常悲怆。夏季，五月，魏文帝曹丕病危，于是册立曹叡做太子。丙辰日（十六日），集中中军大将军曹真、镇军大将军陈群、抚军大将军司马懿，并接受遗诏辅佐政务。丁巳日（十七日），魏文帝曹丕就辞世了，享年四十岁。

◆陈寿评价曹丕说：文帝的天赋，擅长文辞修饰，出笔成章，学识渊博，才华横溢。假如再有广阔的胸襟，公平公正的诚信，志存高远，克服不利因素并且使自己内心良善，那么与古代贤明的君主相比，就没有什么相当大的距离！◆

太子即皇帝位，尊皇太后曰太皇太后，皇后曰皇太后。

初，明帝在东宫，不交朝臣，不问政事，惟潜思书籍；即位之后，群下想闻风采。居数日，独见侍中刘晔，语尽日，众人侧听，晔既出，问："何如？"曰："秦始皇、汉孝武之俦，才具微不及耳。"

帝初莅政，陈群上疏曰："夫臣下雷同，是非相蔽，国之大患也。若不和睦则有雠党，有雠党则毁誉无端，毁誉无端则真伪失实，此皆不可不深察也。"

【译文】太子曹叡即皇帝位，尊皇太后卞氏为太皇太后，郭皇后为皇太后。

起初，魏明帝曹叡在东宫时，不与朝臣结交，也不过问朝中事务，只是潜心研读书籍；即皇帝位后，群下都想一睹他的风采。几天后，魏明帝曹叡单独召见侍中刘晔，谈了一天，众人都在偷听，刘晔出来后，大家都问他："怎么样啊！"刘晔说："皇上的志向是如秦始皇、汉孝武那一类的人，只是才能稍微不及些。"

魏明帝曹叡刚刚莅政之时，陈群上疏说："臣下随声附和，是非不分，这是国之大患呀！如果不和睦就会结下仇党，有仇党就会不断毁誉，不断毁誉就将失掉真伪，这都是不能不深入观察的啊！"

癸未，追谥甄夫人曰文昭皇后。

壬辰，立皇弟蕤为阳平王。

六月，戊寅，葬文帝于首阳陵。

吴王闻魏有大丧，秋，八月，自将攻江夏郡，太守文聘坚守。朝议欲发兵救之。帝曰："权习水战，所以敢下船陆攻者，冀掩不备也。今已与聘相拒。夫攻守势倍，终不敢久也。"先是，朝廷遣治书侍御史荀禹慰劳边方，禹到江夏，发所经县兵及所从步骑千人乘山举火，吴王遁走。

【译文】癸未日（五月无此日），魏明帝曹叡追封甄夫人为文昭皇后。

壬辰日（五月无此日，疑误），魏明帝曹叡立皇弟曹蕤做阳平王。

六月，戊寅日（初九），埋葬文帝于首阳陵。

吴王听闻魏国有大丧，秋季，八月，他亲自率领军队进攻江夏郡，太守文聘坚强防御，朝臣纷纷发表议论想要派兵前去援救。魏明帝曹叡说："孙权擅长水战，他之所以敢下船在陆地发起进攻的原因，就是希望乘对方没有做好准备呀！此刻他已和文聘相对抗，那么进攻的势力比防守势力须加倍，他绝对不会太久就要退兵了。"事前，朝廷曾派出治书侍御史荀禹去慰劳边方将士，荀禹到了江夏，就发动所经之地的步骑兵一千多人，爬到山上去放火，吴王见到火光，怀疑是大军前来解救，就赶紧逃走了。

辛巳，立皇子冏为清河王。

吴左将军诸葛瑾等寇襄阳，司马懿击破之，斩其部将张霸；曹真又破其别将于寻阳。

吴丹阳、吴、会山民复为寇，攻没属县。吴王分三郡险地为东安郡，以绥南将军全琮领太守。琮至，明赏罚，招诱降附，数年，得万馀人。吴王召琮还牛渚，罢东安郡。

冬，十月，清河王冏卒。

吴陆逊陈便宜，劝吴王以施德缓刑，宽赋息调。又云："忠说之言，不能极陈；求容小臣，数以利闻。"王报曰：《书》载：'予违汝弼'，而云不敢极陈，何得为忠说哉！"于是令有司尽写科条，使郎中褚逢赍以就逊及诸葛瑾，意所不安，令损益之。

【译文】辛巳日（十二日），魏明帝曹叡立皇子曹冏做清河王。

吴国左将军诸葛瑾等攻击襄阳，但都被司马懿击败了，并且将他的部将张霸斩首；曹真在寻阳也将别的将领击败了。

吴国丹阳、吴郡、会稽山民又一次成为盗寇，进犯沦陷附近的属县。吴主孙权划分三郡险要地方为东安郡，并任命绥南将军全琮担任太守。全琮到了之后，申明赏罚，招降纳叛，没过几年，就得到一万多人。吴主孙权把全琮召回牛渚，并取消了东安郡。

冬季，十月，清河王曹冏去世。

吴国陆逊陈述对国家有利的建议，劝谏吴主孙权，施行德政，减缓刑罚，放宽赋税，停止调兵。他又说："忠善的话，不能全部说完；，求容身的小臣，就会屡次以利相闻。"吴主孙权回复说："《尚书》说'我有违误，你就可以匡正'，所说不敢全部陈述，怎么可以获得忠善之言呢！"于是下令有司全部写出将要实施的科条，派遣郎中褚逢送给陆逊和诸葛瑾，但凡有不妥之处，就叫他们斟酌修改。

十二月，以钟繇为太傅、曹休为大司马，都督扬州如故；曹真为大将军，华歆为太尉，王朗为司徒，陈群为司空，司马懿为票骑大将军。歆让位于管宁，帝不许。徵宁为光禄大夫，敕青州给安车吏从，以礼发遣，宁复不至。

是岁，吴交趾太守士燮卒，吴王以燮子徽为安远将军，领九真太守，以校尉陈时代燮。交州刺史吕岱以交趾绝远，表分海南三郡为交州，以将军戴良为刺史；海东四郡为广州，岱自为刺史；遣良与时南入。而徽自署交趾太守，发宗兵拒良，良留合浦。交趾桓邻，燮举吏也，叩头谏徽，使迎良。徽怒，笞杀邻，邻兄治合宗兵击，不克。吕岱上疏请讨徽，督兵三千人，晨夜浮海而往。或谓岱曰："徽藉累世之恩，为一州所附，未易轻也。"岱曰："今徽虽怀逆计，未虞吾之卒至；若我潜军轻举，掩其无备，破之必也。稽留不速，使得生心，婴城固守，七郡百蛮云合响应，虽有智者，谁能图之！”遂行，过合浦，与良俱进。岱以燮弟子辅为师友从事，遣往说徽。徽率其兄弟六人出降，岱皆斩之。

◆孙盛论曰：夫柔远能迩，莫善于信。吕岱师友士辅，使通信誓；徽兄弟肉袒，推心委命，岱因灭之以要功利，君子是以知吕氏之祚不延者也。◆

【译文】十二月，魏明帝曹叡任用钟繇担任太傅，任用曹休担任大司马，和从前一样都监管扬州，任用曹真担任大将军，任用华歆担任太尉，任用王朗担任司徒，任用陈群担任司空，任用司马懿担任骠骑大将军。华歆要将自己的位置让给管宁，魏明帝曹叡没有许可。魏明帝曹叡征召管宁担任光禄大夫，敕令青州给安车吏从，并用礼仪发遣，然而管宁却没有到任。

这一年，吴交趾太守士燮死去，吴主孙权任用士燮的儿子士徽担任了安远将军，兼领九真太守，校尉陈时代士燮的交趾太守。交州刺史吕岱觉得交趾太过偏远，上表想分海南三郡为交州，并用将军戴良担任刺史；海东四郡为广州，吕岱自担任刺史；派出戴良和陈时向南进。士徽这时自署为交趾太守，发动宗党相聚的群众抵制戴良，戴良留在合浦。先前士燮在交趾所举用的柏邻，向士徽叩头劝谏，请他迎接戴良。士徽恼怒，就将柏邻鞭打致死，柏邻的兄长柏治就集合宗党的群众攻打士徽，可是没能取胜。吕岱上疏请求征讨士徽，率领士兵三千多人，利用拂晓浮海前行，有人对吕岱说：“士徽的家人几代都在此地为官，一州的人都依附于他，千万不能轻易攻击呀！”吕岱说：“即使现在士徽心怀叛逆，但是他还不知道我们突然到了；假如我军潜入交趾，趁他没有防备，就可以轻易将他打败。倘若停止而不尽快进攻，被他们发觉了，一定会严加防范，那时，就是用七郡百蛮，一起响应，再凭借有智谋的人来指挥，恐怕也不能攻下了！"于是就开始行动，经过合浦，和戴良一同前进。吕岱任命士燮的侄儿士辅为从事，并把他当作师友对待，派出他前去说服士徽。士徽率领他的兄弟六人出来归降，吕岱将他们全部杀掉了。

◆孙盛评论此事说：安定远人，四方来归，再没有比诚信更重要的了。吕岱将士辅当作师友，让他通信立誓；士徽兄弟诚恳地前来归顺，吕岱趁机却杀了他们以便邀功请赏，由此明白事理的人都知晓吕岱的福禄不会长久呀！◆

徽大将军甘醴及桓治率吏民共攻岱，岱奋击，破之。于是除广州，复为交州如故。岱进讨九真，斩获以万数；又遣从事南宣威命，暨徽外扶南、林邑、堂明诸王，各遣使入贡于吴。

【译文】士徽的大将军甘醴和桓治率领士兵袭击吕岱，吕岱奋起还击，将他们都击败了。于是撤销广州，又照旧恢复为交州。吕岱又去讨伐九真，斩杀并俘虏一万多人；又派出官员向南宣布威命，使得境外扶南、林邑、堂明诸王，都派出使者向吴国进贡。

烈祖明皇帝上之上

太和元年(丁未，公元二二七年)春，吴解烦督胡综、番阳太守周鲂击彭绮，生获之。

初，绮自言举义兵，为魏讨吴，议者以为因此伐吴，必有所克。帝以问中书令太原孙资，资曰："番阳宗人，前后数有举义者，众弱谋浅，旋辄乖散。昔文皇帝尝密论贼形势，言洞浦杀万人，得船千数，数日间，船人复会。江陵被围历月，权裁以千数百兵住东门，而其土地无崩解者，是有法禁上下相维之明验也。以此推绮，惧未能为权腹心大疾也。"至是，绮果败亡。

【译文】太和元年（丁未，公元227年）春季，吴国解烦督胡综、番阳太守周鲂攻打彭绮，并且活捉了彭绮。

起初，彭绮自己说要起义，替魏国征讨吴国，议论的人都说，这样去征讨吴国，一定能够取胜。魏明帝曹叡就此事问中书令太原孙资，孙资说："番阳宗党的人，曾经有几次举义的情况，皆是人多而弱，计谋也浅显，没有多久就分散了，之前文皇帝在世之时，曾经秘密讨论过敌人的形势，说洞浦杀死了一万多人，缴获了一千多艘船，然而没过几天，船上的人又聚集在一起；江陵受困一个多月，孙权仅仅用了一千多兵驻扎东门，那里的土地没有不分崩离散的；所以法令严禁上下互相攻击，这是非常对的。根据上面的事例推断彭绮，恐怕不会成为孙权的心头大患呀！"没过多久，彭绮果然失败。

二月，立文昭皇后寝园于邺。王朗往视园陵，见百姓多贫困，而帝方营修宫室，朗上疏谏曰："昔大禹欲拯天下之大患，故先卑其宫室，俭其衣食；勾践欲广其御儿之疆，亦约其身以及家，俭其家以施国；汉之文、景欲恢弘祖业，故割意于百金之台，昭俭于弋绨之服；霍去病中才之将，犹以匈奴未灭，不治第宅。明恤远者略近，事外者简内也。今建始之前，足用列朝会；崇华之后，足用序内官；华林、天渊，足用展游宴。若且先成象魏，修城池，其馀一切须丰年，专以勤耕农为务，习戎备为事，则民充兵强而寇戎宾服矣。"

【译文】二月，魏明帝曹叡在邺都建造文昭皇后的墓园。

王朗去看墓园时，看到当地的百姓都十分贫穷，可是魏明帝曹叡却正在修筑宫室，王朗就上疏劝谏说："先前大禹想要挽救天下的苦难，就先让自己的宫室简陋，衣食俭省。勾践想要拓展北部御儿的疆界，也是从自己的身家节俭，再施展于全国。汉朝的文帝、景帝，想要恢宏自己祖业，便放下用百金所建高台的念头，穿衣也用黑色厚棉替代丝织物品。霍去病不过是中才名将，尚且还因为匈奴未灭，不肯营建自己的房产。明示抚恤远方的，就忽略掉目前的享受。处理外边的事务，对内也能简约。而今建始殿的前面，完全可以用来排列早朝，崇华殿的后面，也足够站内官；华林园、天渊池更足够去游乐。假如先建观阙，修筑城池，其余的建筑皆等到丰年再行修建，先勤于农耕为主要工作，演练军事为紧迫之事，那么民富兵强，边疆的敌寇，自然会来归降了。"

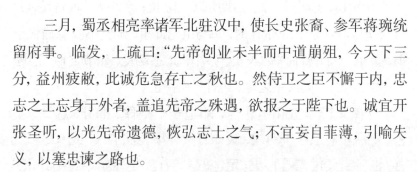

三月，蜀丞相亮率诸军北驻汉中，使长史张裔、参军蒋琬统留府事。临发，上疏曰："先帝创业未半而中道崩殂，今天下三分，益州疲敝，此诚危急存亡之秋也。然侍卫之臣不懈于内，忠志之士忘身于外者，盖追先帝之殊遇，欲报之于陛下也。诚宜开张圣听，以光先帝遗德，恢弘志士之气；不宜妄自菲薄，引喻失义，以塞忠谏之路也。

【译文】三月，蜀汉丞相诸葛亮率领诸军向北驻扎在汉中，派遣长使张裔、参军蒋琬留于丞相府中，处理政事。他在临走之前，上疏说："先帝开创的大业，进行不到一半，就中途过世了。目前天下已被分为三个国家，我们益州又是百姓贫穷财物贫乏，这实在是处在危急存亡的关头啊！然而做侍卫的臣子们在内兢兢业业，忠贞的义士在疆场上拼死作战，他们这都是感念

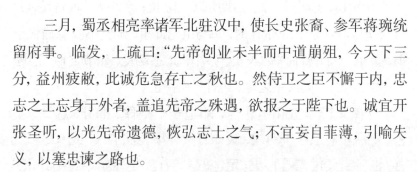

先帝在世之时给予他们的特殊待遇，打算报答在您的身上啊！陛下实在应该多听多闻，将先帝的遗德发扬光大，提升志士们的信心；不应当随意轻视自己，引证以及比喻不合义理的事情和道理，来堵塞了忠臣们劝谏的道路啊！

"宫中、府中，俱为一体，陟罚臧否，不宜异同。若有作奸犯科及为忠善者，宜付有司论其刑赏，以昭陛下平明之理，不宜偏私，使内外异法也。

侍中、侍郎郭攸之、费祎、董允等，此皆良实，志虑忠纯，是以先帝简拔以遗陛下。愚以为宫中之事，事无大小，悉以咨之，然后施行，必能裨补阙漏，有所广益。将军向宠，性行淑均，晓畅军事，试用于昔日，先帝称之曰能，是以众议举宠为督。愚以为营中之事，悉以咨之，必能使行陈和睦，优劣得所。

亲贤臣，远小人，此先汉所以兴隆也；亲小人，远贤臣，此后汉所以倾颓也。先帝在时，每与臣论此事，未尝不叹息痛恨于桓、灵也。侍中、尚书、长史、参军，此悉端良、死节之臣，愿陛下亲之，信之，则汉室之隆，可计日而待也。

【译文】皇宫和丞相府，都是一个整体，擢升、惩罚、奖善、黜恶不应该区别对待，假如有做坏事犯法的人，或有尽忠行善，也应当交付主管官吏，定他的功与过，给予恰当赏与罚，才能够显示出陛下公平开明的政治作风，千万不能有所偏私，使得内外的法律有所差异啊！

侍中郭攸之、费祎、侍郎董允这些人，皆是善良忠诚，志向思虑一直都是忠贞纯一的人，因此先帝特别甄选出来，留给陛下。我觉得朝中之事，无论事大事小，都要询问他们，然后再做，必定可以补救其中的缺陷和漏洞，这是有非常大的益处啊！将军向宠，他的品格和行为，都十分善良和公正，又通晓军事，之前与吴国作战时，曾经试用过，先帝赞叹他很能干，所以大家一起推选他担任都督。我认为军营中的事务，都先要去问过他之后再去做，一定可以让军队和睦，无论是能力强的还是能力差的，都能够让能力有差的他们各得其所。

亲近贤臣，远离小人，这是汉朝初期兴盛的原因；亲近小人，远离贤臣，这是汉朝末年衰败的原因。先帝在世之时，每每与臣谈起此事，没有哪一次不叹息遗恨桓、灵二帝了，侍中郭攸之、费祎，尚书陈震，长史张裔，参军蒋琬，这些都是忠贞诚信能够为国捐躯的臣子，希望陛下亲近他们，信任他们，那么汉朝的兴盛就在眼前了。

"臣本布衣，躬耕南阳，苟全性命于乱世，不求闻达于诸侯。先帝不以臣卑鄙，猥自枉屈，三顾臣于草庐之中，咨臣以当世之事；由是感激，遂许先帝以驱驰。后值倾覆，受任于败军之际，奉命于危难之间，尔来二十有一年矣。先帝知臣谨慎，故临崩寄臣以大事也。

受命以来，夙夜忧叹，恐托付不效，以伤先帝之明。故五月渡泸，深入不毛。今南方已定，甲兵已足，当奖率三军，北定中原，庶竭驽钝，攘除奸凶，兴复汉室，还于旧都，此臣所以报先帝而忠陛下之职分也。至于斟酌损益，进尽忠言，则攸之、祎、允之任也。愿陛下托臣以讨贼兴复之效，不效，则治臣之罪以告先帝之灵，责攸之、祎、允等之慢以彰其咎。陛下亦宜自谋，以谘诹善道，察纳雅言，深追先帝遗诏。臣不胜受恩感激，今当远离，临表涕零，不知所言。"遂行，屯于沔北阳平石马。

【译文】臣原本是一个寻常百姓，亲自在南阳耕种，只求在乱世之中苟且偷生，并没有希望结识显要之人，使得自己的声名为诸侯听见。然而先帝却不以为臣地位卑贱，亲自屈驾，到草庐中亲自访问臣多达三次，询问臣当下的天下大势；因此令臣万分感激，于是答应先帝奔走效命。后来遭逢到兵败，在败军之时接受任务，在危难的关头接受任命，到现在已经二十一年了。先帝知道我很谨慎，所以临死之时，将国家重任交托于我。

自从我接受任务以来，日夜忧思勤奋，深怕辜负了先帝嘱托的心意，而令别人指责先帝不能知人。所以臣在五月渡过泸水，深入草木不生的蛮夷之地。现今南方已经平定，国内的军备也十分充足，就应当勉励三军将士，出师北伐中原，好让我尽自己的绵薄之力，消除叛逆，复兴汉朝，回到故都；这就是臣用来回报先帝和对陛下尽忠的职责所在啊！至于政治上的斟酌情理，应该发扬及应该革除的事项，随时进献好的建言，这是郭攸之、费祎、董允他们的责任。希望陛下把征讨汉贼、复兴汉朝的责任交给我去做，假如不能成功，就治臣的罪，以告先帝之灵；要是没有进德的善言，就责骂郭攸之、费祎、董允等人，以示他们的怠慢失职。陛下自己也应该多加考察，以访问谋求好的道理，明察和采纳忠臣们正当的劝谏，细细追思先帝临死时的诏书，我就无尽地感激陛下的深恩厚德了。此刻就要远离陛下，在写这张表时，我不觉涕泪交流，自己也不知该说些什么好了。"于是北行，诸葛亮将军队屯驻在沔水北阳平石马。

亮辟广汉太守姚伷为掾，伷并进文武之士，亮称之曰："忠益者莫大于进人，进人者各务其所尚。今姚掾并存刚柔以广文武之用，可谓博雅矣。愿诸掾各希此事以属其望。"

帝闻诸葛亮在汉中，欲大发兵就攻之，以问散骑常侍孙资，资曰："昔武皇帝征南郑，取张鲁，阳平之役，危而后济，又自往拔出夏侯渊军，数言'南郑直为天狱，中斜谷道为五百里石穴耳，'言其深险，喜出渊军之辞也。又，武皇帝圣于用兵，察蜀贼栖于山岩，视吴虏窜于江湖，皆桡而避之，不责将士之力，不争一朝之忿，诚所谓见胜而战，知难而退也。今若进军就南郑讨亮，道既险阻，计用精兵及转运、镇守南方四州，遏御水贼，凡用十五六万人，必当复更有所发兴。天下骚动，费力广大，此诚陛下所宜深虑。夫守战之力，力役参倍。但以今日见兵分命大将据诸要险，威足以震摄强寇，镇静疆场，将士虎睡，百姓无事。数年之间，中国日盛，吴、蜀二虏必自罢敝。"帝乃止。

【译文】诸葛亮征召广汉太守姚伷担任丞相掾，姚伷举荐进用了不少文武人才，诸葛亮称赞他说："在尽忠补益的事情上再没有比得上荐举贤人更好的了，举荐贤人各任其所长。现今姚丞相掾有刚柔并济的性格，还能广开文武的任用，可以称得上是学博道正的人了。希望各位参掾，都能把姚伷当作榜样以符合我对你们的期望。"

魏明帝曹叡听闻诸葛亮在汉中，想要用大兵来攻打，于是就问散骑常侍孙资，孙资说："先前武皇帝讨伐南郑，夺取张鲁，阳平的那次战役，历经危险而后才得安稳，又自己前去调出夏侯渊的部队，并且时常说：'南郑简直就像是天狱，中间的斜谷道简直是五百多里的石洞啊！'这是说那个地方十分危险，庆幸调出了夏侯渊的军队。又，武皇帝用兵如神，观察蜀国栖息在山岩之中，再看吴国窜扰在江湖之上，都能委屈地躲避，不批评将士们不用力，不争一时之气，实在是要等到胜利的形势来了才肯作战，自知无法抵抗就会后退。现在假如进到南郑去讨伐诸葛亮，道路不但险阻，而且我们估算要调集精兵、转运、镇守南方四州共用了十五六万人，这样还要更多的兵役。如果再征讨蜀汉，又要募集士卒，如此天下骚动，开销也扩大，这些皇帝都应当细细思考。那么守卫的力量，常常是攻击力量的三倍。假如现在都用大将守卫险要之地，力量足可以抵御强敌，让疆场平静，就是将士在虎帐睡大觉，百姓也不会遭到敌人的袭击。几年之后，中原日益强大，吴、蜀两个敌国，一定会自己就衰败下来了。"魏明帝曹叡就打消了动兵的念头。

初，文帝罢五铢钱，使以谷帛为用，人间巧伪渐多，竞湿谷以要利，薄绢以为市，虽处以严刑，不能禁也。司马芝等举朝大议，以为："用钱非徒丰国，亦所以省刑，今不若更铸五铢为便。"夏，四月，乙亥，复行五铢钱。

甲申，初营宗庙于洛阳。

六月，以司马懿都督荆、豫州诸军事，率所领镇宛。

冬，十二月，立贵嫔河内毛氏为皇后。初，帝为平原王，纳河内虞氏为妃；及即位，虞氏不得立为后，太皇卞太后慰勉焉。虞氏曰："曹氏自好立贱，未有能以义举者也。然后职内事，君听外政，其道相由而成；苟不能以善始，未有能令终者也，殆必由此亡国丧祀矣！"虞氏遂绌还邺宫。

【译文】 起初，文帝曹丕停止使用五铢钱，改用谷帛作为交易的媒介，于是民间巧伪的人渐渐多了起来，争着将谷子浸在水里以增加重量，用薄的布帛和别人做交易，纵然国家使用严刑处罚，也禁止不了。司马芝等人在朝中谈论，认为："钱币的使用不只为了让国家富足，而且是为了省去刑罚，目前不如重铸五铢钱会比较便利。"夏季，四月，乙亥日（初十），魏明帝曹叡又再次使用五铢钱。

甲申日(十九日),开始于洛阳建造宗庙。

六月,任命司马懿都督荆、豫两州的军事,统领所属军队戍守宛县。

冬季,十二月,魏明帝曹叡立贵嫔河内毛氏做皇后。起初,魏明帝曹叡做平原王之时,纳河内人虞氏做王妃;等到他即了皇帝位,虞氏却没有被立为皇后,太皇卞太后去安慰她。虞氏说:"曹家本来就喜好立地位低贱的妃子,不能用正义相举的情况。然后后职是安定宫内事,君主是管理外政的,这道理相辅相成的;假如在开始不能做好,到最后也难保有什么好结局,甚至还可能亡国呢!"于是虞氏黜退到邺宫。

【申涵煜评】妃不得立,卞后慰勉,妃即面诋以曹氏好立贱,必由此亡国丧祀。其言固是。然待太后过激而无礼,使主中宫,必非驯良之物。

【译文】虞妃没有被立为皇后,卞后安慰她,虞妃当面诋毁说曹氏喜欢立身份低微的人,肯定会因此亡国。虽然说得有些道理,然而她对太后的过激言论实在无礼,要是让她入主中宫,肯定也不是善类。

初,太祖、世祖皆议复肉刑,以军事不果。及帝即位,太傅钟繇上言:"宜如孝景之令,其当弃市欲斩右趾者,许之;其黥、劓、左趾、宫刑者,自如孝文易以髡笞,可以岁生三千人。"诏公卿以下议,司徒朗以为:"肉刑不用已来,历年数百;今复行之,恐所减之文未彰于万民之目,而肉刑之问已宣于寇雠之耳,非所以来远人也。今可按繇所欲轻之死罪,使减死髡刑,嫌其轻者,可倍其居作之岁数。内有以生易死不訾之恩,外无以刖易钛骇耳之声。"议者百馀人,与朗同者多。帝以吴、蜀未平,且寝。

是岁，吴昭武将军韩当卒，其子综淫乱不轨，惧得罪，闰月，将其家属、部曲来奔。

【译文】起初，太祖、世祖都想要恢复肉刑，因军事频频没有做到。等到魏明帝曹叡即位，太傅钟繇上书说："应当如孝景帝之时的法令，犯死刑的人可改为斩去右趾的，就应许他；犯黥面、劓鼻、砍左趾、宫刑的人，都像孝文帝之时的法令，改为髡笞，每年能够减少三千人的死刑。"魏明帝曹叡下诏书让公卿议论，司徒王朗以为："肉刑废除以来，已经有几百年了，现在如果再施行它，恐怕条例在民间还不清楚之时，肉刑的事已宣布让敌人知悉了，这样会降低远方的信服呀！现在可以照钟繇的减轻死罪的建议方法，将死刑先减为髡刑，假如认为轻可以多加几年。这样做，在国内可以让那些受到死刑的人不责备政府，在国外也可以让人家听到我们没有斩杀的惊人声闻。"有一百多议论之人，大多数赞同王朗的说法。但是魏明帝曹叡以为吴、蜀还未铲除，暂且将此事搁下。

这一年，吴国昭武将军韩当死去，他的儿子韩综因为淫乱不轨，怕获罪于上级，闰月，带领他的家属和部队前来投降魏国。

初，孟达既为文帝所宠，又与桓阶、夏侯尚亲善；及文帝殂，阶、尚皆卒，达心不自安。诸葛亮闻而诱之，达数与通书，阴许归蜀。达与魏兴太守申仪有隙，仪密表告之。达闻之，惶惧，欲举兵叛。司马懿以书慰解之，达犹豫未决，懿乃潜军进讨。诸将言："达与吴、汉交通，宜观望而后动。"懿曰："达无信义，此其相疑之时也。当及其未定促决之。"乃倍道兼行，八日到其城下。吴、汉各遣偏将向西城安桥、木阑塞以救达，懿分诸将以距之。初，达与亮书曰："宛去洛八百里，去吾一千二百里。闻吾举事，当表上天子，比相反覆，一月间也，则吾城已固，诸军足办。吾所在深险，司马公必不自来；诸将来，吾无患矣。"及兵到，达又告亮曰："吾举事八日而兵至城下，何其神速也！"

【译文】起初，孟达已经受文帝曹丕宠爱，后来又与桓阶、夏侯尚亲善；等到文帝过世以后，桓阶、夏侯尚也都过世了，于是孟达心中惴惴不安。诸葛亮得知此事之后，就想方设法引诱他。孟达数次与汉通信，暗许归蜀；孟达和魏兴太守申仪有仇恨，申仪就向上告发他。孟达获知此事后，心中恐惧，想要起兵反叛；司马懿立即写信去安慰他，孟达还在犹豫不决时，司马懿竟想偷偷发兵征讨他。诸位将领都说："孟达和吴、蜀汉都有通信，应当观望之后再做决定。"司马懿说："孟达是没有信义的人，趁他正处于游移不定之时，应当立即解决他。"于是全速进军，八天就到达他的城下。吴、蜀汉各派出偏将向西城安桥、木阑塞来救孟达，司马懿分派诸将抵抗他们。起初，孟达和诸葛亮信中说："宛县与洛阳之间有八百多里地，到我这里也有一千二百里。听说我要举事，应该先奏明天子，如此来往反复书信，就得一个多月，等到那时我的城防已经稳固，各种军备也皆可料理妥善。我猜测在如此险地，司马懿先生一定不会亲自来攻，其他诸将到来，我是不会有什么忧患的。"等至司马懿兵到之时，孟达又写信给诸葛亮说："我举事刚刚八天，司马懿就兵临城下，为何如此之快呢！"

资治通鉴卷第七十一　魏纪三

起著雍涒滩，尽上章阉茂，凡三年。

【译文】起戊申（公元228年），止庚戌（公元230年），共三年。

【题解】本卷记录了魏明帝曹叡太和二年到太和四年间的历史。诸葛亮领军北伐，兴师动众，收效甚微。首次出兵，误用马谡，街亭失守，大败而归，丧失夺取关中的最佳时机。太和四年，曹真率兵反击，兵出斜谷，也无功而返，魏蜀对峙。孙权称帝，北攻合肥，也未能建功。曹魏取守势，疲弊吴蜀，积蓄力量。此外还记录了孙权经营台湾等活动。

烈祖明皇帝上之下

太和二年（戊申，公元二二八年）春，正月，司马懿攻新城，旬有六日，拔之，斩孟达。申仪久在魏兴，擅承制刻印，多所假授；懿召而执之，归于洛阳。

初，征西将军夏侯渊之子楙尚太祖女清河公主，文帝少与之亲善，及即位，以为安西将军，都督关中，镇长安，使承渊处。

诸葛亮将入寇，与群下谋之，丞相司马魏延曰：“闻夏侯楙，主婿也，怯而无谋。今假延精兵五千，负粮五千，直从褒中出，循秦岭而东，当子午而北，不过十日，可到长安。楙闻延奄至，必弃城逃走。长安中惟御史、京兆太守耳。横门邸阁与散民之谷，足周食也。比东方相合聚，尚二十许日，而公从斜谷来，亦足以达。如此，则一举而咸阳以西可定矣。"亮以为此危计，不如安从坦道，可以平取陇右，十全必克而无虞，故不用延计。

【译文】 太和二年（戊申，公元228年）春季，正月，司马懿攻击新城，只用了十六天，就将城池攻破，捕获了孟达，将他斩首。申仪驻守在魏兴很久了，他擅自刻印，假授官职于他人；因而司马懿召他过去，并将他捆绑着押送到洛阳。

起初，征西将军夏侯渊之子夏侯楙娶了太祖的女儿清河公主，文帝曹丕儿时同他十分亲善，等到即位了，便派遣他担任安西将军，都督关中，戍守长安，让他承继父亲夏侯渊的位置。

诸葛亮准备攻打魏国之时，和群臣们计划怎样攻法。丞相司马魏延说："听闻夏侯楙是魏武帝曹操的女婿，却胆小又无谋略。如今给我精兵五千，带粮五千，直从褒中出去，沿这秦岭向东，由子午道向北进，不出十日，便可抵达长安。夏侯楙听说我魏延突然来到，一定会弃城逃走，到那时长安城唯有督军御史和京兆太守了。打开横门的谷仓逃散的百姓留下的谷物，足以资给军粮了。等他们和东方的兵相聚，还得要二十多天，到那时丞相从斜谷也就可以抵达了。这样就能够一举占领咸阳以西的地方。"诸葛亮觉得那是一个危险的计划，不如安然地从平坦的大道上，直取陇右，有十全的计策攻打必胜而无一失，因此没有采用魏延的计策。

【申涵煜评】武侯用兵，岂不如延？但知天意已定三分，出师聊尽人事耳。安危之论，据兵法正理而言也，即使果出褒中，咸阳未必便下。

【译文】诸葛亮用兵，难道不如魏延吗？他已经得知天下三分的天意，还要出师参与世间之事。安全还是危险，是根据军法而说的，即使他没有走出茅庐，咸阳未必不能取得。

　　亮扬声由斜谷道取郿，使镇东将军赵云、扬武将军邓芝为疑军，据箕谷。帝遣曹真都督关右诸军军郿。亮身率大军攻祁山，戎陈整齐，号令明肃。始，魏以汉昭烈既死，数岁寂然无闻，是以略无备豫；而卒闻亮出，朝野恐惧。于是，天水、南安、安定皆叛应亮，关中响震，朝臣未知计所出。帝曰："亮阻山为固，今者自来，正合兵书致人之术，破亮必也。"乃勒兵马步骑五万，遣右将军张郃督之，西拒亮。丁未，帝行如长安。

　　初，越嶲太守马谡才器过人，好论军计，诸葛亮深加器异。汉昭烈临终谓亮曰："马谡言过其实，不可大用，君其察之！"亮犹谓不然，以谡为参军，每引见谈论，自昼达夜。及出军祁山，亮不用旧将魏延、吴懿等为先锋，而以谡督诸军在前，与张郃战于街亭。

【译文】诸葛亮虚张声势说由斜谷道直取郿县，派镇东将军赵云、扬武将军邓芝作为疑兵，守卫箕谷。魏明帝曹叡派出曹真都督关右诸军驻扎郿县。诸葛亮亲自率领大军攻打祁山，军队整齐，号令严明。起初，魏国认为蜀汉昭烈帝刘备离世后，几年平平静静没有发生事端，所以疏于防备；忽然听闻诸葛亮出兵，朝野的人听说都很害怕，于是天水、南安、安定都反叛曹魏，响应诸葛亮，关中一时大为震动，朝臣都不知如何是好。魏明帝曹叡这时说："诸葛亮本来依靠山险固守，而今自投罗网，正符合兵法中引敌自入的战术，此次击败诸葛亮是必然的。"于是亲率领士兵马步骑五万，派出右将军张郃督率，向西去抵御诸葛亮。丁未日（二月十七日），魏明帝曹叡到达长安。

　　起初，越巂太守马谡，他的才能胜于一般人，又喜欢谈论兵法，诸葛亮十分看重他，但是蜀汉昭烈帝刘备临死之时，曾经对诸葛亮说："马谡言过其实，不能大用，先生可要好好观察他呀！"诸葛亮还是觉得未必不可用，于是就让马谡担任了参军，每次召见他谈论起来，常常从白天一直谈到夜晚。等到出兵祁山，诸葛亮没用老将魏延、吴懿等担任先锋，却用马谡统率诸军的前锋，在街亭同张郃对阵作战。

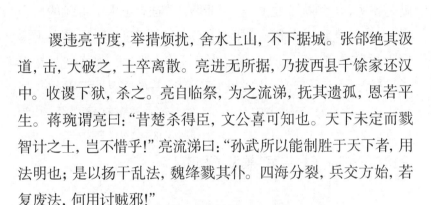

　　谡违亮节度，举措烦扰，舍水上山，不下据城。张郃绝其汲道，击，大破之，士卒离散。亮进无所据，乃拔西县千馀家还汉中。收谡下狱，杀之。亮自临祭，为之流涕，抚其遗孤，恩若平生。蒋琬谓亮曰："昔楚杀得臣，文公喜可知也。天下未定而戮智计之士，岂不惜乎！"亮流涕曰："孙武所以能制胜于天下者，用法明也；是以扬干乱法，魏绛戮其仆。四海分裂，兵交方始，若复废法，何用讨贼邪！"

　　谡之未败也，裨将军巴西王平连规谏谡，谡不能用；及败，众尽星散，惟平所领千人鸣鼓自守，张郃疑其有伏兵，不往逼也，于是平徐徐收合诸营遗迸，率将士而还。亮既诛马谡及将军李盛，夺将军黄袭等兵，平特见崇显，加拜参军，统五部兼当营事，进位讨寇将军，封亭侯。亮上疏请自贬三等，汉主以亮为右将军，行丞相事。

　　【译文】马谡违背诸葛亮的军事调度，行动举措都很烦乱，他抛却山脚有水的地方，而去据守山顶，不在山下据城而守。张郃却派兵阻绝了他的取水之道，进而攻击，于是马谡大败，士兵逃散。诸葛亮前进再也没有据点，于是拔西县千余家返回汉中。将马谡关到狱中，然后斩首。诸葛亮亲临丧祭，为他洒下泪来，又替他养育遗孤，待他的恩情和他生前一样。蒋琬对诸葛亮说："先前楚国杀掉能臣，晋文公面露喜色。天下还未平定就杀掉有智谋的人，难道不可惜吗？"诸葛亮流泪说："孙武之所以能制胜天下，就是因为依靠严明的法度啊！因此扬干乱法，魏绛就杀掉他的仆人。如今四海分裂，刚刚开始用兵，假如再废止处罚，那该如何讨伐贼人呢！"

马谡未吃败仗之前，裨将军巴西王平几次劝说马谡，马谡就是不听；等到吃了败仗，全军溃散，就唯有王平所带领的一千多人，击鼓自卫，张郃疑惑那是伏兵，才没有追赶，于是王平慢慢地重整各营余下的士兵等，才率领将士返回。诸葛亮既然斩杀了马谡和将军李盛，也收回将军黄袭等的军队。王平此次战役中，表现尤为突出，被加封为参军，统领五部兼当营事，升为讨寇将军，封为亭侯。诸葛亮上疏请求自降三级，蜀汉后主刘禅命诸葛亮担任了右将军，兼做丞相事。

是时赵云、邓芝兵亦败于箕谷，云敛众固守，故不大伤，云亦坐贬为镇军将军。亮问邓芝曰："街亭军退，兵将不复相录，箕谷军退，兵将初不相失，何故？"芝曰："赵云身自断后，军资什物，略无所弃，兵将无缘相失。"云有军资馀绢，亮使分赐将士，云曰："军事无利，何为有赐！其物请悉入赤岸库，须十月为冬赐。"亮大善之。

或劝亮更发兵者，亮曰："大军在祁山、箕谷，皆多于贼，而不破贼，乃为贼所破，此病不在兵少也，在一人耳。今欲减兵省将，明罚思过，校变通之道于将来；若不能然者，虽兵多何益！自今已后，诸有忠虑于国，但勤攻吾之阙，则事可定，贼可死，功可跂足而待矣。"于是，考微劳，甄壮烈，引咎责躬，布所失于境内，厉兵讲武，以为后图，戎士简练，民忘其败矣!

【译文】 此时赵云、邓芝在箕谷也被击败，赵云收敛群众坚守，还未有多大折损，赵云也由此降成镇军将军。诸葛亮问邓芝说："街亭军退，兵将都不能重整，唯独箕谷军退，兵将之间却没有相互离散，这是什么原因？"邓芝说："因为赵云亲自断后，所以军资杂物，皆未遭丢弃，兵将也未离散。"赵云军中有军资余绢，诸葛亮让分别赐予将士，赵云说："军队吃了败仗，还有什么可赏赐的呢，将这物资全部存到赤岸库房去吧？等到十月时当作冬赐吧。"诸葛亮认为这样行事很好。

有人劝诸葛亮再次发兵，诸葛亮说："大军在祁山、箕谷，皆较敌军多，却没能将敌人击败，反被敌方打败，从这可以看出发兵不在于兵士数目的多少，而在于一个人的指挥罢了。现今想俭省兵将，明罚思过，以待将来的变通之道，假如不这样做，即使兵多又有何益处呢！自此以后，诸位对国家有忠诚的思虑，时常来批评我的缺失，则大事可定，敌人也会灭亡。功业可以举足而待了。"于是考察微劳，甄别壮烈，引过自责，宣布所失在国内，并且要厉兵秣马，以作为日后图谋中原的规划，军士简练，百姓也将他的败绩忘却了。

亮之出祁山也，天水参军姜维诣亮降。亮美维胆智，辟为仓曹掾，使典军事。

曹真讨安定等三郡，皆平。真以诸葛亮惩于祁山，后必出从陈仓，乃使将军郝昭等守陈仓，治其城。

夏，四月，丁酉，京还洛阳。

帝以燕国徐邈为凉州刺史。邈务农积谷，立学明训，进善黜恶，与羌、胡从事，不问小过；若犯大罪，先告部帅，使知应死者，乃斩以徇。由是服其威信，州界肃清。

【译文】诸葛亮出祁山之时，天水参军姜维前来归降。诸葛亮称赞姜维胆大又有智谋，用他担任仓曹掾，使他主管军事。

曹真征讨安定等三郡，都已平定了。曹真觉得诸葛亮在祁山失利，日后再出兵，一定会是陈仓，于是派遣将军郝昭等守卫陈仓，并修葺城池。

夏季，四月，丁酉日（初八），魏明帝曹叡还洛阳。

魏明帝曹叡用燕国徐邈担任凉州刺史。徐邈在该州务农积谷，立学明训，进善黜恶，和羌、胡人相处，不追究他们的小过错，可是犯了大的罪过，先告诉都帅，让他知道当死的原因，就斩首示众。因此都为他的威信所折服，州界里的不法分子才被肃清。

五月，大旱。

吴王使鄱阳太守周鲂密求山中旧族名帅为北方所闻知者，令谲挑扬州牧曹休。鲂曰："民帅小丑，不足杖任，事或漏泄，不能致休。乞遣亲人赍笺以诱休，言被谴惧诛，欲以郡降北，求兵应接。"吴王许之。时频有郎官诣鲂诘问诸事，鲂因诣郡门下，下发谢。休闻之，率步骑十万向皖以应鲂；帝又使司马懿向江陵，贾逵向东关，三道俱进。

秋，八月，吴王至皖，以陆逊为大都督，假黄钺，亲执鞭以见之；以朱桓、全琮为左右督，各督三万人以击休。休知见欺，而恃其众，欲遂与吴战。朱桓言于吴王曰："休本以亲戚见任，非智勇名将也。今战必败，败必走，走当由夹石、挂车。此两道皆险陋，若以万兵柴路，则彼众可尽，休可生虏。臣请将所部以断之，若蒙天威，得以休自效，便可乘胜长驱，进取寿春，割有淮南，以规许、洛，此万世一时，不可失也！"权以问陆逊，逊以为不可，乃止。

【译文】五月，大旱。

吴主孙权派鄱阳太守周鲂密求山里的旧族名帅，是从前北方都知道的人，命他们去欺骗引诱扬州牧曹休。周鲂说："流落在民间的名帅，都是小丑，不堪大任，若事情一旦被泄露，反而不能引诱到曹休。请派出亲信持笺去引诱曹休，就说是遭到责备害怕被诛，想要率郡来投降，请求出兵增援。"吴主孙权许可他如此行事，不时派出郎官去责问周鲂很多事，周鲂因此到达郡门下，剃发请罪。曹休听说此事后，就率领步骑十万向皖县去接应周鲂。魏明帝曹叡又派出司马懿向江陵，贾逵向东关，三路并进。

秋季，八月，吴主孙权到达皖县，用陆逊担任大都督，赏赐黄钺，亲自执鞭召见他；又任命朱桓、全琮担任左右督，各督统大军三万人，攻打曹休。曹休虽然发觉自己被骗，可是依靠自己士兵众多，想同吴国一决生死。朱桓对吴主孙权说："曹休本就是凭着亲戚而受到重用，并非有勇有谋的将领。现在和我作战，一定会失败逃跑，逃跑的路，唯有夹石和挂车两条道。这两条路都十分狭窄，假如派一万多兵用柴木堵住它，曹兵就会被杀光，也可以活捉到曹休本人。臣恳请率领所属部下前往，如若得蒙您天威，曹休自来送死，便可乘胜，长驱直入，攻下寿春，割占淮南的地方，可以再进攻许昌和洛阳了。这是一万年才能碰到的一次大好时机，万万不能失掉啊！"孙权询问陆逊这个方案是否可行，陆逊认为不可，于是这计划就停止了。

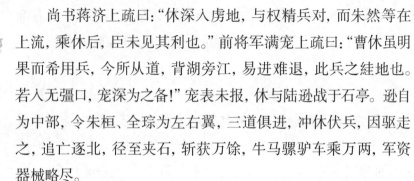

尚书蒋济上疏曰："休深入虏地，与权精兵对，而朱然等在上流，乘休后，臣未见其利也。"前将军满宠上疏曰："曹休虽明果而希用兵，今所从道，背湖旁江，易进难退，此兵之绖地也。若入无疆口，宠深为之备！"宠表未报，休与陆逊战于石亭。逊自为中部，令朱桓、全琮为左右翼，三道俱进，冲休伏兵，因驱走之，追亡逐北，径至夹石，斩获万馀，牛马骡驴车乘万两，军资器械略尽。

初，休表求深入以应周鲂，帝命贾逵引兵东与休合。逵曰："贼无东关之备，必并军于皖，休深入与贼战，必败。"乃部署诸将，水陆并进，行二百里，获吴人，言休战败，吴遗兵断夹石。诸将不知所出，或欲待后军，逵曰："休兵败于外，路绝于内，进不能战，退不得还，安危之机，不及终日。贼以军无后继，故至此，今疾进，出其不意，此所谓先人以夺其心也，贼见吾兵必走。若待后军，贼已断险，兵虽多何益！"乃兼道进军，多设旗鼓为疑兵。吴人望见逵军，惊走，休乃得还。逵据夹石，以兵粮给休，休军乃振。初，逵与休不善，及休败，赖逵以免。

【译文】尚书蒋济上疏说："曹休深入敌军防地，同孙权的精兵对峙，而且朱然等在上游，身处曹休背后，臣实在看不出什么益处啊！"前将军满宠也上奏说："曹休即使精明果断，但很少用兵，现在看他的趋势，背湖傍江，容易进攻，却很难退却，这是兵家所忌讳的险地呀！假如再入无疆口，就更应当充分防备了。"满宠上的表还未送达，曹休已同陆逊在石亭开战。陆逊亲自统率中军，任命朱桓、全琮分任左右翼，三路并进，重破曹休的伏兵，并积极追击，直到夹石，斩杀俘虏万余人，缴获了几万匹牛、马、骡、驴,车也有几万辆,军用物资十分多。

起初,曹休上表请求深入吴地去接应周鲂,魏明帝曹叡下令贾逵率领士兵向东和曹休会合。贾逵说:"敌方以为东关缺少防备,一定会在皖县并合军队,曹休深入对敌作战,一定会遭到失败。"于是部署诸将,水陆并进,行到二百里地时,捉到一个吴国人,那人说曹休已吃了败仗逃走了,吴国派大将阻断夹石。诸将不知如何应对,有人想等援军到来再做打算。贾逵说:"曹休兵败,归路又被堵住,进不能战,退不能回,他们的安危,就在今天了。敌军认为后军还未到,因此到此,此刻我方从速进军,出乎对方的意料,这就是所谓的先人一步而挫敌之气,敌军见到我军已到,一定会退兵。假如等待后军到达,敌人已把路阻断,兵再多也没有用了!"于是快速行军前往救援,并且多设旗鼓作为疑兵。吴国人望见贾逵的军队到了,就惊慌失措四散逃走,曹休这才得以退回。贾逵守卫夹石,将兵卒和粮草给曹休,曹休军队的士气这才恢复。起初,贾逵和曹休不和睦,等到曹休战败,却是依靠贾逵的积极进兵,才免于死在战场。

九月,乙酉,立皇子穆为繁阳王。

长平壮侯曹休上书谢罪,帝以宗室不问。休惭愤,疽发于背,庚子,卒。帝以满宠都督扬州以代之。

护乌桓校尉田豫击鲜卑郁筑鞬,郁筑鞬妻父轲比能救之,以三万骑围豫于马城。上谷太守阎志,柔之弟也,素为鲜卑所信,往解谕之,乃解围去。

冬,十一月,兰陵成侯王朗卒。

【译文】九月,乙酉日(二十九日),魏明帝曹叡立皇子曹穆做繁阳王。

长平壮侯曹休上书谢罪，魏明帝曹叡认为他是宗室内的人，便没有过问。曹休自觉愧疚和气愤，后背的疽疮大发，在庚子日（十月十四日）那一天，死去了。魏明帝曹叡任用满宠都督扬州替代曹休的职位。

护乌桓校尉田豫袭击鲜卑郁筑鞬，郁筑鞬的岳父轲比能前来解救，用三万骑兵在马城将田豫团团围住。上谷太守阎志，是阎柔的弟弟，平时为鲜卑所信服，就前去说服他们，于是他们解围而去。

冬季，十一月，兰陵成侯王朗去世。

汉诸葛亮闻曹休败，魏兵东下，关中虚弱，欲出兵击魏，群臣多以为疑。亮上言于汉主曰："先帝深虑以汉、贼不两立，王业不偏安，故托臣以讨贼。以先帝之明，量臣之才，固当知臣伐贼，才弱敌强；然不伐贼，王业亦亡，惟坐而待亡，孰与伐之！是故托臣而弗疑也。臣受命之日，寝不安席，食不甘味，思惟北征，宜先入南，故五月渡泸，深入不毛。臣非不自惜也，顾王业不可偏全于蜀都，故冒危难以奉先帝之遗意也，而议者以为非计。今贼适疲于西，又务于东，兵法乘劳，此进趋之时也。谨陈其事如左：高帝明并日月，谋臣渊深，然涉险被创，危然后安。今陛下未及高帝，谋臣不如良、平，而欲以长计取胜，坐定天下，此臣之未解一也。刘繇、王朗各据州郡，论安言计，动引圣人，群疑满腹，众难塞胸，今岁不战，明年不征，使孙策坐大，遂并江东，此臣之未解二也。曹操智计殊绝于人，其用兵也，髣髴孙、吴，然困于南阳，险于乌巢，危于祁连，偪于黎阳，几败伯山，殆死潼关，然后伪定一时耳；况臣才弱，而欲以不危而定之，此臣之未解三也。曹操五攻昌霸不下，四越巢湖不成，任用李服而李服图之，委夏侯而夏侯败亡；先帝每称操为能，犹有此失，况臣驽下，何能必胜！此臣之未解四也。自臣到汉中，中间期年耳，然丧赵云、阳群、马玉、阎芝、丁立、白寿、刘郃、邓铜等及曲长、屯将七十馀人，突将、无前、賨叟、青羌、散骑、武骑一千馀人，皆数十年之内，纠合四方之精锐，非一州之所有；若复数年，则损三分之二，当何以图敌！此臣之未解五也。今民穷兵疲，而事不可息，事不可息，则住与行，劳费正等，而不及虚图之，欲以一州之地与贼支久，此臣之未解六也。夫难平者事也，昔先帝败军于楚，当此时，曹操拊手，谓天下已定。然后先帝东连吴、越，西取巴、蜀，举兵北征，夏侯授首，此操之失计而汉事将成也。然后吴更违盟，关羽毁败，秭归蹉跌，曹丕称帝。凡事如是，难可逆见。臣鞠躬尽力，死而后已，至于成败利钝，非臣之明所能逆睹也。"

【译文】 蜀汉诸葛亮听说曹休吃了败仗，魏兵正往东去，关中较为脆弱，想要发兵攻打魏国，群臣觉得祁山遭到败绩，就怀疑是魏国强大难于征伐。于是诸葛亮上言给汉后主刘禅说："先帝担忧汉朝同魏国势不两立，王业也无法偏安于四川一隅，所以才把讨贼之事托付于臣。凭先帝的英明，衡量臣的才干，本来也晓得让臣去讨贼，是臣的才能薄弱，而敌人的势力强大啊！然而不去讨伐贼人，王业也要灭亡，与其坐以待毙，倒不如主动出击。就是为这一缘故，所以将讨贼之事交托给臣，却毫无疑惑，自从臣受命以来，睡觉也不能安寝，吃饭也无法下咽，想到要北伐，应当先平定南方，所以才五月里渡过泸水，深入不能种植的荒芜之地，一日的食物要两日方能吃下，臣并非不知晓爱惜身体，只因想到王业不可偏安于蜀都，所以才冒着生命危险和艰辛，来履行先帝遗训，可是一般的人却议论说伐魏是不好的计划。如今的魏国，在西方刚与我国交仗，又得到东方去打仗，结果被吴国也击败。兵法上讲求要趁敌人疲乏之时，去袭击他是最佳时机。现在臣就把所要陈述的事情说明于下：高皇帝的明察，像日月一般，谋臣的计划，像潭水一样深；可是还遭遇艰验，受过创伤，经过许多危险，然后才安定。现在皇帝既比不上高皇帝，谋臣又比不得张良、陈平，却想用长久之计取胜，安逸地坐等天下安定，这是臣所不解的第一点。刘繇和王朗，两人都占据了州郡，讨论安危，畅谈谋划，动不动就引用圣人的话，可是一到用人上就妒贤嫉能，满腹疑虑；做事情又怕这怕那，每样事情都怕困难，今年也不战，明年也不争，使得那个孙策一天一天坐大了，终于吞并了江东，这是臣所不解的第二点。曹操的智慧与谋略，尤其超出常人，他的用兵之术好像是孙武和吴起在世，可是却先后在南阳被困，在乌巢遇险，在祁连危急，在黎阳受逼，屡次在伯山失利，在潼关差点死掉，遇到了诸多危险，才得一时的安定；更何况臣才能浅薄，怎能够不去冒险就得到安定呢？这是臣所不解的第三点。曹操五次都没有攻下昌霸，四次都没有成功越过巢湖；任用李服，李服却想要杀他；任用夏侯渊，结果夏侯渊失败被杀。先帝时常赞叹曹操的能力，还有这种种的败绩；更何况臣的能力低劣，怎能说一定会取得胜利呢？这是臣所不解的第四点。自臣来汉中之后，期间只隔了一年而已，然而赵云、阳群、马玉、阎芝、丁立、白寿、刘郃、邓铜等人都相继去世了，又死了曲长、屯将七十多人，还丧失了突将、无前、賨叟、青羌、散骑、武骑一千多人；这些都是几十年里所聚合的四方精锐，并非一州地方所有的；假如再隔几年，那就会损失三分之二了，还拿什么去同敌人作战呢？这是臣所不解的第五点。现在百姓虽然依旧穷困，军队依旧疲惫，但是讨伐贼人一事，是不能停下来的呀！讨贼既然不能半途而废，那么攻战和防守，劳苦和费用是一样的；却不肯及早去打击敌人，而想用一州之地与敌相持着，这是臣所不解的第六点。那么天下事情的变化是最难判断的。先前先帝在当阳长坂失败之时，曹操高兴地拍手，认为天下已经平定了；可是之后先帝东边联结吴国，西边攻下四川，再出兵北伐，将魏将夏侯渊也杀掉了，这是曹操的失算，却是汉朝的成功。后来吴国背弃盟约，关羽失败被杀，先帝在秭归又遇挫折，曹丕自立为帝。凡事都是如此，事前难以预料。臣唯有为国效力，到死方休；至于事情成功与否，策划之好坏，都并非臣的见识事先所能预知的了。"

十二月，亮引兵出散关，围陈仓，陈仓已有备，亮不能克。亮使郝昭乡人靳详于城外遥说昭，昭于楼上应之曰："魏家科法，卿所练也；我之为人，卿所知也。我受国恩多而门户重，卿无可言者，但有必死耳。卿还谢诸葛，便可攻也。"详以昭语告亮，亮又使详重说昭，言"人兵不敌，无为空自破灭。"昭谓详曰："前言已定矣，我识卿耳，箭不识也。"详乃去。亮自以有众数万，而昭兵才千馀人，又度东救未能便到，乃进兵攻昭，起云梯冲车以临城。昭于是以火箭逆射其梯，梯然，梯上人皆烧死；昭又以绳连石磨压其冲车，冲车折。亮乃更为井阑百尺以射城中，以土丸填堑，欲直攀城，昭又于内筑重墙。亮又为地突，欲踊出于城里，昭又于城内穿地横截之。昼夜相攻拒二十馀日。

【译文】十二月，诸葛亮率领士兵出散关，围攻陈仓，因为陈仓早有防备，所以诸葛亮不能攻下。诸葛亮就派郝昭同乡靳详，在城门外劝说郝昭，郝昭在城楼上回答说："魏家的律法，先生是知道的，我的为人，先生也十分清楚。我受了国家太多的恩惠，而且门户重大，先生无须再多言了，我唯有以死报君了。

希望先生回去告诉诸葛亮,让他来攻城吧!"靳详把郝昭的话告知了诸葛亮,诸葛亮又派靳详再去说服郝昭说:"你的士兵皆抵抗不了,白白守城,无非自寻死路吗?"郝昭对靳详说:"之前就曾对你说过了,虽然我现在认得你,可是箭却是不长眼睛的!"靳详只得返回。诸葛亮自以为有数万兵,郝昭的兵才一千多人,东边救援的军队一时还到不了,于是决定进兵攻打郝昭,架起云梯以登城,郝昭用火箭射击云梯,梯被燃烧,梯上人也都被烧死了;用冲车攻城门,郝昭用绳连接石磨,压打进攻的冲车,冲车也都折断了。诸葛亮用百尺高的井阑往城中射击,又拿土块填外壕,想要直接从城墙攀登,郝昭又在城内重建城墙。诸葛亮又命令挖掘地道,想从外面钻入城中,郝昭在城中横挖壕沟加以堵截。从白天到黑夜一直攻击达二十多天。

曹真遣将军费耀等救之。帝召张郃于方城,使击亮。帝自幸河南城,置酒送郃,问郃曰:"迟将军到,亮得无已得陈仓乎?"郃知亮深入无谷,屈指计曰:"比臣到,亮已走矣。"郃晨夜进道,未至,亮粮尽,引去。将军王双追之,亮击斩双。诏赐郝昭爵关内侯。

初,公孙康卒,子晃、渊等皆幼,官属立其弟恭。恭劣弱,不能治国,渊既长,胁夺恭位,上书言状。侍中刘晔曰:"公孙氏汉时所用,遂世官相承,水则由海,陆则阻山,外连胡夷,绝远难制。而世权日久,今若不诛,后必生患。若怀贰阻兵,然后致诛,于事为难。不如因其新立,有党有仇,先其不意,以兵临之,开设赏募,可不劳师而定也。"帝不从,拜渊扬烈将军、辽东太守。

【译文】曹真派出将军费耀等前去求救郝昭,魏明帝曹叡召张郃从方城出发去袭击诸葛亮。魏明帝曹叡也亲自到河南城摆酒为张郃送行，并询问张郃说："待将军到达之时，诸葛亮还不会攻下陈仓吧？"张郃知道诸葛亮深入定会缺少粮草，掐指一算说道："待臣到达之时，诸葛亮已经退兵了。"张郃日夜兼程，还未到，诸葛亮因粮草已尽，已经带兵而还，将军王双急于追赶，诸葛亮还击，将王双杀死。魏明帝曹叡下诏令，封郝昭做关内侯。

起初，公孙康过世，他的儿子公孙晃、公孙渊等年龄尚幼，属官就立他的弟弟公孙恭。公孙恭品性恶劣又柔弱，无法治理一国，公孙渊长大以后，胁迫篡夺公孙恭的位置，还上书言明这情况。侍中刘晔说："公孙氏是汉朝时期所起用的，由那以后世代承袭，该地水路有海隔，陆路行山险，对外能联络胡夷，是个十分遥远的地方，平时难以制服，而且世袭权位已久，如果不趁此机会除掉他，以后一定会生出祸乱。假如他心怀异心，就会出兵阻绝，到那时再想杀他就非常困难了；倒不妨趁他新立为主，上下猜疑之时发起进攻，出其不意，兵临城下，开设赏募，可以不劳役军队就得以平定了。"魏明帝曹叡未接纳刘晔的劝谏，封公孙渊做扬烈将军、辽东太守。

吴王以扬州牧吕范为大司马，印绶未下而卒。初，孙策使范典财计，时吴王年少，私从有求，范必关白，不敢专许，当时以此见望。吴王守阳羡长，有所私用，策或料覆，功曹周谷辄为傅著簿书，使无谴问，王临时悦之。及后统事，以范忠诚，厚见信任，以谷能欺更簿书，不用也。

【译文】吴主孙权任命扬州牧吕范担任大司马一职，印绶还未送到他就已经去世了。起初，孙策用吕范担任典财计，当时吴主孙权还很年轻，私下有求，吕范一定会先行禀告，不敢专许，那时以此责怨。吴主孙权担任阳羡县长官之时，有所私用，孙策有时要审查，功曹周谷常常为他作假附纸说明，使孙权不致被责问，那时吴主孙权很高兴。等到以后吴主孙权管理国事之时，因为吕范的忠诚，获得了厚爱和信任，因为周谷用伪书欺骗长上，所以没有被任用。

三年（己酉，公元二二九年）春，汉诸葛亮遣其将陈戒攻武都、阴平二郡，雍州刺史郭淮引兵救之。亮自出建威，淮退，亮遂拔二郡以归；汉主复策拜亮为丞相。

夏，四月，丙申，吴王即皇帝位，大赦，改元黄龙。百官毕会，吴主归功周瑜。绥远将军张昭举笏欲褒赞功德，未及言，吴主曰："如张公之计，今已乞食矣。"昭大惭，伏地流汗。吴主追尊父坚为武烈皇帝，兄策为长沙桓王，立子登为皇太子，封长沙桓王子绍为吴侯。

【译文】 三年（己酉，公元229年）春季，蜀汉诸葛亮派出他的将领陈戒进攻武都、阴平二郡，雍州刺史郭淮率领士兵去解救他们。诸葛亮亲自率领军队到建威，郭淮撤退了，诸葛亮占领二郡后返回。蜀汉后主刘禅又一次册封诸葛亮做丞相。

夏季，四月，丙申日（十三日）。吴主孙权即皇帝位，大赦天下，改年号为黄龙。众官员皆来朝会。孙权把功劳归到周瑜身上。绥远将军张昭，举笏想要歌功颂德，话未出口，吴主孙权就说："如果按照张先生的计划，今天还得向别人讨饭吃呢。"张昭深感惭愧，趴在地上流汗不止。孙权追封父亲孙坚为武烈皇帝，并追封兄长孙策为长沙桓王，立儿子孙登为皇太子，进封长沙桓王的儿子孙绍为吴侯。

以诸葛恪为太子左辅，张休为右弼，顾谭为辅政、陈表为翼正都尉，而谢景、范慎、羊衜等皆为宾客，于是东宫号为多士。太子使侍中胡综作《宾友目》曰："英才卓越，超逾伦匹，则诸葛恪；精识时机，达幽究微，则顾谭；凝辩宏达，言能释结，则谢景；究学甄微，游夏同科，则范慎。"羊衜私驳综曰："元逊才而疏，子嘿精而很，叔发辩而浮，孝敬深而狭。"衜卒以此言为恪等所恶，其后四人皆败，如衜所言。

【译文】吴主孙权任命诸葛恪担任太子左辅，张休担任右弼，顾谭担任辅政，陈表担任翼正都尉，而谢景、范慎、羊衜等都担任太子宾客，由此东宫被称为多士。太子让侍中胡综作《宾友目》说："英才卓越，出类拔萃的，是诸葛恪；明辨时机，达于幽微的，是顾谭；凝辩宏达，话可消结的，是谢景；究学察微，游夏同科的，是范慎。"羊衜暗地里驳胡综说："诸葛恪虽然有才华但是不太精密，顾谭虽然见识精纯但是十分凶残，谢景虽然能够雄辩但是太浮浅，范慎虽然深究事知，但是心胸狭隘。"羊衜最终因为这些话招致了诸葛恪等人的厌恶，但是后来这四个人都败落了，正与羊衜说的一样。

吴主使以并尊二帝之议往告于汉。汉人以为交之无益而名体弗顺，宜显明正义，绝其盟好。丞相亮曰："权有僭逆之心久矣，国家所以略其衅情者，求掎角之援也。今若加显绝，雠我必深，更当移兵东戍，与之角力，须并其土，乃议中原。彼贤才尚多，将相辑穆，未可一朝定也。顿兵相守，坐而须老，使北贼得计，非算之上者。昔孝文卑辞匈奴，先帝伏与吴盟，皆应权通变，深思远益，非若匹夫之忿者也。今议者咸以权利在鼎足，不能并力，且志望已满，无上岸之情，推此，皆似是而非也。何者？其智力不侔，故限江自保。权之不能越江，犹魏贼之不能渡汉，非力有馀，而利不取也。若大军致讨，彼高当分裂其地以为后规，下当略民广境，示武于内，非端坐者也。若就其不动而睦于我，我之北伐，无东顾忧，河南之众不得尽西，此之为利，亦已深矣。权僭逆之罪，未宜明也。"乃遣卫尉陈震使于吴，贺称尊号。吴主与汉人盟，约中分天下，以豫、青、徐、幽属吴，兖、冀、并、凉属汉，其司州之土，以函谷关为界。

【译文】吴主孙权派出使者将他并尊二帝之事告知了蜀汉。汉人觉得同吴国再有交往已经毫无益处，而且名不正言不顺，倒不如彰显正义，同他们断绝盟好，丞相诸葛亮说："孙权心怀篡位之意已经很久了，我国虽然与他有些嫌隙，但为求掎角的相互帮扶，在情势上仍需和好。现在假如明显地与他断交，那么他们一定会记恨我们。我们又得向东移兵进行防守，或者同他作战，非得先将他们灭掉，方才能够谈及北定中原。吴国还有很多贤能之士，将相之间彼此也都和睦，并非短时间就能平定的。假如屯兵相守，坐而待老，让魏贼的奸计得逞，这就更算不上是上策了。先前孝文帝曾经使用谦卑的言辞来同匈奴和好，先帝也曾经优待吴国来和他结为同盟，这都是应权通变，深思远虑，并非一般匹夫的见解啊。此刻议论的人，都觉得孙权志在鼎立，不会与我们合力杀贼，而且他志得意满，不会再有登长江北岸作战的想法，细细推断，这都是些看似正确其实却并非如此的看法。那么原因何在呢？是由于他们的力量还不能够攻击，所以只能限于长江以求自保；孙权不能越过长江，也如魏国不能渡过汉水一样，并非有利不取，而是由于力量不够而已。假如我们大军前去讨伐魏国，他上策是将分些田地作为他广土聚民的策划，下策是掠夺百姓，开疆拓土，向国内炫耀兵力，一定不会静坐不动的吧！就是与我和睦而不动兵同时向北进军，我军北伐也可以没有东顾之忧啊！而且吴国还会对魏军有所牵制，不能够全部向西调派，如此对我军进攻也是十分有好处的呀！也已经够深远了。孙权篡位之过，不宜太过声张呀！"于是就派出了卫尉陈震出使吴国，恭贺孙权称尊号。吴主孙权和汉人订下盟约，将来将豫、青、徐、幽归于吴国，把兖、冀、并、凉归于蜀汉，关于司州之地，则以函谷关作为分界线。

张昭以老病上还官位及所统领，更拜辅吴将军，班亚三司，改封娄侯，食邑万户。昭每朝见，辞气壮厉，义形于色，曾以直言逆旨，中不进见。后汉使来，称汉德美，而群臣莫能屈，吴主叹曰："使张公在坐，彼不折则废，安复自夸乎！"明日，遣中使劳问，因请见昭，昭避席谢，吴主跪止之。昭坐定，仰曰："昔太后、桓王不以老臣属陛下，而以陛下属老臣，是以思尽臣节以报厚恩，而意虑浅短，违逆盛旨。然臣愚心所以事国，志在忠益毕命而已；若乃变心易虑以偷荣取容，此臣所不能也！"吴主辞谢焉。

【译文】张昭因年老体弱，上书请求归还官位和所统军队，吴主孙权改派他为辅吴将军，上朝仅亚于三公，改封娄侯，食邑之地，有人家万户。张昭每次上朝，辞气壮盛，义行于外貌，曾以直言违背圣旨，不再觐见。后来蜀汉派使者来朝，赞美汉的美德，朝中大臣都说不过蜀汉的使者。于是吴主孙权叹息说："假如张昭先生在朝，汉使即使不被说倒，也要停止讲话，怎么能让他一直自夸呢？"第二天，吴主孙权派出使者去慰劳张昭，并恳请召见张昭，张昭离席谢罪，吴主孙权跪倒在前面阻止他避席。张昭坐定，仰头说道："先前太后、桓王不把老臣归属于皇上，却把皇上归属于老臣，所以老臣都想竭尽臣的节操以报厚恩，之前臣因为思虑浅薄，悖逆盛意，可是臣笨拙的心，只在事国，想一辈子尽忠心而已啊。假如改变思虑一心享受，这并非臣所愿做的啊。"吴主孙权连连向张昭辞谢不已。

元城哀王礼卒。

六月，癸卯，繁阳王穆卒。

戊申，追尊高祖大长秋曰高皇帝，夫人吴氏曰高皇后。

秋，七月，诏曰："礼，王后无嗣，择建支子以继大宗，则当篡正统而奉公义，何得复顾私亲哉！汉宣继昭帝后，加悼考以皇号；哀帝以外藩援立，而董宏等称引亡秦，惑误时期，既尊恭皇，立庙京都，又宏藩妾，使比长信，叙昭穆于前殿，并四位于东宫，僭差无度，人神弗祐，而非罪师丹忠正之谏，用致丁、傅焚如之祸。自是之后，相踵行之。昔鲁文逆祀，罪由夏父；宋国非度，讥在华元。其令公卿有司，深以前世行事为戒，后嗣万一有由诸侯入奉大统，则当明为人后之义；敢为佞邪导谀时君，妄建非正之号以干正统，谓考为皇，称妣为后，则股肱大臣诛之无赦。其书之金策，藏之宗庙，著于令典！"

【译文】元城哀王曹礼去世。

六月，癸卯日（二十一日），繁阳王曹穆去世。

戊申日（二十六日），魏明帝曹叡追尊高祖大长秋曹腾为高皇帝，夫人吴氏为高皇后。

秋季，七月，魏明帝曹叡下诏书说："按照礼制的规定，王后假如无子，就要挑选庶子来接替嫡长大宗。被选上的，就应当将大宗正统的传承作为自己的责任，这才是奉守公义，怎么可以再去考虑自己原来的出身呢！像汉宣帝入继昭帝大统之后，将自己的父亲刘悼，也加上皇考尊号，并且还立庙祭祀；之后汉哀帝也是如此行事，哀帝原本是定陶王刘康之子，他由外藩入继汉成帝大统，因而董宏等人说这是亡秦庄襄王的旧例，汉朝也模仿去做，这是令百姓疑惑而妨害国政的大事，既然已经尊崇定陶恭皇，在京师立庙祭祀；还要让他的妃子丁姬，比拟真正的皇后赵飞燕了。如此一来，并非定陶王就能够同汉元帝叙起昭穆（宗庙昭庙穆庙的体制）来吗？而且同时设立四位于东宫，这种违背体制的情况，简直无法形容，是人和神都无法接受，也不愿保佑的。那时还将忠心正谏的师丹处以重罪，最终导致了丁氏、傅氏后来突发的祸患。自哀帝之后，继承大统的皇帝，也是如此照做。从前春秋时期，鲁文公把僖公的灵位放于闵公的灵位上，他这种失礼的罪过，大家都归咎于夏父的歪言；再比如宋文公的葬礼过于丰厚，大家都批评华元。夏父、华元受后代批评的原因，就是他们不肯阻止失礼和违制的事情。因而下这个诏书，告知公卿大臣以及相关官吏们，大家要对前代的错误深以为戒。今后如若再有诸侯承继大统的情况发生，继承大统的国君一定要切切实实明白继承的大义；假如有人胆敢以巧言邪形恶意引诱国君，胡乱立下非正统的帝号，妨碍了传位正统的顺序，称已故的父为皇，称已故的母为后的，那么秉持政务的大臣，对那些邪谀的小人，就可以马上杀掉，绝不姑息。我这诏书，在金策上写着，在宗庙里收藏，在国家的法典中记载。"

九月，吴主迁都建业，皆因故府，不复增改，留太子登及尚书九官于武昌，使上大将军陆逊辅太子，并掌荆州及豫章二郡事，董督军国。

南阳刘廙尝著《先刑后礼论》，同郡谢景称之于逊，逊呵景曰："礼之长于刑久矣；廙以细辩而诡先圣之教，君今侍东宫，宜遵仁义以彰德音，若彼之谈，不须讲也！"

太子与西陵都督步骘书，求见启诲，骘于是条于时事业在荆州界者及诸僚吏行能以报之，因上疏奖劝曰："臣闻人君不亲小事，使百官有司各任其职，故舜命九贤，则无所用心，不下庙堂而天下治也。故贤人所在，折冲万里，信国家之利器，崇替之所由也。愿明太子重以经意，则天下幸甚！"

【译文】九月，吴主孙权迁都到建业，全部按照以前的府第，不再增建或改变，将太子孙登与尚书九卿留在武昌，派出上大将军陆逊辅助太子，并且处理荆州和豫章三郡的政务，并监督军国大事。

南阳刘廙曾经写有《先刑后礼论》一文，有位同郡谢景在陆逊面前曾经称赞过这篇文章，陆逊就厉声呵斥他说："礼仪为先为首的传统比刑罚已经实行了很久了，刘廙不明白圣贤之人的教导，用邪曲的道理诡辩，如今你侍奉东宫太子，理应恪守仁义，来彰显德音，像刘廙的言论，不要再谈论了。"

太子孙登给西陵都督步骘写信，恳请他给予自己一些教诲。于是步骘就将那时在荆州地区的事务和属员官吏，比如诸葛瑾、陆逊、朱然、程普、潘浚、裴玄、夏侯承、卫旌、李肃、周条、石幹这十一人，审察和区分各个人的行谊生平，报告上去，并上书嘉奖建言说："臣听闻人君不亲自处理小事，让百官和小吏各自负起职责。所以舜任用九个贤人做官，就无须再煞费苦心，不必走出朝廷，天下就可以平治了。因此贤人在位，就可以御敌于万里之外，这实在是一个国家锐利的武器，和治乱兴衰的根源呀！希望太子留意一下，那就是天下的幸运了！"

张纮还吴迎家，道病卒。临困，授子靖留笺曰："自古有国有家者，咸欲修德政以比隆盛世，至于其治，多不馨香，非无忠臣贤佐也，由主不胜其情，弗能用耳。夫人情惮难而趋易，好同而恶异，与治道相反。《传》曰'从善如登，从恶如崩'，言善之难也。人君承奕世之基，据自然之势，操八柄之威，甘易同之欢，无假敢于人，而忠臣挟难进之术，吐逆耳之言，其不合也，不亦宜乎！离则有衅，巧辩缘间，眩于小忠，恋于恩爱，贤愚杂错，黜陟失叙，其所由来，情乱之也。故明君寤之，求贤如饥渴，受谏而不厌，抑情损欲，以义割恩，则上无偏谬之授，下无希冀之望矣！"吴主省书，为之流涕。

【译文】张纮返回吴县迎接家眷，在路上不幸死去了。临别之时，将一封遗书留给他的儿子说："从古至今，管理一个国家的人，都想通过使政治修明来与太平盛世媲美，然而他管理的方法，一多半都没有做好。并非没有忠臣和贤人辅助他，是因为君王克制不了私情，不知道运用贤臣的劝谏呀！那么人情却是畏惧困难又趋向容易，喜欢持相同意见的，反对持不同意见的，这恰恰同治国之道相反。《左传》说：'从善比登天还难，从恶就如山崩一般。'这是说明好事不易做呀！君王接受祖上的基业，握有自然的势力，把持着爵、禄、予、置、生、夺、废、诛八种权柄的威武，对相同和易于执行的意见就喜欢，不需要询问别人的意见，那些忠臣和贤士怀抱着难行的方法和策略，道出逆耳的忠言，同君王意见相左，那是自然的了！如果远离贤臣了就会生嫌疑，巧言令色的小人就专等着这一时机，君王被忠于小事的人迷惑，贪恋于私情，如此好人同坏人混在一块儿，应当任命的和应当罢免的分不清楚，这种混乱的情况，都是被私情所扰乱的呀！因此一位真正能悟解的明君，想要求得贤才就如同口渴想喝水一样心急，喜爱听别人的劝谏却不会厌烦，克制私情，减少私欲，依靠正义用人，断绝私下的推荐，那么身处上位的没有因为偏爱错授官职，身处下位的也就没有非分之想了。"吴主孙权看完这封信之后，不由得落下泪来。

冬，十月，改平望观曰听讼观。帝常言："狱者，天下之性命也。"每断大狱，常诣观临听之。初，魏文侯师李悝著《法经》六篇，商君受之以相秦。萧何定《汉律》，益为九篇，后稍增至六十篇。又有《令》三百馀篇，《决事比》九百六卷，世有增损，错糅无常，后人各为章句，马、郑诸儒十有馀家，以至于魏，所当用者合二万六千二百七十二条，七百七十三万馀言，览者益难。帝乃诏但用郑氏章句。尚书卫觊奏曰："刑法者，国家之所贵重而私议之所轻贱；狱吏者，百姓之所县命而选用者之所卑下。王政之敝，未必不由此也。请置律博士。"帝从之。又诏司空陈群、散骑常侍刘劭等删约汉法，制《新律》十八篇，《州郡令》四十五篇，《尚书官令》、《军中令》合百八十馀篇，于《正律》九篇为增，于旁章科令为省矣。

十一月，洛阳庙成，迎高、太、武、文四神主于邺。

十二月，雍丘王植徙封东阿。

汉丞相亮徙府营于南山下原上，筑汉城于沔阳，筑乐城于成固。

【译文】 冬季，十月，改平望观为听讼观。魏明帝曹叡时常说："能否使狱事清明平直，事关一个国家生死存亡的安危啊！"每次遇到重大案件审判，明帝时常亲自到听讼观去监督听听那件事。起初，魏文侯的老师李悝著有《法经》六篇，商鞅学习这观念以后前去帮助秦国。汉朝萧何将它定成《汉律》，增加到九篇，之后又增加到六十篇。又有《令》三百余篇，《决事比》九百〇六卷，后世也有增加或者减少，都错综复杂没有常规，后世之人又各为章句，马融、郑玄等十多家传述，直到魏朝，还经常用的有二万六千二百七十二条，七百七十三万多字，阅读起来实在是难上加难，明帝就下诏书，只用郑玄的章句。尚书卫觊上奏说："说到刑法，是一个国家最宝贵、最重要的东西，假如私下去议论，就等同于轻贱了它；那么狱官，他的位置是关乎着人民生命的生死存亡，然而选出来充当狱官的却常常是卑下的人。君王行政的弊病，未必不是从此而来，臣恳请设立法律博士，专门教授法律的观念与知识。"明帝采纳了卫觊的劝谏。又下诏书，命令司空陈群、散骑常侍刘邵等删减汉法，制《新律》十八篇，《州郡令》四十五篇，《尚书官令》《军中令》合计一百八十多篇，虽然增加了《正律》九篇，但是却减少了很多旁章科令。

十一月，洛阳的宗庙建成了，魏明帝曹叡从邺都去迎接高皇帝曹腾、太皇帝曹嵩、武帝曹操、文帝曹丕的神位。

十二月，雍丘王曹植被迁徙封为东阿王。

蜀汉丞相诸葛亮把府营迁到南山下的平原上，在沔阳县修筑了汉城，在成固县修筑乐城。

【申涵煜评】秦汉杂霸，皆归咎于重法律。然刑罚不中，则民无所措手足，法律亦何可废？明帝从凯言，置律博士似矣。予谓治狱者，当以经为断，而以律为比。

【译文】秦朝和汉朝用王道兼霸道来治理国家，灭亡后人们都把原因归咎于刑罚太重。然而刑罚不重的话，人民更会手足无措，法律怎么能废除呢？汉明帝听从卫觊的建议，设置类似法律的博士。我认为审理案件的人，应该以经学为判断，以法律来定责。

四年(庚戌，公元二三〇年)春，吴主使将军卫温、诸葛直将甲士万人，浮海求夷洲、亶洲，欲俘其民以益众，陆逊、全琮皆谏，以为："桓王创基，兵不一旅。今江东见众，自足图事，不当远涉不毛，万里袭人，风波难测。又民易水土，必致疾疫，欲益更损，欲利反害。且其民犹禽兽，得之不足济事，无之不足亏众。"吴主不听。

尚书琅邪诸葛诞、中书郎南阳邓飏等相与结为党友，更相题表，以散骑常侍夏侯玄等四人为四聪，诞辈八人为八达。玄，尚之子也。中书监刘放子熙，中书令孙资子密，吏部尚书卫臻子烈，三人咸不及比，以其父居势位，容之为三豫。

【译文】四年(庚戌，公元230年)春季，吴主孙权派出将军卫温、诸葛直率领一万多甲兵，漂洋过海去寻找夷洲和亶洲，想要俘获那两地百姓，来增加吴国的人口。陆逊、全琮都劝谏，认为："桓王(孙策)建立基业之时，兵众还不到一旅(五百人)。现今江东百姓众多。自然可以图谋国事，大可不必跑到那些不毛之地去。况且奔赴万里之外去伺机进攻，海上的风波危险也很难预料，兵民一旦换了水土，一定会遭遇疾病病疫，想要增加民众，却又花费很大损失，想要收到好处，却反过来遭受害处，再说那边的人都如猛兽一样，即便是带了回来也不见得能够为我所用，即使没有他们我们也不见得会有什么亏损。"吴主孙权没有听他俩的劝谏。

尚书琅邪诸葛诞、中书郎南阳邓飏等，互相结为朋党，争着题品和吹捧，其中以散骑常侍夏侯玄等四人为四聪，之后又用诸葛诞作为首备补作八达。夏侯玄是夏侯尚的儿子。中书监刘放的儿子刘熙，中书令孙资的儿子孙密，吏部尚书卫臻的儿子卫烈三个人都没有被列入，由于他们的父亲身居显要之职，容三人得豫题品之中，所以他们三个被称为三豫。

行司徒事董昭上疏曰："凡有天下者，莫不贵尚敦朴忠信之士，深疾虚伪不真之人者，以其毁教乱治，败俗伤化也。近魏讽伏诛建安之末，曹伟斩戮黄初之始。伏惟前后圣诏，深疾浮伪，欲以破散邪党，常用切齿；而执法之吏，皆畏其权势，莫能纠摘，毁坏风俗，侵欲滋甚。窃见当今年少不复以学问为本，专更以交游为业；国士不以孝悌清修为首，乃以趋势游利为先。合党连群，互相褒叹，以毁訾为罚戮，用党誉为爵赏，附己者则叹之盈言，不附者则为作瑕衅。至乃相谓：'今世何忧不度邪，但求人道不勤，罗之下博耳；人何患其不知己，但当吞之以药而柔调耳。'又闻或有使奴客名作在职家人，冒之出入，往来禁奥，交通书疏，有所探问。凡此诸事，皆法之所不取，刑之所不赦，虽讽、伟之罪，无以加也！"帝善其言。二月，壬午，诏曰：'世之质文，随教而变。兵乱以来，经学废绝，后生进趣，不由典谟。岂训导未洽，将进用者不以德显乎！其郎吏学通一经，才任牧民，博士课试，擢其高第者，亟用；其浮华不务道本者，罢退之！"于是免诞、飏等官。

【译文】掌理司徒的董昭上书说："举凡是获得天下的人，没有一个不是尊崇敦厚忠信之人，深切痛恨虚伪不真的人，因为他们毁坏教化，扰乱治安，败坏风俗呀！近有像魏讽在建安末年被处死，曹伟在黄初初年被斩首。伏念前前后后圣上的诏令，都深为痛恨虚伪浮华，常常是咬牙切齿想要铲除邪党；然而执法的官吏，却都惧怕那些有权势的邪党，不敢认真行事。因而败坏风俗欺凌枉法的坏风气愈演愈烈。臣私底下见到如今的年轻人，不再将学问作为根本，专门以结党营私为业；国士不将孝悌清修作为首要，却把趋炎附势和利己之事作为优先。群党联合起来，相互褒扬和赞美，把相互批评当作有罪有的处罚有的杀戮，将朋党的荣誉当作奖赏，附己的人就赞美不绝，对于不依附的人就要兴师问罪，并且还告知彼此说道：'目前是何时代，何必忧虑生活过不去？只怕人际关系不够，党友交结的不多呀！人人都唯恐外人不晓得自己，只要吃了这个朋党的药丸，就会柔声附和我了。'又听说有人用自己的奴仆宾客充当在职的差役，进出宫禁，用书信沟通，探知询问各方的消息。凡是诸如此类的事情，都为律法所不容，在刑法上也是不能够赦免的，就是连魏讽、曹伟的死罪，恐怕也不及这大呀！"明帝采纳了董昭上述的劝谏，在二月，壬午日（初四），魏明帝曹叡下诏书说："一个社会它的风气是朴实还是华靡，是根据教化来改变的。自从董卓造反以来，经学的研究就断绝了；之后读书进身求禄的人，不从经典册籍之中追求教训了。难道那些负责考核的人，没有尽善尽美，进用服公职的人，都着手于品德和表现吗？只要是尚书郎一类的官员，必须要通达一经，才能够担任地方官吏的职务，参加博士子弟考试，成绩特别优秀的，立刻录用；只要是浮华不务正道的官员，立即解除他们的职责和任务。"于是罢黜了诸葛诞、邓飏等人的官职。

【乾隆御批】东汉清流，取鉴不远，故董昭之说易行。第清流以草野抗荐绅，此乃缘附贵介公子，所谓每况愈下，而其为人心风俗之害则均也。

【译文】东汉的清流，是距此不远的可以拿来借鉴的事，因此董昭的意见容易被采纳。东汉的清流是以平民对抗官吏，此时却是依附贵族子弟，真实情况越来越坏。但此事对人心风俗的伤害却是同样的。

夏，四月，定陵成侯钟繇卒。

六月，戊子，太皇太后卞氏殂。秋，七月，葬武宣皇后。

大司马曹真以"汉人数入寇，请由斜谷伐之。诸将数道并进，可以大克。"帝从之，诏大将军司马懿溯汉水由西城入，与真会汉中，诸将或由子午谷、或由武威入。司空陈群谏曰："太祖昔到阳平攻张鲁，多收豆麦以益军粮，鲁未下而食犹乏。今既无所因，且斜谷阻险，难以进退，转运必见钞截，多留兵守要，则损战士，不可不熟虑也！"帝从群议。真复表从子午道；群又陈其不便，并言军事用度之计。诏以群议下真，真据之遂行。

【译文】夏季，四月，定陵成侯钟繇去世。

六月，戊子日（十一日），太皇太后卞氏死去。秋季，七月，明帝把太皇太后（武宣皇后）合葬在魏武帝曹操的陵园高陵（在今河南省临漳县内）。

大司马曹真以为："蜀汉人屡次进犯，想请求从斜谷去征讨他们，假如诸位将领分几条道路，同时并进，一定能够大获全胜。"魏明帝曹叡接受曹真的劝谏，下诏书给大将军司马懿，命令他沿着汉水逆流而上，进入西城，与曹真在汉中会合，其他各个将领，有的从子午谷出兵，有的从武威出兵。司空陈群劝谏说："先前太祖到阳平去攻击张鲁，多增收豆麦以补充军粮，还未将张鲁攻下，军粮就已经缺乏了。此刻没有做什么准备，而且斜谷地势又十分险峻，无论是进还是退都不太容易，转运军粮又会被敌人堵截，多留兵守卫冲要，就会减少战力，不能不细细思考一下啊！"明帝采纳了陈群的劝谏暂不发兵。曹真再次上表要从子午道发兵，陈群又陈述了曹真的策略不便利，而且军事用度过多。明帝把陈群的劝谏书交给曹真，曹真根据这诏书就立即出兵。

八月，辛巳，帝行东巡；乙未，如许昌。

汉丞相亮闻魏兵至，次于成固赤坂以待之。召李严使将二万人赴汉中，表严子丰为江州都督，督军典严后事。

会天大雨三十馀日，栈道断绝，太尉华歆上疏曰："陛下以圣德当成、康之隆，愿先留心于治道，以征伐为后事。为国者以民为基，民以衣食为本。使中国无饥寒之患，百姓无离上之心，则二贼之衅可坐而待也！"帝报曰："贼凭恃山川，二祖劳于前世，犹不克平，朕岂敢自多，谓必灭之哉！诸将以为不一探取，无由自敝，是以观兵以窥其衅。若天时未至，周武还师，乃前事之鉴，朕敬不忘所戒。"

【译文】八月，辛巳日（初五），魏明帝曹叡巡察东方各地，乙未日（十九日），抵达许昌。

蜀汉丞相诸葛亮听闻魏兵要来攻击，于是在成固、赤坂屯驻以等待魏军。又派李严率领士兵两万人赶赴汉中，而且让李严之子李丰担任江州都督，管理该州所有后勤军政事务。

恰在此时，下了三十天大雨，栈道都被断绝，太尉华歆上书说："皇上的圣德足够与周成王、康王相媲美，希望您先专心政治，将征伐之事留待以后。百姓是治理国家的基础，而衣食是百姓最需要的，假如令他们无饥寒之忧，他们自然不会生出离乡背井的心理，到那时吴、蜀二贼一定会失败，皇上您就大可以坐等成功的到来了！"魏明帝曹叡回答说："只不过贼寇依据险要的山川，两位皇祖曾辛劳征讨，还未能平定，我怎敢自大，说一定可以消灭他们呢? 诸位将领认为不试探一下, 他们就不可能自遭败绩, 因此出兵看有无可乘之机。假如天时还未到, 哪怕是周武王也会回师, 我只是谨慎些, 没有忘记所戒就是了!"

少府杨阜上疏曰:"昔武王白鱼入舟, 君臣变色, 动得吉瑞, 犹尚忧惧, 况有灾异而不战竦者哉! 今吴、蜀未平, 而天屡降变, 诸军始进, 便有天雨之患, 稽阁山险, 已积日矣。转运之劳, 担负之苦, 所费已多, 若有不继, 必违本图。《传》曰:'见可而进, 知难而退, 军之善政也。'徒使六军困于山谷之间, 进无所略, 退又不得, 非王兵之道也。"

散骑常侍王肃上疏曰:"前志有之:'千里馈粮, 士有饥色, 樵苏后爨, 师不宿饱,'此谓平涂之行军者也; 又况于深入阻险, 凿路而前, 则其为劳必相百也。今又加之以霖雨, 山坂峻滑, 众迫而不展, 粮远而难继, 实行军者之大忌也。闻曹真发已逾月而行裁半谷, 治道功夫, 战士悉作。是贼偏得以逸待劳, 乃兵家之所惮也。言之前代, 则武王伐纣, 出关而复还; 论之近事, 则武、文征权, 临江而不济。岂非所谓顺天知时, 通于权变者哉! 兆民知上圣以水雨艰剧之故, 休而息之, 后日有衅, 乘而用之, 则所谓悦以犯难, 民忘其死者矣。"肃, 朗之子也。

【译文】少府杨阜上奏章说:"先前周武王渡河伐纣之时, 有白鱼一跃跳进船中, 群臣大惊失色, 原本在行军之时得到这件吉祥的事, 然而愈加忧虑, 深怕有灾祸降临, 反而不愈加谨慎小心? 而今吴国、蜀国还未平定, 上天却常有变故, 一开始进军, 就遭遇大雨, 再加上山地的阻拦, 军队已多日没能前进了。况且各地的粮食要转运过去, 其负担十分艰辛, 耗费也特别大, 假如不能保持畅通, 一定会有严重的后果与起初所图相违背。

《左传》说：'察觉有利就进攻，知晓不利就撤退，这就是指挥部队作战的好原则。'（宣公十二年，随武子言）此刻我们平白无故地让大军受困山中，既没有前进的方法，也没有退却的决心，这并非用兵之道呀！"

散骑常侍王肃上奏章说："前人的志书这样记载：'从千里之外的地方向前方运送粮食，兵士们都会饿得面黄肌瘦，等着外出砍柴后再行烧饭，兵士们就无法吃饱饭了。'这还是一般平地的军事行动；更何况我们是在深山大谷之中呢？皆得先开路再前行，那么他们的辛苦就加重百倍了。再加上当下大雨下个不停，山路又陡又滑，很多人都拥挤在一块儿却开展不了，又粮食在外，难以为继，这实在是用兵的大忌呀！听闻曹真早已动身一个多月了，方才走了一半山谷，开路的工作，全由士兵动手。然而敌人却在安逸地等着这些辛苦人去攻击，这实在是兵家认为最可怕的事了。谈到以前，周武王伐纣，出了关又退回；再谈谈近代，武皇帝、文皇帝都讨伐过孙权，也都是到了长江却没有渡过，又回来了。难道他们不是顺应天意，晓得权变的吗？天下的百姓都会了解皇上因天雨困苦之故，让他们回来休息，等再遇时机使用他们，那么以后他们也会冒险犯难，舍生忘死替王效命了！"王肃就是王朗的儿子。

九月，诏曹真等班师。

冬，十月，乙卯，帝还洛阳。时左仆射徐宣总统留事，帝还，主者奏呈文书。帝曰："吾省与仆射省何异！"竟不视。

十二月，辛未，改葬文昭皇后于朝阳陵。

吴主扬声欲至合肥，征东将军满宠表召兖、豫诸军皆集，吴寻退还，诏罢其兵。宠以为："今贼大举而还，非本意也；此必欲伪退以罢吾兵，而倒还乘虚，掩不备也。"表不罢兵，后十馀日，吴果更来。到合肥城，不克而还。

汉丞相亮以蒋琬为长史。亮数外出，琬常足食兵，以相供给。亮每言："公琰托志忠雅，当与吾共赞王业者也。"

 九月，魏明帝曹叡下诏书命曹真等，停止伐蜀，退出山谷。

冬季，十月，乙卯日（十一日），魏明帝曹叡返回洛阳。当时让左仆射徐宣留守总理全部留守事务，待魏明帝曹叡归来以后，各主管官员都呈奏文书，于是魏明帝曹叡就说："我亲自察看公文和仆射看公文有何不同呢？"魏明帝曹叡居然一概不看。

十二月，魏明帝曹叡将文昭皇后改葬于朝阳陵。

吴主孙权扬言要出兵到合肥，魏国征东将军满宠，上表请求召集兖、豫两地各军，吴军不久又退还，魏明帝曹叡也下诏令不再集结两地的兵力。满宠以为："现今吴贼突然大举撤退，并非他本来的意思；他们一定是想假装退兵，来使我们停下集结军队，之后趁我方空虚，攻打不备再进兵而已。"于是就上表分析敌情，请求皇上不让魏军停止集结。过了十多天，吴军果然再到合肥，没能攻克又撤回了。

蜀汉丞相诸葛亮任用蒋琬担任长史之职。诸葛亮时常用兵，蒋琬总是将足够的粮食和士兵供应给他。诸葛亮每每讲起话来都说："蒋琬是位特别能够信赖的忠贞雅量之士，他能和我一同出力去复兴王业啊！"

青州人隐蕃逃奔入吴，上书于吴主曰："臣闻纣为无道，微子先出；高祖宽明，陈平先入。臣年二十二，委弃封域，归命有道，赖蒙天灵，得自全致。臣至止有日，而主者同之降人，未见精别，使臣微言妙旨不得上达，於邑三叹，曷惟其已！谨诣阙拜章，乞蒙引见。”吴主即召入，蕃进谢，答问及陈时务，甚有辞观。侍中右领军胡综侍坐，吴主问："何如？"综对曰："蕃上书大语有似东方朔，巧捷诡辩有似祢衡，而才皆不及。"吴主又问："可堪何官？"综对曰："未可以治民，且试都辇小职。"吴主以蕃盛语刑狱，用为廷尉监。左将军朱据、廷尉郝普数称蕃有王佐之才，普尤与之亲善，常怨叹其屈。于是蕃门车马云集，宾客盈堂，自卫将军全琮等皆倾心接待；惟羊衜及宣诏郎豫章杨迪拒绝不与通。潘濬子翥，亦与蕃周旋，馈饷之。濬闻，大怒，疏责翥曰："吾受国厚恩，志报以命，尔辈在都，当念恭顺，亲贤慕善。何故与降虏交，以粮饷之！在远闻此，心震面热，惆怅累旬。疏到，急就往使受杖一百，促责所饷！"当时人咸怪之。顷之，蕃谋作乱于吴，事觉，亡走，捕得，伏诛。吴主切责郝普，普惶惧，自杀。朱据禁止，历时乃解。

武陵五溪蛮夷叛吴，吴主以南土清定，召交州刺史吕岱还屯长沙沤口。

【译文】青州人隐蕃逃至吴国，上书给吴主孙权说："臣听闻商纣王由于无道，因此微子先行逃离本国；因为汉高祖宽厚圣明，所以陈平就先行投靠。臣今年二十二岁，扔掉封地，一心想归附于有道的君王，幸蒙上天庇佑，得以保全性命投靠吴国。臣到此也已经有几天了，然而招待客人的官吏，却将我同投降的人一般看待，没有详加区分，使得臣精密奥妙的话无法上传，唯有唉声再叹，有谁能了解我呢？谨用此章拜上，恳请皇上施恩召见我。"吴主孙权于是就召他入内，隐蕃进谢时，他回答问题和陈述时务，都很有见地。侍中右领军胡综陪坐在一旁，吴主孙权问他隐蕃的话如何？胡综回答说："隐蕃上书的大意，就好像是汉朝东方朔给汉武帝上的书一样，巧言诡辩又好像是汉朝的祢衡，可是这二人的才能是他所比不上的。"吴主孙权又问："那么可以给他什么官做呢。"胡综回答说："不能让他做治理百姓的官职，让他在朝廷附近当一个小官就行了。"吴主孙权认为隐蕃言语中多谈刑狱，就命他去担任廷尉监。左将军朱据、廷尉郝普常称赞隐蕃有辅佐帝王的才能，尤其郝普与他关系十分亲密，并经常为他得到的这个职位而叹息，于是隐蕃门前就车马云集，来来往往的宾客把室内都坐满了，自卫将军全琮等人都非常诚心诚意地接待；唯有羊衜和宣诏郎豫章杨迪拒绝和他往来。潘浚的儿子潘翥，也和隐蕃交往在一块儿，还给他赠送粮饷。潘浚听说此事之后，特别生气，就写信过去责骂潘翥说："我深受国恩，立志用性命报效国家，你们在朝廷中，理当心存恭顺，多多亲近仁德之人，多想着做些对国家有好处的事情，怎么能同一个投降过来的俘虏交往起来，并且还给他赠送粮饷呢！我在远处听说了此事，就羞愧得面红耳赤，发愁郁闷了有十几日。等你收到这封信以后，马上到我派出的信使那里领受一百杖，还要将送出去的粮饷催讨回来。"当时的人对潘浚的做法很奇怪。没过多久，隐蕃在吴国谋反，此事被朝里察觉，他想逃跑，被抓住之后杀了头。吴主孙权严厉责备郝普，郝普畏惧之下自杀了。朱据也被禁闭起来，过了一段时间，此事才得以平息。

武陵五溪的蛮夷背叛吴国，吴主孙权觉得南土的地方较为安全，就下诏命交州刺史吕岱回来在长沙沤口屯驻。

资治通鉴卷第七十二　魏纪四

起重光大渊献，尽阏逢摄提格，凡四年。

【译文】 起辛亥（公元231年），止甲寅（公元234年），共四年。

【题解】 本卷记录了魏明帝曹叡太和五年至青龙二年间的历史。魏明帝励精图治，识刘晔之诡，纳曹植、杜恕之谏，准满宠之奏，休养生息，西守东攻，打破吴蜀夹攻，战略取守势，使吴蜀疲敝，但为殇女送葬，不合礼制。孙权此时刚愎骄纵，被公孙渊欺骗。诸葛亮全力北伐，星落五丈原，"鞠躬尽瘁，死而后已"。

烈祖明皇帝中之上

太和五年（辛亥，公元二三一年）春，二月，吴主假太常潘濬节，使与吕岱督诸军五万人讨五溪蛮。濬姨史蒋琬为诸葛亮长史，武陵太守卫旌奏濬遣密使与琬相闻，欲有自托之计。吴主曰："承明不为此也。"即封旌表以示濬，而召旌还，免官。

卫温、诸葛直军行经岁，士卒疾疫死者什八九，亶洲绝远，卒不可得至，得夷洲数千人还。温、直坐无功，诛。

汉丞相亮命李严以中都护署府事，严更名平。亮帅诸军入寇，围祁山，以木牛运。于是，大司马曹真有疾，帝命司马懿西屯长安，督将军张郃、费曜、戴陵、郭淮等以御之。

【译文】太和五年（辛亥，公元231年）春季，二月，吴主孙权派遣潘濬持节，协同吕岱率领的五万多人的军队前去征讨五溪蛮。潘濬的姨兄蒋琬正在担任诸葛亮的长史，武陵太守卫旌上奏说潘濬派遣密使与蒋琬通信，他是想要有自我托身的打算。吴主孙权说："潘濬是做不出这类事情的。"于是就把卫旌所上的表交予潘濬，却将卫旌召回，免了他的官职。

吴国卫温、诸葛直在海上乘船行驶了一年多，士兵因生病十个中有八九个都病死了，可是亶洲太远，始终无法抵达，只从夷洲带来几千人。吴主孙权觉得卫温、诸葛直没有尽心竭力办事，就杀掉了他们。

蜀汉丞相诸葛亮命令李严以中都护署府事。李严改名为李平。诸葛亮率领大军入侵魏国，围攻祁山，用木牛运送粮食。那个时候大司马曹真身患重病，魏明帝曹叡就命令司马懿在西边驻军长安，督率将军张郃、费曜、戴陵、郭淮等人前去抵抗。

三月，邵陵元侯曹真卒。

自十月不雨，至于十月。

司马懿使费曜、戴陵留精兵四千守上邽，馀众悉出，西救祁山。张郃欲分兵驻雍、郿，懿曰："料前军能独当之者，将军言是也。若不能当而分为前后，此楚之三军所以为黥布禽也。"遂进。亮分兵留攻祁山，自逆懿于上邽。郭淮、费曜等徼亮，亮破之，因大芟刈其麦，与懿遇于上邽之东。懿敛军依险，兵不得交，亮引还。

【译文】三月，邵陵元侯曹真死去。

自从十月天就不再下雨，一直到今年三月。

魏国司马懿派遣费曜戴陵留精兵四千守卫上邽，剩下的派出，往西去解祁山之围。张郃想要分兵驻守雍、郿二县，司马懿说："猜想前军可以独挡敌人，将军之言是正确的。假如抵挡不了，却分为前前后后几个队伍，这就好比汉朝初期楚国的三军之所以被黥布擒获一样。"于是向前进发。诸葛亮分兵留下来攻打祁山，自己却率领军队在上邽迎击司马懿。魏将郭淮、费曜等想攻击诸葛亮，结果却被诸葛亮击败，汉军趁机就在当地收割小麦，之后与司马懿遭遇在上邽以东。司马懿集结军队依靠险要之处进行防守，两军没法作战，诸葛亮这才率领士兵退回。

懿等寻亮后至于卤城。张郃曰："彼远来逆我，请战不得，谓我利不在战，欲以长计制之也。且祁山知大军已在近，人情自固，可止屯于此，分为奇兵，示出其后，不宜进前而不敢逼，坐失民望也。今亮孤军食少，亦行去矣。"懿不从，故寻亮。既至，又登山掘营，不肯战。贾诩、魏平数请战，因曰："公畏蜀如虎，奈天下笑何！"懿病之。诸将咸请战。夏，五月，辛已，懿乃使张郃攻无当监何平于南围，自案中道向亮。亮使魏延、高翔、吴班逆战，魏兵大败，汉人获甲着三千，懿还保营。

六月，亮以粮尽退军，司马懿遣张郃追之。郃进至木门，与亮战，蜀人乘高布伏，弓弩乱发，飞矢中郃右膝而卒。

【译文】司马懿一直跟在诸葛亮后面抵达卤城。张郃说："敌人大老远来攻打我方，请战不能，认为我方利在不战，而是想以长久相持来制服敌方。而且祁山知悉我们大军将至，自然而然会固守，倒不如在此屯兵，将一部分奇兵分出来，袭击敌人的后方，而不该行至前方却不敢逼近，让守军失去希望啊！此时诸葛亮的军队孤立，粮草也贫乏，我们一旦从他的后方攻击他，他自然就会撤退了。"司马懿没有听张郃的话，仍然尾随在诸葛亮军队后面观察变化。已经到达祁山附近，司马懿又登上山去，安营扎寨，不肯出战。贾诩、魏平几次请求出击，还说："大将惧怕蜀汉就像惧怕虎一样，您恐怕会遭天下人耻笑啊！"司马懿以为他们不了解详情。很多将领都想出击，但都没有得到司马懿的允许。夏季，五月，辛巳日（初十），司马懿才派出张郃在南围攻汉军无当监何平，自己率中路大军攻打诸葛亮。诸葛亮派出魏延、高翔、吴班向魏兵迎击，于是大败了魏军，汉人斩获三千多名士兵的首级。司马懿就又撤退回来保卫他的营寨。

六月，诸葛亮因粮食短缺而退兵，司马懿派出张郃去追击他。张郃进到木门，同诸葛亮军发生战斗，蜀人借助高山设下埋伏，用弓箭乱射，张郃被射中右膝，并因此死掉。

【乾隆御批】李平曾受诏辅遗，而督粮不继，更设计倾亮，视国事如秦越，罪之宜耳。但腹中鳞甲不图苏、张云云，语涉诙谑，贤如孔明尚有此语。可知其时人心风俗也。

【译文】李平曾接受遗诏辅佐后主，而监督运粮跟不上，再加上设计陷害诸葛亮，看待国家大事如同秦、越两国那样疏远隔绝、互不关联，将他治罪是应该的。但不侵犯有巧诈之心的人，苏秦、张仪这些话，语言已经有了嘲笑意味；像孔明那样贤能的人，还能有这样的话，可以知道当时的人心风俗了。

秋，七月，乙酉，皇子殷生，大赦。

黄初以来，诸侯王法禁严切，吏察之急，至于亲姻皆不敢相通问。东阿王植上疏曰："尧之为教，先亲后疏，自近及远。周文王刑于寡妻，至于兄弟，以御于家邦。伏惟陛下资帝唐钦明之德，体文王翼翼之仁，惠洽椒房，恩昭九族，群后百寮，番休递上，执政不废于公朝，下情得展示私室，亲理之路通，庆吊之情展，诚可谓恕己治人，推惠施恩者矣。至于臣者，人道绝绪，禁锢明时，臣窃自伤也。不敢乃望交气类，修人事，叙人伦。近且婚媾不通，兄弟乖绝，吉凶之问塞，庆吊之礼废。恩纪之违，甚于路人；隔阂之异，殊于胡越。今臣以一切之制，永无朝觐之望，至于注心皇极，结情紫闼，神明知之矣。然天实为之，谓之何哉！退惟诸王常有戚戚具尔之心，愿陛下沛然垂诏，使诸国庆问，四节得展，以叙骨肉之欢恩，全怡怡之笃义。妃妾之家，膏沐之遗，岁得再通，齐义于贵宗，等惠于百司。如此，则古人之所叹，风雅之所咏，复存于圣世矣！臣伏自惟省，无锥刀之用；及观陛下之所拔授，若以臣为异姓，窃自料度，不后于朝士矣。若得辞远游，戴武弁，解朱组，佩青绂，驸马、奉车，趣得一号，安宅京室，执鞭珥笔，出从华盖，入侍辇毂，承答圣问，拾遗左右，乃臣丹诚之至愿，不离于梦想者也。远慕《鹿鸣》君臣之宴，中咏《常棣》匪他之诫，不思《伐木》友生之义，终怀《蓼莪》罔极之哀。每四节之会，块然独处，左右惟仆隶，所对惟妻子，高谈无所与陈，精义无所与展，未尝不闻乐而拊心，临觞而叹息也。臣伏以犬马之诚不能动人，譬人之诚不能动天，崩城、陨霜，臣初信之，以臣心况，徒虚语耳！若葵藿之倾叶太阳，虽不为回光，然向之者诚也。窃自比葵藿，若降天地之施，垂三光之明者，实在陛下。臣闻《文子》曰：'不为福始，不为祸先。'今之否隔，友于同忧，而臣独倡言者，实不愿于圣世有不蒙施之物，欲陛下崇光被时雍之美，宣缉熙章明之德也！"诏报曰："盖教化所由，各有隆敝，非皆善始而恶终也，事使之然。今令诸国兄弟情礼简怠，妃妾之家膏沐疏略，本无禁锢诸国通问之诏也。矫枉过正，下吏惧谴，以至于此耳。已敕有司，如王所诉。"

【译文】秋季，七月，乙酉日（十五日），皇子曹殷出生，于是魏明帝曹叡大赦。

黄初以来，魏国对诸侯王施以非常严厉的法令，官吏督察也很紧迫，使得亲戚们都不敢相互沟通问询。东阿王曹植上奏章说："唐尧教化百姓，从最亲近的人们最先做起，然后再逐渐延展到疏远的人们的身上。周文王推崇古训，他先在家中给妻子做模范，渐渐在兄弟姐妹之间形成正直友爱的风气，然后再来管理整个国家。我认为陛下具有唐尧钦明的德行，又施行文王谨慎的仁心，德惠让子孙繁兴，恩情照耀九族，群臣百官，交替为陛下效力，在公朝上努力办理政务，在暗底下又能够体恤家人，亲戚间情理得以畅通，喜庆吊唁诸情也得以舒展，实在称得起以推己及人的心来治理国家，恩惠可以遍及众人了。至于我吧！人际间的来往几乎断绝，在如此圣明的朝代遭遇禁锢，我的内心实在是悲伤呀！我不敢奢望还能结交气味相投的朋友，整治人情事理，欢叙天伦之乐。如今连有婚姻关系的亲戚，都不能往来，兄弟之间的友爱也都快要断绝了。庆吉问凶的关心堵塞了，贺喜吊慰的礼仪也废弛了，恩情之间这样相离，形同街上过路人。亲戚之间相隔的距离，比南越北胡还要远呀！如今我的一切都被禁止，怕是再也没有上朝的希望了。我心系国家大事，情感结于兄弟之间，恐怕唯有神明才能了解吧？然而一切皆是天命，我能有什么法子呢！退一步反思自己，其他几位王也都怀有忧思之情吧？诚望陛下沛然降下一道诏书，允许王侯间可以相互往来慰问，四时节庆也都能够向陛下敬点礼仪，使得骨肉团聚，共叙天伦之乐，成全兄弟和睦相处的义理。也让那些妃妾，可以相互之间送些衣料或脂粉吧；年内如大家亲情相通，诸王在礼仪之间与皇亲国戚相齐，恩惠于百官相等。假如能够这样，那么即使是古人也会称赞的，《诗经》所歌颂的可贵亲情，又于这个圣世再现了。我自我反思，倍觉能力太小，没有锥刀之用；然而见到陛下提拔的官员来说，假如像授其他姓的官一样，我自己衡量一下，绝不会落于他们之后。假如让我脱下远游冠，戴上武弁冠，解下诸侯印绶，佩戴将军的符信，或做驸马都尉，或为奉车都尉，如此之类的名号。假如让我定居于京城，我甘愿做一名侍从或侍中，陛下出门时跟在车架旁边，回到朝里，随侍在侧接收陛下的问话，拾遗补缺，侍奉左右，这就是我衷心的愿望，这念头即使是在我梦中也没有离开过。我很羡慕《诗经·鹿鸣》贤主欢宴群臣嘉宾；在诵读《诗经·常棣》时，我心里又想起兄弟毕竟并非外人的告诫，再是《伐木》，说明友故旧的义气；更不能忘记的，特别是《蓼莪》所讲我还没能回报父母的恩情，因而深感悲伤。每当四节来时的聚会，我总是心生极度的孤独感触。环绕在侧的只是些仆役，所面对的只是妻子儿女，想要高谈阔论也没有可以倾诉的对象，想要说出我的精要义理，也发愁没施展的局面，所以未曾不是听到音乐，常捶打胸膛感到内心悲痛，唯有握着酒杯感叹而已。我知晓狗马的忠心，不一定能够令主人感动；就好比人类的精诚，也未必能够感天动地。齐人杞梁的妻子，因为丈夫战死而哭倒城墙；邹衍尽忠于君，而燕惠王听信谗言把他下进牢狱，邹衍对天哭号，夏季就飘起霜雪。这些事，我原本笃信不疑，可是就我现在的心情来看，也不过都是弄虚作假编造出来的罢了！试看向日葵每天面向着太阳，虽然见不到回照，但是他的心却是诚恳的。而今我就是自比向日葵，那么天地施恩与否，日月垂照与否，就看陛下的决断了。我听《文子》这么说：'不要抢先享福，但是也不要当个最先惹祸的人。'而今诸王之间相互隔离，兄弟们都为此一同忧心。而我大胆独自道出原因，实在是为了在这圣世的朝代里，不想有东西蒙受不到陛下的恩泽，想要陛下广施恩泽于万物，以彰显陛下的德政。"魏明帝曹叡回复诏书说："大概教化的根由，常有它的隆盛或衰敝，并非都有好的开始，而以坏的结尾，实在也是时事使它如此。现在就令封地的几位兄弟们，尽可能精简那些不必要的人情事故往还，妃妾妇道人家也要减少奢侈装扮，原本就不存在禁止各侯国间互相问询的诏书呀！不过有些下属矫枉过正，害怕受责骂，才发展到如今这种情况啊！现在下令于相应部门，照你所述加以改进就是了。"

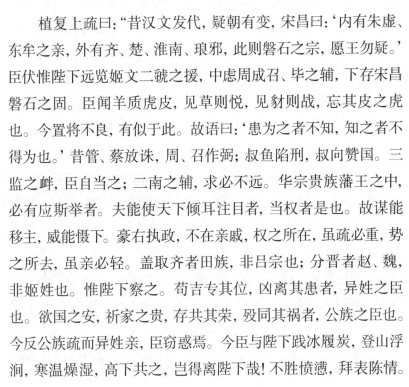

植复上疏曰："昔汉文发代，疑朝有变，宋昌曰：'内有朱虚、东牟之亲，外有齐、楚、淮南、琅邪，此则磐石之宗，愿王勿疑。'臣伏惟陛下远览姬文二虢之援，中虑周成召、毕之辅，下存宋昌磐石之固。臣闻羊质虎皮，见草则悦，见豺则战，忘其皮之虎也。今置将不良，有似于此。故语曰：'患为之者不知，知之者不得为也。'昔管、蔡放诛，周、召作弼；叔鱼陷刑，叔向赞国。三监之衅，臣自当之；二南之辅，求必不远。华宗贵族藩王之中，必有应斯举者。夫能使天下倾耳注目者，当权者是也。故谋能移主，威能慑下。豪右执政，不在亲戚，权之所在，虽疏必重，势之所去，虽亲必轻。盖取齐者田族，非吕宗也；分晋者赵、魏，非姬姓也。惟陛下察之。苟吉专其位，凶离其患者，异姓之臣也。欲国之安，祈家之贵，存共其荣，殁同其祸者，公族之臣也。今反公族疏而异姓亲，臣窃惑焉。今臣与陛下践冰履炭，登山浮涧，寒温燥湿，高下共之，岂得离陛下哉！不胜愤懑，拜表陈情。

若有不合，乞且藏之书府，不便灭弃，臣死之后，事或可思。若有毫厘少挂圣意者，乞出之朝堂，使夫博古之士，纠臣表之不合义者，如是则臣愿足矣。"帝但以优文答报而已。

【译文】曹植再上奏折说："先前汉文帝将从代地出发到长安称帝，怀疑朝中会发生变故。宋昌就安慰文帝说：'现今朝里有朱虚侯、东牟侯这两个皇亲，外面又有齐、楚、淮南、琅邪各地的宗室血亲，他们就好像磐石一样保卫着汉室，希望王莫要加以疑虑。'我请陛下想一想，远古的像周文王，就曾借力于同母弟虢仲、虢叔的协助得以成就帝王事业。接着是周成王曾经起用召公、毕公他们两位来辅助自己，以达成太平的功业。从近代来看，宋昌勉励汉文帝，借助磐石一样的宗室血亲，来捍卫国家。我听闻披了虎皮的小羊，一见到草就高兴，一见到豺狼就浑身发抖。这是因为他无法忘记自己仅仅是披着虎皮的事实呀！现在假如挑选的将领不好，就等同于此例一样。有句老话说：'怕只怕做事者不了解所做之事，而了解应当做事之人却不能够去做。'先前成王年龄尚幼之时，管叔、蔡叔因武庚而反叛，成王杀了管叔，流放蔡叔，却任用周公作师，召公为保，而相左右。晋国邢侯跟雍子争夺田产，这件事长时间都没有得到解决，韩宣子让叔鱼来判决这件老案子，罪过被定在雍子身上，雍子将女儿献于叔鱼，叔鱼便改判邢侯有罪，邢侯恼怒，就在朝中杀死了叔鱼和雍子，韩宣子问叔向这是谁的罪过，叔向说这三个人皆有过错。周朝三监的灾祸，我自当以之为鉴；周公、召公辅助成王之功，陛下如果想要谋得，也一定不会远的！在我们这华贵的宗族中，或许戍守各地的藩王中一定会有陛下可选拔任用的人才。能够让天下人注目的，一定是当权的人；因此有权谋的人，可以改变主人的地位；有名望的人，可以让下面的人服从。豪贵权门执政，不会屈从于王室亲戚之下，他们虽被疏远，但是却举足轻重，大势已不复存在了，即使宗亲也会被轻视。所以取代齐君位的并非吕姓而是田姓！分晋的并非姬姓而是赵氏、魏氏啊！希望陛下细细思考一下。假如一心为自己图谋有利的高位，一有灾祸就想赶紧逃离，这就是异姓臣子的行事之风。如果想要国家太平，家族富贵，生死与共，福祸同享，那唯有我们宗族的臣子了。而今陛下疏远皇宗族而亲近异姓，我真是倍感困惑。此刻我同陛下共踏薄冰，同踩热炭，齐登高山，跋涉深涧，身受冷暖干湿，都与陛下同甘共苦，哪里能够随意离开呢！我因为内心无比地愤懑，所以呈上表来，一诉衷肠。假如有不合陛下意思之处，请求您藏在书库，不要毁掉它，等臣死了以后，或许还能引发陛下的深思。假如这表有极小冒犯陛下的意思，请在朝堂上公布它，请那些博学多识的人，来纠正表内不合理之处，如此我就心满意足了。"魏明帝曹叡仅仅以文辞感人回复曹植而已。

【申涵煜评】植屡表乞怜，情实可悯，身为亲藩，才名太盛，则忌毁必深，不有河间、东海之贤，鲜能保有其国者。此北海王所以闻誉言而愈惧也。

【译文】曹植多次表现出可怜的模样，事实上也的确可怜，他出身于帝王宗亲，因为才气名声颇盛，一定会受到颇深的忌讳和诋毁。没有河间王、东海王的贤能，很少有能保住其封地的。这是北海王之所以听到有人夸赞他就害怕的原因。

八月，诏曰："先帝著令，不欲使诸王在京都者，谓幼主在位，母后摄政，防微以渐，关诸盛衰也。朕惟不见诸王十有二载，悠悠之怀，能不兴思！其令诸王及宗室公侯各将适子一人朝明年正月，后有少主、母后在宫者，自如先帝令。"

汉丞相亮之攻祁山也，李平留后，主督运事。会天霖雨，平恐运粮不继，遣参军狐忠、督军成藩喻指，呼亮来还；亮承以退军。平闻军退，乃更阳惊，说"军粮饶足，何以便归！"又欲杀督运岑述以解己不办之责。又表汉主，说"军伪退，欲以诱贼与战。"亮具出其前后手笔书疏，本末违错。平辞穷情竭，首谢罪负。于是亮表平前后过恶，免官，削爵土，徙梓潼郡。复以平子丰为中郎将、参军事，出教敕之曰："吾与君父子戮力以奖汉室，表都护典汉中，委君于东关，谓至心震动，终始可保，何图中乖乎！若都护思负一意，君与公琰推心从事，否可复通，逝可复还也。详思斯戒，明吾用心！"

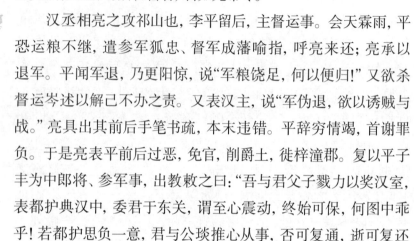

【译文】八月，魏明帝曹叡下诏书说："先皇帝在位之时，曾下令不准诸王留于京城的原因，是因为那时国君年龄尚幼，要依靠母后来摄政，以防微杜渐，这可是关系着国家纷争或盛衰的呀！而今我也有十二年没有见到诸王了，悠悠的心绪，怎能不思念他们呢！因此下令，诸王和宗室公侯各派一位嫡子于明年正月来朝吧，今后假如再碰到幼主而靠母后临朝的情况，当然还照先帝定下的法规去做了。"

蜀汉丞相诸葛亮攻打祁山之时，李平留守后方，主要负责运粮之事。不巧竟碰上天天下雨，李平担心粮无法运到前方，就派出参军狐忠、督军成藩去告知诸葛亮，说后主说运粮不济叫诸葛亮返回；诸葛亮承后主命退兵。李平听说大军已退回，又假装惊慌说："军粮很充足，为何要退兵呢！"李平又想要杀掉督运粮的官员岑述，以免除自己失职运粮的责任。就又上表汉后主刘禅说："军队假装撤退，是想要诱惑敌军。"诸葛亮把李平前前后后的手笔亲书看后，发现彼此矛盾重重。李平也无言以对，只好低头认罪。于是诸葛亮上奏李平的前后过错，免了他的官职，削去他的封土，迁到梓潼郡去了。又起用李平的儿子李丰担任了中郎将、参军事，并对他说："我和先生的父亲，一同为汉室效命，上表让令尊担任都护主管汉中的事物，先生在东关，原以为诚心待人，能够保全始终，哪里能料到中途会生变故呢！如果都护能对国事一心一意，不再有诡变的举动，先生和蒋公琰诚心做事，那么闭塞的便能够通泰，失去的也能够再得到。请细细斟酌这番劝诚，也是我的用心了！"

　　亮又与蒋琬、董允书曰："孝起前为吾说正方腹中有鳞甲，乡党以为不可近。吾以为鳞甲者但不当犯之耳，不图复有苏、张之事出于不意，可使孝起知之。"孝起者，卫尉南阳陈震也。

　　冬，十月，吴主使中郎将孙布诈降以诱扬州刺史王凌，吴主伏兵于阜陵以俟之。布遣人告凌云："道远不能自致，乞兵见迎。"凌腾布书，请兵马迎之。征东将军满宠以为必诈，不与兵，而为凌作报书曰："知识邪正，欲避祸就顺，去暴归道，甚相嘉尚。今欲遣兵相迎，然计兵少则不足相卫，多则事必远闻。且先密计以成本志，临时节度其宜。"会宠被书入朝，敕留府长史，"若凌欲往迎，勿与兵也。"凌于后索兵不得，乃单遣一督将步骑七百人往迎之，布夜掩袭，督将迸走，死伤过半。凌，允之兄子也。

　　【译文】 诸葛亮又写信给蒋琬、董允说："孝起曾经和我说过李平这人心怀鬼胎，乡里都说不可靠近他。我认为只要不让他有心生诡计的机会就可以无碍了，没想到再有像苏秦、张仪这样反复的举动，此事可以让孝起知道。"孝起就是卫尉南阳陈震。

　　冬季，十月，吴主孙权派出中郎将孙布用诈降的方法引诱扬外刺史王凌,吴主孙权又在阜陵附近埋伏下军队等待他。孙布派出人带着信去通知王凌说:"因路途遥远不能够凭一己之力前去投诚,恳请贵国派兵前来接应。"王凌将孙布的信递交上去,请求派兵过去迎接。征东将军满宠觉得其中一定有阴谋,为此不肯发兵,还代王凌给孙布写了一封回信说道:"我们能了解你已经辨别出邪恶与正道,想要避去祸患趋向顺利,背弃暴虐归向正统,我十分赞赏和钦佩你。此刻想出兵去迎接你,可是派出去的兵少又不能自卫,兵多又恐泄密于远处。你最好先认真秘密计划一番,等到时机来临再决定采取行动。"恰巧此时有命令召满宠回朝,满宠就留下命令给府中长史说:"假如王凌想要前去迎接,千万不可派兵给他。"王凌后来果然要去迎接,但是要不到兵卒,就单独派出一个督将,带领七百名步骑前去迎接孙布,孙布看见魏军来到,就在夜里发动突然袭击,督军虽然拼死逃出,但是折损了大半士兵。王凌是王允兄长的儿子。

先是凌表宠年过耽酒,不可居方任。帝将召宠,给事中郭谋曰:"宠为汝南太守、豫州刺史二十馀年,有勋方岳;及镇淮南,吴人惮之。若不如所表,将为所窥,可令还朝,问以东方事以察之。"帝从之。既至,体气康强,帝慰劳遣还。

十一月,戊戌晦,日有食之。

十二月,戊午,博平敬侯华歆卒。

丁卯,吴大赦,改明年元曰嘉禾。

【译文】起初王凌上表,说满宠年老体弱,又沉迷喝酒,不能处理边防大事,请求将他调回去。魏明帝曹叡准备召回满宠,给事中郭谋说:"满宠担任汝南太守、豫州刺史二十多年,有功于边疆;戍守淮南,吴国人也都害怕他。假如不像王凌表上所说的那样，将会被敌人窥探利用，就说让他回朝来，问一问东方的敌情而已。"魏明帝曹叡采纳了这个意见。等满宠回到朝中，只见他身体壮硕，精神饱满，魏明帝慰问他一番，就让他回去了。

十一月，戊戌晦日（三十日），发生日食。

十二月，戊午日（二十日），博平敬侯华歆去世。

丁卯日（二十九日），吴主孙权大赦，改明年年号为嘉禾。

【乾隆御批】王凌为布所愚，而满宠能察其诈，才识相去奚啻倍徙？幸因宠能预防，凌仅亡其一旅。魏明既遣宠还，而不能穷治凌之罪，何以警庸臣坏乃公事者？

【译文】王凌被孙布所欺骗，而满宠却能察觉他的欺骗手法，才能见识相差何止几倍？幸亏因为满宠能够预防，王凌只损失了一支军队。魏明帝已经让满宠回去了，却不能彻底查办王凌的罪，用什么警告破坏公事的平庸的大臣呢？

六年（壬子，公元二三二年）春，正月，吴主少子建昌侯虑卒。太子登自武昌入省吴主，因自陈久离定省，子道有阙；又陈陆逊忠勤，无所顾忧。乃留建业。

二月，诏改封诸侯王，皆以郡为国。

帝爱女淑卒，帝痛之甚，追谥平原懿公主，立庙洛阳，葬于南陵。取甄后从孙黄与之合葬，追封黄为列侯，为之置后，袭爵。帝欲自临送葬，又欲幸许。司空陈群谏曰："八岁下殇，礼所不备，况未期月，而以成人礼送之，加为制服，举朝素衣，朝夕哭临，自古以来，未有此比。而乃复自往视陵，亲临祖载！愿陛下抑割无益有损之事，此万国之至望也。又闻车驾欲幸许昌，二宫上下，皆

341

悉俱东，举朝大小，莫不惊怪。或言欲以避衰，或言欲以便移殿舍，或不知何故。臣以为吉凶有命，祸福由人，移走求安，则亦无益。若必当移避，缮治金墉城西宫及孟津别宫，皆可权时分止，何为举宫暴露野次！公私烦费，不可计量。且吉士贤人，犹不妄徙其家，以宁乡邑，使无恐惧之心，况乃帝王万国之主，行止动静，岂可轻脱哉！"少府杨阜曰："文皇帝、武宣皇后崩，陛下皆不送葬，所以重社稷，备不虞也；何至孩抱之赤子而送葬也哉！"帝皆不听。三月，癸酉，行东巡。

【译文】六年（壬子，公元232年）春季，正月，吴主孙权的少子建昌侯孙虑过世，太子孙登自武昌回京城看望吴主孙权，并自述说久离父母，未能早晚问安，没有尽到为人子的责任；又报告说陆逊在武昌，对王室忠心且勤勉，没有什么好忧虑的。于是他就留在了建业。

二月，魏明帝曹叡下诏令，将所有诸侯王的封地，由郡改称为国。

魏明帝曹叡的爱女曹淑死去，他悲伤不已，追封她谥号为平原懿公主，还在洛阳给她立了一座庙，将她葬于南陵，取甄后兄弟的孙子甄黄同她合葬于一处，并追封甄黄为列侯，还为他们找个后代，承袭官爵。魏明帝曹叡还想要亲自前去送葬，又要到许昌去。司空陈群劝谏说："八岁以下夭折的，礼仪尚且还不具备，何况还没有明确的日期，就要用成人的礼节送葬，又为其制服制，全朝百官穿着素衣，早晚前往哭泣，古往今来，没有像这样的事。何况陛下不仅要亲自视察墓地，还得随灵出葬。我希望陛下不要做些无益而有损的事，这也是万国所期望的。我又听说陛下因为悲伤要到许昌去，这样二宫上下，全都东迁，整个朝野大大小小的官员，没有不惊慌失措并以此为怪的。有的人就会说是想要避免灾害，有的人更猜想要移宫殿，有的人却不知道到底是什么缘故？臣认为吉凶有天命，祸福却是人控制的，用迁移的方法求平安，并没有什么好处。如果陛下一定要迁移来忘记伤心事，可以将洛阳城西北的金墉城西宫修葺一番，或者把孟津别宫稍稍修整一下，都可以暂时住一段时间，何必要整个宫里都搬迁到许昌呢？那样公私各处的浪费，数不胜数！况且贤人吉士，尚且不随意地搬迁他的家，就是为了使乡民的心能够安定，不至于使他们恐慌。何况帝王是万国之主，行为举止的动或静，哪里可以任意决定呢！"少府杨阜也劝谏说："文皇帝、武宣皇后去世之时，陛下您都没有去送葬，为的是以社稷安定为重，怕出什么意外啊！为什么今天却为了尚且在怀抱中的小孩子过世，而要去送葬呢！"魏明帝曹叡没有听从他们的建言。三月，癸酉日（初七），开始东巡。

吴主遣将军周贺、校尉裴潜乘海之辽东，从公孙渊求马。

初，虞翻性疏直，数有酒失，又好抵忤人，多见谤毁。吴主尝与张昭论及神仙，翻指昭曰："彼皆死人而语神仙，世岂有仙人也！"吴主积怒非一，遂徙翻交州。及周贺等之辽东，翻闻之，以为五溪宜讨，辽东绝远，听使来属，尚不足取，今去人财以求马，既非国利，又恐无获。欲谏不敢，作表以示吕岱，岱不报。为爱憎所白，复徙苍梧猛陵。

夏，四月，壬寅，帝如许昌。

五月，皇子殷卒。

秋，七月，以卫尉董昭为司徒。

【译文】吴主孙权派出将军周贺、校尉裴潜由海上前往辽东，去向公孙渊要战马。

起初，虞翻性情疏放正直，常因贪酒做错事，又喜好批评别人，因此常遭人谤毁。吴主孙权有次和张昭讨论神仙的事，虞翻指责张昭说："那些都是死人却被说成神仙，这世间哪里会有什么神仙呢！"吴主孙权对他的怒气不是一次了，于是把虞翻贬到交州。等到周贺等人到了辽东，虞翻却认为五溪可以征伐，辽东太遥远了，即使前来归附，尚且不足拥有，现在派人带了财物去辽东买马，既对吴国没有益处，又恐怕一无所获。虞翻想要劝谏吴主可又不敢，于是上表请求吕岱传送，吕岱不往上报。反被憎恶虞翻的人告诉上头了，虞翻此番又被贬到苍梧郡猛陵这地方。

夏初，四月，壬寅日（初六），魏明帝曹叡到达许昌。

五月，皇子曹殷去世。

秋初，七月，魏明帝曹叡用卫尉董昭担任司徒。

九月，帝行如摩陂，治许昌宫，起景福、承光殿。

公孙渊阴怀贰心，数与吴通。帝使汝南太守田豫督青州诸军自海道，幽州刺史王雄自陆道讨之。散骑常侍蒋济谏曰："凡非相吞之国，不侵叛之臣，不宜轻伐。伐之而不能制，是驱使为贼也。故曰：'虎狼当路，不治狐狸。'先除大害，小害自己。今海表之地，累世委质，岁选计、孝，不乏职贡，议者先之。正使一举便克，得其民不足益国，得其财不足为富；傥不如意，是为结怨失信也。"帝不听。豫等往，皆无功，诏令罢军。

豫以吴使周贺等垂还，岁晚风急，必畏漂浪，东道无岸，当赴成山，成山无藏船之处，遂辄以兵屯据成山。贺等还至成山，遇风，豫勒兵击贺等，斩之。吴主闻之，始思虞翻之言，乃召翻于交州。会翻已卒，以其丧还。

【译文】九月，魏明帝曹叡到摩陂，营缮许昌宫室，建造景福、承光殿。

公孙渊私下里怀有不轨之心，常和吴国暗中往来。魏明帝曹叡派遣汝南太守田豫率领青州的各部队由海上进兵，又命幽州刺史王雄从陆路进攻公孙渊。散骑常侍蒋济建议说："大凡不是互相吞并的国家，不侵犯叛逆的臣子，不宜于随意言及讨伐。攻伐他又不能控制他，是促使他成为自己的敌人呀！所以说'虎狼当路，不要去管那狐狸。'先除去大害，小害自然消失了。现在滨海这个地方，世世代代以来一直听命于陛下，每年都往京城上计簿和举孝廉，也不缺乏赋税、贡品，议论政事的人都首先提到辽东。就算是攻打他可以一战就取得胜利，得他的民众对国家也没有大好处，收他的财物也不能使国家富足多少。一旦我们不能取得胜利，反而结下怨恨使得我们多一个敌国，并且失去了他国的信任。"魏明帝曹叡不采纳蒋济的建言。田豫等人去征讨公孙渊也没有取得成功，魏明帝曹叡只好下诏命他们停止进攻公孙渊。

魏国的田豫预料吴国的周贺等人将由辽州返回，年末海上风大，必定担忧浪高，东方又没有岸可靠，应该会经过成山，而成山海边没有藏船的地方，他们将会上岸据守成山。周贺等人返回，果然在海上遭遇大风，就登上成山，这时田豫率兵袭击周贺等人，将他们全部斩首。吴主孙权听到这件不幸的事，这才考虑到虞翻奏章的建议是对的，于是想要把虞翻召回交州。但是这时虞翻已经过世了，就把他的灵柩接了回来。

十一月，庚寅，陈思王植卒。

十二月，帝还许昌宫。

侍中刘晔为帝所亲重。帝将伐蜀，朝臣内外皆曰不可。晔入与帝议，则曰可伐；出与朝臣言，则曰不可。晔有胆智，言之皆有形。中领军杨暨，帝之亲臣，又重晔，执不可伐之议最坚，每从内出，辄过晔，晔讲不可之意。后暨与帝论伐蜀事，暨切谏，帝曰："卿书生，焉知兵事！"暨谢曰："臣言诚不足采，侍中刘晔，先帝谋臣，常曰蜀不可伐。"帝曰："晔与吾言蜀可伐。"暨曰："晔可召质也。"诏召晔至，帝问晔，终不言。后独见，晔责帝曰："伐国，大谋也，臣得与闻大谋，常恐眯梦漏泄以益臣罪，焉敢向人言之！夫兵诡道也，军事未发，不厌其密。陛下显然露之，臣恐敌国已闻之矣。"于是帝谢之。晔见出，责暨曰："夫钓者中大鱼，则纵而随之，须可制而后牵，则无不得也。人主之威，岂徒大鱼而已！子诚直臣，然计不足采，不可不精思也。"暨亦谢之。

【译文】十一月，庚寅日（二十八日），陈思王曹植去世。

十二月，魏明帝曹叡回到许昌宫室。

侍中刘晔是明皇帝最为看重的人，魏明帝曹叡即将讨伐蜀，内外的朝臣都说："不可以讨伐蜀。"刘晔进朝同魏明帝商讨，却说："可以讨伐蜀。"刘晔退朝后却和群臣说："不可以去讨伐。"刘晔是个有胆又有谋的人，谈起对蜀的可伐和不可伐，皆是有形有色的。中领军杨暨，也是魏明帝曹叡的近臣，他很敬重刘晔，但仍坚持蜀不可伐的原则，每次从朝中出来，都要去看刘晔，刘晔也把不能攻蜀的原因讲给他听。后来杨暨和魏明帝议论伐蜀的事，杨暨坚持认为不可攻蜀，魏明帝说："你是书生，哪里懂得带兵打仗这种事呢！"杨暨表示歉意说："臣的话实在不值得采纳，但是侍中郎刘晔，是先帝的谋臣，也常说蜀是伐不得的。"魏明帝曹叡说："刘晔当面和我讨论时，说是能够伐蜀的。"杨暨说："陛下大可以把刘晔召来，当面质问于他。"

魏明帝曹叡将刘晔召过来以后，问他话，他始终一言不发。后来单独见召见时，就责怪魏明帝说："征伐别国，是很大的计划，臣有幸知道了这个大计划，睡觉时也总是害怕说梦话使其泄露出去，皇上就会增加我的罪名，又怎么敢随便向别人提起！用兵打仗是一种诡道，打仗的事还没有确定，就不要厌烦它并要一直保密。现在陛下自己已经泄露出去了，我恐怕敌国已经知道了这件事。"于是魏明帝曹叡向刘晔道歉。刘晔见过魏明帝曹叡出来后，就责怪杨暨说："钓鱼的人想将大鱼钓上来，就要让被钓到的鱼先拉着钩跑，等鱼没力了，就一定在制服它时，再把线拉回来，这样做的话就没有钓不上来的。皇上的威望，岂止是为大鱼呀！您实在是个忠实的臣子，然而你的做法却不值得一用，应该再细细想想呀！"杨暨听到这番道理后，也向刘晔道歉。

　　或谓帝曰："晔不尽忠，善伺上意所趋而合之。陛下试与晔言，皆反意而问之，若皆与所问反者，是晔常与圣意合也。每问皆同者，晔之情必无所复逃矣。"帝如言以验之，果得其情，从此疏焉。晔遂发狂，出为大鸿胪，以忧死。

　　◆《傅子》曰：巧诈不如拙诚，信矣！以晔之明智权计，若居之以德义，行之以忠信，古之上贤，何以加诸！独任才智，不敦诚悫，内失君心，外困于俗，卒以自危，岂不惜哉！◆

　　【译文】有人对魏明帝曹叡说："刘晔并非一位真正尽忠臣子，他不过是善于察言观色，趋于附和罢了。陛下您不妨试探着与刘晔对话，全用相反的意思问他，他如果都和陛下的问话相反，那么刘晔同皇上您的利益是相合的，如果每问都一样，那么刘晔的不忠的罪名就难避免了。"魏明帝照以上的做法去试探刘晔，果然得知刘晔凡事都迎合魏明帝的心意；于是魏明帝渐渐疏远刘晔。刘晔于是精神失常，被派遣为大鸿胪，后来刘晔忧愤而终。

◆《傅子》（晋傅玄著）评论说：巧妙的伪装不如笨拙的诚实，这是真的道理呀！像刘晔如果聪明明智，精于权计，安于德义，行为忠实诚信，古代的大贤，也不能和他相比呀！可是他只凭才智，不忠厚老实，在朝内失去皇帝的信任，在朝外又被别人看不起，终于郁郁而终，那不是很可惜的吗？◆

【乾隆御批】钓中大鱼制而后牵，此何等语？其罪浮于面，从后言者远甚。入而责睿不密，出而责暨云云，憸邪变诈一至是哉！然睿必待屡试而后疏之，其亦愚之甚矣。

【译文】钓中大鱼先控制住然后才能拉线，这是什么话？他的罪还是漂在表面上，以后的话更加过分。入朝责备曹睿不保守秘密，出来又责备杨暨这些那些，邪恶奸佞、诡变巧诈到了如此地步！然而曹睿必须等到屡次尝试然后疏远他，也愚蠢得太过分了。

【申涵煜评】小人诡谲伎俩一发露，则无地自容，晔发狂而死，犹是其廉耻尚存，良心不泯。处若孙弘之阿世，张汤之诈忠，自谓可以欺世，不知已为有识者看破。

【译文】小人的伎俩一旦被人揭穿，就会无地自容，刘晔最终发狂死去，这是因为他尚且还有一丝荣辱的观念，良心没有泯灭。要是像公孙弘那样迎合世俗，张汤那样伪装忠诚，不知道自己早已经被有识之士看透了。

晔尝谮尚书令陈矫专权，矫惧，以告其子骞。骞曰："主上明圣，大人大臣，今若不合，不过不作公耳。"后数日，帝意果解。

尚书郎乐安廉昭以才能得幸，昭好抉摘群臣细过以求媚于上。黄门侍郎杜恕上疏曰:"伏见廉昭奏左丞曹璠以罚当关不依诏,坐判问。又云:'诸当坐者别奏。'尚书令陈矫自奏不敢辞罚,亦不敢陈理,志意恳恻。臣窃愍然为朝廷惜之!古之帝王所以能辅世长民者,莫不远得百姓之欢心,近尽群臣之智力。今陛下忧劳万机,或亲灯火,而庶事不康,刑禁日弛。原其所由,非独臣不尽忠,亦主不能使也。百里奚愚于虞而智于秦,豫让苟容中行而著节智伯,斯则古人之明验矣。若陛下以为今世无良才,朝廷乏贤佐,岂可追望稷、契之遐踪,坐待来世之俊乂乎!今之所谓贤者,尽有大官而享厚禄矣,然而奉上之节未立,向公之心不一者,委任之责不专,而俗多忌讳故也。臣以为忠臣不必亲,亲臣不必忠。今有疏者毁人而陛下疑其私报所憎,誉人而陛下疑其私爱所亲,左右或因之以进憎爱之说,遂使疏者不敢毁誉,以至政事损益,亦皆有嫌。陛下当思所以阐广朝臣之心,笃厉有道之节,使之自同古人,垂名竹帛,反使如廉昭者扰乱其间,臣惧大臣将遂容身保位,坐观得失,为来世戒也。昔周公戒鲁侯曰:'无使大臣怨乎不以。'言不贤则不可为大臣,为大臣则不可不用也。《书》数舜之功,称去四凶,不言有罪无问大小则去也。今者朝臣不自以为不能,以陛下为不任也;不自以为不知,以陛下为不问也。陛下何不遵周公之所以用,大舜之所以去,使侍中、尚书坐则侍帷幄,行则从华辇,亲对诏问,各陈所有,则群臣之行皆可得而知,患能者进,阘劣者退,谁敢依违而不自尽。以陛下之圣明,亲与群臣论议政事,使群臣人得自尽,贤愚能否,在陛下之所用。以此治事,何事不办;以此建功,何功不成!每有军事,诏书常曰:'谁当忧此者邪?吾当自忧耳。'近诏又曰:'忧公忘私者必不然,但先公后私即自办也。'伏读明诏,乃知圣思究尽下情,然亦怪陛下不治其本而忧其末也。人之能否，实有本性，虽臣亦以为朝臣不尽称职也。明主之用人也，使能者不能遗其力，而不能者不得处非其任。选举非其人，未必为有罪也；举朝共容非其人，乃为怪耳。陛下知其不尽力也而代之忧其职，知其不能也而教之治其事，岂徒主劳而臣逸哉，虽圣贤并世，终不能以此为治也！陛下又患台阁禁令之不密，人事请属之不绝，作迎客出入之制，以恶吏守寺门，斯实未得为禁之本也。昔汉安帝时，少府窦嘉辟廷尉郭躬无罪之兄子，犹见举奏，章劾纷纷；近司隶校尉孔羡辟大将军狂悖之弟，而有司嘿尔，望风希指，甚于受属。选举不以实者也。嘉有亲戚之宠，躬非社稷重臣，犹尚如此；以今况古，陛下自不督必行之罚以绝阿党之原耳。出入之制，与恶吏守门，非治世之具也。使臣之言少蒙察纳，何患于奸不削灭，而养若廉昭等乎！夫纠擿奸宄，忠事也；然而世憎小人行之者，以其不顾道理而苟求容进也。若陛下不复考其终始，必以违众迕世为奉公，密行白人为尽节，焉有通人大才而更不能为此邪？诚顾道理而弗为耳。使天下皆背道而趋利，则人主之所最病者也，陛下将何乐焉！"恕，畿之子也。

【译文】刘晔曾在魏明帝跟前批评尚书令陈矫过于专权，陈矫很恐惧，就将此事告诉他的儿子陈骞。陈骞说："皇上是十分圣明的，您是大臣，现在假如和他人不合，不过不当三公罢了。"过了没几天，魏明帝曹叡果然明白其中的原因，事情便解决了。

尚书郎乐安廉昭依靠才能而得到魏明帝的喜爱，但是他却喜好挑取群臣的小错用来媚求魏明帝。黄门侍郎杜恕上奏说道："我见到尚书令廉昭上奏称左丞相曹璠因为有罪而要惩罚应当向上禀告时，没依据皇上的命令，详加追究以处罪。又说：'其他那些该连同治罪的人应另外奏上。'尚书令陈矫自己上奏称不敢逃避朝廷的责罚，也不敢陈述缘由，心中十分诚恳。臣私下觉得为朝廷感到可惜呀！古代的帝王，他们之所以能够维持世教，使百姓得以繁衍，无一不是远得百姓的爱戴，近得群臣的竭尽智慧和能力。现在皇上为天下万事操劳，有时更是夜以继日，但是很多琐事还是不尽完备，刑法禁令也日渐废弛。追究它的原因，不是下面的臣子不尽忠，而是皇上不能够使用他们啊！从前百里奚在虞国时很是笨拙，到了秦国却变成聪明人了；豫让在中行氏那里只是苟且偷安，等到了智伯跟前却名节彰显，这些都是古人明显的验证呀！如果皇上认为现在没有人才，朝廷缺少贤能的人辅佐，又怎么可以追寻稷、契的踪迹，而等待后世的才俊呢！现在所称的贤人，都已经做了大官享受着优厚的俸禄了，然而遵奉上级的操守却没有建立，拥护公家的心也不齐，这是由于任命他们的职务不专一，他们做事有很多忌讳的缘故！臣认为忠臣不一定是皇上所亲近的人，亲近的臣子也不一定是忠心的。现今有疏远的人非议别人而陛下怀疑是他私报憎恶之人，称赞别人之时而陛下又认为是他自己所喜爱的人，左右大臣就因此进言些陛下喜爱或讨厌的事，于是被疏远的人却不敢去称赞或是非议他人，以至于政事的好坏，也都有了疑惑。皇上应该去想如何宽广朝臣的心胸，深重地鼓励有道的节操，使他们自己做到和古人一般，名留青史。现在陛下反而用廉昭这样的人在朝廷里扰乱秩序，我害怕大臣们将会因此只求容身，保住官位，而坐观朝政的得失，却不去管理，成为后世的鉴戒。曾经周公警告鲁侯说：'不要让大臣怨恨你不去任用他们。'这就是说不贤的人不可以任用为大臣，任用他们为大臣就是要他们各尽其用。《尚书》中帝尧屡次谈及舜的功劳，总是称赞舜去除共工、驩兜、鲧、三苗四个恶人，不是只谈有罪就不问罪过大小一概斥退掉了。现在朝里的大臣，大都不承认自己没有才能，却觉得皇上没有重用他；也不承认自己不聪慧，只怪皇上不去垂询他。皇上为何不遵循周公用人的法则，大舜放逐恶人的态度呢！使侍中、尚书们在皇上静坐朝堂时，就侍奉在帷帐左右；出行在朝外时，就随侍于车架两旁，让他们亲自回答皇上的提问，将自己的见解陈说出来，那么群臣的行为，陛下自然而然就会知晓了。忠心又有才能的人，就重用他；昏庸愚昧的人，就斥退他，谁还敢犹疑盘桓而不竭尽自己的才能呢？像皇上这样贤明，亲自和群臣商讨政事，使他们都竭尽自己的能力，不论贤能、愚庸、有能力或是没能力，都能在皇上您的任用之下。这样子办事，还有什么事办不成呢？以这样去建立功业，什么功业不会成功呢？每次朝廷有了紧急军情，陛下就下诏书说：'谁应当来忧虑这些事情呢？是该我自己来忧虑吧。'近来的诏令又说：'能为公事忧虑，忘记掉一己私事的人，一定很难做到。大臣们只要能先公后私就不错了。'看了皇上的诏令，知道皇上将臣子们的状态了解得十分透彻，但仍要责怪皇上不从任用贤能的人这个根本着手，却去担忧事情办得好坏这样的细枝末节。一个人有能或是无能，这是他的本性，依臣看来朝里的大臣不都完全称职的。明主用人的方法，是要使有才能的人不敢对自己的才能有所保留；没有才能的人，不得担当他自己不能胜任的职务。大臣们推举出不合适的人，不见得就有罪；然而全朝都能容忍这个不合适的人，才是一件怪事呀！皇上明知道臣子没有尽力，却担忧他的职务；知晓臣子没有才能，却让他去处理政务，白白使皇上劳苦而臣子却安逸。就是圣贤同在世上，也不能这样将国家管理好。皇上又担心宫中的禁令不严密，人事请求托付不断，就制定迎客出入的规定，换凶恶的侍卫来把守宫门，这实在不是禁止此类行径的根本办法。先前汉安帝之时，少府窦嘉征召廷尉郭躬无罪的哥哥的儿子，尚且被大臣们纷纷上书弹劾。而如今司隶校尉孔羡征召大将军司马懿狂妄忤逆的弟弟，官吏们却沉默无言，更有些大臣，甚至奉迎大将军的态度，看起来比受过指示还更加顺从。这都是大臣不按实情选拔人才的结果。窦嘉有亲戚的尊宠，郭躬不是国家的重臣，尚且如此；拿现今的情形和古代相比，是皇上不监督必行的罪罚去杜绝结党营私的根源呀！制定出入朝堂的制度，和让凶恶的士兵把守宫门，都不是能有效治理天下的工具啊！如果我的话多少能被皇上您接受，又有何担忧奸恶的人不减少，养了些像廉昭这样的人呢。本来揭发奸恶的事，是忠诚人的事；但是世人憎恨小人去执行的原因，就是因为他们背弃道义，苟且偷安，谄媚进取。假如皇上不再监察他的因果，必定会让这些人认为违背众人，忤逆天下是奉公；窥视人家的过失，向上报告是尽节，为什么通人大才不会做这类事吗？只是顾及道理而不愿意做罢了。假如天下人都去做违背道义而趋向利益的事，这是做皇上最忧虑的事，如此皇上还有什么快乐呢？"杜恕是杜畿的儿子。

帝尝卒至尚书门，陈矫跪问帝曰："陛下欲何之？"帝曰："欲案行文书耳。"矫曰："此自臣职分，非陛下所宜临也。若臣不称其职，则请就黜退，陛下宜还。"帝惭，回车而反。帝尝问矫："司马公忠贞，可谓社稷之臣乎？"矫曰："朝廷之望也；社稷则未知也。"

吴陆逊引兵向庐江，论者以为宜速救之。满宠曰："庐江虽小，将劲兵精，守则经过。又，贼舍船二百里来，后尾空绝，不来尚欲诱致，今宜听其遂进。但恐走不可及耳。"乃整军趋杨宜口，吴人闻之，夜遁。

【译文】魏明帝曾经突然来到尚书台的门前，陈矫跪下向魏明帝问道："陛下想要做什么？"魏明帝说："想要考查文书罢了！"陈矫说："这是我的分内之事，不适宜皇上亲自考查。如果您认为臣不称职，就可以将臣罢黜，请皇上回去吧！"魏明帝感到很惭愧，就乘车转回。魏明帝曾经问陈矫说："司马懿先生忠君爱国，可以算是国家的有贤能的大臣吗！"陈矫说："他很得朝内大臣的仰望，但是就国家社稷来说可能就不是如此了。"

吴国陆逊带兵前往庐江，很多朝臣议论应该出兵去庐江救援。满宠说："庐江即使小，良将兵精，假如陆逊以兵围攻庐江，必然要经历长时间或许也不能攻下。再一点，吴国的士兵把战船舍弃了而驻扎在江上二百里外，后面又没可以援助的人，他不来攻我们，我们还想诱他来，现在就是我们让他前进，只怕他们将来无路可走呀！"于是魏国整备军队急速到杨宜口，吴人知晓魏军的行动后，急忙连夜退回去了。

是时，吴人岁有来计。满宠上疏曰："合肥城南临江湖，北远寿春，贼攻围之，得据水为势；官兵救之，当先破贼大辈，然后围乃得解。贼往甚易，而兵往救之甚难，宜移城内之兵，其西三十里，有奇险可依，更立城以固守，此为引贼平地而掎其归路，于计为便。"护军将军蒋济议以为："既示天下以弱，且望贼烟火而坏城，此为未攻而自拔；一至于此，劫略无限，必淮北为守。"帝未许。宠重表曰："孙子言：'兵者，诡道也，故能而示之不能，

骄之以利，示之以慑，'此为形实不必相应也。又曰：'善动敌者
形之。'今贼未至而移城却内，所谓形而诱之也。引贼远水，择
利而动，举得于外，而福生于内矣！"尚书赵咨以宠策为长，诏遂
报听。

【译文】那时，吴国每年都有攻打魏国的计划。满宠上奏
章说："合肥城南边面临长江、巢湖，北边距离寿春很远，如果
敌人围攻它，就要依靠江与湖水面为根据，并在此形成强大的
势力；而我军要前往解围，就要先击溃敌人的主力，然后才能
解围。然而敌人乘船来攻打合肥是轻而易举的，但是我们前去
解围，却会显得十分困难。所以我认为我们应当把合肥城中的
军队抽调过来，向西移动三十里地，那里地形险恶，易于据守，
我们在那里建立新的城池，并且固守不退，这才是把吴军引上
岸来，同时控制住他们退路的好计策。"护国将军蒋济反对说：
"照满宠所提的办法去做，不但是向天下示弱，而且像是我们
看到了敌人的烟火，就自己毁坏城池，这可以说是不战而败。一
旦到这种地步，将来我们必然会受到其他国家极严重的攻击和
掠夺。所以我们的防线，必须坚守淮河北岸才好。"魏明帝曹叡
不同意。满宠再次上奏："孙子说'战争的本质，就是讲究诡诈
之术的。所以明明是战力高，却偏要让敌人看成弱；使敌人看
到有利可取而轻敌，让敌人认为我们很怕他'。这就是内里和
外在不必一致的战争策略呀！孙子又说过：'善于诱敌的人，也
是善于营造战场的形势的人。'现在我们在敌人没来之前，就
转移了城池，把防线往后推移，这就是以战争的形势来诱导他
们！我们引诱他们远离水域，深入陆地，然后选择有利的地形发
动攻击，那么我们就取得外线胜利，内线也自然有利可图了。"
在当时，尚书赵咨也认为满宠的计划很好，于是魏明帝曹叡就

下诏令采用满宠的主张。

青龙元年（癸丑，公元二三三年）春，正月，甲申，青龙见摩陂井中，二月，帝如摩陂观龙，改元。

公孙渊遣校尉宿舒、郎中令孙综奉表称臣于吴，吴主大悦，为之大赦。三月，吴主遣太常张弥、执金吾许晏、将军贺达将兵万人，金宝珍货，九锡备物，乘海授渊，封渊为燕王。举朝大臣自顾雍以下皆谏，以为："渊未可信而宠待太厚，但可遣吏兵护送舒、综而已。"吴主不听。张昭曰："渊背魏惧讨，远来求援，非本志也。若渊改图，欲自明于魏，两使不反，不亦取笑于天下乎！"吴主反覆难昭，昭意弥切。吴主不能堪，案刀而怒曰："吴国士人入宫则拜孤，出宫则拜君，孤之敬君亦为至矣，而数于众中折孤，孤常恐失计！"昭孰视吴主曰："臣虽知言不用，每竭愚忠者，诚以太后临崩，呼老臣于床下，遗诏顾命之言故在耳。"因涕泣横流。吴主掷刀于地，与之对泣。然卒遣弥、晏往。昭忿言之不用，称疾不朝。吴主恨之，土塞其门，昭又于内以土封之。

【译文】青龙元年（癸丑，公元233年）初春，正月，甲申日（二十三日），一条青龙出现在摩陂的一口井中。当年二月，魏明帝曹叡到摩陂去看青龙，于是改年号。

公孙渊派出校尉宿舒、郎中令孙综奉上表册向吴国称臣；吴主孙权非常高兴，于是大赦天下。当年三月，吴主孙权派遣太常张弥、执金吾许晏、将军贺达率领一万多士兵，携带金银、珠宝、珍稀货物和天子赐予诸侯的车马、衣物等九种赏赐，经海路往东海赐给公孙渊，并且封公孙渊为燕王。吴国全朝的大臣自顾雍以下都劝谏说："公孙渊是个不值得信任的人，而且赏赐他的东西也太优厚了。只应派遣官兵护送宿舒和孙综就可以了。"吴主孙权不听他们的建议,张昭说:"公孙渊叛离魏国,是怕魏国来讨伐他,才远道而来向我们求援,并不是真心顺服!如果公孙渊临时改变计划,不接受吴国封赐,用来向魏表明忠心,那么我们的两个使者就不能返回,吴国会被天下人所取笑!"吴主孙权反复诘难和张昭辩论这件事,但张昭还是更加坚持己见。吴主孙权不能按他的意思行事,吴主孙权就拿宝剑怒说:"吴国士人入宫就拜我,出宫就拜见你,我敬重你也到极点了,但为何你要在众人中使我做事不顺利呢!我常常害怕自己做出不愿做的事情。"张昭看着吴主孙权说:"臣即使知道这话不会被您采用,每每却是要想着尽愚忠,实在是因为太后将要去世的时候,把我叫到身边嘱咐,她遗诏中的话还在我的耳边啊!"张昭痛哭流涕;吴主孙权也把刀丢弃在地上,和张昭两人一起哭泣。最后吴主孙权还是派遣张弥、许晏去东海了。张昭怨恨自己的建议不被采纳,于是称病不再上朝;吴主孙权十分痛恨他的作为,就把张昭家的门从外面用土封起来,张昭也从里面用土把门封上。

夏,五月,戊寅,北海王蕤卒。

闰月,庚寅朔,日有食之。

六月,洛阳宫鞠室灾。

鲜卑轲比能诱保塞鲜卑步度根与深结和亲,自勒万骑迎其累重于陉北。并州刺史毕轨表辄出军,以外威比能,内镇步度根。帝省表曰:"步度根已为比能所诱,有自疑心。今轨出军,慎勿越塞过句注也。"比诏书到,轨已进军屯阴馆,遣将军苏尚、董弼追鲜卑。轲比能遣子将千馀骑迎步度根部落,与尚、弼相遇,战于楼烦,二将没,步度根与泄归泥部落皆叛出塞,与轲比能合寇边。帝遣骁骑将军秦朗将中军讨之，轲比能乃走幕北，泄归泥将其部众来降。步度根寻为轲比能所杀。

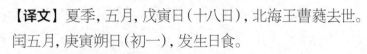

【译文】夏季，五月，戊寅日(十八日)，北海王曹蕤去世。

闰五月，庚寅朔日(初一)，发生日食。

六月，洛阳宫鞠室发生火灾。

鲜卑的轲比能诱惑保塞鲜卑的步度根和他深交和睦，亲自带领万骑在陉岑以北迎接步度根的百姓和行李。并州刺史毕轨上表想要出兵打仗，认为这样对外可威胁轲比能，对内可以镇压步度根。魏明帝曹叡看完毕轨的上表后说："步度根已经被轲比能所诱惑，他心中肯定会有疑惑。现在毕轨出兵打仗，我们一定要谨慎，不可越过边塞句注山。"等到诏令到时，毕轨的军队已经驻扎在阴馆，并且命令将军苏尚、董弼带兵追赶鲜卑人。轲比能派遣儿子率千余士兵去迎接步度根部落，和苏尚、董弼相遇，两军在楼烦发生激战，苏尚、董弼二将全军覆没。步度根和泄归泥部落也全部叛变，奔出边塞，和轲比能会合，他们在边境掳掠骚扰不停。魏明帝曹叡命令骁骑将军秦朗率领中军前去讨伐他们，轲比能等人这才逃到边远的漠北去了，泄归泥则率他的部下来投降魏国。不久之后步度根被轲比能杀死。

公孙渊知吴远难恃，乃斩张弥、许晏等首，传送京师，悉没其兵资珍宝。冬，十二月，诏拜渊大司马，封乐浪公。

吴主闻之，大怒曰："朕年六十，世事难易，靡所不尝。近为鼠子所前却，令人气踊如山。不自截鼠子头以掷于海，无颜复临万国。就令颠沛，不以为恨！"

陆逊上疏曰："陛下以神武之姿，诞膺期运，破操乌林，败备西陵，禽羽荆州。斯三虏者，当世雄杰，皆摧其锋。圣化所绥，万里草偃，方荡平华夏，总一大猷。今不忍小忿而发雷霆之怒，违垂堂之戒，轻万乘之重，此臣之所惑也。臣闻之，行万里者不中道而辍足，图四海者不怀细以害大。强寇在境，荒服未庭，陛下乘桴远征，必致窥窬，感至而忧，悔之无及。若使大事时捷，则渊不讨自服。今乃远惜辽东众之与马，奈何独欲捐江东万安之本业而不惜乎！"

【译文】公孙渊了解吴国离自己的国家太远，无法依靠，于是就砍掉张弥、许晏的头，送到魏国京师，并将吴军的兵器珍宝等物全部没收。冬季，十二月，魏明帝曹叡下诏令拜公孙渊为大司马，并封乐浪公。

吴主孙权听到这些事大怒说："我今年已六十岁了，世上难的或容易的事，都没有什么未曾尝试过。现在竟被这些无名小辈，诱斩我的使者，真是气愤得很。我若不亲自前去割下那些鼠辈的头颅，丢到海里去，就无颜面再做君临国家的人了，这次带兵攻打他就算遭受挫折，也不能就此罢休。"

陆逊上奏章说："皇上以英明神武的姿禀，承受大命，曾在乌林击败过曹操，在西陵击败过刘备，在荆州擒住过关羽；这三个敌人，皆是当今时代的枭雄英杰，而陛下却都摧垮他们的锋芒。圣上教化安定，万里广土众民，全部都像草随风般地顺从。现在正是要平定全国成就统一大计的时候。若不能忍耐小的愤怒，而发生雷霆般的大怒，这是违反了'千金之子，坐不垂堂'的警示，忽视了自己作为大国之君的贵重，这是臣不明所以的地方。臣曾听闻，立志行万里路的人，不会在半途中停下脚步；图谋天下的人，不会为了微小的事情而危害大局。现在我们国家的强敌还在边境上，荒远地方的蛮夷还没能前来顺服朝贡，皇上就要乘船远征，必会遭到他人的窥伺；当您碰到烦恼而忧心忡忡时，就来不及后悔了。一旦陛下完成了统一大业，那么处在海边的公孙渊不用征伐就会自行来降了。如今您为爱惜辽东的兵马，怎么就能弃江东的万世本业于不顾呀！"

　　尚书仆射薛综上疏曰："昔汉元帝欲御楼船，薛广德请刎颈以血染车。何则？水火之险至危，非帝王所宜涉也。今辽东戎貊小国，无城隍之固，备御之术，器械铢钝，犬羊无政，往必禽克，诚如明诏。然其方土寒埆，谷稼不殖，民习鞍马，转徙无常，卒闻大军之至，自度不敌，鸟惊兽骇，长驱奔窜，一人匹马，不可得见，虽获空地，守之无益，此不可一也。加又洪流滉漾，有成山之难，海行无常，风波难免，倏忽之间，人船异势，虽有尧、舜之德，智无所施，贲、育之勇，力不得设，此不可二也。加以郁雾冥其上，碱水蒸其下，善生流肿，转相污染，凡行海者，稀无斯患，此不可三也。天生神圣，当乘时平乱，康此民物。今逆虏将灭，海内垂定，乃违必然之图，寻至危之阻，忽九州之固，肆一朝之忿，既非社稷之重计，又开辟以来所未尝有，斯诚群僚所以倾身侧息，食不甘味，寝不安席者也。"

　　【译文】尚书仆射薛综也上奏说："从前汉元帝想坐楼船，薛广德为阻止此事将要自杀将血染在车前，这是为什么呢？水火是最危险的，不是皇上可以随便冒这个险的。现在辽东是个夷狄小国，没有坚固的城池，也没有防守的方法，兵器也不锋利，他们如同犬、羊一样没有秩序，大军一到就可以克服，这很符合圣上的愿望。但是他们的地方苦寒，五谷不容易生长。百姓都骑马，在各处奔走，也没有固定的住处，他们忽然听到大军到来，自己知道不能抵抗，就会像惊骇的鸟兽一样奔跑分散。到那时连一个人一匹马都无法见着，即使我们可以获得那片空地，但是守护着它又有什么用处呢？这是我认为第一个不能出兵的理由。再加上大海动荡不定，像登山一样难，海上航行的天气变化无常，风浪是难以避免的，可能瞬间人和船就会被风浪吞没，到那时陛下纵然有尧、舜那样的德行，也没有办法挽救了；就是有孟贲、夏育的勇武，也没有地方施展了。这是第二个不能出兵的原因。再加上迷蒙的雾气笼罩在天空，苦涩的海水在下边蒸发，将士们很容易生病或生疮，并且会相互传染。凡是在海上航行的人，都躲不过这些灾难。这是第三个不能出兵的原因。皇上是上天派遣的圣人，应该利用时机来削平动乱，使国家康盛百姓富足。现在的敌人将要灭亡，海内的局势将要平定；竟然违背自然的形势，去走那最危险的路子；忽略天下统一的大计，只为一时的愤怒。这既不是国家的大计，又是开天辟地以来从未有过的事，这才是群臣心不能安、食之无味、睡不安稳的事呀！"

选曹尚书陆瑁上疏曰："北寇与国，壤地连接，苟有国隙，应机而至。夫所以为越海求马，曲意于渊者，为赴目前之急，除腹心之疾也。而更弃本追末，捐近治远，忿以改规，激以动众，斯乃猾虏所愿闻，非大吴之至计也。又兵家之术，以功役相疲，劳逸相待，得失之间，所觉辄多。且沓渚去渊，道里尚远，今到其岸，兵势三分，使强者进取，次当守船，又次运粮，行人虽多，难得悉用。加以单步负粮，经远深入，贼地多马，邀截无常。若渊狙诈，与北未绝，动众之日，唇齿相济；若实孑然无所凭赖，其畏怖远迸，或难卒灭，使天诛稽于朔野，山虏承间而起，恐非万安之长虑也！"吴主未许。

【译文】选曹尚书陆瑁也上奏章说："北边的魏国与我们土地相连，一旦有可乘之机，他会顺应时机而来。因此要越海求马匹，委曲心意厚待公孙渊的做法，无非是要除去眼前的危难和心腹之患罢了！现在您却要舍本求末、舍近求远，因恼怒就改变常规，因激动而用天子的近兵，这正是狡猾的敌人所想要听到的消息，因此这不是使吴国强大的最好计策呀！再说兵法上的原则主张'以逸待劳'，这正好是敌人用智谋来使我军疲劳。得失之间，察觉与不能察觉，它们之间大不相同。而且沓渚距离公孙渊，路程还很远，现在要到公孙渊的岸上，军队势必要分成三部分，命令强壮的士兵去进攻，其次的守军船，再其次的运送粮草，去的人即使很多，真正能够用于作战的却很少；加上徒步背运粮食要经历很远的路，又是深入敌人的境内，敌人境内有许多的马，若被敌人在半路拦截，就会失去很多时间。假使公孙渊狡诈，同北方边寇没有断绝来往，和我们作战之时，他们必定如唇齿一样地相互帮助。如果各自作战没有外援，他们会因害怕而远逃，也不是我们能在短时间内可以消灭的。让皇上长时间留在北方的旷野上，山贼或俘虏若乘隙而起，恐怕就没有安全可以考虑了。"吴主孙权没有听取这个建议。

瑁重上疏曰："夫兵革者，固前代所以诛暴乱、威四夷也。然其役皆在奸雄已除，天下无事，从容庙堂之上，以徐议议之耳。至于中夏鼎沸，九域盘互之时，率须深根固本，爱力惜费，未有正于此时舍近治远，以疲军旅者也。昔尉佗叛逆，僭号称帝，于时天下乂安，百姓康阜，然汉文犹以远征不易，告喻而已。今凶桀未殄，疆场犹警，未宜以渊为先。愿陛下抑威任计，暂宁六师，潜神嘿规，以为后图，天下幸甚！"吴主乃止。

吴主数遣人慰谢张昭，昭因不起。吴主因出，过其门呼昭，昭辞疾笃。吴主烧其门，欲以恐之，昭亦不出。吴主使人灭火，住门良久。昭诸子共扶昭起，吴主载以还宫，深自克责。昭不得已，然后朝会。

【译文】陆瑁再次上奏章说："用兵作战，原是古时用来征讨暴乱、威慑四方蛮夷的行为。战事要在大的敌人已经消灭，天下太平之时，在朝堂上从容地讨论之后才可进行。现在是全国大乱，九州各自盘踞、相互争夺之时，应该深植根基，固守本土，爱惜国力，珍惜费用，此时陛下却舍弃近敌，而到远方去攻击敌人，使自己的军队疲惫。从前尉佗叛离汉朝，僭号称帝，那时天下太平，百姓富足，然而汉文帝尚且以为出征远方，是件不容易的事，就仅仅写信去警告尉佗罢了。现在奸恶的国贼我们还没有铲除，而且边疆还不断来警报，因此陛下不应把公孙渊作为首要攻打的目标。臣希望陛下能抑制愤怒，使用计谋，暂时安抚军队，暗藏神机，默默规划，来为以后做打算，这样才是天下的幸运。"吴主孙权看完这奏章后决定停止攻打公孙渊。

　　吴主孙权几次派遣人去慰问并向张昭致歉，张昭就是不理睬。有次吴主外出，经过张昭家的门前，就大声喊张昭的名字，张昭派人推辞并拜谢吴主说病重。吴主孙权派人把张昭家的门烧掉，想张昭一定会因恐惧跑出来，但是张昭居然不出门。吴主孙权又派人把火灭了，站在他门前很久。张昭的几个儿子就把张昭扶出来，吴主孙权把张昭拉上车去，载回宫中，并深深地自我批评一番。张昭不得已，之后才照常上朝了。

　　【申涵煜评】吴使为公孙渊所杀，始愧张昭先见。但塞门烧门，君臣俱有客气，偏安之主，每欲规摹中朝，不觉自露其小家局面。

　　【译文】公孙渊杀了孙吴派来的使者，孙权才开始惭愧没有听从张昭的言语。但是放火烧张昭家大门逼他出来，君臣之间都有了生分，这种偏安一隅的君主，每次在有群臣的大场面中，总是不自觉露出小家子气。

初，张弥、许晏等至襄平，公孙渊欲图之，乃先分散其吏兵，中使秦旦、张群、杜德、黄彊等及吏兵六十人置玄菟。玄菟在辽东北二百里，太守王赞，领户二百，旦等皆舍于民家，仰其饮食，积四十许日。旦与群等议曰："吾人远辱国命，自弃于此，与死无异。今观此郡，形势甚弱，若一旦同心，焚烧城郭，杀其长吏，为国报耻，然后伏死，足以无恨。孰与偷生苟活，长为囚虏乎！"群等然之。于是阴相结约，当用八月十九日夜发。其日中时，为郡中张松所告，赞便会士众，闭城门，旦、群、德、彊皆逾城得走。时群病疽创著膝，不及辈旅，德常扶接与俱，崎岖山谷，行六七百里，创益困，不复能前，卧草中，相守悲泣。群曰："吾不幸创甚，死亡无日，卿诸人宜速进道，冀有所达，空相守俱死于穷谷之中，何益也！"德曰："万里流离，死生共之，不忍相委。"于是推旦、彊使前，德独留守群，采菜果食之。旦、彊别数日，得达句丽，因宣吴主诏于句丽王位宫及其主簿，绐言有赐，为辽东所劫夺。位宫等大喜，即受诏，命使人随旦还迎群、德，遣皂衣二十五人，送旦等还吴，奉表称臣，贡貂皮千枚，鹖鸡皮十具。旦等见吴主，悲喜不能自胜。吴主壮之，皆拜校尉。

【译文】起初，张弥、许晏等到达襄平后，公孙渊想要图谋他们，于是就分散他们的官吏和士兵，把中使秦旦、张群、杜德、黄彊等和官兵六十人安放在玄菟这个地方。玄菟在辽东以北二百多里处，太守王赞领户二百家，秦旦等人都居住在老百姓家，饮食皆依靠当地的百姓，就这样过了四十多天。秦旦和张群等商量说:"我们背井离乡,辜负国家的恩义,来到这绝地,如同来送死一样。现在这地方,形势很弱,如果现在我们同心协力,焚烧这座城郭,杀死他们的长官,替国家洗雪耻辱,就算死了,也没有什么值得怨恨的。何必在这里苟且偷生,过着俘虏一样的生活呢!"张群等人都很赞成。于是私下里约定,在八月十九日夜间行动。然而那天中午,却被郡中张松把这件事密告给了王赞,王赞就集合士众,关闭了城门。但是秦旦、张群、杜德、黄疆还是都跳出城墙逃走了。当时张群的膝上还生着疮,因此没有办法跟上他们,杜德就扶着他同行,在崎岖的山谷中,走了六七百里地,但是张群的疮更加疼痛,没有力气再走,就躺卧在草中,杜德等人和他一起哭泣。张群说:"我不幸负伤,离死不久了,各位赶快逃跑,希望有活的人能到达目的地,但空守在这里,大家都不能够活命,又有什么好处呢?"杜德说:"我们在离国万里以外流亡,生死应该在一起,怎么能把你一人抛弃呢。"于是催促秦旦、黄疆先往前走,杜德单独守住张群,并每天采集野果子给他吃。秦旦、黄疆离开张群、杜德几天后,到达高句丽,就向高句丽王位宫及其主簿宣读吴主的诏书,骗他们说原本是有赏赐的,可是被辽东人抢走了。位宫等人听说后很高兴,就接受大吴的诏命,并且派人随秦旦去把张群接来,还派出皂衣二十五人,送秦旦等人回到吴国,奉表称臣,上贡貂皮千张,鹖鸡皮十件。秦旦等见到吴主孙权后,悲喜交加,不能控制。吴主孙权觉得他们非常勇敢,都封他们为校尉。

是岁,吴主出兵欲围新城,以其远水,积二十馀日,不敢下船。满宠谓诸将曰:"孙权得吾移城,必于其众中有自大之言,今大举来,欲要一切之功,虽不敢至,必当上岸耀兵以示有馀。"乃潜遣步骑六千，伏肥水隐处以待之。吴主果上岸耀兵，宠伏军卒起击之，斩首数百，或有赴水死者。吴主又使全综攻六安，亦不克。

蜀庲降都督张翼，用法严峻，南夷豪帅刘胄叛。丞相亮以参军巴西马忠代翼，召翼令还。其人谓翼宜速归即罪。翼曰："不然，吾以蛮夷蠢动，不称职，故还耳。然代人未至，吾方临战场，当运粮积谷，为灭贼之资，岂可以黜退之故而废公家之务乎！"于是统摄不懈，代到乃发。马忠因其成基，破胄，斩之。

诸葛亮劝农讲武，作木牛、流马，运米集斜谷口，治斜谷邸阁；息民休士，三年而后用之。

【译文】这一年，吴主孙权想要出兵围攻新城，因为该城距离江水很远，就等了二十多天，仍然不敢下船。魏国的满宠对各位将领说："孙权知道我们把城池移动了，一定在其部下面前说了大话，现在来到这里，只是求一时之功，即使他不敢到城前攻打，但也要上岸炫耀一番，表示他们很有实力。"于是满宠就偷偷派出步兵、骑兵共六千人，埋伏在肥水的隐蔽处，等待吴兵行动。吴主孙权果然上岸炫耀，满宠的军队突然发起攻击，斩杀和被水淹死的好几百人。后来，吴主孙权又派全综去攻打六安这个地方，也没有攻打下来。

蜀国庲降都督张翼执法太过严苛，南夷土豪的将领刘胄叛变了。丞相诸葛亮派参军马忠去取代张翼，并召张翼回来。有人告诉张翼，应该马上回去接受处罚。张翼说："不能就这样走了，我是因为蛮夷不安分，而我没能力平息，所以才被调回去的。现在代替我的人还没到，我正面临战争，理应运粮积谷，作为消灭贼寇的时候所用，哪里能够因为自己被罢退，就荒废公家的事务呢！"张翼仍旧努力备战，并不松懈，等到接替他的人到了之后才离开。由于张翼准备得充足，马忠才击败刘胄，并且将刘胄斩首。

诸葛亮在蜀国奖励耕种，训练士兵，造木牛、流马，运送米粮集于到斜谷口，修建斜谷邸阁。让人民安宁，士卒休养，准备三年后使用。

【申涵煜评】翼在南彝，以不称职被召，犹极力办贼，代者因以成功。此乃真心任事之臣，非视官为传舍者，即此便可当专阃之任。

【译文】张翼在南夷时，因为不称职朝廷征召他回朝，张翼仍然极力在镇压叛贼，使得前来接替他的人因此取得了成功。这是一位真心做事的大臣，不把官位当作容身之处，这样的人可以掌握京城以外的权事。

二年(甲寅，公元二三四年)春，二月，亮悉大众十万由斜谷入寇，遣使约吴同时大举。

三月，庚寅，山阳公卒，帝素服发丧。

己酉，大赦。

夏，四月，大疫。

崇华殿灾。

【译文】青龙二年(甲寅，公元234年)春季，二月，诸葛亮尽出士兵十万人，由斜谷向魏国进攻，并且派遣使者邀请吴国并同吴国约定同时进攻魏国。

三月，庚寅日(初六)，山阳公汉献帝去世，魏明帝曹叡穿着素色的衣服送丧。

己酉日(二十五日)，魏明帝曹叡大赦天下。

夏季，四月，有大瘟疫发生。

崇华殿发生火灾。

【乾隆御批】木牛流马，世称神奇，殊不思巧工设机只可炫异目前，岂能藉以任重致远？西法其明证也。意亮当时军实未缮，真马牛或不给于用，因权宜，制器以济其穷。不过如秧马缲车之类，非偃师幻人所可同日而道。

【译文】木牛流马，一直被人们称赞为神奇，却不想巧妙的工艺机械只可以在眼前炫耀，怎么能凭借这些东西去远行担负重任？西洋人的方法就是明证。我怀疑诸葛亮当时因军需物资不齐全，真马牛不能供给使用，作为权宜之计，制造器物用以弥补物资的不足。不过像秧马缲车这类东西，不应该与偃师制造的能歌舞的木人放在一起谈论。

诸葛亮至郿，军于渭水之南。司马懿引军渡渭，背水为垒拒之，谓诸将曰：“亮若出武功，依山而东，诚为可忧；若西上五丈原，诸将无事矣。”亮果屯五丈原。

雍州刺史郭淮言于懿曰：“亮必争北原，宜先据之。”议者多谓不然，淮曰：“若亮跨渭登原，连兵北山，隔绝陇道，摇荡民夷，此非国之利也。”懿乃使淮屯北原。堑垒未成，汉兵大至，淮逆击却之。

【译文】诸葛亮到达郿县，并驻扎于渭水的南面。司马懿率领军队渡过渭水，背靠水的地方做堡垒抵抗诸葛亮的军队，并且对诸位将领说：“诸葛亮如果出兵于武功，顺着山势向东，那就值得忧愁了；如果诸葛亮往西到五丈原，各位就没有事了。”诸葛亮果然屯兵在五丈原这个地方。

雍州刺史郭淮对司马懿说：“诸葛亮一定会争夺北原，我们应该先派兵据守。”但其他人都说不会，郭淮又说：“如果诸葛亮跨过渭水到达北原，再出兵北山，把陇道隔离开，百姓和羌人就会动荡不安，这不符合国家的利益呀！”司马懿于是派出郭淮屯驻在北原。沟壕和堡垒还没有筑成，汉兵就攻来了，但是被郭淮击退。

亮以前者数出，皆以运粮不继，使己志不伸，乃分兵屯田为久驻之基，耕者杂于渭滨居民之间，而百姓安堵，军无私焉。

五月，吴主入居巢湖口，向合肥新城，众号十万；又遣陆逊、诸葛瑾将万馀人入江夏、沔口，向襄阳；将军孙韶、张承入淮，向广陵、淮阴。六月，满宠欲率诸军救新城，珍夷将军田豫曰："贼悉众大举，非图小利，欲质新城以致大军耳。宜听使攻城，挫其锐气，不当与争锋也。城不可拔，众必罢怠；罢怠然后击之，可大克也。若贼见计，必不攻城，势将自走。若便进兵，适入其计矣。"

【译文】诸葛亮认为几次出击失败，都是因为粮食没有运到，从而使他复兴汉室的志向不能够达成，于是就分兵屯田，作为久驻的根基，耕种的士兵杂处在渭水居民之间，对百姓既安全，对军队也没有害处。

五月，吴主孙权进入并驻扎在巢湖口，想要进攻魏国的合肥新城，兵众号称有十万人；孙权又派遣陆逊、诸葛瑾率兵一万多进驻江夏、沔口，准备进攻襄阳，并派遣将军孙韶、张承进驻淮县，以便向广陵、淮阴进攻。六月，满宠想要带领军队去救新城，珍夷将军田豫说："吴贼把他们的军队都带了出来，不是为了贪图小利，而是想用新城为质，来招引我们的大军，我们应该固守城池，用来挫伤他们的锐气，而不应该和他直接交锋。一旦吴国攻不下新城，众士兵一定会疲惫懈怠，等到他们士气低落的时候我们再进攻，就可以大获全胜了。如果吴国看透我方的对敌计划，一定不来攻击，必定将要到其他地方去。假使我们现在就进攻，刚好中了吴国的计谋。"

【乾隆御批】孙吴人才，周瑜而后当推陆逊。观白围之战，持以镇静实不可及。若瑾之举措惊皇，适足偾事耳。

【译文】孙吴的人才，在周瑜之后当推崇陆逊。看白围之战，保持镇静实在是比不上他。如果像诸葛瑾那样惊慌失措，正好足够败事。

时东方吏士皆分休，宠表请召中军兵，并召所休将士，须集击之。散骑常侍广平刘邵议以为："贼众新至，心专气锐，宠以少人自战其地，若便进击，必不能制。宠请待兵，未有所失也，以为可先遣步兵五千，精骑三千，先军前发，扬声进道，震曜形势。骑到合肥，疏其行队，多其旌鼓，曜兵城下，引出贼后，拟其归路，要其粮道。贼闻大军来，骑断其后，必震怖遁走，不战自破矣。"帝从之。

宠欲拔新城守，致贼寿春，帝不听，曰："昔汉光武遣兵据略阳，终以破隗嚣，先帝东置合肥，南守襄阳，西固祁山，贼来辄破于三城之下者，地有所必争也。纵权攻新城，必不能拔。敕诸将坚守，吾将自往征之，比至，恐权走也。"乃使征蜀护军秦朗督步骑二万助司马懿御诸葛亮，敕懿："但坚壁拒守以挫其锋，彼进不得志，退无与战，久停则粮尽，虏略无所获，则必走；走而追之，全胜之道也。"秋，七月，壬寅，帝御龙舟东征。

【译文】那时魏国东部方向防守的官兵，全在轮流休养，满宠上表请求朝廷派遣中军支援，另外召回休假的官兵，集结兵力准备反击。散骑常侍广平刘邵提议说："吴贼很多，又是刚到，心一定很专一，气一定刚锐，满宠用少量的士兵，在这个地方作战，如果随意进攻，一定不能取胜。满宠请求等待兵力集中后再行进攻，是没有错的。我认为也可先派遣步兵五千，精骑三千，早早到达并声称要攻击他们，以虚张声势。骑兵到合肥的时候使队形疏散，多安置旌旗锣鼓，宣传说兵到了城下，然后把吴贼的大军引出来，以截断敌人的退路，并控制敌人运粮的道路。敌人听说我们大军已经到了，骑兵已经阻断他们的后方，必定会惊慌逃走，这就是不用作战而使敌人自己失败的好计策啊！"魏明帝曹叡听从了刘邵的意见。

满宠想要撤离合肥新城，以便把吴兵引到寿春这个地方，一举全歼，魏明帝曹叡不听他的建议，而且说："从前汉光武帝时派兵驻守略阳（陕西省县名），最后终于击败了隗嚣；先帝在东方设立合肥城，在南方固守襄阳，在西方巩固祁山，前来攻击的敌人，常常被歼灭于三城之下，可见这三处有必争的道理。纵然是孙权进攻新城，也必定不能攻下。特此命令诸将士坚守新城，我准备亲自前去讨伐吴国，等我到那儿了，恐怕孙权也已经逃走了。"于是魏明帝曹叡派征蜀护军秦朗率领步骑两万多人去协助司马懿抵御诸葛亮，并命令司马懿说："只许坚持守卫用以挫败对方的锐气，他们进攻不得志，即使是他们撤退也不要和他们作战，时间长了，他们没有粮食，又没有收获，自然就撤退了；等他们撤退时，再追击他们，这才是全胜的做法。"这年秋季，七月，魏明帝曹叡亲自登上龙舟向东方进行征讨。

满宠募壮士焚吴攻具，射杀吴主之弟子泰；又吴吏士多疾病。帝未至数百里，疑兵先至。吴主始谓帝不能出，闻大军至，遂遁，孙韶亦退。

陆逊遣亲人韩扁奉表诣吴主，逻者得之。诸葛瑾闻之甚惧，书与逊云："大驾已还，贼得韩扁，具知吾阔狭，且水干，宜当急去。"逊未答，方催人种葑、豆，与诸将奕棋、射戏如常。瑾曰："伯言多智略，其必当有以。"乃自来见逊。逊曰："贼知大驾已还，无所复忧，得专力于吾。又已守要害之处，兵将意动，且当自定以安之，施设变术，然后出耳。今便示退，贼当谓吾怖，仍来相蹙，必败之势也。"乃密与瑾立计，令瑾督舟船，逊悉上兵马以向襄阳城。魏人素惮逊名，遽还赴城。瑾便引船出，逊徐整部伍，张拓声势，步趣船，魏人不敢逼。行到白围，托言往猎，潜遣将军周峻、张梁等击江夏、新市、安陆、石阳，斩获千馀人而还。

【译文】满宠募集壮士，然后深入敌人后方焚烧吴国的攻击用具，还射杀了吴主孙权的弟弟的儿子孙泰；此刻吴国的官兵，又有很多人生病。魏明帝曹叡还没有行至几百里，满宠的疑兵已先到前方。吴主孙权起初以为魏明帝曹叡不会带兵亲征，现在知道魏的大军要来，就先撤退了，孙韶也同时撤退。

陆逊派遣亲信韩扁带上吴主孙权的奏章去拜见吴王，被魏国巡逻的人抓到，诸葛瑾听说这件事后很害怕，就给陆逊写信说："吴帝已经撤退，魏国又得到韩扁所带的奏章，我们准备的计划，让魏国全都知道了，而且这里水也快干了，我们应当赶快离开才好。"陆逊看后没有答复这件事，而是催促部下种蔓菁、豆子，和各位将领下棋、射戏等和平时一样。诸葛瑾说："陆逊是有智慧的人，这样做必定有他的道理。"诸葛瑾就亲自来拜见陆逊。陆逊说："魏国知道吴主孙权已退回，没有什么值得忧虑的了，现在必定会全力对付我们。而且他们已经守住要害，我们的兵将会心里害怕，所以自己应当安定下来以安稳士兵的心，再使用灵活多变的战术，然后才可以顺利撤出。现在立刻撤退，敌人就会看出我们恐惧他们，就会立刻进攻我们，那么我们一定会失败。"于是陆逊和诸葛瑾秘密订下计划,命令诸葛瑾带领舟船,陆逊在陆地上率军马向襄阳城进犯。魏国人向来最怕陆逊,急忙跑回城内防守。诸葛瑾催促舟船前进,陆逊慢慢整治队伍,虚张声势,步行登上舟船,魏人不敢逼近。走到白围的时候,借口说去打猎,却暗中派出将军周峻、张梁等攻打江夏、新市、安陆、石阳等地,斩杀俘虏一千多人而撤回。

群臣以为司马懿方与诸葛亮相守未解,车驾可西幸长安。帝曰:"权走,亮胆破,大军足以制之,吾无忧矣。"遂进军至寿春,录诸将功,封赏各有差。

八月,壬申,葬汉孝献皇帝于禅陵。

辛巳,帝还许昌。

司马懿与诸葛亮相守百馀日,亮数挑战,懿不出。亮乃遗懿巾帼妇人之服。懿怒,上表请战,帝使卫尉辛毗杖节为军师以制之。护军姜维谓亮曰:"辛佐治杖节而到,贼不复出矣。"亮曰:"彼本无战情,所以固请战者,以示武于其众耳。将在军,君命有所不受,苟能制吾,岂千里而请战邪!"

【译文】众大臣都觉得司马懿正和诸葛亮相持不能战胜,希望魏明帝曹叡驱车到长安来接应司马懿。魏明帝曹叡说:"孙权已撤退,诸葛亮也已经害怕我们,魏国的大军完全可以制住诸葛亮,我没有什么可以忧虑的。"于是魏明帝曹叡进军到寿春,登记诸将领的功劳,按功劳封官赏赐。

八月,壬申日(二十日),魏明帝曹叡将汉孝献皇帝葬于禅陵。

辛巳日(二十九日),魏明帝曹叡回到许昌。

司马懿和诸葛亮相持了一百多天,诸葛亮多次挑衅,司马懿就是不出兵。于是诸葛亮派人送给司马懿妇人的首饰等物品来羞辱他。司马懿很愤怒，上奏章给魏明帝曹叡请求出击，魏明帝曹叡派卫尉辛毗杖节做军师用来制止司马懿出兵。蜀汉护军姜维对诸葛亮说："若辛毗杖节到前方来，魏贼就不会再出击了。"诸葛亮说："司马懿本来就不准备出击，之所以请求出击，只是为安抚众人而准备用武而已。将军在军营中，君上的命令就不一定会执行，如果司马懿真能制压我军，难道还会相隔千里去请求出击吗？"

亮遣使者至懿军，懿问其寝食及事之烦简，不问戎事。使者对曰："诸葛公夙兴夜寐，罚二十已上，皆亲览焉；所啖食不至数升。"懿告人曰："诸葛孔明食少事烦，其能久乎！"

亮病笃，汉主使尚书仆射李福省侍，因谘以国家大计。福至，与亮语已，别去，数日复还。亮曰："孤知君还意，近日言语虽弥日，有所不尽，更来(亦)〔求〕决耳。公所问者，公琰其宜也。"福谢："前实失不谘请，如公百年后谁可任大事者，故辄还耳。乞复请蒋琬之后，谁可任者？"亮曰："文伟可以继之。"又问其次，亮不答。

【译文】 诸葛亮派出的使者到司马懿军中，司马懿不问汉军的事情，只是问到诸葛亮的吃饭、睡觉和每天办多少事情等问题。使者回答说："诸葛亮先生，起得早，睡得晚，受罚二十板以上的案件，都要亲自过目，所吃的不过数升而已。"司马懿对别人说："诸葛亮吃得太少，做的事情却很多，还能活很久吗？"

诸葛亮病情加重，蜀汉派尚书仆射李福去探视，并请教国家大事。李福到达后，和诸葛亮说完就分别了，没过几天又回来了。诸葛亮说："我知道先生您回来的意思，上次虽然说了一整天，但是话还没说完，所以再来让我决定。先生要问的事，蒋琬比较合适担任。"李福致歉说："以前没有来求教，实在是个错误，假若先生死后，谁可担当国家大任？之所以很快再回来是想请教蒋琬之后，谁可以担当此任？"诸葛亮说："费祎可以继任的。"又问到再以后谁可以担任，诸葛亮不再回答。

是月，亮卒于军中。长史杨仪整军而出。百姓奔告司马懿，懿追之。姜维令仪反旗鸣鼓，若将向懿者，懿敛军退，不敢逼。于是仪结陈而去，入谷然后发丧。百姓为之谚曰："死诸葛走生仲达。"懿闻之，笑曰："吾能料生，不能料死故也。"懿案行亮之营垒处所，叹曰："天下奇才也！"追至赤岸，不及而还。

初，汉前军师魏延，勇猛过人，善养士卒。每随亮出，辄欲请兵万人，与亮异道会于潼关，如韩信故事，亮制而不许。延常谓亮为怯，叹恨己才用之不尽。杨仪为人干敏，亮每出军，仪常规画分部，筹度粮谷，不稽思虑，斯须便了，军戎节度，取办于仪。延性矜高，当时皆避下之，唯仪不假借延，延以为至忿，有如水火。亮深惜二人之才，不忍有所偏废也。

【译文】这个月，诸葛亮死在军中。长史杨仪整理军队回蜀汉。百姓把这件事告诉了司马懿，司马懿率兵追赶，姜维命令杨仪掉转旗帜鸣鼓行进，看起来要进攻司马懿的样子，司马懿收兵撤退，不敢再逼近。于是杨仪结束进攻，带领军队退回了，进入斜谷后才把诸葛亮死的事公布。百姓为此编谚语说："死的诸葛亮，吓走活的司马懿。"司马懿听到老百姓的话说："这是我能判断谁是活人，却不能判断谁是死人的原因呀！"司马懿到诸葛亮留下的营垒中去观察，不由得喟然长叹："真是天下的奇才呀！"司马懿追蜀汉军到赤岸这地方，没能够追上，就退回了。

起初，蜀汉的前军师魏延，勇猛超出一般人，又善于管理士兵。每次随同诸葛亮出兵，都想要带兵万人，和诸葛亮分开行动，到潼关后再会合，想要模仿韩信的用兵之法，诸葛亮常常制止而不肯允许。魏延就常说诸葛亮胆小，并叹息自己怀才不遇，不能发挥作用。杨仪为人精干敏捷，诸葛亮出军，杨仪常常规划分部，或者筹划粮谷，不让诸葛亮忧愁，就可以做得很好，所以军队的调度，都由杨仪来完成。魏延性情高傲，当时的人都回避他，只有杨仪不惧怕魏延，魏延因此对杨仪不满，就如同水火一样不能够相容。但诸葛亮十分喜爱二人的才华，不忍心有所偏废任何一人。

费祎使吴，吴主醉，问祎曰："杨仪、魏延，牧竖小人也，虽尝有鸣吠之益于时务，然既已任之，势不得轻。若一朝无诸葛亮，必为祸乱矣。诸君愦愦，不知防虑于此，岂所谓贻厥孙谋乎！"祎对曰："仪、延之不协，起于私忿耳，而无黥、韩难御之心也。今方扫除强贼，混一函夏，功以才成，业由才广，若舍此不任，防其后患，是犹备有风波而逆废舟楫，非长计也。"

亮病困，与仪及司马费祎等作身殁之后退军节度，令延断后，姜维次之；若延或不从命，军便自发。亮卒，仪秘不发丧，令祎往揣延意指。延曰："丞相虽亡，吾自见在。府亲官属，便可将丧还葬，吾当自率诸军击贼；云何以一人死废天下之事邪！且魏延何人，当为杨仪之所部勒，作断后将乎！"自与祎共作行留部分，令祎手书与己连名，告下诸将。祎绐延曰："当为君还解杨长史。长史文吏，稀更军事，必不违命也。"祎出门，奔马而去。延寻悔之，已不及矣。

【译文】 费祎出使到吴国，吴主孙权喝醉了就问费祎说："杨仪、魏延，不过像放牛的小人，即使现在有些鸡鸣狗吠的本事有益于时务，但是使用他们，就不可轻视他们了。假使有一天没有诸葛亮统驭他们，一定会发生祸事！各位心和感情看不清楚，所以不知道防患于未然，这难道就是为子孙谋划的做法吗？"费祎回答说："杨仪、魏延的不和，是他们两个私下里不满罢了，并没有像黥布、韩信那样难以统御的心理。现在正是铲除强贼、统一中国的时候，建功立业都依靠贤才和良将，如果现在舍弃他们不用，只是为了以防后患，这就像防备风浪而不用舟楫，所以不能作为长久的计策呀！"

诸葛亮病重的时候，和杨仪以及司马费祎等人谈起他死后退军的调度情况，诸葛亮命令魏延断后，姜维紧随在魏延后面，如果魏延不服从命令，军队便自己决定撤离。诸葛亮死后，杨仪为了保密决定暂不发丧，拜托费祎去揣摩魏延的意思。魏延说："丞相即使去世了，我魏延还在世。丞相府的亲属便可以去葬埋他，而我应当率领军队前去攻打敌人，又怎么可以因为一人死了，就抛下天下大事呢！而且我魏延是怎样的人，做杨仪的下属，做掩护撤退的将领呢！"于是魏延和费祎共同商议决定安排撤退的人和留守的人，请求费祎和自己联名写信，告诉各将领。费祎骗魏延说："我替您向杨仪解释，杨仪是文人出身，不太懂得行军打仗，一定不会违抗您的命令。"费祎出去后，骑马离开，之后没过多久，魏延感到后悔，但是已来不及了。

延使人觇仪等，欲案亮成规，诸营相次引军还，延大怒，攙仪未发，率所领径先南归，所过烧绝阁道。延、仪各相表叛逆，一日之中，羽檄交至。汉主以问侍中董允、留府长史蒋琬，琬、允咸保仪而疑延。仪等令槎山通道，昼夜兼行，亦继延后。延先至，据南谷口，遣兵逆击仪等，仪等令将军何平于前御延。平叱先登曰："公亡，身尚未寒，汝辈何敢乃尔！"延士众知曲在延，莫为用命，皆散。延独与其子数人逃亡，奔汉中，仪遣将马岱追斩之，遂夷延三族。蒋琬率宿卫诸营赴难北行，行数十里，延死问至，乃还。始，延欲杀仪等，冀时论以己代诸葛辅政，故不北降魏而南还击仪，实无反意也。

【译文】魏延派人探视杨仪等人，获悉他们想按诸葛亮原来的部署，各营按次序带领军队撤离，魏延十分生气，竟抢在杨仪的尚未出发之前面，率领所部径直向南后撤，而且将所经过栈道全部放火焚烧掉。魏延、杨仪两人都上表批评对方叛逆，一天之内，好几次上表到朝廷。汉后主刘禅就询问侍中董允、留府长史蒋琬这件事该怎样解决，蒋琬、董允都保杨仪而怀疑魏延。杨仪等人命令士兵砍掉山上的树木用来架筑通道，昼夜都不停歇，一直紧随魏延后。魏延先到蜀地，并据守南谷口，出兵迎击杨仪等人，杨仪等人命令将军何平在前方抵御魏延。何平率先上前去大声责骂魏延说："丞相刚死不久，尸体尚且温暖，你们敢怎么样呀！"魏延的部下都感到魏延没有道理，就没有再为他卖命，就都逃散了。只剩魏延和他的儿子等几个人逃走，他们逃到汉中这个地方，杨仪派将领马岱追上去将他们都杀了，于是杨仪又杀死魏延的三族亲人。蒋琬率宿卫诸营的军队，到北面去解决杨仪和魏延的争斗，走了几十里，就听说魏延被杨仪派人杀死了，于是带兵返回。先前，魏延想要杀死杨仪等人，希望大家让自己替代诸葛亮辅佐政事，因此不去投降魏国，欲回南方后攻打杨仪，实在没有反叛的意思呀！

诸军还成都，大赦，谥诸葛亮曰忠武侯。初，亮表于汉主曰："成都有桑八百株，薄田十五顷，子弟衣食自馀饶，臣不别治生以长尺寸。若臣死之日，不使内有馀帛，外有赢财，以负陛下。"卒如其所言。

丞相长史张裔常称亮曰："公赏不遗远，罚不阿近，爵不可以无功取，刑不可以贵势免，此贤愚之所以佥忘其身者也！"

◆陈寿评曰：诸葛亮之为相国也，抚百姓，示仪轨，约官职，从权制，开诚心，布公道；尽忠益时者，虽雠必赏，犯治怠慢者，虽亲必罚，服罪输情者，虽重必释，游辞巧饰者，虽轻必戮；善无微而不赏，恶无纤而不贬；庶事精练，物理其本，循名责实，虚伪不齿。终于邦域之内，咸畏而爱之，刑政虽峻而无怨者，以其用心平而劝戒明也。可谓识治之良才，管、萧之亚匹矣。◆

【译文】各军都退到成都，汉后主刘禅就实行大赦，封诸葛亮为忠武侯的谥号。起初，诸葛亮上表给汉后主刘禅说："我在成都有桑树八百棵，薄田十五顷，我的儿子、兄弟的吃和穿，自有富裕就够了，我觉得没有再增加分毫的必要。如果我死后，不要使我家内有穿不完的布帛，外出有用不完的钱，如果是那样就是辜负皇上。"最后，果然如他所说的那样。

丞相长史张裔常常称赞诸葛亮说："丞相对疏远的人不会遗弃也会奖赏，惩罚也不偏心自己所亲近的人，对于官位不会是没有功劳的人就任命他，刑罚也不会因为犯错的人是权贵就免除了，这就是有贤能的人和一般人都忘掉自己而全力为国的原因啊。"

◆陈寿评论说：诸葛亮作为相国，尽力安抚民心，明示各项法制规范，约束各种职位，依照权利职责所在定制度，开诚布公，坦坦荡荡。对国家忠诚且对时局有益的人，就是以前有仇怨，也一定会奖赏他。而那些触犯法律，不能尽职尽责的人，虽然是亲近的人，也必定会惩罚。那些接受罪刑，吐露实情的人，即使他所犯的罪过再严重，也会有得到释放的机会；而那些言辞狡诈，擅长说假话的人，虽然他们所犯过错很轻，必定受到诛杀。做好事的人，不因为他地位卑微而没有奖赏；做坏事的人，不能因为他犯的过错轻微而不受到贬斥。在处理事情方面，诸葛亮充分表现了精明干练的魄力，凡事都要探究根本，依着名分去查清实情，他最讨厌的就是虚伪了。在他所管辖的邦域内，百姓没有不敬畏又爱戴他的。刑罚施政即使严厉了些，然而却没有人埋怨他。这是因为他内心公平而又劝导明确的缘故。诸葛亮可以算得上是位有见识，又懂得治理国家的好的人才了。他可以与管仲、萧何相匹敌了。◆

【乾隆御批】闻病笃而使人咨大计，所谓大计孰有重于此者？福岂宜忘？且福即不问，亮亦自当及之，何待别去复还耶？此陈寿所以不入正史，特附见于杨戏赞中也。

【译文】后主听说诸葛亮病重派人去询问国家大事，所谓大事还有比这更重要的吗？李福难道应该忘吗？况且即使李福不问，诸葛亮自己也应当提及这个问题，为什么等到告辞离开再回来呢？这就是陈寿之所以不把李福写入正史，特别写在附录杨戏的《季汉辅臣赞》中的原因。

初，长水校尉廖立，自谓才名宜为诸葛亮之副，常以职位游散，怏怏怨谤无已，亮废立为民，徙之汶山。及亮卒，立垂泣曰："吾终为左衽矣！"李平闻之，亦发病死。平常冀亮复收己，得自补复，策后人不能故也。

【译文】 最初，长水校尉廖立，自己以为无论是才能、名分，都可以担任诸葛亮的副手了，但是却常处于闲散的职位上，因此十分不高兴，常常说出怨恨毁谤的话，因此诸葛亮将廖立废为平民，并把他贬谪到汶山。诸葛亮死去后，廖立潸然落泪说："现在我终于成为边疆民族的人了。"李平（李严）听到诸葛亮去世，也生病而死。李平常常希望诸葛亮可以再次使用自己，以得到自赎其过的机会，如今料想后人再不会任用自己呀！

◆习凿齿论曰：昔管仲夺伯氏骈邑三百，没齿而无怨言，圣人以为难。诸葛亮之使廖立垂泣，李严致死，岂徒无怨言而已哉！夫水至平而邪者取法，鉴至明而丑者忘怒；水鉴之所以能穷物而无怨者，以其无私也。水鉴无私，犹以免谤，况大人君子怀乐生之心，流矜恕之德，法行于不可不用，刑加乎自犯之罪，爵之而非私，诛之而不怒，天下有不服者乎！◆

蜀人所在求为诸葛亮立庙，汉主不听；百姓遂因时节私祭之于道陌上，步兵校尉习隆等上言："请近其墓，立一庙于沔阳，断其私祀。"汉主从之。

汉主以左将军吴懿为车骑将军，假节，督汉中；以丞相长史蒋琬为尚书令，总统国事，寻加琬行都护，假节，领益州刺史。时新丧元帅，远近危悚，琬出类拔萃，处群僚之右，既无戚容，又无喜色，神守举止，有如平日，由是众望渐服。

【译文】 ◆习凿齿评论说：从前管仲夺取伯氏在骈地的采邑三百多家，伯氏一生都没有怨言，圣人认为这是件很难做到的事。诸葛亮之死能使廖立落泪，李平（李严）因他发病而死，岂止是没有怨言呢？因为水是最公平的，因此当有所倾斜的时候，就拿水来做准则；镜子是最明亮的，所以丑陋的人照过后就不再愤怒。水和镜子之所以能让物尽显而没有招致怨恨，是因为它们没有私心呀！水和镜子没有私心，才能免去毁谤，何况大人君子，常常有着喜爱生而厌恶死的心理，实行那些矜悯宽恕的德政，法律实行在不可以不实行的地方，刑罚施加在犯人自己所犯的罪行，封官而没有私心，杀人也不是因为恼怒，这样天下还有不服的人吗？◆

蜀人都主张为诸葛亮建立庙宇，汉后主刘禅不接受百姓要求建立庙宇的意见；于是百姓按时在道旁的高地上私自祭拜诸葛亮。步兵校尉习隆等人上奏说："请求在接近诸葛亮的墓旁，在沔阳建立一座庙宇，以断绝百姓的私下里祭奠。"汉后主刘禅接受了这个建议。

汉后主刘禅任用左将军吴懿担任车骑将军，并授予他符节，命令他到汉中去督师，任用丞相长史蒋琬担任尚书令，总管国家大事，不久又加封蒋琬行使都护的职权，并授予符节，担任了益州刺史。那时诸葛亮刚刚去世，全国上下都心有不安，但是蒋琬在群僚中间很是出类拔萃，处在百官之首，既没有悲泣，也没有喜色，神态举止，和平时一样，因此受到大家的推崇，大家都很顺服他。

吴人闻诸葛亮卒，恐魏承衰取蜀，增巴丘守兵万人，一欲以为救援，二欲以事分割。汉人闻之，亦增永安之守以防非常。汉主使右中郎将宗预使吴，吴主问曰："东之与西，譬犹一家，而闻西更增白帝之守，何也？"对曰："臣以为东益巴丘之戍，西增白帝之守，皆事势宜然，俱不足以相问也。"吴主大笑，嘉其抗尽，礼之亚于邓芝。

【译文】吴国人听到诸葛亮死去的消息，担心魏国会乘时局变动而攻取蜀国,于是增派万人守卫巴丘一带,一方面像是救援,一方面却是想要分割部分蜀地。汉人听到吴军增援巴丘的消息,也增派人到永安用来防止吴国不合理的行动。汉后主刘禅派右中郎将宗预出使吴国,吴主孙权问他说:"吴和蜀如同一家人,我听闻你们增兵到白帝,这是什么意思呢?"宗预回答说:"我觉得吴国在巴丘增兵戍守,蜀增兵到白帝去防御,都是适应形势的行为,何必互相询问呢!"吴主孙权大笑,称赞宗预对话得体、不卑不亢,招待的礼仪仅次于早先蜀国派遣出使吴国的使者邓芝。

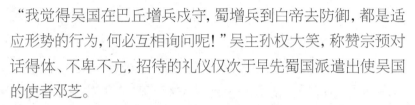

　　吴诸葛恪以丹阳山险,民多果劲,虽前发兵,徒得外县平民而已,其馀深远,莫能禽尽,屡自求为官出之,三年可得甲士四万。众议咸以为:"丹阳地势险阻,与吴郡、会稽、新都、番阳四郡邻接,周旋数(十)〔千〕里,山谷万重。其幽邃民人,未尝入城邑,对长吏,皆仗兵野逸,白首于林莽;逋亡宿恶,咸共逃窜。山出铜铁,自铸甲兵。俗好武习战,高尚气力;其升山赴险,抵突丛棘,若鱼之走渊,猿狖之腾木也。时观间隙,出为寇盗,每致兵征伐,寻其窟藏。其战则蜂至,败则鸟窜,自前世以来,不能羁也。"皆以为难。恪父瑾闻之,亦以事终不逮,叹曰:"恪不大兴吾家,将赤吾族也!"恪盛陈其必捷,吴主乃拜恪为抚越将军,领丹阳太守,使行其策。

　　冬,十一月,洛阳地震。

　　吴潘濬讨武陵蛮,数年,斩获数万。自是群蛮衰弱,一方宁静。十一月,濬还武昌。

　　【译文】吴国的诸葛恪觉得丹阳山势险峻,百姓大都十分顽强勇猛,以前即使出兵平剿,只俘获山外的少数县的百姓而已，其余的百姓都住在深山，无法全部擒获，于是诸葛恪多次请求吴主孙权让他亲自担任官职，把这些百姓赶到山外去，只要三年，吴国就可以得到四万甲兵。但是大家商讨后，一致认为："丹阳地势险要，和吴郡、会稽、新都、番阳四郡相接壤，周围有几千里，山谷重重，深山里的人，从来就没有进过城，对于官吏根本不知道顺从，他们只是凭借武器在荒野逃亡，并老死在森林之中。逃犯和十分凶恶的人都流窜到这山中。山里又出产铜铁，他们自己能够制造武器。山中风俗又喜好武斗善于作战，崇尚强力。他们爬山涉险，行走于丛林荆棘中，就如同鱼在深渊里游，猿狖在树上爬一样。他们常常在树上观察时机，一有机会，就出来做盗贼，我们每次派兵讨伐，想寻找他们的巢穴，都无法找到。但是只要一有战争，他们就蜂拥而上，一旦他们被打败了，就立刻如鸟飞兽窜，追不到一个人。以前就一直没有办法控制他们。"大家都认为他们太难平剿了。诸葛恪的父亲诸葛瑾听说了这件事情，也觉得无法成功，就叹气道："诸葛恪不但不能够振兴我们家族，现在恐怕整个家族都要毁在他的手中了！"诸葛恪却夸下海口说一定能够成功，于是吴主孙权就任命他抚越将军，兼任丹阳太守，让诸葛恪按自己的计划去做。

青龙二年冬，十一月，洛阳发生地震。

吴国潘浚讨伐武陵的蛮夷，几年以后，斩获好几万人。从那以后，所有的蛮夷都衰弱下去，整个地方变得安宁。十一月，潘浚回到武昌。

资治通鉴卷第七十三　魏纪五

起旃蒙单阏，尽强圉大荒落，凡三年。

【译文】起乙卯（公元235年），止丁巳（公元237年），共三年。

【题解】本卷记录了魏明帝曹叡青龙三年到青龙五年间的历史。青龙五年又改元为景初元年。本卷大段摘取曹魏大臣谏章，主要记录了魏明帝沉迷女色，大兴土木，多疑猜忌，用法严急，逼死郭太后。但明帝刚毅果敢，任用忠良，奸邪不入，政局稳定。明帝虽纳谏不足，但陈群、蒋济、辛毗、杨阜、高堂隆、王肃、卫觊、董寻、张茂、杜恕、傅嘏等大臣直言进谏，故多有补益。记录了蜀国杨仪冤杀魏延，骄纵傲慢，下狱自杀。吴国诸葛恪镇抚山越，别出心裁，成绩斐然。

烈祖明皇帝中之下

青龙三年（乙卯，公元二三五年）春，正月，戊子，以大将军司马懿为太尉。

丁巳，皇太后郭氏殂。帝数问甄后死状于太后，由是太后以忧殂。

汉杨仪既杀魏延，自以为有大功，宜代诸葛亮秉政；而亮平生密指，而仪狷狭，意在蒋琬。仪至成都，拜中军师，无所统领，从容而已。初，仪事昭烈帝为尚书，琬时为尚书郎。后虽俱为丞相参军、长史，仪每从行，当其劳剧；自谓年宦先琬，才能逾之，于是怨愤形于声色，叹咤之音发于五内，时人畏其言语不节，莫敢从也。惟后军师费祎往慰省之，仪对祎恨望，前后云云。又语祎曰："往者丞相亡没之际，吾若举军以就魏氏，处世宁当落度如此邪! 令人追悔，不可复及!"祎密表其言。汉主废仪为民，徙汉嘉郡。仪至徙所，复上书诽谤，辞指激切。遂下郡收仪，仪自杀。

【译文】青龙三年（乙卯，公元235年）春季，正月，戊子日（初八），魏明帝曹叡起用大将军司马懿担任太尉。

丁巳日（二月初八），皇太后郭氏去世。魏明帝曹叡多次向太后问起甄氏去世时的状况，因此太后忧愁而死。

蜀汉的杨仪杀死魏延之后，认为自己有大功，应该代替诸葛亮来执掌政权。但是诸葛亮生前常暗示，杨仪为人狭隘狷狂，心里认为蒋琬比较可靠。杨仪到达成都后，被蜀汉后主刘禅任命为中军师，没有什么可以统领的，只是很悠闲而已。起初，杨仪侍奉昭烈帝的时候，是担任尚书的，蒋琬那时才只是尚书郎。之后即使和蒋琬一同担任过丞相的参军、长史，但杨仪每次随从诸葛亮出行，都承担辛劳剧烈的差事，认为自己年龄和任官都比蒋琬早，而且觉得才能也超过蒋琬，于是他的怨愤表露在言语和态度上，不满的声音发自内心，所以当时的人惧怕他语言没有约束，就不敢和他往来。只有后军师费祎经常去慰问他。杨仪对费祎抒发他内心的怨恨，陈述自己前前后后遭遇不幸的原因，又跟费祎说："先前在丞相刚去世之时，我若率领全军投奔魏国，处在安定的国度里难道还会沦落到今天这样的下场吗? 真是令人追悔，不可莫及!"费祎秘密向汉后主刘禅呈报了杨仪的话。汉后主刘禅把杨仪废为平民，并放逐到四川的汉嘉郡。杨仪到达放逐之地后，又上表说些毁谤的话，言辞非常激

烈,于是汉后主刘禅就下旨到郡中命人逮捕杨仪,杨仪畏罪自
杀。

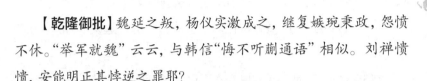

【乾隆御批】魏延之叛,杨仪实激成之,继复嫉琬秉政,怨愤
不休。"举军就魏"云云,与韩信"悔不听蒯通语"相似。刘禅愦
愦,安能明正其悖逆之罪耶?

【译文】魏延的反叛,实际上是杨仪激怒造成的,接着又嫉妒蒋琬
执掌政权,积怨愤怒停止不了。"发动军队投降魏国"等话与韩信"后悔
不听蒯通的话"相似。刘禅糊涂,哪里能辨明纠正他违逆的罪呢?

三月,庚寅,葬文德皇后。

夏,四月,汉主以蒋琬为大将军、录尚书事;费祎代琬为尚
书令。

帝好土功,既作许昌宫,又治洛阳宫,起昭阳太极殿,筑总
章观,高十余丈。力役不已,农桑失业。司空陈群上疏曰:"昔禹
承唐、虞之盛,犹卑宫室而恶衣服。况今丧乱之后,人民至少,
比汉文、景之时,不过一大郡。加以边境有事,将士劳苦,若有
水旱之患,国家之深忧也。昔刘备自成都至白水,多作传舍,兴
费人役,太祖知其疲民也。今中国劳力,亦吴、蜀之所愿。此安
危之机也,惟陛下虑之!"帝答曰:"王业、宫室,亦宜并立。灭贼
之后,但当罢守御耳,岂可复兴役邪! 是固君之职,萧何之大略
也。"群曰:"昔汉祖惟与项羽争天下,羽已灭,宫室烧焚,是以萧
何建武库、太仓,皆是要急,然高祖犹非其壮丽。今二虏未平,
诚不宜与古同也。夫人之所欲,莫不有辞,况乃天王,莫之敢
违。前欲坏武库,谓不可不坏也;后欲置之,谓不可不置也。若

必作之，固非臣下辞言所屈；若少留神，卓然回意，亦非臣下之所及也。汉明帝欲起德阳殿，钟离意谏，即用其言，后乃复作之。殿成，谓群臣曰：'钟离尚书在，不得成此殿也。'夫王者岂惮一臣，盖为百姓也。今臣曾不能少凝圣德，不及意远矣。"帝乃为之少有减省。

【译文】三月，庚寅日（十一日），魏明帝曹叡安葬文德皇后。

夏季，四月，汉后主刘禅任用蒋琬担任大将军，兼任尚书的职务，费祎代理蒋琬为尚书令。

魏明帝曹叡喜好大兴土木工程，已经修建了许昌宫，又修建洛阳宫，还兴造昭阳太极殿，更大起总章观，高有十多丈，征调力役不断，把农业都荒废了。司空陈群上奏章说："从前大禹继承唐尧、虞舜的盛世，尚且住在简陋的宫室，又穿着粗劣的衣服。现今我们是处于战乱之后，人口稀少，相较汉文帝、汉景帝时代，只相当于一个大郡而已。再加上边境时常有战事，将士们来往征伐，也非常辛苦，如果再遇到水旱灾害，国家就更值得忧虑了。以前刘备从成都到白水，建造了许多传舍，十分浪费人力，我们的太祖皇帝，还知道他是使百姓疲劳呢！现在我们使百姓虚费精力，这也是东吴、西蜀所喜闻乐见的，这关系到国家的安危，希望皇上仔细考虑！"魏明帝曹叡回答他说："帝王的业绩和宫室，应该一同兴建，等到敌人消灭之后，就要停止修建转而守御了，难道还能够再征劳役吗？这固然是先生的职务，要有萧何的谋略才好呀！"陈群又说："先前汉高祖只和项羽争夺天下，项羽已经灭秦，宫室也都烧毁了，所以萧何不得不建筑武库、太仓，这都是紧急且重要的事务，可是汉高祖还是责怪太壮丽了。如今吴、蜀两个强敌尚未被平定，实在不适宜像古代那样兴建宫室呀! 人有所欲求, 没有不寻求某个理由的, 何况既然是皇上的愿望, 谁又敢违背呢! 先前说要毁掉武库, 就有臣子说不能不毁去; 过后陛下说要建立武库, 又有臣子说不能不建立。假如皇上一定要兴建宫室, 当然不是臣下所说就能改变的。但是稍加留神教训, 卓然悔意, 也不是臣下所能影响的。汉明帝想要建筑德阳殿, 钟离建议说不可以, 尽管当时汉明帝采纳了他的建议, 但是不久之后仍然建造了德阳殿。宫殿落成后, 汉明帝对群臣说: '假如钟离尚书在此, 这座宫殿是无法建成的。' 做皇上的难道还怕一个臣子吗? 不是的, 主要是为了人民的安宁, 现在我说的话, 竟然不能够让皇上稍加留意, 那就与钟离的意思相差太远了。" 魏明帝曹叡听后, 才稍微有所减省。

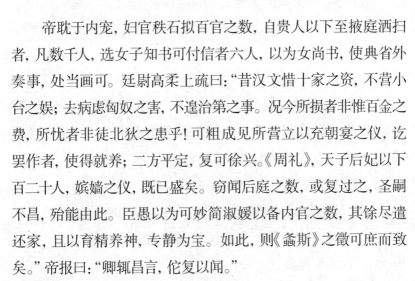

帝耽于内宠, 妇官秩石拟百官之数, 自贵人以下至掖庭洒扫者, 凡数千人, 选女子知书可付信者六人, 以为女尚书, 使典省外奏事, 处当画可。廷尉高柔上疏曰: "昔汉文惜十家之资, 不营小台之娱; 去病虑匈奴之害, 不遑治第之事。况今所损者非惟百金之费, 所忧者非徒北狄之患乎! 可粗成见所营立以充朝宴之仪, 讫罢作者, 使得就养; 二方平定, 复可徐兴。《周礼》, 天子后妃以下百二十人, 嫔嫱之仪, 既已盛矣。窃闻后庭之数, 或复过之, 圣嗣不昌, 殆能由此。臣愚以为可妙简淑媛以备内官之数, 其馀尽遣还家, 且以育精养神, 专静为宝。如此, 则《螽斯》之徵可庶而致矣。" 帝报曰: "卿轼昌言, 佗复以闻。"

【译文】 魏明帝曹叡过度喜好内宫的嫔妃, 女官俸米的数目可以和百官相比, 从贵嫔以下到后宫洒扫的妇女, 共有几千人那么多, 魏明帝选择女子中知书达礼可信任的六人, 作为女尚书, 让她们主持省察外奏的事务, 区别处理, 适者当奏。廷尉高柔上奏章说:"先前汉文帝珍惜十家的资财,就不肯修筑一个小戏台给自己娱乐。霍去病考虑到匈奴的祸患尚未铲除,就无暇修建自己的房屋。更何况我们现在所消耗的不止百金的费用,所忧愁的也不仅仅是北狄的祸患呢!现在我们可以先粗略完成所营建的宫殿,当作朝晏仪式的地方,我恳请皇上让修建的劳役停工,让他们能回去耕种自己的田地。等吴、蜀两国平定后,可以再慢慢修建。《周礼》上说天子后妃以下有一百二十人,嫔嫱的仪式就已经足够了。臣听闻后宫嫔嫱的人数,或许已超过了这个数目,皇上的子孙不昌盛,恐怕与这措施也有关系吧?臣认为可选择少数淑媛,用以作为内宫的数目,其余的都可以送她们回家。这样可以育精养神,专求静心为宝。这样做,《诗经·蟸斯》所说的子孙繁茂的景象,大概就能够出现了。"魏明帝曹叡回答说:"你常常能够上奏好的言论,其他的事情再说给我听啊。"

是时猎法严峻,杀禁地鹿者身死,财产没官,有能觉告者,厚加赏赐。柔复上疏曰:"中间以来,百姓供给众役,亲田者既减;加顷复有猎禁,群鹿犯暴,残食生苗,处处为害,所伤不赀,民虽障防,力不能御。至如荥阳左右,周数百里,岁略不收。方今天下生财者甚少,而麋鹿之损者甚多,卒有兵戎之役,凶年之灾,将无以待之。惟陛下宽放民间,使得捕鹿,遂除其禁,则众庶永济,莫不悦豫矣。"

帝又欲平北芒,令于其上作台观,望见孟津。卫尉辛毗谏曰:"天地之性,高高下下。今而反之,既非其理;加以损费人功,民不堪役。且若九河盈溢,洪水为害,而丘陵皆夷,将何以御之!"帝乃止。

【译文】当时有关狩猎的法令很严格，如果在皇家禁地内有杀死麋鹿的人，就要处以死刑，家产没收充公；有能告密的人，会加倍赏赐他。高柔再次上奏章说："近年来，百姓所要供给的各种劳役太多，能够亲自种田的人已经减少；再加上有关狩猎的禁令，群鹿猖狂凶暴，到处乱吃田苗，各地所遭受的的损失，不知道有多少。人民即使设置障碍来防止鹿吃田苗，但是薄弱的设施也抵挡不了。导致荥阳附近周围几百里，整整一年都没有收成。此刻各地粮食生产的少，被麋鹿损害的却很多；假如突然需要用兵，或遭遇水旱灾害，就没有办法应对了。希望皇上对百姓宽厚些，让他们能捕鹿，假如废除狩猎的禁令，那么老百姓的生活就可长久维持，没有谁会不高兴。"

魏明帝曹叡又想要铲平北芒山，在上面修筑个高台，可以向远处看到孟津。卫尉辛毗建言说："天地的本质是，就是高高低低的形式。现在陛下却要把它反转过来，这样既不合乎道理，又浪费人力，百姓承受不了那么多的劳役。更进一层说，一旦九河泛滥，洪水成灾，而山丘都平了，那将用什么抵挡洪水呢！"魏明帝曹叡这才停止铲平北芒山。

少府杨阜上疏曰："陛下奉武皇帝开拓之大业，守文皇帝克终之元绪，诚宜思齐往古圣贤之善治，总观季世放荡之恶政。曩使桓、灵不废高祖之法度，文、景之恭俭，太祖虽有神武，于何所施，而陛下何由处斯尊哉！今吴、蜀未定，定旅在外，诸所缮治，惟陛下务从约节。"帝优诏答之。

阜复上疏曰："尧尚茅茨而万国安其居，禹卑宫室而天下乐其业。及至殷、周，或堂崇三尺，度以九筵耳。桀作璇室象廊，纣为倾宫鹿台，以丧其社稷；楚灵以筑章华而身受祸；秦始皇作阿房，二世而灭。夫不度万民之力以从耳目之欲，未有不亡者也。陛下当以尧、舜、禹、汤、文、武为法则，夏桀、殷纣、楚灵、秦皇为深诫，而乃自暇自逸，惟宫台是饰，必有颠覆危亡之祸矣。君作元首，臣为股肱，存亡一体，得失同之。臣虽驽怯，敢忘争臣之义！言不切至，不足以感寤陛下。陛下不察臣言，恐皇祖、烈考之祚坠于地。使臣身死有补万一，则死之日犹生之年也。谨叩棺沐浴，伏俟重诛！"奏御，帝感其忠言，手笔诏答。

【译文】少府杨阜上奏章说："皇上能谨慎地遵行太祖武皇帝辛勤开拓出来的伟大基业，把握住文皇帝勤谨守护的大成就，实在是应该向古代圣贤的治国事迹看齐，考察以往各朝末代的恶政。从前假如汉桓帝、灵帝不废除汉高祖建立的规矩，而是像汉文帝、汉景帝一样勤奋节俭。我朝太祖武皇帝尽管有神灵般的武勇，也无法大行施展，而皇上又如何能处在如此尊位呢！现在东吴、西蜀还未平定，大军都在戍守边关，关于京城各项修葺的事情，我希望皇上要节俭些。"魏明帝曹叡用优渥的诏书答复了杨阜。

杨阜再次上奏章说："尧用茅草盖房屋就觉得已经很好了，然而他却能让各国都安居。禹也只住低矮简陋的宫室，可是却能让百姓愉快地从事各人的本业。即使是到了商代、周代，堂屋的高度也只有三尺，宽度也只够摆得下九张席子那么大。夏桀建造璇室、象廊，殷纣修筑倾宫、鹿台，结果都因此使国家灭亡。楚灵王因为修筑章华台而被部下杀害，秦始皇因为建造阿房宫，王位只传了两代就丧失了。如果皇上不衡量百姓的力量，而只顾追求自己声色的享受，没有不导致亡国的。陛下应当以尧、舜、禹、汤、文、武作为效仿的榜样，以夏桀、殷纣、楚灵王、秦始皇作为警戒。如果再自我懈怠，一味贪图享受，一心向往着宫殿台阁的高大华美，那么必会有颠覆亡国的灾祸。国君好比是人的头脑，臣下好比是人的手足，存亡与得失是一体的，我纵然驽钝怯懦，但是也不敢忘掉做诤臣的职责！话要是说得不痛彻，就不能使皇上感动而觉醒；皇上如果不细细考虑我说的话，那么恐怕太祖和文帝传下来的福祚就要中途没落了。如果做臣子的牺牲掉性命，就能补救国家的存亡于万分之一，那么我即使死了的时候，也就像是活着一样，臣恭敬地准备好了棺木，沐浴洁净，匍匐在地，等着皇上诛杀的命令。"魏明帝曹叡看了杨阜的奏章以后，被他的忠心所感动，于是就亲自写诏书回复他。

帝尝著帽，被缥绫半袖。阜问帝曰："此于礼何法服也？"帝默然不答。自是不法服不以见阜。

阜又上疏欲省宫人诸不见幸者，乃召御府吏问后宫人数。吏守旧令，对曰："禁密，不得宣露！"阜怒，杖吏一百，数之曰："国家不与九卿为密，反与小吏为密乎！"帝愈严惮之。

散骑常侍蒋济上疏曰："昔句践养胎以待用，昭王恤病以雪仇，故能以弱燕服强齐，嬴越灭劲吴。今二敌强盛，当身不除，百世之责也。以陛下圣明神武之略，舍其缓者，专心讨贼，臣以为无难矣。"

【译文】魏明帝曹叡曾经戴了一顶像蛮夷的帽子，身着一件青白色纹帛的短袖衣衫。杨阜就问魏明帝说："这在礼仪上是属于哪一种规定的服饰呢？"魏明帝没有回答。自此以后，魏明帝不穿合乎礼仪的服装，就不敢见杨阜。

杨阜又想上奏章，劝说明皇帝裁减后宫中他不喜欢的宫女，于是杨阜召见管理后宫事务的小官，询问他后宫宫女的人数, 那小官就按照魏明帝的规定, 回答说: "这是机密, 不可以说的。" 杨阜十分恼怒, 就责打小官一百大板, 并责骂他说: "国家的机密, 难道不让大臣知悉, 反而让你这样的小官知悉吗?" 魏明帝曹叡听说这件事以后, 就愈加敬畏杨阜了。

散骑常侍蒋济上奏章说: "先前越王勾践鼓励妇女生儿育女, 用来准备复兴国家时使用, 燕昭王怜悯百姓的疾苦, 就准备攻打齐国来报仇, 因此能使弱小的燕国征服强大的齐国, 贫穷的越国灭掉强大的吴国。现在有两个敌国我们不去讨伐, 如果陛下在位时不灭掉吴、蜀两国, 那么将来会受到百代后世的批评。凭着陛下圣明神武的谋略, 假如能够舍弃那些可以以后再做的事情, 而专心去征讨贼人, 我认为一定没有困难的。"

中书侍郎东莱王基上疏曰: "臣闻古人以水喻民曰: '水所以载舟, 亦所以覆舟。' 颜渊曰 '东野子之御, 马力尽矣, 而求进不已, 殆将败矣。' 今事役劳苦, 男女离旷, 愿陛下深察东野之敝, 留意舟水之喻, 息奔驷于未尽, 节力役于未困。昔汉有天下, 至孝文时唯有同姓诸侯, 而贾谊忧之曰: '置火积薪之下而寝其上, 因谓之安。' 今寇贼未殄, 猛将拥兵, 检之则无以应敌, 久之则难以遗后, 当盛明之世, 不务以除患, 若子孙不竞, 社稷之忧也。使贾谊复起, 必深切于曩时矣。" 帝皆不听。

殿中监督役, 擅收兰台令史, 右仆射卫臻奏案之。诏曰: "殿舍不成, 吾所留心, 卿推之, 何也?" 臻曰: "古制侵官之法, 非恶其勤事也, 诚以所益者小, 所堕者大也。臣每察校事, 类皆如此, 若又纵之, 惧群司将遂越职, 以至陵夷矣。"

【译文】中书侍郎东莱王基上奏章说: "我听闻古人用水来比喻百姓 '水可以载舟航行, 但水也可以使舟倾覆。' 颜渊曾

394

说：'东野子驾驶车马，马的力气已经使尽了，他还不停地苛求马前进，终使马匹过度疲劳而死。'如今国内的事情多，百姓的劳役繁重，他们男男女女都背井离乡，精神也得不到安慰，所以我希望陛下能深深体会东野子的错误，留心水载舟覆舟的比喻，使奔跑的马，在力量还没有用完之时就能得以休息；使劳役的百姓在还没有困窘之时就能得到休养。先前汉朝统治天下的时候，到孝文帝时，诸侯全部都是刘姓的，于是贾谊就忧心地说：'把火放置于堆积的薪柴之下，人却睡在薪柴之上，还说这样很安全。'现今我们敌人还未灭掉，勇猛的将领又拥有重兵，夺了他们的兵权又选不出将领来对敌，但是让他们掌握兵权太久，恐怕又会给后人留下祸患，现在我们正在圣明的时候，如果不专心除去祸患，将来子孙再不强大，恐怕国家就会有危险了。假如贾谊仍活着，他必定比以前更深切地忧虑了。"魏明帝曹叡一概不听。

营造宫室的殿中监督导劳役们工作，却擅自收捕御史台的兰台令史；右仆射卫臻上奏弹劾他。魏明帝曹叡下诏书说："宫殿有没有筑成，才是我所留意的事，你现在弹劾殿中监，是什么意思？"卫臻说："古代制度讲究百官互相不逾越，这并不是讨厌他们勤于办事呀！实在因为有助于宫殿建筑的事小，妨碍制度的事大啊！臣每次巡视郡下的事，诸如此类的事都是一样，一旦纵容他，恐怕群司都将会越职，甚至会欺凌上级啊！"

尚书涿郡孙礼固请罢役，帝诏曰："钦纳谠言。"促遣民作；监作者复奏留一月，有所成讫。礼径至作所，不复重奏，称诏罢民，帝奇其意而不责。帝虽不能尽用群臣直谏之言，然皆优容之。

秋，七月，洛阳崇华殿灾。帝问侍中领太史令泰山高堂隆

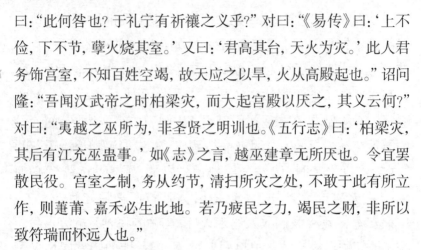

曰："此何咎也？于礼宁有祈禳之义乎？"对曰："《易传》曰：'上不俭，下不节，孽火烧其室。'又曰：'君高其台，天火为灾。'此人君务饰宫室，不知百姓空竭，故天应之以旱，火从高殿起也。"诏问隆："吾闻汉武帝之时柏梁灾，而大起宫殿以厌之，其义云何？"对曰："夷越之巫所为，非圣贤之明训也。《五行志》曰：'柏梁灾，其后有江充巫蛊事。'如《志》之言，越巫建章无所厌也。令宜罢散民役。宫室之制，务从约节，清扫所灾之处，不敢于此有所立作，则莲莆、嘉禾必生此地。若乃疲民之力，竭民之财，非所以致符瑞而怀远人也。"

【译文】 尚书涿郡人孙礼坚持请圣上免除劳役，魏明帝曹叡下诏说："敬纳善言。"督促着遣散百姓回乡耕种。监工的官吏再次上奏请求留劳役一月，以利于大殿建成。孙礼就直接到工地上，不再上奏章，称说圣上诏命要百姓返乡种田，魏明帝才知道这件事，他对孙礼的处事方法很是称奇，却没有责怪于他。魏明帝曹叡即使并未全部接纳群臣的建言，但是他都能容忍他们。

秋季，七月，洛阳崇华殿被火焚烧。魏明帝曹叡询问侍中领太史令泰山人高堂隆说："这是由什么过错引发的呢？在礼仪上可有什么祈神降福的道理吗？"高堂隆回答说："《易传》说：'在上位的假如不能力行俭省，在下位的假如不能力行节约，妖火就会烧毁他的房舍。'又说'国君将亭台楼阁造得太高，天火就会给他降灾。'这就是国君专注于装饰他的宫殿，却不知晓百姓的贫苦，因此上天要给他降下旱灾，火灾也就从高殿先着起来了。"魏明帝曹叡下诏问高堂隆说："我听闻汉武帝在位时期，柏梁台出现火灾，汉武帝就铸造更大的宫殿来克制火灾，对于这种做法，你又有什么解释呢？"高堂隆回禀说道："这是蛮夷越人的巫觋的所作所为，并非过去圣贤们的明训哪！《五行志》上说：'柏梁台发生火灾，之后就产生了江充巫蛊事件。'根据《五行志》上的说法，那么越巫建造章宫以克制预兆的方式，是完全失败的。现在皇上应停止劳役百姓。宫室的规模和费用，也应力求节俭，将烧毁的崇华台打扫干净，此时不敢再兴建工程，如此上天一定会让蓂荚和嘉禾出生于京师。假如仍然要使百姓精疲力竭，使财富枯竭，这绝对不是带来吉祥以及安定远方的方法啊。"

【申涵煜评】礼矫旨罢民，有长孺废粟之风。人臣立心行事，所争在公私间，一有沽名市德之心，即好事亦行将不去。帝奇而不责，得人君之度。

【译文】孙礼假托帝王诏命，不教化百姓，有韩安国拒当丞相的风范。人臣立下心愿做大事，所争取的都在公与私之间，一旦有想在世间沽名钓誉的心思，那么好事不久就要远离他了。魏明帝认为他是一个奇人并不责怪他，这是有君主的气度。

八月，庚午，立皇子芳为齐王，询为秦王。帝无子，养二王为子，宫省事秘，莫有知其所由来者。或云：芳，任城王楷之子也。

丁巳，帝还洛阳。

诏复立崇华殿，更名曰九龙。通引榖水过九龙殿前，为玉井绮栏，蟾蜍含受，神龙吐出。使博士扶风马钧作司南车，水转百戏。

陵霄阙始构，有鹊巢其上，帝以问高堂隆，对曰："《诗》曰：'惟鹊有巢，惟鸠居之。'今兴宫室，起陵霄阙，而鹊巢之，此宫未成身不得居之象也。大意若曰:'宫室未成,将有他姓制御之'。斯乃上天之戒也。夫天道无亲,惟与善人,太戊、武丁睹灾悚惧,故天降之福。今若休罢百役,增崇德政,则三王可四,五帝可六,岂惟商宗转祸为福而已哉!"帝为之动容。

【译文】八月二十四日,魏明帝曹叡册封皇子曹芳做齐王,曹询做秦王。因为魏明帝曹叡没有儿子,于是养以上两个王爷做儿子,内宫的事很保密,没有人知道他们的身世。有的人说曹芳是任城王曹楷的儿子。

十月十一日,魏明帝曹叡回到洛阳。

魏明帝曹叡又颁布诏书建造崇华殿,将其改名为九龙殿。打通榖水引过九龙殿前,用白玉做井,绮绣缠绕栏杆,蟾蜍口中含着水,神龙再将水吐出。派博士扶风人马钧制作指南车,制作以水为动力旋转活动的百戏车。

陵霄阙刚建好之时,就有喜鹊在阙上筑巢,魏明帝曹叡便问高堂隆这是什么征兆,高堂隆回答说:'《诗经》上说:'喜鹊辛辛苦苦地造好窝巢,却被鸠鸟霸占了去。'现在我国兴建宫室,刚造好陵霄阙,喜鹊就马上在上面筑巢,这是宫室还未建造完好,自身也不能居住的前兆。上天之意好像在对我们说,'宫室在未建成之前,就会落入异性人的手中了。'这是上天的警示呀!天道不一定区分亲疏,只不过常常降福给好人。太戊、武丁见了灾异之事,就十分恐惧而自我警惕,因此他们不仅兴盛而且福禄很大。现在假如停止各种劳役,多多给人民造福,多施行德政,那么三王的美称就会变成四王了,五帝的尊称就会变成六帝了。就不会只有殷中宗、高宗可以将祸害变为福禄了!"魏明帝曹叡听了之后很是感动,脸上的神色也改变了。

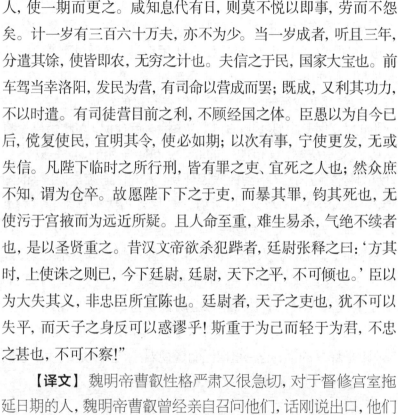

帝性严急，其督修宫室有稽限者，帝亲召问，言犹在口，身首已分。散骑常侍领秘书监王肃上疏曰："今宫室未就，见作者三四万人。九龙可以安圣体，其内足以列六宫；惟泰极已前，功夫尚大。愿陛下取常食禀之士，非急要者之用，选其丁壮，择留万人，使一期而更之。咸知息代有日，则莫不悦以即事，劳而不怨矣。计一岁有三百六十万夫，亦不为少。当一岁成者，听且三年，分遣其馀，使皆即农，无穷之计也。夫信之于民，国家大宝也。前车驾当幸洛阳，发民为营，有司命以营成而罢；既成，又利其功力，不以时遣。有司徒营目前之利，不顾经国之体。臣愚以为自今已后，傥复使民，宜明其令，使必如期；以次有事，宁使更发，无或失信。凡陛下临时之所行刑，皆有罪之吏、宜死之人也；然众庶不知，谓为仓卒。故愿陛下下之于吏，而暴其罪，钧其死也，无使污于宫掖而为远近所疑。且人命至重，难生易杀，气绝不续者也，是以圣贤重之。昔汉文帝欲杀犯跸者，廷尉张释之曰：'方其时，上使诛之则已，今下廷尉，廷尉，天下之平，不可倾也。'臣以为大失其义，非忠臣所宜陈也。廷尉者，天子之吏也，犹不可以失平，而天子之身反可以惑谬乎！斯重于为己而轻于为君，不忠之甚也，不可不察！"

【译文】魏明帝曹叡性格严肃又很急切，对于督修宫室拖延日期的人，魏明帝曹叡曾经亲自召问他们，话刚说出口，他们的头和身体就已经分开了。散骑常侍领秘书监王肃奉上奏章说："如今宫室还未建成，服劳役的人数已经有三四万。九龙殿已经足够皇上使用了，里边还可以排列六宫。泰极殿附近工作还有很多。希望皇上选取领取国家粮饷又无紧急用度的士兵，挑选其中身体强壮的人一万，留做一年后就替换一次。大家都知晓有轮替换班的日子，就能够高兴地工作，就是辛苦也不会有什么怨言了。应当一年完成的，延期到三年去完成。遣散剩余的士兵，让他们回乡耕作，这才是长远之计呀！取信于民，是国家的大法宝啊！之前，陛下驾车到洛阳，征用百姓营房，有司告诉民众，营房建成后就可以回家。但是营房建成后，还想利用他们，没有按时遣送百姓回家。有司只顾当前的利益，弃国家大体于不顾。愚臣认为打现在起假如再征用百姓，必须讲清期限，按时遣回。假如再有工作，可以再重新征召，千万不可以失信。还有皇上临时决定行刑之人，都是犯有罪过的官吏，或是应当受死刑的人，但是百姓不明白，以为事情有点仓促，因此请皇上将这些人交予法官，宣布他们的罪名。同样是死刑，但是既不会让朝廷蒙受冤情，又不会让大家怀疑。人的性命宝贵，生存很困难，杀死却容易，死了无法再活过来，因此古代圣贤都非常看重人的生命。先前汉文帝想要杀掉惊扰圣驾的人，廷尉张释之说：'在那时，皇上将犯人杀掉也就算了，现在却将其交给廷尉，廷尉判决天下的案件的天平，不能有所偏差！'臣觉得张释之的话完全失去大义，好像并非忠臣所该讲出的话。然而廷尉，是天下的法官，都不可以公平，难道皇上本身能够犯错就可以迷惑吗！张释之的话，是注重自己而轻视君主，应该是最为不忠的了，可是皇上对此不能不明察秋毫！"

中山恭王衮疾病，令官属曰："男子不死于妇人之手，亟以时营东堂。"堂成，舆疾往居之。又令世子曰："汝幼为人君，知乐不知苦，必将以骄奢为失者也。兄弟有不良之行，当造膝谏之，谏之不从，流涕喻之，喻之不改，乃白其母，犹不改，当以奏闻，并辞国土。与其守宠罹祸，不若贫贱全身也。此亦谓大罪恶耳，其微过细故，当掩覆之。”冬，十月，己酉，衮卒。

十一月，丁酉，帝行如许昌。

是岁，幽州刺史王雄使勇士韩龙刺杀鲜卑轲比能。自是种落离散，互相侵伐，强者远遁，弱者请服，边陲遂安。

【译文】 中山恭王曹衮患有重病，命令下属说：“男人不能死于妇人之手，赶紧修建一座东堂。”东堂建成之后，曹衮带病抬过去居住。又命令世子说：“你们年幼就做君王，只晓得乐而不了解苦，日后必然会因骄奢淫逸而遭受失败。兄弟中有恶行的人，就到他面前直接劝告他，他不听从劝告，就流着眼泪来劝说他，如果他再不改，就告知他的母亲，还不改就上奏给皇上，并且辞掉他的领土。假如让他受宠爱而遭受祸患，还不如令他贫穷或可保全性命呀！这是指大的过错，微小的过错，就遮掩起来不必说了。”冬季，十月，己酉（初三），曹衮死去。

十一月，丁酉（二十二日），魏明帝曹叡到许昌。

这一年，幽州刺史王雄派出勇士韩龙去刺杀鲜卑轲比能；自此之后鲜卑各种族都离散，又相互攻打，强的就逃远些，弱的就投降，这样边境就安定了。

张掖柳谷口水溢涌，宝石负图，状象灵龟，立于川西，有石马七及凤皇、麒麟、白虎、牺牛、璜玦、八卦、列宿、孛彗之象，又有文曰“大讨曹”。诏书班天下，以为嘉瑞。任令于绰连赍以问巨鹿张臶，臶密谓绰曰：“夫神以知来，不追已往，祥兆先见，而后废兴从之。今汉已久亡，魏已得之，何所追兴祥兆乎！此石，当今之变异而将来之符瑞也。”

帝使人以马易珠玑、翡翠、玳瑁于吴，吴主曰：“此皆孤所不用，而可以得马，孤何爱焉。”皆以与之。

【译文】张掖柳谷口的水漫出河槽，漂上一块宝石，上面有图案，形状好像灵龟，站在河西，有七匹石马和凤凰、麒麟、白虎、犀牛、璜玦、八卦、列宿、孛彗等形象，又有文字"大讨曹"三字。魏明帝曹叡将诏书颁布天下，说这是祥瑞。任县县令于绰拿这情形去请教张猗，张猗偷偷对于绰说："神知道将来的事，不追求之前的事，吉兆先见而后废兴会接踵而来，如今汉朝已消失很久，魏国已经取得天下，还会有什么兴起的祥兆呢！这块宝石，应该是现代的灾变而是将来的祥瑞了。"

魏明帝曹叡派人用马匹与吴国交换珠玑、翡翠、玳瑁等物，吴主孙权说："珍宝皆非我所需要的，却能够换来战马，我为什么还要爱惜它呢！"将珠玑等全都拿去交换战马。

【乾隆御批】文既曰"大讨曹"，犹诏班天下，以为嘉瑞。叡虽下愚，肯为之哉？于此可证稗野之谬。

【译文】石头上的文字既然说"大讨曹"，还向天下颁布诏书，认为是吉兆。曹叡虽然是极为愚笨，但他肯做这样的事吗？由此可见野史的荒谬。

四年（丙辰，公元二三六年）春，吴人铸大钱，一当五百。

三月，吴张昭卒，年八十一。昭容貌矜严，有威风，吴主以下，举邦惮之。

夏，四月，汉主至湔，登观阪，观汶水之流，旬日而还。

武都氐王符健请降于汉；其弟不从，将四百户来降。

五月，乙卯，乐平定侯董昭卒。

冬，十月，己卯，帝还洛阳宫。

【译文】四年（丙辰，公元236年）春季，吴国人铸造大钱，用一个当五百用。

三月，吴国张昭过世，享年八十一岁。张昭容貌矜持端庄严整，有威仪，从吴主孙权以下的人，都畏惧他。

夏季，四月，汉后主刘禅到湔氐道，登上观阪，尽情欣赏汶水的风景，停留了十多天，才回去。

武都氐王符健请求向蜀汉投降，他的弟弟不听命跟从，所以他只带着四百户来投降。

五月，乙卯（十三日），乐平定侯董昭死去。

冬季，十月，己卯（初十日），魏明帝曹叡回到洛阳宫中。

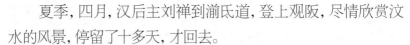

甲申，有星孛于大辰，又孛于东方。高堂隆上疏曰："凡帝王徙都立邑，皆先定天地、社稷之位，敬恭以奉之。将营宫室，则宗庙为先，厩库为次，居室为后。今圜丘、方泽、南北郊、明堂、社稷神位未定，宗庙之制又未如礼，而崇饰居室，士民失业，外人咸云'宫人之用与军国之费略齐'，民不堪命，皆有怨怒。《书》曰：'天聪明自我民聪明，天明畏自我民明威。'言天之赏罚，随民言，顺民心也。夫采椽、卑宫，唐、虞、大禹之所以垂皇风也；玉台、琼室，夏癸、商辛之所以犯昊天也。今宫室过盛，天彗章灼，斯乃慈父恳切之训。当崇孝子祗耸之礼，不宜有忽，以重天怒。"隆数切谏，帝颇不悦。侍中卢毓进曰："臣闻君明则臣直，古之圣王惟恐不闻其过，此乃臣等所以不及隆也。"帝乃解。毓，植之子也。

【译文】甲申（十五日），有彗星出现于大辰星群，后又出现于东方。高堂隆奉上奏章说："凡是帝王迁都建城，都要事先定好天地、社稷的正位，谨慎恭敬地供奉着，即将修筑宫室之时，要先建祖先宗庙，再行建造车马厩房府库，到最后才修筑居住的房屋。供奉天地的圜丘、方泽、南北郊、明堂、社稷等各项建筑都还未开始，天地神灵无处可以依附和接受祭祀，然而祖先宗庙的规模与礼不合，就是历代祖先也会非常不安。可是皇上的宫殿却建造得既高大又华丽，为了这些宫殿，让百姓丧失了最基本的生活，外人都批评说：'宫中妇女们的费用，几乎同国家养兵战争的费用相等。'人民都无法再承受国家对他们的要求了，他们都怀有极强的怨恨与愤怒。《尚书》中说：'天视听人君的行为，是用人民的智慧；天授予人君的威严，也是通过民众的行为来表现出来。'这就是谈到天的赏罚，就是跟随民众的批评，顺从民众的希望了。用制作成橡木，建造简陋的宫室，这就是唐尧、虞舜、大禹之因此百世流芳的缘故；建造玉台，修建琼室，穷奢极欲，这就是夏桀、商纣得罪上天的缘由。如今的宫室确实已经超过了礼制，因此长尾的大彗星出现，这就好像慈父对子女恳切的训示一样。皇上应当要推崇孝子恭顺地侍奉父亲的礼法，切不可有所疏漏，以免引发上天的怒意。"高堂隆屡次建言，魏明帝曹叡十分不悦。侍中卢毓进言说道："臣听闻皇上英明，那么做臣子就会正直；先代的圣王唯恐听不到自己的过错，这就是臣等比不上高堂隆之处。"魏明帝曹叡这才消解了怒意。卢毓是卢植的儿子。

十二月，癸巳，颍阴靖侯陈群卒。群前后数陈得失，每上封事，辄削其草，时人及其子弟莫能知也。论者或讥群居位拱默；正始中，诏撰群臣上书以为《名臣奏议》，朝士乃见群谏事，皆叹息焉。

◆袁子论曰：或云："少府杨阜岂非忠臣哉？见人主之非则勃然触之，与人言未尝不道。"答曰："夫仁者爱人，施之君谓之忠，

404

施于亲谓之孝。今为人臣，见人主失道，直诋其非而播扬其恶，可谓直士，未为忠臣也。故司空陈群则不然，谈论终日，未尝言人主之非；书数十上，外人不知。君子谓群于是乎长者矣。"◆

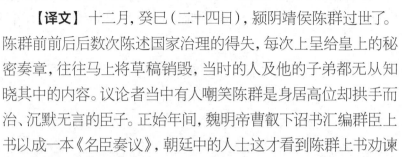

【译文】十二月，癸巳（二十四日），颍阴靖侯陈群过世了。陈群前前后后数次陈述国家治理的得失，每次上呈给皇上的秘密奏章，往往马上将草稿销毁，当时的人及他的子弟都无从知晓其中的内容。议论者当中有人嘲笑陈群是身居高位却拱手而治、沉默无言的臣子。正始年间，魏明帝曹叡下诏书汇编群臣上书以成一本《名臣奏议》，朝廷中的人士这才看到陈群上书劝谏的奏章，都万分惊叹。

◆袁宏评论说：有人说："少府杨阜难道不是忠臣吗？看到人主的错误，就勃然地冒犯他，同他人说也没有不说过并加以隐瞒。"袁子回答说："有仁心之人是爱人的，给人君奉献称为忠心，给双亲奉献称为孝心。如今杨阜身为人臣，看到人君有失道之时，就诋毁他的错误而传扬他的坏处，这可说是位正直的人士，但算不上一位尽忠的臣子。前司空陈群就不一样了，整天谈论，不曾说过人君的错误，屡次向人君建议，然而都没让外人知晓。因此君子认为陈群是德行高的长者。"◆

乙未，帝行如许昌。

诏公卿举才德兼备者各一人，司马懿以兖州刺史太原王昶应选。昶为人谨厚，名其兄子曰默，曰沈，名其子曰浑，曰深，为书戒之曰："吾以四者为名，欲使汝曹顾名思义，不敢违越也。夫物速成则疾亡，晚就而善终，朝华之草，夕而零落，松柏之茂，隆寒不衰，是以君子戒于阙党也。夫能屈以为伸，让以为得，弱以为强，鲜不遂矣。夫毁誉者，爱恶之原而祸福之机也。孔子曰：'吾之于人，谁毁谁誉。' 以圣人之德犹尚如此，况庸庸之徒而轻毁誉哉！人或毁己，当退而求之于身。若己有可毁之行，则彼言当矣；若己无可毁之行，则彼言妄矣。当则无怨于彼，妄则无害于身，又何反报焉！谚曰'救寒莫如重裘，止谤莫如自修，'斯言信矣。"

【译文】乙未（二十六日），魏明帝曹叡又到许昌。

魏明帝曹叡下诏书让公卿们各推举才德兼备者一人，司马懿推荐兖州刺史太原王昶应选。王昶为人忠厚谨慎，他给哥哥的儿子命名一个叫王默、一个叫王沉，给自己的儿子命名一个叫王浑、一个叫王深，写信告诫他们说："我以默、沉、浑、深四字来为你们命名，是想要你们懂得名字的含义，不敢违犯。大凡普通之物，成功得快就会丧失得也快，晚成才可以长久，早上开花的草木，到夜晚就零落了；松柏的繁茂，即使经隆冬还不衰。因此君子以阙党童子的速成为警戒。因此一个人做事，假如要伸展就应当先抑屈，要获得就要先谦让，要强胜就要先柔弱，没有不会成功的。那么如果因为喜爱某人或厌恶某人，这是喜爱和厌恶和灾祸和福分的根由。孔子说：'我平日里待人，从来没诋毁哪一个人为坏，也从没有称赞谁人是好。'圣人的道德尚且这样，更何况平庸的平常人，却要任意诋毁人或赞誉人呢！假如有人毁谤自己，就应当退一步自省。假使自己有可毁之地，那么别人说的就是正确的；假如自己没有可毁之处，那么就是别人虚妄之言罢了。说得正确就不可怨恨他，虚妄之言对我并无什么害处，又何须去报复呢！俗语说'抵挡寒冷莫如多穿件皮衣，防止别人诽谤莫如增加自我的修为'。这话是可信服的。"

【申涵煜评】昶一纸家书，遂至留传青史，与伏波遗戒子弟，朝

资治通鉴

廷因之为赏罚事颇相同。可见君子立言之功，不在立德立功下。

【译文】王昶因为一封家书，得以青史留名，这与伏波遗言告诫子孙后代，朝廷因此进行赏罚十分相同。由此可见君子提出真知灼见的言论，并不亚于为国为民建立功绩和树立高尚的道德。

景初元年(丁巳，公元二三七年)春，正月，壬辰，山茌县言黄龙见。高堂隆以为："魏得土德，故其瑞黄龙见，宜改正朔，易服色，以神明其政，变民耳目。"帝从其议。三月，下诏改元，以是月为孟夏四月，服色尚黄，牺牲用白，从地正也。更名《太和历》曰《景初历》。

五月，己巳，帝还洛阳。

己丑，大赦。

六月，戊申，京都地震。

己亥，以尚书令陈矫为司徒，左仆射卫臻为司空。

有司奏以武皇帝为魏太祖，文皇帝为魏高祖，帝为魏烈祖；三祖之庙，万世不毁。

◆孙盛论曰：夫谥以表行，庙以存容。未有当年而逆制祖宗，未终而豫自尊显。魏之群司于是乎失正矣。◆

【译文】景初元年（丁巳，公元237年）春季，正月，壬辰（二十五日），山茌县报告发现有黄龙。高堂隆觉得："魏得的是土德，因此会出现黄龙的祥兆，应当改用新的历法，服饰颜色也应当更换，以弘扬神明的政教，使得百姓耳目一新。"魏明帝曹叡采纳了这建议。三月，魏明帝曹叡颁布诏书改年号为景初，以这一月为孟夏四月，服饰上用黄色为正色，祭祀牺牲用白色，一切依照地正。改《太和历》为《景初历》。

五月，己巳（初二日），魏明帝曹叡回到洛阳。

己丑(二十二日)，魏明帝曹叡大赦天下。

六月，戊申(十二日)，魏国京都地震。

己亥(初三日)，魏明帝曹叡封尚书令陈矫做司徒，左仆射卫臻做司空。

有司上奏以武皇帝为魏太祖，文皇帝为魏高祖，魏明帝曹叡为魏烈祖；三祖的宗庙，万世不毁。

◆孙盛评论此事说：谥号是用来表彰死者品行的，宗庙是用来留存死者遗容的。还从来没有在人活着之时，就预先制定为祖宗，还没逝世就事先显示自己尊荣的。魏国执事的群臣对于这件事实在有失正规！◆

【乾隆御批】曹叡方在而先定庙号，可笑无过此者。

【译文】曹叡还在世就先定庙号，没有比这更可笑的了。

秋，七月，丁卯，东乡贞侯陈矫卒。

公孙渊数对国中宾客出恶言，帝欲讨之，以荆州刺史河东毌丘俭为幽州刺史。俭上疏曰："陛下即位已来，未有可书。吴、蜀恃险，未可卒平，聊可以此方无用之士克定辽东。"光禄大夫卫臻曰："俭所陈皆战国细术，非王者之事也。吴频岁称兵，寇乱边境，而犹按甲养士，未果致讨者，诚以百姓疲劳故也。渊生长海表，相承三世，外抚戎夷，内修战射，而俭欲以偏军长驱，朝至夕卷，知其妄矣。"帝不听，使俭率诸军及鲜卑、乌桓屯辽东南界，玺书徵渊。渊遂发兵反，逆俭于辽隧。会天雨十馀日，辽水大涨，俭与战不利，引军还右北平。渊因自立为燕王，改元绍汉，置百官，遣使假鲜卑单于玺，封拜边民，诱呼鲜卑以侵扰北方。

【译文】秋季，七月，丁卯(初二日)，东乡贞公陈矫过世了。

公孙渊屡次对国中的宾客恶言相向，魏明帝曹叡想要派兵讨伐他，任用荆州刺史毌丘俭担任幽州刺史。毌丘俭奉上奏章说："自陛下即位以来，尚无功绩可载。吴国、蜀国都靠着山川险要，并非短时间就能平定的，暂时可以用此地尚未用武的士卒将辽东平定。"光禄大夫卫臻说："毌丘俭的建议只不过是战事问题的细枝末节，并非统一天下的大事！吴国连年发兵，时常骚扰边境，而我们为此还是按兵不动，休养士卒，没有立即去追讨边寇，实在是因为百姓疲惫的缘故。公孙渊出生在海边，传承已经历了三代，对外安抚戎夷，对内加强战备，毌丘俭却想用一部分的军队，长驱直入，早上到那里，夜里就想荡平贼寇，实在是狂妄啊！"魏明帝曹叡不听卫臻的辩驳，派毌丘俭带领各军队及鲜卑、乌桓，进屯在辽东的南界，下诏书出征公孙渊。公孙渊于是出兵造反，在辽隧县迎击毌丘俭。正碰上连下十多天的雨，辽水大涨，毌丘俭接战不顺利，带领军队撤退到右北平。公孙渊由此自立为燕王，改年号为绍汉，设立百官，遣使送给鲜卑单于玉玺，册封边民官职，诱使鲜卑侵袭北方。

汉张后殂。

九月，冀、兖、徐、豫大水。

西平郭夫人有宠于帝，毛后爱弛。帝游后园，曲宴极乐。郭夫人请延皇后，帝弗许，因禁左右使不得宣。后知之，明日，谓帝曰："昨日游宴北园，乐乎？"帝以左右泄之，所杀十馀人。庚辰，赐后死，然犹加谥曰悼。癸丑，葬愍陵。迁其弟曾为散骑常侍。

冬，十月，帝用高堂隆之议，营洛阳南委粟山为圆丘，诏曰："昔汉氏之初，承秦灭学之后，采摭残缺，以备郊祀，四百馀年，废无禘礼。曹氏世系出自有虞，今祀皇皇帝天于圆丘，以始祖虞舜配；祭皇皇后地于方丘，以舜妃伊氏配；祀皇天之神于南郊，以武帝配；祭皇地之祇于北郊，以武宣皇后配。"

【译文】蜀汉张皇后过世。

九月，冀州、兖州、徐州、豫州水灾。

西平人郭夫人受到魏明帝曹叡的宠爱，毛皇后逐渐被疏远。魏明帝曹叡游后园，私下宴会十分愉悦。郭夫人想请毛皇后过来，魏明帝曹叡不允许，所以禁止左右侍从透露这游乐的事。毛皇后知晓了，第二天就问魏明帝曹叡说："皇上昨天游乐北园，高兴吗？"魏明帝以为身旁的人泄露此事，于是杀掉十几个可疑的人。庚辰日（十六日），赐死毛皇后，事后又加封她谥号为悼。癸丑（十九日），将她安葬在愍陵。提拔她的弟弟毛曾担任散骑常侍。

冬季，十月，魏明帝曹叡采纳高堂隆的建言，在洛阳南边委粟山修筑圜丘，颁布诏书说："以前汉朝初期，在秦国焚书坑儒以后，搜集残缺的文献资料，用来完备郊祀之用，四百多年来，祭祀祖先的礼制被废掉了。曹魏世系出自有虞氏，如今在圜丘祭祀皇皇天帝，以始祖虞舜配享，祭祀皇皇后地于方丘，以舜妃伊氏配享。祭祀皇天之神于南郊，以武帝配享，祭祀皇地之祇于北郊，以武宣皇后配享。"

庐江主薄吕习密使人请兵于吴，欲开门为内应。吴主使卫将军全琮督前将军朱桓等赴之，既至，事露，吴军还。

诸葛恪至丹阳，移书四部属城长吏，令各保其疆界，明立部伍；其从化平民，悉令屯居。乃内诸将，罗兵幽阻，但缮藩篱，不与交锋，候其谷稼将熟，辄纵兵芟刈，使无遗种。旧谷既尽，新谷不收，平民屯居，略无所入。于是山民饥穷，渐出降首。恪乃复敕下曰："山民去恶从化，皆当抚慰，徙出外县，不得嫌疑，有所拘执！"臼阳长胡伉得降民周遗，遗旧恶民，困迫暂出，伉缚送言府。恪以伉违教，遂斩以徇。民闻伉坐执人被戮，知官惟欲出之而已，于是老幼相携而出，岁期人数，皆如本规。恪自领万人，馀分给诸将。吴主嘉其功，拜恪威北将军，封都乡侯，徙屯庐江皖口。

【译文】庐江主簿吕习暗底下让人向吴国请求出兵，他想大开城门充当内应。吴主孙权派出卫将军全琮督率前军朱桓等发兵接应，即将到达之时，事情被泄露，吴军又退了回来。

诸葛恪来到丹阳，就发公文给吴郡、会稽、新都、鄱阳四郡属城的长吏，命令他们各守卫自己的疆界，组建部队，已经服从教化的平民百姓，命令他们全部屯田居住。又分别命令将领率领士卒进驻险阻之地，只需要整治营垒，无须同贼人交战，等粮食即将成熟之际，就带领兵士四处收割，不要留下一粒种子。去年的旧谷已经吃尽，新田毫无所获，平民屯田也毫无收获。于是山民饥饿困窘，就渐渐都来投降。此时诸葛恪又下令说："山民凡是不再做坏事，又甘心情愿接受教化之人，都理当加以安抚和慰问，迁移到外县，不能对他们加以嫌弃和怀疑，任意拘捕起来。"臼阳县县长胡伉获得投降的山民周遗；周遗过去是个大恶人，出于穷困所迫，暂时出来归降，胡伉就将他绑起来送至丹阳府。诸葛恪觉得胡伉违反命令，就将他斩首示众。山民听说胡伉因捕出降的人被杀掉，知晓官府只不过是希望他们出来而已，于是纷纷扶老携幼出山了，在一年以后统计他们人数，都同原来所计划的一样。诸葛恪自己带领一万人，余下的分给各将领。吴主孙权十分赞许诸葛恪的功劳，任命他为威北将军，封为都乡侯，移到庐江皖口屯驻。

是岁，徙长安钟簴、橐佗、铜人、承露盘于洛阳。盘折，声闻数十里。铜人重，不可致，留于霸城。大发铜铸铜人二，号曰翁仲，列坐于司马门外。又铸黄龙、凤皇各一，龙高四丈，凤高三丈馀，置内殿前。起土山于芳林园西北陬，使公卿群僚皆负土，树松、竹、杂木、善草于其上，捕山禽杂兽致其中。司徒军议掾董寻上疏谏曰："臣闻古之直士，尽言于国，不避死亡，故周昌比高祖于桀、纣，刘辅譬赵后于人婢。天生忠直，虽白刃沸汤，往而不顾者，诚为时主爱惜天下也。建安以来，野战死亡，或门殚户尽，虽有存者，遗孤老弱。若今宫室狭小，当广大之，犹宜随时，不妨农务，况乃作无益之物！黄龙、凤皇、九龙、承露盘，此皆圣明之所不兴也，其功三倍于殿舍。陛下既尊群臣，显以冠冕，被以文绣，载以华舆，所以异于小人；而使穿方举土，面目垢黑，沾体涂足，衣冠了鸟，毁国之光以崇无益，甚非谓也。孔子曰：'君使臣以礼，臣事君以忠。'无忠无礼，国何以立！臣知言出必死，而臣自比于牛之一毛，生既无益，死亦何损！秉笔流涕，心与世辞。臣有八子，臣死之后，累陛下矣！"将奏，沐浴以待命。帝曰："董寻不畏死邪！"主者奏收寻，有诏勿问。

【译文】这一年，魏国迁徙长安的钟簴、橐佗、铜人、承露盘到洛阳。承露盘折断，声闻几十里。铜人太重，无法搬到洛阳，就把它留在了霸城。大肆征集铜，铸造铜人两个，并将之命名为翁仲，摆放在皇宫司马门外。又铸造黄龙、凤凰各一个，黄龙高有四丈，凤凰高有三丈余，放在皇宫内殿前面。在芳林园的西北角起一座土山，下令让公卿群僚全部都去搬运泥土，栽种松树、竹子、杂木、美丽的花草在假山上，捕捉很多山上的禽鸟、走兽放在里边圈养。司徒军议掾董寻于是上奏章说："臣听闻古代的正直官吏，应当说的话完全告知国君，不怕因触怒君王而死去。因此周昌将汉高祖比作夏桀、殷纣，刘辅说赵后飞燕如婢女，天生忠直之臣，即使是面临白刃，跳进沸汤，也向来不顾其身体，实在是替当时的君主爱惜天下呀！建安以来，在旷野交战牺牲和逃亡的，有的门户尽亡，即使还有幸存的人，也是仅剩下孤寡老弱的。假如现在宫殿真的狭小，应该扩建它，也要看时间来决定，不能妨碍农人耕作，更何况做这件无法得利的事呢！黄龙、凤凰、九龙、承露盘，这皆是圣明的君王所不愿建造的，修建它们的工程是建造宫殿的三倍。皇上既然要尊敬群臣，就要让他们戴鲜明的礼冠，穿文绣的衣服，坐华美的车子，同普通民众不一样。然而您如今却要群臣钻进洞里去搬运泥土，使他们满脸污垢且乌黑，衣冠也破得不像样子，毁坏了国家的荣誉，去做那无益之事，这真正是大错特错了。孔子说：'君王役使臣子要遵照礼节，臣子侍奉君王要诚恳忠心。'假如臣子没有忠心，君王没有礼节，国家又如何存活于世呢？臣的话说出去知晓一定会死，然而臣自比于九牛之一毛，活着也于社会无益，死了也对国家没有什么损失！手握着笔，眼流着泪，心已经与人世脱离了。臣生养了八个儿子，等到臣死了之后，就恭请皇上辛苦照顾了！"上奏之前，就先沐浴好坐等死亡了。魏明帝曹叡说："董寻难道不怕死吗？"执事的人上奏要逮捕董寻，魏明帝曹叡有诏书下来，说不要追究他。

高堂隆上疏曰："今之小人，好说秦、汉之奢靡以荡圣心；求取亡国不度之器，劳役费损以伤德政。非所以兴礼乐之和，保神明之休也。”帝不听。

隆又上书曰：“昔洪水滔天二十二载，尧、舜君臣南面而已。今无若时之急，而使公卿大夫并与厮徒共供事役，闻之四夷，非嘉声也，垂之竹帛，非令名也。今吴、蜀二贼，非徒白地、小虏、聚邑之寇，乃僭号称帝，欲与中国争衡。今若有人来告：‘权、禅并修德政，轻省租赋，动咨耆贤，事遵礼度，’陛下闻之，岂不惕然恶其如此，以为难卒讨灭而为国忧乎！若使告者曰：‘彼二贼并为无道，崇侈无度，役其士民，重其赋敛，下不堪命，吁嗟日甚，’陛下闻之，岂不幸彼疲敝而取之不难乎！苟如此，则可易心而度，事义之数亦不远矣！亡国之主自谓不亡，然后至于亡；贤圣之君自谓亡，然后至于不亡。今天下雕敝，民无儋石之储，国无终年之蓄，外有强敌，六军暴边，内兴土功，州郡骚动，若有寇警，则臣惧版筑之士不能投命虏庭矣。又，将吏奉禄，稍见折减，方之于昔，五分居一，诸受休者又绝禀赐，不应输者今皆出半，此为官入兼多于旧，其所出与参少于昔。而度支经用，更每不足，牛肉小赋，前后相继。反而推之，凡此诸费，必有所在。且夫禄赐谷帛，人主所以惠养吏民而为之司命者也，若今有废，是夺其命矣。既得之而又失之，此生怨之府也。”帝览之，谓中书监、令曰：“观隆此奏，使朕惧哉！”

【译文】高堂隆上奏章说：“如今一般见识短浅的小人，偏爱拿秦朝、汉朝的奢靡情形来打动皇上内心，追求那些使国家自取灭亡而且与法度不合的古物，劳役费用也有损德政，这并非以礼乐来兴起同睦，保养神明的美德呀！”魏明帝曹叡没有听从高堂隆的建言。

高堂隆又上奏章说：“古时洪水滔天二十二年，唐尧、虞舜

414

依旧朝南而坐，平安无事。如今没有那时的事情紧急，却将公卿大夫和劳役一同从事于力役，此种情形让四夷的人知晓，并非什么好的名声啊！而且记载到历史上，更并非好名声啊！如今吴国、蜀国两个敌人，既非北方寸草不生之地的敌人，也并非乌桓、鲜卑那些小虏，也非盗匪窃贼之流，他们是要越位称帝，想要同中原争取平等的地位。如今假如有人过来说：'孙权、刘禅都在修明德政，减轻租税田赋，每有行动都请教年老之人或贤能之人，做事都遵循礼节制度。'皇上听说后，难道不警惕而厌恶他们这样做吗？觉得不能尽快消灭他们，而为国家忧心吗？假如有人对皇上说：'吴、汉两个敌国都无道，穷奢极欲，奴役他们的士人和平民，加重赋税和征收，百姓都无法继续生活下去，哀叹声一日比一日厉害。'皇上听说这种情形，难道不高兴他们两国已筋疲力尽，攻取他们就不会很难了！假使这样，皇上可以这样换位思考一下，对义理的辨别也就不远了。亡国之君，自己常说不会亡，然而结果亡了。贤圣之君，常说自己即将亡，然而结果没有亡。如今天下凋敝衰败，百姓无一石存粮，国家也无一年的储蓄，在外边还有强劲的敌人，六军都长久戍守在边疆，朝内不断修筑宫殿，州郡又经常骚动，假如有大敌寇冒犯，臣恐怕那些兴修宫室的臣子是不可能对战场用心的。除此之外，大臣将士们的俸禄，也渐渐减少，同之前相比，只有五分之一；那些接受福禄的老臣，国家也不再给他们生活费用了；那些本不应当纳税的，如今也要出半税了。朝廷里的钱粮收入比从前多出了两倍，该支出的却比从前少了三分之一。然而如今每年财政上的预算，却反倒严重不足，菜蔬牛肉等小税捐，如今也一项接着一项开始征收。反复推算起来，这多出所有的费用必定有其他用处。再说官吏将士们的薪俸谷米、布帛等，是君王发给他们辛勤为国效力的酬劳，也是他们生存的依靠，如今也取消了，也等于夺去他们的生命啊！本已到手之物又被夺走，这就是愤怒发生的根源。"魏明帝曹叡读完这奏章之后，对中书监、中书令说："看高堂隆的奏章，让我深感畏惧！"

尚书卫觊上疏曰："今议者多好悦耳：其言政治，则比陛下于尧、舜；其言征伐，则比二虏于狸鼠。臣以为不然。四海之内，分而为三，群士陈力，各为其主，是与六国分治无以为异也。当今千里无烟，遗民困苦；陛下不善留意，将遂凋敝，难可复振。武皇帝之时，后宫食不过一肉，衣不用锦绣，茵蓐不缘饰，器物无丹漆，用能平定天下，遗福子孙，此皆陛下之所览也。当今之务，宜君臣上下，计校府库，量入为出，犹恐不及；而工役不辍，侈靡日崇，帑藏日竭。昔汉武信神仙之道，谓当得云表之露以餐玉屑，故立仙掌以承高露，陛下通明，每所非笑。汉武有求于露而犹尚见非，陛下无求于露而空设之，不益于好而糜费功夫，诚皆圣虑所宜裁制也！"

【译文】 尚书卫觊上奏章说："如今大部分的人臣多说好听的建议，都是顺从君王的旨意，谈及国家政治大事，就把皇上比作唐尧、虞舜；谈起征战，就将吴、蜀两敌国比作狸猫和老鼠。臣却不这么觉得，四海之内分而为三，才士贡献智力，都是为了他们各自的君王，这同六国分治的局面没有什么不一样的。如今几千里内了无人烟，幸存的民众苦不堪言；如果皇上再不留心，国力就会很快衰弱下去，恐怕再也无法振作起来了。武皇帝在世之时，后宫每顿膳食不过只有一个荤菜，衣服也不用织锦刺绣，车席坐褥的边缘也不加以任何的修饰，所使用的器物就更不涂上丹漆了，他这种举措，而最终能将天下平定，造福后代子孙，这都是皇上所能看见的。当下紧要之事，应该是君臣上下同心协力策划，计算府库里的钱财，谨慎地量入为出，还恐怕不够。更何况如今民众劳役不断，奢靡的风气日渐增高，库藏的钱币也逐渐枯竭。先前汉武帝刘彻迷信神仙之道，说应该为了贮存云露配食玉粉，因此修筑了一座高台，台上塑了一个仙人手掌，端着盘子承接宝贵的露水，皇上贤明，时常笑话汉武帝的愚昧。汉武帝想求接露水还遭人耻笑，陛下不想求露水，然而空设承露盘，不也是没好处而且非常浪费财力吗？这些都是陛下所要克制节俭的。"

时有诏录夺士女前已嫁为吏民妻者，还以配士，听以生口自赎，又简选其有姿首者内之掖庭。太子舍人沛国张茂上书谏曰："陛下，天之子也，百姓吏民，亦陛下子也，今夺彼以与此，亦无以异于夺兄之妻妻弟也，于父母之恩偏矣，又，诏书听得以生口年纪、颜色与妻相当者自代，故富者则倾家尽产，贫者举假贷赁，贵买生口以赎其妻。县官以配士为名而实内之掖庭，其丑恶乃出与士。得妇者未必喜而失妻者必有忧，或穷或愁，皆不得志。夫君有天下而不得万姓之欢心者，鲜不危殆。且军师在外数十万人，一日之费非徒千金，举天下之赋以奉此役，犹将不给，况复有宫庭非员无录之女。椒房母后之家，赏赐横与，内外交引，其费半军。昔汉武帝掘地为海，封土为山，赖是时天下为一，莫敢与争者耳。自衰乱以来，四五十载，马不舍鞍，士不释甲，强寇在疆，图危魏室。陛下不战战业业，念崇节约，而乃奢靡是务，中尚方作玩弄之物，后园建承露之盘，斯诚快耳目之观，然亦足以骋寇雠之心矣！惜乎，舍尧、舜之节俭而为汉武帝之侈事，臣窃为陛下不取也。"帝不听。

【译文】 这时颁布诏书收夺天下仕女，凡是之前已嫁给官吏和民间的美女，都收回来配给出征的士兵，允许他们用奴仆来赎回，又挑选最美的女子，充当后宫的姬妃。而后太子舍人沛国人张茂呈书劝谏说："皇帝是上天的儿子，而人民又好比皇帝的儿子呀！如今夺取民间的美女配给官吏，这同那夺了哥哥的妻子，配给弟弟没有什么两样，做父母的人对子女的恩情是有偏差呀！并且还下诏规定可用年纪、容貌与妻子相等的仆役来赎回其妻，那么富有的人就得倾家荡产，贫寒的人就要借贷赊欠，用高价买奴仆来赎回自己的妻子；天子就以配士的美名却实际上充实后宫的佳丽，其仕女丑陋色衰的却配给出征的士兵！获得妻子的人未必就欢喜而失去妻子的人一定会十分发愁。有的人因此贫穷，有的人因此发愁，大家都不顺心。那么纵然君王拥有天下的土地，然而却得不到百姓的欢心，极少有不危险的。而且身在边疆的军队有数十万人，一天的费用何止千金，将全国的赋税都用在军中，还显不够其花费；更何况还有后宫没有职位的妇女！皇后的母家，随意赏赐，宫廷内外交互引援，其花费也等同于一半的军费。以前汉武帝刘彻掘地为海，积土成山，幸亏那时天下统一，无人敢和他争夺王位而已。自从汉末衰败战乱之后，四五十年之间，马不敢卸下马鞍，士兵不敢解下盔甲，在边疆有强敌，常常想侵略魏国。皇上不战战兢兢，推崇节俭，却日趋奢靡为重，少府官员还在做赏玩之物，后园又在建承露盘，这真正是只为耳目的欢愉，让寇仇提高图谋我们的信心。可惜啊，舍弃唐尧、虞舜的节俭，却去模仿汉武帝的奢靡，臣暗自觉得这实在是不可以采取的啊！"魏明帝曹叡没有听从张茂的建言。

高堂隆疾笃，口占上疏曰："曾子有言曰：'人之将死，其言也善。'臣寝疾有增无损，常恐奄忽，忠款不昭，臣之丹诚，愿陛下少垂省览！臣观三代之有天下，圣贤相承，历数百载，尺土莫非其有，一民莫非其臣。然癸、辛之徒，纵心极欲，皇天震怒，宗国为墟，纣枭白旗，桀放鸣条，天子之尊，汤、武有之。岂伊异人？皆明王之胄也。黄初之际，天兆其戒，异类之鸟，育长燕巢口爪胸赤，此魏室之大异也。宜防鹰扬之臣于萧墙之内。可选诸王，使君国典兵，往往棋跱，镇抚皇畿，翼亮帝室。夫皇天无亲，惟德是辅。民咏德政，则延期过历；下有怨叹，则辍录授能。由此观之，天下乃天下之天下，非独陛下之天下也！"帝手诏深慰劳之。未几而卒。

◆陈寿评曰：高堂隆学业修明，志存匡君，因变陈戒，发于恳诚，忠矣哉！及至必改正朔，俾魏祖虞，所谓意过其通者欤！◆

【译文】高堂隆患了重病，过世前时口述奏章说："曾子曾经说过：'人到将死之时，他说的话总是良善的。'臣的病如今只增不减，常常害怕突然死去，使得忠诚之心无法表达出来，我的一片丹心赤诚，希望皇上稍稍分一些精神，读读臣这篇奏章。臣观察古时三代的兴亡更替，圣贤相接承，历经几百年，那时没有哪一尺土地不是属于他们的，没有哪一个人不是服从于他们的臣民。可是夏桀、商纣那两位昏君，放纵之心与无边之欲，最终令皇天震怒，国家遭到灭亡。武王砍商纣的头，悬挂在太白旗上；商汤在鸣条之战将夏桀击败，将夏桀放逐到鸣条，天子尊敬的地位，被商汤、周武王所接替；难道说他们是奇特的愚笨之人吗？他们也都是先代圣王的后裔呀。黄初年间，上天曾经降下警示的征兆，一种十分奇异的怪鸟，在燕巢里长大，它的口、爪及胸部全部都是红色的，这是魏国当代遇到最奇异的事啊！应当防备像猛鹰般的凶悍大臣在萧墙之中发难；可以选拔一些亲王,让他们主持封国,掌握军权,星罗棋布,以镇压奸邪,使得朝廷安定,从而辅佐皇室。皇天并不亲近某个人,只帮助那些有德之人。凡是百姓所颂扬赞美的,皇天就福佑他永享天下;凡是遭到百姓怨恨悲叹的,皇天便停止他的福禄,将天下授给那些贤能之人。由这样看来,天下,是天下人共同享有的,并非皇上一人独享的呀!”魏明帝曹叡看了奏章后,亲自写下诏书恳切慰问高堂隆。过了没多久,高堂隆就过世了。

◆陈寿评论说:高堂隆的学术精深高明,他一心一意要辅助匡正国君,因此利用灾异奇怪的事件来提出劝诫,真诚而且中肯,实在是一位忠臣啊!只不过是必改正朔,使魏国认虞舜为始祖,那就是人们所常说的理想超越了学识而不够通达呀!◆

【申涵煜评】隆极言敢谏,死而后已,可谓魏之伟人。此时司马氏萌芽未兆,隆乃谓宜防鹰扬之臣于萧墙之内,先见如神。只是一片忧国诚心,遂不幸而言中。

【译文】高堂隆敢于直言规劝,死而后已,堪称魏国的伟人。此时司马氏篡位的苗头还没有露出来,高堂隆就提出了要防止那些大展雄才的人祸起萧墙,料事如神。只是他一片忧国的心思,最终不幸被言重了。

帝深疾浮华之士,诏吏部尚书卢毓曰:“选举莫取有名,名如画地作饼,不可啖也。”毓对曰:“名不足以致异人而可以得常士:常士畏教慕善,然后有名,非所当疾也。愚臣既不足以识异人,又主者正以循名案常为职,但当有以验其后耳。古者敷奏以言,明试以功;今考绩之法废,而以毁誉相进退,故真伪浑杂,虚实相蒙。”帝纳其言。诏散骑常侍刘劭作考课法。劭作《都官考课法》七十二条，又作《说略》一篇，诏下百官议。

司隶校尉崔林曰："案《周官》考课，其文备矣。自康王以下，遂以陵夷，此即考课之法存乎其人也。及汉之季，其失岂在乎佐吏之职不密哉！方今军旅或猥或卒，增减无常，固难一矣。且万目不张，举其纲，众毛不整，振其领，皋陶仕虞，伊尹臣殷，不仁者远。若大臣能任其职，式是百辟，则孰敢不肃，乌在考课哉！"

【译文】 魏明帝曹叡痛恨浮华不实的官吏，颁发诏书给吏部尚书卢毓说："选拔贤才，不要只注重他的名声，名声不过是画饼充饥罢了，那是不能吃的。"卢毓回答说："靠名声用人尽管得不到优异之士，然而却可以录用一般的人士；一般人士敬畏教化，羡慕善行，然后才会获得名声，无须太过性急！愚臣的能力既不足够发现优异的人士，而执事之人又正以遵循名声依照常理任职，只不过是应当检验他在职之后的效用。古时用上奏陈事考察其言谈，然后再考验他的功绩；如今对官吏考绩的法令废除了，却拿众人的毁谤与赞誉当作进退的参照，因此会混杂真伪，虚实极易相互蒙蔽。"魏明帝曹叡接受了这一建议。于是颁布诏书命散骑常侍刘邵作考课法。刘邵作《都官考课法》七十二条，又作《说略》一篇，下达诏令颁发给百官先行讨论。

司隶校尉崔林说："根据《周官》考课，里边的条文已经完备了。然而从周康王之后，就逐渐荒废了，从这能够看出考课之法在于人为！到了汉朝末期，政治上的过失不仅仅是佐吏的职责规定不够严密！如今军队中的考核，有的积压未行，有的仓促办理，增添考课减少考课没有常规，整齐划一当然会很难做到。当渔网还未张开之时，先提拉它的网绳；皮衣毛不整齐时，先振动它的领子。皋陶担任虞舜的官，伊尹担任商朝的大臣，那些没有仁爱之心的人都自动远离了。假如朝中的大臣都能恪尽职守，并且充当百官楷模，那么谁还敢不敬重其事，又何须要考课呢！"

黄门侍郎杜恕曰："明试以功，三考黜陟，诚帝王之盛制也。然历六代而考绩之法不著，关七圣而课试之文不垂，臣诚以为其法可粗依，其详难备举故也。语曰'世有乱人而无乱法'，若使法可专任，则唐、虞可不须稷、契之佐，殷、周无贵伊、吕之辅矣。今奏考功者，陈周、汉之云为，缀京房之本旨，可谓明考课之要矣。于以崇揖让之风，兴济济之治，臣以为未尽善也。其欲使州郡考士，必由四科，皆有事效，然后察举，试辟公府，为亲民长吏，转以功次补郡守者，或就增秩赐爵，此最考课之急务也。臣以为便当显其身，用其言，使具为课州郡之法，法具施行，立必信之赏，施必行之罚。至于公卿及内职大臣，亦当俱以其职考课之。古之三公，坐而论道；内职大臣，纳言补阙，无善不纪，无过不举。且天下至大，万机至众，诚非一明所能遍照；故君为元首，臣作股肱，明其一体相须而成也。是以古人称廊庙之材，非一木之枝，帝王之业，非一士之略。由是言之，焉有大臣守职办课可以致雍熙者哉！诚使容身保位，无放退之辜，而尽节在公，抱见疑之势，公义不修而私议成俗，虽仲尼为课，犹不能尽一才，又况于世俗之人乎！"

【译文】 黄门侍郎杜恕说："公开地考核官吏的绩效，三年一次进行考绩，这真正是帝王用人最良善的制度呀！尽管历经了唐、虞、夏、商、周、汉六代，但考核官吏的方法却并不显明，越过尧、舜、禹、汤、文、武、周公七位圣人，然而考核官吏的条文却没有保留下来。臣确实觉得他们的方法大致可以参照，然而详细的条目却很难列举出来呀! 俗语说:'这世道上有扰乱国家的人,却没有暴乱的法律。'假如法律能够专门派人来负责,那么唐尧、虞舜就可以不用后稷与契的辅助了,商朝、周朝也不会任用伊尹、吕尚来辅助了。如今上奏考核功绩的人,陈述周代、汉代的方法,谈论汉人京房《考功课吏法》的本旨,这完全能够说对考核功绩的要义已经十分明白了。然而在崇尚谦让之风,同兴起许多治道方面,臣觉得还不十分完善。朝廷想让州郡考核官吏时,必分儒学、文史、孝悌、从政四科来考查,假如都有事实可以为证,然后再考查推选出来,试由公府征召,任用那些亲民的官吏,接着再按照功勋的大小升为郡守,或就原位增添俸禄,赏赐爵位,这是考课最为紧要之事啊! 臣觉得经考核任用的官吏就应当让他们身份显达,接受他们的谏言,让他们制定出一套考核州郡官吏的法律规则,待这些法规推行之后,就要树立必信的奖赏,实施必行的惩罚。至于公卿与内职大臣,也应当根据他们的职位去考核他们。古时的三公,坐而谈论治国之道,朝中大臣传达王命,补正帝王的缺失,没有什么善行不被记载下来,没有什么过失不被纠举。况且天下广大,万事繁多,实非君王一盏明灯就能普遍照亮的。因此把君王称作元首,臣子就是四肢,这就非常明白地表示出他们是一个整体,相互之间必须协作才会成功。因而古人说建造廊庙的材料,并非只靠一根木头作为支柱,帝王完成大业,也并非只靠一个人的谋虑。以此来看,哪里有大臣守着职位,专门处理考核之事,就能够天下太平呢! 实际上让他们在朝中得以容身,保全职位,而无放逐贬退的惩罚,然而那些为公事尽节的人,却常常处于遭人怀疑的情形之中,公义没有修好,私义却成了风气,这样纵然是请孔子来策划考课,也不会施展出个人的才华,更何况靠平常的人来做此事呢!"

司空掾北地傅嘏曰:"夫建官均职,清理民物,所以立本也。循名考实,纠励成规,所以治末也。本纲未举而造制末程,国略不崇而考课是先,惧不足以料贤愚之分,精幽明之理也。"议久之不决,事竟不行。

◆臣光曰:为治之要,莫先于用人,而知人之道,圣贤所难也。是故求之于毁誉,则爱憎竞进而善恶浑殽;考之于功状,则巧诈横生而真伪相冒。要之,其本在于至公至明而已矣。为人上者至公至明,则群下之能否焯然形于目中,无所复逃矣。苟为不公不明,则考课之法,适足以为曲私欺罔之资也。◆

【译文】司空掾北地傅嘏说:"册封官位分派职务,打理民众事务,这才是立本之道。按他的官位来要求他的实际工作,依据规章和制度去督导,这是治末的事情。根本纲领如果没确立却制定些细枝末节,治国大事不崇尚却以考课为先,只怕是分辨不出贤惠愚钝,也无法找到幽明之道呀!"考课问题,讨论很久都不能决定,最终没有实行。

◆司马光说:治国的要道,没有不是以用人为先的,然而了解人的方法,圣贤也觉得是最难的事了。因此在舆论之中求助毁谤与赞誉,那么喜爱与憎恨竞相争夺,善同恶常混淆不清;在功绩上考核,那么取巧欺诈横生,真伪混杂。最为重要的根本在于最公平最清明罢了。身居上位的人最公平最清明,那么身处下位的人有能同无能就很明显地在眼中,不会再逃脱掉了。假使身居上位的人,不公平不清明,那么考课用人的方法,正好被曲枉自私、欺诈不实之人利用罢了。◆

【乾隆御批】三载考绩唐虞所不废，然尧舜之量材授职，固不例此，观于吁弗。汝作之文可见此，其义司马光识之，然引而未发，故并录其语。

【译文】用人要考察三年的政绩，唐虞一直不废除这个制度；然而尧舜却根据才能授予官职，并不遵照这个先例。看《书·尧典》中"吁！咈哉！"这样的文字就可以看出这一点。其中的意思司马光是懂得的，然而只引用史实并未发表看法，所以一起抄录下他们的话。

◆何以言之？公明者，心也；功状者，迹也。己之心不能治，而以考人之迹，不亦难乎！为人上者，诚能不以亲疏贵贱异其心，喜怒好恶乱其志，欲知治经之士，则视其记览博洽，讲论精通，斯为善治经矣；欲知治狱之士，则视其曲尽情伪，无所冤抑，斯为善治狱矣；欲知治财之士，则视其仓库盈实，百姓富给，斯为善治财矣；欲知治兵之士，则视其战胜攻取，敌人畏服，斯为善治兵矣。至于百官，莫不皆然。虽询谋于人而决之在己，虽考求于迹而察之在心，研核其实而斟酌其宜，至精至微，不可以口述，不可以书传也，安得豫为之法而悉委有司哉！

或者亲贵虽不能而任职，疏贱虽贤才而见遗；所喜所好者败官而不去，所怒所恶者有功而不录，询谋于人，则毁誉相半而不能决；考求于迹，则文具实亡而不能察。虽复为之善法，繁其条目，谨其簿书，安能得其真哉！◆

【译文】◆这是怎么说的呢？因为公明是在内心，功绩只是外在的表现呀！自己的内心不能修治，却去考核别人的表现，这不是很困难吗！一个身居上位的人，的确能够不因为亲疏贵贱改变他的心思，喜怒好恶扰乱他的作为，那么想要了解治世

经国的人，就看他所记忆的与所阅览的是否广大普遍，讲论经
典之时是否精通，这就能够知晓他是否擅长治经之术了；想要
了解办理狱政的人士，就看他是否尽心竭力依据常理去推测是
非曲直，有没有冤枉人或压制人而不敢声张，这就能够知晓是
否擅长办狱政了；想要了解理财的人士，就要看他的仓库中钱
粮是否充实，百姓是否富有，这就能够知晓是否擅长理财了；想
要了解领兵的将士，就要看他战争是否胜利，出战是否可以取
敌人的城池，敌人是否一听说他就恐惧，这就能够知晓谁是好
的领兵官了。至于各种官吏的区分和辨别，大抵都是如此。尽管
需要不断询问或与别人讨论任用某人，但最后的决定却是在自
己。尽管需要从外在的事迹上去考核人，然而观察人却在自己
的内心。细细考核所任用之人的实情，又要思量他是否合适，做
到最精最微，而不能只在嘴上说说，也没有记载下来，怎么能事
先立法又全部给办事的人去管理呢！

　　有的人因为亲近权贵的关系，即使没有才干，却也可担任
职务；有的人尽管有才干，然而因为疏远贫贱的缘故，却遭到
排斥不予录用。所喜欢、所爱好的人，尽管是些败坏的官吏，却
不将他罢黜斥退。所恼怒、所讨厌的人，尽管有功绩，也不予录
用。询问并与别人商讨，那么毁谤的、赞誉的各占一半，却无法
做出决定；考查他的行迹，那么文件都齐全然而实质却也考核
不清楚。即使再制定好的律法，增添更多条目，制定严密的簿
册，又如何能获得真实的人才呢！◆

　　◆或曰：人君之治，大者天下，小者一国，内外之官以千万
数，考察黜陟，安得不委有司而独任其事哉？曰：非谓其然也。
凡为人上者，不特人君而已。太守居一郡之上，刺史居一州之

上，九卿居属官之上，三公居百执事之上，皆用此道以考察黜陟在下之人，为人君者亦用此道以考察黜陟公卿、刺史、太守，奚烦劳之有哉！

或曰：考绩之法，唐、虞所为，京房、刘邵述而修之耳，乌可废哉？曰：唐、虞之官，其居位也久，其受任也专，其立法也宽，其责成也远。是故鲧之治水，九载绩用弗成，然后治其罪；禹之治水，九州攸同，四隩既宅，然后赏其功；非若京房、刘邵之法，校其米盐之课，责其旦夕之效也。事固有名同而实异者，不可不察也。考绩非可行于唐、虞而不可行于汉、魏，由京房、刘邵不得其本而奔趋其末故也。◆

【译文】◆有人说：君王的统治，大的范围是整个天下，小的范围也是一个国家；内外官员上千上万，考查罢官升官，如何能够不用办事之人，却要独自一人管理这事呢？我说：并不是那样说的。但凡是身为别人上级的，不仅仅是君王而已；太守在一郡之上，刺史在一州之上，九卿在属官之上，三公在百执事之上，全部都用提拔罢免的办法考核他的下属，为人君的也使用这种提拔罢免的方法，去考查公卿、刺史、太守，哪里还有什么烦恼呢！

有人说：考查功绩的方法，是由唐尧、虞舜所创制的，京房与刘邵只是传述又稍加修订罢了，怎么可以废除呢？我说：唐尧、虞舜的官吏，他们在位的时间非常长，责任专一，立法很宽，职责所在之事规定的期限也十分的长。因此鲧去治水，九年还未获成效，后来才处罚他；派遣禹去治水，九州因而全部平定，人们能够定居于四海各地，然后奖赏他的功劳。而非像京房、刘邵的方法，只比较衡量他们琐碎的米盐事务，督责他们每一天的成果。一件事本来就有名义上一样而实质上却不一样的，因此不得不仔细考查呀！考绩不是能够实行于唐尧、虞舜，

却不能实行于汉、魏的，实在是京房、刘邵没能将它的根本认清，却在细枝末节上去追求的缘故呀！◆

初，右仆射卫臻典选举，中护军蒋济遗臻书曰："汉祖遇亡虏为上将，周武拔渔父为太师，布衣厮养，可登王公，何必守文，试而后用！"臻曰："不然。子欲同牧野于成、康，喻断蛇于文、景，好不经之举，开拔奇之津，将使天下驰骋而起矣！"

卢毓论人及选举，皆先性行而后言才，黄门郎冯翊李丰尝以问毓，毓曰："才所以为善也，故大才成大善，小才成小善。今称之有才而不能为善，是才不中器也！"丰服其言。

【译文】起初，右仆射卫臻管理官吏的选拔，中护军蒋济写给卫臻一封信说："汉高祖刘邦碰到逃亡的敌人韩信，就册封他担任上将，周武王提拔渔父吕望担任太公，一般平民或砍柴的，烧饭的，都能够登上王公，为何一定要恪守先采用文字考试然后再任用呢！"卫臻说："并非如此。先生想要将武王在牧野伐纣的开创时期等同于成王、康王的安宁之世；将汉高祖斩蛇起义的草创规略，等同于文帝、景帝的承平治世，偏爱不守常规的举动，开启奇特的选拔方法，这将会使得天下不安定。"

卢毓谈论用人及选举，都需先注意他的品质，然后再谈论他的才干，黄门侍郎冯翊人李丰曾经问过卢毓，卢毓说："才干是能够用于行善的！因此大才行大善，小才行小善。如今称人有才，却无法行善，这是才干不适合他的职位的缘故呀！"李丰十分信服卢毓之言。

资治通鉴卷第七十四　魏纪六

起著雍敦牂，尽旃蒙赤奋若，凡八年。

【译文】 起戊午（公元238年），止乙丑（公元246年），共八年。

【题解】 本卷记录了魏明帝曹叡景初二年到齐王芳正始六年间的历史。曹魏休养生息，吴蜀志在保守，三国没有大的战事。只有二四一年，孙权趁魏主新立四路北伐，失败而返。孙权设校事官，实行特务统治，鲁王孙霸争太子之位，造成政局动荡，吴国元气大伤。孙权晚年，昏聩糊涂，但能及时醒悟。蜀国防魏战略失策，蜀国衰落。曹魏司马懿平定辽东，政治上得势，与曹爽共同辅政。曹爽平庸无才，伐蜀失败。

烈祖明皇帝下

景初二年（戊午，公元二三八年）春，正月，帝召司马懿于长安，使将兵四万讨辽东。议臣或以为四万兵多，役费难供。帝曰："四千里征伐，虽云用奇，亦当任力，不当稍计役费也。"帝谓懿曰："公孙渊将何计以待君？"对曰："渊弃城豫走，上计也；据辽东拒大军，其次也；坐守襄平，此成禽耳。"帝曰："然则三者何出？"对曰："唯明智能审量彼我，乃豫有所割弃。此既非渊所及，又谓今往孤远，不能支久，必先拒辽水，后守襄平也。"帝曰："还往几日？"对曰："往百日，攻百日，还百日，以六十日为休息，如此，一年足矣！"

【译文】景初二年（戊午，公元238年）春季，正月，魏明帝曹叡召司马懿从长安返回，然后派遣他统领四万多士兵去征讨辽东。商议谋略的臣子有的觉得四万人太多，劳役费用恐怕难以供应。魏明帝曹叡说："四千里的远征，尽管说用兵贵在用奇，然而也应当依靠强大兵力，不应当计算劳役与费用啊！"魏明帝曹叡对司马懿说："公孙渊会用什么计策来抵抗你呢？"司马懿回答说："公孙渊如果抛下城池先行逃跑，这是上计。守在辽东，抵抗我军部队，这是其次。坐守襄平，那么他就一定会被我们抓住。"魏明帝曹叡说："那么在这三项中，哪一项会出现呢？"司马懿回答说："只有精明智慧的人，才会判断敌我力量，在事先有所割舍，这并非公孙渊所能做到的。他又认为我们孤军远征，无法久待，必然先到达辽水抗拒，然后再守襄平了。"魏明帝曹叡说："来回一共需要多少天？"司马懿回答说："去时一百天，进攻一百天，返回一百天，其中还要休息六十天，如此算来，一年的时间就足够了。"

公孙渊闻之，复遣使称臣，求救于吴。吴人欲戮其使，羊衜曰："不可，是肆匹夫之怒而捐霸王之计也，不如因而厚之，遣奇兵潜往以要其成。若魏伐不克，而我军远赴，是恩结遐夷，义形万里；若兵连不解，首尾离隔，则我虏其傍郡，驱略而归，亦足以致天之罚，报雪曩事矣。"吴主曰："善！"乃大勒兵谓渊使曰："请俟后问，当从简书，必与弟同休戚。"又曰：司马懿所向无前，深为弟忧之。"

【译文】公孙渊听说魏国快要动兵，就再次遣使者称臣，向吴国并求救。吴国人想要将使者杀死，替张弥、许晏报仇，羊衙说："不能杀死使者，那样只是逞匹夫一时的愤怒，却丧失掉了霸王的策略呀！不如借此厚待他，并派出奇兵潜往，然后要挟他归附订立盟约。假如魏国的攻伐没能取得胜利，而我军远远地开赴前往，这是对远方的夷狄结下恩情，义风在万里传扬；假如双方兵力抵抗在一起无法分解开来，他们的首尾驻军相隔离，那么我们可以在他的傍郡，虏获劫掠而归，同样能够让他遭受上天的惩罚，洗雪从前我国张弥、许晏被杀之仇。"吴主孙权说："这个计策很好。"于是就大肆整备军队，并对公孙渊的使者说："请稍稍等待，我会前去慰问的，先带封简单的信回去，对燕王说我一定会同他荣辱与共的。"接着又说："司马懿放眼望去无人可以匹敌，我为贤弟深感忧虑啊！"

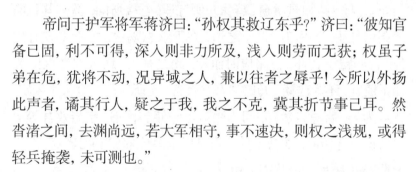

帝问于护军将军蒋济曰："孙权其救辽东乎？"济曰："彼知官备已固，利不可得，深入则非力所及，浅入则劳而无获；权虽子弟在危，犹将不动，况异域之人，兼以往者之辱乎！今所以外扬此声者，谲其行人，疑之于我，我之不克，冀其折节事己耳。然沓渚之间，去渊尚远，若大军相守，事不速决，则权之浅规，或得轻兵掩袭，未可测也。"

【译文】 魏明帝曹叡询问护军将军蒋济说："孙权会出兵解救辽东吗？"蒋济回答说："吴国知晓我国已经有万全的准备，无法得到利益，派大兵深入辽东并非他们力量所及，派少数兵去救援那么劳苦加倍却没有收获；孙权即便是儿子、兄弟遭遇危害，尚且不愿动兵，更何况是援救他国之人，他又曾经受到过公孙渊的羞辱呢！如今之所以要对外声明去救助辽东，实在是为了蒙骗使者，让我国困惑，假如我们攻打不顺利，他希望公孙渊能恭敬地去臣服于他。然而沓渚地方距离公孙渊十分远，假如大军相守，没有速战速决，那么孙权策划轻快地进攻，或许会对敌人发生掩袭作用，那就很难预料了。"

帝问吏部尚书卢毓："谁可为司徒者？"毓荐处士管宁。帝不能用，更问其次，对曰："敦笃至行，则太中大夫韩暨；亮直清方，则司隶校尉崔林；贞固纯粹，则太常常林。"二月，癸卯，以韩暨为司徒。

汉主立皇后张氏，前后之妹也。立王贵人子璿为皇太子，瑶为安定王。

大司农河南孟光问太子读书及情性好尚于秘书郎郤正，正曰："奉亲虔恭，夙夜匪解，有古世子之风；接待群僚，举动出于仁恕。"光曰："如君所道，皆家户所有耳；吾今所问，欲知其权略智调何如也。"正曰："世子之道，在于承志竭欢，既不得妄有施为，智调藏于胸怀，权略应时而发，此之有无，焉可豫知也！"光知正慎宜，不为放谈，乃曰："吾好直言，无所回避。今天下未定，智意为先，智意自然，不可力强致也。储君读书，宁当效吾等竭力博识以待访问，如博士探策讲试以求爵位邪！当务其急者。"正深谓光言为然。正，俭之孙也。

吴人铸当千大钱。

【译文】魏明帝曹叡问吏部尚书卢毓说："谁能堪当司徒啊？"卢毓举荐隐居的处士管宁。魏明帝曹叡不想任用他，就又问其次是哪一位，卢毓回答说："敦厚笃实、品行最佳的是太中大夫韩暨；节操清高，耿直方正的是司隶校尉崔林；坚贞正直、出类拔萃的是太常常林。"二月，癸卯日（十一日），魏明帝曹叡任用韩暨担任司徒。

汉后主刘禅册封皇后张氏，是前皇后的妹妹。册封王贵人的儿子刘璿为皇太子，刘瑶为安定王。

大司农河南人孟光询问秘书郎郤正有关太子读书的事情与品性以及太子的喜好趋向等，郤正说："侍奉双亲特别虔诚恭敬，从早到晚毫不懈怠，很有古代世子的风范；接待众位僚属，举止行为都是出于仁恕。"孟光说："像先生所说的，都是寻常家庭所应当有的品行呀！我如今问的，是想知晓太子的权略智谋如何啊！"郤正说："世子之道，在于承继君父的志向，和颜悦色以尽亲人的欢乐，不可以随意施为；智谋是藏在胸怀之中，权略顺应时势才会发出，权略智谋的有无，如何能够事先就知晓呢！"孟光知晓郤正言语谨慎，不敢畅谈，于是说："我喜欢直言，没有什么可回避的。然而目前天下时局还没有安定，智慧应当排在最前面，然而智慧是自然生成的，无法用力强迫而得的。太子读书，怎么可以效仿我们竭力博学来等待询问，像博士做对策讲试来谋求官位呀！努力学习才应是最为紧要的。"郤正深感孟光的话是正确的。郤正是郤俭的孙子。

吴国铸造值一千的大钱。

【乾隆御批】五铢轻重适中，行之最为无弊。周景王铸大钱，不久即废，乃敝重之明验也，圜法流通贵乎利用，直百且不可，况当千乎。

【译文】五铢钱轻重适中，流通最没有弊害。周景王铸造大钱，不久就废除了，这就是有严重弊害的证明。钱币流通贵在便利使用，只相当于百枚小钱的大钱尚且不可以流通使用，更何况是相当于千枚小钱的大钱呢。

夏，四月，庚子，南乡恭侯韩暨卒。

庚戌，大赦。

六月，司马懿军至辽东，公孙渊使大将军卑衍、杨祚将步骑数万屯辽隧，围堑二十馀里。诸将欲击之，懿曰："贼所以坚壁，欲老吾兵也，今攻之，正堕其计。且贼大众在此，其巢窟空虚；直指襄平，破之必矣。"乃多张旗帜，欲出其南，衍等尽锐趣之。懿潜济水，出其北，直趣襄平；衍等恐，引兵夜走。诸军进至首山，渊复使衍等逆战，懿击，大破之，遂进围襄平。

【译文】夏季，四月，庚子（初九），南乡恭侯韩暨过世。

二十九日，魏明帝曹叡大赦天下。

六月，司马懿的军队来到辽东，公孙渊就派出大将军卑衍、杨祚带领步骑好几万屯扎在辽隧，在周围修筑城墙挖壕沟二十余里。魏国的许多将领都主张即刻进攻，司马懿说："敌人之所以采用守势，是想要使得我军疲惫不堪，此时就进攻，正好中了他们的计谋。而且敌人大部分都在此地，他的老巢恐怕是空虚的；假如我军径直进攻襄平，一定能够将敌人击败。"于是张设许多旗帜，对外宣称将从他们的南面进军，卑衍等就率他的精锐部队前往阻拦。司马懿率领军队渡过了辽河，从敌人的北面出兵，径直前往襄平，卑衍等知晓了十分恐惧，急忙带兵连夜撤退。魏国各军来到首山，公孙渊又下令卑衍等迎战，司马懿向敌人发起猛烈攻击，击败敌人，于是将襄平围困起来。

秋，七月，大霖雨，辽水暴涨，运船自辽口径至城下。雨月馀不止，平地水数尺。三军恐，欲移营，懿令军中："敢有言徙者斩！"都督令史张静犯令，斩之，军中乃定。贼恃水，樵牧自若，诸将欲取之，懿皆不听。司马陈珪曰："昔攻上庸，八部俱进，昼夜不息，故能一旬之半，拔坚城，斩孟达。今者远来而更安缓，愚窃惑焉。"懿曰："孟达众少而食支一年，将士四倍于达而粮不淹月。以一月图一年，安可不速！以四击一，正令失半而克，犹当为之，是以不计死伤，与粮竞也。今贼众我寡，贼饥我饱，水雨乃尔，功力不设，虽当促之，亦何所为！自发京师，不忧贼攻，但恐贼走。今贼粮垂尽而围落未合，掠其牛马，抄其樵采，此故驱之走也。夫兵者诡道，善因事变。贼凭众恃雨，故虽饥困，未肯束手，当示无能以安之。取小利以惊之，非计也。"朝廷闻师遇雨，咸欲罢兵。帝曰："司马懿临危制变，禽渊可计日待也。"

【译文】 秋，七月，大雨连绵不断，辽河暴涨，运粮船自辽河口直达襄平城下。大雨下了一个多月还不停，平地水深数尺；魏兵都在水中，坐立不安，想要将营垒移到高地上，司马懿给军队下命令："谁要是敢说迁徙就斩首。"都督令史张静违背了这一命令，于是将他立刻斩首，军心这才安稳下来。敌人凭借着水涨固守城池，樵夫砍柴，牧童放牧牛马依旧如故，魏军各将领全都主张将那些人捉住，没有得到司马懿的允许。司马陈珪说："先前攻打上庸之时，大军分为八部同时前进，昼夜不停，因此才能在十六日之内，攻克坚固的城池，斩杀孟达。如今大军远来，反倒更安稳缓慢，我私下感到很困惑呀！"司马懿说："孟达的守军人少，然而储存的粮食却可吃上一年，我军的将士多他四倍，然而粮食却不足吃一个月。想用仅有一个月粮食的军队和存有一年粮食的军队打仗，怎么可以不快速呢！以四比一来交战，就是损失掉一半人能攻克那城，也应当去做，因此不计伤亡，只为竞争食粮呀！如今敌人兵力多，我军兵力少，敌人粮食少会挨饿，我军粮食多，将士能够吃饱，雨水如此大，功力用不上，尽管应该逼近他们，然而又能有什么作为呢！自从京师出发至此，不怕敌人袭击，就是生怕敌人逃走了。如今敌人的粮食就要吃尽了，我们的包围圈还没有紧密合拢，假如劫掠他们的牛马，抄走他们的樵柴，这是要逼着他们逃走啊。兵法重视诡诈，能够因事而改易计划。敌人凭借兵多，又凭着雨大，所以即使饥饿穷迫，也不愿投降，应当向他们表现出我们的无能从而来诱惑他们。假如因为小利就惊动他们，这并非好的策略呀！"魏国朝里听到大军在外被大雨困住，许多官吏都建议要将军队撤回，魏明帝曹叡说："司马懿能够临危制变，擒获公孙渊指日可待了。"

雨霁，懿乃合围，作土山地道，楯橹钩冲，昼夜攻之，矢石如雨。渊窘急，粮尽，人相食，死者甚多，其将杨祚等降。八月，渊使相国王建、御史大夫柳甫请解围却兵，当君臣面缚。懿命斩之，檄告渊曰："楚、郑列国，而郑伯犹肉袒牵羊迎之。孤天子上公，而建等欲孤解围退舍，岂得礼邪！二人老耄，传言失指，已相为斩之。若意有未已，可更遣年少有明决者来！"渊复遣侍中卫演乞克日送任，懿谓演曰："军事大要有五：能战当战，不能战当守，不能守当走；馀二事，但有降与死耳。汝不肯面缚，此为决就死也，不须送任！"任午，襄平溃，渊与子修将数百骑突围东南走，大兵急击之，斩渊父子于梁水之上。懿既入城，诛其公卿以下及兵民七千馀人，筑为京观。辽东、带方、乐浪、玄菟四郡皆平。

【译文】雨过天晴，司马懿于是合拢围城的包围圈，堆积土山，挖掘地道，制作盾牌，建造楼车，制造云梯，装备冲车，日夜不停地攻城，箭石如同急雨射入城内。公孙渊紧迫穷困，而且城中粮食已尽，人相残食，死了很多人，他的将领杨祚等人向魏

436

军投降。八月，公孙渊派出相国王建、御史大夫柳甫恳请解围退兵，君臣就自缚前去投降。司马懿下令将这两人斩首，并且用檄文对公孙渊说："先前楚国和郑国是地位同等的国家，郑伯肉袒牵羊迎接楚国。我是天子派来的太尉，而王建等人却要我解围退军，这哪里算是礼仪呀！二人年老，他们传错了话，已经将他们杀掉了，假如你还有请降的意思，就改换年轻而有决断的使者过来！"公孙渊又派出侍中卫演请求指定日期，立刻把世子公孙修送去作为人质，司马懿对卫演说："军事大要有五：能战则战，不能战则守，不能守则走，剩下的两项，就是投降和死了。你们不愿自缚前来投降，那就是决定要死了，又何必使用人质呢！"壬午（二十三日），襄平驻军溃败，公孙渊和儿子公孙修率领几百骑兵突围向东南逃跑，魏军急赴攻打他们，于是在梁水上将公孙渊父子斩首。司马懿攻入城内，杀掉他们的公卿和兵民七千多人，积尸封土于其上，筑成了一座京观。于是辽东、带方、乐浪、玄菟四郡都被平定。

渊之将反也，将军纶直、贾范等苦谏，渊皆杀之，懿乃封直等之墓，显其遗嗣，释渊叔父恭之囚。中国人欲还旧乡者，恣听之。遂班师。

初，渊兄晃为恭任子在洛阳，先渊未反时，数陈其变，欲令国家讨渊；及渊谋逆，帝不忍市斩，欲就狱杀之。廷尉高柔上疏曰："臣窃闻晃先数自归，陈渊祸萌，虽为凶族，原心可恕。夫仲尼亮司马牛之忧，祁奚明叔向之过，在昔之美义也。臣以为晃信有言，宜贷其死；苟自无言，便当市斩。今进不赦其命，退不彰其罪，闭著囹圄，使自引分，四方观国，或疑此举也。"帝不听，竟遣使赍金屑饮晃及其妻子，赐以棺衣，殡敛于宅。

九月，吴改元赤乌。

【译文】在公孙渊即将反叛魏国之时，将军纶直、贾范等人苦苦劝阻，公孙渊将他们二人杀掉，司马懿封土堆高纶直等的坟墓，还使他们的后人显贵，释放被公孙渊夺权后遭囚禁的叔父公孙恭。又命令中原人如有想要返回故乡的，也都按照大家自己的心思决定。于是班师回朝。

起初，公孙渊的哥哥公孙晃是替公孙恭担任人质住在洛阳，在公孙渊没有反叛之前，就经常说公孙渊要造反，想请国家尽快去征讨他。等到公孙渊造反之时，魏明帝曹叡不忍心将公孙晃拉出去斩首，想要他下狱中处死。廷尉高柔上奏说："臣私下听闻公孙晃数次请求自己归附，就述说公孙渊谋反作乱的迹象已经萌芽，他尽管属于我们敌人一族，然而推究他的本心却值得原谅啊！孔子曾经开解司马牛的忧虑，祁奚也明举叔向的过失，这都是前人美好的品德啊！臣觉得公孙晃假如真的先有告诫，应当免去他的死罪；假如没有公孙晃预先报告那件事，才应当将他斩首示众。如今进不能赦免他的死罪，退又没有显扬他的过错。只关在监狱中，让他自杀，那么四方正在观望的诸侯，就会有人疑惑此事了。"魏明帝曹叡没有采纳他的建议，竟然遣使持碎金属给公孙晃和他的妻子和儿女饮下自尽，然后赐给他们棺木、衣服，殡殓在公孙晃住宅里。

九月，吴国改年号为赤乌。

【申涵煜评】晃知兄渊必反，数陈其变。及渊诛，乃赐死狱中，昧顺逆之理，失赏罚之正，与苍头子密事虽相反而均为过当。

【译文】公孙晃知道他的兄弟公孙渊一定会谋反，多次向朝廷说明哥哥的变动。等到公孙渊被诛九族时，魏帝赐公孙晃死在牢狱中，这

资治通鉴

有些违背了顺从和谋逆应得的后果，也失去了赏罚的公道，与苍头子秘事虽然相反，都是处理得有些失当。

吴步夫人卒。

初，吴主为讨虏将军，在吴，娶吴郡徐氏。太子登所生庶贱，吴主令徐氏母养之。徐氏妒，故无宠。及吴主西徙，徐氏留处吴。而临淮步夫人宠冠后庭，吴主欲立为皇后，而群臣议在徐氏，吴主依违者十馀年。会步氏卒，群臣奏追赠皇后印绶，徐氏竟废，卒于吴。

吴主使中书郎吕壹典校诸官府及州郡文书，壹因此渐作威福，深文巧诋，排陷无辜，毁短大臣，纤介必闻。太子登数谏，吴主不听，群臣莫敢复言，皆畏之侧目。

【译文】吴国步夫人死去。

起初，吴主孙权担任讨虏将军之时，驻守在吴地，娶了吴郡人徐氏。太子孙登生母出身平民，吴主孙权命徐氏当他的母亲将他抚养长大。徐氏十分妒忌，因此不受宠爱。吴主孙权西迁武昌之时，徐氏留在吴地；这时临淮人步夫人却在后宫特别受宠，吴主孙权想要立步夫人当皇后，然而群臣讨论，理当由徐氏当皇后，吴主孙权为此犹豫了十多年而无法做出决定。后来步夫人过世了，群臣奏请追赠步夫人皇后印绶。徐氏被废掉，后来死在了吴地。

吴主孙权让中书郎吕壹主管各官府及州郡的公文书。吕壹也由此逐渐仗势欺人，又时常用文辞诋毁别人，排斥和陷害那些无辜之人，诋毁大臣说大臣的缺点，就是些细枝末节的事情，也要上奏吴主孙权。太子孙登屡次向皇上直言劝谏，吴主孙权都不肯听太子的善言，群臣也都不敢上奏说吕壹，所以群臣都十分害怕他，侧目而视。

壹诬白故江夏太守刁嘉谤讪国政，吴主怒，收嘉，系狱验问。时同坐人皆怖畏壹，并言闻之。侍中北海是仪独云无闻，遂见穷诘累日，诏旨转厉，群臣为之屏息。仪曰："今刀锯已在臣颈，臣何敢为嘉隐讳，自取夷灭，为不忠之鬼！顾以闻知当有本末。"据实答问，辞不倾移，吴主遂舍之；嘉亦得免。

上大将军陆逊、太常潘濬忧壹乱国，每言之，辄流涕。壹白丞相顾雍过失，吴主怒，诘责雍。黄门侍郎谢厷语次问壹："顾公事何如？"壹曰："不能佳。"厷又问："若此公免退，谁当代之？"壹未答。厷曰："得无潘太常得之乎？"壹良久曰："君语近之也。"厷曰："潘太常常切齿于君，但道无因耳。今日代顾公，恐明日便击君矣！"壹大惧，遂解散雍事。潘濬求朝，诣建业，欲尽辞极谏。至，闻太子登已数言之而不见从，濬乃大请百寮，欲因会手刃杀壹，以身当之，为国除患。壹密闻知，称疾不行。

【译文】吕壹诬陷原江夏太守刁嘉，说他诋毁国家政策，吴主孙权非常生气，就下令将刁嘉逮捕入狱审查清楚。当时受刁嘉牵连之人都害怕吕壹，于是都说自己听说过刁嘉诋毁国政。唯有侍中北海是仪说从未听说过，于是被连连审问好几日，诏书变得更加严重，群臣都不敢出一声求情。是仪说："如今刀锯已经架在我的脖子上了，我哪敢替刁嘉隐瞒实情，自取灭门杀身之祸，做个不忠之鬼！只要我所知晓的都有头有尾，绝不敢乱说。"是仪都是如实作答，没丝毫偏差，于是吴主孙权就赦免了是仪，同时刁嘉也被免罪。

上大将军陆逊、太常潘浚二人都担心吕壹会扰乱国家，每每谈及吕壹的行为，经常泪流不止。吕壹上告丞相顾雍的过错，吴主孙权十分愤怒，于是责备顾雍。黄门侍郎谢厷闲谈之时问吕壹说："顾雍先生的事情怎么样啊？"吕壹说："不太好呀！"谢厷又说："假如顾雍先生被免了职，谁还能够接替呢？"吕壹没有回答。谢厷说："不会是潘浚取代他吧？"吕壹说："先生说的意思接近了。"谢厷说："潘浚对你的为人咬牙切齿，只不过没有机会告知君王。假如今日接替顾雍先生的职务，担心明日就要攻击你！"吕壹听说后十分害怕，于是解散对顾雍的事情。潘浚请求上朝入见吴主孙权，亲自去建业，想将所要说的话尽力建议给吴主孙权，到了以后，听闻太子孙登都已经提过建议而吴主孙权都没有听取太子的正言。潘浚于是大摆宴席邀请百官，想借机杀掉吕壹，自己再前往顶罪，为的是替国家除去祸患。吕壹暗底下听到此事，称病不敢前去。

西陵督步骘上疏曰："顾雍、陆逊、潘濬，志在竭诚，寝食不宁，念欲安国利民，建久长之计，可谓心膂股肱社稷之臣矣。宜各委任，不使他官监其所司，课其殿最。此三臣思虑不到则已，岂敢欺负所天乎！"

左将军朱据部曲应受三万缗，工王遂诈而受之。壹疑据实取，考问主者，死于杖下；据哀其无辜，厚棺敛之，壹又表据吏为据隐，故厚其殡。吴主数责问据，据无以自明，藉草待罪；数日，典军吏刘助觉，言王遂所取。吴主大感寤，曰："朱据见枉，况吏民乎！"乃穷治壹罪，赏助百万。

丞相雍至廷尉断狱，壹以囚见。雍和颜色问其辞状，临出，又谓壹曰："君意得无欲有所道乎？"壹叩头无言。时尚书郎怀叙面詈辱壹，雍责叙曰："官有正法，何至于此！"有司奏壹大辟，或以为宜加焚裂，用彰元恶。吴主以访中书令会稽阚泽，泽曰："盛明之世，不宜复有此刑。"吴主从之。

【译文】 西陵督步骘上奏章说："顾雍、陆逊、潘浚三个大臣，都是志节忠诚的人，他们寝食不安，日日思念着安国利民的事情，建立长久之计，可以称得上是国家的心腹股肱大臣了。君王应径直委任他们事情，不能用其他官员来监视他们主管工作，常在他们后面实施考核其政绩等次。这三位大臣最多思虑不到罢了，哪里还敢欺瞒和辜负君王呢！"

左将军朱据的手下应当领受三万串钱，工人王遂用欺诈的方式将那钱弄走了。吕壹怀疑是朱据实际上已经拿走的，于是查问管钱之人，就将管钱的人打死了。朱据可怜这个人无罪而死，就买下一副棺木厚葬了这个人。吕壹上奏书说朱据的部下帮朱据隐瞒，因此才将他的部下丰厚埋葬。吴主孙权屡次责问朱据，朱据都无法讲清楚，只得睡到草垫上等待接受处罚了。过了几日，典军吏刘助发觉了，说出是王遂私下取走了那钱的实情。吴主孙权才十分感动地说："朱据都受了冤屈，更何况其他的官民呢？"于是将吕壹治罪，奖赏刘助百万钱。

丞相顾雍到廷尉那里审问犯人，吕壹以囚犯的身份出现。顾雍和颜悦色地问他的状词，临走之时，又对吕壹说："先生意下如何，还有何话可说吗？"吕壹只是叩头没有话讲。当时尚书郎怀叙当面辱骂吕壹，顾雍就责备怀叙说："国家有正当法律，为什么要如此无礼呢！"执事奏上去说吕壹应当判处死刑，有的说应当将他分解焚烧，以表明他是个元凶。吴主孙权去访问中书令会稽人阚泽，阚泽说："圣明的时代，国家不应当用这种酷刑。"吴主孙权采纳了阚泽的意见。

壹既伏诛，吴主使中书郎袁礼告谢诸大将，因问时事所当损益。礼还，复有诏责诸葛瑾、步骘、朱然、吕岱等曰："袁礼还云：'与子瑜、子山、义封、定公相见，并咨以时事当有所先后，各自以不掌民事，不肯便有所陈，悉推之伯言、承明。伯言、承明见礼，泣涕恳恻，辞旨辛苦，至乃怀执危怖，有不自安之心。'闻之怅然，深自刻怪！何者？夫惟圣人能无过行，明者能自见耳。人之举厝，何能悉中！独当己有以伤拒众意，忽不自觉，故诸君有嫌难耳。不尔，何缘乃至于此乎？与诸君从事，自少至长，发有二色，以谓表里足以明露，公私分计足用相保，义虽君臣，恩犹骨肉，荣福喜戚，相与共之。忠不匿情，智无遗计，事统是非，诸君岂得从容而已哉！同船济水，将谁与易！齐桓有善，管子未尝不叹，有过未尝不谏，谏而不得，终谏不止。今孤自省无桓公之德，而诸君谏诤未出于口，仍执嫌难。以此言之，孤于齐桓良优，未知诸君于管子何如耳！"

冬，十一月，壬午，以司空卫臻为司徒，司隶校尉崔林为司空。

【译文】 吕壹因为犯罪被杀以后，吴主孙权派遣中书郎袁礼向各位大将道歉，乘机询问国家大事应当怎样兴革。袁礼返回之后，又颁布诏书责备诸葛瑾、步骘、朱然、吕岱等人说："袁礼回来报告说：'曾经与诸葛瑾、步骘、朱然、吕岱等人见过面，并询问他们现时事务的轻重缓急，大家都用自己不管理民事作为借口，不愿发表意见，将责任全推到陆逊、潘浚的身上。等到陆逊、潘浚见到袁礼之时，都相互流泪恳诉，言谈之间也十分痛苦，有些恐惧不安的心理。'我听说这些话，内心惆怅极了，深感内疚和疑惑！为什么会这样呢？唯有圣人才不会犯错，聪明绝顶之人才能将自己看清。平常人的举止，怎么能够全部合乎情理呢？可能是我有伤害拒绝各位好意之时，只不过出于一时大意，自己没有察觉，因此各位有疑惑困难，不敢进言。假如不是这样，又如何会发展到现在这种情形呢！我和各位为国家政事共同出力，从年少到如今，头发已经白了一半，总觉得表里一致，能够坦诚相见，公私分明，就可以保全；名义上我们尽管是君臣，然而恩情上我们就像亲兄弟一般，福禄悲戚一起享受和承担哪！真正的忠心是不会藏匿私情的，真正的睿智也是不会遗漏计策的，凡事都有它的是非对错，各位怎么能够袖手旁观自在悠闲呢？同舟共济，还能同谁交换意见呢！齐桓公有好的地方，管仲无不赞美；齐桓公有了过错，管仲也绝不放过劝阻的机会，劝过不听，就一直不停地劝。如今我检讨自己没有齐桓公的德行，但是各位不出言谏诤，仍然怀着疑惑畏难之心；就拿这个诏书来说，我应当不差于齐桓公啊！不知晓各位和管仲相比又是如何！"

冬季，十一月，壬午日（二十四日），魏明帝曹叡任命司空卫臻担任司徒，司隶校尉崔林担任司空。

十二月，汉蒋琬出屯汉中。

乙丑，帝不豫。

辛巳，立郭夫人为皇后。

初，太祖为魏公，以赞令刘放、参军事孙资皆为秘书郎。文帝即位，更命秘书曰中书，以放为监，资为令，遂掌机密。帝即位，尤见宠任，皆加侍中、光禄大夫，封本县侯。是时，帝亲览万机，数兴军旅，腹心之任，皆二人管之；每有大事，朝臣会议，常令决其是非，择而行之。中护军蒋济上疏曰："臣闻大臣太重者国危，左右太亲者身蔽，古之至戒也。往者大臣秉事，外内扇动；陛下卓然自览万机，莫不祇肃。夫大臣非不忠也，然威权在下，则众心慢上，势之常也。陛下既已察之于大臣，愿无忘于左右。左右忠正远虑，未必贤于大臣，至于便辟取合，或能工之。今外所言，辄云中书。虽使恭慎，不敢外交，但有此名，犹惑世俗。况实握事要，日在目前，傥因疲倦之间，有所割制，众臣见其能推移于事，即亦因时而向之。一有此端，私招朋援，臧否毁誉，必有所兴，功负赏罚，必有所易，直道而上者或壅，曲附左右者反达，因微而入，缘形而出，意所狎信，不复猜觉。此宜圣智所当早闻，外以经意，则形际自见；或恐朝臣畏言不合而受左右之怨，莫适以闻。臣窃亮陛下潜神默思，公听并观，若事有未尽于理而物有未周于用，将改曲易调，远与黄、唐角功，近昭武、文之绩，岂牵近习而已哉！然人君不可悉任天下之事，必当有所付；若委之一臣，自非周公旦之忠，管夷吾之公，则有弄机败官之敝。当今柱石之士虽少，至于行称一州，智效一官，忠信竭命，各奉其职，可并驱策，不使圣明之朝有专吏之名也！"帝不听。

【译文】十二月，蜀汉蒋琬出兵屯汉中。

乙丑日（十二月无此日，疑误），魏明帝曹叡患病。

辛巳日（十二月无此日，疑误），魏明帝曹叡册立郭夫人为皇后。

起初，太祖曹操担任魏公之时，赞令刘放、参军事孙资都担任秘书郎。文帝即位以后，改秘书为中书，任用刘放担任秘书监，孙资担任秘书令，负责掌管机密。魏明帝曹叡即位以后，此二人更加宠爱及任用，都加封为侍中、光禄大夫，封作本县侯。此时，魏明帝曹叡亲自管理各项事务，又屡次向外征战，心腹之事，皆是他两个人处理，每每遇到国家大事，朝臣们会议，时常请他们来决定对错，选择是否执行。中护军蒋济上奏章说："臣听闻大臣权力集中，国家就危险；随从太过亲近，自己就会受到蒙蔽；这是古代君王最大的警告呀！先前大臣掌握政事，内外都被煽动；皇上如今亲自处理各种事务，无人不肃然稳定。大臣们并非没有忠心，只是因为权威在大臣手中，因此众心就对皇上怠慢，这情形是正常之道。皇上已经对大臣有明确的认识，希望不要忘记左右侍从造成的弊端，帝王左右之人忠正远虑，并不一定比大臣们贤能；然而奔走钻营，谄媚逢迎，却比大臣要强上许多。如今外人每每阐发议论，则常常说'中书'，尽管要他们恭敬谨慎，不让他们向外交往。然而空有这样的名义，就会引起世俗的疑虑，何况他们实际掌握权柄，又每日都在皇上跟前服，假如他们趁皇上一时的疲倦，分割大权，自作主张，众臣看见他们能转易事务，也就随着趋势顺从他们了。一旦这个端倪出现，他们就会私自招纳朋党，善恶毁誉，必定兴起，功罪赏罚，也一定会改移。通过正道向上承递的事务，有时会壅塞不通；攀附于帝王左右之人反而却很通达。借着细小的机会钻进去，借助有利的形势使出手段，就因为是皇上亲信之人，便不再猜疑了。这种情形，圣明的皇帝早该知晓了。假如皇上向外留意国事，那么这种形迹自然就会显露，无法藏匿了。

"或许朝臣害怕意见不一，又会遭到皇上左右人的怨恨，就不敢向皇上提建议了。臣私下想皇上一定会潜神默思，选取众言，观察各事，假如发现不合情理的事情，不合于使用的物件，就要改变曲调，让功绩可以和黄帝、唐尧遥相媲美，近则能够将武帝、文帝的功业发扬光大，哪里能够受皇上身边之人的牵制呢！然而君王无法一人独自管理全天下的事，一定有所托付于他人。假如委托于一个大臣，除非是有周公旦的忠心，管仲的公正，否则就会产生玩弄权术、败坏职务的弊端。如今能够担当重任的大臣尽管不多，然而品行称颂于一州，智慧可以担当一个官位，忠信为朝廷效力的却还有不少，分别派给他们一项职务，可以令他们去做事。不可以让圣明的朝廷之中有官吏专权的恶名。"魏明帝曹叡没有采纳蒋济的建议。

及寝疾，深念后事，乃以武帝子燕王宇为大将军，与领军将军夏侯献、武卫将军曹爽、屯骑校尉曹肇、骁骑将军秦朗等对辅政。爽，真之子；肇，休之子也。帝少与燕王宇善，故以后事属之。

刘放、孙资久典机任，献、肇心内不平；殿中有鸡栖树，二人相谓曰："此亦久矣，其能复几！"放、资惧有后害，阴图间之。燕王性恭良，陈诚固辞。帝引放、资入卧内，问曰："燕王正尔为？"对曰："燕王实自知不堪大任故耳。"帝曰："谁可任者？"时惟曹爽独在帝侧，放、资因荐爽，且言："宜召司马懿与相参。"帝曰："爽堪其事不？"爽流汗不能对。放蹑其足，耳之曰："臣以死奉社稷。"帝从放、资言，欲用爽、懿，既而中变，敕停前命；放、资复入见说帝，帝又从之。放曰："宜为手诏。"帝曰："我困笃，不能。"放即上床，执帝手强作之，遂赍出，大言曰："有诏免燕王宇等官，不得停省中。"皆流涕而出。甲申，以曹爽为大将军。帝嫌爽才弱，复拜尚书孙礼为大将军长史以佐之。

【译文】等到魏明帝曹叡卧病在床之时，方才想到自己身后之事，就任用武帝的儿子燕王曹宇担任大将军，和领军将军夏侯献、武卫将军曹爽、屯骑校尉曹肇、骁骑将军秦朗等人一同辅助朝政。曹爽是曹真的儿子，曹肇是曹休的儿子。魏明帝曹叡年幼之时和燕王曹宇最为要好，因此将后事托付给他。

刘放、孙资执掌国家机密很长时间，夏侯献、曹肇心中觉得不公平；殿中树上有鸡在休息，二人就互相说："这情景也已经很久了，还会再看到几次呢！"刘放、孙资怕以后于己不利，暗底下想离间他们的关系。燕王曹宇性情比较善良，对魏明帝曹叡的嘱托真心实意地坚持辞让。魏明帝曹叡将刘放、孙资引入卧室，问他们说："燕王曹宇真的是这样？"他们说："燕王也知晓自己担当不了重任才这样！"魏明帝曹叡问："那么又有谁可以做到呢？"那时只有曹爽在魏明帝身边，刘放、孙资于是就借机推荐曹爽，并且说："最好传召司马懿来辅佐朝政。"魏明帝曹叡说："曹爽可以担当起国家重任吗？"曹爽浑身流汗无法作答。刘放偷偷踩他的脚，在耳边告知曹爽说："臣以身报效国家。"魏明帝曹叡听了刘放、孙资的话，想要任用曹爽和司马懿，接着中途又改变了主意，下令废止之前的命令。刘放、孙资再次入内拜见并劝说魏明帝曹叡，魏明帝曹叡再次接受了他们的建言。刘放说："您应当亲手下诏书了。"魏明帝曹叡说："我身体太困乏了，无法亲自写诏书了。"刘放就上床，自己扶着明皇帝的手强行写下诏书，于是拿出去宣读，并且高声说道："皇帝有诏书，免去燕王曹宇等人的官职，不可再在朝中停留。"于是曹宇等都流泪而出。甲申（十二月无此日，疑误），任用曹爽担任大将军。魏明帝曹叡又嫌弃曹爽的才干不足，再请尚书孙礼担任大将军长史来协助曹爽。

是时，司马懿在汲，帝令给使辟邪赍手诏召之。先是，燕王为帝画计，以为关中事重，宜遣懿便道自轵关西还长安，事已施行。懿斯须得二诏，前后相违，疑京师有变，乃疾驱入朝。

【译文】 此时，司马懿在汲县，魏明帝曹叡命令给使辟邪（犹汉丞相仓头），送亲手写的诏书来传召他。之前，燕王曹宇帮助魏明帝策划，觉得关中的事较为重要，应当派遣司马懿顺便自轵关西返回长安，事情已在进行之中。司马懿先后接到两

资治通鉴

个诏书，前后大有不同，疑惑朝中必有变故，于是很快地返回朝中。

　　三年(己未，公元二三九年)春，正月，懿至，入见，帝执其手曰："吾以后事属君，君与曹爽辅少子。死乃可忍，吾忍死待君，得相见，无所复恨矣！"乃召齐、秦二王以示懿，别指齐王芳谓懿曰："此是也，君谛视之，勿误也！"又教齐王令前抱懿颈。懿顿首流涕。是日，立齐王为皇太子。帝寻殂。

　　帝沈毅明敏，任心而行，料简功能，屏绝浮伪。行师动众，论决大事，谋臣将相，咸服帝之大略。性特强识，虽左右小臣，官簿性行，名迹所履，及其父兄子弟，一经耳目，终不遗忘。

　　【译文】三年(己未，公元239年)春季，正月，司马懿回朝，到内室觐见，魏明帝曹叡握着司马懿的手说："我将身后之事托付给先生，先生和曹爽一同辅佐太子。死居然都能够忍耐，我忍死等待先生回来啊！今得见，再无遗憾了！"于是召齐王曹芳、秦王曹询二王给司马懿看，并指着齐王曹芳给司马懿说："这就是他，请先生一定看仔细，不要错了！"又让齐王曹芳上前抱住司马懿的脖颈。司马懿叩头潸然泪下。当日，立齐王为皇太子。不久魏明帝曹叡就过世了。

　　魏明帝曹叡性格沉静有毅力又明快，只不过任性而行，能简选官员的功力和能力，排斥浮华和虚伪。兴师动众，通过论断决策国家大事，令谋臣将相都非常佩服，称赞他有大略。又记忆力特别强，即便是身旁的小臣，官簿所载性格品行、名字履历，甚至他的父兄子弟，一经耳目，终生不会遗漏和忘记。

　　◆孙盛论曰：闻之长老，魏明帝天姿秀出，立发垂地，口吃少言，而沈毅好断。初，诸公受遗辅导，帝皆以方任处之，政自己出。优礼大臣，开容善直，虽犯颜极谏，无所摧戮，其君人之量如此之伟也。然不思建德垂风，不固维城之基，至使大权偏据，社稷无卫，悲夫！◆

太子即位，年八岁；大赦。尊皇后曰皇太后，加曹爽、司马懿侍中，假节钺，都督中外诸军、录尚书事。诸所兴作宫室之役，皆以遗诏罢之。

爽、懿各领兵三千人更宿殿内，爽以懿年位素高，常父事之，每事谘访，不敢专行。

【译文】◆孙盛评论说：听年长之人说，魏明帝曹叡姿态秀美，站立时头发可垂到地上，患有口吃而不经常说话，却沉静坚毅，擅长判断事情。起初，诸大臣受遗命辅助，魏明帝曹叡都派他们去担当某方面的重任，朝政全部由自己管理。待大臣优渥有礼，心胸广大可以容人，喜好直言，即使有冒犯极谏之人，也都不会遭到摧折和杀戮，他待人的雅量是宽宏伟大的。然而他没有想到树立仁德得以流传后世的风范，不巩固宗族使他们团结作为立国的根基，导致最后国家大权旁落，国家不保，真是悲哀呀！◆

太子曹芳登基，年龄只有八岁，大赦天下。尊郭皇后为皇太后，加封曹爽、司马懿为侍中，假节钺，总领内外所有军事、录尚书事。将兴修宫室所召来的各地的劳役，都用遗诏的名义将他们遣散。

曹爽、司马懿各领兵三千人，在殿内轮流值班宿卫，曹爽觉得司马懿的年纪与地位本就高过自己，因此将他当父辈一样尊敬他，每遇事务必定先去请问，不敢独断专行。

初，并州刺史东平毕轨及邓飏、李胜、何晏、丁谧皆有才名而急于富贵，趋时附势，明帝恶其浮华，皆抑而不用。曹爽素与亲善，及辅政，骤加引擢，以为腹心。晏，进之孙；谧，斐之子也。晏等咸共推戴爽，以为重权不可委之于人。丁谧为爽画策，使爽白天子发诏，转司马懿为太傅，外以名号尊之，内欲令尚书奏事，先来由己，得制其轻重也。爽从之。二月，丁丑，以司马懿为太傅，以爽弟羲为中领军，训为武卫将军，彦为散骑常侍、侍讲，其馀诸弟皆以列侯侍从，出入禁闼，贵宠莫盛焉。

爽事太傅，礼貌虽存，而诸所兴造，希复由之。爽徙吏部尚书卢毓为仆射，而以何晏代之，以邓飏、丁谧为尚书，毕轨为司隶校尉。晏等依势用事，附会者升进，违忤者罢退，内外望风，莫敢忤旨。黄门侍郎傅嘏谓爽弟羲曰："何平叔外静而内躁，铦巧好利，不念务本，吾恐必先惑子兄弟，仁人将远而朝政废矣！"晏等遂与嘏不平，因微事免嘏官。又出卢毓为廷尉，毕轨又枉奏毓免官，众论多讼之，乃复以为光禄勋。孙礼亮直不挠，爽心不便，出为扬州刺史。

【译文】起初，并州刺史东平人毕轨及邓飏、李胜、何晏、丁谧都非常有名气，而且急于追求富贵，趋炎附势。魏明帝曹叡在世之时十分厌恶他们的浮华作风，都抑制他们而不愿任用。曹爽平日里和他们十分亲善，等到自己辅政之时，很快对他们加以提拔，充当自己的心腹之人。何晏，是何进的孙子。丁谧，是丁斐的儿子。何晏等人都一起推荐曹爽，觉得重权不可以委托给旁人。丁谧替曹爽谋划，让曹爽请求皇帝下达诏书，转而任用司马懿担任太傅，在外表上对司马懿在名号上加以尊称，而实际上想要尚书奏事，先由自己过目，就能够掌控轻重缓急之事了。曹爽接受了丁谧的建议。二月，丁丑日（三月二十一日），任用司马懿担任太傅，任用曹爽的弟弟曹羲担任中领军，曹训担任武卫将军，曹彦担任散骑常侍、侍讲，其他诸位弟弟都以列侯侍从，出入皇帝所住之地，没有谁再比得上他们的高贵荣宠了。

　　曹爽侍奉太傅司马懿，礼貌即使与之前一样，然而各种改革的事情，就很少再由司马懿做决定了。曹爽变更吏部尚书卢毓担任仆射，而用何晏接替卢毓的位置，任用邓飏、丁谧担任尚书，毕轨担任司隶校尉。何晏等人仗着自己的权势管理事务，能附和自己的人就能够得到升迁，违抗或者忤逆自己的人就将他们贬职，因而朝廷内外望风而行，不敢违背他们的意旨。黄门侍郎傅嘏对曹爽的弟弟曹羲说："何晏的性格，外静而内躁，投机取巧，不考虑务力根本，我担心他会先将你的兄弟迷惑，那么好人将从此远离，朝政也将会被荒废了。"何晏于是对傅嘏不满，就以极其微小的事情作为借口将傅嘏免官。又将卢毓派出去担任廷尉，毕轨又冤枉上奏，于是卢毓被免官，大家多为卢毓鸣冤辩解，于是再用他担任光禄勋。孙礼正直亮节、不愿屈服权势，曹爽感到心有不便，就派孙礼出京去担任扬州刺史。

　　三月，以征东将军满宠为太尉。

　　夏，四月，吴督军使者羊衜击辽东守将，俘人民而去。

　　汉蒋琬为大司马，东曹掾犍为杨戏，素性简略，琬与言论，时不应答。或谓琬曰："公与戏语而不应，其慢甚矣！"琬曰："人心不同，各如其面，面从后言，古人所诫。戏欲赞吾是邪，则非其本心；欲反吾言，则显吾之非，是以默然，是戏之快也。"又督农杨敏尝毁琬曰："作事愦愦，诚不及前人。"或以白琬，主者请推治敏，琬曰："吾实不如前人，无可推也。"主者乞问其愦愦之状，琬曰："苟其不如，则事不理，事不理，则愦愦矣。"后敏坐事系狱，众人犹惧其必死，琬心无适莫，敏得免重罪。

【译文】三月，任用征东将军满宠担任太尉。

夏季，四月，吴国督军使者羊衜攻击辽东守将，俘获当地百姓离开。

蜀汉蒋琬担任大司马，东曹掾犍为人杨戏，平时性情简略，蒋琬同他说话，他经常不做回答。有人对蒋琬说："先生同杨戏说话，可是他时常不做回应，实在也太怠慢了！"蒋琬说："人心不同，各如其面，即使当面听从，退后也会有言，这是古人所告诫之话。杨戏假如赞同我的意见，那就不是他的本心了；假如想要反对我的话，就又显示我的过错，因此默默无语，这正是杨戏的直快之处呀！"又有督农杨敏曾诋毁蒋琬说："行事糊涂，实在是比不上前任的人。"有人告知蒋琬，主事的人想要治杨敏的罪，蒋琬说："我本来就不如前任之人，如何能够治他的罪呢！"主事的人问蒋琬是如何糊涂的，蒋琬说："假如比不上前人，那么事务就处理不好，处理不好事情，就是糊涂呀！"后来杨敏因为犯事被关进监狱，大家都为他担心，都说他一定会死，蒋琬的心却丝毫没有成见，杨敏也得以免去重罪。

秋，七月，帝始亲临朝。

八月，大赦。

冬，十月，吴太常潘濬卒。吴主以镇南将军吕岱代濬，与陆逊共领荆州文书。岱时年已八十，体素精勤，躬亲王事，与逊同心协规，有善相让，南士称之。

十二月，吴将廖式杀临贺太守严纲等，自称平南将军，攻零陵、桂阳，摇动交州诸郡，众数万人。吕岱自表辄行，星夜兼路，吴主遣使追拜交州牧，及遣诸将唐咨等络绎相继，攻讨一年，破之，斩式及其支党，郡县悉平。岱复还武昌。

【译文】秋季，七月，魏帝曹芳开始亲临朝政。

八月，大赦天下。

冬季，十月，吴国太常潘濬逝世。吴主孙权任用镇南将军吕岱接替潘濬的职位，和陆逊一同在荆州管理文书。吕岱当时年龄已经八十岁了，平日里体格很健壮，亲自治理国事，和陆逊同心协力，有功劳却相互推让，南方的人大力称赞他们。

十二月，吴国将领廖式杀掉临贺太守严纲等人，自称为平南将军，攻打零陵、桂阳，煽动了交州各郡，聚众有几万人，吕岱上书后就出发平乱，日夜兼程，吴主孙权遣使追上去册封吕岱担任交州牧，又调遣众将领唐咨等陆续赶去，征战一年，击败了廖式等人，杀掉廖式及其余党，郡县都平定了。吕岱才返回武昌。

吴都乡侯周胤将兵千人屯公安，有罪，徙庐陵；诸葛瑾、步骘为之请。吴主曰："昔胤年少，初无功劳，横受精兵，爵以侯将，盖念公瑾以及于胤也。而胤恃此，酗淫自恣，前后告谕，曾无悛改。孤于公瑾，义犹二君，乐胤成就，岂有已哉！迫胤罪恶，未宜便还，且欲苦之，使自知耳。以公瑾之子，而二君在中间，苟使能改，亦何患乎！"

瑜兄子偏将军峻卒，全琮请使峻子护领其兵。吴主曰："昔走曹操，拓有荆州，皆是公瑾，常不忘之。初闻峻亡，仍欲用护。闻护性行危险，用之适为作祸，故更止之。孤念公瑾，岂有已哉！"

十二月，诏复以建寅之月为正。

【译文】 吴国都乡侯周胤率兵一千多人驻扎在公安,因为有罪,又迁到庐陵。诸葛瑾、步骘为此事向上请示。吴主孙权说:"先前周胤年幼时,并无什么功劳,无故却将精兵交予他,封他为侯爵并统率军队,那是因为思念周瑜因此才对周胤那样好呀!周胤就是依仗恩宠,酗酒淫逸,放荡不羁,前后告诫他,也不知晓改过。我同周瑜之间的情义,就如二位一般,希望周胤能有所成就,哪里有满足之时呢!迫于周胤的罪过太大,最好不要让他回来,想要苦一苦他,令他自己知晓反省呀!就凭公瑾的儿子,又有二位在中间,假如他能改过自新,还有什么可担心的?"

周瑜哥哥的儿子偏将军周峻死去,全琮请由周峻的儿子周护领他父亲的兵。吴主孙权说:"先前击败曹操,开拓荆州的领土,这全部都是周瑜的功劳,我常常无法将他忘却。刚听说周峻去世,我也想让周护接替他父亲的职务。然而听说周护品性凶暴,假如用他反而是制造祸端,因而才更改不让他接替。我对周瑜的思念,哪里会终止呢!"

十二月,魏帝曹芳下诏书,再以建寅月(三月)为正月。

邵陵厉公上

正始元年(庚申,公元二四〇年)春,旱。

越巂蛮夷数叛汉,杀太守,是后太守不敢之郡,寄治安定县,去郡八县馀里。汉主以巴西张嶷为越巂太守,嶷招慰新附,诛讨强猾,蛮夷畏服,郡界悉平,复还旧治。

冬,吴饥。

二年(辛酉,公元二四一年)春,吴人将伐魏。零陵太守殷札言于吴主曰："今天弃曹氏，丧诛累见，虎争之际而幼童涖事。陛下身自御戎，取乱侮亡，宜涤荆、扬之地，举强赢之数，使强者执戟，赢者转运。西命益州，军于陇右，授诸葛瑾、朱然大众，直指襄阳，陆逊、朱桓别征寿春，大驾入淮阳，历青、徐。襄阳、寿春，困于受敌，长安以西，务御蜀军，许、洛之众，势必分离，掎角并进，民必内应。将帅对向，或失便宜，一军败绩，则三军离心。便当秣马脂车，陵蹈城邑，乘胜逐北，以定华夏。若不悉军动众，循前轻举，则不足大用，易于屡退，民疲威消，时往力竭，非上策也。"吴主不能用。

【译文】正始元年（庚申，公元240年）春季，发生旱灾。

越巂蛮夷数次背叛蜀汉，杀掉太守，此后太守都不敢到郡里去任职，将治所寄居在安定县，离开郡有八百多里。汉后主刘禅派遣巴西张嶷担任越巂太守，张嶷招慰新来附从的人，铲除征伐称强或者狡诈之人，蛮夷畏惧而服从，郡内于是都安定下来了，各郡太守又都回到先前的治所办公。

冬季，吴国发生饥荒。

二年（辛酉，公元241年）春季，吴国将要出兵攻打魏国。零陵太守殷札建议吴主孙权说："如今上天抛却曹魏，屡屡有君臣丧亡出现，正在纷争之时却让一个小孩执掌国事。皇上亲自领兵攻取混乱的魏国，应当尽出荆州、扬州，出动全部强弱兵丁，让强壮的握戟持刀，让体弱的负责转运粮草。西方命令蜀汉益州的军队，驻扎陇右，让诸葛瑾、朱然率领军队，径直攻打襄阳，陆逊、朱桓另外去征讨寿春，皇上大驾进到淮阳，向青州、徐州发兵。这样魏国襄阳、寿春要被我们围困；长安以西，又要抵御蜀汉的攻击，那么在许昌、洛阳的士民一定会分离，我们掎角并进，民众也必然会从内部接应。他们的将帅对向交战，有的会丧失优势，如此一来，一军遭遇败绩，就会引发三军离心。我们正好喂饱战马，整备车辆，攻城陷阵，再乘胜追击，将他们予以消灭，从而使得华夏安定。假如我们不全军出动，而像之前那样轻微举动，那就不会有大的成效，反倒容易退却，我们的兵民也疲惫了，威力也减弱了，时机过去了，力量也消失了，这不是上等策略呀！"吴主孙权没有使用这个计划。

【申涵煜评】札乘明帝之丧，劝吴伐魏，真是不度德不量力。夫曹氏虽衰，司马氏方强，即使兴师动众，必为有损无益。后诸葛恪是其明验。

【译文】殷札趁着魏明帝丧期，劝孙吴攻打魏国，真是既不德道，又自不量力，曹氏虽然衰弱了，但司马氏还很强盛，即使是兴师动众地出兵了，只能是失败，不会获得什么好处。后来的诸葛恪就是明证。

夏，四月，吴全琮略淮南，决芍陂，诸葛恪攻六安，朱然围樊，诸葛瑾攻柤中。征东将军王凌、扬州刺史孙礼与全琮战于芍陂，琮败走。荆州刺史胡质以轻兵救樊，或曰："贼盛，不可迫。"质曰："樊城卑兵少，故当进军为之外援，不然，危矣。"遂勒兵临围，城中乃安。

五月，吴太子登卒。

吴兵犹在荆州，太傅懿曰："柤中民夷十万，隔在水南，流离无主，樊城被攻，历月不解，此危事也，请自讨之。"六月，太傅懿督诸军救樊；吴军闻之，夜遁。追至三州口，大获而还。

【译文】夏季，四月，吴国全琮袭击淮南，挖开芍陂的堤防。诸葛恪攻打六安，朱然围攻樊城，诸葛瑾兵进柤中。魏国征东将军王凌、扬州刺史孙礼和全琮在芍陂展开激战，全琮因为战败撤军而逃。荆州刺史胡质用轻兵去解救樊城，有人对胡质说道："敌人众多，不可太逼近。"胡质说："樊城的城墙低矮，守军又太少，因此要很快出兵作为他们的外援。假如不这样行事，樊城就会面临被敌人攻破的危险。"于是率兵迅速赶赴樊城，兵临外围后，城中才得以安定。

五月，吴国太子孙登过世。

吴兵尚停留在荆州，太傅司马懿说："柤中有汉民和夷人十万之多，隔在沔水南岸，流离失散没人指挥，樊城遭受攻击，历时一个月了还未解围，这种危险的事情，请您派我去征讨他们吧！"六月，太傅司马懿督率众军去解救樊城。吴军听说司马懿率军前来，连夜就逃走了，司马懿督率大军追到三州口，大获全胜，然后撤回了军队。

闰月，吴大将军诸葛瑾卒。瑾长子恪先已封侯，吴主以恪弟融袭爵，摄兵业，驻公安。

汉大司马蒋琬以诸葛亮数出秦川，道险，运粮难，卒无成功，乃多作舟船，欲乘汉、沔东下，袭魏兴、上庸。会旧疾连动，未时得行。汉人咸以为事有不捷，还路甚难，非长策也，汉主遣尚书令费祎、中监军姜维等喻指。琬乃上言："今魏跨带九州，根蒂滋蔓，平除未易。若东西并力，首尾掎角，虽未能速得如志，且当分裂蚕食，先摧其支党。然吴期二三，连不克果。辄与费祎等议，以凉州胡塞之要，进退有资，且羌、胡乃心思汉如渴，宜以姜维为凉州刺史。若维征行，御制河右，臣当帅军为维镇继。今涪水陆四通，惟急是应，若东北有虞，赴之不难，请徙屯涪。"汉主从之。

【译文】闰月，吴国大将军诸葛瑾逝世。诸葛瑾的长子诸葛恪早已封侯，吴主孙权用诸葛恪的弟弟诸葛融承袭他父亲的爵位，统率他父亲的兵马，驻守于公安。

蜀汉大司马蒋琬觉得诸葛亮在世之时几次从秦川出兵，道路崎岖，运粮困难，因此都没有获得成功，于是就打算制造很多舟船，想要乘汉水、沔水东下，攻打魏兴、上庸两地。后来因为自己的旧病复发，没有趁魏衰乱时进兵。汉人都觉得假如在水道上攻击敌人不能取胜，退路十分艰难，不是上等的策略；汉后主刘禅调遣尚书令费祎、中监军姜维等人宣读旨意。蒋琬接受命令后，就上奏说："如今魏国横跨九州，根蒂还一直往外延伸，想要铲除并非易事，假如吴国和我们合力，保持首尾掎角之事，尽管不能马上将曹魏灭掉实现大志，也可以分割它的势力，蚕食它的领土，先摧毁它的部分党羽。然而吴国好几次和我们约定行动，却最终不能实现。我时常和费祎他们商议，都觉得凉州是胡人关卡的重要地方，一旦占据了那里，无论是进攻还是防守都能有所依靠。而且那个地方的羌人、胡人都心中思念汉朝如同口渴，应当派姜维去担任凉州刺史。假如姜维出兵之后，能将河右一带控制了，我就可以率军充当姜维的支援或后盾了。如今涪县水路陆路四面通达，应对紧急之事最为便利，假如蜀、吴有危险，赶去救援也不困难，请让我移兵驻扎到涪县吧！"汉后主刘禅采纳了蒋琬的意见。

朝廷欲广田畜谷于扬、豫之间，使尚书郎汝南邓艾行陈、项已东至寿春。艾以为："昔太祖破黄巾，因为屯田，积谷许都以制四方。今三隅已定，事在淮南，每大军出征，运兵过半，功费巨亿。陈、蔡之间，土下田良，可省许昌左右诸稻田，并水东下，令淮北屯二万人，淮南三万人，什二分休，常有四万人且田且守；

益开河渠以增溉灌，通漕运。计除众费，岁完五百万斛以为军资，六、七年间，可积三千万斛于淮上，此则十万之众五年食也。以此乘吴，无不克矣。"太傅懿善之。是岁，始开广漕渠，每东南有事，大兴军众，泛舟而下，达于江、淮，资食有储而无水害。

管宁卒。宁名行高洁，人望之者，邈然若不可及，即之熙熙和易。能因事导人于善，人无不化服。及卒，天下知与不知，闻之无不嗟叹。

【译文】魏国想要在扬州、豫州的那片地方广泛开垦田地，种谷和畜牧，调遣尚书郎汝南人邓艾去负责，并由陈县、项县向东直至寿春。邓艾觉得："先前太祖攻破黄巾之时，就进行屯田，在许昌积存谷物以控制四方。如今三方已定，军事行动皆在淮南。每次大军出动，运粮的兵士占战斗士兵的二分之一还要多，耗费的金钱也在万亿以上。陈、蔡附近，田地低洼又很肥美，大可以俭省许昌周围的稻田，让水合并起来向东流去。命令在淮水北岸派出两万士兵屯垦防御，在淮水南岸派出三万士兵屯垦防御，一年中按十分之二分班轮休，这样屯田防守的就有四万人了。更要开凿河渠，以扩大灌溉，疏通漕运。衡量一下，除去开支，每年可以储蓄五百万斛的军粮，六七年间，在淮水附近就可以积存三千万斛粮食，这是十万大军五年的粮食！用这种方式来攻打吴国，哪里还有攻克不了的呢？"太傅司马懿十分赞同这个计划。这一年，开始挖广漕渠，每当东南有战事之时，大举出兵，都是乘船而下，径直到达江、淮等地，粮食有剩余而且无水灾。

管宁逝世。管宁品行高洁，大家看见他，总是自觉比不上他，等到接近他之时，又觉得管宁平易近人。并且管宁还能因事教导人向善，没有谁不受到他的感化。等到他去世了，天下人认

资治通鉴

识他的还是不认识他的没有不遗憾的。

三年(壬戌，公元二四二年)春，正月，汉姜维率偏军自汉中还住涪。

吴主立其子和为太子，大赦。

三月，昌邑景侯满宠卒。秋，七月，乙酉，以领军将军蒋济为太尉。

吴主遣将军聂友、校尉陆凯将兵三万击儋耳、珠崖。

八月，吴主封子霸为鲁王。霸，和母弟也，宠爱崇特，与和无殊。尚书仆射是仪领鲁王傅，上疏谏曰："臣窃以为鲁王天挺懿德，兼资文武，当今之宜，宜镇四方，为国藩辅。宣扬德美，广耀威灵，乃国家之良规，海内所瞻望。且二宫宜有降杀，以正上下之序，明教化之本。"书三、四上，吴主不听。

【译文】 三年（壬戌，公元242年）春季，正月，蜀汉姜维率领偏师自汉中还驻涪县。

吴主孙权立他的儿子孙和为太子，大赦天下。

三月，昌邑景侯满宠去世。秋季，七月，乙酉日（十九日），任用领军将军蒋济担任太尉。

吴主孙权派出将军聂友、校尉陆凯率兵三万攻击交州的儋耳、珠崖。

八月，吴主孙权封儿子孙霸为鲁王。孙霸是孙和的同母弟弟，并且对他异常宠爱，与孙和毫无差别。尚书仆射是仪录为鲁王傅，上奏章说："臣暗自觉得鲁王有特别出众的才能和德行，还有文武两方面的禀赋，以如今的情形来看，应当让他守卫四方，充当国家的屏藩，弘扬美德，广耀声威，这才是国家的良规，也是海内所希望的。而且本应该在两宫中分出贵贱，以修正上下规矩的秩序，申明教化的根本。"上奏三四次，吴主孙权都没有听从他的建议。

四年（癸亥，公元二四三年）春，正月，帝加元服。

吴诸葛恪袭六安，掩其人民而去。

夏，四月，立皇后甄氏，大赦。后，文昭皇后兄俨之孙也。

五月，朔，日有食之，既。

冬，十月，汉蒋琬自汉中还住涪，疾益甚，以汉中太守王平为前监军、镇北大将军，督汉中。

十一月，汉主以尚书令费祎为大将军、录尚书事。

吴丞相顾雍卒。

吴诸葛恪远遣谍人观相径要，欲图寿春。太傅懿将兵入舒，欲以攻恪，吴主徙恪屯于柴桑。

【译文】四年（癸亥，公元243年）春季，正月，魏帝曹芳举行加冠礼。

吴国诸葛恪攻打六安，捕获当地的人民后离开。

夏季，四月，魏国立皇后甄氏，大赦天下。甄皇后是文昭皇后哥哥甄俨的孙女。

五月，朔日（初一），发生日食，而后日全食。

冬季，十月，蜀汉蒋琬从汉中返回住在涪县，病情愈加严重，派遣汉中太守王平担任前监军、镇北将军，督师汉中。

十一月，汉后主刘禅任用尚书令费祎担任大将军、录尚书事。

吴国丞相顾雍逝世。

吴国诸葛恪派出谍报人员探视要道，想要进攻魏国的寿春。魏国太傅司马懿带兵进入舒县，想要攻打诸葛恪，吴主孙权徙诸葛恪驻扎兵队在柴桑。

步骘、朱然各上疏于吴主曰："自蜀还者,咸言蜀欲背盟,与
魏交通,多作舟船,缮治城郭。又,蒋琬守汉中,闻司马懿南向,
不出兵乘虚以掎角之,反委汉中,还近成都。事已彰灼,无所复
疑,宜为之备。"吴主答曰："吾待蜀不薄,聘享盟誓,无所负之,
何以致此! 司马懿前来入舒,旬日便退。蜀在万里,何知缓急而
便出兵乎? 昔魏欲入汉川,此间始严,亦未举动,会闻魏还而止,
蜀宁可复以此有疑邪! 人言苦不可信,朕为诸君破家保之。"

征东将军、都督扬、豫诸军事王昶上言："地有常险,守无常
势。今屯宛去襄阳三百馀里,有急不足相赴。"遂徙屯新野。

【译文】步骘、朱然分别上奏章给吴主孙权说:"从蜀汉
返回的人,都说蜀汉想要违背盟约,他们和魏交往,还制造了很
多舟船,营建城郭;又让蒋琬守卫汉中,听闻司马懿也不向南出
兵,乘机摆出掎角之势,反而将汉中委托给他人,自己却返回成
都附近。对我国不利的情形已经很明显了,不用再疑惑了,应当
早做准备。"吴主孙权答复他们说:"我对待蜀汉并不薄,聘问
飨宴盟誓,从未辜负过他们,他们哪里会图谋我国呢! 司马懿带
兵来到舒县,不过十日就退了回去。蜀汉在万里以外,哪里会了
解缓急就要出兵呢! 先前魏国想要攻打汉中,我们严阵以待,也
没有举动,到后来听到魏兵撤回而此事才算完结。蜀汉难道还
为此怀疑我们吗? 传言很不可信,我可以对你们破家保证蜀汉
不会前来攻打我们的。"

征东将军、都督扬州、豫州各军事的王昶上言说:"地势上
常有坚固的险要之地,防守上却没有一定的形势。如今士兵驻
扎在宛县,离襄阳三百多里,有急事不能够赶去救援。"于是迁

移到新野屯驻。

宗室曹冏上书曰："古之王者，必建同姓以明亲亲，必树异姓以明贤贤。亲亲之道专用，则其渐也微弱；贤贤之道偏任，则其敝也劫夺。先圣知其然也，故博求亲疏而并用之，故能保其社稷，历经长久。今魏尊尊之法虽明，亲亲之道未备，或任而不重，或释而不任。臣窃惟此，寝不安席，谨撰合所闻，论其成败曰：昔夏、商、周历世数十，而秦二世而亡。何则？三代之君与天下共其民，故天下同其忧；秦王独制其民，故倾危而莫救也。秦观周之弊，以为小弱见夺，于是废五等之爵，立郡县之官，内无宗子以自毗辅，外无诸侯以为藩卫，譬犹芟刈股肱，独任胸腹。观者为之寒心，而始皇晏然自以为子孙帝王万世之业也，岂不悖哉！故汉祖奋三尺之剑，驱乌集之众，五年之中，遂成帝业。何则？伐深根者难为功，摧枯朽者易为力，理势然也。汉监秦之失，封殖子弟；及诸吕擅权，图危刘氏，而天下所以不倾动者，徒以诸侯强大，盘石胶固故也。然高祖封建，地过古制，故贾谊以为欲天下之治安，莫若众建诸侯而少其力；文帝不从。至于孝景，猥用晁错之计，削黜诸侯，遂有七国之患。盖兆发高帝，衅锺文、景，由宽之过制，急之不渐故也。所谓'末大必折，尾大难掉'，尾同于体，犹或不从，况乎非体之尾，其可掉哉！武帝从主父之策，下推恩之令，自是之后，遂以陵夷，子孙微弱，衣食租税，不预政事。至于哀、平，王氏秉权，假周公之事而为田常之乱，宗室王侯，或乃为之符命，颂莽恩德，岂不哀哉！由斯言之，非宗子独忠孝于惠、文之间而叛逆于哀、平之际也，徒权轻势弱，不能有定耳。赖光武皇帝挺不世之姿，擒王莽于已成，绍汉嗣于既绝，斯岂非宗子之力也！而曾不监秦之失策，袭周之旧制，至于桓、灵，阉宦用事，郡孤立于上，臣弄权于下；由是天下鼎沸，奸宄并争，宗庙焚为灰烬，宫室变为榛薮。

【译文】宗室曹冏上奏章说："古代的帝王，必定册封同姓的人为藩国以表明宗亲的情义，立异姓的人为诸侯以表明尊贤的礼节。然而要是太过偏重亲属，国家就会变得微弱；反之过于信任贤人，大权也会旁落，最后遭到抢夺。先圣知晓这个道理，因此在亲和疏之间广泛并重地选用，如此才能保全他的国家，而且能够历经长久而不衰落。如今魏国在尊敬贤德上即使做得非常好，然而在亲近亲族方面却还是做得不够好，有的授予他职务却不予重用，有的放置而不予任用。臣私下想到此事，时常无法睡得安稳，于是将所了解的写了出来，谈谈他们的成败得失，先前夏、商、周都经历了数十代，然而秦却只历经两代就灭亡了，这是出于什么缘故呢？三代的君王同天下的百姓共同治理朝政，因而天下都共同为国操劳。秦王要高高在上，独自治理百姓，因此到了将亡之时，就无人挽救它。秦朝看见周朝的缺点，觉得周王领地小而薄弱，因此大权被剥夺，因而废掉公、侯、伯、子、男五等的封爵，设置郡县官吏，朝内没有宗亲的人来辅佐，朝外也缺少诸侯防备，就像割除手足，却只用心腹支撑，在旁观者看来真是心惊胆战，但是秦始皇却安然地自以为成就了子孙万世的基业，这难道不是违背常理吗！因此汉高祖挥动三尺之剑，驱动乌合之众，在五年之内，就完成了帝业。这是什么原因造成的呢？砍伐深根的树木，难以取得功效；摧毁枯枝烂木，却很容易见到成果，这是自然的道理。汉见到秦朝的过失，就到处分封他的子弟；之后内亲诸吕专权，妄图危及刘氏天下，但是没有取得成功，这是因为诸侯势力强盛，就如磐石胶漆一样坚固。然而汉高祖刘邦的封邦建国，地区超越了古制，因此贾谊认为若要天下太平治理安定，莫若多设诸侯去分散他们的力量；但是汉文帝刘恒并不听从他的建议。到了孝景皇帝当政时期，又错用晁错的计划，削减诸侯的兵力，于是引发了七国的反叛。这情形大概从高祖时就出现了，而祸衅却聚集在文帝、景帝当政时期，这是由于制度太过宽厚的缘故；想改正却不采用渐进的方法，又太过急迫了。所以说：'如果末梢大过根部，一定会折断；如果尾部大过头部，一定难以调动'，尾和身本是一体，尚且不听从；更何况不是自己的尾部呢！汉武帝刘彻因此采用了主父偃的计策，下推恩令，自从这措施施行以后，诸侯势力逐渐减弱，他们的子孙也渐渐微弱，只能靠着封地的租税衣食生活，再也不能干预朝政了。到了哀帝、平帝之时，王莽掌握政权，假装借着周公的事迹，却行使着田常的乱谋，宗室诸侯，有的竟然替他制造符命，颂扬王莽的恩德，这难道不够悲哀吗？在这样看来，并不是宗室的子弟在惠帝、文帝之时才忠孝，在哀帝、平帝之时就反叛忤逆了！这是权势轻弱，不能平定祸乱呀！幸亏赖光武皇帝刘秀以盖世的雄姿，把已经做皇帝的王莽抓住，才使汉朝的天下延续下来没有断绝，这难道不是宗子的力量啊？可是他又没有见到秦朝的失误，沿袭周朝的旧制，以至于桓帝、灵帝之时，阉官掌事，皇帝孤立于朝堂，群臣弄权于下；于是天下混乱，奸邪相互争夺，宗庙被大火烧光，宫室都变成了森林草地了。

太祖皇帝龙飞凤翔，扫除凶逆。大魏之兴，于今二十有四年矣。观五代之存亡而不用其长策，睹前车之倾覆而不改于辙迹。子弟王空虚之地，君有不使之民；宗室窜于闾阎，不闻邦国之政；权均匹夫，势齐凡庶。内无深根不拔之固，外无盘石宗盟之助，非所以安社稷，为万世之业也。且今之州牧、郡守，古之方伯、诸侯，皆跨有千里之土，兼军武之任，或比国数人，或兄弟并据；而宗室子弟曾无一人间厕其间，与相维制，非所以强干弱枝，备万一之虞也。今之用贤，或超为名都之主，或为偏师之帅；而宗室有文者必限小县之宰，有武者必致百人之上，非所以劝进贤能、褒异宗室之礼也。语曰：'百足之虫，至死不僵'，以其扶之者众也。此言虽小，可以譬大。是以圣王安不忘危，存不忘亡，故天下有变而无倾危之患矣。"冏冀以此论感寤曹爽，爽不能用。

【译文】 "太祖皇帝有龙飞凤翔的英雄气度，消除了许多凶逆。大魏的兴起，到现在也有二十四年了；然而见到五代的存亡而没有选用其中明智的决策，见到前车的颠覆而没有改变后车的轨迹。子弟有封王的虚名但实际没有封地，有藩王的尊号在国民上面但不可以当臣来使唤。宗室的人都逃窜到乡间，不管国家的大事。他们的权力和匹夫一样，他们的势力就像是平民。朝廷内部没有根深蒂固般坚固，朝廷外边也没有像磐石一样的宗亲联合起来相助，这不是用来安定国家、成就万世基业的方法啊！而且现今的州牧、郡守，像古代的方伯、诸侯一样，横跨的土地都有几千里，有的同时兼管军国大任，有的一家好几个人就职高官，有的兄弟一块儿担任要职。而宗室子弟竟没有一个人在其间，和他们维持抗衡，这不是强干弱枝、以防不测的办法呀！现在任用有才智有能力的人，有的越级成为名城的长官，有的成为偏师的主帅。但是宗室有文才的只规定担任小县的主官，有武艺的只给百人以上的兵让他统领。这就不是劝进贤能、褒异宗室的正常礼法呀！俗话说：'百足之虫，死了以后不会很

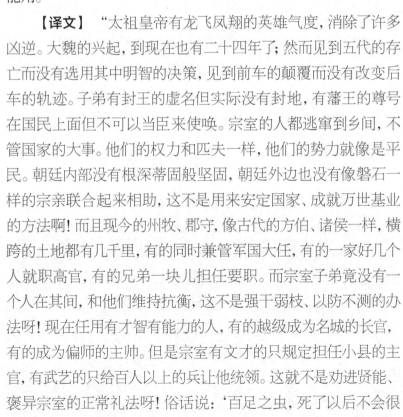

快僵硬！' 因为辅佐躯干的足太多的原因。这即使是句平凡的话，但是可以比作国家的大事呀！所以圣王在安定之时，不会忘记危险，也不会忘记灭亡，因此天下虽然有改变，却没有危机的患难发生啊！"曹同希望用这篇上书来感化曹爽，但是曹爽却没有采用。

五年（甲子，公元二四四年）春，正月，吴主以上大将军陆逊为丞相，其州牧、都护、领武昌事如故。

征西将军、都督雍、凉诸军事夏侯玄，大将军爽之姑子也。玄辟李胜为长史，胜及尚书邓飏欲令爽立威名于天下，劝使伐蜀；太傅懿止之，不能得。三月，爽西至长安，发卒十馀万人，与玄自骆谷入汉中。

汉中守兵不满三万，诸将皆恐，欲守城不出以待涪兵。王平曰："汉中去涪垂千里，贼若得关，便为深祸，今宜先遣刘护军据兴势，平为后拒；若贼分向黄金，平帅千人下自临之，比尔间涪军亦至，此计之上也。"诸将皆疑，惟护军刘敏与平意同，遂帅所领据兴势，多张旗帜，弥亘百馀里。

【译文】五年（甲子，公元244年）春季，正月，吴主孙权任命上大将军陆逊担任丞相，原州牧、都护、领武昌事和从前一样。

征西将军、都督雍州、凉州诸军事的夏侯玄，是大将军曹爽姑母的儿子。夏侯玄征召李胜担任长史，李胜及尚书邓飏想要让曹爽在天下间立威，于是游说他去讨伐蜀汉。太傅司马懿阻拦这件事，没有阻挡住。三月，曹爽向西走到长安，发动兵卒十多万，和夏侯玄从骆谷进到汉中。

汉中守兵还不到三万人，很多将士都很恐惧，想要固守城池但不愿意出兵应敌，来等着涪县的兵支援。王平说："汉中离涪县几千里，敌人如果攻下关隘，那就酿成深灾大祸，现在不如先任命护军刘敏占据并守卫兴势，我王平在后抵挡；如果敌人分开行到黄金山谷，我可以带领一千多人去迎战敌人。到那时候，涪县支援的军队也差不多快到了，这是最好的计划。"很多将领怀疑这计策，唯有刘敏和王平的意见一样，于是带领自己的军队去镇守兴势，多张扬旗帜，连接起来有百余里长。

闰月，汉主遣大将军费祎督诸军救汉中，将行，光禄大夫来敏诣祎别，求共围棋；于时羽檄交至，人马擐甲，严驾已讫，祎与敏对戏，色无厌倦。敏曰："向聊观试君耳。君信可人，必能办贼者也。"

夏，四月，丙辰朔，日有食之。

【译文】 闰月，汉后主刘禅任命大将军费祎监督率领诸军去解救汉中，将要前进之时，光禄大夫来敏去给费祎送行，请求一起下围棋。这时征集来的士兵也先后到达，人马擐甲，严阵以待，费祎和来敏一块下棋，脸色没有一点厌烦。来敏说："只是随便探视一下先生罢了，先生实在是很适合的人，也肯定是可以对抗敌人的了。"

夏季，四月，丙辰朔日（初一），发生日食。

大将军爽兵距兴势不得进，关中及氐、羌转输不能供，牛马骡驴多死，民夷号泣道路，涪军及费祎兵继至。参军杨伟为爽陈形势，宜急还，不然，将败。邓飏、李胜与伟争于爽前。伟曰："飏、胜将败国家事，可斩也！"爽不悦。

太傅懿与夏侯玄书曰：《春秋》责大德重。昔武皇帝再入汉中，几至大败，君所知也。今兴势至险，蜀已先据，若进不获战,退见邀绝,覆军必矣,将何以任其责!"玄惧,言于爽;五月,引军还。费祎进据三岭以截爽,爽争险苦战,仅乃得过,失亡甚众,关中为之虚耗。

【译文】大将军曹爽的士兵被阻拦在兴势,没有办法前进,关中以及氐人、羌人转运供给不足,牛马驴骡死了很多,民众都在道路旁痛苦地哭泣,蜀汉涪县的军队和费祎带领的军队都快到了。参军杨伟向曹爽说明情形,应当迅速退走,不然就会遭到败绩。邓飏、李胜在曹爽面前与杨伟相争执,杨伟说:"邓飏、李胜二人要破坏国家大事。可以拖出去杀了。"曹爽不高兴。

太傅司马懿给夏侯玄一封信说:"《春秋》大概意思是说责任大的接受恩宠必然很大。先前武皇帝两次进军进入汉中,差不多每次都是大败,这你是知道的。现在兴势地势险峻,但是蜀汉先行据守,如果进攻敌方不应战,退又等于邀请敌人来侵占我方,全军必定覆没,这会是谁的责任呢!"夏侯玄听到了,非常恐惧,就告诉曹爽;五月,带着军队退走。费祎向前推进,镇守三岭,以阻击曹爽。曹爽在险要之地苦苦战斗,只是得以通过,逃散伤亡非常惨痛,关中为此也消耗不少。

【乾隆御批】曹爽兴师不以正,且失地势,故祎得用逸以劳耳。若以从容围棋为足能办贼,器量较谢安矫情镇物犹为不及矣。

【译文】曹爽发动的是不义战争,而且失去了有利地势,所以费祎能够以逸待劳罢了。如果用从容下棋当作有足够的能力抵御敌人进犯的根据,这种气量还比不上谢安的故作镇静。

【申涵煜评】曹爽侵蜀,与韩佗胄伐金同一孟浪。以庸下之才,为非常之举,鲜克有胜。仲达所以不行者,以此时权不在握,内顾之忧方深耳。

【译文】曹爽侵犯蜀国，与韩侂胄攻打金是同样的鲁莽之举。他本身就是个庸才，却想做出震惊的举动，本来就胜算不大。司马懿之所以对抗不了曹爽，是因为此时大权不在手中，有很深的内顾之忧。

秋，八月，秦王询卒。

冬，十二月，安阳孝侯崔林卒。

是岁，汉大司马琬以病固让州职于大将军祎，汉主乃以祎为益州刺史，以侍中董允守尚书令，为祎之副。

时战国多事，公务烦猥；祎为尚书令，识悟过人，每省读文书，举目暂视，已究其意旨，其速数倍于人，终亦不忘。常以朝晡听事，其间接纳宾客，饮食嬉戏，加之博弈，每尽人之欢，事亦不废。及董允代祎，欲教祎之所行，旬日之中，事多愆滞。允乃叹曰："人才力相远若此，非吾之所及也！"乃听事终日而犹有不暇焉。

【译文】秋季，八月，秦王曹询过世。

冬季，十二月，安阳孝侯崔林过世。

同一年，蜀汉大司马蒋琬因为生病，坚决辞掉州职给大将军费祎，汉后主刘禅于是任命费祎担任益州刺史，命令侍中董允担任尚书令，担任费祎的副主官。

当时的军国事情非常多，公务非常繁忙；费祎担任尚书令，知识觉悟超越常人，每次省视或者阅读文书，抬头一看，就知悉里边的旨意，他的速度超出常人几倍，到最后也不会忘记。经常在朝晚听事，其间接待宾客，饮食嬉戏，与别人下围棋等，常常让人都很高兴，事情也没有荒废。等到董允替代费祎，想要学费祎的行为，才不到十天，许多事都延误了。董允才感叹说："人的才力差距太大了，费祎的智慧，不是我能够比得上的。"于是整天处理事务，却还有打理不完之时。

【乾隆御批】子贱鸣琴，而单父治；巫马期日夜不处，而单父亦治；此久为记载家蹈袭套语。祎虽才优于允，其不逮诸葛甚明。诸葛犹孜孜奉国，食少事繁，而祎乃欲以清净名高，岂可为法？

【译文】宓子坐在大堂上弹琴，而把单父县治理得很好；巫马期日夜不停地处理公务，单父县也得到了治理；这是经常被记载家沿袭的套语。费祎的才能虽然比董允卓越，但比不上诸葛亮这是很明显的。诸葛亮还勤勉地为国家大事操劳，进食很少事情繁杂；而费祎却想以清静无为获得崇高的声誉，这怎么可以仿效？

六年（乙丑，公元二四五年）春，正月，以票骑将军赵俨为司空。

吴太子和与鲁王同宫，礼秩如一，群臣多以为言，吴主乃命分宫别僚；二子由是有隙。

卫将军全琮遣其子寄事鲁王，以书告丞相陆逊，逊报曰：“子弟苟有才，不忧不用，不宜私出以要荣利；若其不佳，终为取祸。且闻二宫势敌，必有彼此，此古人之厚忌也。”寄果阿附鲁王，轻为交构。逊书与琮曰：“卿不师日䃅而宿留阿寄，终为足下门户致祸矣。”琮既不纳逊言，更以致隙。

鲁王曲意交结当时名士。偏将军朱绩以胆力称，王自至其廨，就之坐，欲与结好。绩下地住立，辞而不当。绩，然之子也。

【译文】六年（乙丑，公元245年）春季，正月，魏帝曹芳任命骠骑将军赵俨担任司空。

吴国太子孙和与鲁王孙霸同宫，礼仪相同，群臣都觉得这样上下不分不好，于是吴主孙权才命令分开宫室各有僚属；两个人从此开始有间隔。

卫将军全琮任命他的儿子全寄去侍奉鲁王，写信将此事告知丞相陆逊，陆逊回信说："你的儿子假如有才能，不用担心不被任用，不应当依靠私门求荣利；假如你的儿子才能不好，最终会遭受祸害。而且听说两宫有敌对的趋势，肯定会分出彼此，这是古人最避讳的事呀！"全寄果然偏向于鲁王，轻易地结交他。陆逊写信和全琮说："先生不学金日磾侍奉汉武帝，却要放纵容忍全寄呀！最后先生的家里肯定会遭到灾祸的！"全琮不回复陆逊的信，反而与陆逊产生了隔阂。

鲁王屈尊来交结天下名士。偏将军朱绩是个非常有胆识的人，鲁王亲自到他的公舍，和他挨着坐，想要与他结为好友。朱绩立刻下去站在地上，向鲁王推辞不敢当。朱绩，是朱然的儿子。

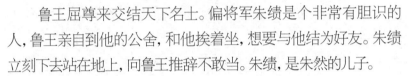

于是自侍御、宾客，造为二端，仇党疑贰，滋延大臣，举国中分。吴主闻之，假以精学，禁断宾客往来。督军使者羊衜上疏曰："闻明诏省夺二宫备卫，抑绝宾客，使四方礼敬不复得通，远近悚然，大小失望。或谓二宫不遵典式，就如所嫌，犹宜补察，密加斟酌，不使远近得容异言。臣惧积疑成谤，久将宣流，而西北二隅，去国不远，将谓二宫有不顺之愆，不审陛下何以解之！"

吴主长女鲁班适左护军全琮，少女小虎适票骑将军朱据。全公主与太子母王夫人有隙。吴主欲立王夫人为后，公主阻之；恐太子立怨己，心不自安，数谮毁太子。吴主寝疾，遣太子祷于长沙桓王庙，太子妃叔父张休居近庙，邀太子过所居。全公主使人觇视，因言"太子不在庙中，专就妃家计议"，又言"王夫人见上寝疾，有喜色"，吴主由是发怒。夫人以忧死，太子宠益衰。

【译文】在那时自侍御、宾客，都分为两派，敌视敌党，怀疑二心，又牵连到大臣，全国分成两个部分。吴主孙权听说此事后，假装借着让孩子好好学习的名义，禁止宾客来往。督军使者羊衜上奏章说："听说已下诏书节省两宫的守卫，断绝宾客，使各方的礼仪不再通行，远近之人都感到惊悚，大大小小的人也都觉得失望。有人说两宫不遵守法式；如果他们有嫌疑，也应当视察补救，秘密地加以斟酌，不让远近之人有疑心。臣只怕以后会遭到猜忌积累成了毁谤，时间一长肯定会流言散播，西方的蜀汉、北方的魏国距离我们不是很远，将会指责我们两宫不顺的过失，不知道皇上怎么对他们解释这件事呀！"

吴主孙权长女孙鲁班嫁给左护军全琮当妻子，小女儿孙小虎嫁给骠骑将军朱据当妻子。全公主鲁班与太子孙和的母亲王夫人关系有隔阂，吴主孙权一心想要立王夫人为皇后，全公主就阻止此事，又害怕太子孙和立定后埋怨自己，心里经常觉得不安，就屡次诽谤太子。吴主孙权病重在床之时，派出太子孙和到长沙桓王庙祈祷，太子妃的叔父张休的住所距离桓王庙非常近，就邀请太子孙和前去他那儿做客。全公主命令人去偷偷监视，因此就说："太子并非是到庙里去，而是到妃子的家中去商量事情了。"又说："王夫人见到皇上病重在床了，反而面上有高兴的脸色。"吴主孙权因而十分恼恨他们两人，夫人为此伤心而死，太子也不再受到宠爱了。

鲁王之党杨竺、全寄、吴安、孙奇等共谮毁太子，吴主惑焉。陆逊上疏谏曰："太子正统，宜有盘石之固；鲁王藩臣，当使宠佚有差。彼此得所，上下获安。"书三四上，辞情危切；又欲诣都，口陈嫡庶之义。吴主不悦。

太常顾谭，逊之甥也，亦上疏曰："臣闻有国有家者，必明嫡庶之端，异尊卑之礼，使高下有差，等级逾邈；如此，则骨肉之恩全，觊觎之望绝。昔贾谊陈治安之计，论诸侯之势，以为势重虽亲，必有逆节之累，势轻虽疏，必有保全之祚。故淮南亲弟，不终飨国，失之于势重也；吴芮疏臣，传祚长沙，得之于势轻也。昔汉文帝使慎夫人与皇后同席，袁盎退夫人之位，帝有怒色；及盎辨上下之义，陈人彘之戒，帝既悦怿，夫人亦悟。今臣所陈，非有所偏，诚欲以安太子而便鲁王也。"由是鲁王与谭有隙。

【译文】鲁王的同党杨竺、全寄、吴安、孙奇等人都一起诋毁太子，于是吴主孙权心中特别怀疑。陆逊上奏章劝谏说："太子是正统，理应像磐石一般坚固，鲁王是藩臣，受宠爱俸禄的情形，理当有所差别，这样彼此才会各得其所，上下才能获得安定。"奏章上了三四次，真是危言危行辞情急切；又想要亲自到建业，亲口讲述嫡子和庶出的义理。吴主孙权感到不高兴。

太常顾谭，是陆逊的外甥，他也上奏章说："臣听闻有国的君王，有家的诸侯，肯定都分明了嫡庶的区别，区分尊卑的礼仪，使得高下有差等，等级有分别。如此一来，才能够保全骨肉之间的恩情，也才能够断绝那些非分的指望。从前贾谊在《治安策》陈述治国安邦的计策时，谈及诸侯的形势，认为权势重即使是亲族的，一定会发生叛节的行为，权势轻即使疏远的，肯定会有保全的福祚。所以淮南虽然是汉文帝的亲弟弟，也没飨国到终年，这就是给他权太重的原因；吴芮是个不被重用的臣子，他被派往长沙反而得福了，这是因为势力轻微的原因。先前汉文帝让慎夫人同皇后坐在一起，袁盎将夫人的位置向后移，汉文帝刘恒见到有些生气，等到袁盎明确解释上下义理，讲述戚夫人变为人彘警戒之事，汉文帝刘恒才高兴起来，夫人也想到这其中的道理。如今臣所讲的，并无任何偏向，确实是想要保全太子，也是对鲁王有好处的呀！"因这项上奏，鲁王和顾谭两人之间产生了间隙。

芍陂之役，谭弟承及张休皆有功；全琮子端、绪与之争功，谮承、休于吴主，吴主徙谭、承、休于交州，又追赐休死。

太子太傅吾粲请使鲁王出镇夏口，出杨竺等不得令在京师，又数以消息语陆逊；鲁王与杨竺共谮之，吴主怒，收粲下狱，诛。数遣中使责问陆逊，逊愤恚而卒。其子抗为建武校尉，代领逊众，送葬东还，吴主以杨竺所白逊二十事问抗，抗事事条答，吴主意乃稍解。

【译文】芍陂的一次战争，顾谭的弟弟顾承和张休都有功劳；全琮的儿子全端、全绪和他们争抢功劳，暗地里在吴主孙权跟前诬陷顾承、张休，吴主孙权把顾谭、顾承、张休贬到交州，后来又还追赐张休死。

太子太傅吾粲请求任命鲁王孙霸出镇到夏口，驱逐杨竺等，不让他们留在京师，又几次把消息对陆逊说鲁王孙霸和杨竺都诬陷他。吴主孙权很生气，就把吾粲抓住投进监狱，并且把他杀死。又几次命令使者去责备陆逊，陆逊含恨而死。他的儿子陆抗是建武校尉，带领他父亲陆逊的兵众，送葬东还。吴主孙权用杨竺所密告陆逊二十件事情来问陆抗，陆抗都一条一条地回答了，这时吴主孙权的怒意才消除了。

【申涵煜评】逊有大功于吴，后以调停嫡庶事被责，愤恚而死。以大帝英武，暮年聩聩如此，儿女之溺人也，豪杰不免，又何况乎碌碌者哉！赵灵沙邱，汉武思子，可愧也夫！

【译文】陆逊是孙吴的大功臣，后来因为调解嫡庶的事情被责备，愤懑而死。以孙权的英武，在晚年却昏聩糊涂到这种地步，溺爱儿女这种事，就算是豪杰也免不了，更何况是碌碌无为的人呢！赵武灵王遭遇沙丘宫变，汉灵帝建立思子台，也是令人感到惭愧啊！

夏，六月，都乡穆侯赵俨卒。

秋，七月，吴将军马茂谋杀吴主及大臣以应魏，事泄，并党与皆族诛。

八月，以太常高柔为司空。

汉甘太后殂。

吴主遣校尉陈勋将屯田及作士三万人凿句容中道，自小其至云阳西城，通会市，作邸阁。

【译文】夏季，六月，都乡穆侯赵俨死去。

秋季，七月，吴国将军马茂想要谋害吴主孙权及部分大臣来迎合魏国，然而事情泄露了，他与他同党的人都被抓起来诛杀。

八月，任用太常高柔担任司空。

蜀汉甘太后过世。

吴王任命校尉陈勋带领屯田兵和工程兵共计三万人，开凿句容中道，自小其至云阳西城，修建市肆来聚会商旅，并修筑邸舍和楼阁。

冬，十一月，汉大司马琬卒。

十二月，汉费祎至汉中，行围守。

汉尚书令董允卒；以尚书吕乂为尚书令。董允秉心公亮，献可替否，备尽忠益，汉主甚严惮之。宦人黄皓，便僻佞慧，汉主爱之。允上则正色规主，下则数责于皓。皓畏允，不敢为非，终允之世，皓位不过黄门丞。

费祎以选曹郎汝南陈祇代允为侍中，祇矜厉有威容，多技艺，挟智数，故祎以为贤，越次而用之。祇与皓相表里，皓始预政，累迁至中常侍，操弄威柄，终以覆国。自陈祇有宠，而汉主追怨董允日深，谓为自轻，由祇阿意迎合而皓浸润构间故也。

【译文】冬季，十一月，蜀汉大司马蒋琬死去。

十二月，蜀汉费祎到达汉中，充实兵员于诸围寨中，以防御敌人来犯。

汉尚书令董允逝世，任用尚书吕义担任尚书令。董允持心公正，可行的事，就献策给主君，行不通的事，就劝说主君废止，尽到了忠义，汉后主刘禅十分尊敬和畏惧他。宦官黄皓奸猾聪明，汉后主刘禅很喜欢他。董允对上常常正色规劝汉后主刘禅，对下则常常责备黄皓，黄皓害怕董允，因此不敢犯下错事，等到董允死去，黄皓的职位也不过升到一个黄门令丞而已。

费祎选用曹郎汝南人陈祇代替董允担任侍中，陈祇庄严有威仪，凭借小智慧，具备多技艺，因此费祎以为他很贤能，越级而提拔任用他。陈祇和黄皓在宫内外相互呼应，黄皓才开始干预政治，于是不断升迁到中常侍，手握威势的权柄，最终导致国家灭亡。自从陈祇被宠爱以后，而后汉后主刘禅常追思埋怨董允，认为他太轻视自己了，这是因为陈祇阿谀奉承迎合后主刘禅以及黄皓不断离间董允和后主刘禅。

资治通鉴

资治通鉴卷第七十五　魏纪七

起柔兆摄提格，尽玄黓涒滩，凡七年。

【译文】 起丙寅（公元246年），止壬申（公元252年），共七年。

【题解】 本卷记录了魏邵陵厉公正始七年至嘉平四年间的历史。主要叙述了魏、蜀、吴等三国的大事：魏国平定高句丽叛乱；费祎等与蜀后主耽于游乐；魏国曹爽把持朝政却志远才疏，司马懿装病韬光养晦；曹爽等陪皇帝谒陵，司马懿发动政变，轻易诛灭曹党，皇帝尽在其掌握中；王凌等图谋废曹芳，被司马懿所杀；司马懿病死，其子司马师续掌魏国大权；司马师不听进言，三路伐吴，大败于淮南；吴主孙权改立幼子孙亮为太子，孙权死后顾命大臣诸葛恪等辅佐幼主。

邵陵厉公中

正始七年（丙寅，公元二四六年）春，二月，吴车骑将军朱然寇柤中，杀略数千人而去。

幽州刺史毌丘俭以高句骊王位宫数为侵叛，督诸军讨之。位宫败走，俭遂屠丸都，斩获首虏以千数。句骊之臣得来数谏位宫，位宫不从，得来叹曰："立见此地将生蓬蒿。"遂不食而死。俭令诸军不坏其墓，不伐其树，得其妻子皆放遣之。位宫单将妻子逃窜，俭引军还。未几，复击之，位宫遂奔买沟。俭遣玄菟太守王颀追之，过沃沮千有馀里，至肃慎氏南界，刻石纪功而还，所诛、纳八千馀口。论功受赏，侯者百馀人。

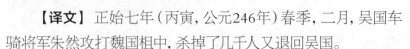

【译文】正始七年（丙寅，公元246年）春季，二月，吴国车骑将军朱然攻打魏国祖中，杀掉了几千人又退回吴国。

幽州刺史毌丘俭，因为高句丽王位宫屡次背叛侵略魏国边境，于是督率诸军去攻打他。位宫因为抵挡不住失败逃走，毌丘俭于是进入高句骊的首都丸都，杀掉及俘虏的数以千计。高句骊的臣子得来屡次建言位宫，位宫都没有听从，得来感叹说："没过多久这地方就会看到蓬蒿丛生的场景了。"于是绝食而死。毌丘俭给诸军下达命令，不可损坏得来的坟墓，也不可砍伐他坟上的树木，假如俘获得来的妻子和儿女，都要放他们回家。位宫只带领他的妻子和儿女逃跑，毌丘俭带军队返回；没有多久，又去攻打，位宫于是逃跑到买沟。毌丘俭任命玄菟太守王颀追杀他们，一直追过沃沮有一千多里，将近肃慎氏南界，将功绩刻在石头上作为纪念才回还，先后杀害或纳降八千多人。论功行赏，有一百多人被封为侯。

秋，九月，吴主以票骑将军步骘为丞相，车骑将军朱然为左大司马，卫将军全琮为右大司马。分荆州为二部：以镇南将军吕岱为上大将军，督右部，自武昌以西至蒲圻；以威北将军诸葛恪为大将军，督左部，代陆逊镇武昌。

汉大赦，大司农河南孟光于众中责费祎曰："夫赦者，偏枯之物，非明世所宜有也。衰敝穷极，必不得已，然后乃可权而行之耳。今主上仁贤，百僚称职，何有旦夕之急，而数施非常之恩，以惠奸宄之恶乎！"祎但顾谢，踧踖而已。

初，丞相亮时，有言公惜赦者，亮答曰："治世以大德，不以

资治通鉴

小惠，故匡衡、吴汉不愿为赦。先帝亦言：'吾周旋陈元方、郑康成间，每见启告治乱之道悉矣，曾不语赦也。若刘景升、季玉父子，岁岁赦宥，何益于治！'"由是蜀人称亮之贤，知祎不及焉。

陈寿评曰：诸葛亮为政，军旅数兴而赦不妄下，不亦卓乎？

【译文】秋季，九月，吴主孙权用骠骑将军步骘担任丞相，车骑将军朱然担任左大司马，卫将军全琮担任右大司马。分荆州为二部，用镇南将军吕岱担任上大将军，督荆州右部，自武昌以西至蒲圻；任用威北将军诸葛恪担任大将军，督荆州左部，取代已经死去的陆逊，镇守武昌。

蜀汉大赦天下。大司农河南人孟光在众人中责怪费祎说："所谓大赦，犹如树木一半枯槁一样，不是圣明之世所应有的景象。而是国家到衰退贫困，真正不得已之时，才可以采取的权宜之计啊！如今主上贤能，百官也称职，哪有朝夕之急就数次施展如此大的恩惠呢？这是鼓励奸盗之人的恶行呀！"费祎只对孟光道歉，表示恭敬不安而已。

起初，丞相诸葛亮在世之时，有人说他太爱惜大赦，诸葛亮回答他们说："治世是用大德，而不是靠小恩小惠，因此匡衡、吴汉都不愿使用大赦。先帝也说：'我周旋在陈元方、郑康成之间，常听他们所谈治乱的道理，没有说过要大赦！如同刘表刘琮父子，每年都实行大赦，也不见得对治理有好处啊'。"因此蜀汉之人都夸赞诸葛亮的贤能，知道费祎比不上他。

陈寿评论说：诸葛亮治理国政，屡次兴兵不妄实行赦免，这不是他超凡出众的表现吗？

吴人不便大钱，乃罢之。

汉主以凉州刺史姜维为卫将军，与大将军费祎并录尚书事。

汶山平康夷反，维讨平之。

汉主数出游观，增广声乐。太子家令巴西谯周上疏谏曰："昔王莽之败，豪杰并起以争神器，才智之士思望所归，未必以其势之广狭，惟其德之薄厚也。于时更始、公孙述等多已广大，然莫不快情恣欲，怠于为善。世祖初入河北，冯异等劝之曰：'当行人所不能为者。'遂务理冤狱，崇节俭，北州歌叹，声布四远。于是邓禹自南阳追之，吴汉、寇恂素未之识，举兵助之，其馀望风慕德，邳彤、耿纯、刘植之徒，至于舆病赍棺，襁负而至，不可胜数，故能以弱为强而成帝业。及在洛阳，尝欲小出，铫期进谏，即时还车。及颍川盗起，寇恂请世祖身往临贼，闻言即行。故非急务，欲小出不敢；至于急务，欲自安不为；帝者之欲善也如此！故《传》曰'百姓不徒附'，诚以德先之也。今汉遭厄运，天下三分，雄哲之士思望之时也，臣愿陛下复行人所不能为者以副人望！且承事宗庙，所以率民尊上也，今四时之祀或有不临，而池苑之观或有仍出，臣之愚滞，私不自安。夫忧责在身者，不暇尽乐，先帝之志，堂构未成，诚非尽乐之时。愿省减乐官、后宫，凡所增造，但奉修先帝所施，下为子孙节俭之教。"汉主不听。

【译文】吴国人觉得大钱用起来不大便利，于是停止使用它。

汉后主刘禅用凉州刺史姜维担任卫将军，和大将军费祎并掌尚书事。汶山郡平康县夷人反叛，姜维前往将他们平定了。

汉后主刘禅屡次出去游玩观赏，逐渐倾向于声乐之上的享受。太子家令巴西人谯周上奏说："先前王莽的失败，豪杰群起争夺天下，有才智的人士思望所归向的主人，不是看他势力的大小或者土地宽窄，只不过拿道德的厚薄作为归附的依据。因此那个时候的更始皇帝、公孙述等多半都已经声势浩大，然而他们不知晓控制自己的放纵和欲望，又不太愿意行好事来体恤人民。因此世祖刘秀起初进到河北，冯昇等人游说他说：'应当做些其他人无法做成的事。'于是他就整治冤狱，尊崇节俭，因此北方州郡都赞颂他的功德，名声流传四方。于是邓禹从南阳跑来跟随他，吴汉、寇恂原本不认识世祖，然而听说他的德行，也带兵前来帮忙。其他一些望风慕德的，有邳彤、耿纯、刘植等一群名人，还有老病躺在车中载着棺材的，有背负小孩之人，都前来投奔，不可胜数，因此能从微弱的势力而变为强大，终于完成帝业。之后在洛阳，他曾想微服出访，马车已经准备好了，铫期劝谏，世祖刘秀的车子马上就转了回来。等到颍川盗贼起来作乱，寇恂请求让他亲自去围剿，世祖听说了之后立刻就前去讨伐。因此为人君王没有紧急而重要之事，想要随便出去也还不敢；至于那些紧要之事，本可以自安，也不愿去享受。因此当皇帝之人，想要求得好名声就该如此啊！因此《传》上有句话说：'百姓是不会白白地主动来依靠你的。'实在是因为德行放在首位。如今汉朝遭到厄运，天下已分成了三部分，此刻正是英雄明智之人渴求圣明的君主出现，臣殷切希望皇上再来做些人家所无法完成的事情，来符合人民的愿望，而且还能够继承奉事宗庙，带领臣民尊敬君上！如今四季的祭祀，有时皇上不亲自到达，然而池塘苑囿的观赏，却时常有皇上的足迹，臣较为呆傻愚笨，然而私底下却心中不安。责任在身能理国事之人，他无暇去作乐。先帝的志向伟业，犹如堂构未成，实在还未到高兴之时。希望皇上能减少乐官和后宫的费用，增建之物，只限于遵照修造先帝以前所建的，用这充当后世子孙勤俭节约的教训。"蜀汉后主刘禅没有听从谯周的建议。

八年(丁卯, 公元二四七年)春, 正月, 吴全琮卒。

二月, 日有食之。

时尚书何晏等朋附曹爽, 好变改法度。太尉蒋济上疏曰: "昔大舜佐治, 戒在比周; 周公辅政, 慎于其朋。夫为国法度, 惟命世大才, 乃能张其纲维以垂于后, 岂中下之吏所宜改易哉! 终无益于治, 适足伤民。宜使文武之臣, 各守其职, 率以清平, 则和气祥瑞可感而致也!"

吴主诏徙武昌宫材瓦缮修建业宫。有司奏言: "武昌宫已二十八岁, 恐不堪用, 宜下所在, 通更伐致。" 吴主曰: "大禹以卑宫为美。今军事未已, 所在赋敛, 若更通伐, 妨损农桑, 徙武昌材瓦, 自可用也。" 乃徙居南宫。三月, 改作太初宫, 令诸将及州郡皆义作。

【译文】八年 (丁卯, 公元247年) 春季, 正月, 吴国全琮逝世。

二月, 发生日食。

当时尚书何晏等人勾结归顺曹爽, 喜好改变法律制度。太尉蒋济上奏章说: "先前大舜协助尧治理国事, 尤其警惕结党营私的举动; 周公辅佐朝政, 常常小心谨慎地防止朋党作怪。作为一个国家的法度, 唯有才高一世的大智, 才能建立纲纪以流传后代, 难道是中下才干的官吏能够改变的吗? 最后肯定对治理没有好处, 却正好伤害到民众。应当让文武大臣, 各自坚守自己的职位, 皇上带领他们走向清静平和, 那么和气祥瑞, 自然会打动上天从而降临到自己身上了!"

吴主孙权下诏书, 迁移武昌宫的木材砖瓦, 准备修建建业宫。掌事之人上奏章说: "武昌宫早已历经二十八年了, 怕是无法再使用下去了。应当下令就地取材, 通知在吴国各地采伐材木。"吴主孙权说："大禹认为简陋的宫室最美。如今各地战争尚未停止，所在赋税较为繁重，假如再命令全国砍伐树木，必将影响到农耕和蚕桑，将武昌的材瓦搬过来，就可以用了。"于是迁移到南宫居住。三月，改建太初宫，命令诸位将领和州郡之人，都来义务协助修筑宫室。

大将军爽用何晏、邓飏、丁谧之谋，迁太后于永宁宫；专擅朝政，多树亲党，屡改制度。太傅懿不能禁，与爽有隙。五月，懿始称疾，不与政事。

吴丞相步骘卒。

帝好亵近群小，游宴后园。秋，七月，尚书何晏上言："自今御幸式乾殿及游豫后园，宜皆从大臣，询谋政事，讲论经义，为万世法。"冬，十二月，散骑常侍、谏议大夫孔乂上言："今天下已平，陛下可绝后园习骑乘马，出必御辇乘车，天下之福，臣子之愿也。"帝皆不听。

吴主大发众集建业，扬声欲入寇。扬州刺史诸葛诞使安丰太守王基策之，基曰："今陆逊等已死，孙权年老，内无贤嗣，中无谋主。权自出则惧内衅卒起，痈疽发溃；遣将则旧将已尽，新将未信。此不过欲补绽支党，还自保护耳。"已而吴果不出。

是岁，雍、凉羌胡叛降汉，汉姜维将兵出陇右以应之，与雍州刺史郭淮、讨蜀护军夏侯霸战于洮西。胡王白虎文、治无戴等率部落降维，维徙之入蜀。淮进击羌胡馀党，皆平之。

【译文】大将军曹爽采用何晏、邓飏、丁谧的策略，将太后迁居到永宁宫，独掌朝政，多树亲党，屡改制度。太傅司马懿没有办法禁止，就逐渐同曹爽产生了间隙。五月，司马懿开始假装称自己有病，不再参与政事。

吴国丞相步骘死去。

魏帝曹芳喜欢亲近许多的小人，时常在后园设宴游玩。秋季，七月，尚书何晏上奏说："自从今天起，皇上要到式乾殿和后园游玩，应当有大臣跟随左右，询问谋划政事，讲解议论经义，作为万世的典范。"冬季，十二月，散骑常侍、谏议大夫孔乂上奏说："如今天下已经太平了，皇上大可不必到后园游乐、习骑乘马，外出一定要坐辇乘车。这是天下人的福分，也是臣子的愿望啊！"魏帝曹芳没有听从他们的建议。

吴主孙权将兵众都聚集到建业，扬言说要攻打魏国。扬州刺史诸葛诞派人请安丰太守王基来谋划。王基说："如今陆逊等人都已经死去了，孙权年纪已经老迈，宫中没有贤良的后代，朝中又缺乏谋臣。孙权自己带兵出征但害怕内部突然出事，就好比是身上的痈疽突然溃烂一般。假如任命将领出征则老的将领都牺牲了，新的将领还不能够信任。因此只不过他们集中军队，不过是想要弥补自己的缺陷，为了求得自保而已。"过了一段时间，吴国果然没有动兵。

这一年，雍、凉两州的羌人、胡人背叛魏降汉，蜀汉姜维带兵到陇西去迎接他们，和雍州刺史郭淮、讨蜀护军夏侯霸在洮西发生战争。胡王白虎文、治无戴等带领他们的部落向姜维投降，姜维将他们迁徙蜀地。郭淮攻打羌胡的余党，将他们都收服了。

九年（戊辰，公元二四八年）春，二月，中书令孙资，癸巳，中书监刘放，三月，甲午，司徒卫臻各逊位，以侯就第，位特进。

夏，四月，以司空高柔为司徒，光禄大夫徐邈为司空。邈叹曰:"三公论道之官,无其人则缺,岂可以老病忝之哉!"遂固辞不受。

五月,汉费祎出屯汉中。自蒋琬及祎,虽身居于外,庆赏威刑,皆遥先谘断,然后乃行。祎雅性谦素,当国功名,略与琬比。

【译文】九年(戊辰,公元248年)春季,二月,中书令孙资,癸巳日(三十日),中书监刘放,三月,甲午(初一),司徒卫臻各自退位,以侯爵的身份回到府第,位为特进。

夏季,四月,任用司空高柔担任司徒,任用光禄大夫徐邈担任司空。徐邈非常感叹说:"三公是讲论治国之道的官职,假如无那样之人就要空出来,怎么能够用个老病之人来充数呢!"于是坚决辞谢不愿意接受。

五月,蜀汉费祎出兵镇守汉中。自蒋琬到费祎,尽管他们都身处朝廷外部,然而朝中的庆功行赏,立威刑罚,都要从遥远之地,用书信问询商量请求做出决断,之后才能行事。费祎性格高雅,朴素谦虚,肩负国家大任的功绩名望,差不多可以和蒋琬相比。

秋,九月,以车骑将军王凌为司空。

(陪)〔涪〕陵夷反,汉车骑将军邓芝讨平之。

大将军爽,骄奢无度,饮食衣服,拟于乘舆;尚方珍玩,充牣其家;又私取先帝才人以为伎乐。作窟室,绮疏四周,数与其党何晏等纵酒其中。弟羲深以为忧,数涕泣谏止之,爽不听。爽兄弟数俱出游,司农沛国桓范谓曰:"总万机,典禁兵,不宜并出,若有闭城门,谁复内入者?"爽曰:"谁敢尔邪!"

【译文】秋季,九月,命令车骑将军王凌担任司空。

涪陵夷人发生叛乱,蜀汉车骑将军邓芝率兵将他们平定了。

　　大将军曹爽，骄傲奢侈无度，他的饮食和衣服，同皇帝一般；尚方署的宝物，充满了他的家；又暗地里留用先帝的才人作为伎乐。挖掘地下室，周围都雕刻上花纹，他常常在那里面与他的同党何晏等人喝酒取乐。他的弟弟曹羲觉得非常担心，屡次掉着泪规劝他，但曹爽就是不听。曹爽兄弟时常一同到外游玩，司农沛国人桓范对他说："总理万机，又掌管禁兵，千万不要兄弟一同外出，假如有人关上城门，谁还能再进得来呢！"曹爽说："谁敢如此呢！"

　　初，清河、平原争界，八年不能决。冀州刺史孙礼请天府所藏烈祖封平原时图以决之。爽信清河之诉，云图不可用，礼上疏自辨，辞颇刚切。爽大怒，劾礼怨望，结刑五岁。久之，复为并州刺史，往见太傅懿，有忿色而无言。懿曰："卿得并州少邪？恚理分界失分乎？"礼曰："何明公言之乖也！礼虽不德，岂以官位往事为意邪！本谓明公齐踪伊、吕，匡辅魏室，上报明帝之托，下建万世之勋。今社稷将危，天下凶凶，此礼之所以不悦也！"因涕泣横流。懿曰："且止，忍不可忍！"

　　【译文】起初，清河、平原两地争疆界，八年没有解决。冀州刺史孙礼请求拿出天府所收藏的烈祖封平原的地图来解决双方的纠纷。曹爽相信清河的诉讼，说地图不可用，孙礼上奏章自辩，语气很是刚切。曹爽非常生气，弹劾孙礼说他对朝廷不满，判处他五年刑期。不久之后，再让他担任并州刺史，他去见太傅司马懿，脸上有些生气，然而却没有说话。司马懿说："先生是嫌并州小呢，又或者是在为分地界那事生气呢？"孙礼说："为什么明公说话这般乖戾呢！孙礼尽管没有什么才德，怎么会将官位和旧事记在心头呢！原本认为明公能够与伊尹、吕尚相媲美，可以匡正和辅佐魏国，对上能够报答魏明帝曹叡的嘱托，对下也能够建立万世的勋业。如今国家即将面临危险，天下形势汹汹，这就是我孙礼不高兴的原因哪！"话一说完就痛哭流泪。司马懿说："请暂且停下哭泣，要能忍人所不可忍之事！"

冬，河南尹李胜出为荆州刺史，过辞太傅懿。懿令两婢侍，持衣，衣落；指口言渴，婢进粥，懿不持杯而饮，粥皆流出沾胸。胜曰："众情谓明公旧风发动，何意尊体乃尔！"懿使声气才属，说："年老枕疾，死在旦夕。君当屈并州，并州近胡，好为之备！恐不复相见，以子师、昭兄弟为托。"胜曰："当还忝本州，非并州。"懿乃错乱其辞曰："君方到并州？"胜复曰："当忝荆州。"懿曰："年老意荒，不解君言。今还为本州，盛德壮烈，好建功勋！"胜退，告爽曰："司马公尸居馀气，形神已离，不足虑矣。"他日，又向爽等垂泣曰："太傅病不可复济，令人怆然！"故爽等不复设备。

【译文】冬季，河南尹李胜出为荆州刺史，去向太傅司马懿辞行。司马懿命令两个婢女侍奉他。拿衣服给他，而衣服竟然没有接稳掉地上了；司马懿指着口表示渴了，婢女拿来稀粥，司马懿不接杯就喝，粥都流出嘴边，沾在胸前。李胜说："大家都说您以前的风湿病复发，没有想到是这么严重呀！"司马懿费力讲出几句话来："我已经年迈，又常生病躺在床上，可能不久于人世了。先生应该在并州屈就，并州接近胡人，一定要好好防备呀！可能我们相见无期了，就将我的儿子司马师、司马昭兄弟两位托付给你了。"李胜说："我在我的故乡荆州任职，而非并州。"司马懿于是用错乱的话说："先生不是刚到并州吗？"李胜又说："是任职到荆州。"司马懿说："年老意乱了，不明白先生的话。如今返回故乡，盛德壮烈，可以好好地建立功勋啊！"李胜退回去后，将这件事告诉曹爽说："司马懿先生就比尸体多一口气，身体和精神已经分开，不值得我们担心了。"等过了几日，又哭着向曹爽等人说："太傅司马懿的病已经无可挽回了，真让人伤心啊！"因此曹爽等人对司马懿不再有所防备了。

何晏闻平原管辂明于术数，请与相见。十二月，丙戌，辂往诣晏，晏与之论《易》。时邓飏在坐，谓辂曰："君自谓善《易》，而语初不及《易》中辞义，何也？"辂曰："夫善《易》者不言《易》也。"晏含笑赞之曰："可谓要言不烦也！"因谓辂曰："试为作一卦，知位当至三公不？"又问："连梦见青蝇数十，来集鼻上，驱之不去，何也？"辂曰："昔元、凯辅舜，周公佐周，皆以和惠谦恭，享有多福，此非卜筮所能明也。今君侯位尊势重，而怀德者鲜，畏威者众，殆非小心求福之道也。又，鼻者天中之山，'高而不危，所以长守贵。'今青蝇臭恶而集之，位峻者颠，轻豪者亡，不可不深思也！愿君侯哀多益寡，非礼不履，然后三公可至，青蝇可驱也。"飏曰："此老生之常谭。"辂曰："夫老生者见不生，常谭者见不谭。"辂还邑舍，具以语其舅；舅责辂言太切至，辂曰："与死人语，何所畏邪！"舅大怒，以辂为狂。

吴交趾、九真夷贼攻没城邑，交部骚动。吴主以衡阳督军都尉陆胤为交州刺史、安南校尉。胤入境，喻以恩信，降者五万馀家，州境复清。

太傅懿阴与其子中护军师、散骑常侍昭谋诛曹爽。

【译文】何晏听闻平原人管辂尤其擅长术数，于是请求一见。十二月，丙戌日（二十八日），管辂前去拜见何晏，何晏和他谈起《易经》。当时邓飏也在座，对管辂说："先生自己说擅长《易经》，然而言语中却没有说《易经》中的辞义，这是什么缘故呢？"管辂说："真正懂得《易经》的，是不谈《易经》辞义的。"何晏面带笑容地夸赞他说："真可说是精辟的言语是不须烦琐呀！"接着又对管辂说："请占上一卦！算算我能否做到三公的地位？"又问说："我常梦到几十只青色的苍蝇，在我的鼻子上聚集，可是赶也赶不走，这是什么征兆啊？"管辂说："先前八元、八凯（苍舒、隤敳、梼戣、大临、龙降、庭坚、仲容、叔达为八凯，伯奋、仲堪、叔献、季仲、伯虎、仲熊、叔豹、季狸为八元）辅助虞舜，周公辅助周成王，都是以和睦恩惠谦恭，享有多福，这不是算卦就能够明白的。如今先生高居侯位，权势尊重，然而百姓所思念恩德的很少，害怕的却有很多，这并非小心求福的办法呀！再说，鼻子是天中上面的山，'高挺却不危险，因此能长守富贵'。如今梦到恶臭的青色苍蝇在那里，又聚集着赶不走，如果位高就会倾覆，如果是轻率豪奢之人就会死亡，一定要好好仔细想一想啊！希望先生除去多余的来弥补不足，与礼不合之事就不要去做了，那么三公的地位就能够达到了，苍蝇也就能够赶跑了。"邓飏说："这不过是老生常谈，没有什么稀罕的。"管辂说："年老书生看到那不能活之人，经常讲的话中包含着没讲过的内容。"管辂回到家里后，将此事告知他的舅父，他的舅父责怪他太过心急。管辂说："同死人说话，有什么好害怕的呢！"他的舅父非常生气，觉得管辂太狂妄。

吴国交趾、九真夷贼攻打城池，交州地方混乱。吴主孙权任命衡阳督军都尉陆胤担任交州刺史，安南校尉。陆胤进入境地以后，宣布吴国对他们的恩惠和信任，投降的人有五万多家，交州又重获安定的状态。

太傅司马懿私底下和他的儿子中护军司马师、散骑常侍司马昭策划杀害曹爽。

　　嘉平元年(己巳,公元二四九年)春,正月,甲午,帝谒高平陵,大将军爽与弟中领军羲、武卫将军训、散骑常侍彦皆从。太傅懿以皇太后令,闭诸城门,勒兵据武库,授兵出屯洛水浮桥,召司徒高柔假节行大将军事,据爽营,太仆王观行中领军事,据羲营。因奏爽罪恶于帝曰:"臣昔从辽东还,先帝诏陛下、秦王及臣升御床,把臣臂,深以后事为念。臣言'太祖、高祖亦属臣以后事,此自陛下所见,无所忧苦。万一有不如意,臣当以死奉明诏。'今大将军爽,背弃顾命,败乱国典,内则僭拟,外则专权,破坏诸营,尽据禁兵,群官要职,皆置所亲,殿中宿卫,易以私人,根据盘互,纵恣日甚,又以黄门张当为都监,伺察至尊,离间二宫,伤害骨肉,天下汹汹,人怀危惧。陛下便为寄坐,岂得久安! 此非先帝诏陛下及臣升御床之本意也。臣虽朽迈,敢忘往言! 太尉臣济等皆以爽为有无君之心,兄弟不宜典兵宿卫,奏永宁宫,皇太后令敕臣如奏施行。臣辄敕主者及黄门令'罢爽、羲、训吏兵,以侯就第,不得逗留,以稽车驾;敢有稽留,便以军法从事!' 臣辄力疾将兵屯洛水浮桥,伺察非常。"爽得懿奏事,不通;迫窘不知所为,留车驾宿伊水南,伐木为鹿角,发屯田兵数千人以为卫。

　　【译文】嘉平元年(己巳,公元249年)是年四月方改年号为嘉平。春季,正月,甲午(初六),魏帝曹芳将要到洛阳城外九十里去拜祭魏明帝的高平陵,大将军曹爽和他的弟弟中领军曹義、武衛將軍曹訓、散騎常侍曹彥都一同前往。太傅司馬懿用皇太后的命令，將各個城門都關閉，帶領士兵鎮守武庫，派遣兵士出屯守洛水浮橋，召司徒高柔授予符節代行大將軍事，奪取曹爽的營地；太僕王觀暫代中領軍事，奪取曹羲的營地。於是上奏章給魏帝曹芳陳述曹爽的罪行說："臣先前從遼東返回，先帝下詔書命皇帝、秦王和臣到御床前，拉着臣的手臂，深以後事為念，臣說：'太祖、高祖也將後事託付過臣，皇上親眼目睹此事，請不要擔心痛苦。萬一有不合心意之事，臣願以死報效皇上的詔示。'如今大將軍曹爽，違背先帝遺命，敗壞國家的法典，在朝中做出僭越皇上的舉動，對外也是大權獨攬，破壞各軍營，到處據有禁兵；群官要職，也全部都是任用親信之人；殿中的守衛，也都換成他的親信之人；根據盤互，放縱亂行一日比一日厲害。又任用黃門張當擔任都監，偷偷監視皇上，想要挑撥兩宮，傷害骨肉親情，使天下無法安穩，百姓都感到害怕。皇上身居天子之位，就好像寄居似的，哪裏能夠得到長久的安定呢！這並非先帝詔令皇上和臣到御床時的本意啊！臣儘管年紀老邁，然而不敢忘記之前的忠言呢！太尉蔣濟等覺得曹爽的行為都沒有將皇上放在心裏，他的兄弟也不應當典兵宿衛。司馬懿的奏章上到永寧宮之後，皇太后命令臣按奏章實施。臣就專權敕令主管人員和黃門令：'罷免曹爽、曹羲、曹訓的官職和兵權，讓他們以侯爵就第退職，不可逗留，以阻止車駕，假如膽敢妨礙行動，就要用軍法處罰他們。'臣已經將兵將屯在洛水浮橋，偷偷觀察他們的違法舉動。"曹爽收到司馬懿的奏章後，不上報皇帝；窘迫得不曉得如何是好，於是留魏帝曹芳車駕住在伊水南岸，伐掉樹木制成鹿角圍成營寨，調動屯田的兵車幾千人充當守衛。

懿使侍中高阳、许允及尚书陈泰说爽宜早自归罪，又使爽所信殿中校尉尹大目谓爽，唯免官而已，以洛水为誓。泰，群之子也。

初，爽以桓范乡里老宿，于九卿中特礼之，然不甚亲也。及懿起兵，以太后令召范，欲使行中领军。范欲应命，其子止之曰："车驾在外，不如南出。"范乃出。至平昌城门，城门已闭。门候司蕃，故范举吏也，范举手中版以示之，矫曰："有诏召我，卿促开门！"蕃欲求见诏书，范呵之曰："卿非我故吏邪？何以敢尔！"乃开之。范出城，顾谓蕃曰："太傅图逆，卿从我去！"蕃徒行不能及，遂避侧。懿谓蒋济曰："智囊往矣！"济曰："范则智矣，然驽马恋栈豆，爽必不能用也。"

【译文】司马懿命令侍中高阳人许允和尚书陈泰去劝说曹爽，应当及早前来服罪，又命令曹爽最亲信的殿中校尉尹大目去通知曹爽，只是免官罢了，以洛水立誓。陈泰是陈群的儿子。

起初，曹爽因桓范是乡里中的长辈，在九卿中特别对他用厚礼优待，然而不太亲近他。等到司马懿起兵，用太后的名义令召桓范，想让他代行中领军之职。桓范想要去应命，他的儿子阻止他说："皇上车驾在城外，倒不妨向南去。"桓范这才决定外出，行到平昌城门之时，城门已经紧闭。管城门的官吏司蕃，是经由桓范举荐才任官的，桓范将手中的版牍举起来晃了一下，假称说："有诏书召我，请先生让属下尽快将城门打开！"司蕃想要看他的诏书，桓范训斥他说："先生难道不是我的旧部下吗？为什么敢如此作为！"司蕃这才下令将城门打开让桓范出去。桓范出城后转过头来对司蕃说："太傅想要叛变，你就随我去吧！"司蕃徒步行走没有赶上他，于是就在道旁躲了起来。司马懿听到此事后，对蒋济说："智囊人物逃跑了啊！"蒋济说："桓范是一位智囊人物；然而就像驽劣的马只会贪恋旧槽，曹爽肯定不会采用他的计划啊！"

范至，劝爽兄弟以天子诣许昌，发四方兵以自辅。爽疑未决，范谓羲曰："此事昭然，卿用读书何为邪！于今日卿等门户，求贫贱复可得乎！且匹夫质一人，尚欲望活；卿与天子相随，令于天下，谁敢不应也！"俱不言。范又谓羲曰："卿别营近在阙南，洛阳典农治在城外，呼召如意。今诣许昌，不过中宿，许昌别库，足相被假；所忧当在谷食，而大司农印章在我身。"羲兄弟默然不从，自甲夜至五鼓，爽乃投刀于地曰："我亦不失作富家翁！"范哭曰："曹子丹佳人，生汝兄弟，犊犊耳！何图今日坐汝等族灭也！"

爽乃通懿奏事，白帝下诏免己官，奉帝还宫。爽兄弟归家，懿发洛阳吏卒围守之；四角作高楼，令人在楼上察视爽兄弟举动。爽挟弹到后园中，楼上便唱言："故大将军东南行！"爽愁闷不知为计。

【译文】桓范到达时，劝说曹爽兄弟请皇帝曹芳到许昌去，然后将四方的兵卒聚集起来辅助皇帝。曹爽举棋不定，桓范又对曹羲说："此事已很明显了，先生读书有什么用呢？以先生此时的门户，想求贫贱可以再得吗？况且质押匹夫一人，尚且还希望要活着；先生伴随天子，向天下发号施令，谁敢不从呢！"曹爽兄弟都沉默不语。桓范又对曹羲说："先生的别营在城墙之中，洛阳典农的治所就在城外，呼叫也是易事。再说如今到许昌，也不过两三日，许昌别库所存的兵器装备，也能够用于扩充军队。我们所忧虑当是粮食，然而大司农的印章现在却在我身上啊！"曹羲兄弟还是沉默不从，从初夜到五更，曹爽才将刀丢到地下说："丢掉大将军，我也大不了当个富家翁而已。"桓范哭着说:"曹子丹是一位聪明人物,但生下你们来却像猪牛一般,怎么会料到今日被你们牵累而使得全家灭亡呢!"

曹爽于是向魏帝曹芳通告司马懿奏章的事,上报魏帝曹芳降下诏书将自己罢官,接奉魏帝曹芳回宫。曹爽兄弟返回家中以后,司马懿派遣洛阳的官兵将曹爽兄弟的居所围住;府宅四角搭起高楼,并遣人在楼上观察曹爽兄弟的一举一动。曹爽带着弹弓往后园走,楼上的人就高呼起来:"前大将军往东南行走啊!"曹爽听见喊声后,忧愁得不知如何是好。

【申涵煜评】范不知曹爽庸懦,失身匪人,岂得为智囊?然劝以将天子诣许都,发四方兵自辅,仍是魏武故智,不失为上著,勿以成败而废其言。

【译文】桓范不知道曹爽是个平庸的懦夫,跟随了行为不端的人,难道还算有智慧的人吗?然而他劝天子在许都颁发圣旨,召集四方的将士辅助自己,仍然算得上是曹魏的智臣,不失为上策,不要以失败来否定他的言行。

戊戌,有司奏:"黄门张当私以所择才人与爽,疑有奸。"收当付廷尉考实,辞云:"爽与尚书何晏、邓飏、丁谧、司隶校尉毕轨、荆州刺史李胜等阴谋反逆,须三月中发。"于是收爽、羲、训、晏、飏、谧、轨、胜并桓范皆下狱,劾以大逆不道,与张当俱夷三族。

初,爽之出也,司马鲁芝留在府,闻有变,将营骑斫津门出赴爽。及爽解印绶,将出,主簿杨综止之曰:"公挟主握权,舍此以至东市乎?"有司奏收芝、综治罪,太傅懿曰:"彼各为其主也。宥之。"顷之,以芝为御史中丞,综为尚书郎。

【译文】戊戌（初十），有司上奏说："黄门张当私下将所挑选的美人送于曹爽，怀疑其中有奸伪。"于是将张当拘押起来，交付廷尉审讯查实，所得的供词说：曹爽同尚书何晏、邓飏、丁谧、司隶校尉毕轨、荆州刺史李胜等人密谋造反，准备在三月中施行。于是便将曹爽、曹羲、曹训、何晏、邓飏、丁谧、毕轨、李胜还有桓范都收押投进监狱，弹劾他们大逆不道，和张当都夷灭三族。

起初，曹爽要出城之时，司马鲁芝留在府里，听说有变乱发生，率领营骑砍开津门出城奔赴曹爽所去之地。等到曹爽解下印绶，将要出去之时，主簿杨综阻拦他说："先生挟持主上手握权柄，舍掉印绶要去赴死吗？"有司上奏要将鲁芝、杨综收押起来，判处他们重罪，太傅司马懿说："他们各自为他们自己的主人设想，应当宽免他们。"不久，任用鲁芝担任御史中丞，杨综担任尚书郎。

【乾隆御批】曹冏请建同姓，与曹植求通亲亲，名为国计，实济私志。然而时司马羽翼已成，方且欲置诸王公于邺矣；冏奏非徒不足以寤爽，乃适足以忤懿耳。

【译文】曹冏请求任用皇族，和曹植请求亲戚间的互相来往，名义上是为了国家考虑，实际上是假公济私。然而当时司马懿羽翼已经丰满，正想把各诸侯王安置在邺都；曹冏的奏章不仅不能让曹爽觉悟，还正好触犯了司马懿。

【申涵煜评】何、邓之徒，以清谈杀身。六朝士不以为戒，反祖尚虚无，流毒海内，是犹服寒食散，死亡接踵，而服者不已，诛祸始者，当以二人为渠率。

【译文】何晏、邓飏等人，因为清谈导致杀身之祸。六朝时期的士

资治通鉴卷第七十五　魏纪七

497

大夫不仅不以此为戒，反而更加崇尚虚无，将这种虚无的言论毒害世人，好比是服下了寒食散，死亡马上就来了，但是受蛊惑的人情有可原，诛杀始作俑者，首先应该拿这两人开刀。

鲁芝将出，呼参军辛敞欲与俱去。敞，毗之子也，其姊宪英为太常羊耽妻，敞与之谋曰："天子在外，太傅闭城门，人云将不利国家，于事可得尔乎？"宪英曰："以吾度之，太傅此举，不过以诛曹爽耳。"敞曰："然则事就乎？"宪英曰："得无殆就！爽之才非太傅之偶也。"敞曰："然则敞可以无出乎？"宪英曰："安可以不出！职守，人之大义也。凡人在难，犹或恤之；为人执鞭而弃其事，不祥莫大焉。且为人任，为人死，亲昵之职也，从众而已。"敞遂出。事定之后，敞叹曰："吾不谋于姊，几不获于义！"

先是，爽辟王沈及太山羊祜，沈劝祜应命。祜曰："委质事人，复何容易！"沈遂行。及爽败，沈以故吏免，乃谓祜曰："吾不忘卿前语。"祜曰："此非始虑所及也！"

【译文】鲁芝将要冲出城门之时，曾呼喊参军辛敞想同他一同出去。辛敞是辛毗的儿子，他的姐姐宪英是太常羊耽的妻子，辛敞和他姐姐商谈说："皇帝在外，太傅将城门关起来，人们都说这将于国家不利，姐姐你以为如何呢？"宪英说："据我所知，太傅的这种举动，不过是想要除去曹爽罢了。"辛敞说："那么这事能成功吗？"宪英说："怎么不能成功呢！曹爽的才干不是太傅的对手啊！"辛敞说："那我辛敞就大可不必出城了。"宪英说："怎么可以不出城呢？坚守自己的本分，这是为人的大义行为。平常的人在困难之时，还有人怜惜他呢！为人部下犹如执鞭驾车却弃之不顾，这是大不祥啊！况且为人所用，能为人而死，这是最受宠爱者的事情啊！你不必这样，只要和大多数人一样就好了。"于是辛敞也冲出了城门。等事情平定以后，辛敞叹息着说："假如我没有和姐姐的商议，几乎就要背离大义啊！"

起初，曹爽想任用王沈和太山羊祜，王沈劝说羊祜去接受命令。羊祜说："委身去侍奉人，谈何容易呀！"于是王沈就自己去了。等到曹爽败落遭到杀戮，王沈因为是曹爽旧属官吏的缘故因而免官，这时才对羊祜说："我此生都不会将你先前的话忘记。"羊祜说："这件事，并非开始之时就可以预料到的呀！"

爽从弟文叔妻夏侯令女，早寡而无子，其父文宁欲嫁之；令女刀截两耳以自誓，居常依爽。爽诛，其家上书绝昏，强迎以归，复将嫁之；令女窃入寝室，引刀自断其鼻，其家惊惋，谓之曰："人生世间，如轻尘栖弱草耳，何至自苦乃尔！且夫家夷灭已尽，守此欲谁为哉！"令女曰："吾闻仁者不以盛衰改节，义者不以存亡易心。曹氏前盛之时，尚欲保终，况今衰亡，何忍弃之！此禽兽不行，吾岂为乎！"司马懿闻而贤之，听使乞子字养为曹氏后。

何晏等方用事，自以为一时才杰，人莫能及。晏尝为名士品目曰："唯深也故能通天下之志，夏侯泰初是也。唯几也故能成天下之务，司马子元是也。唯神也不疾而速，不行而至，吾闻其语，未见其人。"盖欲以神况诸己也。

【译文】曹爽的堂弟曹文叔的妻子夏侯令女，早年守寡却膝下无子，她的父亲夏侯文宁想要将她再度嫁人，夏侯令女用刀将自己的两只耳朵割下立誓表明从此不再嫁人，常常依靠曹爽而生活。等到曹爽被杀之后，她的家人上书同曹家断绝婚姻姻亲关系，强行接她回家，又要把她嫁给别人；夏侯令女偷偷进入卧室，又拿刀将自己的鼻子割掉，她的家里人都十分惊叹并惋惜地说："人生在世，就如轻尘栖息在弱草上一般，你又何必如此苦你自己呢！何况你丈夫家中的人都被杀光了，你还为谁守节呢！"夏侯令女说："我听闻仁德之人不会因为对方的盛衰而改易节操，义气之人不会因为对方的存亡就变心。在曹氏以前兴盛之时，还想要坚守节操直到终老，何况今日已经衰亡，又怎么忍心抛弃他呢！这和禽兽的举动有什么分别，我怎么能去做呢！"司马懿听说这件事后，觉得她是位贤德的女子，准许她自己觅得一个儿子养起来，以将曹氏的后代延续下来。

何晏等执管政事之时，自认为是一时的豪杰，别人都赶超不上他。何晏曾经评论当时的名人说："'唯有深刻因而能通天下的意志'，这是夏侯泰初啊！'唯有细微因而能成就天下的事业'，这是司马子元啊！'唯独神灵可以不费吹灰之力而使速度极快，不必行走就能到达'，我听过这类话，然而从未见过这类人。"大概何晏是想用神灵来比拟他自己吧。

选部郎刘陶，晔之子也，少有口辩，邓飏之徒称之以为伊、吕。陶尝谓傅玄是曰："仲尼不圣。何以知之？智者于群愚，如弄一丸于掌中；而不能得天下，何以为圣！"玄不复难，但语之曰："天下之变无常也，今见卿穷。"及曹爽败，陶退居里舍，乃谢其言之过。

管辂之舅谓辂曰："尔前何以知何、邓之败？"辂曰："邓之行步，筋不束骨，脉不制肉，起立倾倚，若无手足，此为鬼躁。何之视候则魂不守宅，血不华色，精爽烟浮，容若槁木，此为鬼幽。二者皆非遐福之象也。"

何晏性自喜，粉白不去手，行步顾影。尤好老、庄之书，与夏侯玄、荀粲及山阳王弼之徒，竞为清谈，祖尚虚无，谓《六经》

资治通鉴

为圣人糟粕。由是天下士大夫争慕效之，遂成风流，不可复制焉。粲，彧之子也。

【译文】选部郎刘陶是刘晔的儿子，年少时就有口才，邓飏那类人称他如伊尹、吕尚。刘陶曾经对傅玄说："孔子并非圣人。如何知道呢？睿智之人在一群愚笨之人当中，就好似将一粒丸药玩弄在手掌中一样。然而不能得天下，又怎么算得上是圣人呢！"傅玄没有与他辩论，只是对他说："天下的形势变化无常，如今却看到先生的窘困。"等到曹爽失败，刘陶就退居里舍，这时才羞愧于自己言语上的过错。

管辂的舅父对管辂说："你先前是如何知晓何晏、邓飏必定会败落呢？"管辂说："邓飏的行走，筋不束骨，脉不制肉，起立倾倚，像是没有手足似的，这是鬼躁。何晏看东西好像灵魂不在身上，面无血色，精神像是轻烟一样，面容好似槁木似的，这是鬼幽。他们二人都不是长寿的样子。"

何晏的性格是自怜自爱，化妆粉不离双手，就连走路的时候也常常看着自己的身影。他又喜好老子、庄子的书，同夏侯玄、荀粲、山阳王弼那一类人，竞相清谈，崇尚虚无，说《六经》是圣人的糟糠。于是天下的士大夫全都争先恐后地去效仿他们的举动，渐渐成了一种风尚，再也无法制止了。荀粲是荀彧的儿子。

丙午，大赦。

丁未，以太傅懿为丞相，加九锡，懿固辞不受。

初，右将军夏侯霸为曹爽所厚，以其父渊死于蜀，常切齿有报仇之志，为讨蜀护军，屯于陇西，统属征西。征西将军夏侯玄，霸之从子，爽之外弟也。爽既诛，司马懿召玄诣京师，以雍州刺史郭淮代之。霸素与淮不叶，以为祸必相及，大惧，遂奔汉。汉主谓曰："卿父自遇害于行间耳，非我先人之手刃也。"遇之甚厚。姜维问于霸曰："司马懿既得彼政，当复有征伐之志不？"霸曰："彼方营立家门，未遑外事。有钟士季者，其人虽少，若管朝政，吴、蜀之忧也。"士季者，钟繇之子尚书郎会也。

【译文】丙午日（十八日），大赦天下。

丁未日（十九日），任用太傅司马懿担任丞相之职，加赐车马、衣服、乐则、朱户、纳陛、虎贲、弓矢、钺、秬鬯等九锡，司马懿坚决不接受。

起初，右将军夏侯霸受到曹爽的厚待，因为他的父亲夏侯渊在蜀汉作战时死去，因而时常咬牙切齿，一心为父报仇，被封为讨蜀护军，在陇西屯兵，属征西将军所统领。征西将军夏侯玄，是夏侯霸的堂侄，曹爽的表弟。曹爽被杀，司马懿召夏侯玄返回京师，用雍州刺史郭淮接任他的职务。夏侯霸平时与郭淮不和，以为祸患必定会降临身上，异常害怕，于是投奔蜀汉。汉后主刘禅说："你的父亲自己在交阵中遇害，但他并非我的先人亲手所杀呀！"对待他十分优厚。姜维问夏侯霸说："司马懿已经执掌了魏国的政治，他有没有兴兵讨伐的心意啊？"夏侯霸说："司马懿正在营建自己家的势力，还来不及准备向外兴兵讨伐的事。有钟士季这个人，尽管他还年轻，假如让他去管理朝政，倒是吴、蜀两国的忧患了。"钟士季是钟繇的儿子尚书郎钟会。

三月，吴左大司马朱然卒。然长不盈七尺，气候分明，内行修洁，终日钦钦，常若在战场，临急胆定，过绝于人。虽世无事，每朝夕严鼓，兵在营者，咸行装就队。以此玩敌，使不知所备，故出辄有功。然寝疾增笃，吴主昼为减膳，夜为不寐，中使医药口食之物，相望于道。然每遣使表疾病消息，吴主辄召见，口自问讯，入赐酒食，出赐布帛。及卒，吴主为之哀恸。

【译文】三月，吴国左大司马朱然死去了。朱然身高不足七尺，气节清明，内在的品性操守都修整高洁。朱然整日忧劳不敢懈怠，就如同身处战场似的。每当面临危急之时，胆气镇定，更是超过别人。尽管平时无事，然而他每日早晚还是照常击鼓，在营的兵卒，都要全副武装，排成队伍。用这种方式来使敌人迷惑，让敌人不知作何准备，因此能够一出战就取得胜利。在朱然病重在床之时，吴主孙权为此白天吃不下饭，晚上不得安眠，一天之中派去探病的太监及送医药和食物的人，一路上连绵不绝。朱然每次派人将自己的病情奏明上去，吴主孙权都即刻召见这个人，并亲自询问，还在这个人进来时赐予酒食，临行时又送上布帛给这个人。等到朱然死去，吴主孙权十分悲痛。

夏，四月，乙丑，改元。

曹爽之在伊南也，昌陵景侯蒋济与之书，言太傅之旨，不过免官而已。爽诛，济进封都乡侯，上疏固辞，不许。济病其言之失，遂发病，丙子，卒。

【译文】夏季，四月，乙丑日（初八），魏国改年号为嘉平。

曹爽在伊水南岸之时，昌陵景侯蒋济给他去信，说太傅司马懿的意旨，只是免官罢了。等到曹爽被杀之后，蒋济被进封为都乡侯，他上奏章要坚决辞掉，然而未得许可。蒋济悔恨自己食言，于是忧思成疾，丙子（十九日），死去。

秋，汉卫将军姜维寇雍州，依麴山筑二城，使牙门将句安、

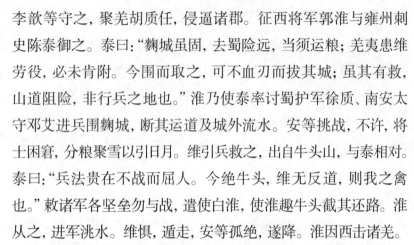

李歆等守之，聚羌胡质任，侵逼诸郡。征西将军郭淮与雍州刺史陈泰御之。泰曰："麴城虽固，去蜀险远，当须运粮；羌夷患维劳役，必未肯附。今围而取之，可不血刃而拔其城；虽其有救，山道阻险，非行兵之地也。"淮乃使泰率讨蜀护军徐质、南安太守邓艾进兵围麴城，断其运道及城外流水。安等挑战，不许，将士困窘，分粮聚雪以引日月。维引兵救之，出自牛头山，与泰相对。泰曰："兵法贵在不战而屈人。今绝牛头，维无反道，则我之禽也。"敕诸军各坚垒勿与战，遣使白淮，使淮趣牛头截其还路。淮从之，进军洮水。维惧，遁走，安等孤绝，遂降。淮因西击诸羌。

【译文】秋季，蜀汉将军姜维攻打魏国雍州，依傍着麴山筑起两个城，派遣牙门将句安、李歆等守备，又聚集羌胡为人质，进逼各郡。魏国征西将军郭淮和雍州刺史陈泰奋力抵抗。陈泰说："麴城尽管坚固，然而距蜀地很远，道路又很艰险，须运来粮食接继。羌夷怕姜维劳役，内心一定不愿附从。如今将他围困起来，等候时间久了攻取他，可以不用流血不用刀就将城攻下了。尽管他们也想要来救援，然而山道阻险，是不宜行军之地啊！"郭淮于是派出陈泰率领讨蜀护军徐质、南安太守邓艾用兵将麴城围住，还阻断了蜀兵的运粮道路和城外的流水。句安等人挑战，又不应战，上下的将士深陷窘境，分粮聚雪来拖延时日。姜维率领士兵前往解救，自牛头山出兵，与陈泰相对阵。陈泰说："兵法贵在不战而屈人之兵。如今截断牛头山，断了姜维的退路，他一定会被我军捉住的。"于是下达命令让各个军队就地坚守堡垒，不准出战，派遣使者告知郭淮，让郭淮急忙前往牛头山将蜀兵的退路截断。郭淮接受了陈泰的建议，进兵至洮水。姜维害怕，便逃跑了，句安等人孤立无援，于是投降魏国。郭淮接着向西进攻诸羌。

邓艾曰：“贼去未远，或能复还，宜分诸军以备不虞。”于是留艾屯白水北。三日，维遣其将廖化自白水南向艾结营。艾谓诸将曰：“维今卒还，吾军人少，法当来渡；而不作桥，此维使化持吾令不得还，维必自东袭取洮城。”洮城在水北，去艾屯六十里，艾即夜潜军径到。维果来渡，而艾先至据城，得以不败，汉军遂还。

兖州刺史令狐愚，司空王凌之甥也，屯于平阿，甥舅并典重兵，专淮南之任。凌与愚阴谋，以帝暗弱，制于强臣，闻楚王彪有智勇，欲共立之，迎都许昌。九月，愚遣其将张式至白马，与楚王相闻。凌又遣舍人劳精诣洛阳，语其子广。广曰：“凡举大事，应本人情。曹爽以骄奢失民，何平叔虚华不治，丁、毕、桓、邓虽并有宿望，皆专竞于世。加变易朝典，政令数改，所存虽高而事不下接，民习于旧，众莫之从，故虽势倾四海，声震天下，同日斩戮，名士减半，而百姓安之，莫之或哀，失民故也。今司马懿情虽难量，事未有逆，而擢用贤能，广树胜己，修先朝之政令，副众心之所求。爽之所以为恶者，彼莫不必改，夙夜匪懈，以恤民为先，父子兄弟，并握兵要，未易亡也。”凌不从。

【译文】邓艾说：“敌人跑不远，还有再次还击的可能，应当分出一部分军队防守，以备不测。”于是把邓艾留下来屯兵在白水以北。三日后，姜维派遣他的将领廖化从白水南岸向邓艾的营区进逼。邓艾对诸将说：“姜维突然转回，而我方士兵很少，按照兵法常理应该渡河，却不构建桥梁，这是姜维派廖化牵制我军使我们不能回还，姜维一定会从东面袭取洮城。”洮城在水北，离邓艾屯兵之地有六十里，邓艾就趁着天黑潜行先到。姜维果然来渡，然而邓艾已经先行据守城池，因此没有失败。汉军于是撤退。

兖州刺史令狐愚，是司空王凌的外甥，在平阿屯兵，甥舅同时握有重兵，专权于淮南，王凌和令狐愚暗底下计议，觉得魏帝曹芳暗弱，又受到强臣的控制，听闻楚王曹彪有智谋和勇敢，想要一同立他当皇帝，还都于许昌。九月，令狐愚派出他的部将张式到白马，告知曹彪。王凌又派了舍人劳精去洛阳，告诉他的儿子王广，王广说："但凡事做大的事情，一定得以人情为本。曹爽由于骄奢淫逸而丧失民心，何晏又虚骄浮华而不通政治，丁谧、毕轨、桓范、邓飏等人尽管都有宿望，都是专在世上竞争名利，外加改易朝典，又经常修改政令，虽然志存高远，然而不切实际。因为民众习惯于旧法，所以其中很多人都无法遵从。因此权势倾四海，声震天下，然而一旦同日遭到杀戮，所谓一时名士也就几乎散去了一大半，可是民众安定依旧，没有谁会为他们悲伤，那是因为丧失民心的缘故啊。现如今司马懿的性情尽管很难测量，然而他对国事并无什么违逆，而且又能够擢拔贤才，任用胜过自己之人，他修改先朝的政令，也都符合民众的心愿。但凡曹爽所犯下的坏事，司马懿无不一概抛掉。从早到晚勤勤勉勉毫不懈怠，是以爱护百姓为先，他们的父子兄弟，都手握重兵，而且据有险要之地，要灭亡他并非易事。"王凌不听他儿子王广的建议。

冬，十一月，令狐愚复遣张式诣楚王，未还，会愚病卒。

十二月，辛卯，即拜王凌为太尉。庚子，以司隶校尉孙礼为司空。

光禄大夫徐邈卒。邈以清节著名，卢钦尝著书称邈曰："徐公志高行洁，才博气猛，其施之也，高而不狷，洁而不介，博而守约，猛而能宽。圣人以清为难，而徐公之所易也！"或问钦："徐公当武帝之时，人以为通；自为凉州刺史，及还京师，人以为介，何也？"钦答曰："往者毛孝先、崔季珪用事，贵清素之士，于时皆变易车服以求名高，而徐公不改其常，故人以为通。比来天下奢靡，转相仿效，而徐公雅尚自若，不与俗同，故前日之通，乃今日之介也。是世人之无常而徐公之有常也。"钦，毓之子也。

【译文】冬季，十一月，令狐愚再派遣张式去进见楚王曹彪，张式尚未回还，令狐愚就因病死去了。

十二月，辛卯（初九），就拜寿春王凌为太尉。庚子（十八日），任命司隶校尉孙礼担任司空。

光禄大夫徐邈逝世。徐邈以清廉有气节著称于世。卢钦曾著书称徐邈说："徐邈先生志行高洁，才气博猛，所表现出来的，是高而不狷，洁而不介，博而守约，猛而能宽。圣人以清为最难之事，然而徐邈先生做起来，却很容易。"有人问卢钦说："徐邈先生在武帝当政时期，大家都称赞他很通达；然而自从他担任凉州刺史，到返回京师之后，有很多人都指责他气量狭小，这是什么道理呢？"卢钦回答说："先前毛玠、崔琰执掌政事，重视谦洁朴素之人，那时的官吏都改易自己的车服，像似俭朴，实为求得高名，而徐邈先生却一切如常，因此人们都称他是通达之士。后来天下风俗奢靡，大家也争相仿效，而徐邈先生雅洁自如，没有附和奢靡之风俗。因此别人对他的看法，由之前的通达，变成今日的小气呀！这是凡俗之人没有常规，而徐邈先生有常规的原因。"卢钦是卢毓的儿子。

二年（庚午，公元二五〇年）夏，五月，以征西将军郭淮为车骑将军。

初，会稽潘夫人有宠于吴主，生少子亮，吴主爱之。全公主既与太子和有隙，欲豫自结，数称亮美，以其夫之兄子尚女妻之。吴主以鲁王霸结朋党以害其兄，心亦恶之，谓侍中孙峻曰："子弟不睦，臣下分部，将有袁氏之败，为天下笑。若使一人立者，安得不乱乎！"遂有废和立亮之意，然犹沉吟者历年。峻，静之曾孙也。

【译文】二年（庚午，公元250年）夏季，五月，魏帝曹芳任命征西将军郭淮担任车骑将军。

起初，会稽人潘夫人深受吴主孙权的宠爱，生下小儿子孙亮，吴主孙权十分疼爱他。全公主和太子孙和产生隔阂以后，想要用讨好的方式来交结孙亮，就屡次夸赞孙亮高尚的品德，将她丈夫的哥哥全尚的女儿嫁给孙亮当妻子。吴主孙权因为鲁王孙霸私结朋党要害他的哥哥，心中也就十分厌恶他，对侍中孙峻说："子弟相互之间不和睦，臣下又相互分立派系，必定会招致袁绍、袁术一样的败绩，被全天下人耻笑。假如在此立一人为嗣君，又如何会不生祸乱呢？"于是有废掉孙和册立孙亮的意思，然而又犹犹豫豫好几年。孙峻是孙静的曾孙。

秋，吴主遂幽太子和。骠骑将军朱据谏曰："太子，国之本根。加以雅性仁孝，天下归心。昔晋献用骊姬而申生不存，汉武信江充而戾太子冤死，臣窃惧太子不堪其忧，虽立思子之宫，无所复及矣！"吴主不听。据与尚书仆射屈晃率诸将吏泥头自缚，连日诣阙请和；吴主登白爵观，见，甚恶之，敕据、晃等"无事匆匆"。无难督陈正、五营督陈象各上书切谏，据、晃亦固谏不已；吴主大怒，族诛正、象。牵据、晃入殿，据、晃犹口谏，叩头流血，辞气不挠；吴主杖之各一百，左迁据为新都郡丞，晃斥归田里，群司坐谏诛放者以十数。遂废太子和为庶人，徙故鄣，赐鲁王霸死。杀杨竺，流其尸于江，又诛全寄、吴安、孙奇，皆以其党霸谮和故也。初，杨竺少获声名，而陆逊谓之终败，劝竺兄穆令与之别族。及竺败，穆以数谏戒竺得免死。朱据未至官，中书令孙弘以诏书追赐死。

【译文】秋季，吴主孙权最终幽禁了太子孙和。骠骑将军朱据上谏说："太子是国家的根本；而且性情雅正又仁孝，天下都归心于他。先前晋献公听信了骊姬的话，使得太子申生丢掉性命。汉武帝信了江充的话，使得戾太子含冤而死。臣私底下怕太子承受不了过重的忧愁，尽管事后可以仿效汉武帝立思子之宫，但那都是于事无补的。"吴主孙权没有听从他的建言。朱据同尚书仆射屈晃带领诸位将官在额头涂上泥土并自我绑缚，连着几日到宫阙替太子孙和求情；吴主孙权登上白爵观，看见他们这种举动，心中倍感厌恶，并且斥责朱据、屈晃等人说："无事自己找事做，急急忙忙地做什么。"无难督陈正、五营督陈象各上奏急切诤谏太子一事，朱据、屈晃也不停地直言劝谏；吴主孙权勃然大怒，将陈正、陈象及其家族全部杀掉。牵绑朱据、屈晃到殿上，朱据、屈晃还要口头直谏，叩头直到流血，语气也不屈服，吴主孙权各打了他们一百杖，将朱据降为新都郡丞，将屈晃斥退回乡里，郡司有十多人因直谏而遭杀戮或外放。于是将太子孙和贬为普通之人，迁徙到丹阳郡故鄣县，将鲁王孙霸赐死。将杨竺杀死，并将尸首扔到长江上漂走，又杀死了全寄、吴安、孙奇，因为他们皆是孙霸的同党，这是平日里专门讲太子孙和坏话的缘故。起初，杨竺年轻时获得名声，陆逊说到最后他必定会败亡，劝杨竺的哥哥杨穆和他的弟弟分居。杨竺失败之时，因为杨穆曾屡次劝说他的弟弟杨竺因此得以免除死罪。朱据还没到达新任所，中书令孙弘就下诏书追赐他死。

冬，十月，庐江太守谯郡文钦伪叛，以诱吴偏将军朱异，欲使异自将兵迎己。异知其诈，表吴主，以为钦不可迎。吴主曰："方今北土未一，钦欲归命，宜且迎之。若嫌其有谲者，但当设计网以罗之，盛重兵以防之耳。"乃遣偏将军吕据督二万人与异并力至北界，钦果不降。异，桓之子；据，范之子也。

十一月，大利景侯孙礼卒。

吴主立子亮为太子。

吴主遣军十万作堂邑涂塘以淹北道。

十二月，甲辰，东海定王霖卒。

【译文】冬季，十月，庐江太守文钦伪装背叛魏国，想通过这个举动诱使吴国偏将军朱异，想要他动兵迎接自己。朱异知晓这是诡诈，给吴主孙权上表，以为不可以去迎接文钦。吴主孙权说："现在正值魏国混乱不堪之时，文钦心中想要弃暗投明，应当前往迎接他。假如你怕他有诡诈的行为，可以设计网罗逮捕他，派重兵防守就行了。"于是派遣将军吕据率领两万多士兵和朱异并力到魏国边界，文钦果然是假意投降。朱异是朱桓的儿子，吕据是吕范的儿子。

十一月，大利景侯孙礼过世。

吴主孙权立孙亮担任太子。

吴主孙权派遣十万大军，进驻堂邑、涂塘二县，以占据通往北部的道路。

十二月，甲辰日（二十七日），东海定王曹霖过世。

征南将军王昶上言："孙权流放良臣，適庶分争，可乘衅击吴。"朝廷从之，遣新城太守南阳州泰袭巫、秭归，荆州刺史王基向夷陵，昶向江陵。昶引竹絙为桥，渡水击之，吴大将施绩，夜遁入江陵。昶欲引致平地与战，乃先遣五军案大道发还，使吴望见而喜；又以所获铠马甲首环城以怒之，设伏兵以待之。绩果来追，昶与战，大破之，斩其将钟离茂、许旻。

汉姜维复寇西平，不克。

【译文】征南将军王昶上书说："孙权流放良臣，嫡子和庶子纷争，我们大可乘吴国的政局动荡而进攻他们。"魏国朝廷采纳这个建议，派出新城太守南阳人州泰攻打巫县、秭归，荆州刺史王基向夷陵进兵。王昶攻打江陵，用粗竹大绳索充作浮桥，渡水进攻吴国。吴国大将施绩，趁夜潜入江陵，王昶想将他引到平地再与他作战，于是先行派遣五军从大道上退还，让吴军见到之后心中喜悦，又把所缴获的铠甲马匹在城墙的周围摆开来激怒吴军，并埋伏下军队等待吴军出城，施绩果然出来追赶，王昶于是与之交战，大破吴军，并将吴将领钟离茂、许曼斩杀。

汉将军姜维，又发兵攻打西平，未能取胜。

三年(辛未，公元二五一年)春，正月，王基、州泰击吴兵，皆破之，降者数千口。

三月，以尚书令司马孚为司空。

夏，四月，甲申，以王昶为征南大将军。

壬辰，大赦。

太尉王凌闻吴人塞涂水，欲因此发兵，大严诸军，表求讨贼；诏报不听。凌遣将军杨弘以废立事告兖州刺史黄华，华、弘连名以白司马懿，懿将中军乘水道讨凌，先下赦赦凌罪，又为书谕凌，已而大军掩至百尺。凌自知势穷，乃乘船单出迎懿，遣掾王彧谢罪，送印绶、节钺。懿军到丘头，凌面缚水次，懿承诏遣主簿解其缚。

【译文】三年（辛未，公元251年）春季，正月，王基、州泰进攻吴国军队，都攻破了，投降的有数千人。

三月，任命尚书令司马孚担任司空。

夏季，四月，甲申（初九），任命王昶担任征南大将军。

壬辰（十七日），大赦天下。

太尉王凌听闻吴人占据涂水，想要借此出兵，大整诸军，上表请求兴兵讨伐，朝里诏报不许。王凌派出将军杨弘将废立之事告知兖州刺史黄华，黄华、杨弘给司马懿联名上报，司马懿率领中军乘水道讨伐王凌，先行下达一道赦免令将王凌赦免，再写信告知王凌叫他知晓大义，接下来大军掩至百尺。王凌自己知晓势穷，便独自乘船去迎接司马懿，派遣掾属王彧前往谢罪，并且奉上印绶、节钺。司马懿兵临丘头，王凌当着司马懿的面在水边捆绑自己，司马懿按照诏书派出主簿去解下王凌的绳索。

凌既蒙赦，加恃旧好，不复自疑，径乘小船欲趋懿。懿使人逆止之，住船淮中，相去十馀丈。凌知见外，乃遥谓懿曰："卿直以折简召我，我当敢不至邪，而乃引军来乎！"懿曰："以卿非肯逐折简者故也。"凌曰："卿负我！"懿曰："我宁负卿，不负国家！"遂遣步骑六百送凌西诣京师，凌试索棺钉以观懿意，懿命给之。五月，甲寅，凌行到项，遂饮药死。

懿进至寿春，张式等皆自首。懿穷治其事，诸相连者悉夷三族。发凌、愚冢，剖棺暴尸于所近市三日，烧其印绶、朝服，亲土埋之。

【译文】 王凌蒙赦之后，他又凭借旧时和司马懿要好，不再有疑心，就径直乘着小船想要接近司马懿。司马懿就派人阻拦他，命令他把船停在淮水中，之间距离十多丈远。王凌这才了解到因为有罪而被见外，他便遥遥地对司马懿说："先生直接拿简册来召我就行了，我又敢不返回京城呢！但先生带了军队前来又是为何？"司马懿说："因为先生不是光凭一道简册就能够召来的缘故呀！"王凌说："先生这就对我不起了！"司马懿说："我宁肯对不起初生，也不愿对不起国家。"于是派了六百步骑送王凌向西返回京师，王凌请求棺木钉子来试探司马懿的心思，司马懿命令将棺木钉子交给他。五月，甲寅（初十）王凌走到项县，就喝毒药而死。

司马懿来到寿春，张式等人都前来自首，司马懿追根究底，但凡是有所牵连之人都灭掉三族。挖掘王凌、令狐愚的坟墓，在周边人多之地剖开棺木并暴尸三日，烧毁他们的印绶、章服，最后将他们裸葬。

初，令狐愚为白衣时，常有高志，众人谓愚必兴令狐氏。族父弘农太守（邵）〔卲〕独以为："愚性倜傥，不修德而愿大，必灭我宗。"愚闻之，心甚不平。及（邵）〔卲〕为虎贲中郎将，而愚仕进已多所更历，所在有名称。愚从容谓（邵）〔卲〕曰："先时闻大人谓愚为不继，今竟云何邪？"（邵）〔卲〕熟视而不答，私谓妻子曰："公治性度，犹如故也。以吾观之，终当败灭，但不知我久当坐之不邪，将逮汝曹耳。"（邵）〔卲〕没后十馀年而愚族灭。

【译文】 起初，令狐愚还是白衣平民之时，时常志存高远，大家都说令狐愚一定能让令狐家门兴盛起来。惟独同族父辈弘农太守令狐卲觉得："令狐愚性格放荡不拘，不修德而志向高大，将来必会使得我族灭亡。"令狐愚听说这话，时常心中愤愤不平。等到令狐邵担任虎贲中郎将时，令狐愚已担任过多个官职，四处都有人称赞他的名号。令狐愚从容不迫地对令狐邵说："之前听大人说我无法承继前人之志，如今您怎么看我啊？"令狐邵认真地看着令狐愚，只是并不答话，他私底下对妻子说："令狐愚的个性还同之前一样。以我之见，他最后必会败灭，然而不晓得我是否会受到牵连，恐怕将来也会牵累到你们！"令狐邵过世不到十年，令狐愚就遭到灭族之祸。

愚在兖州，辟山阳单固为别驾，与治中杨康并为愚腹心。及愚卒，康应司徒辟，至洛阳，露愚阴事，愚由是败。懿至寿春，见单固，问曰："令狐反乎？"曰："无有。"杨康白事，事与固连，遂收捕固及家属皆系廷尉，考实数十，固固云无有。懿录杨康，与固对相诘，固辞穷，乃骂康曰："老佣！既负使君，又灭我族，顾汝当活邪！"康初自冀封侯，后以辞颇参错，亦并斩之。临刑，俱出狱，固又骂康曰："老奴！汝死自分耳。若令死者有知，汝何面目以行地下乎！"

【译文】令狐愚在兖州，任用山阳人单固担任别驾，他和治中杨康都是令狐愚的心腹之人。等到令狐愚过世，杨康被任命为司徒，回到洛阳，说了令狐愚的若干私人事件，令狐愚就是为此而失败的。司马懿到寿春，见到单固之后，问他说："令狐愚反叛吗？"单固答："没有。"杨康所说的事，都与单固有关联，于是逮捕了单固及其家人，交付廷尉，审出有几十条切实之事，单固都坚决予以否认。司马懿将杨康召来，同单固面对面诘问，单固词穷，就骂杨康道："老奴！已经对不起使君了，还要想方设法使我族灭亡，看你还能活到几时！"先前杨康，自己希望能封到公侯，后来因为言辞出错，也被斩首了。临刑之时，他们两人一同出狱，单固又骂杨康道："老奴！死是你应该的事。假如可以让死去的人都知道你，你还有什么脸面在阴曹地府行走呢！"

　　诏以扬州刺史诸葛诞为镇东将军，都督扬州诸军事。

　　吴主立潘夫人为皇后，大赦，改元太元。

　　六月，赐楚王彪死。尽录诸王公置邺，使有司察之，不得与人交关。

　　秋，七月，壬戌，皇后甄氏殂。

　　辛未，以司马孚为太尉。

　　八月，戊寅，舞阳宣文侯司马懿卒。诏以其子卫将军师为抚军大将军，录尚书事。

　　【译文】 下诏书任用扬州刺史诸葛诞担任镇东将军，都督扬州诸军事。

　　吴主孙权立潘夫人当皇后，大赦天下，改年号为太元。

　　六月，魏帝曹芳将楚王曹彪赐死。将各王公全调到邺郡，并派有司监视，让他们不得同外人来往。

　　秋季，七月，壬戌日（十九日），皇后甄氏过世。

　　辛未日（二十八日），魏帝曹芳任命司马孚担任太尉。

　　八月，戊寅日（初五），舞阳宣文侯司马懿过世。魏帝曹芳下达诏书任命司马懿的儿子卫将军司马师担任抚军大将军，掌管尚书事。

　　初，南匈奴自谓其先本汉室之甥，因冒姓刘氏。太祖留单于呼厨泉之邺，分其众为五部，居并州境内。左贤王豹，单于於扶罗之子也，为左部帅，部族最强。城阳太守邓艾上言："单于在内，羌夷失统，合散无主。今单于之尊日疏而外土之威日重，则胡寇不可不深备也。闻刘豹部有叛胡，可因叛割为二国，以分其势。去卑功显前朝而子不继业，宜加其子显号，使居雁门。离国弱寇，追录旧勋，此御边长计也。"又陈"羌胡与民同处者，宜以渐出之，使居民表，以崇廉耻之教，塞奸宄之路。"司马师皆从之。

吴立节中郎将陆抗屯柴桑，诣建业治病。病差，当还，吴主涕泣与别，谓曰："吾前听用谗言，与汝父大义不笃，以此负汝；前后所问，一焚灭之，莫令人见也。"

【译文】起初，南匈奴自以为他们的祖先是汉室的外甥，所以冒姓刘氏。魏太祖曹操将单于呼厨泉留在邺郡，又将他们分作五部，在并州境内居住。左贤王刘豹，是於扶罗单于的儿子，担任左部帅，是部族中最为强大的。城阳太守邓艾上书说："单于居住在国内，羌夷丧失统制，他们会合与离散都无人管理。如今单于对我国的尊敬一日较一日疏远，而且外来的威胁也一日比一日严重，那么对胡人不能不深加戒备呀！听闻刘豹部属有的背叛胡人，可能会因而分为两个国家，以分散他们的势力。去卑在前朝之时有功于我国，然而他的儿子不能继承，应当加封他儿子显赫的名号，让他居住在雁门。这样分离其国又削弱其势力，又追禄他以前的功绩，这才是防御的长久之计啊。"又上书陈说："羌人、胡人与普通民众住在一起，应当慢慢将他们遣出，住到边区，还要教他们崇尚礼义廉耻，禁绝奸伪之行。"司马师都采纳了他的意见。

吴国立节中郎将陆抗在柴桑屯兵，返回建业治病。疾病痊愈了，他理当回去，吴主孙权哭着同他分别，还对他说："我之前听信了别人的谗言，和你的父亲陆逊没有在君臣大义上笃行，因此非常对你不起；将前前后后一切责问你父亲的文件，用火烧掉不可叫旁人看见。"

是时，吴主颇寤太子和之无罪，冬，十一月，吴主祀南郊还，得风疾，欲召和还；全公主及侍中孙峻、中书令孙弘固争之，乃止。

吴主以太子亮幼少，议所付托，孙峻荐大将军诸葛恪可付大事。吴主嫌恪刚很自用，峻曰："当今朝臣之才，无及恪者。"乃召恪于武昌。恪将行，上大将军吕岱戒之曰："世方多难，子每事必十思。"恪曰："昔季文子三思而后行，夫子曰：'再思可矣。'今君令恪十思，明恪之劣也！"岱无以答，时咸谓之失言。

【译文】此时，吴主孙权也悟出太子孙和并无什么过错。冬季，十一月，吴主孙权到南郊外祭祀后归还，患了中风病，想要叫太子孙和回来。全公主和侍中孙峻、中书令孙弘都竭力争辩说不能这样做，这才停止。

吴主孙权认为太子孙亮年纪尚幼，商议寻找可以托付国事的人，孙峻推荐大将军诸葛恪能够担此托付大任。吴王嫌弃诸葛恪常常刚愎自用，孙峻说："现如今朝中的臣子，没有谁可以比得上诸葛恪的。"于是下诏书到武昌召诸葛恪回朝。诸葛恪即将起程之时，上大将军吕岱告诫他说："如今正是多难之时，先生每做一件事，都必须得思考十次。"诸曹恪说："先前季文子三思而后行，孔子说'再思可矣！'今天先生要我凡事都要思考十次，这是说我诸葛恪才能低下！"吕岱没有回答，当时许多人都以为是他失言。

◆虞喜论曰：夫托以天下，至重也；以人臣行主威，至难也；

兼二至而管万机，能胜之者鲜矣。吕侯，国之元耆，志度经远，甫以十思戒之，而便以示劣见拒；此元逊之疏，机神不俱者也！若因十思之义，广谘当世之务，闻善速于雷动，从谏急于风移，岂得殒首殿堂，死于凶竖之刃！世人奇其英辩，造次可观，而哂吕侯无对为陋，不思安危终始之虑；是乐春藻之繁华而忘秋实之甘口也。昔魏人伐蜀，蜀人御之，精严垂发，而费祎方与来敏对棋，意无厌倦。敏以为必能办贼，言其明略内定，貌无忧色也。况长宁以为君子临事而惧，好谋而成，蜀为蕞尔之国，而方向大敌，所规所图，唯守与战，何可矜己有馀，晏然无戚！斯乃祎性之宽简，不防细微，卒为降人郭（循）〔修〕所害，岂非兆见于彼而祸成于此哉！往闻长宁之甄文伟，今睹元逊之逆吕侯，二事体同，皆足以为世鉴也。◆

【译文】◆虞喜评论说：把天下托付给人，这个责任是最为重大的；以人臣行使主上的权威，这是最难的；兼理上述两项又要管理万般的事务，能够胜任的人真的太少了。吕岱是国家的元老，宽宏大量，经略远大，刚用十思告诫诸葛恪，诸葛恪就表示自己才能低下而加以拒绝；这就是诸葛恪的才疏，缺少机智和深思呀！假如拿这十思之道，普遍请教当时事情的要务，采用好的见解如雷动一般就马上去做，迅速采纳规劝直谏的话比风吹还快，又如何会在殿堂丧身，做了凶暴之人的刀下鬼呢！一般世人都惊奇诸葛恪擅长辩论，仓促之间就有可观的言辞，而讥笑吕岱无言以对是浅陋的表现，不知晓思考安危终始的深谋远虑；这就是喜欢春季草木的花美，却忘记秋季后果实的香甜啊。从先前魏国伐蜀汉，蜀人奋力抵抗，精兵强将整装待发，费祎还在与来敏下棋，毫无厌倦的神态。来敏以为费祎必能将敌人击败，说费祎精明的策略决定于内心，脸上看上去没什么可忧虑的啊。何况长宁以为君子遇到大事都有一种畏惧心理，好用计谋来决定胜利。蜀国是一个小国，他所面临的全部都是强大的敌人，应当规划的是防守或攻击，怎能觉得自己的战力绰绰有余，竟然安然无忧呢？这就是费祎性格宽宏简略而轻视细节，最终遭投降的郭循害死的缘故，难道不是在之前显露预兆，而在之后遭遇祸难吗？过去听说长宁甄别费祎，今日见到诸葛恪拒绝吕岱的告诫，这两件事前后大致相同，都足以充当后世的警戒了。◆

恪至建业，见吴主于卧内，受诏床下，以大将军领太子太傅，孙弘领少傅；诏有司诸事一统于恪，惟杀生大事，然后以闻。为制群官百司拜揖之仪，各有品序。又以会稽太守北海滕胤为太常。胤，吴主婿也。

十二月，以光禄勋荥阳郑冲为司空。

汉费祎还成都，望气者云："都邑无宰相位。"乃复北屯汉寿。

是岁，汉尚书令吕乂卒，以侍中陈祗守尚书令。

【译文】诸葛恪来到建业，于卧室之中面见吴主孙权，在床前受诏，以大将军兼领太子太傅，孙弘兼领少傅；下诏给有司由诸葛恪统一管理各项事务，至于生杀大事，先行处理再来禀报就可行了。并定立群官百司的拜揖之礼，各有不同的规定秩序。又任用会稽太守北海人滕胤担任太常。滕胤，是吴主孙权的女婿。

十二月，魏帝曹芳任命光禄勋荥阳郑冲担任司空。

汉费祎返回成都，看风水气数的人说："都城里并无宰相的位置。"于是再向北去汉寿县屯兵。

这一年,蜀汉尚书令吕义过世,任用侍中陈祗为尚书令。

【乾隆御批】祎秉钧专阃,当以君国为重,岂宜自计,乃惑于术数,率而还屯。鄙陋若此,安足与计大事。亮素以忠、纯目祎,失精鉴哉。

【译文】费祎执掌政权、统兵在外,应当以君主和国家的利益为重,怎么能为自己打算,被方术所迷惑,轻率地迁移驻扎地点。如此见识浅薄,怎么能让他担当重任。诸葛亮一向以忠诚、纯正看待费祎,却是失去了高明的识别力。

四年(壬申,公元二五二年)春,正月,癸卯,以司马师为大将军。

吴主立故太子和为南阳王,使居长沙;仲姬子奋为齐王,居武昌;王夫人子休为琅邪王,居虎林。

二月,立皇后张氏,大赦。后,故凉州刺史既之孙,东莞太守缉之女也。召缉拜光禄大夫。

【译文】四年(壬申,公元252年)春季,正月,癸卯(初二),魏帝曹芳任用司马师担任大将军。

吴主孙权立原太子孙和为南阳王,让他在长沙居住;立仲姬的儿子孙奋为齐王,让他在武昌居住;立王夫人的儿子孙休为琅邪王,让他在虎林居住。

二月,魏帝曹芳立皇后张氏,大赦天下。张后是原凉州刺史张既的孙女,东莞太守张缉的女儿。召张缉来朝,拜他为光禄大夫。

吴人改元神凤,大赦。

吴潘后性刚戾，吴主疾病，后使人问孙弘以吕后称制故事。左右不胜其虐，伺其昏睡，缢杀之，托言中恶。后事泄，坐死者六七人。

吴主病困，召诸葛恪、孙弘、滕胤及将军吕据、侍中孙峻入卧内，属以后事。夏，四月，吴主殂。孙弘素与诸葛恪不平，惧为恪所治，秘不发丧，欲矫诏诛恪。孙峻以告恪，恪请弘咨事，于坐中杀之。乃发丧。谥吴主曰大皇帝。太子亮即位，大赦，改元建兴。闰月，以诸葛恪为太傅，滕胤为卫将军，吕岱为大司马。恪乃命罢视听，息校官，原逋责，除关税，崇恩泽，众莫不悦。恪每出入，百姓延颈思见其状。

【译文】吴国改年号为神凤，大赦天下。

吴国潘皇后性情刚强暴戾，吴主孙权染病之时，潘皇后派人去问孙弘关于汉吕后执掌朝政的旧例。吴主孙权左右侍从无法忍受她的虐待，趁潘氏昏睡之时，用绳索将她勒死，假称她是中毒而死，后来事情泄露，因罪而死的有六七人。

吴主孙权病危之时，召集诸葛恪、孙弘、滕胤和将军吕据、侍中孙峻进入卧室，嘱咐他们身后之事。夏季，四月，吴主孙权过世。孙弘一向与诸葛恪不和，又怕受到诸葛恪管理，于是秘不发丧，想要假借诏书将诸葛恪诱杀。孙峻将此事告诉给了诸葛恪。诸葛恪派人去请孙弘过来商讨事情，并在席间杀掉了孙弘，这样才发丧，定吴主孙权谥号为大皇帝。太子孙亮即位，大赦天下，改年号为建兴。闰月，任命诸葛恪担任太傅，滕胤担任卫将军，吕岱担任大司马。诸葛恪于是下令罢除充当朝廷耳目的官员，宽免欠税和逃犯，免除关税，给人民施予多重恩惠，大家没有不高兴。诸葛恪每次外出或归来，都有老百姓在路旁伸长脖子想一睹他的容貌。

资治通鉴卷第七十五 魏纪七

　　恪不欲诸王处滨江兵马之地，乃徙齐王奋于豫章，琅邪王休于丹阳。奋不肯徙，又数越法度，恪为笺以遗奋曰："帝王之尊，与天同位，是以家天下，臣父兄；仇雠有善，不得不举，亲戚有恶，不得不诛，所以承天理物，先国后身，盖圣人立制，百代不易之道也。昔汉初兴，多王子弟，至于太强，辄为不轨，上则几危社稷，下则骨肉相残，其后惩戒以为大讳。自光武以来，诸王有制，惟得自娱于宫内，不得临民，干与政事，其与交通，皆有重禁，遂以全安，各保福祚，此则前世得失之验也。大行皇帝览古戒今，防牙遏萌，虑于千载，是以寝疾之日，分遣诸王各早就国，诏策勤渠，科禁严峻，其所戒敕，无所不至。诚欲上安宗庙，下全诸王，使百世相承，无凶国害家之悔也。大王宜上惟太伯顺父之志，中念河间献王、东海王彊恭顺之节，下存前世骄恣荒乱之王以为警戒。而闻顷至武昌以来，多违诏敕，不拘制度，擅发诸将兵治护宫室。又左右常从有罪过者，当以表闻，公付有司；而擅私杀，事不明白。中书杨融，亲受诏敕，所当恭肃，乃云'正自不听禁，当如我何！'闻此之日，小大惊怪，莫不寒心。里语曰：'明鉴所以照形，古事所以知今。'大王宜深以鲁王为戒，改易其行，战战兢兢，尽礼朝廷，如此，则无求不得。若弃忘先帝法教，怀轻慢之心，臣下宁负大王，不敢负先帝遗诏；宁为大王所怨疾，岂敢忘尊主之威而令诏敕不行于藩臣邪！向使鲁王早纳忠直之言，怀惊惧之虑，则享祚无穷，岂有灭亡之祸哉！夫良药苦口，唯病者能甘之；忠言逆耳，唯达者能受之。今者恪等偻偻，欲为大王除危殆于萌芽，广福庆之基原，是以不自知言至，愿蒙三思！"王得笺，惧，遂移南昌。

资治通鉴

【译文】诸葛恪不想让诸王住在长江岸边兵马要塞之地，于是将齐王孙奋迁到豫章，将琅邪王孙休迁到丹阳。孙奋不想迁走，诸葛恪就写信给孙奋说："帝王的尊贵，是与天相等的地位，因此以天下为家，以父兄为臣；即便是仇人有善行，也不得不举用，即便是亲戚有罪恶，也不得不诛伐。这是承顺天意而治理万民，先国事而后家事。因为圣人所立下来的制度，历经数百代也不会改易的呀！从前在汉朝初年，将子弟都封为王，日后他们变得强大起来，便常常不遵循朝廷的正规行事，对上近乎危及国家社稷，对下则骨肉相残，后来想要惩戒兴兵讨伐，认为诸侯强大是国家的大忌。自从汉光武之后，诸王都有一定的制度，只能在宫内自行娱乐，不能去治理人民，干预政事，同外界往来，有诸多严格的限制，因此可以安全，各保福祚，这是前代的得失证验之事。大行皇帝借古戒今，防芽于未萌，虑患于千载，因此在重病在床之时，分遣诸王各自及早就封国，诏策勤下，科条严峻，他所告诫和训敕的，无所不到。实际是为了对上使宗庙安定，对下使诸王得以保全，各早回封国，以使得百世子孙相承，而不至于有损国家的悔事啊。大王应当对上学习周朝时吴太伯顺从父亲之意，对中学习汉朝河间献王刘德、东海王刘强尽到恭顺之礼，对下把前代骄傲放任荒乱的藩王当作警戒。又听闻您最近到武昌之后屡次违背诏令，不愿受国家制度的约束，擅自征调兵将修治保护宫室。而且左右的侍从犯下过错之时，应当上表奏闻，交由有司处理，然而您却私自将其杀害，事理不明。中书杨融，亲受先帝诏书，理当对他恭敬肃睦，可是您却对他说：'我就是不听禁约，你能拿我怎么办！'听了这样的话，大大小小都非常惊怪，无人不感到心寒。俗话说：'明镜是用来照形貌的，古代的兴衰是今日的参考。'大王应当切实地将鲁王孙霸作为借鉴，改变像他一样的言行，战战兢兢，对朝廷尽礼，这样去行事，就可以有求必应。假如将先帝在世时的法教遗忘抛弃，心怀轻慢，那么臣下宁肯辜负大王，也不愿辜负先帝的遗诏，宁肯惹得大王怨恨，又怎么敢忘记尊主的威严而使得诏令无法在藩臣实行呢！先前鲁王孙霸假如早些接纳忠直的建议，心怀畏惧，就会享有无穷的福气，又哪里会遭到灭亡的灾祸呢！良药是苦口的，唯有患病之人才会觉得它是甜的；忠言是不顺耳的，唯有通达事理之人才会乐意采纳。如今我诸葛恪等恭恭敬敬地，想要大王把即将萌芽的危险消除掉，广开福庆的根基和源流，因此臣下不自知言辞激切，也希望您能再三思考而后行事啊！"齐王孙奋看到这封信后，心生畏惧，就连忙迁到南昌。

初，吴大帝筑东兴堤以遏巢湖，其后入寇淮南，败，以内船，遂废不复治。冬，十月，太傅恪会众于东兴，更作大堤，左右结山，侠筑两城，各留千人，使将军全端守西城，都尉留略守东城，引军而还。

【译文】起初，吴大帝孙权筑东兴堤想要阻遏巢湖之水外流，后来因为攻打魏国淮南，反为魏国所击败，就把巢湖当作停泊船只的场所，于是将以往的工程废止不再修建。冬季，十月，太傅诸葛恪将众多的人聚集在东兴，重新改作大堤，连接左右两山，中间筑起两城，分别将一千多人留下，派遣将军全瑞在西城守卫，都尉留略在东城守卫，就领兵而还。

镇东将军诸葛诞言于大将军师曰："今因吴内侵，使文舒逼江陵，仲恭向武昌，以羁吴之上流；然后简精卒攻其两城，比救至,可大获也。"是时征南大将军王昶、征东将军胡遵、镇南将军毋丘俭等各献征吴之计。朝廷以三征计异,诏问尚书傅嘏。嘏对曰:"议者或欲泛舟径济,横行江表;或欲四道并进,攻其城垒;或欲大佃疆场,观衅而动;诚皆取贼之常计也。然自治兵以来,出入三载,非掩袭之军也。贼之为寇,几六十年矣,君臣相保,吉凶共患,又丧其元帅,上下忧危,设令列船津要,坚城据险,横行之计,其殆难捷。今边壤之守,与贼相远,贼设罗落,又特重密,间谍不行,耳目无闻。夫军无耳目,校察未详,而举大众以临巨险,此为希幸徼功,先战而后求胜,非全军之长策也。唯有进军大佃,最差完牢;可诏昶、遵等择地居险,审所错置,及令三方一时前守。夺其肥壤,使还堷土,一也;兵出民表,寇钞不犯,二也;招怀近路,降附日至,三也;罗落远设,间构不来,四也;贼退其守,罗落必浅,佃作易立,五也;坐食积谷,士不运输,六也;衅隙时闻,讨袭速决,七也;凡此七者,军事之急务也。不据则贼擅便资,据之则利归于国,不可不察也。夫屯垒相偪,形势已交,智勇得陈,巧拙得用,策之而知得失之计,角之而知有馀不足,虏之情伪,将焉所逃!夫以小敌大,则役烦力竭;以贫敌富,则敛重财匮。故曰:'敌逸能劳之,饱能饥之',此之谓也。"司马师不从。

【译文】 魏国镇东将军诸葛诞给大将军司马师报告说:"如今因为吴国进犯我国,假如派出王昶进逼江陵,毋丘俭开向武昌,以将吴国上流的军队牵制住,然后选出精兵锐卒前去攻打他们的两城,等救兵到时,可以取得大的胜利。"此时,征南大将军王昶、征东大将军胡遵、镇南将军毋丘俭等人各自献出一条征讨吴国的计策。朝廷认为三条征讨吴国的计策不同,于是下诏书询问尚书傅嘏。傅嘏回答说:"如今发表议论之人主张直接率船渡江，横行于江南。有的主张分兵四路，攻取他们的城池。有的主张大力在疆界上屯田，然后趁对方有空隙之时，再伺机而动；这些实际都是攻克敌军的正常策略啊！然而自从我国集结训练征吴军队之后，进进出出有三年的时间，根本算不上是借着掩护才出兵的军队了。吴国与我国相为敌，将近六十年了，君臣相互守卫，吉祥凶灾一起承担，现下又丧失了元帅，上下忧心忡忡，一旦他们在各个重要渡口都设置军船守备，再加上占据险要的地势坚守城池，我军横行之计，大概就难以取胜了。目前边界上的防守，和敌人相距很远，敌人所设下的情报联络站，又极为严密，无法安插间谍进去，我方就好比没有耳目一般。军中如果缺少耳目，视察不够详尽，就大举动兵去深临巨险，这是希望侥幸有功，先行作战然后求胜，而非大获全胜良策呀！唯有在疆界边沿驻兵屯田，算得上是较为完善的策略。可以降下诏书命王昶、胡遵等人择地居险，审查各处措置，让三方面一起防守驻地。然后夺取敌人的肥沃田地，使得敌人退居贫瘠的土地，这是第一要务。士兵到民众中去，进攻敌军而不使百姓受到伤害，这是第二要务。安抚近处的百姓，自然会有人前来归降，这是第三要务。远设哨兵，使得间谍进不来，这是第四要务。敌人退后防守，必定减少哨兵，耕种容易确立，这是第五要务。安稳地就地吃自己生产的粮食，大可不必分派士兵输送，这是第六要务。敌方内部混乱矛盾的情况及时得知，就迅速进兵解决，这是第七要务。上述七件就是军事上最为紧急的事务。假如我们不去据守，那么敌人就会利用当地的资源，假如据守在此，利益就归于我国，这是不可不明察的呀！屯垒相逼，形势已交，智勇得以施展，巧拙得以运用，谋划可以了解计策的得失，相互争夺则可以知晓我有盈余而敌军匮乏，敌人的情况真伪，又如

资治通鉴

何能藏得住呢！用小国对抗大国，就会劳役繁多、财力亏空；用贫弱的国家对抗富强的国家，就会使税收加重、财力枯竭。因此兵法上说：'敌人安逸就让他劳苦，敌人温饱就让他挨饿'，大概就是这个意思。"司马师没有采纳这个建议。

　　十一月，诏王昶等三道击吴。十二月，王昶攻南郡，毌丘俭向武昌，胡遵、诸葛诞率众七万攻东兴。甲寅，吴太傅恪将兵四万，晨夜兼行，救东兴。胡遵等敕诸军作浮桥以度，陈于堤上，分兵攻两城。城在高峻，不可卒拔。诸葛恪使冠军将军丁奉与吕据、留赞、唐咨为前部，从山西上。奉谓诸将曰："今诸军行缓，若贼据便地，则难以争锋，我请趋之。"乃辟诸军使下道，奉自率麾下三千人径进。时北风，奉举帆二日，即至东关，遂据徐塘。时天雪，寒，胡遵等方置酒高会。奉见其前部兵少，谓其下曰："取封侯爵赏，正在今日！"乃使兵皆解铠，去矛戟，但兜鍪刀楯，倮身缘堨。魏人望见，大笑之，不即严兵。吴兵得上，便鼓噪，斫破魏前屯，吕据等继至。魏军惊扰散走，争渡浮桥，桥坏绝，自投于水，更相蹈藉。前部督韩综、乐安太守桓嘉等皆没，死者数万。综故吴叛将，数为吴害，吴大帝常切齿恨之，诸葛恪命送其首以白大帝庙。获车乘、牛马、骡驴各以千数，资器山积，振旅而归。

　　初，汉姜维寇西平，获中〔郎〕将郭（循）〔修〕，汉人以为左将军。（循）〔修〕欲刺汉主，不得亲近，每因上寿，且拜且前，为左右所遏，事辄不果。

　　【译文】十一月，魏帝曹芳下诏命令王昶等人兵分三路进攻吴国。十二月，王昶进攻南郡，毌丘俭领兵指向武昌进发，胡遵、诸葛诞率众七万攻打东兴。甲寅（十九日），吴国太傅诸葛恪率兵四万，日夜兼行去救东兴。胡遵等人命令军队建造浮桥渡河，陈列军队于堤上，分兵攻打两城；城墙高峻，无法很快攻克。诸葛恪派遣冠军将军丁奉和吕据、留赞、唐咨作前部，从山西而上。丁奉对诸将说："如今各军行动都十分缓慢，假如敌人守住要地，那时就很难与之抗争了，我请求从速前进。"于是请各军让出路来让他先过。丁奉亲自率领所属三千人迅速赶路。这时北风正大，丁奉扬帆行船两日，就抵达东关，于是占据徐塘。当时天正下雪，十分严寒，胡遵等人正摆出酒来聚会。丁奉看见魏兵先头部队兵力很少，就对部下说："获得封侯的时候，就在今日了！"于是命令兵士都将铠甲解下，将矛戟扔掉，只是头戴帽盔手持刀和盾，裸身沿堤而上。魏人见到这种情形，都哈哈大笑，没有严加防守。吴兵登上堤岸，便击鼓大声呼叫，大破魏军前屯营垒，这时吕据等人也率兵赶到。魏军惊慌四下逃走。魏军争相渡过浮桥，压断了浮桥，大多魏兵竞相投入水里，相互踩踏逃亡。前部督韩综、乐安太守桓嘉等人都阵亡了，有数万人身死。韩综是吴国以前的叛将，数次危害吴国，吴大帝孙权常常咬牙切齿地痛恨于他，诸葛恪就下令将韩综的头送到大帝庙去祭祀。分别缴获了车辆、牛马、骡驴都数以千计，物资兵器堆积如山，于是很高兴地整军而还。

起初，蜀汉姜维攻打西平时，俘获了中郎将郭循，汉人任用他担任左将军。郭循欲刺杀汉后主刘禅，无法亲近于他，便时常借着敬酒祝寿，一面拜一面向前，被汉后主刘禅的左右阻拦，无法成事。

资治通鉴卷第七十六　魏纪八

起昭阳作噩，尽旃蒙大渊献，凡三年。

【译文】 起癸酉（公元253年），止乙亥（公元255年），共三年。

【题解】 本卷记录了魏邵陵厉公曹芳嘉平五年至高贵乡公曹髦正元二年间的历史。主要叙述魏、蜀、吴等三国大事：蜀国大将军费祎被魏诈降者所杀；蜀将姜维两次攻魏陇西，均败；诸葛恪攻魏淮南，兵败，后被孙峻所杀；司马师打击曹氏势力，将李丰等多家灭族；司马师等废魏帝，立曹髦；毌丘俭等于寿春讨伐司马师，兵败，毌丘俭被杀，文钦父子降吴；司马师病逝，司马昭继续执掌魏国大权。

邵陵厉公下

嘉平五年（癸酉，公元二五三年）春，正月，朔，蜀大将军费祎与诸将大会于汉寿，郭〔循〕〔修〕在坐。祎欢饮沉醉，〔循〕〔修〕起刺祎，杀之。祎资性泛爱，不疑于人。越巂太守张嶷尝以书戒之曰："昔岑彭率师，来歙杖节，咸见害于刺客。今明将军位尊权重，待信新附太过，宜鉴前事，少以为警。"祎不从，故及祸。

诏追封郭〔循〕〔修〕为长乐乡侯，使其子袭爵。

王昶、毌丘俭闻东军败，各烧屯走。朝议欲贬黜诸将，大将军师曰："我不听公休，以至于此。此我过也，诸将何罪！"悉宥之。师弟安东将军昭时为监军，唯削昭爵而已。以诸葛诞为镇南将军，都督豫州；毋丘俭为镇东将军，都督扬州。

【译文】嘉平五年（癸酉，公元253年）春季，正月，朔日（初一），蜀汉大将军费祎与诸将在汉寿大聚会，郭循也在席位；费祎喝酒欢饮以致喝得酩酊大醉，郭循举起剑来就将费祎刺死。费祎生性广施仁爱，从不对任何人心生怀疑。越嶲太守张嶷就曾经写信劝诫他说："从前岑彭带领军队袭击公孙述，来歙手持权杖和符节，都被刺客杀害。如今将军位尊权重，对待和信任新来投降的人太过了，应当把前事作为鉴戒，稍微加以谨慎。"费祎不采纳，因此遭遇杀身之祸。

魏帝曹芳下诏书追封郭循为长乐乡侯，让他的儿子承袭他的官位。

王昶、毋丘俭听闻魏国东路军失败，各自焚烧了屯寨撤退。朝臣都议论想要贬低或罢免诸将，大将军司马师说："我因为没有听从诸葛诞的意见，才会落得今天这个地步。这是我的过错，诸位将领又有什么罪过呢？"于是全部原谅了他们。司马师的弟弟安东将军司马昭，当时担任监军，只是降低司马昭的爵位罢了。以诸葛诞担任镇南将军，都督豫州；毋丘俭担任镇东将军，都督扬州。

【乾隆御批】光武推心置腹，何尝不信任新附？或且因以建功要之，驾驭有道耳。祎之于郭循平日既非深知，且为将而沉湎于酒，以致遭患。其失在祎，更非岑来可比。

【译文】汉光武帝刘秀真心待人，哪里是不信任新投降的人呢？或者暂且以建功立业要求他们，以此取得借任与重用；这是驾驭有道罢了。费祎对郭循平时没有很深的了解，况且身为将领沉溺在酒中，结果遭受这种祸患。过失在费祎，更不是岑彭、来歙可比的。

【申涵煜评】祎镇静似谢安，敏给似刘穆之，蜀所以不至遽亡者，祎与蒋琬之力也。惜其荐陈祗而近郭循，致罹来岑之祸。

【译文】费祎像谢安一样沉着冷静，敏锐有点像刘穆之，蜀汉之所以不至于灭亡，是费祎和蒋琬的功劳。只可惜他举荐陈祗，亲近郭循，最终被刺客所杀。

是岁，雍州刺史陈泰求敕并州，并力讨胡，师从之。未集，而雁门、新兴二郡胡以远役，遂惊反。师又谢朝士曰："此我过也，非陈雍州之责！"是以人皆愧悦。

◆习凿齿论曰：司马大将军引二败以为己过，过消而业隆，可谓智矣。若乃讳败推过，归咎万物，常执其功而隐其表，上下离心，贤愚解体，谬之甚矣！君人者，苟统斯理而以御国，行失而名扬，兵挫而战胜，虽百败可也，况于再乎！◆

光禄大夫张缉言于师曰："恪虽克捷，见诛不久。"师曰："何故？"缉曰："威震其主，功盖一国，求不（得死）〔死，得〕乎！"

【译文】这一年，雍州刺史陈泰向上请命与并州合力讨伐胡人，司马师采纳了这意见。兵力还未集中，新兴、雁门这两个郡的胡人由于要远征之故，于是都惊恐而反叛。司马师又向朝里的人士谢罪说："这是我的过错，并非陈泰的责任。"因而人人都十分惭愧而对他心悦诚服。

◆习凿齿评论说：司马大将军将两次失利的责任都揽在自己身上，过错没过多久就会消失，然而事业却日渐隆盛，这才是真正的智慧。假如忌讳失败，将过错全推在别人身上，或归罪于各种原因，常常夸耀自己的功绩却藏匿自己的缺点，那就使得上下离心离德，贤人和愚人分散解体，那错误就更大了！身为人君的，假如能够利用这个道理来治理国家，行为有损失却使得声名远扬，兵力虽暂时受挫折却最终也能战胜，即便是失利一百次也无妨，何况只有两次呢！◆

　　光禄大夫张缉对司马师说："吴国诸葛恪尽管取胜了，可能不久就会被杀戮。"司马师说："这是什么道理呢？"张缉说："威仪震动了他的国王，功绩盖过了举国上下，想要不死，怎么可能呢！"

　　二月，吴军还自东兴。进封太傅恪阳都侯，加荆、扬州牧，督中外诸军事。恪遂有轻敌之心，复欲出军。诸大臣以为数出罢劳，同辞谏恪，恪不听。中散大夫蒋延固争，恪命扶出。因著论以谕众曰："凡敌国欲相吞，即仇雠欲相除也。有仇而长之，祸不在己，则在后人，不可不为远虑也。昔秦但得关西耳，尚以并吞六国。今以魏比古之秦，土地数倍；以吴与蜀，比古六国，不能半也。然今所以能敌之者，但以操时兵众，于今适尽，而后生者未及长大，正是贼衰少未盛之时。加司马懿先诛王凌，续自陨毙，其子幼弱而专彼大任，虽有智计之士，未得施用。当今伐之，是其厄会；圣人急于趋时，诚谓今日。若顺众人之情，怀偷安之计，以为长江之险可以传世，不论魏之终始而以今日遂轻其后，此吾所以长叹息者也！今闻众人或以百姓尚贫，欲务闲息，此不知虑其大危，而爱其小勤者也。昔汉祖幸已自有三秦之地，何不闭关守险以自娱乐，空出攻楚，身被创痍，介胄生虮虱，将士厌困苦，岂甘锋刃而忘安宁哉？虑于长久不得两存者耳。每览荆邯说公孙述以进取之图，近见家叔父表陈与贼争竞之计，未尝不喟然叹息也！凤夜反侧，所虑如此，故聊疏愚言，以达二、三君子之末。若一朝陨没，志画不立，贵令来世知我所忧，可思于后耳。"众人虽皆心以为不可，然莫敢复难。

【译文】二月，吴军返回东兴，进封太傅诸葛恪为阳都侯，加荆州、扬州牧，督率内外诸军。诸葛恪有轻敌之心，想要再度出军，诸位大臣都觉得屡次动兵会使得士兵疲乏，一同劝谏诸葛恪暂停用兵；诸葛恪不听大家的意见。中散大夫将延坚决争论，诸葛恪下令将他拉到外边，于是著文来告谕大众："只要是敌国都会互相侵吞，既是仇人就要彼此铲除。有仇却长久搁置下来，祸若不在己，却在后人，不能不思虑长远呀！从前秦国只是占据函谷关以西而已，尚且想要吞并六国之心。如今魏国比古时的秦国，土地数倍于它；要拿现在的吴国和蜀国，来同古代的六国相比，连一半也比不上呢。然而今日我们还能抵抗魏国的原因，只是因为曹操时期魏兵众多，可现如今都刚好消耗殆尽，然而后起的人还没有成长起来，正当他们衰败不强之时。再加上司马懿先杀掉了王凌，接着他自己也已经暴毙身亡，他的儿子幼弱却执掌魏国大任，尽管有智慧谋略的人士，并不能被任用。假如此刻前去攻打他们，正是最佳时机；圣明的人要急于把握时机，实在就是眼前。假如顺从众人的心思，怀着偷安之计，以为凭借长江这一天险就能够长久传于后代，却不替魏国的将来做打算却拿当下的情形就轻视他们的后来的发展，这是我长叹的原因啊！如今众人有的认为百姓还很贫穷，想要先让百姓休息，这是没有考虑到大的危险却爱惜小的事务。先前汉高祖有幸获得三秦的地方，为何不紧闭关口守卫险要来自作享乐，却要全部军队出关前去攻打楚国，数次身受创伤，介胄上也生过虮虱，将士也厌倦困苦，哪里是心甘情愿冒着锋刃而不晓得安宁呢？这是由于从长远考虑两者无法并存的缘故啊！每次看到荆邯劝说公孙述的进取计划, 和近来我家叔诸葛亮《出师表》中陈述与敌竞争的计划, 无不喟然叹息的! 早晚无法安心, 全为思虑此事, 因而姑且将我的愚见, 抒发给一二君子。假若一朝我逝世, 志向计划没有完成, 希望来世之人了解我所忧虑的, 可以思患之后的事情罢了。" 众人尽管在心中都觉得他不对, 然而无人敢再驳难于他。

丹阳太守聂友素与恪善, 以书谏恪曰: "大行皇帝本有遏东关之计, 计未施行; 今公辅赞大业, 成先帝之志, 寇远自送, 将士凭赖威德, 出身用命, 一旦有非常之功, 岂非宗庙神灵社稷之福邪! 宜且案兵养锐, 观衅而动。今乘此势欲复大出, 天时未可而苟任盛意, 私心以为不安。" 恪题论后, 为书答友曰: "足下虽有自然之理, 然未见大数, 熟省此论, 可以开悟矣。"

【译文】 丹阳太守聂友一向与诸葛恪交好, 也用书信劝诸葛恪说: "大行皇帝孙权原本就有遏阻东关的计划, 可是还没实施; 魏兵远道而来自会送死, 将士依赖先帝的威德, 舍生忘死, 一旦有非常卓著的功绩, 难道不是宗庙神灵和国家的福气吗? 当下应当按兵不动, 养精储锐, 等发现敌人的矛盾混乱再行进攻。假如今日趁着胜利之势就要大规模动兵, 天时未必对我方有益却只凭着自己的盛意去做, 这是我私底下深感到不安的。" 诸葛恪就题论于后, 作为书信并给聂友回信说: "先生尽管能够懂得自然的道理, 然而却不懂得输赢存亡的大道理, 您仔细看我上述的论断, 就可以开通觉悟了。"

滕胤谓恪曰: "君受伊、霍之托, 入安本朝, 出摧强敌, 名声振于海内, 天下莫不震动, 万姓之心, 冀得蒙君而息。今猥以劳役之后, 兴师出征, 民疲力屈, 远主有备, 若攻城不克, 野略无获, 是丧前劳而招后责也。不如案甲息师, 观隙而动。且兵者大事, 事以众济, 众苟不悦, 君独安之!" 恪曰: "诸云不可, 皆不见计算, 怀居苟安者也。而子复以为然, 吾何望乎! 夫以曹芳暗劣, 而政在私门, 彼之民臣, 固有离心。今吾因国家之资, 藉战胜之威, 则何往而不克哉!" 三月, 恪大发州郡二十万众复入寇, 以滕胤为都下督, 掌统留事。

【译文】 滕胤对诸葛恪说: "先生接受了如同伊尹、霍光的托付, 返朝就能使国家安定, 出征就能将强敌摧垮, 名声震慑海内, 天下也无不震动, 在人民的心中, 也都希望蒙受先生的恩泽得以稍事休息。如今却在劳役之后, 再度兴师出征, 人民困乏, 财力不支, 而且远方的敌人会有所防备。假如攻城没有取胜, 在郊野一无所得, 便会将之前的功劳也丧失掉却遭到后来的指责呀! 不如先按兵不动, 休养军队, 等看到敌方有可乘之机再行出兵。况且动兵是一个国家很大的事情, 需要靠大家齐心协力, 此刻大家都不乐意这样做, 先生又何必独自如此行事呢! " 诸葛恪说: "大家都说不可以, 是大家都不会谋划, 只是心怀苟且偷安罢了。然而先生居然也是这样想的, 我还有什么希望呢! 就以魏帝曹芳昏庸才弱, 而政治又在司马私门, 他们的臣民, 固然都有了离心之象。目前我借助国家的资源, 凭借战胜的余威, 又如何进攻而不会取得胜利呢! " 三月, 诸葛恪发动州郡二十万大军再次进攻魏国, 任命滕胤担任都下督, 掌管留守事务。

夏, 四月, 大赦。

汉姜维自以练西方风俗, 兼负其才武, 欲诱诸羌、胡以为羽翼, 谓自陇以西, 可断而有。每欲兴军大举, 费祎常裁制不从。

与其兵不过万人，曰："吾等不如丞相亦已远矣，丞相犹不能定中夏，况吾等乎！不如且保国治民，谨守社稷，如其功业，以俟能者，无为希冀徼幸，决成败于一举；若不如志，悔之无及。"及祎死，维得行其志，乃将数万人出石营，围狄道。

吴诸葛恪入寇淮南，驱略民人。诸将或谓恪曰："今引军深入，疆场之民，必相率远遁，恐兵劳而功少，不如止围新城，新城困，救必至，至而图之，乃可大获。"恪从其计，五月，还军围新城。

【译文】夏季，四月，大赦天下。

蜀汉姜维自以为习惯西方风俗，而且兼具才智和勇武，常常想要引诱诸羌人、胡人，作为他的羽翼。他曾经说自陇以西，可断地而为我所用。每次想要大举进军，费祎却常常阻止他不准那样行事，分配给他不过一万人，他说："我们这些人和丞相诸葛亮的才能和智慧相差甚远；丞相在世之时都没能平定中原，更何况我们了！不如暂且保国治民，谨守社稷，至于统一功业，以等待有才干的人出现，不可妄想有什么侥幸，在一件事上定成败；假如不能得偿所愿，后悔也就来不及了。"等到费祎死后，姜维得以施行他的志向，于是率领数万士兵出了石营，围攻狄道。

吴国诸葛恪进攻魏国淮南，驱遣和掠夺百姓。诸将有人就对诸葛恪说："如今率军深入敌境，边疆的百姓，一定会不断远逃，这样我们会令将士疲惫，收获的成效却很微小。倒不如只围新城，新城一旦被困，救兵必定前来，等兵来后我们再猛攻，就会大获全胜了。"诸葛恪采纳了这计划，五月，回师围攻新城。

诏太尉司马孚督诸军二十万往赴之。大将军师问于虞松曰："今东西有事，二方皆急，而诸将意沮，若之何？"松曰："昔周亚夫坚壁昌邑而吴、楚自败，事有似弱而强，不可不察也。今恪悉其锐众，足以肆暴，而坐守新城，欲以致一战耳。若攻城不拔，请战不可，师老众疲，势将自走，诸将之不径进，乃公之利也。姜维有重兵而县军应恪，投食我麦，非深根之寇也。且谓我并力于东，西方必虚，是以径进。今若使关中诸军倍道急赴，出其不意，殆将走矣。"师曰："善!"乃使郭淮、陈泰悉关中之众，解狄道之围；敕毋丘俭等案兵自守，以新城委吴。陈泰进至洛门，姜维粮尽，退还。

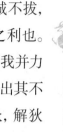

【译文】 魏帝曹芳下诏命令太尉司马孚率军二十万前去抵御吴军。大将军司马师问于虞松说："现在东西有战事，两方都很急迫，而诸将意志又都很消沉，这该如何是好呢?"虞松说："古时周亚夫坚守昌邑而吴国、楚国自己就败下阵来，情势似乎衰弱但实际却很强，不能不做审察呀! 如今诸葛恪用尽他全部的精兵，足可以进行一次猛攻，但是他却围困新城，这是他想把我军召去做一次决战了! 如果他的军队攻城不下，请战不可，这样过不了几天他们的士气就会衰退，大军也就开始变得疲惫起来，势必就会撤退了，诸将对用兵不积极，这对您来说是好事。姜维拥有大军却深入我国来和诸葛恪遥相呼应，趁机从我国掠夺粮食，不是因为敌寇有深厚的根基。只是他认为我方全力对付东方，西方自然防守空虚，所以他向我方径直出兵。现在如果派遣关中各路兵马兼程赶赴那里，出其不意，最终也会撤退! "司马师说："好! "于是任命郭淮、陈泰聚集关中全部的兵士，解除狄道的包围；命令毋丘俭按兵不动，固守营地，将新城丢弃给吴国。陈泰率兵进入洛门，姜维的食粮已经吃尽吃光，他就退回去了。

【乾隆御批】祎之言似是而非，试思后主昏庸，信任奸宦，安能保国治民？若姜维虽近冒昧，然其志固在乘机恢复也。少与之兵是自败国事，安得谓忠庸腐者流？但言息兵则抚掌大悦，宜其以祎为是耳。

【译文】费祎的话好像是对的，实际上并不对。试着想想如果后主昏庸，信任奸佞的宦官，怎么能保全国家治理人民呢？姜维的举动虽然接近冒昧，然而他的志向本来是在乘机恢复。费祎少给他军队是自败国家大事，怎么称得上是忠于平庸迂腐的皇帝呢？但是只要一说停止用兵就拍手叫好、大为喜悦的人，应该认为费祎的话是对的罢了。

扬州牙门将涿郡张特守新城。吴人攻之连月，城中兵合三千人，疾病战死者过半，而恪起土山急攻，城将陷，不可护。特乃谓吴人曰："今我无心复战也。然魏法，被攻过百日而救不至者，虽降，家不坐；自受敌以来，已九十馀日矣，此城中本有四千馀人，战死者已过半，城虽陷，尚有半人不欲降，我当还为相语，条别善恶，明日早送名，且以我印绶去为信。"乃投其印绶与之。吴人听其辞而不取印绶。特乃投夜彻诸屋材栅，补其缺为二重，明日，谓吴人曰："我但有斗死耳！"吴人大怒，进攻之，不能拔。

【译文】扬州牙门将涿郡人张特守卫新城，吴国的士兵连月攻打，城里面的魏国兵士共有三千多人，因为疾病和战死超过一半，诸葛恪在城外堆起土山，猛烈攻打，城快要被攻下，无法保住了。张特就站在城上对吴国的军队说："虽然现在我不想作战了，但是魏国接到的军令是，如果被攻打超过了一百天但救援的军队还没有到达，即使是向敌军投降，家人也不会因此受到连坐的处罚；自从受到敌军攻击到现在，已经过去九十多天了，这城里本来有四千多人，战死的人已经超过一半，即使城被攻下，也有一半人不愿意投降，倒不如我回去说服他们，分辨善恶，明天把做好的名册早些送上来，现在就把我的印绶拿去证明吧！"于是把他的印绶投给吴国军队。但是吴国军人听到了他的讲话却没拿走他的印绶。于是张特连夜用拆掉的许多房屋木材，把城墙缺口补了两层，第二天，张特告诉吴国的军队说："我现在只有和你们战死罢了。"吴国的军队听后非常恼怒，立即攻城，但是还是没有把城攻打下来。

会大暑，吴士疲劳，饮水，泄下，流肿，病者太半，死伤涂地。诸营吏日白病者多，恪以为诈，欲斩之，自是莫敢言。恪内惟失计，而耻城不下，忿形于色。将军朱异以军事迕恪，恪立夺其兵，斥还建业。都尉蔡林数陈军计，恪不能用，策马来奔。诸将伺知吴兵已疲，乃进救兵。秋，七月，恪引军去，士卒伤病，流曳道路，或顿仆坑壑，或见略获，存亡哀痛，大小嗟呼。而恪晏然自若，出住江渚一月，图起田于浔阳；诏召相衔，徐乃旋师。由此众庶失望，怨讟兴矣。

【译文】这时候的天气酷暑难耐，吴国的士兵都非常疲劳，喝水之后，就会腹泻、浮肿流行，生病的人超过一半，遍地都是死伤的士兵。各军营的官吏因为每天报告生病的人数太多，诸葛恪认为兵士在欺骗，想要斩杀他们，于是他们没有再说。诸葛恪内心反省这次失策的原因，再加上对攻不下新城感到羞耻，愤怒的情绪渐渐表露出来。将军朱异在军事上不服从诸葛恪的命令，诸葛恪立刻把他的兵权收了回来，并且命令他回到建业。都尉蔡林数次陈述军事计策，诸葛恪都没有接受，于是蔡林骑马离开投奔魏国。魏国各将领观察到吴军士兵疲惫，于是就带领着军队前去救援。秋季，七月，诸葛恪率军撤退，士兵很多都受伤生病了，流落在道路上，有的人跌倒了就死在沟渠和丘壑，有的竟然被敌军俘获，全军充满哀痛、大小长叹之声。但是诸葛恪仍然安然自得，外出江上沙洲住了一月，并且计划在浔阳囤积田地；因为吴主的诏书不断下达，他才慢慢地退回本土。从这次战役起，民众对诸葛恪失望，并且怨恨的言语兴起来。

汝南太守邓艾言于司马师曰："孙权已没，大臣未附，吴名宗大族皆有部曲，阻兵仗势，足以违命。诸葛恪新秉国政，而内无其主，不念抚恤上下以立根基，竞于外事，虐用其民，番国之众，顿于坚城，死者万数，载祸而归，此恪获罪之日也。昔子胥、吴起、商鞅、乐毅皆见任时君，主没犹败，况恪才非四贤，而不虑大患，其亡可待也。"

八月，吴军还建业，诸葛恪陈兵导从，归入府馆，即召中书令孙嘿，厉声谓曰："卿等何敢数妄作诏！"嘿惶惧辞出，因病还家。

恪征行之后，曹所奏署令长职司，一罢更选，愈治威严，多所罪责，当进见者无不竦息。又改易宿卫，用其亲近；复敕兵严，欲向青、徐。

【译文】汝南太守邓艾对司马师说："虽然孙权已经去世，但是大臣的心还没有归附新朝，吴国许多有名的大族都拥有自己的军队，拥兵自重，倚仗权势，足以违抗朝廷命令。诸葛恪刚掌握国政，但是对内没把主上看在眼里，也没有抚恤上下臣民来培养治国根基，却热衷对外挑起战事，役使人民，带领全国之众，在新城受到挫折，死亡之人数以万计，带着灾难退回国内，这是诸葛恪获罪之日。从前伍子胥、吴起、商鞅、乐毅虽然都曾被当时主上信任过，但是主上去世以后，依旧失败了。更何况诸葛恪的才智远比不上四贤，但是却没有考虑后患，他的灭亡已经近在眼前了。"

八月，吴军回到建业，诸葛恪把兵列阵作为导从，回到府邸，到家立即召中书令孙嘿，大声责备他说："你们怎么可以数次随便下诏书？"孙嘿慌乱地告辞，就以生病为借口回家了。

诸葛恪征讨魏国后，对于选曹所奏署的令长职司，全部罢免重新委任，管理更加严格，很多人受到责备，进谏的人无不心惊胆寒的。并且还更换了守卫，全部任用他的亲信；还下令准备军队，想要征讨青州、徐州。

孙峻因民之多怨，众之所嫌，构恪于吴主，云欲为变。冬，十月，孙峻与吴主谋置酒请恪。恪将入之夜，精爽扰动，通夕不寐，又家数有妖怪，恪疑之。旦日，驻车宫门，峻已伏兵于帷中，恐恪不时入，事泄，乃自出见恪曰："使君若尊体不安，自可须后，峻当具白主上。"欲以尝知恪意。恪曰："当自力入。"散骑常侍张约、朱恩等密书与恪曰："今日张设非常，疑有他故。"恪以书示滕胤，胤劝恪还。恪曰："儿辈何能为！正恐因酒食中人耳。"恪入，剑履上殿，进谢还坐。设酒，恪疑未饮。孙峻曰："使君病未善平，有常服药酒，可取之。"恪意乃安。别饮所赍酒，数行，吴主还内；峻起如厕，解长衣，着短服，出曰："有诏收诸葛恪。"恪惊起，拔剑未得，而峻刀交下，张约从旁斫峻，裁伤左手，峻应手斫约，断右臂。武卫之士皆趋上殿，峻曰："所取者恪也，今已死！"悉令复刃，乃除地更饮。恪二子竦、建闻难，载其母欲来奔，峻使人追杀之。以苇席裹恪尸，篾束腰，投之石子冈。又遣无难督施宽就将军施绩、孙壹军，杀恪弟奋威将军融于公安，及其三子。恪外甥都乡侯张震、常侍朱恩，皆夷三族。

【译文】　孙峻因为百姓都怨恨诸葛恪，众文武官员也都嫌疑他，所以就在吴主孙亮面前设计陷害诸葛恪，说他想要叛变。冬季，十月，孙峻和吴主孙亮计谋设酒筵宴请诸葛恪。诸葛恪准备参加宴会的前天夜里，精神躁动失常，整夜都没有入睡；而且家里也出现了几次怪异的现象，诸葛恪非常奇怪。第二天早晨，诸葛恪将车停在宫门，孙峻已经把兵埋伏在布幔中，害怕诸葛恪没有按时进宫，事情就会败露，于是走出来见诸葛恪说："先生如果身体不适，以后再来也可以，我孙峻会向主上说明情况的。"他想要试探诸葛恪对参加宴会的态度，诸葛恪说："我尽力进去拜见主君。"散骑常侍张约、朱恩等写密信给诸葛恪说："今天的设宴不正常，恐怕这里面有其他阴谋。"诸葛恪把这张密信给滕胤看，滕胤也规劝诸葛恪回府。诸葛恪说："这些人可以做什么事情！最多恐怕是在酒食中下毒害人罢了。"诸葛恪就进宫门了，带着佩剑不脱鞋上殿了，进去拜见过吴主孙亮以后仍旧坐在自己位置。酒摆好了以后，但是诸葛恪却怀疑并不喝酒。孙峻说："先生最近病还没有完全好，如果有经常喝的药酒，可以拿来饮。"诸葛恪的心才安定下来。于是把自己送来的酒喝了，吃过几巡以后，吴王孙亮走到内室去；孙峻也站起来去厕所，然后脱下长衣，换上短服，出来说："主君下诏书，要缉拿诸葛恪。"诸葛恪惊慌地站起来，还没拔出剑的时候，孙峻的刀已经不断砍下，张约从旁边用刀袭击孙峻，砍伤了他左手，孙峻立即还手刀劈，把张约的右臂砍断了。武卫人都立刻跑上殿，孙峻说："所要捉拿的是诸葛恪，他现在已经死了！"孙峻命令大家把剑重新装进剑鞘内，打扫地面后重新开始了酒宴。诸葛恪的两个儿子诸葛竦、诸葛建听到父亲遇难，准备用车带着母亲逃亡魏国，孙峻命人去追捕他们并把他们都杀死了。

用草席把诸葛恪的尸体裹起来，用竹条从中间系起来，并且扔到石子冈。还派遣无难督施宽去将军施绩、孙壹的军队，去公安把诸葛恪的弟弟奋威将军诸葛融杀死，还有诸葛融的三个儿子。诸葛恪的外甥都乡侯张震、常侍朱恩，也全部被杀死，并且都诛杀了三族。

【申涵煜评】恪较曹爽一间耳，父瑾策其必败，犹赵奢之于括也。不如瞻、尚，父子虽无才名，犹能死事，无忝武侯家风。

【译文】诸葛恪比曹爽差不了多少，他的父亲诸葛瑾知道儿子终将失败，就像是赵奢了解儿子赵括一样。不如诸葛瞻、诸葛尚，父子二人虽然没什么才能，也没有名气，尚且还能为国事而死，没有玷污诸葛亮的家风。

临淮臧均表乞收葬恪曰："震雷电激，不崇一朝；大风冲发，希有极日；然犹继之以云雨，因以润物。是则天地之威，不可经日浃辰；帝王之怒，不宜讫情尽意。臣以狂愚，不知忌讳，敢冒破灭之罪以邀风雨之会。伏念故太傅诸葛恪，罪积恶盈，自致夷灭，父子三首，枭市积日，观者数万，詈声成风；国之大刑，无所不震，长老孩幼，无不毕见。人情之于品物，乐极则哀生，见恪贵盛，世莫与贰，身处台辅，中间历年，今之诛夷，无异禽兽，观讫情反，能不憯然，且已死之人，与土壤同域，凿掘斫刺，无所复加。愿圣朝稽则乾坤，怒不极旬，使其乡邑若故吏民收以士伍之服，惠以三寸之棺。昔项籍受殡葬之施，韩信获收敛之恩，斯则汉高发神明之誉也。惟陛下敦三皇之仁，垂哀矜之心，使国泽加于辜戮之骸，复受不已之恩，于以扬声遐方，沮劝天下，岂不大哉！昔栾布矫命彭越，臣窃恨之，不先请主上而专名以肆情，其得不诛，实为幸耳。今臣不敢章宣愚情以露天恩，谨伏手书，冒昧陈闻，乞圣明哀察。"于是吴主及孙峻听恪故吏敛葬。

【译文】临淮人臧均上书请求埋葬诸葛恪说："滚雷和闪电，不会一直持续整个早晨；大风猛吹，很少一整天都在吹的；接下来仍然是和云细雨，因而可以润泽万物。就是上天的盛怒，不可能终日十二时辰不停施展；帝王的怒气，也不会毫无约束地无情无义。臣狂妄愚钝，不知忌讳，敢顶着破家灭身的罪过来邀约和风细雨聚会。追思前太傅诸葛恪，罪过积累非常的多，自己招致灭族之灾，父子三人的头颅，在市街的木杆上已经悬挂多日了，看到的人数万计，骂他的声音也如风一样普遍；国家的大刑，所有的地方没有不被震慑到，老人和小孩子，也全部都看到了。人类的常情对于万物，乐极而生悲。看到诸葛恪高贵兴旺的时候，世间没有第二个与他相比肩，位居宰辅地位，中间经历多年，而如今受到了诛杀灭族之灾，却无异于禽兽被宰杀一样，看到这种人情反复的情况，怎么会不痛心呢？而且已死的人，和土壤是一样的，凿挖砍刺，怎么也不会感到疼痛了。希望英明的朝廷，仿效天地之间的规则，发怒不会超过十天，就允许诸葛恪的乡亲们或者他的以前的部下给他穿上普通士卒的衣服掩埋了吧，再施惠他三寸的棺木！以前项羽也受到了殡葬的施予，韩信也有收敛入棺的恩惠，这都是汉高祖精神感召的声誉呀！盼望皇上能施行三皇的仁义，垂下哀矜的心情，让国家的恩惠施加到已经因罪被诛杀的骨骸上，并且让他获得无尽的恩情，这样能够把仁义的声名发扬到远方，普遍勉励天下黎民百姓，这样不是非常光明正大吗？从前栾布违背诏命而抚摸彭越尸体而哭，我私下非常讨厌这种行为，不先请求主上就肆意发泄情感，这样反而没有被诛杀，实在是太幸运了。现在臣不敢上奏章说明我的感情来显露皇帝的恩泽，恭敬地把手书呈上去，冒昧地说明，哀求圣上可以可怜明察。"于是吴主孙亮和孙峻就放任诸葛恪的旧部下把他入殓安葬。

　　初，恪少有盛名，大帝深器重之，而恪父瑾常以为戚，曰："非保家之主也。"父友奋威将军张承亦以为恪必败诸葛氏。陆逊尝谓恪曰："在我前者吾必奉之同升，在我下者则扶接之；今观君气陵其上，意蔑乎下，非安德之基也。"汉侍中诸葛瞻，亮之子也；恪再攻淮南，越巂太守张嶷与瞻书曰："东主初崩，帝实幼弱，太傅受寄托之重，亦何容易！亲有周公之才，犹有管、蔡流言之变，霍光受任，亦有燕、盖、上官逆乱之谋，赖成、昭之明以免斯难耳。昔每闻东主杀生赏罚，不任下人，又今以垂没之命，卒召太傅，属以后事，诚实可虑。加吴楚剽急，乃昔所记，而太傅离少主，履敌庭，恐非良计长算也。虽云东家纲纪肃然，上下辑睦；百有一失，非明者之虑也。取古则今，今则古也，自非郎君进忠言于太傅，谁复有尽言者邪！旋军广农，务行德惠，数年之中，东西并举，实为不晚，愿深采察！"恪果以此败。

　　【译文】 起初，诸葛恪年轻时就有盛名，吴大帝孙权很看重他，但是诸葛恪的父亲诸葛瑾却经常因为这件事情而发愁，他说过："诸葛恪不是能够保住家业的人啊！"诸葛恪父亲的朋友奋威将军张承同样认为诸葛恪一定会把诸葛家族给败坏掉。陆逊曾经对诸葛恪说："在我前面的人，我一定会尊敬他并且一起升官，在我后的人，我就培养引荐他；看先生现在的行为，气势好像要凌驾在你之上的人，得意时蔑视你之下的人，不是安定仁德的根本！"蜀汉侍中诸葛瞻，是诸葛亮的儿子。诸葛恪第二次进攻淮南时，越巂太守张嶷给诸葛瞻写信说："吴主孙权刚刚去世，现在吴主孙亮还非常幼小，太傅诸葛恪接受托付的重任，谈何容易呀！从前周公有亲戚关系且有能力权摄朝政，还避免不了管叔、蔡叔的流言蜚语和叛变，汉朝霍光受命辅助昭帝，也有燕王、盖公主、上官陷害叛乱的阴谋，所幸依赖周成王、汉昭帝的英明才能避免那些灾难。从前常听说吴主孙权杀人、奖赏和惩罚的大权，从来没有交给属下，如今却在临死之时，突然诏令太傅诸葛恪，把后事托付给他，实在是很值得思虑的。再加上吴、楚这些地方，人民的性格轻浮急躁，这是从以前的记载得知的，而且太傅诸葛恪离开少主，远往敌境，恐怕不是非常好的计划和长久的安排呀！即使说吴国有很好的纪律，朝廷内部肃然，上下级之间非常和睦，但是百有一失，不是英明的人可以思考到的。利用古时的事情来看待今天的事情，那么今天的事情也和古时的事情一样。除非先生（诸葛瞻）进谏忠言给太傅诸葛恪，还有谁可以讲这话呢！请他把大军撤退回来，大面积种植农业，致力于施行仁德恩惠，几年之后，我们东西两国一起进攻魏国，实在不算晚，希望您能深深考虑和采纳我的意见。"最终诸葛恪果然如张嶷所言而失败。

吴群臣共议上奏，推孙峻为太尉，滕胤为司徒。有媚峻者言曰："万机宜在公族，若承嗣为亚公，声名素重，众心所附，不可量也。"乃表峻为丞相、大将军，督中外诸军事，又不置御史大夫；由是士人失望。滕胤女为恪子竦妻，胤以此辞位。孙峻曰："鲧、禹罪不相及，滕侯何为！"峻与胤虽内不沾洽，而外相苞容，进胤爵高密侯，共事如前。

【译文】 吴国群臣一起议论上奏，推选孙峻为太尉，滕胤为司徒。有讨好孙峻的人说："所有政务应该由公族来任职，假如用滕胤做亚公，名声向来都卓著，群众一定会从心底依附，他的势力不可限量啊！"于是上表请命孙峻做丞相、大将军，监督内外各军事，还不设置御史大夫；因此士人对朝廷失望。滕胤的女儿是诸葛恪的儿子诸葛竦的妻子，滕胤用这个理由辞掉了司徒职位。孙峻说："鲧和禹的罪是没有关系的，滕侯为什么这样做呢！"孙峻和滕胤即使内心不很融洽，但是外表却相互容忍，进封滕胤做高密侯，像以前一样共同办事。

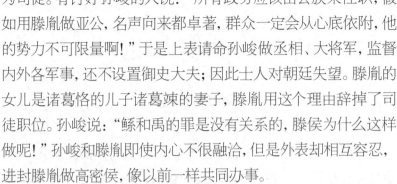

齐王奋闻诸葛恪诛，下住芜湖，欲至建业观变。傅相谢慈等谏，奋杀之，坐废为庶人，徙章安。

南阳王和妃张氏，诸葛恪之甥也。先是恪有徙都之意，使治武昌宫，民间或言恪欲迎和立之。及恪被诛，丞相峻因此夺和玺绶，徙新都，又遣使者追赐死。初，和姬何氏生子皓，诸姬子德、谦、俊。和将死，与张妃别，妃曰："吉凶当相随，终不独生。"亦自杀。何姬曰："若皆从死，谁当字孤！"遂抚育皓及其三弟，皆赖以获全。

【译文】齐王孙奋听说诸葛恪被杀了，于是迁移驻扎芜湖，想去建业观察变局。傅相谢慈等直言进谏，孙奋反而杀了谢慈。孙奋因此触犯了朝廷大法，被贬为平民，迁移到章安县。

南阳王孙和的妃子张氏，是诸葛恪的外甥女。以前诸葛恪有迁都的意思，命孙和修建武昌宫，民间就谣传说诸葛恪要把孙和迎回去立为皇帝。等到诸葛恪被杀之后，丞相孙峻因此夺取孙和南阳王的印绶，把他迁移到新都，又委派使者将他赐死。起初，孙和的姬何氏生一个儿子叫孙皓，其他的妃姬生有孙德、孙谦、孙俊。孙和快要死的时候，和张妃告别，张妃说："无论吉凶我都会跟随你，不能留我一人苟活啊！"于是也自杀了。
何姬说："如果大家都死去，谁来抚养遗孤呢？"于是孙皓和他
的三个弟弟，因此都依赖她而获得存活。

高贵乡公上

正元元年（甲戌，公元二五四年）春，二月，杀中书令李丰。
初，丰年十七、八，已有清名，海内翕然称之。其父太仆恢不愿
其然，敕使闭门断客。曹爽专政，司马懿称疾不出，丰为尚书仆
射，依违二公间，故不与爽同诛。丰子韬，以选尚齐长公主。司
马师秉政，以丰为中书令。是时，太常夏侯玄有天下重名，以曹
爽亲故，不得在势任，居常怏怏；张缉以后父去郡家居，亦不得
意。丰皆与之亲善。师虽擢用丰，丰私心常在玄。丰在中书二
岁，帝数独召丰与语，不知所说。师知其议己，请丰相见以诘丰，
丰不以实告；师怒，以刀镮筑杀之，送尸付廷尉，遂收丰子韬及
夏侯玄、张缉等皆下廷尉，钟毓案治，云："丰与黄门监苏铄，永宁
署令乐敦，冗从仆射刘贤等谋曰：'拜贵人日，诸营兵皆屯门，陛下
临轩，因此同奉陛下，将群僚人兵，就诛大将军；陛下傥不从人，
便当劫将去耳。'"又云："谋以玄为大将军，缉为骠骑将军；玄、缉
皆知其谋。"庚戌，诛韬、玄、缉、铄、敦、贤，皆夷三族。

　　【译文】正元元年（甲戌，公元254年）是年十月始改年号为
正元。春季，二月，中书令李丰被杀。起初，李丰十七八岁的时
候，已经拥有清高的名声，海内人士全部赞扬他。他的父亲太仆
李恢不愿意让他很早就有名声，命令他关门谢客。曹爽专制朝
政，司马懿称病没有上朝，李丰当时任职尚书仆射，在两位中间

周旋，所以没有和曹爽一起被杀。李丰的儿子李韬，被选中和婺齐长公主为妻。司马师掌管朝政，任命李丰为中书令。这时，太常夏侯玄在天下声望很大，但因为是曹爽的亲戚，不能担任权势的官职，平常总是快快不乐；张缉因为是皇后的父亲也返回故乡去居住，也不得意；李丰和他们关系都很融洽亲密。司马师即使提拔任用李丰，但是李丰私底下经常思念着夏侯玄。李丰任职中书有两年时间了，魏帝曹芳虽然屡次召见李丰谈话，但是却不知道说什么。司马师清楚他们在讨论自己，于是邀请李丰来见面并且责问李丰，李丰没有回答出实话；司马师大怒，就用刀镮把李丰弄死，把遗体送交廷尉，于是缉拿李丰的儿子李韬和夏侯玄、张缉等，全部交给廷尉，钟毓负责审讯他们，说："李丰和黄门监苏铄、永宁署令乐敦、冗从仆射刘贤等谋划说：'拜见贵人的那一天，各营都在宫门前屯着，皇上临近轩门的时候，借机共同恭迎皇上，率领百官兵士，在殿前杀害了大将军，皇上如果不同意，就把皇上挟持离开。'"还说："谋划任用夏侯玄做大将军，张缉做车骑将军；夏侯玄、张缉全部都清楚这计划。"庚戌（二十二日），把李韬、夏侯玄、张缉、苏铄、乐敦、刘贤都诛杀了，而且还把他们的三族全部杀害。

夏侯霸之入蜀也，邀玄欲与之俱，玄不从。及司马懿薨，中领军高阳许允谓玄曰："无复忧矣！"玄叹曰："士宗，卿何不见事乎！此人犹能以通家年少遇我，子元、子上不吾容也。"及下狱，玄不肯下辞，钟毓自临治之。玄正色责毓曰："吾当何罪！卿为令史责人也，卿便为吾作！"毓以玄名士，节高，不可屈，而狱当竟，夜为作辞，令与事相附，流涕以示玄；玄视，颔之而已。及就东市，颜色不变，举动自若。

李丰弟翼，为兖州刺史，司马师遣使收之。翼妻苟氏谓翼曰："中书事发，可及诏书未至赴吴，何为坐取死亡！左右可共同赴水火者为谁？"翼思未答，妻曰："君在大州，不知可与同死生者，虽去亦不免！"翼曰："二儿小，吾不去，今但从坐身死耳，二儿必免。"乃止，死。

【译文】夏侯霸投降蜀汉的时候，曾经想邀请夏侯玄和他一起去，但是夏侯玄没有同意。等到司马懿去世以后，中领军高阳人许允对夏侯玄说："不用再忧愁了！"夏侯玄叹息一声说："许先生还没有看明白以后的事情吗？司马懿活着的时候，还能把我们当作普通的世交晚辈对待，司马师、司马昭就容不下我们了。"等到被关进监狱之后，夏侯玄不愿意招供了，钟毓亲自审理，夏侯玄用严肃的面色斥责钟毓说："我有什么罪？你做令史却进入公府责问我，你就代替我把罪状写下来吧！"钟毓把夏侯玄当作当世的名士，气节高尚，不能屈服，可是监狱事应该了结，于是连夜写了狱词，把所做的事大致写了下来与之相符，面带眼泪拿给夏侯玄看，夏侯玄看完之后，轻轻颔首。在去东市刑场之时，面色没有变化，举止与平常无异。

李丰的弟弟李翼，任职兖州刺史，司马师命人去缉拿他。李翼的妻子苟氏对他说："你哥哥中书令的事情败露了，我们可以在诏书没有来到之前赶紧投奔吴国，怎么能够坐以待毙呢！左右能够与你共同患难的是哪些人？"李翼思虑良久，没有回答，苟氏还说："先生在这大州，不知道能够共生死的人，即使逃跑了也不能免罪！"李翼说："两个儿子还小，如果我不逃走，当下就只有自己遭受到连坐被处死，两个儿子还可以保全。"于是决心不逃走，后来就被处死了。

资治通鉴

初，李恢与尚书仆射杜畿及东安太守郭智善，智子沖，有内实而无外观，州里弗称也。沖尝与李丰俱见畿，既退，畿叹曰："孝懿无子；非徒无子，殆将无家。君谋为不死也，其子足继其业。"时人皆以畿为误。及丰死，沖为代君太守，卒继父业。

正始中，夏侯玄、何晏、邓飏俱有盛名，欲交尚书郎傅嘏，嘏不受。嘏友人荀粲怪而问之，嘏曰："太初志大其量，能合虚声而无实才。何平叔言远而情近，好辩而无诚，所谓利口覆邦国之人也。邓玄茂有为而无终，外要名利，内无关钥，贵同恶异，多言而妒前；多言多衅，妒前无亲。以吾观此三人者，皆将败家；远之犹恐祸及，况昵之乎！"嘏又与李丰不善，谓同志曰："丰饰伪而多疑，矜小智而昧于权利，若任机事，其死必矣！"

【译文】起初，李恢和尚书仆射杜畿及东安太守郭智关系都非常好，郭智的儿子郭沖，有真实的学问但是长相却不好，州里的人都不称赞他。郭沖曾经和李丰一起去拜见过杜畿，他们离开后，杜畿叹息说："李恢没有儿子；不但没有儿子，恐怕将来连家都不能保护下来。郭智不但不会因为灾祸而死，反而他的儿子能够继承他的家业。"当时的人都觉得杜畿说错了。等到李丰去世之后，郭沖任职代郡太守，最终继承了他父亲郭智的事业。

正始年间，夏侯玄、何晏、邓飏都是名声很大的人，想要和尚书郎傅嘏交往，傅嘏却不接受他们。傅嘏的朋友荀粲觉得非常怪异就去询问他，傅嘏说："夏侯玄志向比气量还要大，但是却徒有虚名没有真才实干。何晏看起来非常有远见但是实际上是非常浅显的，喜欢辩论但是却不诚实，这就是所谓的'利口覆邦国'的人。邓飏做起事来虎头蛇尾，表面想要名利而在内却没有节制，喜欢和自己相似的人，厌恶和自己不同的人，喜欢讲话且妒忌能力比自己强的人；话越多失误越多，妒忌能力超过自己的人就会失去亲朋好友。在我看来这三个人，将来都会败家失去性命，离他们远点还怕灾祸延到自身呢，更别说去与他们亲近呢！"傅嘏还和李丰的关系不好，曾经和同僚说："李丰表面虚伪而且经常猜疑，喜欢利用他的小聪明却衷心于权利，如果担任重要官职，他一定会丧生的！"

资治通鉴

辛亥，大赦。

三月，废皇后张氏，夏，四月，立皇后王氏，奉车都尉夔之女也。

狄道长李简密书请降于汉。六月，姜维寇陇西。

中领军许允素与李丰、夏侯玄善。秋，允为镇北将军、假节、都督河北诸军事。帝以允当出，诏会群臣，帝特引允以自近；允当与帝别，涕泣歔歈。允未发，有司奏允前放散官物，收付廷尉，徙乐浪，未至，道死。

吴孙峻骄矜淫暴，国人侧目。司马桓虑谋杀峻，立太子登之子吴侯英；不克，皆死。

【译文】辛亥日（二十三日），魏帝曹芳大赦天下。

三月，皇后张氏被废掉；夏季，四月，册立皇后王氏，是奉车都尉王夔之的女儿。

狄道长李简写密信给蜀汉请求投降。六月，姜维攻打陇西。

中领军许允平时和李丰、夏侯玄关系非常友好。秋季，许允任职镇北将军、持符节、都督河北各军务。魏帝曹芳因为许允要离京外出，所以下诏命令召集群臣，魏帝曹芳特意把许允接到身边；许允即将和魏帝曹芳告别的时候，泪流满脸。许允还没有离开，有司上奏章说许允以前随意发散朝廷的物品，缉拿交给法官廷尉来判罪，被判迁移到乐浪，还没有抵达，在路上就去世了。

吴国孙峻非常骄横傲慢淫暴，全国人侧目而视。司马桓虑想谋害孙峻，册立前太子孙登的儿子吴侯孙英；失败了，全部被杀害了。

帝以李丰之死，意殊不平。安东将军司马昭镇许昌，诏召之使击姜维。九月，昭领兵入见，帝幸平乐观以临军过。左右劝帝因昭辞，杀之，勒兵以退大将军；已书诏于前，帝惧，不敢发。

昭引兵入城，大将军师乃谋废帝。甲戌，师以皇太后令召群臣会议，以帝荒淫无度，亵近倡优，不可以承天绪；群臣皆莫敢违。乃奏收帝玺绶，归藩于齐。使郭芝入白太后，太后方与帝对坐，芝谓帝曰："大将军欲废陛下，立彭城王据！"帝乃起去。太后不悦。芝曰："太后有子不能教，今大将军意已成，又勒兵于外以备非常，但当顺旨，将复何言！"太后曰："我欲见大将军，口有所说。"芝曰："何可见邪！但当速取玺绶！"太后意折，乃遣傍侍御取玺绶著坐侧。芝出报师，师甚喜。又遣使者授帝齐王印绶，使出就西宫。帝与太后垂涕而别，遂乘王车，从太极殿南出，群臣送者数十人，司马孚悲不自胜，馀多流涕。

【译文】魏帝曹芳因为李丰被杀，心中感到非常不平。安东将军司马昭镇守许昌，于是魏帝曹芳下诏书派遣他去攻打姜维。九月，司马昭带领士兵回朝入见，魏帝曹芳到平乐观去视察军队。曹芳身边的人全部奉劝他趁司马昭来告辞之时，把他除掉，然后带领士兵击退大将军司马师；虽然已经拟好诏书，但是魏帝曹芳畏惧了，不敢发出诏书。

司马昭带领军队进入京都，于是大将军司马师谋划废掉魏帝曹芳。甲戌（十九日），司马师奉皇太后懿旨召集大臣商议，认为魏帝曹芳淫乱无节制，还经常靠近女乐，不能够继承天子的事业；群臣都不敢违背他。于是呈上奏折没收皇帝的玺绶，派他到藩境齐郡。派遣郭芝进宫去向太后禀告，太后当时正和魏帝曹芳相对而坐，郭芝告诉魏帝曹芳："大将军想要废除皇上，拥护彭城王曹据登上帝位了！"魏帝曹芳于是起身离开。太后很不高兴。郭芝说："太后有儿子但是却没有将他教育好，现在大将军的意思已定，又带领士兵在宫门外预防不寻常的变动，那么只有遵从旨意了，还有什么话好讲呢！"太后说："我想要与大将军相见，当面告诉他。"郭芝说："怎么能够去见大将军呢！应该立即将玺绶拿出来！"太后不再坚持，于是派遣旁边的侍卫把玺绶取出来就坐在那玺绶旁边。郭芝离开去报告司马师，司马师非常高兴，又派遣使者把齐王的印绶送给魏帝曹芳，派他出来到西宫去。魏帝曹芳和太后都垂泪而分离，于是坐上齐王规格的车，从太极殿向南出发，送他的群臣有几十个人，司马孚悲痛不已，剩下的人也都痛哭流涕。

师又使使者请玺绶于太后。太后曰："彭城王，我之季叔也，今来立，我当何之！且明皇帝当永绝嗣乎？高贵乡公，文皇帝之长孙，明皇帝之弟子，于礼，小宗有后大宗之义，其详议之。"丁丑，师更召群臣，以太后令示之，乃定迎高贵乡公髦于元城。髦者，东海定王霖之子也，时年十四，使太常王肃持节迎之。师又使请玺绶，太后曰："我见高贵乡公，小时识之，我自欲以玺绶手授之。"冬，十月，己丑，高贵乡公至玄武馆，群臣奏请舍前殿，公以先帝旧处，避止西厢；群臣又请以法驾迎，公不听。庚寅，公入于

资治通鉴

洛阳，群臣迎拜西掖门南，公下舆答拜，傧者请曰："仪不拜。"公曰："吾人臣也。"遂答拜。至止车门下舆，左右曰："旧乘舆入。"公曰："吾被皇太后徵，未知所为。"遂步至太极东堂，见太后。其日，即皇帝位于太极前殿，百僚陪位者皆欣欣焉。大赦，改元。为齐王筑宫于河内。

【译文】司马师又派遣使者去向太后收取玺绶，太后说："彭城王曹据是我的小叔，现在想要立他为皇上，那么我是什么呢？况且魏明帝曹叡永远断子绝孙了吗！高贵乡公曹髦是文帝曹丕的长孙，明帝曹叡弟弟的儿子，从礼上来说，小宗有后代沿袭大宗的道理，希望可以自此仔细地讨论吧！"丁丑日（二十二日），司马师重新召集群臣，把太后的旨意告诉大家，才决定到元城去把高贵乡公曹髦迎来做皇帝。曹髦是东海定王曹霖的儿子，当时才十四岁，派遣太常王肃携带符节去把高贵乡公迎到京城来。司马师又命人去拿玺绶，太后说："我想见高贵乡公曹髦，他小的时候我就认识他了，我想要亲手将玺绶交给他。"冬季，十月，己丑（初四），高贵乡公曹髦抵达玄武馆，群臣上奏请他住在前殿，高贵乡公曹髦因为是先帝以前的住处，暂时居住在西厢；大臣们又请求用朝廷法驾来迎接，高贵乡公曹髦不接受他们的建议。庚寅（初五），高贵乡公曹髦抵达洛阳，群臣在西掖门南迎接，高贵乡公曹髦下车谢礼，傧相的人报告说："按礼仪规定，不需要下车答礼。"高贵乡公说："我也是人臣！"于是就下车答礼。到达止车门后再次下车，左右的人都说："按照以前的规矩皇帝进门，您可以进去。"高贵乡公说："我被皇太后召集来，还不知道做什么呢。"于是徒步到太极东堂，上拜皇太后。当天，在太极前殿登上皇位，出席的百官都觉得非常开心。赦免天下，改年号。于是又帮助齐王曹芳在河内建造宫殿。

汉姜维自狄道进拔河(间)〔关〕、临洮。将军徐质与战,杀其荡寇将军张嶷,汉兵乃还。

初,扬州刺史文钦,骁果绝人,爽以乡里故爱之。钦恃爽势,多所陵傲。及爽诛,钦已内惧,又好增虏级以邀功赏,司马师常抑之,由是怨望。镇东将军毌丘俭素与夏侯玄、李丰善,玄等死,俭亦不自安,乃以计厚待钦。俭子治书侍御史甸谓俭曰:"大人居方岳重任,国家倾覆而晏然自守,将受四海之责矣!"俭然之。

【译文】 蜀汉姜维从狄道攻打河间、临洮。将军徐质与他作战,杀死蜀汉荡寇将军张嶷,于是汉军撤退。

起初,扬州刺史文钦骁勇善战,超出常人,曹爽因为和他是老乡所以尤其喜欢他。文钦就仰仗着曹爽的势力,经常欺压他人。等到曹爽被杀之后,他还想增加俘虏数目来邀功求赏,司马师经常压制他,所以他有了怨恨。镇东将军毌丘俭平时和夏侯玄、李丰非常友好,夏侯玄等被杀以后,毌丘俭内心也觉得非常不安,所以谋划着要厚待文钦。毌丘俭的儿子治书侍御史毌丘甸对毌丘俭说:"父亲大人有任职边防的重大责任,如果朝廷倾覆您却安然自守,将来会遭受到天下的斥责啊!"毌丘俭觉得他的儿子说得非常正确。

二年(乙亥,公元二五五年)春,正月,俭、钦矫太后诏,起兵于寿春,移檄州郡,以讨司马师。又表言:"相国懿忠正,有大勋于社稷,宜宥及后世,请废师,以侯就第,以弟昭代之。太尉孚忠孝小心,护军望,忠公亲事,皆宜亲宠,授以要任。"望,孚之子也。俭又遣使邀镇南将军诸葛诞，诞斩其使。俭、钦将五六万众渡淮，西至项；俭坚守，使钦在外为游兵。

【译文】二年（乙亥，公元255年）春季，正月，毌丘俭、文钦假借太后的旨意，在寿春发动起兵，传发檄文到州郡来共同征讨司马师，于是上奏说：“相国司马懿，一生忠诚正直，对国家有很大的贡献，应该对他的后代宽恕，请求罢免司马师的大将军职位，将他贬为侯退居乡里，换成他的弟弟司马昭任职。太尉司马孚，忠孝谨慎，护军司马望，忠公亲事，都应该和他们亲近宠爱，给他们重要的职位。”司马望是司马孚的儿子。毌丘俭又派遣使者去邀请镇南将军诸葛诞，但诸葛诞立即杀死了他派遣的来使。毌丘俭、文钦领兵五六万人渡过淮水，向西到项城；毌丘俭防守坚固，派文钦在外进行游击战。

司马师问计于河南尹王肃，肃曰：“昔关羽虏于禁於汉滨，有北向争天下之志，后孙权袭取其将士家属，羽士众一旦瓦解。今淮南将士父母妻子皆在内州，但急往御卫，使不得前，必有关羽土崩之势矣。”时师新割目瘤，创甚，或以为大将军不宜自行，不如遣太尉孚拒之。唯王肃与尚书傅嘏、中书侍郎钟会劝师自行，师疑未决。嘏曰：“淮、楚兵劲，而俭等负力远斗，其锋未易当也。若诸将战有利钝，大势一失，则公事败矣。”师蹶然起曰：“我请舆疾而东。”戊午，师率中外诸军以讨俭、钦，以弟昭兼中领军，留镇洛阳，召三方兵会于陈、许。

【译文】司马师向河南尹王肃询问计谋，王肃说：“从前关羽在汉水之滨俘虏了于禁，拥有北向夺取天下的伟大志向。后来孙权进攻他部下的亲属，关羽的士兵一朝就解散了。现在淮南将士的父母妻子全部在内地各州，只要迅速派遣保护这些将士的家属，使得军队无法前进，不久必定会和关羽一样解散了。"当时司马师刚摘除眼睛里面的肉瘤，创口很大，有的人认为大将军不应该亲自带兵前去，还不如命令太尉司马孚去抗击他们。只有王肃与尚书傅嘏、中书侍郎钟会劝司马师自己带兵前去，司马师犹豫不定。傅嘏说："淮南和楚地的士兵很勇猛，并且毌丘俭等又依仗力量远去作战，他们的锋锐很不容易抵挡。如果诸将战争失利，大势一去，大将军的事情就败露出来了。"司马师突然就起来说："我要带病登车东征。"戊午（初五），司马师带领内外大军征讨毌丘俭、文钦，任用他的弟弟司马昭兼领中领军，留下来镇守洛阳，征召三方面军队在陈、许等地聚集。

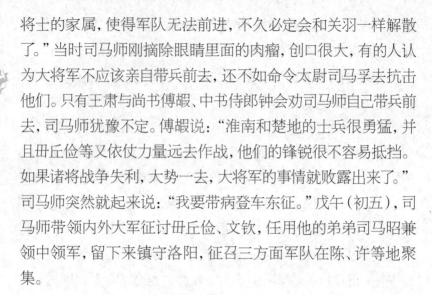

师问计于光禄勋郑袤，袤曰："毌丘俭好谋而不达事情，文钦勇而无算。今大军出其不意，江、淮之卒，锐而不能固，宜深沟高垒以挫其气，此亚夫之长策也。"师称善。

师以荆州刺史王基为行监军，假节，统许昌军。基言于师曰："淮南之逆，非吏民思乱也，俭等诳诱迫胁，畏目下之戮，是以尚屯聚耳。若大兵一临，必土崩瓦解，俭、钦之首不终朝而致于军门矣。"师从之。以基为前军，既而复敕基停驻。基以为："俭等举军足以深入，而久不进者，是其诈伪已露，众心疑沮也。今不张示威形以副民望，而停军高垒，有似畏懦，非用兵之势也。若俭、钦虏略民人以自益，又州郡兵家为贼所得者，更怀离心，俭等所迫胁者，自顾罪重，不敢复还，此为错兵无用之地而成奸宄之源，吴寇因之，则淮南非国家之有，谯、沛、汝、豫危而不安，此计之大失也。军宜速进据南顿，南顿有大邸阁，计足军人四十日粮。保坚城，因积谷，先人有夺人之心，此平贼之要也。"

基屡请，乃听，进据溵水。

【译文】司马师问计于光禄勋郑袤，郑袤说：“毌丘俭善于计谋但是不清楚情理，文钦非常勇猛却没有计谋。现在大军出其不意，江淮的士兵，有士气但不能长久，应当建造深沟高垒来把他们的士气挫败下去，这是汉代周亚夫的好计谋。”司马师称赞这个好计。

司马师任用荆州刺史王基做行监军，持符节，统领许昌军队。王基对司马师说：“淮南的叛乱，并不是吏民都想要叛乱，那仅仅是毌丘俭等的利诱欺骗罢了，他们害怕眼下被杀害，因此才暂时聚集起来。如果大兵一到，一定会土崩瓦解，毌丘俭、文钦的头用不了一天就会被送到军门来了。”司马师听取了他的计划。任用王基为前军，后来又命令王基的军队停下驻扎。王基认为：“毌丘俭等带领大军可以深入，可是很久都没有进来，这是因为他的骗局已经败露了，众人已经开始怀疑了。现在不发扬我军的威武来迎合人民的希望，仅仅停兵建造高垒，似乎对敌人害怕，这样不是用兵的形势呀！如果毌丘俭、文钦俘虏更多的人民来壮大自己，又有州郡的官兵的家属被他们俘获，也全部产生叛乱之意，毌丘俭等所威胁的那些人，自认为罪孽深重，不敢再回到我军，这是将士兵放置无用之处反而成为奸恶的源头，如果吴国趁这时出兵，则淮南之地就不再是我国家所有，同时谯、沛、汝、豫四郡面临危险也会不安宁，这是计策的最大错误。军队应该立即前进占领南顿，南顿有大邸阁，估计足有军人食用的四十天军粮。守住坚城，依靠它的囤积谷物，比别人先动手就会夺取别人的士气，这是解决贼寇最重要的方法。”王基数次上奏，司马师才听从他的意见，进兵据守溵水。

闰月，甲申，师次于㶏桥，俭将史招、李续相次来降。王基复言于师曰："兵闻拙速，未睹巧之久也。方今外有强寇，内有叛臣，若不时决，则事之深浅未可测也。议者多言将军持重。将军持重，是也；停军不进，非也。持重，非不得之谓也，进而不可犯耳。今保壁垒以积实资虏而远运军粮，甚非计也。"师犹未许。基曰："将在军，君令有所不受。彼得则利，我得亦利，是谓争地，南顿是也。"遂辄进据南顿，俭等从项亦欲往争，发十馀里，闻基先到，乃复还保项。

【译文】闰月，甲申（初一），司马师进军到㶏桥，毌丘俭的将领史招、李续相继来投降。王基又对司马师说："兵闻拙速，没有见过求巧而能久的。现在外有强敌，里面有乱臣，如果不早些解决，那么事情的深浅变化还不可预测呀！讨论的人全部都觉得大将军稳重。大将军稳重是对的，但是不进军是不对的。持重不是说不要采取措施，而是说进而不可犯呀！现在固守壁垒，用仓库的粮食帮助敌人，却从远处运军粮，这是不好的计划啊！"司马师还是不答应他出兵。王基又说："将在军中，君王的命令有所不受。敌人占领它有好处，我们占领它也有利，这是必须争夺的地方呀，这个地方就是南顿！"于是占据南顿，毌丘俭等从项县发兵也想夺取南顿，发兵才十多里，听说王基已经到达了，于是再撤退守卫项县。

癸未，征西将军郭淮卒，以雍州刺史陈泰代之。

吴丞相峻率票骑将军吕据、左将军会稽留赞袭寿春，司马师命诸军皆深壁高垒，以待东军之集。诸将请进军攻项，师曰："诸军得其一，未知其二。淮南将士本无反志，俭、钦说诱与之举事，谓远近必应；而事起之日，淮北不从，史招、李继前后瓦解，内乖外叛，自知必败。困兽思斗，速战更合其志。虽云必克，伤人亦多。且俭等欺诳将士，诡变万端，小与持久，诈情自露，此不战而克之术也。"乃遣诸葛诞督豫州诸军自安风向寿春；征东将军胡遵督青、徐诸军出谯、宋之间，绝其归路；师屯汝阳。毋丘俭、文钦进不得斗，退恐寿春见袭，计穷不知所为。淮南将士家皆在北，众心沮散，降者相属，惟淮南新附农民为之用。

【译文】癸未日（闰正月无此日，疑误），征西将军郭淮去世，任用雍州刺史陈泰代替他。

　　吴国丞相孙峻带领骠骑将军吕据、左将军会稽人留赞攻打寿春，司马师下令各军都深壁高垒，以等待东路军到这里聚集。许多将领都请求首先进攻项县，司马师说："各位将军只知其一，不知其二。淮南的将士本来没有谋反的心，只是因为毋丘俭、文钦引诱他们，他们才出兵反叛的，而且说远近一定有人响应他们；但是从造反之后，淮北不响应随从，史招、李继也先后都瓦解前来投降，这是他们内部分离，外部也有叛乱，所以他们知道自己一定会失败。困兽还想继续争斗，速战速决，那就正合他们心意，纵然说一定能获胜，但是一定会伤很多人。而且毋丘俭等欺诈将士，诡计多端，和他稍微对峙久一点，骗局一定会暴露，这是不战而胜的计策啊！"于是命令诸葛诞带领豫州诸军自安风县前往寿春；征东将军胡遵带领青州、徐州诸军，从谯县、睢阳等地前进，断绝对方的后路；司马师屯兵在汝阳。毋丘俭、文钦进不能战斗，撤退又害怕寿春被袭击，黔驴技穷又不知道怎么做；淮南将士的家属全部在北地，人心分散，投降的人持续不断，只有淮南刚归顺的农民被他们利用。

　　俭之初起，遣健步赍书至兖州，兖州刺史邓艾斩之，将兵万餘人，兼道前进，先趋乐嘉城，作浮桥以待师。俭使文钦将兵袭之。师自汝阳潜兵就艾于乐嘉，钦猝见大军，惊愕未知所为。钦子鸯，年十八，勇力绝人，谓钦曰："及其未定，击之，可破也。"于是分为二队，夜夹攻军。鸯率壮士先至鼓噪，军中震扰。师惊骇。所病目突出，恐众知之，啮被皆破。钦失期不应，会明，鸯见兵盛，乃引还。师谓诸将曰："贼走矣，可追之！"诸将曰："钦父子骁猛，未有所屈，何苦而走？"师曰："夫一鼓作气，再而衰。鸯鼓噪失应，其势已屈，不走何待！"钦将引而东，鸯曰："不先折其势，不得去也。"乃与骁骑十餘摧锋陷陈，所向皆披靡，遂引去。师使左长史司马班率骁将八千翼而追之，鸯以匹马入数千骑中，辄杀伤百餘人，乃出，如此者六七，追骑莫敢逼。

【译文】毌丘俭在刚开始起事的时候，曾派遣最会行走的使者前往兖州去传递文书，兖州刺史邓艾立即就把使者杀害，并且带领士兵一万多人，兼程并进，急速行军先行到达乐嘉城，搭建浮桥来等待司马师。毌丘俭派遣文钦带兵去攻打他。司马师从汝阳秘密行军来到乐嘉城去援助邓艾。文钦突然发现大军已至，慌乱失措而不知道该怎么办才好。文钦的儿子文鸯，才十八岁，非常勇猛，武艺过人，这时对他的父亲文钦说："正值他们部署没有确定之时，攻击就可以获胜。"于是分为两队，趁着夜晚袭击。文鸯带领壮士首先击鼓喧哗，魏军于是惊慌失措。司马师感到恐慌。发病的那只眼睛突出来了，害怕众人知道，为了忍住疼痛被子都咬破了。文钦没有按期来得及接应，恰逢天亮，文鸯见魏兵很多，就带领士兵撤退了。司马师告诉诸将领："敌人已经撤退了，赶紧去追赶他们！"诸将都说："文钦父子英勇骁战，还没有战败，怎么会撤退呢？"司马师说："打仗是一鼓作气，再而衰。文鸯击鼓喧哗却没有人回应，他的士气已经消退了，不撤退还等什么呢！"文钦要带兵向东去，文鸯说："不首先挫败敌人的士气，不能撤退啊！"于是带领了十几个骁勇善战的骑兵冲入魏兵阵营，到达的地方没有一个人抵挡，然后才撤退。司马师命令左长史司马班带领勇猛的骑兵八千多人去追击他。文鸯掉过头以单枪匹马冲入几千骑兵中，还杀伤了一百多人才撤退出去，这样的情况有六七次之多，追击的骑兵都不敢靠近。

殿中人尹大目小为曹氏家奴，常在天子左右，师将与俱行，大目知师一目已出，启云："文钦本是明公腹心，但为人所误耳；又天子乡里，素与大目相信，乞为公追解语之，令还与公复好。"师许之。大目单身乘大马，被铠胄，追钦，遥相与语。大目心实欲为曹氏，谬言："君侯何苦不可复忍数日中也！"欲使钦解其旨。钦殊不悟，乃更厉声骂大目曰："汝先帝家人，不念报恩，反与司马师作逆，不顾上天，天不祐汝！"张弓傅矢欲射大目。大目涕泣曰："世事败矣，善自努力！"

【译文】殿中人尹大目幼时担任过曹氏家里的奴仆，经常在天子的左右伴随，司马师想与他一起同行，尹大目知道司马师一只眼睛掉出来了，提醒他说："文钦原本是先生的心腹，只是因为别人引诱才走入歧途罢了；他又是皇上的老乡，平时和尹大目相互信任，请求代替先生追赶并向他解释，令他与先生重修旧好。"司马师同意了这件事。尹大目只身骑一只大马，穿上铠甲，去追赶文钦，远远地和他讲话，尹大目的内心其实是为了曹氏，但是却假装说："君侯何苦不再忍几天呢？"期盼文钦能明白他内心的意思。文钦一点也没有悟出来，于是更加大声地骂尹大目说："你是先帝的亲属，没有去想着报恩，却在司马师门下做叛徒,没有理会上天之德,天不会保佑你呀!"把箭搭在弓上准备射尹大目,尹大目痛哭流涕说:"世事已经败坏了,你自己好好地努力吧!"

是日,毌丘俭闻钦退,恐惧,夜走,众遂大溃。钦还至项,以孤军无继,不能自立,欲还寿春;寿春已溃,遂奔吴。吴孙峻至东兴,闻俭等败,壬寅,进至橐皋,文钦父子诣军降。毌丘俭走,比至慎县,左右人兵稍弃俭去,俭藏水边草中。甲辰,安风津民张属就杀俭,传首京师,封属为侯。诸葛诞至寿春,寿春城中十馀万口,惧诛,或流迸山泽,或散走入吴。诏以诞为镇东大将军、仪同三司,都督扬州诸军事。

夷毌丘俭三族。俭党七百馀人系狱,侍御史杜友治之,惟诛首事者十馀人,馀皆奏免之。俭孙女适刘氏,当死,以孕系廷尉。司隶主簿程咸议曰:"女适人者,若已产育,则成他家之母,于防则不足惩奸乱之源,于情则伤孝子之恩。男不遇罪于他族,而女独婴戮于二门,非所以哀矜女弱、均法制之大分也。臣以为在室之女,可从父母之刑;既醮之妇,使从夫家之戮。"朝廷从之,仍著于律令。

【译文】这一天,毌丘俭听说文钦撤退,害怕得连夜逃跑,于是众兵大为溃逃。文钦撤回项县,认为孤军没有援兵,不可以在此自守,准备回到寿春,寿春也已经溃败了,于是向吴国投奔。吴国孙峻抵达东兴,听说毌丘俭等已经战败,壬寅(十九日),进军橐皋,文钦父子带领士兵投降。毌丘俭逃跑,向北抵达慎县,跟随他的人和士兵逐渐和他分离逃亡到其他的地方去了,毌丘俭躲藏在水边的草中。甲辰(二十一日),安风津的人张属就把毌丘俭杀害了,把他的头颅送到京城,于是皇帝封张属为侯。诸葛诞抵达寿春，寿春城中有十多万人，害怕被杀，有的就逃到荒山野岭的地方去，有的逃亡去吴国。皇帝下诏书任命诸葛诞为镇东大将军、仪同三司，都督扬州各军事。

铲除了毌丘俭三族。把毌丘俭同党的七百多人全部关进了监狱，侍御史杜友办理这件案子，仅仅杀了十几个头目，其余的都上奏请上级免除他们的罪。毌丘俭的孙女嫁给刘家，本来应该处死，但是她因为怀孕就交给廷尉。司隶主簿程咸议论说："女子嫁给他人后，如果已经生育孩子，就成了别人的母亲，对于禁防来说杀了她不能够以惩治奸淫的根本，按情理来说杀了她就伤孝子的恩情。男子不是因为别族犯的罪而牵连，但是女子却因为自己家与夫家两处遭到杀害，这不是可怜较弱的女子，使法律公平的方法呀，臣认为还在自己家的女子，可以按父母的刑罚算起，已结婚的女子，就要按夫家的刑罚。"朝廷听从这个意见，于是明确写在法律条文上了。

舞阳忠武侯司马师疾笃，还许昌，留中郎将参军事贾充监诸军事。充，逵之子也。卫将军昭自洛阳往省师，师令昭总统诸军。辛亥，师卒于许昌。中书侍郎钟会从师典知密事，中诏敕尚书傅嘏，以东南新定，权留卫将军昭屯许昌为内外之援，令嘏率诸军还。会与嘏谋，使嘏表上，辄与昭俱发，还到洛水南屯住。二月，丁巳，诏以司马昭为大将军、录尚书事。会由是常有自矜之色，嘏戒之曰："子志大其量，而勋业难为也，可不慎哉！"

吴孙峻闻诸葛诞已据寿春，乃引兵还。以文钦为都护、镇北大将军、幽州牧。

【译文】舞阳忠武侯司马师病重，所以返回许昌，留下中郎将参军事贾充监管各地军营事务。贾充是贾逵的儿子。卫将军司马昭从洛阳到许昌去向司马师探病，司马师命司马昭率领各军。辛亥（二十八日），司马师在许昌过世。中书侍郎钟会跟从司马师管理机密事务，皇帝下诏敕给尚书傅嘏，认为东南地区才刚刚稳定，暂时留卫将军司马昭驻兵在许昌做朝内与边防的支援，派遣傅嘏带领各军回朝。钟会和傅嘏谋划，让傅嘏上奏，钟会和司马昭随后一起出发，返回洛水南屯居住。二月，丁巳（初五），皇帝下诏任命司马昭为大将军、录尚书事。钟会因此经常露骄傲面色，傅嘏警告他说："先生志气大于气量，而事业很难持久，一定要谨慎啊！"

吴国孙峻听说诸葛诞已占领了寿春，于是带兵返回。任命文钦做都护、镇北大将军、幽州牧。

【申涵煜评】观师黜张后、废邵陵，未尝不为发指。迨念及伏后、山阳之事，又不觉释然。天道循环，固应尔尔。至于以目瘤示薄罚，此公原非梦梦。

【译文】纵观司马师废黜张皇后、废除曹芳的举动，没有一项不令人发指。想到伏后、山阳之事，又觉得释然了。天理循环，应该就是如此。上天让他左眼长了瘤来作为惩罚，可见老天爷不是昏庸不明是非的。

三月，立皇后卞氏，大赦。后，武宣皇后弟秉之曾孙女也。

秋，七月，吴将军孙仪、张怡、林恂谋杀孙峻，不克，死者数十人。全公主谮朱公主于峻，曰"与仪同谋"。峻遂杀朱公主。

峻使卫尉冯朝城广陵，功费甚众，举朝莫敢言，唯滕胤谏止之，峻不从，功卒不成。

汉姜维复议出军，征西大将军张翼廷争，以为："国小民劳，不宜黩武。"维不听，率车骑将军夏侯霸及翼同进。八月，维将数万人至枹罕，趋狄道。

【译文】三月，册立皇后卞氏，赦免天下。卞皇后，是武宣皇后弟弟卞秉的曾孙女。

秋季，七月，吴国将军孙仪、张怡、林恂准备谋害孙峻，事情没有获胜，被杀有几十个人。全公主向孙峻诽谤朱公主，说："朱公主和孙仪曾一起谋划。"孙峻于是杀死朱公主。

孙峻派遣卫尉冯朝在广陵建城，所花费人力和费用很大，满朝官员都不敢说话，只有滕胤建议理应停下来，但是孙峻没有听，可是最终也没有完成。

蜀汉姜维再次讨论出征，征西大将军张翼在朝堂力争，认为："国小民劳，不应该滥用武力。"姜维没有听从，带领车骑将军夏侯霸和张翼一起出征。八月，姜维带领数万人到枹罕，奔向狄道。

征西将军陈泰敕雍州刺史王经进屯狄道，须泰军到，东西合势乃进。泰军陈仓，经所统诸军于故关与汉人战不利，经辄渡洮水。泰以经不坚据狄道，必有他变，率诸军以继之。经已与维战于洮西，大败，以万馀人还保狄道城，馀皆奔散，死者万计。张翼谓维曰："可以止矣，不宜复进，进或毁此大功，为蛇画足。"维大怒，遂进围狄道。

【译文】征西将军陈泰命令雍州刺史王经带兵驻扎在狄道，一定要等到陈泰军抵达，东西合力才能够进攻。陈泰军屯守在陈仓，王经所带领的各军在故关和汉军作战不如意，于是王经就渡过洮水。陈泰认为王经没有固守狄道，一定会发生其他事端，于是带领大军一起前进接应他。王经已经在洮西和姜维战斗，最终大败，剩一万多人撤退守卫狄道城，剩下的都逃跑了，战死者数以万计。张翼向姜维建议说："是时候停下来了，不应该再向前，万一没有成功毁掉这次大功，等于画蛇添足。"姜维大怒，于是派兵包围狄道。

辛未，诏长水校尉邓艾行安西将军，与陈泰并力拒维；戊辰，复以太尉孚为后继。泰进军陇西，诸将皆曰："王经新败，贼众大盛，将军以乌合之卒，继败军之后，当乘胜之锋，殆必不可。古人有言：'蝮蛇螫手，壮士解腕。'《孙子》曰：'兵有所不击，地有所不守。'盖小有所失而大有所全故也。不如据险自保，观衅待敝，然后进救，此计之得者也。"泰曰："姜维提轻兵深入，正欲与我争锋原野，求一战之利。王经当高壁深垒，挫其锐气，今乃与战，使贼得计。经既破走，维若以战克之威，进兵东向，据栎阳积谷之实，放兵收降，招纳羌、胡，东争关、陇，传檄四郡，此我之所恶也。而乃以乘胜之兵，挫峻城之下，锐气之卒，屈力致命，攻守势殊，客主不同。兵书曰：'修橹轒辒，三月乃成，拒堙三月而后已。'诚非轻军远入之利也。今维孤军远侨，粮谷不继，是我速进破贼之时，所谓疾雷不及掩耳，自然之势也。洮水带其表，维等在其内，今乘高据势，临其项领，不战必走。寇不可纵，围不可久，君等何言如是！"遂进军度高城岭，潜行，夜至狄道东南高山上，多举烽火，鸣鼓角。狄道城中将士见救至，皆愤踊。维不意救兵卒至，缘山急来攻之，泰与交战，维退。泰引兵扬言欲向其还路，维惧，九月，甲辰，维遁走，城中将士乃得出。王经叹曰："粮不至旬，向非救兵速至，举城屠裂，覆丧一州矣！"泰慰劳将士，前后遣还，更差军守，并治城垒，还屯上邽。

【译文】辛未（二十二日），皇帝下诏派遣长水校尉邓艾暂行安西将军之职，和陈泰一起对抗姜维，戊辰日（八月无此日，疑误），又任用太尉司马孚做后方援助。陈泰向陇西进军，诸将都说："王经刚刚战败，敌人很多而且士气很旺盛，将军带领这些乌合之众，在败军的后面，去抵抗乘胜而战的勇猛敌人，恐怕这是必定不行的。古人有句话说：'手被毒蛇咬到，壮士都要把手臂砍断。'《孙子》说：'军队有时不能进攻的，地方有时不能固守的。'原因是小有所失而大有所全的道理呀！不如占据险峻地方以求自保，观察敌方的失误和漏洞，等候时机再次出兵，这是很好的计谋呀！"陈泰说："姜维带领轻兵深入，正想要和我军在原野作战，期望一战就可以获得胜利。王经应该筑造壁垒，挫败敌人的士气，现在却和敌人作战，让敌人的计策得以实现。王经已经失败逃亡了，姜维如果运用获胜的威势，向东进军，固守栎阳屯粮的地方，放出士兵收下投降的士兵，招纳羌人、胡人，向东再夺取关、陇等地，又传檄于陇西、南安、天水、略阳四郡，这正是我所担心的。而他竟然使乘胜的军队，在高城下边受挫，勇猛的士卒，拼命攻占城池，攻守的情况不一样，客主的情况也不会一样。兵书上说：'攻城需要的大橹，要三个月才能准备好，把城外的壕沟填好，也要三个月。'确实不是轻军深入的好处呀！现在姜维自己远地为客，粮食也不能供应，这是我军急速进攻敌人的时机，正所谓疾雷来不及遮住耳朵，是自然的趋势啊！洮水在他的外面环绕，姜维等在洮水以内，现在趁着高山地势险要，好像控制住敌人的脖子，不和他作战敌人一定会逃跑。敌人是不能够纵容的，包围也不可以时间太长，你们怎么讲这样的话呢！"于是越过高城岭进军，悄悄行进，夜晚抵达狄道东南的高山上，多举燃放烽火，敲鼓吹号。狄道城中的将士，看到援兵已经抵达，都非常兴奋。但是姜维却没有想到援兵这么快就抵达了,于是沿着山快速进攻,陈泰与他应战,姜维才撤退。陈泰带兵前行并且宣称要把蜀兵退路给切断,姜维于是非常害怕,九月,甲辰(二十五日),姜维带兵急忙逃跑,狄道城中将士才得营救。王经感叹说:"粮食已支持不到十天了。如果不是援兵来得及时,全城人民将被杀害,又会丢掉一州了!"陈泰于是慰劳将士,前后调回返城,另外派遣军队防守,并建造城墙,然后返回驻扎上邽。

泰每以一方有事,辄以虚声扰动天下,故希简上事,驿书不过六百里。大将军昭曰:"陈征西沉勇能断,荷方伯之重,救将陷之城,而不求益兵,又希简上事,必能办贼故也。都督大将不当尔邪!"

姜维退驻钟提。

初,吴大帝不立太庙,以武烈尝为长沙太守,立庙于临湘,使太守奉祠而已。冬,十二月,始作太庙于建业,尊大帝为太祖。

【译文】陈泰经常因为一方有事,有人往往虚张声势扰乱天下,所以极少又简略地上书言事,驿站传递的文书经常不用六百里加急。大将军司马昭说:"征西将军陈泰沉着勇敢,遇事能判断,担负一方的重任,营救将陷的边城,但是却没有请求增加兵力,又能简略地上书言事,是一定能打败敌方的将领。都督大将军不正需要这样的吗!"

姜维撤退后,驻扎在凉州钟提地方。

起初,吴大帝孙权不立太庙,因为他的父亲孙坚即武烈皇帝曾担任长沙太守,所以在长沙临湘县立庙,派遣太守供奉祠祀而已。冬季,十二月,吴主孙亮开始在建业建造太庙,把吴大帝孙权尊为太祖。